Praxiswissen TYPO3 CMS 13 LTS

12. AUFLAGE

Praxiswissen TYPO3 CMS 13 LTS

Robert Meyer, Martin Helmich,
Hannes Strangmeier

O'REILLY®

Wir hoffen, dass Sie Freude an diesem Buch haben und sich Ihre Erwartungen erfüllen. Falls Sie Anregungen, Wünsche und Kommentare haben, lassen Sie es uns wissen: **service@rheinwerk-verlag.de**.

Informationen zu unserem Verlag und Kontaktmöglichkeiten finden Sie auf unserer Verlagswebsite **www.dpunkt.de**. Dort können Sie sich auch umfassend über unser aktuelles Programm informieren und unsere Bücher und E-Books bestellen.

Autoren: Robert Meyer, Martin Helmich, Hannes Strangmeier
Lektorat: Alexandra Follenius
Buchmanagement: Friederike Demmig
Copy-Editing: Friederike Daenecke, Vettweiß-Gladbach
Satz: III-satz, *www.drei-satz.de*
Herstellung: Stefanie Weidner
Covergestaltung: Michael Oréal, *www.oreal.de*, unter Verwendung eines Fotos von aluxum bei iStock
Druck: mediaprint solutions GmbH, 33100 Paderborn

PEFC-zertifiziert
Dieses Buch stammt aus nachhaltig bewirtschafteten Wäldern und kontrollierten Quellen
PEFC
PEFC/04-31-0810
www.pefc.de

Dieses Buch wurde mit mineralölfreien Farben auf PEFC-zertifiziertem Papier aus nachhaltiger Waldwirtschaft gedruckt. Der Umwelt zuliebe verzichten wir zusätzlich auf die Einschweißfolie. Hergestellt in Deutschland.

Bibliografische Information der Deutschen Nationalbibliothek:
Die Deutsche Nationalbibliothek verzeichnet diese Publikation in der Deutschen Nationalbibliografie; detaillierte bibliografische Daten sind im Internet über *http://dnb.dnb.de* abrufbar.

ISBN Print: 978-3-96009-265-0
ISBN PDF: 978-3-96010-928-0
ISBN ePub: 978-3-96010-929-7

12., aktualisierte Auflage 2025

Dieses Buch erscheint in Kooperation mit O'Reilly Media, Inc. unter dem Imprint »O'REILLY«. O'REILLY ist ein Markenzeichen und eine eingetragene Marke von O'Reilly Media, Inc. und wird mit Einwilligung des Eigentümers verwendet.

Rheinwerk Verlag GmbH • Rheinwerkallee 4 • 53227 Bonn
service@rheinwerk-verlag.de

Inhalt

KAPITEL 1

Einführung

In diesem Kapitel:

- Über dieses Buch
- Aktualisierung auf die TYPO3-Version 13.4
- Der Aufbau dieses Buchs
- Beispielskripte
- Typografische Konventionen
- Support
- Weitere Ressourcen
- Die Geschichte von TYPO3
- Danksagung

TYPO3 ist ein frei konfigurierbares *Content-Management-System* (CMS) zur Pflege von dynamisch generierten Internetpräsentationen. Das klingt teuer, ist es aber nicht: TYPO3 ist Open Source und wurde unter der GPL-Lizenz veröffentlicht. Das bedeutet: Es ist keine kostenpflichtige Software, keine Shareware, es gibt keine versteckten Kosten, sondern TYPO3 ist voll und ganz kostenlos. Für Privatanwender steht der Preis bei der Wahl eines CMS häufig im Vordergrund; für Unternehmen und Konzerne sind aber die entscheidenden Gründe für den Einsatz von TYPO3 insbesondere die Leistungsfähigkeit, Stabilität und Flexibilität dieses CMS.

Aber was genau ist ein Content-Management-System, und wozu wird es verwendet? Unter dem Begriff wird ein System zur Verwaltung und Administration von Inhalten verstanden. Entscheidend ist, dass durch die Verwendung eines CMS Design und Inhalt voneinander getrennt werden. Reine Content-Management-Systeme müssen dabei nicht unbedingt etwas mit der Thematik Internet zu tun haben. Häufig sind aber bei der Verwendung des Begriffs CMS tatsächlich *Web-Content-Management-Systeme* (WCMS) gemeint. Darunter werden Systeme verstanden, die sich ausschließlich auf die Ausgabe im HTML-Format beschränken. Größere Systeme wie TYPO3 beherrschen neben der Ausgabe im HTML-Format auch den Export in andere Formate, beispielsweise XML, PDF usw.

Die Bandbreite der Funktionalitäten von WCMS reicht vom einfachen Internetbaukasten zum Erstellen einer privaten Homepage bis hin zur Bereitstellung komplexester Portale für Unternehmen, Universitäten und Behörden. Dabei sind die Anforderungen an ein Content-Management-System recht eindeutig: Es sollte Design und Inhalt voneinander trennen können, damit seine Nutzerinnen und Nutzer die Einrichtung und Pflege der Systeme arbeitsteilig durchführen können. Zudem sollte das System auch für Personen ohne HTML-, XML- bzw. Programmierkenntnisse verwendbar sein.

Content-Management-Systeme wie TYPO3 versetzen Sie in die Lage, Änderungen schnell und einfach durchzuführen. Während Sie bei statischen HTML-Seiten bei einer Erweiterung der Präsentation um eine zusätzliche Seite durchaus an mehreren Stellen eingreifen müssen, um diese neue Seite mit in die Navigation oder in Sitemaps aufzunehmen, übernimmt TYPO3 diese Arbeiten automatisch nach von Ihnen bestimmten Vorgaben. Dadurch werden fehlerhafte Links deutlich seltener, und der Pflegeaufwand wird auf ein Minimum reduziert. Mehrsprachigkeit und spezielle Druckansichten werden direkt unterstützt, ohne dass Sie ein und denselben Inhalt mehrfach einpflegen müssen. Redakteure erhalten mit TYPO3 ebenfalls ein sehr nützliches Tool, da tiefer gehende Internetkenntnisse nicht mehr erforderlich sind. Durch die intuitive Handhabung der Oberfläche können Änderungen schnell und problemlos durchgeführt werden.

Über dieses Buch

TYPO3 ist mächtig und umfangreich zugleich. Um erste Projekte erfolgreich realisieren zu können, bedarf es einer Einführung in das System, die Sie auch bei den manchmal recht komplizierten Details nicht allein lässt. Dieses Buch ist aber kein vollständiges Handbuch zu TYPO3, sondern eine Einführung in die Arbeit mit dem CMS, die sich besonders zur Schritt-für-Schritt-Einarbeitung eignet. Es vermittelt in erster Linie praktische Kenntnisse, die Sie zu Beginn Ihrer Arbeit mit TYPO3 benötigen werden. Klassische Aufgabenstellungen werden dabei anhand eines umfassenden Praxisbeispiels beschrieben und konkret umgesetzt.

Dieses Buch richtet sich an Webentwickler*innen und Agenturen, die professionelle Internetpräsentationen erstellen. Selbstverständlich können auf Grundlage des hier vermittelten Wissens auch Privat- oder Vereinsseiten mit TYPO3 realisiert werden.

Ihre Kunden wünschen ein Redaktionssystem zur Pflege der Internetpräsentation, scheuen aber hohe Lizenzkosten? Dann ist TYPO3 vermutlich das richtige System und dieses Buch der richtige Einstieg. Ihr Unternehmen wünscht eine flexible, volldynamische Internetpräsentation mit Ausbaufähigkeit und Unabhängigkeit von einem Dienstleister? Auch dann ist TYPO3 das richtige System und dieses Buch ideal, um TYPO3 zu verstehen und anzuwenden.

Erfahrene Webentwickler und Webentwicklerinnen mit sicheren HTML-Kenntnissen werden mit diesem Buch TYPO3 schnell erlernen können. Grundlagenkenntnisse in PHP sind insbesondere für die Entwicklung von eigenen Erweiterungen vorteilhaft, werden aber nicht zwingend vorausgesetzt. Kenntnisse in einem SQL-basierten Datenbanksystem sind ebenfalls von Vorteil, aber ebenfalls keine Voraussetzung. Eine Einführung in das Internet oder in HTML werden Sie in diesem Buch nicht finden.

Für Redakteure und Redakteurinnen ist dieses Buch nicht bestimmt, auch wenn in den einzelnen Kapiteln gezeigt wird, wie neue Seiten und Seiteninhalte angelegt werden. Redakteur*innen benötigen im Regelfall eine individuelle Einweisung, möglichst vom Entwickler der Internetpräsentation selbst, also Ihnen. Begleitende Materialien für Redakteur*innen, auch in deutscher Sprache, finden Sie online unter *typo3.org*. Außerdem ist zu diesem Thema, ebenfalls bei O'Reilly, das Buch *TYPO3 CMS für Redakteure* (Achtung, Eigenwerbung!) erschienen, das zwar ursprünglich für TYPO3 9 erschienen ist, jedoch – insbesondere aus Sicht eines Redakteurs – auch für TYPO3 13 immer noch aktuell ist.

Aktualisierung auf die TYPO3-Version 13.4

Das vorliegende Buch wurde für die 12. Auflage aktualisiert, es behandelt jetzt TYPO3 in der Version 13.4. Im Vergleich zur Version 10.4 der letzten Auflage haben sich an diversen Stellen Änderungen ergeben, die eine Überarbeitung notwendig gemacht haben, um Ihnen die Arbeit mit der aktuellsten Version zu ermöglichen – nicht zuletzt, da es für die Versionen 11 und 12 keine eigenen Ausgaben dieses Buchs gab.

Bei der TYPO3-Version 13 stecken viele Änderungen im Detail, aber es haben sich auch einige größere Änderungen ergeben – die natürlich in diesem Buch gebührend berücksichtigt werden.

Die erste große Änderung ergibt sich schon bei der Installation des eigenen Projekts. Während wir in vorherigen Auflagen einige Installationswege beschrieben haben, die die Installation verschiedener Softwarepakete auf dem lokalen Rechner erforderten, setzen wir nun auf DDEV als Entwicklungsumgebung. Sie löst die manuelle Installation und Verwaltung von Docker-Containern ab, da diese von DDEV übernommen wird – was der Quasi-Standard für lokale TYPO3-Entwicklungsumgebungen geworden ist und Ihnen einiges an Arbeit erspart.

Auch an Kapitel 4 hat sich einiges geändert: Im Unterschied zu den Vorauflagen arbeiten wir im Praxisbeispiel nun von Anfang mit einem *Site Package* und nutzen ab Kapitel 5 über das gesamte Praxisbeispiel hinweg auch die mit TYPO3 13 neu hinzugekommenen *Site-Sets*. Aus diesem Grund entfällt auch das bisherige Kapitel 12, das sich hauptsächlich um die Entwicklung mit Site Packages drehte. Die Inhalte aus dem vormaligen Kapitel 12 gehen nun in den Kapiteln 4 bis 10 auf.

Weitere größere Änderungen haben sich in Kapitel 7, *Menüs erstellen*, ergeben. Auf die althergebrachte Weise, Menüs über TypoScript zu konfigurieren, gehen wir in dieser Auflage nicht mehr ein, sondern wir fokussieren uns auf die aktuelle Best Practice, bei der die Template-Engine *Fluid* genutzt wird.

Das vormalige Kapitel 11, in dem wir die Entwicklung eigener Extensions erläutert haben, ist in dieser Auflage erstmals entfallen. Das Themenfeld der Extension-Entwicklung setzt ein bedeutend anderes Fachwissen voraus als der Rest dieses Buchs und ist so komplex, dass man innerhalb eines einzelnen Kapitels nicht ausreichend ausführlich darauf eingehen kann. Wenn Sie sich für die Entwicklung von TYPO3-Extensions interessieren, empfehlen wir Ihnen die offizielle (englischsprachige) Dokumentation unter *https://docs.typo3.org/permalink/t3coreapi:extension-development*.

Auch das *Tipps und Tricks*-Kapitel am Ende dieses Buchs hat einige Neuerungen erfahren, die Ihnen bei der Arbeit mit TYPO3 im Alltag helfen werden. So erfahren Sie nun beispielsweise, wie Sie eine Multi-Faktor-Authentifizierung zur Absicherung Ihres Logins anlegen können.

Darüber hinaus enthält diese 12. Auflage einige Korrekturen kleinerer Fehler und Ungereimtheiten, die aufmerksamen Leser*innen aufgefallen sind. (An dieser Stelle ein herzliches Dankeschön für das konstruktive Feedback!)

Der Aufbau dieses Buchs

Die Aneignung von TYPO3-Praxiswissen steht in diesem Buch an erster Stelle. So wird, sofern möglich und sinnvoll, mit einem kapitelübergreifenden Praxisbeispiel gearbeitet. Sie lernen von Grund auf, wie TYPO3 funktioniert und wie Sie eigene Projekte mit TYPO3 realisieren. Dabei bauen die Kapitel aufeinander auf.

In diesem ersten Kapitel erfahren Sie in späteren Abschnitten, welche hilfreichen Internetadressen es zu TYPO3 gibt und was ein Content-Management-System überhaupt ist.

Kapitel 2, *TYPO3 installieren*, widmet sich der Installation von TYPO3. Wenn Sie es selbstständig installieren und nicht die Vorteile von auf TYPO3 spezialisierten Providern nutzen möchten, erhalten Sie in diesem Kapitel gleich zwei Installationsanleitungen: Der schnelle Weg auf Grundlage von DDEV ermöglicht es Ihnen, auf allen Betriebssystemen schnell eine TYPO3-Installation zum Ausprobieren an den Start zu bekommen. Darüber hinaus finden Sie eine Installationsanleitung für die Installation auf Linux-Systemen, sofern diese bereits die notwendigen Systemvoraussetzungen erfüllen. Dabei legen wir den Fokus auf die Installation über den PHP-Paketmanager *Composer* und verzichten auf den klassischen Weg über Symlinks, um den Lesefluss in späteren Kapiteln nicht zusätzlich durch unterschiedliche Vorgehensweisen zu stören, die sich aus der Installationsart ergeben. Wenn Sie Ihre Installation durch einen auf TYPO3 spezialisierten Provider vornehmen lassen, achten Sie daher am besten darauf, dass die Installation auf Basis von Composer erfolgt.

Eine Einführung in die Konfigurationsumgebung für Administratoren und Redakteure, das sogenannte Backend, erhalten Sie in Kapitel 3, *Das Backend kennenlernen*. Dort zeigen wir Ihnen, welche Funktionen in welchen Menüpunkten enthalten sind. Außerdem lernen Sie in diesem Kapitel den generellen Umgang mit dem TYPO3-Backend kennen.

In Kapitel 4, *Das Praxisbeispiel vorbereiten*, beginnen Sie damit, das Praxisbeispiel mit TYPO3 anzulegen. Dazu erstellen Sie zunächst eine sogenannte HTML-Designvorlage und stellen dem System benötigte Dateien in Form eines Site Packages zur Verfügung. Dazu erfahren Sie, wie Sie eine Seitenstruktur anlegen und eine grundlegende Seitenkonfiguration erstellen.

Eine Einführung in die TYPO3-eigene Skriptsprache TypoScript erhalten Sie in Kapitel 5, *TypoScript in der Praxis*. Mit dieser Konfigurationssprache werden Webseiten logisch beschrieben. Sie lernen den objektorientierten Aufbau von TypoScript, die Sprachsyntax sowie die wichtigsten Objekte und deren Eigenschaften kennen. Am Ende dieses Kapitels werden Sie die Designvorlage in Ihr TYPO3-Projekt integriert haben und bereits erste sichtbare TYPO3-Erfolge auf der Website verbuchen können.

Kapitel 6, *Grafiken mit TypoScript erstellen*, widmet sich der Integration von Grafiken in die Designvorlage. Sie erfahren, wie bestehende Grafiken eingebunden und dynamische Grafiken generiert werden. Die dynamische Grafikgenerierung wird hier genutzt, um responsive und für verschiedene Ausgabegeräte optimierte Grafiken zu erstellen.

Wie Sie dynamisch generierte Menüs erstellen, ist das Thema von Kapitel 7, *Menüs erstellen*. Hier greifen Sie auf die in Kapitel 4 angelegte Seitenstruktur zurück und setzen verschiedene Arten von Menüs in die Praxis um.

In Kapitel 8, *Inhalte ausgeben*, erfahren Sie, wie Sie von einem Redakteur eingepflegte Inhalte auf der Webseite ausgeben und formatieren können. Neben der Formatierung von klassischen textbasierten Inhalten erfahren Sie außerdem, wie Sie Sitemaps erstellen, ein Kontaktformular integrieren und mit Backend-Layouts arbeiten.

Wie Sie mehrsprachige Präsentationen mit nur einem Seitenbaum erstellen, steht in Kapitel 9, *Erweiterte Darstellung von Inhalten*. In diesem Kapitel erfahren Sie außerdem, wie Sie eine Druckversion der Webseite und zugriffsgeschützte Bereiche realisieren, Fehlerseiten definieren und grundlegende Maßnahmen zur Suchmaschinenoptimierung durchsetzen können.

Das Integrieren und Individualisieren von Erweiterungen in TYPO3 ist Thema von Kapitel 10, *Bestehende Erweiterungen integrieren*. Sie erlernen anhand des News-Plug-ins ausführlich, wie und wo TYPO3-Erweiterungen im System verankert werden und wie Sie diese Erweiterungen an Ihre eigenen Bedürfnisse anpassen.

In Kapitel 11, *Das Backend für Redakteure anpassen*, lernen Sie, wie Benutzerrechte für Redakteure eingestellt werden, sodass nur noch tatsächlich benötigte und vom Praxisprojekt unterstützte Funktionalitäten für diese Redakteure zur Verfügung stehen. Darüber hinaus lernen Sie, wie Sie das TYPO3-Backend an die Bedürfnisse Ihrer Redakteure anpassen können und wie Sie eine Trennung von Entwurfsarbeits- und Live-Umgebung erreichen.

In Kapitel 12, *Tipps und Tricks*, stellen wir weitere interessante und praxisnahe Aufgabenstellungen vor, die nicht oder nur schlecht im Praxisbeispiel Platz gefunden hätten. Beispielsweise erläutern wir hier, wie Sie ein Update auf eine höhere TYPO3-Version durchführen können, was zu tun ist, wenn Sie Ihr Passwort vergessen haben, und vieles mehr.

Beispielskripte

Die in diesem Buch verwendeten Skripte, HTML-Vorlagen und Grafiken finden Sie online unter *https://typo3buch.helmich.me/#13.4* zum Download.

Typografische Konventionen

In diesem Buch werden die folgenden typografischen Konventionen verwendet:

Kursivschrift
: Wird für Datei- und Verzeichnisnamen, E-Mail-Adressen und URLs, aber auch bei neuen Fachbegriffen und für Hervorhebungen verwendet.

`Nichtproportionalschrift`
: Wird für Codebeispiele und Variablen, Funktionen, Befehlsoptionen, Parameter, Klassennamen und HTML-Tags verwendet.

`Nichtproportionalschrift fett`
Wird in den Codebeispielen zur Hervorhebung einzelner Zeilen bzw. Abschnitte verwendet.

Tipp Die Vorspultaste kennzeichnet einen Tipp oder einen generellen Hinweis mit nützlichen Zusatzinformationen zum Thema.

Warnung Die Stopptaste kennzeichnet eine Warnung oder ein Thema, bei dem man Vorsicht walten lassen sollte.

Support Die Abspieltaste markiert Hinweise aus dem täglichen, realen Supportgeschehen, dokumentiert von Mitarbeitern des größten TYPO3-Webhosting-Spezialisten.

Support

TYPO3 ist das Kind von Kasper Skårhøj, der sich 2007 aus der aktiven Entwicklung verabschiedet hat. Ein System, das viele Millionen Mal heruntergeladen wurde, erfordert einiges an Betreuungsaufwand. Derzeit hat ein ganzes Entwicklerteam es sich zur Aufgabe gemacht, das TYPO3-CMS weiterzuentwickeln. In Version 13.4.0 sind so im Vergleich zur Vorgängerversion über 140 neue Funktionen hinzugekommen und zahlreiche Fehler behoben worden. Dafür haben über 200 Entwickler*innen Änderungen an mehr als 31.000 Dateien (!) vorgenommen.

Die Weiterentwicklung von TYPO3 wird von der *TYPO3 Association* organisiert, einem nicht kommerziellen und nicht profitorientierten Verein mit Sitz in der Schweiz. Die unterschiedlichen Mitglieder dieses Vereins reichen von Einzelpersonen bis hin zu großen Unternehmen. Erster Vorsitzender des Vereins ist derzeit Olivier Dobberkau. Informationen zum Verein finden Sie online unter *https://typo3.org/project/association*.

Weiterhin gibt es die im Jahr 2016 gegründete *TYPO3 GmbH* mit Sitz in Düsseldorf, deren Dienstleistungen hauptsächlich aus Service-Level-Agreements und weiterreichendem Support für das CMS bestehen.

Bei einer so großen Anzahl von Installationen ist es wichtig, bestimmte Regeln einzuhalten. Bug-Reports direkt per E-Mail an die Entwickler von TYPO3 werden zwar häufig zur Kenntnis genommen, und vielleicht erhalten Sie auch eine Antwort, aber der reguläre Weg ist das nicht. Unter *forge.typo3.org* steht ein Bugtracking-System zur Verfügung, in dem Sie sich danach erkundigen können, ob Fehler bereits gemeldet oder behoben sind – und Sie können hier natürlich auch Fehler melden. TYPO3-Erweiterungen (engl. *Extensions*) werden von den zugehörigen Entwicklern häufig auf GitHub[1] verwaltet und besitzen dort einen eigenen Bugtracker.

1 *https://github.com*

Bevor Sie jedoch als TYPO3-Anfänger oder -Anfängerin gleich in den ersten Tagen damit anfangen, Bugs zu melden, sollten Sie sicherstellen, dass es sich auch wirklich um Fehler handelt. Nützlicher, als eine E-Mail direkt an die Entwickler*innen zu schicken oder eine Information im Bugtracking-System zu hinterlassen, ist daher eine Anfrage an die internationale TYPO3-Gemeinschaft im Slack-Channel unter *typo3.slack.com*. Dafür benötigen Sie einen Account unter *my.typo3.org*[2], über den Sie auch verschiedene weitere Verwaltungsaufgaben im TYPO3-Universum vornehmen – beispielsweise können Sie hier Ihre Mitgliedschaft in der TYPO3 Association verwalten. Bereits für ca. 10 € im Jahr können Sie eine *Community*-Mitgliedschaft[3] abschließen und damit aktiv die Weiterentwicklung von TYPO3 unterstützen – natürlich alles auf freiwilliger Basis.

Supportanfragen können Sie ebenfalls in Slack stellen. Beachten Sie dabei, dass der Großteil der Channel englischsprachig ist. Wenn Sie lieber auf Deutsch Fragen stellen (oder anderen Personen Fragen beantworten!) möchten, können Sie dem Channel *#german-group* beitreten. Meistens wird Ihre Frage innerhalb weniger Minuten beantwortet. Versuchen Sie einmal, so einen Support von Ihrem Softwarehersteller zu bekommen (und dazu noch kostenlos)!

Es gibt inzwischen viele Firmen, die kostenpflichtigen Support zu TYPO3 leisten und spezielle Schulungen anbieten. Wenn Sie innerhalb kurzer Zeit eine Lösung für ein komplexeres Problem benötigen, wird dieser Weg eine gute Alternative zu den kostenlosen Supportangeboten sein. Auf *https://typo3.com/partners* finden Sie ein Verzeichnis von Unternehmen, die sich auf verschiedene Dienstleistungen rund um TYPO3 spezialisiert haben.

Seit 2004 werden das TYPO3 Core System und häufig genutzte Erweiterungen vom *TYPO3 Security Team* auf Sicherheit geprüft. Das Team gibt regelmäßig Meldungen zu Sicherheitslücken heraus. Diese *TYPO3 Security Bulletins* stehen auf der Webseite *http://typo3.org/teams/security/* und werden über die Mailingliste *lists.typo3.org* und über den Newsfeed[4] verbreitet. Werden Sicherheitslücken in TYPO3 bekannt, wird in der Regel sehr schnell eine neue Version veröffentlicht.

Um Abwärtskompatibilität zu gewährleisten, werden in der Regel stets mehrere Versionszweige von TYPO3 gleichzeitig gepflegt. Aktuell sind die Versionszweige 12 und 13 erhältlich. Jeweils eine Version aus jedem Zweig ist als *Long Term Support*-Version (LTS) gekennzeichnet und wird

2 *https://typo3.org/community/meet/chat-slack*

3 *https://typo3.org/project/association/membership*

4 *https://typo3.org/?type=101*

für volle drei Jahre mit Updates versorgt. Die aktuellen LTS-Versionen sind:

1. TYPO3 12.4, erschienen im April 2023 und unterstützt bis April 2026
2. TYPO3 13.4, erschienen im Oktober 2024 und unterstützt bis Dezember 2027

Darüber hinaus existieren noch die LTS-Versionen 10.4 und 11.5, deren Support im April 2023 bzw. Oktober 2024 auslief. Im Rahmen des *Extended Long Term Support* werden diese von der TYPO3 GmbH bis April 2026 bzw. Oktober 2027 mit kostenpflichtigen Updates versorgt. Unabhängig von der ganzen Versionsvielfalt sollten Sie für neue Projekte jedoch stets die derzeit aktuelle LTS-Version 13.4 nutzen.

Weitere Ressourcen

https://docs.typo3.org/
: TYPO3 ist ausgiebig und umfassend dokumentiert. Kaum ein anderes Open-Source-Projekt kann mit über 3.000 Seiten kostenlos erhältlicher Dokumente aufwarten. Nachteilig ist allerdings, dass diese Dokumentationen im Regelfall sehr technisch und auf Englisch verfasst sind. Als Nachschlagewerke für Suchende, die ein bestimmtes Problem lösen müssen, sind jedoch sie bestens geeignet.

  Die Dokumente stehen im Regelfall online als HTML-Dokument oder als PDF zur Verfügung.

https://typo3.com
: *typo3.com* ist die Seite der *TYPO3 GmbH*; das Unternehmen vermittelt Dienstleistungen rund um TYPO3 und bietet Support- und Service-Level-Verträge an.

https://typo3.slack.com
: *Slack* ist ein Onlinewerkzeug zur Echtzeitkommunikation in Teams und bietet mächtige und über den Browser nutzbare Chatfunktionen an. Der TYPO3-Slack-Kanal hat über die letzten Jahre die alte Mailingliste als Kommunikationsmedium abgelöst. Für den Zugriff benötigen Sie ein Benutzerkonto auf *my.typo3.org*.

https://typo3.org/project/association/
: Dies ist die Homepage der TYPO3-Association.

https://typo3.com/services/certifications
: Im Jahr 2008 wurde erstmals ein offizielles Zertifikat für TYPO3-Entwickler*innen angeboten. Bislang wurden mehrere Tausend Zertifizierungen zum *Certified TYPO3 Integrator*, *Editor*, *Developer* oder *Consultant* durchgeführt. Informationen zur Zertifizierung erhalten Sie unter dieser URL.

https://typo3.org/teams/security/
: Das Security-Team von TYPO3 veröffentlicht Meldungen, wenn Sicherheitslücken in TYPO3 oder in bekannten Erweiterungen bekannt werden. Diese *Security Bulletins* können über eine Mailingliste, einen Feed oder via X bzw. Mastodon abgerufen werden und leisten einen wichtigen Beitrag zur Sicherheit von TYPO3.

https://forge.typo3.org
: Die *TYPO3-Forge* ist ein Portal für Extension- und Core-Entwickler*innen. Hier finden Sie Unterseiten für diverse Projekte wie etwa den TYPO3-Core, verschiedene von der Community entwickelte Erweiterungen sowie die verschiedenen zum System gehörigen Dokumentationen, auf denen Sie Bugs melden und den aktuellen Entwicklungsstand verfolgen können.

Die Geschichte von TYPO3

Die Überlegung, ein Content-Management-System zu entwickeln, entstand bei Kasper Skårhøj, dem Erfinder, langjährigen Hauptentwickler und Kopf von TYPO3, bereits im Jahr 1997. Zu dieser Zeit waren Content-Management-Systeme nicht sonderlich weit verbreitet und der Begriff *Content Management* war noch gar nicht geprägt. Unternehmen wünschten sich jedoch Systeme, mit denen sich umfangreiche Internetpräsentationen auch ohne spezielle Kenntnisse verwalten lassen.

So wurde TYPO3 im Jahr 1998 kommerziell mit Blick auf die Bedürfnisse des Markts entwickelt und über die dänische Agentur *Superfish.com* vertrieben, bei der Kasper Skårhøj zu diesem Zeitpunkt angestellt war. Aufgrund der Erfahrungen, die mit bereits verkauften Versionen gesammelt worden waren, wurde TYPO3 Anfang 1999 vollständig neu entwickelt. Die Ziele der Agentur *Superfish.com* sollten jedoch andere sein. Kasper Skårhøj trennte sich daher Mitte 1999 von seinem Arbeitgeber. Das bereits bestehende kommerzielle TYPO3-System durfte Kasper Skårhøj bei seinem Ausscheiden selbstständig weiterentwickeln und auch sein Eigen nennen, inklusive aller Rechte.

Den Schritt, TYPO3 als Open-Source-Projekt unter der GPL-Lizenz zu veröffentlichen, ging Kasper Skårhøj aufgrund seiner Überzeugungen und der bereits bestehenden Konkurrenz an kommerziellen Content-Management-Systemen auf dem Markt.

Bis Mitte 2000 entwickelte Kasper Skårhøj selbstständig eine Betaversion von TYPO3. Nach einjähriger Entwicklungszeit wurde TYPO3 der Öffentlichkeit vorgestellt und von der Open-Source-Gemeinde getestet. Als dieser Härtetest bestanden war, wuchs innerhalb der noch kleinen TYPO3-Gemeinschaft das Interesse an weiteren Funktionalitäten.

Obwohl das System noch nicht sonderlich bekannt und verbreitet war, erkannten einige Entwickler das große Potenzial von TYPO3 und schrieben bisher fehlende Funktionen, die sie, wie bei Open Source üblich, frei zur Verfügung stellten. Diese Module waren insbesondere das News-System, das Shop-System und ein Gästebuch. Während Kasper Skårhøj mit der Optimierung des Quelltexts beschäftigt war, entwickelte René Fritz diese Erweiterungen, die später in das Grundsystem aufgenommen wurden.

Nur durch das Engagement einer Person und den uneigennützigen Rückfluss von zeitraubenden Entwicklungen aus der Gemeinschaft ist TYPO3 zu dem geworden, was es heute ist: ein zuverlässiges, flexibles Content-Management-System mit umfangreichen Funktionalitäten und großer Beliebtheit.

Im Laufe der Zeit entstanden zudem weitere Produkte in der TYPO3-Community. Zu nennen ist hier beispielsweise das Content-Management-System *Neos*, dessen Entwicklung zunächst 2008 als Versionszweig von TYPO3 begann, dann als Nachfolgeprodukt fortgeführt und schlussendlich 2015 als eigenes Produkt mit eigener Community ausgegliedert wurde.

Heute, mehr als 25 Jahre nach den Anfängen des Systems, wurde TYPO3 millionenfach heruntergeladen, wird weltweit auf Hunderttausenden Webseiten eingesetzt und steht in 51 Sprachen zur Verfügung.

Auch wenn TYPO3 kostenlos zur Verfügung steht, denken Sie bitte immer daran, dass der Mensch sich nicht nur von Luft und Liebe ernähren kann. Gerade beim Einsatz von TYPO3 in Agenturen, Unternehmen und Konzernen sollten Sie sich überlegen, welche Summe Sie im Vergleich zu kommerziellen Systemen eingespart haben, und dann einen Teil dieser Einsparung an die TYPO3-Association spenden. Auch können Sie sich durch persönlichen Einsatz aktiv an der TYPO3-Gemeinschaft beteiligen und/oder Supporting Member in der TYPO3-Association werden.

Danksagung

Herzlich bedanken möchten wir uns bei den Entwicklern, der Community und unseren Kollegen von *Mittwald CM Service*, die uns über einen langen Zeitraum hinweg motiviert und mit wertvollem Fachwissen unterstützt haben.

Auch O'REILLY, namentlich Alexandra Follenius und Susanne Gerbert, gilt unser Dank für die freundliche und professionelle Unterstützung.

KAPITEL 2

TYPO3 installieren

In diesem Kapitel:

- Anforderungen an Server und Betriebssystem
- Anforderungen an die Software
- TYPO3 installieren – wie und wo?
- Installation per DDEV (alle Betriebssysteme)
- Durchführung der Ersteinrichtung
- Manuelle Installation mittels Symlinks
- Wichtige Aufgaben im Install-Tool
- Das Install-Tool im Detail
- TYPO3 über die Kommandozeile bedienen

Dieses Kapitel enthält Informationen zu den benötigten Servervoraussetzungen und erläutert, wie Sie TYPO3 installieren. Wenn Sie TYPO3 bei einem darauf spezialisierten Provider mit vorinstallierter Umgebung einsetzen, können Sie dieses Kapitel überspringen. Auf TYPO3 spezialisierte Provider finden Sie beispielsweise leicht durch eine Internetsuche nach dem Begriff *TYPO3 Hosting*. Alternativ können Sie die Liste der Technologie-Partner der TYPO3 GmbH zurate ziehen. Diese zeichnen sich durch eine besondere Verbundenheit zum System aus und werden stets aktuell unter *https://typo3.com/partners/technology-partners* gelistet.

Anforderungen an Server und Betriebssystem

Grundsätzliches

Grundsätzlich gilt: TYPO3 benötigt mehr Serverressourcen als statische Webseiten oder auch kleine dynamische PHP-Anwendungen. Datenbankabfragen und dynamische Grafikberechnungen unterscheiden TYPO3 von klassischen statischen Webseiten. Daher sollte der gewählte Server über schnelle, zuverlässige Festplatten und ausreichend CPU sowie Arbeitsspeicher verfügen. Die Anforderungen an Arbeitsspeicher und CPU lassen sich nur schwer abschätzen und sind von Projekt zu Projekt unterschiedlich.

Weitgehend statische Seiten – in denen sich die Inhalte also nur selten verändern, sodass die TYPO3-eigenen Caching-Mechanismen (dazu später mehr) besonders gut greifen – können in der Regel von kostengünstigen Angeboten von auf TYPO3 spezialisierten Providern gut bedient werden. Bereits ein durchschnittlich ausgestatteter virtueller Server mit 8 GByte Arbeitsspeicher und SSD-Festplatten kann im günstigen Fall Seiten mit ein bis zwei Millionen Aufrufen am Tag bedienen. Je nach Aufbau Ihrer Seite, insbesondere wenn Inhalte häufig verändert werden oder nutzerspezifischer Inhalt dargestellt werden soll, kann jedoch bereits eher der Wechsel auf einen eigenen Server mit eigener Hardware oder auf ein spezialisiertes, auf hohe Skalierbarkeit ausgelegtes Cloud-Produkt sinnvoll sein. Spätestens ab ca. zehn Millionen Aufrufen am Tag empfiehlt es sich, TYPO3 in einer Cluster-Umgebung aus mehreren Servern mit Lastverteilung oder einer äquivalenten Cloud-Umgebung zu betreiben. Alternativ können spezielle Caching-Lösungen wie beispielsweise ein Varnish-Proxy eingesetzt werden.

Das geeignete Betriebssystem

TYPO3 ist grundsätzlich auf allen gebräuchlichen Betriebssystemen wie Linux, macOS und Windows lauffähig. Auch als Webserver kann jede übliche Variante eingesetzt werden, z.B. Apache, Nginx, IIS usw. TYPO3 wurde jedoch auf einem LAMP-System (*Linux*, *Apache*, *MySQL*, *PHP*) entwickelt und entfaltet in genau dieser Umgebung optimal sein Leistungsspektrum.

Einige TYPO3-Funktionalitäten können nur auf Linux-Servern mit Apache oder Nginx als Webserver eingesetzt werden. Funktionen wie z.B. die dynamische PDF-Generierung oder die mächtige indizierte Suche, die PDF- und MS-Word-Dokumente durchsuchen kann, stehen auf Windows-Systemen nicht oder nur beschränkt zur Verfügung.

Zum Testen, Entwickeln, Ausprobieren oder Präsentieren hat sich auf Windows- oder macOS-Systemen mittlerweile DDEV[1] als einfach zu installierende Umgebung durchgesetzt. DDEV ist ebenfalls eine Open-Source-Lösung, die neben TYPO3 auch noch viele andere Anwendungen unterstützt. Im Wesentlichen kümmert sich DDEV für Sie darum, die notwendige Basis-Software in Docker-Containern zu verwalten – wobei Sie keine tiefergehenden Kenntnisse über Container benötigen.

Für den Produktiveinsatz eignet sich ein DDEV auf einem Windows-Rechner natürlich nicht unbedingt. Sofern es bei einem Projekt keine gravierenden Gründe gibt, die gegen Linux und Apache sprechen, sollten Sie für den Produktivbetrieb auf die Zuverlässigkeit von TYPO3 auf LAMP-Systemen vertrauen. Im weiteren Verlauf dieses Kapitels lernen Sie die Systemvoraussetzungen von TYPO3 kennen und nehmen eine lokale Installation mittels DDEV vor.

1 *https://ddev.com*

Anforderungen an die Software

Wenn Sie TYPO3 bei einem Provider einsetzen möchten, der sich nicht auf TYPO3 spezialisiert hat, müssen Sie vorher abklären, ob die unten beschriebenen Softwareversionen installiert sind. Möchten Sie TYPO3 auf einem eigenen Server selbstständig installieren, erhalten Sie hier Informationen zu den benötigten Versionen.

PHP

Um TYPO3 einsetzen zu können, brauchen Sie zwingend PHP, da das System in PHP entwickelt wurde. TYPO3 Version 13 setzt mindestens PHP 8.2 oder höher voraus. Aus Performance-Gründen sollte PHP stets mit einem sogenannten Opcode-Cache betrieben werden. Dieser ist seit PHP 5.5 fester Bestandteil von PHP, aber nicht unbedingt bei allen Providern standardmäßig aktiviert.

Die PHP-Version sollte mit GDlib-Unterstützung und Freetype kompiliert werden. GDlib und Freetype sind Softwarepakete, die die Bildbearbeitung in TYPO3 ermöglichen. Ohne diese Pakete ist TYPO3 zwar prinzipiell einsatzfähig, Grafikfunktionalitäten können dann jedoch nicht oder nur eingeschränkt genutzt werden. Freetype sollte mit TTF-Unterstützung in der Version 2.x kompiliert werden.

Darüber hinaus sollte der verfügbare Arbeitsspeicher pro einzelnem PHP-Prozess (*memory_limit*) auf nicht weniger als 256 MByte sowie die maximale Ausführungszeit für einzelne PHP-Prozesse (*max_execution_time*) auf nicht weniger als 240 Sekunden beschränkt sein.

ImageMagick oder GraphicsMagick

Als weitere Softwarepakete werden ImageMagick oder GraphicsMagick benötigt. Beide werden unter anderem für die Erzeugung von Vorschaubildern und skalierten Grafiken verwendet. Steht keines der Pakete zur Verfügung, können Sie diese Grafikfunktionen in TYPO3 nicht nutzen.

ImageMagick wird in Version 6 oder höher zwingend vorausgesetzt. Alternativ zu ImageMagick können Sie auch GraphicsMagick in Version 1.3.x oder höher einsetzen. GraphicsMagick basiert ursprünglich auf ImageMagick, ist aber deutlich performanter und damit schonender für Ihren Server. Demgegenüber besitzt ImageMagick einen größeren Funktionsumfang und kann zum Beispiel Bilder im neuen AVIF-Grafikformat verarbeiten.

Datenbank

Des Weiteren wird eine Datenbank benötigt. TYPO3 setzt als Datenbanksystem eine MySQL-Datenbank (oder die voll kompatible MariaDB-Datenbank) in der Version 8.0.17 oder höher voraus. Neben MySQL und MariaDB werden auch andere Datenbanksysteme wie PostgreSQL und Microsoft SQL Server unterstützt. Grundsätzlich empfehlen wir jedoch, MySQL mindestens in der Version 8.0 oder MariaDB in mindestens Version 10.4.3 zu verwenden.

TYPO3 installieren – wie und wo?

In den folgenden Abschnitten stellen wir zwei Wege vor, über die Sie TYPO3 installieren können. Als Erstes erfahren Sie, wie Sie TYPO3 mittels DDEV auf Ihrem lokalen Rechner installieren können. Diese Art der Installation eignet sich gut für Ihre ersten Schritte mit dem System: Es fallen keine Kosten für ein Hostingpaket an und Sie können direkt loslegen. Wenn Sie die erstellte Webseite veröffentlichen möchten, müssen Sie diese später natürlich noch auf die Server Ihres Hosting-Providers übertragen. Falls Sie bereits eine passende Serverumgebung bei einem Hosting-Provider besitzen, können Sie diesen Schritt überspringen und direkt zur Installation per Composer springen. Falls Sie einen Provider nutzen, der auf TYPO3 spezialisiert ist und Ihnen eine vorinstallierte TYPO3-Installation auf Composer-Basis zur Verfügung stellt – umso besser! In diesem Fall können Sie direkt zum Abschnitt »Wichtige Aufgaben im Install-Tool« auf Seite 39 wechseln.

Installation per DDEV (alle Betriebssysteme)

Dieser Abschnitt enthält eine Anleitung zur schnellen Installation einer TYPO3-Umgebung auf Grundlage der Containervirtualisierung Docker mithilfe der Open-Source-Software DDEV. Diese Vorgehensweise funktioniert auf allen Betriebssystemen, eignet sich aber nicht für den Einsatz in einer Produktivumgebung.

Aller Wahrscheinlichkeit nach kommen Sie mit der Installation über DDEV (sofern Sie kein vorinstalliertes TYPO3 von einem Provider an die Hand bekommen haben) am schnellsten mit TYPO3 an den Start, deshalb betrachten wir diese Installationsmethode zuerst. Im darauffolgenden Abschnitt zeigen wir Ihnen zudem die manuelle Installation von TYPO3 mittels Composer auf einem fertig eingerichteten LAMP-Stack-Server, wie er von vielen Hosting-Providern angeboten wird.

DDEV können Sie unter Windows, macOS und Linux verwenden. Im folgenden Abschnitt zeigen wir Ihnen beispielhaft die Einrichtung unter

Windows. Auf der offiziellen DDEV-Webseite finden Sie bei Bedarf auch Installationsanleitungen[2] für macOS und etliche weitverbreitete Linux-Distributionen. Hier können Sie der Einfachheit halber auch die Befehle kopieren, die Sie im Rahmen der folgenden Installation benötigen werden.

WSL und DDEV einrichten

Unter Windows benötigen Sie zunächst das *Windows Subsystem for Linux* (kurz *WSL*). Nach der Installation steht Ihnen ein Ubuntu-System auf Ihrem Windows-Rechner zur Verfügung, auf dem anschließend DDEV installiert wird.

Um die Installation von Ubuntu im Subsystem vorzunehmen, öffnen Sie zunächst die *PowerShell*. Über die *PowerShell* werden Sie auch in den folgenden Kapiteln weiter mit TYPO3 arbeiten. Betätigen Sie dafür die Windows-Taste oder klicken Sie auf das Start-Menü-Icon und geben Sie »Powershell« ein. Öffnen Sie nun die *Windows PowerShell*-App (siehe Abbildung 2.1).

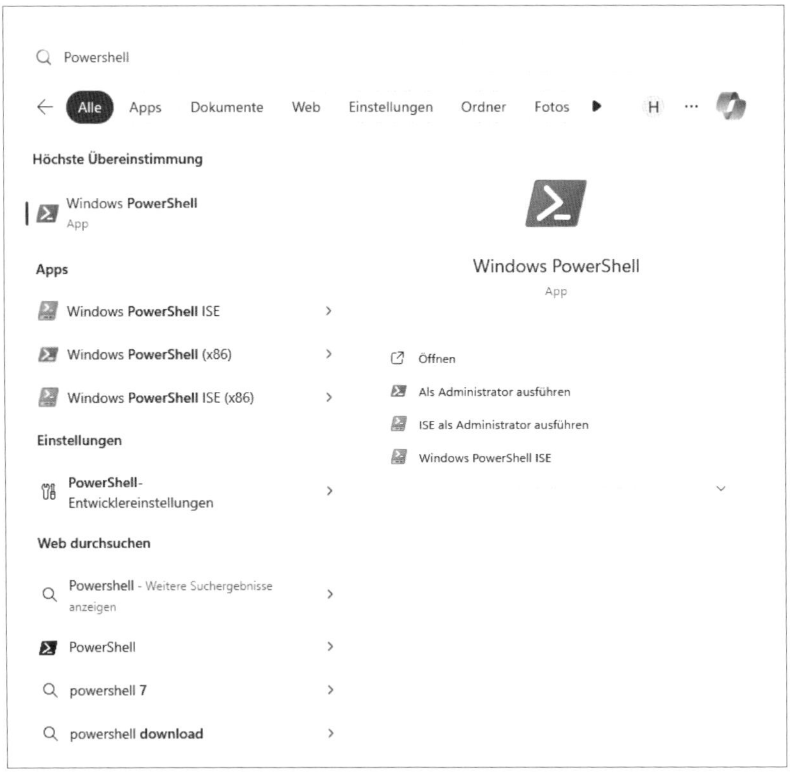

◀ **Abbildung 2.1**
Die PowerShell über das Startmenü öffnen

2 *https://ddev.com/get-started/ und https://ddev.readthedocs.io/en/stable/*

In dem Fenster, das sich nun öffnet, können Sie die WSL mit einem Ubuntu-Image installieren. Da dies auch das verwendete Standard-Image ist, genügt es, folgenden Befehl einzugeben:

```
PS C:\Users\Anwender> wsl --install
```

Nach der erfolgten Installation sollten Sie eine laufende Ubuntu-Installation in Ihrem Subsystem haben:

```
PS C:\Users\Anwender> wsl -l -v
  NAME      STATE          VERSION
* Ubuntu    Running        2
```

Als Nächstes ist es notwendig, ein weiteres Kommando auszuführen, mit dem DDEV installiert wird. Die Ausführung dieses Kommandos setzt Administrator-Rechte voraus, weshalb Sie die aktuelle PowerShell nun zunächst schließen können. Drücken Sie erneut die Windows-Taste und suchen Sie nach »Powershell«. Starten Sie die App aber nicht direkt, sondern nutzen Sie dieses Mal die Schaltfläche *Als Administrator starten*. Falls Ihnen diese nicht rechts neben den Suchergebnissen angezeigt wird, können Sie auch über einen Rechtsklick auf die PowerShell-App die Ausführung als Administrator starten. In dem Fenster, das sich nun öffnet, geben Sie den folgenden Befehl ein:

```
Set-ExecutionPolicy Bypass -Scope Process -Force;
[System.Net.ServicePointManager]::SecurityProtocol =
[System.Net.ServicePointManager]::SecurityProtocol -bor 3072;
iex ((New-Object System.Net.WebClient).DownloadString('https://
raw.githubusercontent.com/ddev/ddev/main/scripts/install_ddev_wsl2_docker_
inside.ps1'))
```

Dieser Schritt ist nur einmal notwendig. Ab diesem Zeitpunkt müssen Sie die PowerShell auch nicht mehr als Administrator ausführen. Schließen Sie die PowerShell daher wieder und öffnen Sie diese erneut ohne Administrator-Rechte.

Tipp Wenn Sie einen Windows-Rechner in einem Unternehmensnetzwerk nutzen und Sie keine Administrator-Rechte besitzen, sprechen Sie bitte Ihren Windows-Administrator des Vertrauens an, damit dieser die WSL-Installation und DDEV-Einrichtung vornimmt, sofern dies im Rahmen Ihrer Compliance-Regeln zulässig ist.

Der schwerste Teil ist nun schon fast geschafft! Sie haben jetzt eine funktionstüchtige Linux-Umgebung auf Ihrem Windows-Rechner. Um in diese zu wechseln, genügt die Eingabe des Befehls *wsl* in der PowerShell. Haben Sie dies getan, werden Sie merken, dass Sie sich scheinbar an einer anderen Stelle auf Ihrem Dateisystem bzw. in einem anderen Betriebssystem befinden (was auch tatsächlich so ist). Der vorangestellte Pfad sollte nun so aussehen:

```
PS C:\Users\Anwender> wsl
benutzer@DESKTOP:/mnt/c/Users/Anwender$
```

Die Bezeichnung hängt von Ihrem lokalen Benutzernamen (im Beispiel *benutzer*) und dem Namen Ihres Rechners ab (im Beispiel *DESKTOP*). Das aktuelle Verzeichnis */mnt/c/Users/Anwender/* ist das Verzeichnis Ihres Benutzers auf dem Windows-Dateisystem. Sie können sich die Verzeichnisse darin mit dem Befehl *ls* anzeigen lassen und werden sehen, dass sich hier zum Beispiel die Daten auf Ihrem Desktop im Verzeichnis *Desktop* befinden. Damit Ihre DDEV-basierte TYPO3-Installation performant läuft, ist es wichtig, dass diese **nicht** auf dem Windows-Dateisystem vorgenommen wird. Wechseln Sie daher zunächst mithilfe des *cd*-Befehls in das Home-Verzeichnis Ihres Ubuntu-Users:

```
benutzer@DESKTOP:/mnt/c/Users/Anwender$ cd /home/benutzer/
benutzer@DESKTOP:~$
```

Tipp Sie bewegen sich nun wie auf jedem anderen Linux-System auch und können beispielsweise über die TAB-Taste die Autovervollständigung nutzen, um Pfade zu vervollständigen. Da es nur Ihren Benutzer auf dem Subsystem gibt, sollte die Eingabe von *cd /home/[TAB]* schon den vollständigen Pfad erzeugen.

In Ihrem Home-Verzeichnis können Sie nun einen neuen Ordner erstellen, in dem anschließend Ihre TYPO3-Installation ihr Zuhause finden wird. Dafür verwenden Sie den *mkdir*-Befehl und wechseln anschließend mittels *cd* in das Verzeichnis:

```
benutzer@DESKTOP:~$ mkdir praxiswissen-typo3
benutzer@DESKTOP:~$ cd praxiswissen-typo3/
benutzer@DESKTOP :~/praxiswissen-typo3$
```

In diesem Ordner werden Sie als Nächstes TYPO3 installieren.

Warnung Es mag attraktiv erscheinen, die Installation nicht im Home-Verzeichnis des WSL vorzunehmen, sondern in einem Verzeichnis, das Sie direkt über Ihren Windows-Benutzer im Datei-Explorer ansteuern können (oder sogar direkt auf dem Desktop). Doch seien Sie gewiss: Dieses Experiment starten Sie nur einmal. Die Kommunikation über das WSL-Dateisystem hinaus würde Ihre TYPO3-Installation in einem Maße verlangsamen, dass jeder Seitenaufruf mehrere Sekunden benötigt.

TYPO3 mittels DDEV installieren

Nachdem Sie (gegebenenfalls, sofern Sie Windows-User sind) die WSL und DDEV erfolgreich installiert haben, können Sie nun DDEV dazu anweisen, eine TYPO3-Installation zu starten. Dabei erfolgt die Installation in dem Verzeichnis, in dem Sie sich gerade befinden – aktuell sollte dies das Verzeichnis *praxiswissen-typo3* in Ihrem Home-Verzeichnis sein. Wenn Sie wissen möchten, in welchem Verzeichnis Sie sich befinden, können Sie den *pwd*-Befehl nutzen. Dieser gibt Ihnen einen vollständigen Pfad aus:

```
benutzer@DESKTOP :~/praxiswissen-typo3$ pwd
/home/benutzer/praxiswissen-typo3
```

Tipp Falls Sie zwischenzeitlich etwas in Ihrem Linux-Subsystem gestöbert haben, sollten Sie jetzt wieder in das *praxiswissen-typo3*-Verzeichnis wechseln. Nutzen Sie dafür den Befehl `cd /home/benutzer/praxiswissen-typo3`.

Damit Sie nun TYPO3 mittels DDEV installieren können, müssen Sie zunächst ein DDEV-Projekt erzeugen:

```
ddev config --project-type=typo3 --docroot=public --php-version 8.2 --
webserver-type 'apache-fpm'
```

Wie Sie sehen, werden hierbei unter anderem die verwendete PHP-Version und Apache als Webserver angegeben. Durch die Angabe von `typo3` als `project-type` weiß DDEV zudem, dass Sie TYPO3 installieren möchten, wodurch das Vorhandensein weiterer Software sichergestellt wird.

Als Nächstes nutzen Sie den PHP-Paketmanager *Composer* zur Installation aller zentralen TYPO3-Pakete:

```
ddev composer require "typo3/cms-adminpanel:^13.4" "typo3/cms-backend:
^13.4" "typo3/cms-belog:^13.4" "typo3/cms-beuser:^13.4" "typo3/cms-core:
^13.4" "typo3/cms-dashboard:^13.4" "typo3/cms-extbase:^13.4" "typo3/cms-
extensionmanager:^13.4" "typo3/cms-felogin:^13.4" "typo3/cms-filelist:
^13.4" "typo3/cms-filemetadata:^13.4" "typo3/cms-fluid:^13.4" "typo3/cms-
fluid-styled-content:^13.4" "typo3/cms-form:^13.4" "typo3/cms-frontend:
^13.4" "typo3/cms-impexp:^13.4" "typo3/cms-indexed-search:^13.4" "typo3/
cms-info:^13.4" "typo3/cms-install:^13.4" "typo3/cms-linkvalidator:^13.4"
"typo3/cms-lowlevel:^13.4" "typo3/cms-opendocs:^13.4" "typo3/cms-reactions:
^13.4" "typo3/cms-recycler:^13.4" "typo3/cms-redirects:^13.4" "typo3/cms-
reports:^13.4" "typo3/cms-rte-ckeditor:^13.4" "typo3/cms-scheduler:^13.4"
"typo3/cms-seo:^13.4" "typo3/cms-setup:^13.4" "typo3/cms-sys-note:^13.4"
"typo3/cms-t3editor:^13.4" "typo3/cms-tstemplate:^13.4" "typo3/cms-
viewpage:^13.4" "typo3/cms-webhooks:^13.4" "typo3/cms-workspaces:^13.4"
"typo3/minimal:^13"
```

Tipp Sie müssen diesen Befehl nicht unbedingt abtippen. Auf *https://get.typo3.org/misc/composer/helper* können Sie den passenden Composer-Befehl für Ihr Wunsch-TYPO3 zusammenklicken (vgl. Abbildung 2.2 auf Seite 33). Achten Sie in der Oberfläche darauf, dass TYPO3 v13 ausgewählt ist, und klicken Sie auf *TYPO3/FULL*. Stellen Sie dem generierten Befehl unbedingt noch `ddev` noch voran!

Im Laufe des nun folgenden Installationsvorgangs werden Sie eventuell danach gefragt, ob Sie einigen Paketen vertrauen möchten. Bestätigen Sie dies jeweils mit *y* und *Enter*:

```
Do you trust "typo3/class-alias-loader" to execute code and wish to enable
it now? (writes "allow-plugins" to composer.json) [y,n,d,?] y
```

Composer hat nun alle notwendigen Pakete heruntergeladen und installiert. Als Nächstes ist die Grundeinrichtung von TYPO3 notwendig. So muss TYPO3 zum Beispiel eine Verbindung zur MySQL-Datenbank herstellen, die DDEV zur Verfügung stellt. Dies geschieht über den folgenden Befehl:

```
ddev typo3 setup --server-type=apache --driver=mysqli --host=db --port=3306
--dbname=db --username=db --password=db
```

Die Zugangsdaten zur Datenbank wurden automatisch von DDEV angelegt und hiermit in die TYPO3-Installation übertragen. Für eine Live-Installation sollte das Passwort natürlich unter keinen Umständen »db« lauten. Für diese lokale Installation reicht es jedoch aus.

Für den Installationsvorgang sind nun noch einige individuelle Angaben notwendig, nach denen Sie gefragt werden:

```
Admin username (user will be "system maintainer") ? praxiswissen
Admin user and installer password ?
Admin user email ?
Give your project a name [default: New TYPO3 Project] ? Praxiswissen TYPO3
Create a basic site? Please enter a URL [default: no] no
```

Sie können hier natürlich einen eigenen Benutzernamen wählen und eine E-Mail-Adresse angeben.

Tipp Beachten Sie, dass ein E-Mail-Versand aus Ihrer lokalen DDEV-Umgebung heraus höchstwahrscheinlich nicht möglich sein wird, da Ihr lokaler Rechner im Internet nicht als vertrauenswürdiger E-Mail-Server eingestuft ist und ebenso wenig die Erlaubnis hat, mit Ihrer E-Mail-Adresse als Absender E-Mails zu verschicken. Wenn Sie die Installation später einmal ins Internet stellen möchten, ist diese Angabe allerdings sinnvoll, da Sie damit zum Beispiel die Passwort-vergessen-Funktion nutzen können.

Die Installation ist nun aus Sicht von TYPO3 abgeschlossen. Jetzt müssen Sie nur noch einmal die zugehörigen Container neu starten:

```
ddev restart
```

DDEV startet nun die Container und alle notwendigen Dienste neu. Ab diesem Zeitpunkt erreichen Sie Ihre neue TYPO3-Installation auch über Ihren Browser. Dafür konfiguriert DDEV in Windows eine Adresse in Abhängigkeit des Projektverzeichnisses. Wenn Sie das Verzeichnis ebenfalls *praxiswissen-typo3* genannt haben, erreichen Sie das Backend nun unter der Adresse *https://praxiswissen-typo3.ddev.site/typo3/*.

Alternativ können Sie DDEV auch anweisen, Sie direkt in die TYPO3-Konfigurationsoberfläche (das »*Backend*«) zu bringen. Dabei startet

DDEV auch alle notwendigen Container, falls diese aktuell nicht laufen, und öffnet im Browser die passende Adresse:

```
ddev launch /typo3/
```

Tipp In den weiteren Kapiteln dieses Buchs werden Sie immer wieder Konsolen-Befehle ausführen. Bei der Verwendung von DDEV ist es wichtig, diesen `ddev` voranzustellen, sofern es sich **nicht** um Dateioperationen wie `cp`, `mv`, `mkdir` etc. handelt. Andernfalls werden die Befehle nicht im passenden Container gestartet. Dies betrifft im Wesentlichen diejenigen Befehle, die PHP-basierte Befehle wie `composer` und `typo3` ausführen! Wenn Sie Ihre Installation wiederum später zu einem Hosting-Dienstleister übertragen und per SSH weiterarbeiten, müssen Sie das vorangestellte `ddev` weglassen.

Doch stürzen Sie sich nicht sofort ins Backend! Rom wurde nicht an einem Tag erbaut, und Sie werden an diesem Buch auch länger als einen Tag Freude haben. Da Ihre TYPO3-Installation nun in diversen per DDEV verwalteten Docker-Containern wohnt, ist es nach einem Neustart Ihres PCs notwendig, diese auch wieder zu starten. Dabei müssen Sie natürlich nicht jedes Mal wieder die gesamte Installation vornehmen, die Sie bis hierhin kennengelernt haben. Folgende Schritte sind (unter Windows) jedoch notwendig:

Starten Sie die *PowerShell* wie zuvor beschrieben, indem Sie die *Windows*-Taste drücken, nach »PowerShell« suchen und die *Windows PowerShell*-App starten (nicht als Administrator!).

Starten Sie in der *PowerShell* Ihr *WSL (Windows Subsystem for Linux)*, indem Sie den Befehl `wsl` eingeben und mit *Enter* bestätigen.

Wechseln Sie über den *cd*-Befehl in Ihr Projektverzeichnis, beispielsweise in `cd /home/benutzer/praxiswissen-typo3/`.

Unter macOS läuft es analog dazu:

Stellen Sie sicher, dass Ihre Docker-Engine (beispielsweise *Docker Desktop*) gestartet ist.

Öffnen Sie ein Terminal und wechseln Sie über den *cd*-Befehl in Ihr Projektverzeichnis, beispielsweise `cd /Users/benutzer/praxiswissen-typo3/`.

Der weitere Weg ist auf allen Betriebssystemen gleich: Starten Sie die Container mittels `ddev start` oder lassen Sie sich direkt per `ddev launch /typo3/` ins Backend bringen.

Sie sind jetzt schon für die nächsten Tage gewappnet und können direkt zum Abschnitt »Wichtige Aufgaben im Install-Tool« auf Seite 39 vorblättern. Alternativ können Sie sich im nächsten Abschnitt anschauen, wie Sie TYPO3 auf einer bestehenden LAMP-Umgebung installieren.

Installation mittels Composer

Wenn Sie bereits über ein Hostingpaket verfügen, das die Grundvoraussetzungen für TYPO3 erfüllt (vgl. Abschnitt »Anforderungen an Server und Betriebssystem« auf Seite 21), Ihr Hostinganbieter aber kein vorinstalliertes TYPO3 zur Verfügung stellt und Sie direkt eine über das Internet erreichbare Seite aufsetzen möchten, dann bietet sich die Installation per Composer an. Bevor Sie damit beginnen, sollten Sie bereits eine Datenbank anlegen und sich die Zugangsdaten notieren. Von Ihrem Hostinganbieter erhalten Sie dabei in der Regel einen Benutzernamen, ein Passwort, einen Datenbanknamen und einen Datenbank-Hostnamen.

Composer installieren

Composer ist ein PHP-Paketmanager, mit dem nicht nur TYPO3, sondern auch viele andere Softwarepakete installiert werden können. Dabei kümmert sich Composer unter anderem darum, alle abhängigen Pakete zu installieren. TYPO3 empfiehlt bereits seit einigen Versionen, eine neue Installation per Composer durchzuführen. Prüfen Sie daher zunächst, ob Composer in Ihrem Hostingpaket zur Verfügung steht. Verbinden Sie sich dafür mit den SSH-Zugangsdaten, die Ihr Hostinganbieter Ihnen zur Verfügung gestellt hat, mit dem Paket und prüfen Sie die installierte Composer-Version:

```
composer -V
```

Falls Composer bereits installiert ist, erhalten Sie als Ausgabe unter anderem die zugehörige Version. TYPO3 13 benötigt mindestens die Version 2.1. Ist diese nicht installiert, können Sie ein Update von Composer ausführen:

```
composer --self-update
```

Sofern Composer noch gar nicht installiert ist, stellen Sie zunächst sicher, dass Sie sich in einem Verzeichnis befinden, in dem Sie Schreibrechte haben (beispielsweise */tmp*). Starten Sie anschließend die Installation mithilfe des *Composer-Installers*:

```
cd /tmp/
curl -s https://getcomposer.org/installer | php
```

Anschließend ist es notwendig, das erzeugte PHAR-Archiv zu verschieben:

```
mv composer.phar /usr/local/bin/composer
```

Nun sollte Ihnen der *composer*-Befehl zur Verfügung stehen und Sie können mit der Installation von TYPO3 selbst fortfahren.

Tipp Je nach Berechtigungskonzept Ihres Hostingpakets kann es sein, dass Sie die Installation von Composer nicht selbst vornehmen können oder zusätzliche Schritte ausführen müssen. Kontaktieren Sie hierzu bei Bedarf Ihren Hostinganbieter.

TYPO3 installieren

Als Nächstes benötigen Sie ein Verzeichnis, in dem Sie TYPO3 installieren können. Dieses muss später über das Internet erreichbar sein (schließlich möchten Sie auf die TYPO3-Webseite über einen Browser zugreifen). Auf den meisten Serverumgebungen können Sie das Verzeichnis in */var/www/*, */home/user/* oder Ähnlichem anlegen. Wenn es diese Verzeichnisse nicht gibt, halten Sie nach einem Verzeichnis namens *public_html* oder *html* Ausschau – informieren Sie sich im Zweifelsfall einmal bei Ihrem Hostinganbieter. Wichtig ist, dass Sie ein neues Verzeichnis an der passenden Stelle anlegen und in dieses wechseln. Im Fall von */var/www/* geht das so:

```
mkdir /var/www/praxiswissen-typo3
cd /var/www/praxiswissen-typo3/
```

Sie können nun die TYPO3-Installation mittels Composer starten. Da TYPO3 modular aufgebaut ist, müssen Sie zunächst entscheiden, welche TYPO3-Pakete Sie installieren möchten. Dabei ist der *Composer Helper*[3] von TYPO3 ein nützliches Hilfsmittel. Damit Sie im Laufe dieses Buchs nicht plötzlich vor fehlenden Menüpunkten stehen, weil ein Paket nicht installiert ist, empfehlen wir die Installation aller Pakete. Rufen Sie dazu den Composer Helper auf und klicken Sie auf *TYPO3/FULL*. Oben erscheint ein Composer-Installationsbefehl wie der in Abbildung 2.2, den Sie nun ausführen können:

```
composer require "typo3/cms-adminpanel:^13.4" "typo3/cms-backend:^13.4"
"typo3/cms-belog:^13.4" "typo3/cms-beuser:^13.4" "typo3/cms-core:^13.4"
"typo3/cms-dashboard:^13.4" "typo3/cms-extbase:^13.4" "typo3/cms-
extensionmanager:^13.4" "typo3/cms-felogin:^13.4" "typo3/cms-filelist:
^13.4" "typo3/cms-filemetadata:^13.4" "typo3/cms-fluid:^13.4" "typo3/cms-
fluid-styled-content:^13.4" "typo3/cms-form:^13.4" "typo3/cms-frontend:
^13.4" "typo3/cms-impexp:^13.4" "typo3/cms-indexed-search:^13.4" "typo3/
cms-info:^13.4" "typo3/cms-install:^13.4" "typo3/cms-linkvalidator:^13.4"
"typo3/cms-lowlevel:^13.4" "typo3/cms-opendocs:^13.4" "typo3/cms-reactions:
^13.4" "typo3/cms-recycler:^13.4" "typo3/cms-redirects:^13.4" "typo3/cms-
reports:^13.4" "typo3/cms-rte-ckeditor:^13.4" "typo3/cms-scheduler:^13.4"
"typo3/cms-seo:^13.4" "typo3/cms-setup:^13.4" "typo3/cms-sys-note:^13.4"
"typo3/cms-t3editor:^13.4" "typo3/cms-tstemplate:^13.4" "typo3/cms-
viewpage:^13.4" "typo3/cms-webhooks:^13.4" "typo3/cms-workspaces:^13.4"
"typo3/minimal:^13"
```

3 *https://get.typo3.org/misc/composer/helper*

Sie werden während der Installation gefragt, ob Sie bestimmten Paketen vertrauen. Bestätigen Sie diese Abfragen jeweils mit `y` und der *Enter*-Taste.

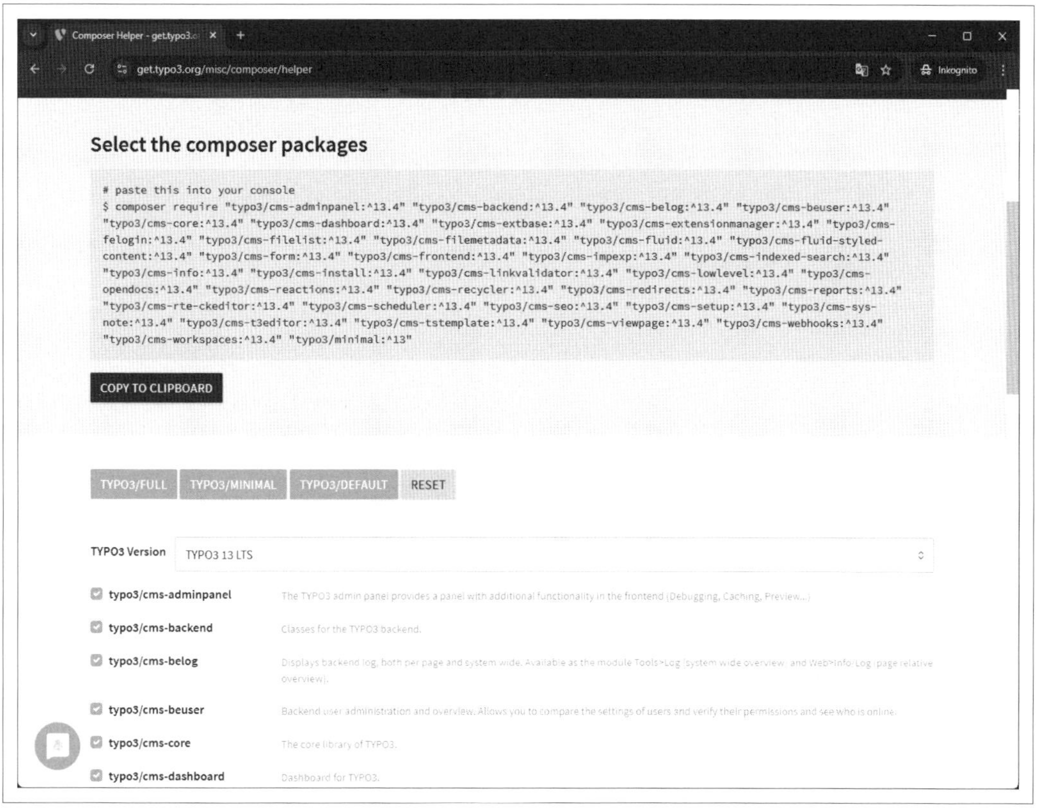

▲ Abbildung 2.2
Composer-Installation mithilfe des Composer Helpers

Nun sind alle Daten vorhanden, die für TYPO3 benötigt werden. Als Nächstes müssen Sie die Datenbank verknüpfen und ein paar Grundeinstellungen vornehmen. Dies ist zum einen über den CLI-Befehl `typo3 setup` möglich (den Sie bereits im vorigen Abschnitt kennenlernen konnten), zum anderen auch über eine grafische Oberfläche. Um dem Installationsprozess besser folgen zu können, verwenden wir die grafische Oberfläche.

Wenn Sie sich die aktuelle Verzeichnisstruktur anschauen, werden Sie feststellen, dass es nun einige Dateien und Verzeichnisse gibt:

```
composer.json
composer.lock
public/
  _assets/
  index.php
  typo3/
vendor/
```

Für das weitere Vorgehen ist die Datei *public/index.php* relevant, da TYPO3 über sie später die Webseite und im ersten Schritt den Installationsassistenten anzeigt. Stellen Sie zunächst sicher, dass dem *public*-Verzeichnis eine Domain oder Subdomain bei Ihrem Hostinganbieter zugeordnet wird. Wenn Sie noch keine eigene Domain besitzen, haben Sie vielleicht eine Subdomain Ihres Hostinganbieters in Form von *https://kundennummer.hostinganbieter.tld* oder etwas Vergleichbares erhalten. Lassen Sie diese Subdomain (oder Ihre eigene) auf das Verzeichnis *praxiswissen-typo3/public/* verweisen und rufen Sie sie anschließend im Browser auf, um die Ersteinrichtung zu beginnen.

Warnung Aus Sicherheitsgründen dürfen keinen anderen (Sub-)Domains auf ein Verzeichnis oberhalb von *public* verweisen. Andernfalls können Angreifer eventuell auf sensible Informationen wie die *composer.lock*-Datei und diverse Konfigurationsdateien zugreifen. Stellen Sie daher sicher, dass man zum Beispiel nicht über *andere.subdomain.tld/praxiswissen-typo3/composer.lock* auf das Verzeichnis oberhalb Ihres *public*-Verzeichnisses zugreifen kann, und kontaktieren Sie im Zweifelsfall Ihren Hostinganbieter.

Anders als bei der Installation mittels DDEV nutzen wir nun den grafischen Installations-Assistenten anstelle der TYPO3-CLI. Dieser führt Sie mit wenigen Klicks durch die notwendigen Konfigurationen.

Durchführung der Ersteinrichtung

Der TYPO3-Installationsassistent trägt hier die Bezeichnung *Install Tool* und wird Ihnen auch nach abgeschlossener Installation ein treuer Begleiter sein. Informationen zum Install-Tool erhalten Sie weiter unten im Abschnitt »Das Install-Tool im Detail« auf Seite 46.

Der Assistent weist Sie darauf hin, dass zunächst eine Datei namens *FIRST_INSTALL* angelegt werden muss (siehe Abbildung 2.3). Dabei handelt es sich ebenfalls um einen Sicherheitsmechanismus. Stellen Sie sich vor, Sie haben es bis hierhin geschafft und erfolgreich die Composer-Pakete installiert sowie eine Subdomain aufgeschaltet. Für den nächsten Schritt benötigen Sie auf jeden Fall den Benutzer, das Kennwort, den Datenbanknamen und den Hostnamen Ihrer Datenbank. Vielleicht müssen Sie diese nun noch bei Ihrem Hostinganbieter anlegen oder erfragen. (Falls ja: Tun Sie dies jetzt!) In der Zwischenzeit ist der Installationsassistent aber schon im Internet erreichbar, womit ihn potenziell auch andere Akteure mit ihren eigenen Daten abschließen könnten. Dies wird dadurch verhindert, dass Sie erst noch die *FIRST_INSTALL*-Datei anlegen müssen, wenn Sie wirklich für den nächsten Schritt bereit sind.

Sie haben alles zusammen? Super! Dann legen Sie nun die Datei im *public*-Verzeichnis an. Es muss kein Inhalt vorhanden sein, weshalb Sie den touch-Befehl verwenden können:

```
cd /pfad/zu/praxiswissen-typo3/public/
touch FIRST_INSTALL
```

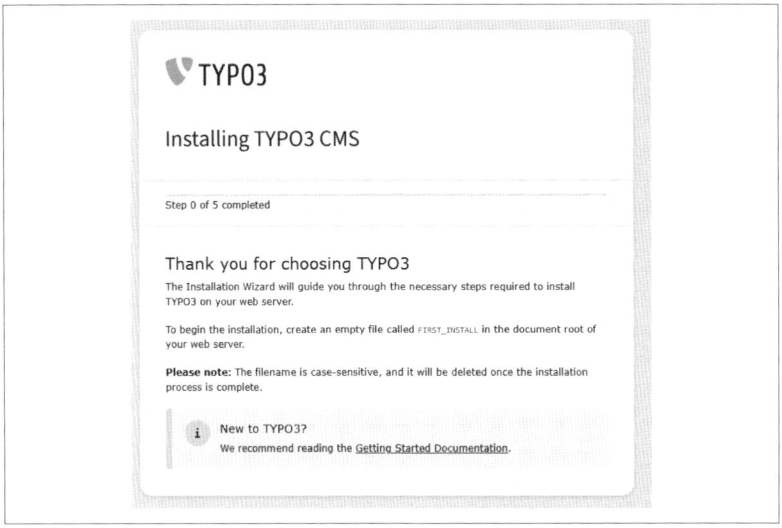

◀ **Abbildung 2.3**
Der erste Schritt des Installationsassistenten

Rufen Sie die Seite nun erneut auf, damit TYPO3 Ihre Umgebung prüfen kann. Möglicherweise erhalten Sie hier entsprechende Warnmeldungen mit detaillierten Beschreibungen, wie Sie Ihr System optimieren können bzw. sollten. So werden Sie möglicherweise Meldungen wie *Low PHP script execution time* oder *PHP max_input_vars very low* erhalten. Diese Fehlermeldungen können Sie durch entsprechende Konfigurationen in der Konfigurationsdatei *php.ini* bearbeiten. Unter Linux-Systemen finden Sie diese üblicherweise im Verzeichnis */etc/php* oder */etc/php8*:

```
max_execution_time = 240
max_input_vars = 1500
```

Alle Warnhinweise sind farbig codiert: Die rot hinterlegten Hinweise sollten Sie bei der Installation unbedingt berücksichtigen, da das System andernfalls sicher nicht funktionieren wird. Die gelb hinterlegten Hinweise sollten Sie natürlich ebenso berücksichtigen, sie sind in der Regel jedoch eher Optimierungshinweise.

Über den Button *Scan environment again* können Sie die Prüfung erneut durchführen. Die entsprechenden Warnmeldungen sind nun hoffentlich verschwunden. Möchten Sie trotz auftauchender Warnungen mit dem Installationsprozess fortfahren, können Sie das über den Button *Continue with errors* erzwingen.

Falls alle Meldungen verschwunden sein sollten, benutzen Sie den Button *No problems detected, continue with installation*.

Im nächsten Schritt können Sie nun Ihre Datenbankzugangsdaten hinterlegen (siehe Abbildung 2.4). Falls Ihnen Ihr Hostinganbieter keinen Datenbankhostnamen gegeben hat, lautet dieser vermutlich *localhost*. Alternativ ist es möglich, dass Ihre Datenbank über eine Socket-Verbindung angesteuert ist. Wählen Sie in diesem Fall im Drop-down-Menü den zweiten Eintrag für eine MySQLi-Socket-Connection aus und tragen Sie den zugehörigen Pfad ein.

Abbildung 2.4 ▶ Eintragen der Datenbankzugangsdaten

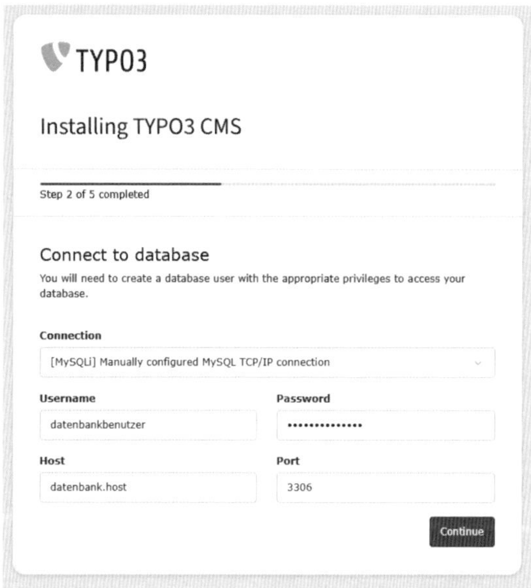

Wenn die Zugangsdaten stimmen, müssen Sie im nächsten Schritt noch die gewünschte Datenbank auswählen, die Sie bei Ihrem Hostinganbieter angelegt haben. TYPO3 zeigt Ihnen dafür alle Datenbanken an, die mit den eingegebenen Zugangsdaten erreichbar sind. Falls bereits Tabellen in einer Datenbank vorhanden sind, wird dies ebenfalls angezeigt.

Warnung So verlockend es erscheinen mag: Bitte installieren Sie TYPO3 nicht in eine Datenbank, in der Sie schon eine andere Software betreiben oder später betreiben möchten! TYPO3 kümmert sich liebevoll um die eigenen Daten und wird Sie an verschiedenen Stellen dazu animieren, Tabellen zu entfernen, die nicht mehr benötigt werden. Wenn Sie weitere Software in der gleichen Datenbank installiert haben, handelt es sich dabei für TYPO3 um »nicht benötigte Tabellen«, wodurch es im schlimmsten Fall zu einem Datenverlust kommt. Daher gilt: Nutzen Sie immer eine frische Datenbank!

Sofern Ihr Hostinganbieter es zulässt, könnten Sie hier auch eine neue Datenbank anlegen.

Ganz gleich, welchen Weg Sie wählen, um eine neue Datenbank zu verknüpfen: Im nächsten Schritt erfolgt nun die Eingabe der Zugangsdaten für den Admin-Benutzer Ihrer neuen TYPO3-Installation (siehe Abbildung 2.5). Verwenden Sie ein starkes Passwort, das möglichst lang ist und Groß-/Kleinbuchstaben, Zahlen und Sonderzeichen enthält. Verzichten Sie beim Benutzernamen zudem auf allgemeingültige Begriffe wie »admin« oder »webmaster«. Auch wenn TYPO3 Sicherheitsmechanismen einsetzt, um den Zugriff durch unberechtigte Dritte zu unterbinden, sollten Sie es einem Angreifer nicht leicht machen, einen Benutzernamen zu erraten. Die eingegebene E-Mail-Adresse wird zum Beispiel für die Passwort-vergessen-Funktion genutzt. Damit Sie diese Funktion hoffentlich nie brauchen werden, speichern Sie Ihr eingetragenes Passwort am besten in dem Passwortmanager Ihrer Wahl.

◀ **Abbildung 2.5**
Den ersten Benutzer anlegen

Im letzten Schritt der Installation bietet Ihnen TYPO3 noch an, eine Startseite und vorgefertigte Benutzer-Gruppen anzulegen, um den Einstieg zu vereinfachen. Da Sie den einfachen Einstieg bereits in Ihren Händen halten und beide Schritte im Laufe dieses Buchs von Grund auf kennen lernen werden, wählen Sie hier die Option *Do nothing, take me straight to the backend* aus (siehe Abbildung 2.6).

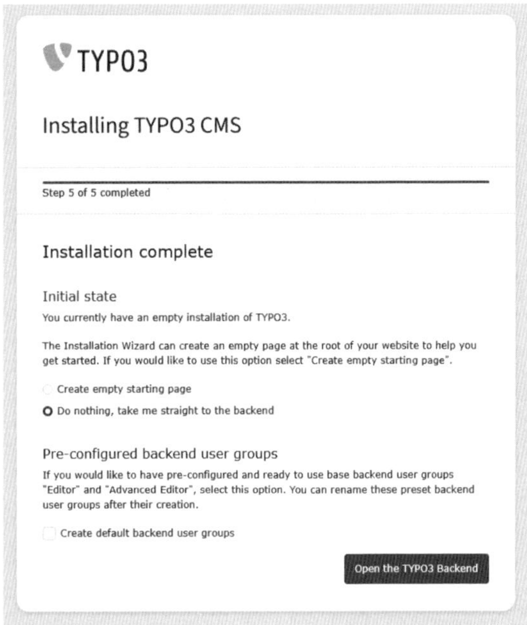

Abbildung 2.6 ▶ Der letzte Schritt der Installation

Damit ist die Installation von TYPO3 abgeschlossen. Indem Sie die TYPO3-Installation nun erneut über die Domain aufrufen (beispielsweise *https://kundenummer.hostinganbieter.tld),* können Sie sich vergewissern, dass die Installation korrekt ausgeführt wurde: Wahrscheinlich erhalten Sie jetzt die Meldung *No site configuration found* bzw. die allgemeine Fehlermeldung *404 Page Not Found* in einem TYPO3-Design. Doch keine Sorge: Das ist vollkommen normal. In den nächsten Kapiteln werden Sie lernen, wie Sie Inhalte anlegen und TYPO3 anweisen, diese korrekt auszugeben.

Manuelle Installation mittels Symlinks

Neben der Installation über Composer (die auch die Basis der lokalen Installation über DDEV ist), gibt es noch die Möglichkeit, TYPO3 über einen manuellen Download und unter Verwendung verschiedener Symlinks zu installieren. Dieser Weg wird auch als *Classic Mode* bzw. *Legacy Installation* bezeichnet. In den ersten Jahren von TYPO3 war dieses Vorgehen sehr fortschrittlich und bot viele Vorteile. So waren zum Beispiel vergleichsweise einfache Updates der Installation möglich.

Seitdem eine Installation über den PHP-Paketmanager Composer möglich ist, sollten Sie diesen klassischen Weg allerdings nicht mehr verwenden: Da etliche Drittanbieter-Extensions beispielsweise nur über Composer zur Verfügung stehen, möchten wir Sie in diesem Buch nicht in Versuchung führen, auf diesen alten Standard zu setzen. Möchten Sie dennoch einen Blick auf diese Art der Installation werfen, schauen Sie gern in die offizielle Dokumentation[4]. Bedenken Sie dabei aber bitte, dass wir im Verlauf dieses Buchs davon ausgehen, dass die Installation per Composer vorgenommen wurde.

Wichtige Aufgaben im Install-Tool

Neben dem Backend (der Verwaltungsoberfläche von TYPO3), das Sie im nächsten Kapitel näher kennenlernen werden, ist das Install-Tool eines der wichtigsten Werkzeuge zur Administration und Wartung Ihres TYPO3-Projekts. Direkt nach der Ausführung des TYPO3-Installationsassistenten gibt es hier einige wichtige Konfigurationseinstellungen, die Sie vornehmen sollten und die in diesem Abschnitt näher betrachtet werden.

Im regulären Betrieb Ihres Projekts werden Sie das Install-Tool selbst eher selten benötigen. Alle vom Install-Tool angebotenen Funktionen können Sie später auch direkt über das TYPO3-Backend aufrufen (entsprechende Benutzerberechtigungen vorausgesetzt). Diese stehen im Menü unter dem Abschnitt *Verwaltungswerkzeuge* (engl. *ADMIN TOOLS)* zur Verfügung (dazu später mehr).

Tipp

Um über das TYPO3-Backend Zugriff auf die Funktionen des Install-Tools zu haben, benötigen Sie einen Backend-Benutzer, der zur Gruppe der *Systemverantwortlichen* gehört. Der erste Benutzer, den Sie bei der Installation erstellt haben, ist standardmäßig Mitglied dieser Gruppe – alle weiteren Benutzer, die Sie im Nachhinein erstellen, sind es standardmäßig erst einmal nicht.

Unabhängig von einem funktionierenden Backend-Log-in können Sie das Install-Tool auch aufrufen, indem Sie den Pfad */typo3/install.php* zu Ihrer Domain hinzufügen, also z. B. *https://kundennummer.hostinganbieter.tld/typo3/install.php*. Der direkte Zugriff auf das Install-Tool kann insbesondere dann nützlich sein, wenn Sie sich aus dem Backend »ausgesperrt« haben.

Sollte sich das Install-Tool nicht öffnen lassen und mit der Textmeldung *The Install Tool is locked* beendet werden, müssen Sie es sich zunächst zugänglich machen. Wenn Sie über das TYPO3-Backend zugreifen, klicken Sie hierzu einfach auf die Schaltfläche *Unlock the Install Tool*. Andernfalls legen Sie eine neue leere Datei mit dem Namen *ENABLE_IN-*

4 *https://docs.typo3.org/permalink/t3coreapi:legacyinstallation*

STALL_TOOL im Verzeichnis *var/transient/* an. Das bloße Vorhandensein dieser Datei aktiviert bereits das Install-Tool.

Sofern Sie einen direkten Zugriff auf den Server haben (z.B. über SSH), können Sie die Datei wie folgt anlegen (passen Sie gegebenenfalls den Pfad an):

```
$ cd /var/www/praxiswissen-typo3/var/transient/
$ touch ENABLE_INSTALL_TOOL
```

Die Datei *ENABLE_INSTALL_TOOL* kann ebenfalls über einen (S)FTP-Zugang in das Verzeichnis übertragen werden. Auf Windows-Systemen wird bei der Erstellung einer leeren Datei meist zwingend eine Dateiendung vorgegeben. Diese Dateiendung müssen Sie jedoch nach dem Übertragen auf den Server entfernen, z.B. indem Sie die Datei umbenennen.

Support Dateien können auch per SFTP (*Secure File Transfer Protocol*) zum Bearbeiten von Ihrem lokalen Rechner auf den Server kopiert werden. Sofern sich Ihre TYPO3-Installation auf einem Linux-System befindet, achten Sie auf das Dateiformat. Beim Editieren auf Windows-Systemen werden Dateien häufig in das Windows-Format umgewandelt, was nachträglich eine Fehlerquelle aufgrund unterschiedlicher Zeilenumbruchzeichen darstellt.

Wundern Sie sich nicht, wenn die Datei nach einer Stunde wieder verschwunden und das TYPO3-Install-Tool blockiert ist. TYPO3 prüft, ob die Datei innerhalb der letzten 60 Minuten erstellt wurde, und löscht sie automatisch, falls sie bereits existiert, aber schon älter ist.

Das Passwort für das Install-Tool ändern

Falls Sie direkt aus dem Install-Tool zugreifen (also nicht über das TYPO3-Backend), müssen Sie sich mit dem *Install-Tool-Passwort* anmelden. Dabei handelt es sich standardmäßig um das Passwort des ersten Benutzers, den Sie während der Installation angelegt haben – es kann jedoch unabhängig vom Benutzerpasswort jederzeit nachträglich geändert werden.

Um das Install-Tool-Passwort zu ändern, wechseln Sie wie in Abbildung 2.7 gezeigt im Install-Tool in den Bereich *Settings* und klicken auf den Button *Change Install Tool Password*. Anschließend geben Sie im Feld *Enter new password* ein neues Passwort ein, wiederholen Ihre Eingabe im Feld *Repeat Password* und bestätigen dieses neue Passwort über den Button *Set new password*.

Haben Sie TYPO3 vorinstalliert bei einem auf TYPO3 spezialisierten Provider erhalten, wurde Ihnen das Passwort für das Install-Tool von Ihrem Provider mitgeteilt. Der Sicherheit halber sollten Sie ein solches vordefiniertes Passwort jedoch zügig ändern. Wenn alle Stricke reißen, können Sie das

Passwort auch zurücksetzen. Schauen Sie sich dafür am Ende des Buchs im Kapitel 12, *Tipps und Tricks*, den Abschnitt »Das Backend-Passwort vergessen?« auf Seite 419 an.

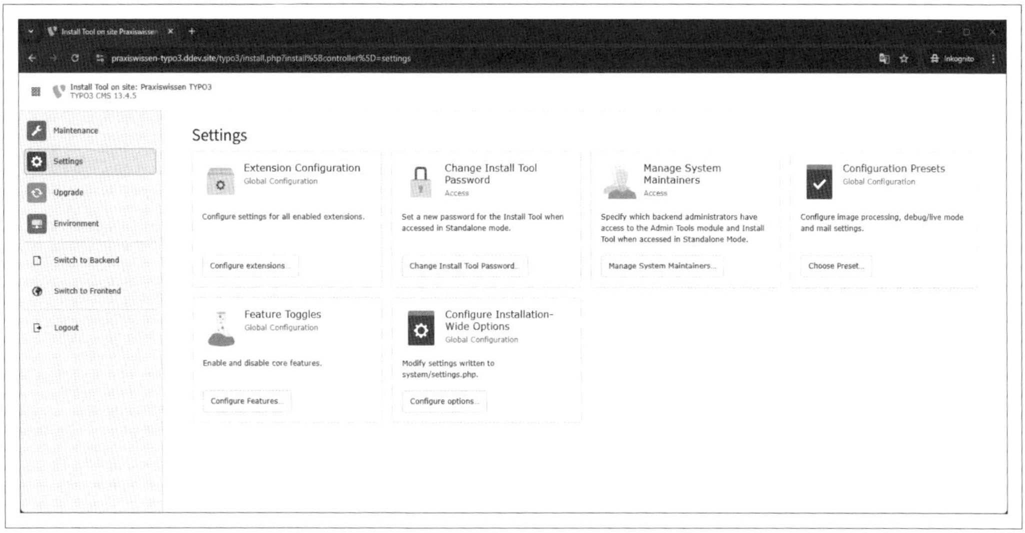

▲ Abbildung 2.7
Das Passwort für das Install-Tool ändern

Mailversand testen

Unter dem Menüpunkt *Environment* bietet das Install-Tool einige Optionen, um zu prüfen, ob Ihre Serverumgebung alle Anforderungen von TYPO3 erfüllt. Die offensichtlichen (beispielsweise die PHP-Konfiguration) wurden bereits bei der Durchführung der Installation geprüft. Darüber hinaus gibt es jedoch noch ein paar spezielle Konfigurationseinstellungen, die während der Erstinstallation nicht explizit geprüft werden.

Beispielsweise können Sie über den Punkt *Test Mail Setup* prüfen, ob der Versand von E-Mails aus TYPO3 heraus möglich ist (etwa bei der Nutzung von Kontaktformularen). Standardmäßig erfolgt der Versand über die Anwendung *sendmail* (die dafür natürlich auf dem Server installiert sein muss) oder andernfalls über ein konfiguriertes SMTP-Postfach. Ob Nachrichten aus dem System versendet werden, überprüfen Sie über die E-Mail-Testfunktion, die sich im Bereich *Environment* befindet. Damit TYPO3 diesen Test durchführen kann, müssen Sie zunächst eine Absenderadresse festlegen. Andernfalls wird eine Fehlermeldung wie in Abbildung 2.8 angezeigt. Praktischerweise wird hier auch direkt auf die Stelle verwiesen, an der Sie die Absenderadresse hinterlegen können.

Um die *defaultMailFromAddress* zu setzen, wechseln Sie auf den Punkt *Settings → Configure Installation-Wide Options*. Sie können hier in das Filterfeld oben »defaultMailFromAddress« eingeben, um sich nicht durch die umfangreichen Einstellungen scrollen zu müssen (siehe Abbildung 2.9). Tragen Sie anschließend eine E-Mail-Adresse ein, die Ihr Server als Absender verwenden darf.

Abbildung 2.8 ▶
Die Funktion »Test Mail Setup« im Install-Tool

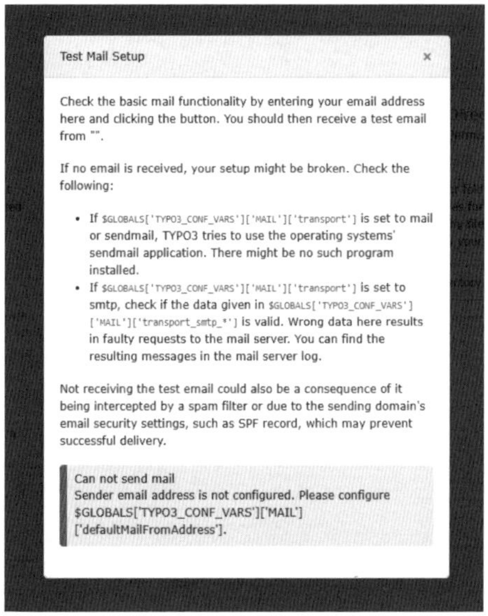

In den meisten Serverumgebungen sollte der Versand von E-Mails aus TYPO3 heraus damit einfach funktionieren. Falls die Konfiguration Ihrer PHP-Umgebung keinen E-Mail-Versand zulässt, ist allerdings noch nicht alle Hoffnung verloren: Sie können TYPO3 auch instruieren, Mails über einen externen SMTP-Server zu versenden. Wechseln Sie hierzu in den Abschnitt *Settings* und wählen Sie die Option *Configuration Presets*. Im nun erscheinenden Fenster finden Sie den Abschnitt *Mail handling settings*.

Abbildung 2.9 ▼
Die Absender-Adresse festlegen

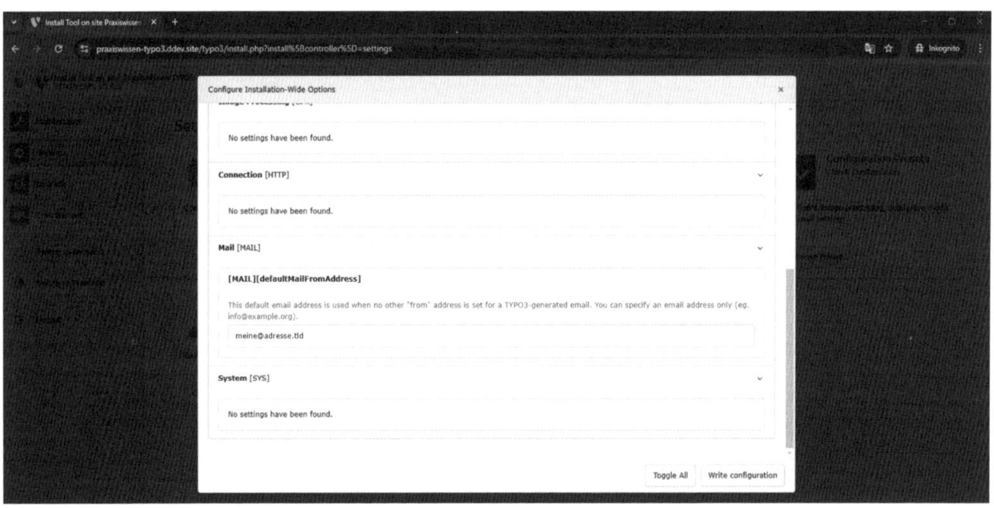

Aktivieren Sie hier die Option *Custom configuration*, ändern Sie das Feld *MAIL/transport* von **`sendmail`** auf **`smtp`** und geben Sie in den nachfolgenden Feldern die Zugangsdaten zu Ihrem eigenen SMTP-Server ein.

Support Wenn Sie TYPO3 lokal – zum Beispiel mittels DDEV – installiert haben, wird der Mail-Versand höchstwahrscheinlich nicht funktionieren, da Ihr lokaler Computer nicht der autorisierte Mailserver der eingetragenen E-Mail-Adresse ist. Die Test-Mail des Install-Tools würde daher sehr wahrscheinlich als Spam klassifiziert, wenn Sie diese nicht per SMTP über den richtigen Mailserver verschicken.

Bildverarbeitung testen

Des Weiteren stehen Prüffunktionen zur Verfügung, die feststellen, ob die Konfigurationen von ImageMagick, Freetype und der GDlib mit TYPO3 korrekt zusammenspielen. Dies ist insbesondere wichtig für die Bildverarbeitungsfunktionen von TYPO3. Um diese zu testen, wählen Sie im Abschnitt *Environment* die Option *Image Processing*.

Die Prüffunktion nutzt die Bildverarbeitungswerkzeuge auf Ihrem Server, um verschiedene Testbilder zu generieren. Diese können Sie im Anschluss optisch mit vorliegenden Referenzbildern vergleichen. Sollten Sie leichte Unterschiede zu den mitgelieferten Testbildern feststellen – beispielsweise bei den erzeugten Bildgrößen –, ist das kein Problem. Wichtig ist, dass die Bilder erzeugt werden und dass Sie keine signifikanten visuellen Veränderungen feststellen können. Sind Veränderungen sichtbar oder sind die von TYPO3 verglichenen Dateigrößen dramatisch unterschiedlich, sollten Sie die Installationen der jeweiligen Softwarepakete noch einmal überprüfen.

Falls bei Ihnen gar keine Bilder generiert werden, lässt sich das eventuell auch auf eine falsche Konfigurationseinstellung zurückführen. Unter dem Menüpunkt *Settings → Configuration Presets* können Sie die am häufigsten genutzten Konfigurationsvariablen für Ihre TYPO3-Installation anpassen. Dabei sind die möglichen Einstellungen in verschiedene Teilbereiche gegliedert, die Sie mit einem Klick auf den entsprechenden Titel (beispielsweise *Image handling settings*) einfach auf- und zuklappen können.

Im Bereich *Image handling settings* können Sie angeben, ob TYPO3 ImageMagick oder GraphicsMagick zur Grafikgenerierung nutzen soll (normalerweise erfolgt diese Konfiguration jedoch während des Installationsprozesses automatisch). Falls keines der beiden Programme unter den üblichen Pfaden gefunden werden kann, können Sie die Option *Custom configuration* nutzen, um im Eingabefeld *GFX/processor_path* selbst anzugeben, in welchem Ordner sich die ausführbaren Dateien *convert*, *combine* und *identify* befinden (siehe Abbildung 2.10).

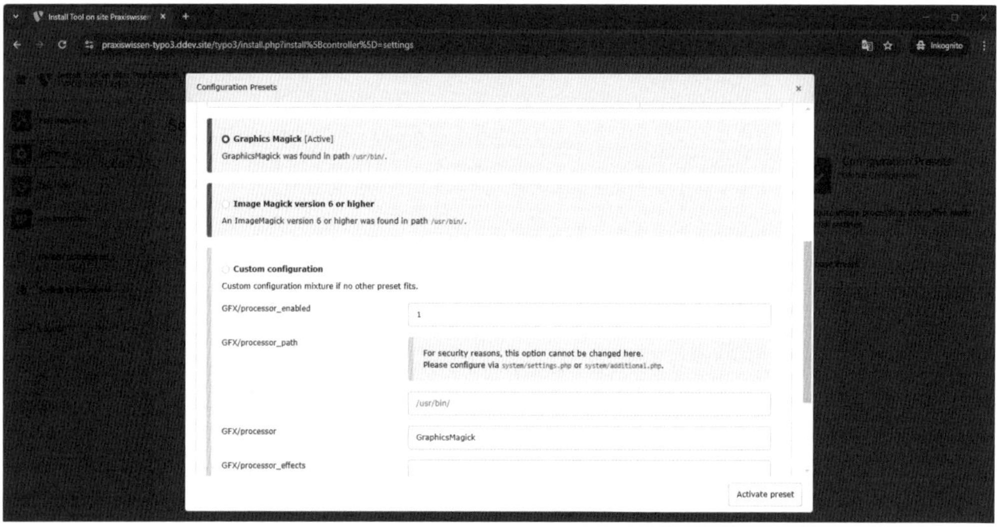

Abbildung 2.10 ▲
Den Pfad zu den Grafikgenerierungsprogrammen angeben

Wie oben bereits erwähnt: Sollten Sie bei den erzeugten Bildgrößen in diesen Prüffunktionen leichte Unterschiede zu den jeweils mitgelieferten Testbildern feststellen, ist das kein Problem.

Deutsche Sprachpakete installieren

Wie Ihnen vielleicht aufgefallen ist, haben sich Ihnen der Setup-Assistent und das Install-Tool ausschließlich in englischer Sprache präsentiert. Falls Sie – oder andere Anwender*innen, die womöglich später mit dem System arbeiten – im Englischen nicht so sprachsicher sind, ist zumindest für das TYPO3-Backend Abhilfe in Sicht.

Standardmäßig enthält TYPO3 nur die Sprachdateien für die englische Sprache. Zusätzliche Sprachen können allerdings nachträglich über die Sprachverwaltung im Install-Tool installiert werden.

Um in die Sprachverwaltung zu gelangen, wählen Sie im Install-Tool (oder im TYPO3-Backend) den Menüpunkt *Maintenance* im Bereich *ADMIN TOOLS*. Hier finden Sie (gegebenenfalls nach ein wenig Scrollen) die Option *Manage Language Packs*. Klicken Sie auf *Manage Languages*, und Sie finden sich in der Übersicht wieder, die Sie in Abbildung 2.11 sehen. Die Liste der verfügbaren Sprachen erscheint, sobald Sie auf den *Add language*-Button klicken.

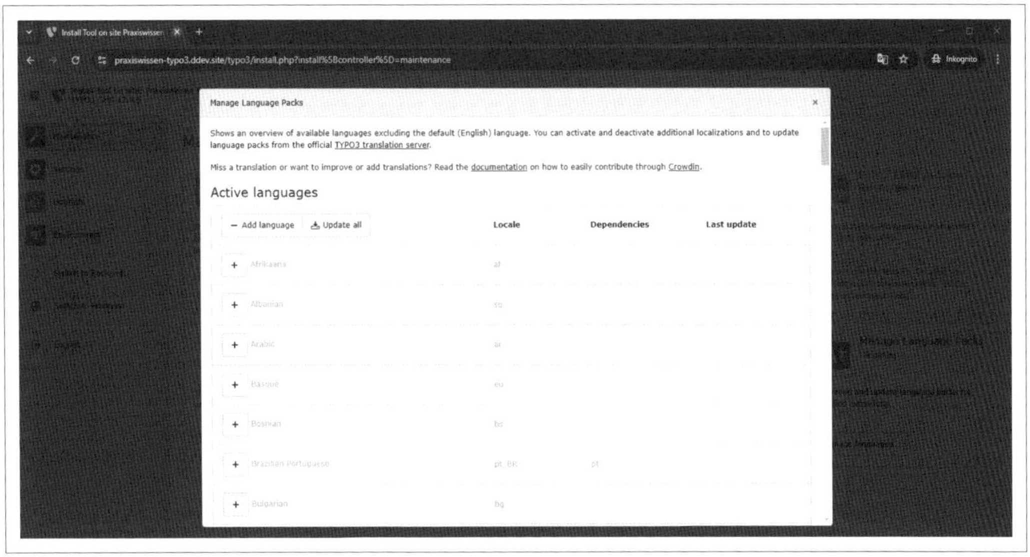

▲ **Abbildung 2.11**
Neue Sprachen hinzufügen

Wählen Sie hier die gewünschte Sprache über das Plus-Symbol aus, um sie zur Liste der aktiven Sprachen hinzuzufügen. Allerdings werden die Sprachen dadurch noch nicht installiert. Die entsprechenden Sprachpakete müssen von einem zentralen Server heruntergeladen bzw. mit ihm abgeglichen werden. Über den *Update all*-Button können Sie jetzt veranlassen, dass die aktuellste veröffentlichte Version des jeweiligen Sprachpakets in Ihr TYPO3-Projekt übertragen wird.

Support

Damit die Übertragung der Sprachpakete stattfinden kann, ist es erforderlich, dass von Ihrer TYPO3-Installation aus eine Verbindung in das Internet aufgebaut werden kann. Bei auf TYPO3 spezialisierten Providern können Sie die globale PHP-Einstellungsdatei *php.ini* selbst anpassen. Sie müssen *allow_url_fopen* aktivieren, und über *memory_limit* muss ausreichend Speicher zur Verfügung stehen.

Falls Ihre TYPO3-Installation das Internet nur über einen Proxy-Server erreichen kann, können Sie diesen im Install-Tool unter dem Abschnitt *Settings* → *Configure Installation-Wide Options* → *Connection* konfigurieren.

Sie können auf genau dieselbe Weise auch mehrere Sprachen gleichzeitig aktivieren. Dann kann jeder Backend-Benutzer später für sich selbst einstellen, in welcher Sprache er das TYPO3-Backend bedienen möchte.

Das Install-Tool im Detail

Neben den zuvor schon vorgestellten Optionen bietet das Install-Tool zahlreiche weitere Konfigurationsmöglichkeiten. Direkt nach der Installation wird TYPO3 mit einer Standardkonfiguration ausgeliefert, die im Regelfall nur noch an wenigen Stellen angepasst werden muss. Eine klassische Anpassung, die Sie bereits in den vorherigen Abschnitten vorgenommen haben, ist die Angabe der Daten für die Verbindung zur Datenbank, das Ändern des Install-Tool-Passworts oder die Konfiguration des Mailversands.

Einstellungen, die über das Install-Tool vorgenommen werden, speichert TYPO3 in der Datei *config/system/settings.php*. Wenn Sie sich sehr gut auskennen, können Sie diese Datei auch manuell bearbeiten, z.B. per (S)FTP. Beachten Sie aber, dass eine fehlerhafte *settings.php* das Arbeiten mit TYPO3 unmöglich macht. Auch kann das Install-Tool unter Umständen bei einer fehlerhaften Datei so lange nicht mehr aufgerufen werden, wie nicht alle Fehler beseitigt sind.

TYPO3 hält im Auslieferungszustand sämtliche Grundeinstellungen in der Datei *vendor/typo3/cms-core/Configuration/DefaultConfiguration.php* vor. Die Anpassungen werden in der Datei *config/system/settings.php* gespeichert, die über das Install-Tool komfortabel editiert werden kann und die Basiskonfiguration überschreibt.

Support Nehmen Sie an der Datei *vendor/typo3/cms-core/Configuration/DefaultConfiguration.php* keinerlei Änderungen vor! Diese würden bei einem Update von TYPO3 überschrieben.

Genau genommen gilt das für den gesamten *vendor/*-Ordner. Sämtliche Dateien in ihm können jederzeit überschrieben werden. Lassen Sie am besten die Finger von diesem Verzeichnis!

Das Install-Tool gliedert sich in verschiedene Bereiche, die über die im linken Bereich gezeigten Menüpunkte aufgerufen werden können. Im Folgenden stellen wir die gebräuchlichsten Bereiche vor.

Maintenance

Der Bereich *Maintenance* hält die wichtigsten Funktionen zur Systemwartung einer TYPO3-Installation bereit. Hierzu gehören auch das Erstellen von Benutzern und die Verwaltung von Sprachpaketen.

Flush TYPO3 and PHP Cache

Über den Button *Flush cache* können Sie verschiedene von TYPO3 genutzte Zwischenspeicher (engl. *Caches*) leeren. Dies kann dann notwendig sein, wenn Fehler auftreten, nachdem Sie eine Extension über das Backend installiert haben. Mehr über die genaue Funktionsweise der TYPO3-Caches erfahren Sie in Kapitel 5, *TypoScript in der Praxis*.

Außerdem leert dieser Button den Opcode-Cache des PHP-Interpreters (sofern er aktiviert ist). Dieser Cache speichert sämtliche vom Server interpretierten PHP-Dateien zwischen. Nach einem Versionsupdate oder der Aktualisierung einer Extension kann es gegebenenfalls notwendig sein, diesen Cache zu leeren. Wann immer Sie das Gefühl haben, dass ihre letzten Änderungen während der Entwicklung einer TYPO3-Seite nicht greifen, leeren Sie hier den Cache.

Analyze Database Structure

Hinter der Option *Analyze Database Structure* verbirgt sich mehr als nur ein Analysewerkzeug: Sie können hier die Datenbank auf die Existenz von benötigten Tabellen und Feldern hin überprüfen (Button *Analyze database*). Falls Unstimmigkeiten festgestellt werden, erhalten Sie eine Auflistung der Abweichungen mit Vorschlägen dazu, welche Tabellen und Felder angelegt oder geändert werden sollten. Für TYPO3 überflüssige Tabellen und Felder werden ebenfalls mit aufgelistet, würden aber lediglich umbenannt und sind für diese Aktion auch nicht vorausgewählt. Sie können dann die gewählten Änderungen direkt über den Button *Apply selected changes* vornehmen.

Diese Funktion wird bei einem Update von TYPO3 auf eine höhere Version benötigt. Hier stellen Sie sicher, dass alle neuen Tabellen und Felder angelegt bzw. Änderungen an Datenbankfeldern vorgenommen werden. Nähere Informationen dazu, wie Sie ein Update von TYPO3 auf eine höhere Version durchführen, finden Sie in Kapitel 12, *Tipps und Tricks*.

Support

Häufig hilft eine Analyse der Datenbankstruktur bei MySQL-Fehlermeldungen im TYPO3-Backend und Frontend. Fehler in der Datenbankstruktur können beispielsweise bei der Installation und Deinstallation von TYPO3-Erweiterungen entstehen. Nach der Ausführung der *Analyze Database*-Funktion findet eine Überprüfung der Datenbankstruktur und der benötigten Tabellenstrukturen statt. Sie erhalten eine Ausgabe der benötigten Änderungen, die Sie direkt über die Schaltfläche *Apply selected changes* ausführen lassen können. Änderungen, die für die korrekte Funktion von TYPO3 essenziell sind, sind dabei bereits vorausgewählt.

Remove Temporary Assets

TYPO3 generiert im laufenden Betrieb eine ganze Menge an Hilfsdateien, um Inhalte schneller und effizienter an Nutzer ausliefern zu können. Dies umfasst beispielsweise auf bestimmte Größen heruntergerechnete Bilder oder zusammengefasste und komprimierte CSS- und JavaScript-Dateien. Mit der Option *Remove Temporary Assets* können diese Hilfsdateien gelöscht werden.

Support Das Entfernen temporärer Dateien kann helfen, wenn beispielsweise Bilder oder CSS-Dateien im Frontend nach einer Änderung im Backend nicht korrekt aktualisiert werden.

Rebuild PHP Autoload information

Der Button *Dump autoload* sammelt Informationen über PHP-Klassen, die von Drittanbieter-Erweiterungen zum System hinzufügt werden – allerdings nur, wenn Sie keine Composer-basierte Installation besitzen. Im Normalbetrieb sollten Sie diese Funktion nie benötigen. In Ausnahmefällen kann sie jedoch hilfreich sein, wenn nach der Installation von Erweiterungen oder nach einem größeren Versionsupdate Fehler auftreten. Sie benötigen diese Funktion ebenfalls, wenn Sie aktiv an einzelnen Klassen einer Extension während der Entwicklung Änderungen vornehmen.

Support In Composer-basierten Installationen führen Sie die gleiche Funktion über den Befehl `composer dumpautoload` im Wurzelverzeichnis Ihrer Installation aus.

Clear Persistent Database Tables

Die TYPO3-Datenbank enthält einige Tabellen, die sogenannte »semi-flüchtige« Daten beinhalten. Dazu zählen beispielsweise Sitzungsdaten und Protokolle. Diese sind für die reibungslose Funktion der Seite nicht unbedingt erforderlich und können über diese Funktion bei Bedarf gelöscht werden. Insbesondere die Protokoll-Tabellen können nach einiger Zeit oder bei stark frequentierten Seiten beachtliche Größen erreichen, sodass es aus technischen Gründen gegebenenfalls sinnvoll sein kann, diese zu leeren. Beachten Sie dabei, dass die Daten unwiderruflich gelöscht werden.

Create Administrative User

Eine nützliche Funktion bietet der Menüpunkt *Create Administrative User*, der es Ihnen ermöglicht, einen Backend-Benutzer mit Administratorrechten über das Install-Tool anzulegen. Über die entsprechende Checkbox können Sie einen neu erstellten Benutzer auch gleich zur Gruppe der *Systemverantwortlichen* (engl. *System Maintainers*) hinzufügen.

Beachten Sie, dass Benutzernamen stets eindeutig sein müssen. Wird ein Benutzername gewählt, der bereits vorhanden ist, kann dieser kein zweites Mal angelegt werden.

Beachten Sie zudem, dass zumindest bei den Benutzernamen Groß- und Kleinschreibung keine Rolle spielen. Sie können zwar zum Beispiel einen Benutzer *MMustermann* anlegen, der mit genau dieser Groß- und Kleinschreibung gespeichert wird; einen zweiten Benutzer namens *mmustermann* können Sie danach allerdings nicht mehr anlegen.

Reset Backend User Preferences
: Dieser Button setzt alle benutzerdefinierten Einstellungen, die Ihre Benutzer für sich selbst konfiguriert haben, wieder auf die Standardwerte zurück. Dies kann notwendig sein, wenn Sie beispielsweise im Backend eine Filteroption gesetzt haben, durch die so viele Daten zurückgeliefert werden, dass der Browser diese nicht mehr verarbeiten kann. Beachten Sie dabei, dass dieser Button die Einstellungen aller Backend-Benutzer zurücksetzt.

Manage Language Packs
: Diese Option erlaubt Ihnen die Verwaltung der installierten Sprachpakete. Im Abschnitt »Deutsche Sprachpakete installieren« auf Seite 44 haben Sie bereits mit dieser Option gearbeitet.

Settings

Der Bereich *Settings* enthält zahlreiche verschiedene Einstellungen, die Sie im Rahmen der Systemwartung vornehmen können. Die Option *Change Install Tool Password* haben Sie zuvor vielleicht bereits benutzt.

Extension Configuration
: Unter dieser Option können Sie Dritterweiterungen konfigurieren, die möglicherweise in Ihrem System installiert sind. Mehr zur Installation und Verwaltung von Erweiterungen erfahren Sie in den folgenden Kapiteln.

Manage System Maintainers
: Diese Option erlaubt Ihnen die Verwaltung der Gruppe der *Systemverantwortlichen* (engl. *System Maintainers*). Hierbei handelt es sich um die Nutzer, die im TYPO3-Backend später Zugriff auf die Funktionalitäten des Install-Tools und einige weitere haben, wie etwa auf den Extension Manager. Beispielsweise können Sie hier nachträglich Benutzer zur Gruppe hinzufügen und auch aus ihr entfernen (und ja, Sie können sich selbst aus dieser Gruppe entfernen – also Vorsicht!).

Configuration Presets
: Unter dem Punkt *Configuration Presets* erhalten Sie abhängig von Ihrer Systemumgebung einzelne Konfigurationsvorschläge. Zudem gibt es die Möglichkeit, vorgefertigte Konfigurationseinstellungen zu verwenden. So können Sie auch schnell zwischen speziellen Einstellungen für den Produktiveinsatz und die Entwicklung wechseln. Beispielsweise ist für die Produktivumgebung die Debug-Ausgabe standardmäßig deaktiviert und die Protokollierung von Fehlermeldungen eingeschränkt, während beides in der Entwicklungsumgebung voll verfügbar ist.

Feature Toggles
: Die Option *Feature Toggles* ermöglicht es Ihnen, einzelne Funktionen von TYPO3 gezielt ein- und auszuschalten. Oft werden hier Einstellungen optional angeboten, die in späteren TYPO3-Versionen standardmäßig aktiv sein sollen oder die nicht von jedem TYPO3-Nutzer benötigt werden. Dieses Vorgehen wird häufig für Sicherheitseinstellungen genutzt, die zu Funktionseinschränkungen einzelner Installationen führen können, während sie gleichzeitig die Sicherheit vieler Installationen erhöhen. So haben Sie frühzeitig die Möglichkeit, die Auswirkungen auf Ihre Installation zu prüfen – und früh von einer höheren Sicherheit zu profitieren.

Configure Installation-Wide Options
: Klicken Sie auf den Button *Configure options*, hört das System auf, Sie an die Hand zu nehmen, und Sie können jede in der Datei *settings.php* konfigurierbare Option separat einstellen. Das sind eine ganze Menge, und daher werden wir einige besonders erwähnenswerte Optionen im Abschnitt »Installation-Wide Options« auf Seite 51 noch einmal gesondert aufgreifen.

Upgrade

Unter dem Abschnitt *Upgrade* sind alle Maßnahmen zusammengefasst, die Sie üblicherweise beim Upgrade von einer früheren TYPO3-Version ergreifen können (bzw. müssen). Da der Durchführung von Versionsupdates in Kapitel 12 der ganze Abschnitt »Update auf eine höhere TYPO3-Version« auf Seite 400 gewidmet ist, klammern wir diesen Menüpunkt an dieser Stelle aus.

Environment

Im Bereich *Environment* wird eine Überprüfung von generell wichtigen Einstellungen vorgenommen. So wird unter anderem überprüft, ob die PHP-Konfiguration den Ansprüchen von TYPO3 genügt. Sie können an entsprechenden grafischen Hinweisen erkennen, ob der jeweilige Punkt kritische Auswirkungen auf die Ausführung von TYPO3 hat.

Die Optionen *Test Mail Setup* und *Image Processing* haben Sie im Abschnitt »Mailversand testen« auf Seite 41 bereits kennengelernt.

Environment Status
: Dieser Menüpunkt überprüft die PHP-Konfiguration auf Ihrem Server. Dies umfasst beispielsweise Konfigurationseinstellungen, die Sie über die *php.ini*-Datei einstellen können, aber auch notwendige PHP-Erweiterungen, Drittanbieter-Tools und die Konfiguration des konfigurierten Datenbankservers.

Directory Status
: Im Bereich *Directory Status* werden automatisiert Prüfungen durch TYPO3 vorgenommen. Überprüft wird, ob die Rechte für Verzeichnisse stimmen, TYPO3 also in diesen Verzeichnissen schreiben darf. Werden fehlerhafte oder auch zu großzügige Berechtigungen gefunden, ist es in den meisten Fällen möglich, diese über den dann erscheinenden Button *Fix errors* zu korrigieren.

Installation-Wide Options

Unter dem Punkt *Configure Installation-Wide Options* im *Settings*-Abschnitt finden Sie fast alle in TYPO3 möglichen Konfigurationsoptionen. Die Liste der Möglichkeiten ist sehr lang, daher gehen wir hier nicht auf jeden einzelnen Punkt ein. Im Folgenden stellen wir lediglich die wichtigsten Konfigurationsmöglichkeiten vor:

Backend: entryPoint
: Über die Einstellung des *entryPoint* können Sie festlegen, dass das TYPO3-Backend unter einer anderen Adresse erreichbar sein soll. Weitere Informationen dazu finden Sie in Kapitel 12, *Tipps und Tricks*.

Backend: lockSSL
: Wenn Sie das TYPO3-Backend, also die Konfigurationsumgebung, in der Administratoren und Redakteure die Webseite verwalten, mit einer SSL-Verschlüsselung schützen möchten (*https*), können Sie diese Option aktivieren. Ist sie aktiviert, wird für jeden Zugriff auf das TYPO3-Backend eine TLS-Verschlüsselung erzwungen. Gegebenenfalls wird dabei auf die entsprechende HTTPS-URL umgeleitet (also beispielsweise von *http://typo3.example/typo3* auf *https://typo3.example/typo3*).

Support Die verschlüsselte Übertragung von Zugangsdaten, beispielsweise bei Log-in-Formularen, ist heutzutage ein Muss. Völlig zu Recht warnen moderne Browser ihre Nutzer mittlerweile vor unverschlüsselten Log-in-Formularen. Im Produktivbetrieb sollten Sie sich also in jedem Fall um eine SSL-Verschlüsselung für Ihr Projekt kümmern und diese Option aktivieren.

System: fileCreateMask
: Unter Unix-Systemen gibt es für jede Datei Zugriffsrechte. Wenn Sie neue Dateien in TYPO3 erzeugen, können Sie über *fileCreateMask* deren Rechte festlegen. Sollten Sie beim Arbeiten mit TYPO3 zwischenzeitlich Rechteprobleme bekommen, könnte das an einer falschen *fileCreateMask* bzw. *folderCreateMask* liegen. Ein geeigneter Wert wäre beispielsweise *0644*.

System: folderCreateMask

Ähnlich wie beim Punkt *fileCreateMask* werden die hier angegebenen Unix-Rechte für alle über TYPO3 erzeugten Verzeichnisse gesetzt. Ein geeigneter Wert wäre beispielsweise *2755*.

Support Wenn Sie nach der Installation der TYPO3-Erweiterung einen Internal Server Error angezeigt bekommen, kann das an einer falschen *file CreateMask* oder *folderCreateMask* liegen.

Backend: sessionTimeout

Um einen unbefugten Zugriff auf das TYPO3-Backend zu verhindern, werden angemeldete Benutzer nach langer Inaktivität automatisch vom System abgemeldet. Das geschieht durch ein Cookie im Browser, in dem eine Zeit gespeichert ist, nach deren Ablauf der Benutzer abgemeldet wird. Diese Zeit können Sie über *sessionTimeout* verändern, indem Sie einen Wert in Sekunden eintragen. Wenn Sie also auch nach der Mittagspause noch am System angemeldet sein möchten, müssen Sie hier den voreingestellten Wert erhöhen.

Backend: interfaces

TYPO3 bietet dem Backend-Benutzer verschiedene Oberflächen, um Inhalte zu bearbeiten. Über den Punkt *Interfaces* kann ein Auswahlfeld für die Log-in-Maske erzeugt werden, die dem Benutzer wahlweise auch den direkten Log-in zum sogenannten Frontend-Editing-Modus ermöglicht. Im Frontend-Editing kann der Redakteur Seiteninhalte direkt in der Webseite über dargestellte Bearbeitungssymbole bearbeiten. Mögliche Eingaben für das Feld *Interfaces* sind *backend* und *frontend*.

Backend: adminOnly

Mit dieser Option haben Sie die Möglichkeit, den Zugriff auf das TYPO3-Backend auf bestimmte Benutzer einzuschränken. Dies kann beispielsweise dann sinnvoll sein, wenn Sie gerade Wartungsarbeiten am System vornehmen (wie etwa ein Update auf eine neuere Version) und nicht möchten, dass Redakteure während dieser Zeit Änderungen im Backend vornehmen. Mögliche Werte für diese Einstellung sind *–1*, *0*, *1* und *2*. Der Standardwert ist *0* und beschreibt den regulären Betrieb, in dem sich jeder Nutzer wie gewohnt anmelden kann. *–1* sperrt das System für alle Nutzer, *1* für alle Nutzer außer Administratoren und *2* für alle Nutzer außer Administratoren und Kommandozeilennutzern.

Mail: transport

Diese Variable beschreibt, welche Methode TYPO3 zum Versand von E-Mails verwenden soll. Mögliche Eingaben sind die Werte *mail*, *smtp*, *sendmail* und *mbox*.

Die Standardeinstellung für diese Variable ist der Wert *mail*. Dabei werden E-Mails über die PHP-interne Funktion *mail()* versandt. Diese Einstellung sollte für die meisten Standardanforderungen genügen.

Wird hier der Wert *smtp* eingegeben, erfolgt der Mailversand über einen externen SMTP-Server. Die Zugangsdaten für diesen Server (typischerweise der Servername sowie ein Benutzername mit Passwort) können Sie in den Variablen *transport_smtp_server*, *transport_smpt_username* und *transport_smtp_password* angeben.

Der Wert *sendmail* hingegen bewirkt, dass E-Mails mithilfe der Anwendung *sendmail* verschickt werden. Das setzt natürlich voraus, dass diese auf Ihrem Serversystem installiert ist.

Mit dem Wert *mbox* werden sämtliche E-Mails, die über TYPO3 versandt werden, nicht tatsächlich verschickt, sondern stattdessen in einer Datei gespeichert. Diese Einstellung ist sehr nützlich für Entwicklungssysteme, die nicht über die Möglichkeit eines Mailversands verfügen.

Mail: defaultMailFromAddress und defaultMailFromName
Diese beiden Variablen definieren, mit welcher Absenderadresse (bzw. welchem Namen) E-Mails verschickt werden sollen, die von TYPO3 selbst verschickt werden.

HTTP: proxy
Falls Sie Ihre TYPO3-Installation in einem internen Netzwerk ohne direkten Zugriff in das Internet betreiben, können Sie unter dieser Option einen Proxy-Server eintragen, der diesen Zugriff ermöglicht. Andernfalls werden einige Komponenten im TYPO3-Backend und Frontend nicht funktionieren, die auf die Kommunikation mit externen Diensten angewiesen sind.

System: sitename
Erinnern Sie sich noch an den Site-Namen, den Sie bei der Durchführung der Installation eingeben mussten? Hier können Sie diesen Wert ändern.

System: phpTimeZone
Hier können Sie die Zeitzone einstellen, in der Ihr TYPO3-Backend arbeiten soll. Falls hier kein Wert angegeben ist, wird TYPO3 versuchen, die Zeitzone der Server-Umgebung zu übernehmen. Falls Sie eine andere Zeitzone verwenden möchten, können Sie hier einen Wert wie beispielsweise **`Europe/Berlin`** eintragen.

System: ipAnonymization
Diese Option definiert, wie TYPO3 mit IP-Adressen umgehen soll, die beispielsweise in Protokolldateien gespeichert werden – üblicherweise werden sie anonymisiert gespeichert. Sie können diese Einstellung ändern; beachten Sie jedoch, dass nicht anonymisierte

IP-Adressen als personenbezogene Daten im Sinne der Datenschutz-Grundverordnung gelten und Sie eine entsprechende Rechtsgrundlage für deren Verarbeitung benötigen.

TYPO3 über die Kommandozeile bedienen

Anstatt den Weg über das Install-Tool zu gehen, können Sie einige Wartungsarbeiten auch über Befehle auf der Kommandozeile vornehmen. Das Vorgehen über die Kommandozeile kann in einigen Fällen sinnvoll sein: Eventuell nehmen Sie gerade Wartungsarbeiten an Ihrem Webserver vor, und Ihr Projekt ist über das Web gar nicht erreichbar. Vielleicht möchten Sie auch manche Aktionen in einem Skript oder zeitgesteuert automatisieren. Und eventuell liegt Ihnen die Arbeit auf der Kommandozeile auch einfach mehr als grafische Oberflächen.

Um mit der TYPO3-Kommandozeile zu arbeiten, müssen Sie zunächst das entsprechende Skript lokalisieren. Falls Sie TYPO3 per Composer installiert haben, finden Sie dieses üblicherweise unter *vendor/bin/typo3* in Ihrem Projektverzeichnis.

Rufen Sie dieses Skript nun auf der Kommandozeile mit dem Argument `list` auf. Sie sollten eine Ausgabe ähnlich der in Abbildung 2.12 sehen. Hier werden Ihnen sämtliche unterstützten Kommandozeilenbefehle aufgelistet.

Warnung Wenn Sie die Installation über DDEV vorgenommen haben, ist es wichtig, den Befehlen noch **`ddev`** und gegebenenfalls den ausführenden Interpreter wie PHP voranzustellen. Statt **`vendor/bin/typo3 list`** müssten Sie daher **`ddev php vendor/bin/typo3 list`** ausführen. Allerdings kennt DDEV den Pfad zur TYPO3-CLI und spart Ihnen dadurch einiges an Schreibarbeit. Sie können deswegen auch einfach **`ddev typo3 list`** im Projektverzeichnis aufrufen.

An dieser Stelle gehen wir nicht weiter auf die einzelnen Befehle ein, die die TYPO3-Kommandozeile bietet. Wir werden im weiteren Verlauf dieses Buchs immer wieder einmal auf sie zurückkommen, wenn sich die Gelegenheit bietet.

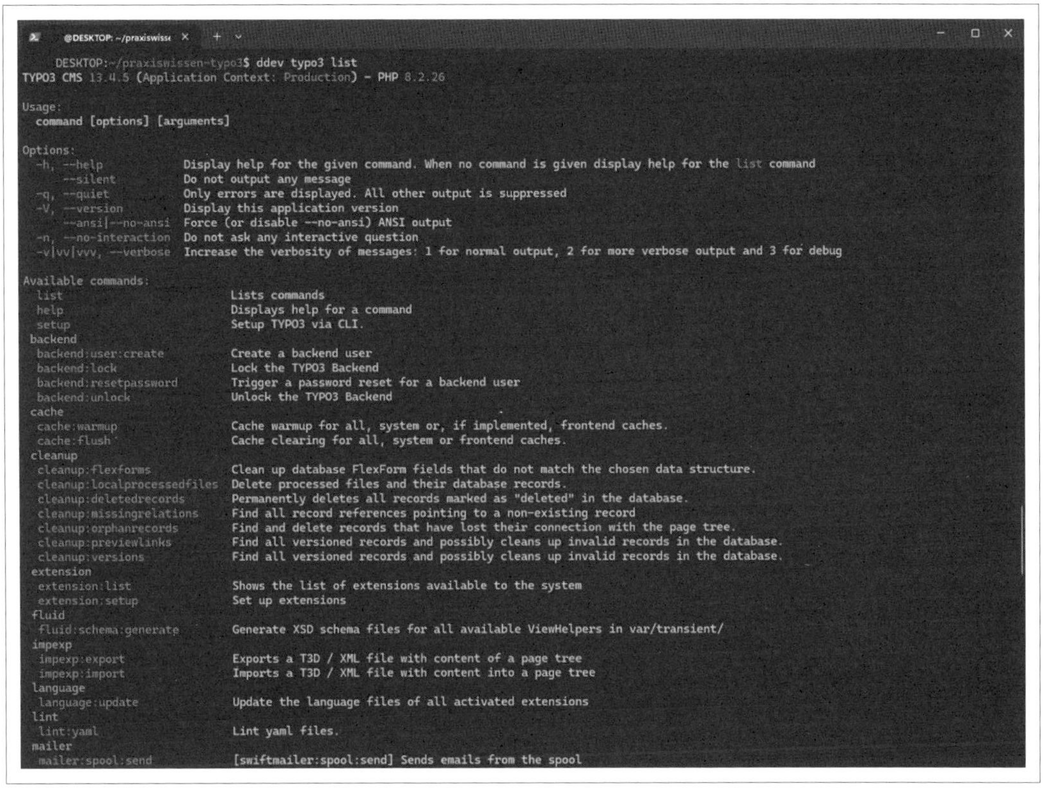

```
@DESKTOP: ~/praxiswiss

    DESKTOP:~/praxiswissen-typo3$ ddev typo3 list
TYPO3 CMS 13.4.5 (Application Context: Production) - PHP 8.2.26

Usage:
  command [options] [arguments]

Options:
  -h, --help            Display help for the given command. When no command is given display help for the list command
      --silent          Do not output any message
  -q, --quiet           Only errors are displayed. All other output is suppressed
  -V, --version         Display this application version
      --ansi|--no-ansi  Force (or disable --no-ansi) ANSI output
  -n, --no-interaction  Do not ask any interactive question
  -v|vv|vvv, --verbose  Increase the verbosity of messages: 1 for normal output, 2 for more verbose output and 3 for debug

Available commands:
  list                         Lists commands
  help                         Displays help for a command
  setup                        Setup TYPO3 via CLI.
 backend
  backend:user:create          Create a backend user
  backend:lock                 Lock the TYPO3 Backend
  backend:resetpassword        Trigger a password reset for a backend user
  backend:unlock               Unlock the TYPO3 Backend
 cache
  cache:warmup                 Cache warmup for all, system or, if implemented, frontend caches.
  cache:flush                  Cache clearing for all, system or frontend caches.
 cleanup
  cleanup:flexforms            Clean up database FlexForm fields that do not match the chosen data structure.
  cleanup:localprocessedfiles  Delete processed files and their database records.
  cleanup:deletedrecords       Permanently deletes all records marked as "deleted" in the database.
  cleanup:missingrelations     Find all record references pointing to a non-existing record
  cleanup:orphanrecords        Find and delete records that have lost their connection with the page tree.
  cleanup:previewlinks         Find all versioned records and possibly cleans up invalid records in the database.
  cleanup:versions             Find all versioned records and possibly cleans up invalid records in the database.
 extension
  extension:list               Shows the list of extensions available to the system
  extension:setup              Set up extensions
 fluid
  fluid:schema:generate        Generate XSD schema files for all available ViewHelpers in var/transient/
 impexp
  impexp:export                Exports a T3D / XML file with content of a page tree
  impexp:import                Imports a T3D / XML file with content into a page tree
 language
  language:update              Update the language files of all activated extensions
 lint
  lint:yaml                    Lint yaml files.
 mailer
  mailer:spool:send            [swiftmailer:spool:send] Sends emails from the spool
```

▲ **Abbildung 2.12**
Die TYPO3-Kommandozeile

KAPITEL 3

Das Backend kennenlernen

In diesem Kapitel:

- Der ideale Browser und seine Einstellungen
- Begriffe der TYPO3-Welt
- Der erste Frontend-Aufruf
- Log-in in das Backend
- Die Backend-Module kennenlernen
- Die Backend-Sprache ändern
- Zugangsdaten ändern
- Eine erste Seite anlegen

Nachdem Sie im vorigen Kapitel die Details der TYPO3-Installation kennengelernt haben, widmet sich dieses Kapitel Ihren ersten TYPO3-Gehversuchen. Sie erfahren, welche Begriffe Ihnen bei TYPO3 begegnen werden und was sich hinter diesen Begriffen verbirgt. Außerdem lernen Sie die Bedienung der TYPO3-Oberfläche kennen und legen eine erste Seite an.

Der ideale Browser und seine Einstellungen

TYPO3 können Sie grundsätzlich mit allen gängigen Browsern verwenden. Achten Sie dabei darauf, regelmäßig Updates einzuspielen, falls dies nicht automatisch geschieht. Dies dient nicht nur Ihrer Sicherheit im Internet, sondern stellt ebenfalls sicher, dass alle Funktionen von TYPO3 korrekt mit Ihrem Browser arbeiten können.

Für die Arbeit im Backend ist es zudem erforderlich, dass JavaScript ausgeführt werden darf und Cookies für das Backend angelegt werden können. Vom Backend aus wird in manchen Bereichen zur Konfiguration ein neues Fenster geöffnet. Deaktivieren Sie daher einen möglicherweise installierten Pop-up-Blocker bzw. weisen Sie den Pop-up-Blocker an, das Öffnen von Fenstern für Ihr TYPO3-Projekt zu gestatten.

Begriffe der TYPO3-Welt

Die Arbeit mit TYPO3 bringt zwischendurch ein ganz eigenes Vokabular mit sich – einige dieser »Vokabeln« haben Sie bereits in den bisherigen Kapiteln kennengelernt. Damit es später keine Verwirrung gibt, seien an dieser Stelle einige der wichtigsten Begriffe definiert:

Frontend und Backend

Bis zu diesem Abschnitt haben wir meist von einer »Konfigurationsoberfläche« gesprochen, mit der Administratoren und Redakteure die Webseite erstellen und pflegen können. Diese Konfigurationsoberfläche wird bei Content-Management-Systemen, so auch bei TYPO3, als *Backend* bezeichnet. Im Backend wird die Präsentation administrativ erstellt und aufgebaut sowie redaktionell gepflegt.

Und da, wo es ein Backend gibt, muss es natürlich auch ein *Frontend* geben. Das ist die eigentliche Internetpräsentation,˙ also die Umgebung, die normale Besucher*innen der Webseite sehen können. Die Begriffe Frontend und Backend bzw. ihre Abkürzungen FE und BE werden in diesem Buch durchgängig verwendet.

Templates

Die englischen Dokumentationen sprechen mehrdeutig von *Templates*. Das können sowohl HTML-Designvorlagen als auch TypoScript-Datensätze (auch *TypoScript Records* oder *TypoScript Templates*) sein. Das mag verwirrend klingen; wichtig ist jedoch, dass Designvorlagen aus (mehr oder weniger) regulären HTML-Seiten bestehen, während TypoScript-Konfigurationen in TypoScript geschrieben werden, der eigenen Konfigurationssprache von TYPO3. Um diese Mehrdeutigkeit zu umgehen, werden in diesem Buch die Begriffe »Designvorlagen« für HTML-Templates sowie »TypoScript-Datensätze« für TypoScript-Templates verwendet. Aus historischen Gründen werden Sie bei der Recherche im Internet (und auch in der offiziellen Dokumentation[1]) verschiedene Schreibweisen finden.

Seiten, Pages und Sites

Im englischsprachigen Original werden Sie im TYPO3-Backend mit *Pages* und *Sites* arbeiten. Unglücklicherweise wäre dies in beiden Fällen im Deutschen eine *Seite*. Eine *Page* ist eine Sammlung von Inhalten, die vom CMS später als einzelne HTML-Seite mit eigener URL dargestellt wird. Sie wird im Backend mit *Seite* übersetzt. Eine *Site* hingegen bezeichnet eher die Website als Ganzes – einschließlich Seiten (also Pages), Inhalten, Designvorlagen, Templates und Dateien. Um Verwirrung zu vermeiden, wird im Backend für Sites weiterhin der Begriff *Site(s)* verwendet – auch, wenn Sie das Backend auf die deutsche Sprache umstellen.

Arbeitsumgebungen, Workspaces

TYPO3 unterstützt das Arbeiten mit verschiedenen Versionen eines Projekts. Anstatt Änderungen direkt an der für alle Besucher sichtbaren Version, der *Live-Umgebung*, vorzunehmen, stellt TYPO3 weitere Arbeitsumgebungen zur Verfügung, die als *Workspaces* be-

1 *https://docs.typo3.org/permalink/t3tsref:guide-template*

zeichnet werden. Neben genau einer Live-Umgebung gibt es eine oder mehrere *Entwurfsarbeitsumgebungen* bzw. *Draft-Workspaces*. Die Versionierung kann unter Umständen nicht direkt nach der Installation genutzt werden, sondern ist eine Erweiterung, die nachträglich aktiviert werden muss. In Kapitel 11, *Das Backend für Redakteure anpassen*, erfahren Sie, wie Sie die Erweiterung aktivieren und Entwurfsarbeitsumgebungen nutzen. Bis dahin werden wir bei sämtlichen Beispielen in diesem Buch ohne Versionierung und direkt in der Live-Ansicht arbeiten.

Der erste Frontend-Aufruf

Wenn Sie TYPO3 korrekt installiert haben, erhalten Sie beim Frontend-Aufruf unter *http://<ihre-domain>* (beim Einsatz auf dem lokalen Rechner also *http://localhost oder bei der Verwendung von DDEV https://praxiswissen-typo3.ddev.site*) die in Abbildung 3.1 gezeigte Fehlermeldung.

Diese Meldung ist – trotz ihres bedrohlichen Aussehens – nicht kritisch und nicht einmal eine wirkliche Fehlermeldung. Sie erscheint lediglich, da noch keine Seite angezeigt werden kann. Das dürfte auch nicht verwunderlich sein, da zurzeit noch keine Seite existiert. Auch wurde bisher nicht angegeben, wie eine gegebenenfalls existierende Seite überhaupt dargestellt werden soll. Sie werden in diesem Kapitel erfahren, wie im Backend eine erste Seite angelegt wird. Dazu müssen Sie sich aber zunächst in das Backend einloggen.

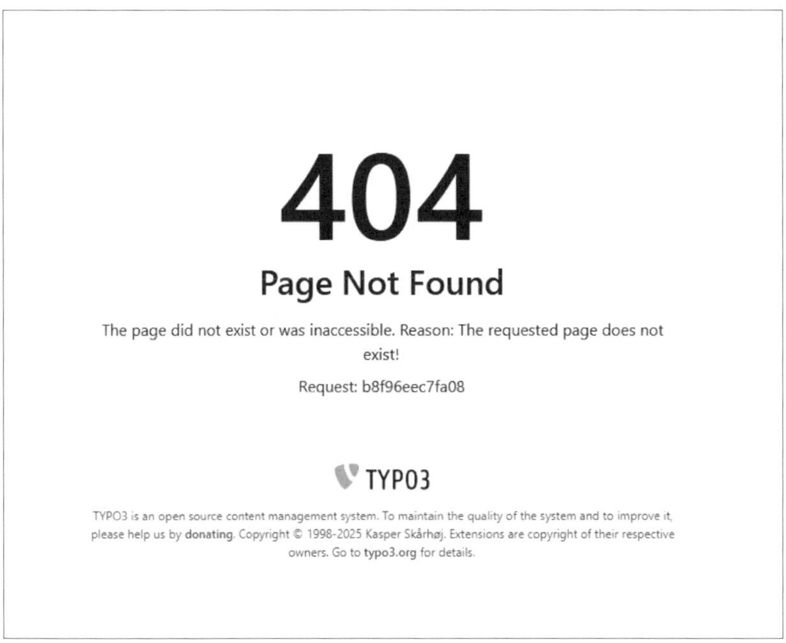

◀ **Abbildung 3.1**
Es wurden noch keine Seiten angelegt.

Log-in in das Backend

Zum Anlegen neuer Seiten, in diesem Fall unserer ersten Seite, müssen Sie im Backend eingeloggt sein. Dorthin gelangen Sie, indem Sie an die URL im Browser den Ordner */typo3* anhängen, z. B. *https://<ihre-domain> /typo3*. Sie erhalten eine Log-in-Seite, wie sie in Abbildung 3.2 zu sehen ist.

Wenn Sie TYPO3 von einem auf TYPO3 spezialisierten Provider installiert bekommen haben, wird dieser Ihnen die Zugangsdaten mitteilen. Haben Sie bereits selbst einen Benutzer angelegt, sind Ihnen die Zugangsdaten schon bekannt.

Wie Sie Ihre Zugangsdaten für das Backend ändern können, erläutern wir weiter unten im Abschnitt »Zugangsdaten ändern« auf Seite 69.

Der Ordner */typo3* selbst stellt kein großes Sicherheitsrisiko dar, sofern Sie eine sichere Kombination aus Benutzername und Passwort gewählt haben. Dennoch können Sie diese Adresse ändern. Details dazu erfahren Sie in Kapitel 12, *Tipps und Tricks*. Möchten Sie die Sicherheit erhöhen, ist es ratsam, das Backend nur verschlüsselt über HTTPS aufrufen zu lassen. Sie können im Install-Tool im Abschnitt *All configuration* die Option `BE/lockSSL` aktivieren, wodurch das Backend nur noch über eine gesicherte Verbindung erreichbar ist.

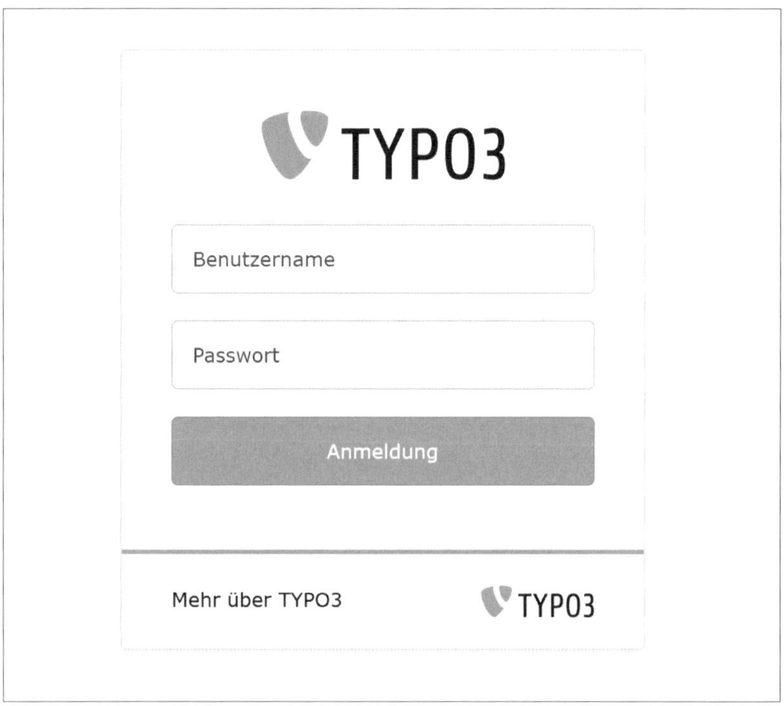

Abbildung 3.2 ▶ Log-in-Maske des TYPO3-Backends

Support Aus sicherheitstechnischer Sicht gilt es mittlerweile als nahezu selbstverständlich, dass Log-in-Formulare (wie beispielsweise für das TYPO3-Backend) nur noch über verschlüsselte HTTPS-Verbindungen erreichbar sind. (Eine Ausnahme bilden lokale Entwicklungsumgebungen, die beispielsweise auf `http://localhost` laufen.) Moderne Browser blenden bei unverschlüsselten Log-in-Seiten (völlig zu Recht) entsprechende Warnhinweise ein.

Die Log-in-Maske kann problemlos angepasst werden und dadurch von obigem Screenshot abweichen. So kann es durchaus sein, dass die Log-in-Maske noch eine dritte Zeile enthält, in der man das sogenannte *Interface* auswählen kann (Frontend, Backend). Sie können die Auswahl der Interfaces im Install-Tool im Abschnitt *Installation-Wide Options* aktivieren und für `BE/interfaces` die Werte *backend* und *frontend* setzen.

Tipp TYPO3 respektiert Ihre Einstellungen zum Light/Dark-Mode. Wenn Sie in Ihrem Betriebssystem oder Browser den Dark-Mode aktiviert haben, wird auch sowohl die TYPO3-Log-in-Maske als auch das gesamte Backend in einem dunklen Farbschema dargestellt. Auf das Design der mit TYPO3 erstellten Webseite hat dies freilich keinen Einfluss, solange keine entsprechenden CSS-Anweisungen eingebunden werden.

Die Backend-Module kennenlernen

Nachdem Sie sich als Administrator eingeloggt haben, gelangen Sie in das Backend von TYPO3, das für Administratoren wie in Abbildung 3.3 aussieht.

Im linken Bereich sehen Sie eine Auflistung der sogenannten *Backend-Module*, die Ihnen bei TYPO3 zur Verfügung stehen. Diese Backend-Module werden zur besseren Übersicht in Abschnitte unterteilt. Im Folgenden werden die einzelnen Abschnitte und die gängigsten Module beschrieben; auf sehr selten benötigte Module wird nicht näher eingegangen. Die Umstellung des Backends auf die deutsche Sprache nehmen wir dann im nächsten Abschnitt vor.

Dashboard

Das *Dashboard*-Modul ist der erste Einstiegspunkt in das TYPO3-Backend. In der Standardkonfiguration finden Sie hier einen Informationskasten über das CMS selbst sowie einen Link zu einem englischsprachigen Einstiegstutorial.

Das Dashboard können Sie an Ihre eigenen Bedürfnisse anpassen. So können Sie beispielsweise die bestehenden Kästen verschieben oder entfernen, und über den Plus-Button in der unteren rechten Ecke können Sie auch weitere Elemente hinzufügen.

Web

Im Abschnitt *Web* finden Sie Backend-Module, die zur redaktionellen Arbeit benötigt werden. Zu sämtlichen Modulen, die sich unterhalb von *Web* befinden, öffnen sich auf der rechten Seite zwei Bereiche. Im linken Bereich wird eine Baumdarstellung der angelegten Seiten angezeigt, im rechten Bereich eine Detaildarstellung.

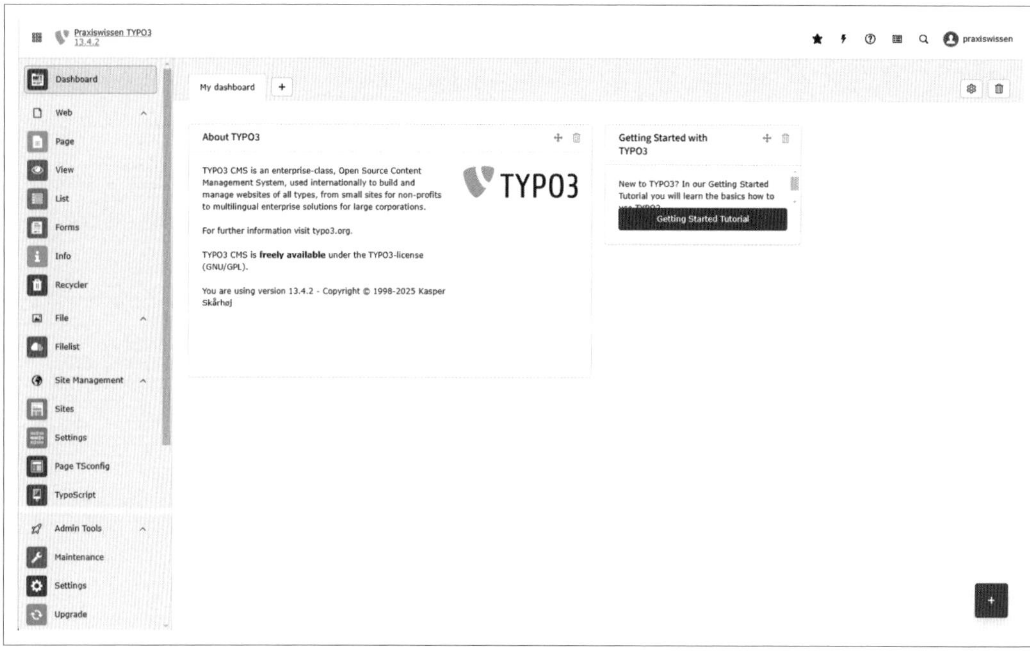

Abbildung 3.3 ▲
Das TYPO3-Backend für Administratoren in englischer Sprache

Der Baum Ihres TYPO3-Projekts ist noch leer, sodass derzeit kein Baum zu erkennen ist. Wie der Seitenbaum zu bedienen ist, erfahren Sie weiter unten im Abschnitt »Eine erste Seite anlegen« auf Seite 71.

Seite (engl. Page)

Mithilfe des Moduls *Seite* werden der strukturelle Aufbau sowie die Pflege der Internetpräsentation erledigt. Dabei wird die Struktur im Regelfall von Administratoren vorgegeben und von Redakteuren erweitert bzw. modifiziert. Außerdem können in diesem Modul Seiteninhalte komfortabel eingegeben werden. Das Backend-Modul *Seite* ist also sowohl für Administratoren als auch für Redakteure wichtig.

Liste (engl. List)

Im Modul *Liste* werden sämtliche Datenbankdatensätze angezeigt, die sich auf einer bestimmten Seite befinden. Diese Datensätze werden in einer – etwas gewöhnungsbedürftigen – Listing-Ansicht dargestellt.

Formulare (engl. Forms)

Unter dem Menüpunkt *Formulare* haben Sie die Möglichkeit, Eingabeformulare zu konfigurieren, die Sie später auf Ihrer Seite platzieren können. Dies ist ein nützliches Feature, um beispielsweise Kontaktformulare oder auch einfache Bestellformulare zu erstellen. Mehr dazu erfahren Sie in Kapitel 8, *Inhalte ausgeben*.

Papierkorb (engl. Recycler)

Unter dem Menüpunkt *Recycler* haben Sie die Möglichkeit, gelöschte Inhaltselemente wiederherzustellen. Näheres dazu erfahren Sie in Kapitel 12, *Tipps und Tricks*, im Abschnitt »Gelöschte Datensätze wiederherstellen: Der Recycler« auf Seite 394.

Datei (engl. File)

Im Abschnitt *Datei* finden Sie Backend-Module, mit denen Sie (und gegebenenfalls auch die Redakteure) sich innerhalb des Verzeichnisses *fileadmin/* bewegen können.

Dateiliste (engl. Filelist)

Im Modul *Dateiliste* finden Sie einen webbasierten Dateimanager, mit dem Sie direkt im Backend unkompliziert Dateien hochladen, bearbeiten und löschen können. Auch hier steht Ihnen wieder eine Baumdarstellung zur Verfügung, die in diesem Fall von TYPO3 verwaltete Verzeichnisse enthält.

Über dieses Modul verwaltete Dateien befinden sich üblicherweise auf Ihrem Server unterhalb des Verzeichnisses *fileadmin/* (bzw. in dem im Install-Tool unterhalb von `[BE][fileadminDir]` angegebenen Ordner). Darauf ist jedoch nicht unbedingt Verlass; per Konfiguration über das Install-Tool oder Drittanbieter-Erweiterungen ist es beispielsweise auch möglich, die über das Dateiliste-Modul verwalteten Dateien in einem Cloud-Speicher abzulegen.

Jedoch kommt es dabei oft zu Problemen mit Dateirechten, da auch die Möglichkeit besteht, Dateien mit echtem (S)FTP zu übertragen. Wird zum Beispiel eine Datei per FTP übertragen, gehört sie in der Regel dem FTP-Benutzer. Wird eine Datei jedoch über das Backend hochgeladen, gehört sie dem Benutzer des Webservers (häufig *www-data* oder *apache*).

Dadurch können störende Effekte auftreten, die die Arbeit mit Dateien und Ordnern erschweren. Gewöhnen Sie sich deshalb möglichst an, entweder nur mit (S)FTP oder nur mit der Dateiliste zu arbeiten. Bei auf TYPO3 spezialisierten Providern treten diese Probleme nicht auf.

Wenn Sie eine Datei über die Dateiliste hochladen, wird TYPO3 verschiedene Meta-Informationen daraus automatisch extrahieren und in der Datenbank speichern – dazu zählen zum Beispiel Höhe und Breite. Falls Sie eine Datei zu einem späteren Zeitpunkt per FTP überschreiben, stimmen diese Informationen nicht mehr. Wie Sie TYPO3 anweisen können, die Dateien regelmäßig einzulesen, erfahren Sie in Kapitel 12, *Tipps und Tricks*, im Abschnitt »Wiederkehrende Aufgaben: Der Scheduler« auf Seite 388.

Support Der Upload bestimmter Dateien, z.B. mit der Endung *.php*, ist über den Menüpunkt *Dateiliste* aus Sicherheitsgründen nicht erlaubt. Wenn Sie bestimmte Dateiendungen dennoch erlauben möchten, müssen Sie im Install-Tool im Abschnitt *All configuration* die Konfigurationsvariable `[BE][fileDenyPattern]` anpassen. Bleiben Sie hierbei wachsam! Ein Redakteur sollte beispielsweise niemals die Möglichkeit haben, ausführbaren Code wie PHP-Dateien hochzuladen.

Site Management

Eine große Stärke von TYPO3 ist seit jeher die Möglichkeit, mehrere Webseiten mit einer TYPO3-Installation zu verwalten. Der Abschnitt *Site Management* fasst alle Funktionen zusammen, die mit dem grundlegenden Setup Ihrer Website zu tun haben (beispielsweise die grundlegende Site-Konfiguration, verfügbare Sprachen, diverse Einstellungen und die TypoScript-Konfigurationen).

Sites

Das Modul *Sites* ermöglicht die Verwaltung der einzelnen Sites, die wiederum von Ihrer TYPO3-Installation verwaltet werden. Verwechseln Sie es nicht mit dem *Seite*-Modul im *Web*-Abschnitt (mehr zur Zweideutigkeit des Begriffs *Seite* finden Sie im Abschnitt »Begriffe der TYPO3-Welt« auf Seite 57 weiter oben in diesem Kapitel). Der genauere Umgang mit Sites wird in den nächsten Kapiteln beschrieben.

Einstellungen (engl. Settings)

Unter *Einstellungen* können Sie die Konfiguration zu Ihrem *Site-Set* vornehmen. Site-Sets sind Zusammenstellungen verschiedener Konfigurationen einer *Site*. In Kapitel 5, *TypoScript in der Praxis*, werden Sie solch ein *Site-Set* einrichten und damit weiterarbeiten.

Weiterleitungen (engl. Redirects)

Das *Weiterleitungen*-Modul ermöglicht die Verwaltung von Weiterleitungsregeln. Diese definieren beispielsweise, dass TYPO3 den Nutzer beim Aufruf bestimmter URLs weiterleiten soll, etwa an eine andere von TYPO3 verwaltete Seite oder eine externe URL. Wenn Sie ein neues Projekt mit TYPO3 starten, ist dieses Modul wahrscheinlich weniger interessant als in Bestandsprojekten, die bereits seit einer Weile existieren. Wenn beispielsweise Inhalte verschoben oder ganze Teile des Seitenbaums gelöscht oder umbenannt werden, können Sie über Weiterleitungsregeln sicherstellen, dass alte Links auf Ihre Seite weiterhin funktionieren.

TypoScript

Das wohl wichtigste Modul findet sich im Bereich *TypoScript*. Was genau TypoScript ist und wofür die Analysewerkzeuge benötigt werden, die sich hier ebenfalls befinden, erfahren Sie in Kapitel 5, *TypoScript in der Praxis*.

Verwaltungswerkzeuge (engl. Admin Tools)

Der Abschnitt *Verwaltungswerkzeuge* enthält Funktionen, die mit der Wartung der TYPO3-Installation selbst zu tun haben. Sie sehen diesen Menüpunkt nur dann, wenn Ihr Backend-Benutzer sich in der speziellen Gruppe der *Systemverantwortlichen* (engl. *System Maintainers*) befindet. Der erste Benutzer, den Sie während der Installation erstellen, ist üblicherweise ein Systemverantwortlicher, alle danach erstellten Benutzer sind es standardmäßig nicht.

Bis auf den Menüpunkt *Erweiterungen* (engl. *Extensions*) sind die hier verfügbaren Optionen exakt dieselben wie auch im Install-Tool, die Sie schon in Kapitel 2, *TYPO3 installieren*, kennengelernt haben. Lesen Sie dort bei Bedarf noch einmal, wofür die einzelnen Menüpunkte zuständig sind.

Anders als beim direkten Zugriff über das Install-Tool müssen Sie diese Funktionen nicht explizit über eine *ENABLE_INSTALL_TOOL*-Datei im Dateisystem Ihres Servers aktivieren. In aller Regel ist der Zugriff auf die Funktionen des Install-Tools über das Backend daher deutlich bequemer. Beachten Sie, dass Sie sich aus Sicherheitsgründen erneut mit Ihrem Passwort authentifizieren müssen, wenn Sie einen der Menüpunkte aufrufen.

Erweiterungen (engl. Extensions)

Der Erweiterungs-Manager wird in TYPO3-Installationen, die nicht per Composer installiert wurden, für die Verwaltung von Extensions genutzt. Wenn Sie Ihre Installation wie in Kapitel 2, *TYPO3 installieren*, beschrieben per Composer (oder DDEV) vorgenommen haben, erhalten Sie daher einen einen Hinweis darauf, dass sich Ihre Installation im Composer-Modus befindet, wodurch der Funktionsumfang im Extension-Manager eingeschränkt ist. Sie können ihn aber dennoch nutzen, um schnell zu ermitteln, welche Extensions installiert sind. Möchten Sie weitere Extensions hinzufügen, erfolgt dies jedoch über Composer. Wie genau Sie weitere Extensions installieren, erfahren Sie in Kapitel 10, *Bestehende Erweiterungen integrieren*.

System

Der *System*-Abschnitt enthält zahlreiche Funktionen für Administratoren, die sich auf die Konfiguration und den täglichen Betrieb des Systems beziehen. Anders als für die *Verwaltungswerkzeuge* benötigen Sie für diese Funktionen keinen Zugriff als Systemverantwortlicher.

Berechtigungen (engl. Permissions)

Im Modul *Berechtigungen* können einzelne Seiten oder ganze Seitenbäume mit Zugriffsrechten versehen werden. Sie können so z.B. (wie auch unter Linux üblich) angeben, wer der Besitzer einer Seite ist, welcher Gruppe diese Seite angehört und welche Rechte (Lesen, Schreiben, Löschen) Besitzer, Gruppen und sonstige Personen bezüglich dieser Seite haben. Diese Rechte beziehen sich in diesem Modul lediglich auf die redaktionelle Arbeit im Backend, also üblicherweise auf Redakteure. Dieses Modul ist insbesondere dann wichtig, wenn Redakteure ohne Administratorrechte arbeiten sollen. Eine ausführliche Erläuterung zur Arbeit mit Redakteuren mit bestimmten Rechten finden Sie in Kapitel 11, *Das Backend für Redakteure anpassen*.

Backend-Benutzer (engl. Backend users)

Dieser Menüpunkt gibt Ihnen Zugriff auf die Benutzerverwaltung. Hier können Sie als Administrator neue Benutzer für das TYPO3-Backend anlegen und bestehende Benutzer bearbeiten.

DB-Überprüfung (engl. DB check)

Das Modul *DB-Überprüfung* bietet Ihnen verschiedene Analyse- und Wartungsfunktionen für die zugrunde liegende Datenbank an. So können Sie zum Beispiel den Referenz-Index aktualisieren, wodurch TYPO3 die Datenbank bereinigt, indem es verlorene Referenzierungen entfernt (beispielsweise Referenzen gelöschter Bilder in Inhaltselementen). Diesen Schritt sollten Sie spätestens vor einem Update der TYPO3-Version durchführen, damit ein sauberer Stand in der Datenbank vorhanden ist.

Konfiguration (engl. Configuration)

Unter diesem Menüpunkt können Sie verschiedene Konfigurationsvariablen einsehen. Die Bearbeitung dieser Variablen muss jedoch über das Install-Tool erfolgen.

Berichte (engl. Reports)

Das Modul *Berichte* stellt eine Vielzahl von Berichten über den Systemstatus der TYPO3-Installation zur Verfügung. Dies ermöglicht eine effizientere Fehlerdiagnose, da beispielsweise fehlerhafte Konfigurationseinstellungen auf einen Blick erkennbar sind.

Protokoll (engl. Log)

Mit dem Modul *Protokoll* erhalten Sie einen Überblick über alle vorgenommenen Änderungen – also darüber, welcher Benutzer wann was geändert hat, welche Logins erfolgten und vieles mehr. Viele Aktivitäten, z. B. Änderungen an Seiten oder an TypoScript-Templates, werden hier unter Angabe von Datum, Uhrzeit und Benutzer protokolliert. TYPO3 bietet Ihnen über diese History eine Rollback- bzw. Zurücksetzen-Funktion, die das Umkehren der getätigten Änderungen ermöglicht. Ebenso werden hier Fehlermeldungen protokolliert. Sie sollten aktuell zum Beispiel die Einträge zu dem Fehler »No TypoScript record found!« sehen.

Benutzereinstellungen (engl. User settings)

Die *Benutzereinstellungen* finden Sie wie in Abbildung 3.4 gezeigt: Klicken Sie in der oberen Navigationsleiste auf Ihren Nutzernamen und wählen Sie anschließend den Menüpunkt *User Settings*.

▲ Abbildung 3.4
Die Benutzereinstellungen in der oberen Navigation

Im Modul *Benutzereinstellungen* kann der Benutzer für sich selbst Einstellungen vornehmen, also insbesondere persönliche Daten wie Name und E-Mail-Adresse angeben. Einige TYPO3-Erweiterungen, beispielsweise das *News*-Modul, greifen auf diese Daten zurück, um den Autor eines Beitrags ausfindig machen und namentlich nennen zu können.

In diesem Bereich wird auch die Backend-Sprache für den gerade angemeldeten Benutzer festgelegt. Der Redakteur kann momentan aus bis zu 51 Sprachen wählen. Für einen Sprachwechsel müssen Sie jede gewünschte Backend-Sprache mit Ausnahme von Englisch nachträglich über die Sprachverwaltung installieren. Nähere Informationen erhalten Sie im folgenden Abschnitt »Die Backend-Sprache ändern«. Welches Backend-Modul nach der Anmeldung als Startseite aufgerufen werden soll, können Sie über eine Auswahlliste einstellen.

TYPO3 unterstützt zudem eine 2-Faktor-Authentifizierung, mit der Sie Ihren Backend-Zugang zusätzlich absichern können. Dieser basiert auf TOTP (*Time-based one-time Password*) und benötigt eine Authenticator-App (beispielsweise auf Ihrem Smartphone). Wenn Sie eine Live-Webseite betreiben, sollten Sie die Einrichtung eines zweiten Faktors auf jeden Fall vornehmen. Im Abschnitt »Die Zwei-Faktor-Authentifizierung einrichten« auf Seite 410 erfahren Sie mehr dazu.

Die Backend-Sprache ändern

Die erste Aktion, die Sie in der Regel bei einem englischsprachigen Backend ausführen, ist das Ändern der Sprache in *Deutsch*. Standardmäßig enthält TYPO3 nur die Sprachdateien für die englische Sprache. Zusätzliche Sprachen können nachträglich über die Sprachverwaltung installiert werden. Das Vorgehen hierfür wurde bereits in Kapitel 2, *TYPO3 installieren*, im Abschnitt »Deutsche Sprachpakete installieren« auf Seite 44 betrachtet. Falls Sie noch weitere Sprachpakete installieren möchten, können Sie auch im TYPO3-Backend die Sprachverwaltung über den Menüpunkt *Admin Tools → Maintenance → Manage Language Packs* auswählen. Dort können Sie, wie in Kapitel 2, *TYPO3 installieren*, beschrieben, neue Sprachen hinzufügen und herunterladen.

Die über die Sprachverwaltung geladenen Sprachen werden in den *Benutzereinstellungen* für den Benutzer aktiviert. Die Sprache Ihres Benutzerkontos können Sie unter *User Settings → Personal data → Language* einstellen. Ändern Sie hier in dem in Abbildung 3.5 gezeigten Pull-down-Menü die Sprache von *English* auf *German*. Speichern Sie die ausgewählte Sprache über den Button *Save*.

Tipp Die Sprachdateien werden im Verzeichnis *var/labels/* gespeichert. Dort wird ein Verzeichnis pro Sprache angelegt. Für Deutsch ist das der Ordner *var/labels/de*. In diesem Verzeichnis gibt es für jede TYPO3-Erweiterung einen Ordner, in dem die Sprachdateien gespeichert sind.

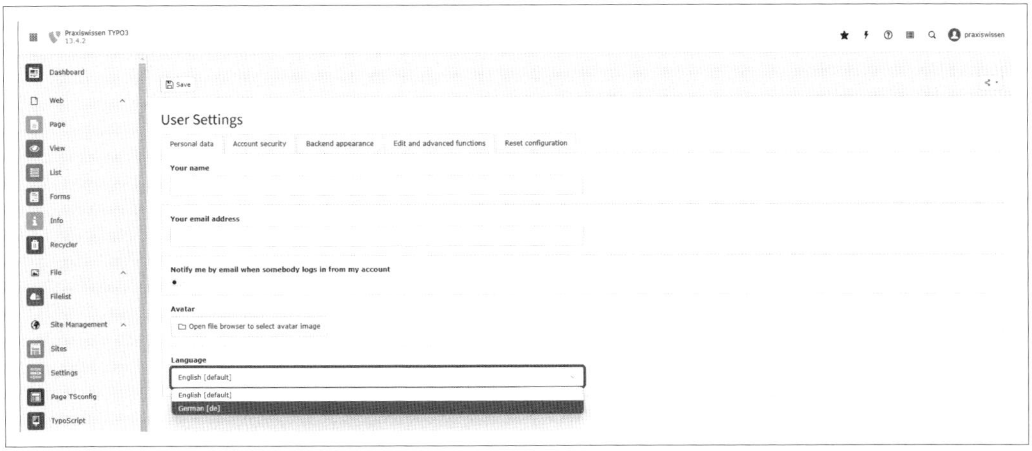

▲ **Abbildung 3.5**
Die Sprache für das Backend ändern

Die neue Backend-Sprache müsste nach dem Speichern des Benutzers in der Regel ohne Umschweife und weiteres Zutun aktiv sein. Sollte das nicht der Fall sein, hilft es, das gesamte Backend einmal neu zu laden. Klicken Sie dazu in Ihrem Browser auf das Icon *Aktualisieren* oder loggen Sie sich einmal aus und dann wieder ein.

Zugangsdaten ändern

Wenn Sie TYPO3 selbst installiert haben, haben Sie Ihre Zugangsdaten bei der Installation selbst vergeben. Nutzen Sie ein vorinstalliertes TYPO3 oder eine von einem Dienstleister bereitgestellte Installation, sollte der nächste Schritt (nach dem Anpassen der Sprache) das Ändern von Benutzername und Backend-Passwort sein.

In TYPO3 gibt es gleich mehrere Möglichkeiten, die Zugangsdaten zu ändern (Sie werden bei Ihrer Arbeit mit TYPO3 feststellen, dass das für einige Aktivitäten gilt). Eine Möglichkeit ist, über das bereits bekannte Backend-Modul *Benutzer → Einstellungen* das Passwort für Sie selbst, also den momentan angemeldeten Benutzer, zu ändern. In diesem Bereich haben Sie sich bereits im vorigen Abschnitt beim Anpassen der Sprache befunden. Da Sie aber Administrator sind und sich auch auf dieser Ebene weiterbewegen möchten, wird jetzt das Ändern von Zugangsdaten für jeden angelegten Benutzer beschrieben, auch wenn es zurzeit nur einen gibt. Abbildung 3.6 zeigt das nötige Vorgehen:

1. Wechseln Sie in das Backend-Modul *System → Backend-Benutzer*.
2. Hier finden Sie eine Liste aller derzeit im System existierenden Nutzer. Suchen Sie den Nutzer, den Sie bearbeiten möchten, und klicken Sie in der rechten Spalte auf den *Bearbeiten*-Button. Falls Ihre TYPO3-Installation sehr viele Nutzer enthält, können Sie auch die Filteroptionen nutzen, die sich im oberen Bereich der Nutzerliste befinden.

Abbildung 3.6 ▲
Die Benutzerliste im Modul »Backend-Benutzer«

Sie erhalten eine umfassende Maske mit vielen Einstellungsmöglichkeiten, in der Sie auf der ersten Registerkarte *Allgemein* die beiden Felder *Benutzername* und *Passwort* sehen (siehe Abbildung 3.7). Sie können hier neue Zugangsdaten eingeben und sie mit einem Klick auf *Speichern* übernehmen.

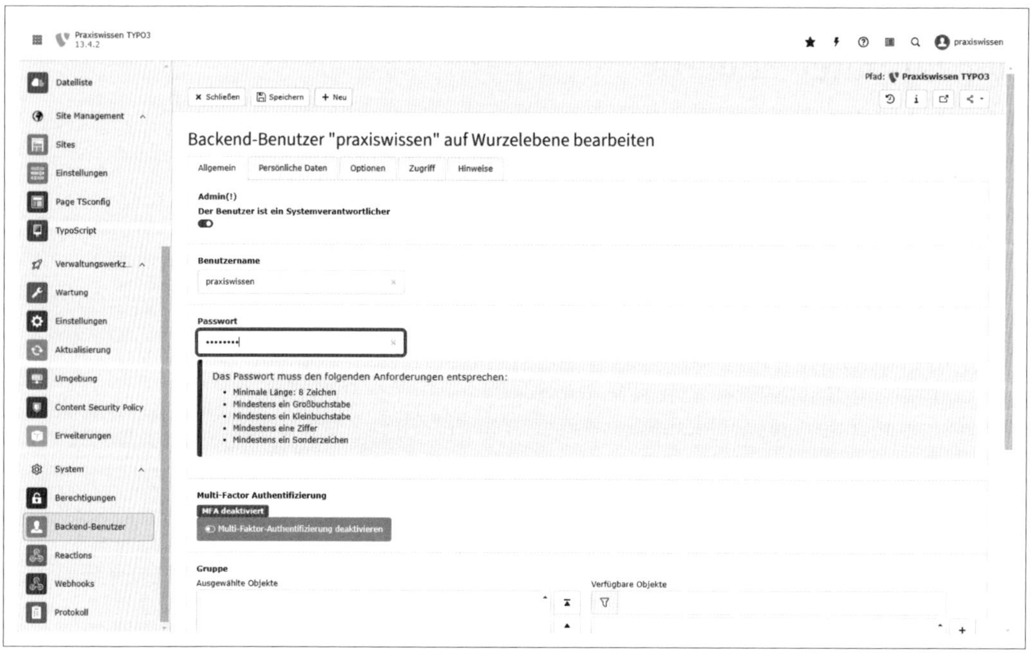

Abbildung 3.7 ▲
Zugangsdaten für einen Benutzer ändern

Sollten Sie Ihre Zugangsdaten zum Backend vergessen haben und sich nicht mehr einloggen können, finden Sie in Kapitel 12, *Tipps und Tricks*, Informationen dazu, wie Sie sich auch ohne Hackversuche wieder Zugang zum Backend verschaffen können.

Tipp Auch wenn es keine Pflicht ist, sollten Sie für Ihr Benutzerkonto über das entsprechende Eingabefeld eine funktionierende E-Mail-Adresse hinterlegen. Falls Sie einmal Ihr Passwort vergessen haben, können Sie es über diese E-Mail-Adresse unkompliziert wieder zurücksetzen.

Eine erste Seite anlegen

Um eine erste Seite mit TYPO3 anzulegen, klicken Sie im Menü links auf den Menüpunkt *Web → Seite*. In der Mitte öffnet sich der Seitenbaum, der derzeit nur aus der Wurzelebene besteht (dargestellt durch das Icon mit dem TYPO3-Logo). Auf der rechten Seite öffnet sich noch ein kleiner Hinweis. Im Seitenbaum gibt es drei Klickmöglichkeiten: Über die Pfeilsymbole lässt sich der Seitenbaum öffnen bzw. schließen, um Unterseiten anzuzeigen (sofern welche vorhanden sind). Um sich den Inhalt anzeigen zu lassen, klicken Sie mit der linken Maustaste auf die jeweilige Zeile. Ein Rechtsklick auf eine Zeile öffnet ein Kontextmenü mit weiteren Aktionsmöglichkeiten.

Um nun eine neue (erste) Seite anzulegen, klicken Sie mit der rechten Maustaste auf die Wurzelebene (das TYPO3-Logo) und wählen aus dem Kontextmenü die Option *Neue Unterseite* aus (siehe Abbildung 3.8).

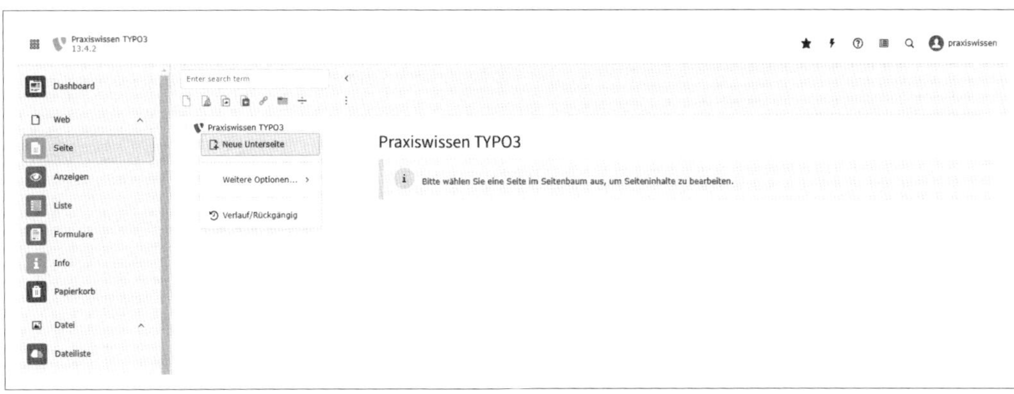

▲ Abbildung 3.8
Das Kontextmenü im Seitenbaum

In der rechten Maske (siehe Abbildung 3.9) können Sie nun diverse Felder ausfüllen. Pflichtfelder sind mit einem roten Ausrufezeichen gekennzeichnet. Ein solches Pflichtfeld ist hier z.B. der *Seitentitel*. Dieser wird unter anderem als Bezeichner für den Seitenbaum benötigt, aber auch für das HTML-Title-Tag im Frontend, wenn die Seite aufgerufen wird.

Nennen Sie Ihre erste erzeugte Seite *Test* (Angabe im Feld *Seitentitel*) und setzen Sie das Häkchen auf dem Tab *Zugriff* bei *Sichtbarkeit → Seite sichtbar*. Der zweite Schritt ist notwendig, da TYPO3 neue Seiten standardmäßig für das Frontend versteckt. So haben Sie die Möglichkeit, in Ruhe Inhalte zu pflegen, ohne dass diese für Webseitenbesucher in einem halbfertigen Zustand sichtbar sind.

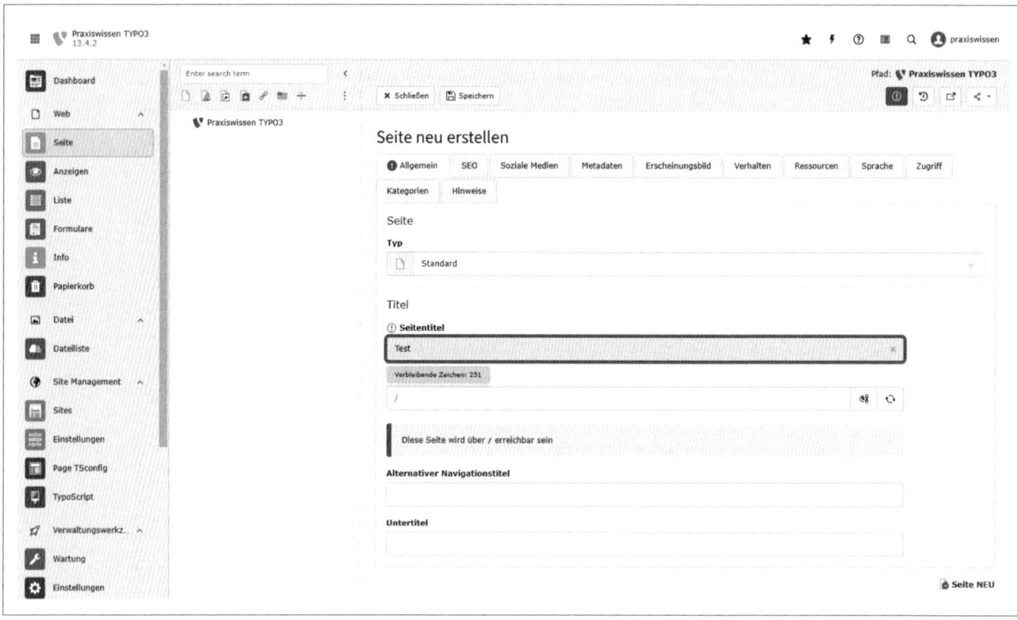

Abbildung 3.9 ▲
Die Maske zum Erstellen und Bearbeiten einer Seite

Speichern Sie die Seite anschließend ab, indem Sie auf den *Speichern*-Button klicken (das zweite Icon oben links).

Sie haben jetzt also Ihre erste Seite ohne Seiteninhalt angelegt. Das ist die Mindestvoraussetzung, um mithilfe eines Templates und TypoScript-Datensätzen anzugeben, wie und was das System im Frontend, also auf der Webseite, darstellen soll. Die Funktion und den Einsatz von Templates lernen Sie noch näher kennen, doch zuvor bereiten wir unser Praxisbeispiel vor, indem wir das Aussehen und die Funktionalität der Beispiel-Website festlegen, eine Designvorlage erstellen und uns Gedanken zur Navigationsstruktur machen.

KAPITEL 4

Das Praxisbeispiel vorbereiten

In diesem Kapitel:

- Die Anforderungen an das Praxisbeispiel
- Eine Designvorlage erstellen
- Ein Site Package erstellen und installieren
- Aufbau der Navigationsstruktur
- Eine Site-Konfiguration erstellen
- Hilfsseiten und Verweise
- Die Navigationsstruktur und URLs
- TYPO3-Fehlermeldungen

In diesem Kapitel erfahren Sie, welche Überlegungen Sie vor Beginn der Realisierung eines TYPO3-Projekts anstellen und wie Sie dann das Projekt mit TYPO3 angehen sollten. Dazu wurde ein umfassendes Praxisbeispiel gewählt, das in den folgenden Kapiteln Schritt für Schritt umgesetzt wird.

Grundsätzlich werden Sie sich bei der Entwicklung von TYPO3-Projekten am meisten mit zwei Komponenten beschäftigen:

1. Designvorlagen (oder engl. *Templates*) sind HTML-Dokumente, die dem CMS als Vorlage für die Generierung von dynamischen HTML-Seiten dienen. In TYPO3 sind diese Dokumente keine reinen HTML-Dokumente, sondern nutzen die TYPO3-eigene Template-Sprache *Fluid*. Diese ergänzt HTML um einige weitere Funktionen, mit denen die Generierung der endgültigen HTML-Ausgabe einfacher vonstattengehen kann.
2. TypoScript-Konfigurationen beschreiben, auf welche Art und Weise der vom CMS verwaltete Inhalt und die HTML-Designvorlagen miteinander verknüpft werden sollen. Hierzu bringt TYPO3 eine eigene Konfigurationssprache mit: TypoScript.

Im weiteren Verlauf dieses Kapitels wird nun zunächst eine Designvorlage entwickelt. Dabei handelt es sich erst einmal um eine einfache statische HTML-Datei mit einem CSS-Stylesheet, das die Struktur und das Aussehen der Seite beschreibt. Im Anschluss wird diese Vorlage in eine Fluid-Vorlage konvertiert, und im TYPO3-Backend wird eine geeignete Seitenstruktur für die Seite erstellt. In den nächsten Kapiteln dieses Buchs werden Sie diese Vorlage dann nach und nach erweitern und mit Leben füllen.

Die Anforderungen an das Praxisbeispiel

Als Beispiel soll eine Internetpräsentation für die Snowboardschule *Meyer, Müller & Schmidt* erstellt werden. Diese Internetpräsentation soll folgende Features enthalten, die Sie im Laufe dieses Praxisbeispiels umsetzen werden:

Präsentation auf Basis von HTML und CSS
: Die Präsentation wird auf klassischem Weg mit HTML und CSS-Formatierung erstellt.

Responsives und barrierefreies Design
: Die Seite soll später auf allen Gerätetypen gut benutzbar sein. Speziell auf Mobilgeräten mit kleineren Bildschirmen muss sich das Layout der Seite an die besonderen Gegebenheiten dieser Geräte anpassen.

Menüs
: Es soll zwei Menüs geben: ein primäres im oberen Bereich der Seite und eine sekundäre Navigation im Fußbereich. Das primäre Menü enthält klassische Navigationspunkte wie z.B. *Aktuelles* und *Über uns*. Das sekundäre Menü im unteren Bereich dient hingegen als reine Hilfsnavigation. Hier finden sich Menüpunkte wie *Sitemap*, *Impressum*, *Kontakt* usw.

Grafischer Trailer
: Im oberen Bereich soll ein grafischer Trailer erscheinen. Das im Trailer verwendete Bild soll ausgetauscht werden können, auch für einzelne Seitenbereiche. Diesen Austausch nehmen Redakteure vor, daher sollte die Pflege der Seite so unkompliziert wie möglich sein. Auf dem Trailer soll zudem vom Redakteur bearbeitbarer Inhalt eingefügt werden können.

Zwei Content-Bereiche
: Der zentrale Inhaltsbereich soll aus zwei Spalten bestehen: aus einer Hauptspalte für den primären Inhalt der jeweiligen Seite und aus einer Randspalte. Die Informationen in der Randspalte können sich von Seite zu Seite ändern; andererseits soll es aber auch möglich sein, dass Inhalte im Randbereich während der gesamten Präsentation zu sehen sind, ohne dass sie auf jeder Seite neu angelegt werden müssen.

News-Beiträge
: Es gibt, wie eben erwähnt, News-Beiträge. Diese sollen über das TYPO3-Backend verwaltet werden können. Auf jeder Seite soll es im Fußbereich einen Abschnitt geben, in dem die letzten drei News-Beiträge angezeigt werden.

Suchfunktion

Dem Benutzer soll eine umfangreiche Suche in den redaktionellen Beiträgen ermöglicht werden. Eine erweiterte Suchfunktion durchsucht auch PDF- und Word-Dokumente.

Sitemap

Neben der Suche soll als Service auch eine Sitemap angeboten werden, die dynamisch ist und automatisch neue bzw. gelöschte oder versteckte Seiten berücksichtigt.

Mehrsprachigkeit

Da die Snowboardschule Kunden aus der ganzen Welt hat, soll die gesamte Präsentation mehrsprachig sein. Dabei soll der Besucher der Website jeweils von Seite zu Seite zwischen der deutschen und der englischen Version wechseln können; eine Sprachänderung soll ihn dabei nicht automatisch zurück zur Homepage bringen, sondern sich lediglich auf die angezeigte Seite auswirken.

Druckansicht

Mithilfe einer speziellen Druckansicht sollen auch optisch ansprechende Ausdrucke möglich werden. Unnötige Elemente wie die Navigation oder der grafische Trailer werden in der Druckansicht nicht benötigt, dafür aber ein Copyright-Hinweis. Die Druckansicht soll ebenfalls mehrsprachig zur Verfügung stehen und dynamisch erstellt werden.

Klickpfad

In einem Klickpfad soll dem Besucher angezeigt werden, wo er sich gerade in der Internetpräsentation befindet.

Geschützter Bereich

In einem geschützten Bereich, der nur für Kunden nach der Authentifizierung mit Benutzername und Passwort zugänglich ist, sollen Benutzer zusätzliche Inhalte herunterladen können, z.B. Fotos eines bestimmten Snowboardkurses.

Bedienfreundlichkeit für Redakteure

Die Inhalte sollen von Mitarbeitern der Snowboardschule (Redakteuren) ohne spezielle Internetkenntnisse so leicht wie möglich bearbeitet und erweitert werden können. Nicht benötigte Funktionen sollen den Mitarbeitern deshalb gar nicht erst zur Verfügung stehen.

Sie werden in diesem Praxisbeispiel mit einer einfachen HTML-Datei arbeiten; die Formatierungen werden mit CSS vorgenommen. Abbildung 4.1 zeigt das gewünschte Ergebnis, das Sie in den folgenden Abschnitten und Kapiteln mithilfe von TYPO3 herstellen werden.

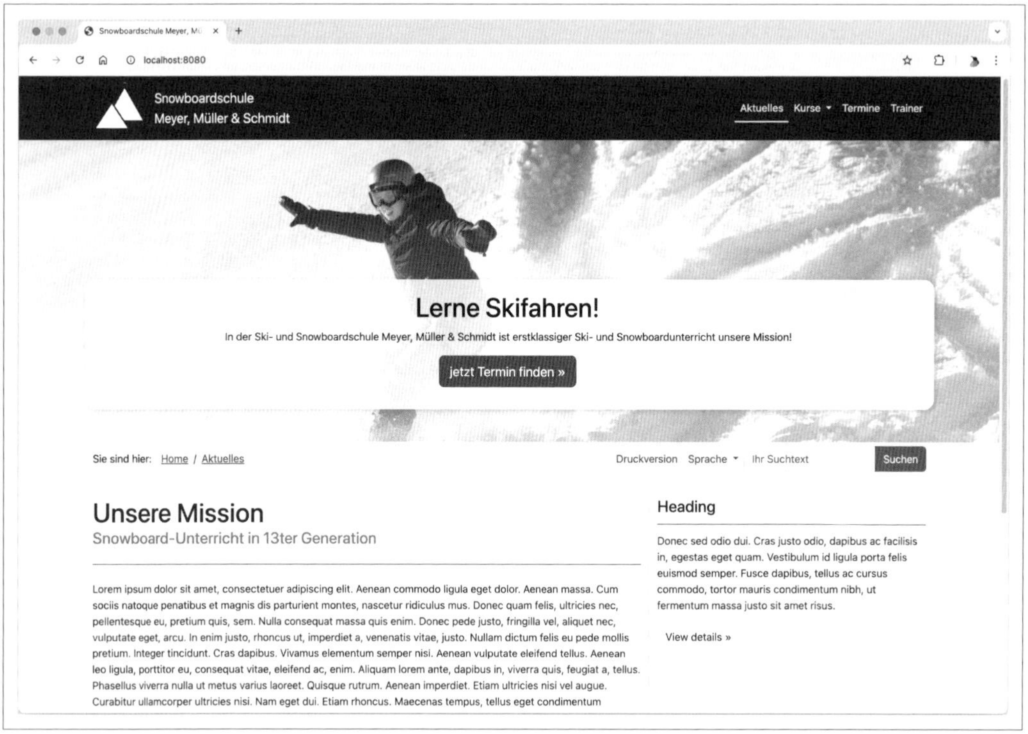

Abbildung 4.1 ▲
Das angestrebte Aussehen der Beispielwebseite

Eine Designvorlage erstellen

Obwohl TYPO3 uns das Erstellen von Webseiten abnimmt, wird eine HTML-Vorlage benötigt. Und auch wenn wir uns in den nächsten Kapiteln häufig mit HTML und CSS beschäftigen werden, ist die Entwicklung mit HTML und CSS nicht der eigentliche Gegenstand dieses Buchs. Für eine Einführung in die HTML- und CSS-Entwicklung empfehlen wir Ihnen das Buch *HTML und CSS von Kopf bis Fuß* von Elisabeth Robson und Eric Freeman, das im O'Reilly Verlag erschienen ist.

Grafiken und Designvorlagen

Eine erstellte HTML-Designvorlage werden Sie in der Praxis nicht direkt über den Browser aufrufen. Wenn Sie eine TYPO3-Präsentation aufrufen, z.B. über die URL *https://<ihre-domain>.de*, wird die Datei *index.php* geladen, die bereits Bestandteil des TYPO3-Systems ist. In dieser Datei wird ausgeführt, was Sie in den folgenden Kapiteln konfigurieren und mit TypoScript beschreiben.

Wenn Sie in Ihrer Designvorlage mit statischen Bildern arbeiten, sollten Sie schon beim Erstellen dieser Designvorlage auf die spätere Dateistruktur achten. Statische Bilder innerhalb der Designvorlage sind im Regelfall Grafiken, die sich innerhalb der Präsentation nie ändern, also z. B. grafische Elemente, die sich über die gesamte Präsentation erstrecken. Ein typisches statisches grafisches Element ist beispielsweise das Logo einer Firma. Im folgenden Praxisbeispiel wird das Logo allerdings dynamisch erstellt, um grafische Funktionalitäten von TYPO3 zu demonstrieren.

In diesem Praxisbeispiel ändert sich die generelle Struktur aus `div`-HTML-Tags nicht; somit kann die gesamte Containerstruktur statisch in die Designvorlage aufgenommen werden.

Der Aufruf einer TYPO3-Präsentation findet in der Regel über *http://<ihre-domain>/index.php* statt (gängige Webserver sind jedoch so konfiguriert, dass auch ein einfacher Aufruf von *http://<ihre-domain>/* bereits die *index.php* ausführt). Beim Ausführen dieser *index.php* wird, je nach Konfiguration mit TypoScript, die HTML-Designvorlage von einem beliebigen lokalen Speicherort eingebunden und verarbeitet. Das zurückgelieferte HTML-Ergebnis fragt dann alle Grafiken und eingebundenen Dateien relativ zum Verzeichnis der Datei *index.php* an.

Bei TYPO3-Projekten sollten Sie Dateien und Grafiken, die zum Design ihrer Seite gehören (also auch die HTML-Designvorlage) in einem sogenannten *Site Package* hinterlegen. In einer Composer-basierten Installation, wie wir sie in Kapitel 2, *TYPO3 installieren*, vorgenommen haben, liegen solche Packages üblicherweise im Verzeichnis *packages/<package-name>/*, in unserem Fall also beispielsweise in *packages/snowboard/*. Die Verzeichnisstruktur innerhalb eines Site Packages folgt ebenfalls bestimmten Konventionen, die wir gleich noch ausführlicher betrachten. HTML-Designvorlagen für die Seitenstruktur werden innerhalb eines Site Packages beispielsweise unter *Resources/Private/PageView/* erwartet, Bilder unter *Resources/Public/Images/*.

Der statische HTML-Code des Praxisbeispiels

Wenn Sie ein TYPO3-Projekt beginnen, sollten Sie sich zunächst vorstellen, Sie würden die Website traditionell erstellen, also statisch und ohne jegliche Form von Dynamik. Testen und optimieren Sie diese statische Seite auf den gewünschten Webbrowsern. Die Massenproduktion von Seiten mit tatsächlichen Inhalten (oder zumindest mehr Inhalten, als Sie benötigen, um das Layout zu verifizieren) ist nicht nötig – dafür haben Sie ja später das CMS.

Ein Beispiel für eine solche Ausarbeitung finden Sie auf unserer Downloadseite unter *https://typo3buch.helmich.me/#13.4*. Es handelt sich dabei um eine statische HTML-Seite mit einigen Beispielinhalten. In dem Beispiel wurde ein CSS-Stylesheet verwendet, das auf dem *Bootstrap*-Framework (*https://getbootstrap.com*) basiert.

In dem herunterladbaren ZIP-Archiv finden Sie zwei verschiedene Site Packages:

site/packages/snowboard/
: Dieses Verzeichnis enthält das endgültige Arbeitsergebnis, das Sie erreicht haben werden, wenn Sie dieses Buch bis zum letzten Kapitel durchgearbeitet haben.

site/packages/snowboard-starter/
: Dieses Verzeichnis enthält einen sinnvollen Ausgangspunkt, wenn Sie dieses Buch Schritt für Schritt selbst durcharbeiten möchten.

Unabhängig davon, mit welchem der beiden Pakete Sie starten: Die Dateien, die für die HTML-Ausgabe Ihres Projekts relevant sind, finden Sie dort im Verzeichnis *Resources/*. Für den Anfang sind dabei die folgenden Dateien besonders relevant:

Resources/Private/PageView/Pages/PageStatic.html
: Diese Datei ist eine statische HTML-Seite, die bereits einige Beispielinhalte enthält. Sie wird im Laufe dieses Kapitels in ein Fluid-Template umgewandelt.

Resources/Private/PageView/Pages/PageV1.html
: Diese Dateien enthalten die bereits in ein Fluid-Template umgewandelte Vorlage, allerdings weitgehend ohne dynamisch generierte Elemente. Diese Datei dient für uns im Praxisbeispiel als Ausgangspunkt. Im weiteren Verlauf dieses Buchs werden wir sie schrittweise um immer neue Funktionen erweitern.

Resources/Public/Css/index.css
: Diese Datei ist das CSS-Stylesheet für diese Seite. Erschrecken Sie nicht, wenn Sie die Datei öffnen: Neben den speziellen Stylesheets für unsere Seite enthält sie das komplette Bootstrap-Framework in minifizierter Form.

Resources/Public/JavaScript/index.js
: Diese Datei enthält einige notwendige JavaScript-Quelltexte für die Seite. Das JavaScript steuert einige Funktionen der Seite, wie beispielsweise die Drop-down-Menüs in der primären Navigation. Auch diese Datei ist ein wenig größer, da sie zudem die vollständige jQuery-Bibliothek enthält.

Resouces/Public/Images/logo.png
: Dies ist das Firmenlogo der Snowboardschule *Meyer, Müller & Schmidt*.

Die Template-Engine Fluid

Einige Teile der nun vorliegenden HTML-Designvorlage sollen später von TYPO3 dynamisch durch die Inhalte ersetzt werden, die vom CMS in der Datenbank verwaltet werden. Dies umfasst beispielsweise den zentralen Inhalt der Seite. (Hier soll später schließlich kein schnödes »Lorem ipsum« stehen, sondern Inhalt, den ein Redakteur über das TYPO3-Backend pflegen kann.) Auch das Menü soll automatisch von TYPO3 aus einer bestehenden Seitenstruktur erstellt werden (die Sie später in diesem Kapitel noch anlegen werden). Insgesamt enthält die Designvorlage also folgende dynamische Elemente, die später von TYPO3 befüllt werden müssen:

- den grafischen Trailer
- das primäre Menü im oberen Bereich
- das sekundäre Menü im Fußbereich
- den eigentlichen Content-Bereich in der Mitte
- den Content-Bereich auf der rechten Seite
- den Sprachwechsler (Textlinks)
- den Textlink zur Druckversion
- den Klickpfad, aufgrund der Mehrsprachigkeit auch inklusive des Einleitungstexts *Sie sind hier*
- die aktuellen Mitteilungen im Fußbereich

Diese Aufgabe – die dynamische Generierung von HTML-Dokumenten aus einer Vorlage und bestimmten Eingabedaten – übernimmt bei TYPO3 die Template-Engine *Fluid*. Fluid erweitert HTML um zwei Sprachkonstrukte:

Variablen
: Eine Variable in Fluid wird durch einen Namen bezeichnet und kann beliebige Werte enthalten. Innerhalb des Fluid-Templates kann auf den Inhalt einer Variablen zugegriffen werden, indem er in geschweiften Klammern referenziert wird. So könnte beispielsweise eine Seitenüberschrift in einer Variablen `heading` gespeichert sein und im Fluid-Template dann wie folgt referenziert werden:

```
<h1>
  {heading}
</h1>
```

ViewHelper

ViewHelper ermöglichen es, einfache Kontrollstrukturen in einem Fluid-Template zu realisieren. Über folgendes Konstrukt kann beispielsweise ein Teil eines Templates ein- oder ausgeblendet werden, je nachdem, ob eine bestimmte Variable gesetzt ist:

```
<f:if condition="{heading}">
  <h1>{heading}</h1>
</f:if>
```

Wäre die Variable heading im obigen Beispiel nicht definiert, würde Fluid ohne den <f:if>-ViewHelper ein leeres <h1>-Tag darstellen. Durch den <f:if>-ViewHelper erscheint gar kein <h1>-Tag, wenn keine heading-Variable definiert ist.

Fluid-ViewHelper unterstützen auch eine alternative Schreibweise, die Sie verwenden können, wenn Sie beispielsweise dynamischen Inhalt innerhalb von HTML-Tags generieren möchten, beispielsweise um CSS-Klassen dynamisch zu setzen:

```
<a class="{f:if(condition: '{menuItem.active}', then: 'active')}"
href="…">…</a>
```

Diese alternative Schreibweise wird als *Inline-Syntax* bezeichnet (im Unterschied zu der sich an HTML-Tags orientierenden *Tag-Syntax*).

Tipp

ViewHelper, die mit f: beginnen (also zum Beispiel <f:if ...>), werden vom TYPO3-Kern selbst bereitgestellt. Eine vollständige Dokumentation all dieser ViewHelper finden Sie online unter *https://docs.typo3.org/permalink/t3viewhelper:start*.

Im weiteren Verlauf dieses Buchs werden Sie jedoch auch auf ViewHelper stoßen, die von Drittanbieter-Komponenten bereitgestellt wurden. Diese haben dann gegebenenfalls andere Präfixe als f:.

Eine Fluid-Variable kann verschiedene Arten von Werten enthalten: Im einfachsten Fall enthält eine Variable lediglich eine Zeichenkette, die dann im Fluid-Template »ersetzt« werden kann. Würde die Variable heading im obigen Beispiel den Wert 'Hallo Welt' enthalten, käme am Ende der HTML-Quelltext <h1>Hallo Welt</h1> dabei heraus.

Dabei gilt es zu beachten: Enthält eine Fluid-Variable HTML-Code, wird dieser von Fluid bei der Ausgabe so konvertiert (»escaped«), dass er vom Browser nicht interpretiert, sondern einfach auf der Seite ausgegeben wird. Enthielte die Variable heading also den Wert '<b>Hallo</b> Welt', würde Fluid aus dem Template <h1>{heading}</h1> nun folgenden HTML-Code generieren:

```
<h1>
  &lt;b&gt;Hallo&lt;b&gt; Welt
</h1>
```

Dies ist ein (durchaus sinnvolles) Sicherheitsmerkmal von Fluid, da die unkontrollierte Ausgabe von HTML-Quelltext eine sehr häufig anzutreffende Sicherheitslücke auf vielen Webseiten darstellt. In manchen Fällen kann die automatische Konvertierung hinderlich sein; in der Regel finden sich jedoch sinnvolle Alternativen, ohne dass Sie diese Konvertierung deaktiveren müssen. Für den (hoffentlich seltenen) Fall, dass Sie die Konvertierung von HTML-Sonderzeichen doch verhindern möchten, können Sie den `f:format.raw()`-ViewHelper nutzen:

```
<h1>
  {heading -> f:format.raw()}
</h1>
```

Diese Notation sorgt nun dafür, dass die Fluid-Variable `{heading}` tatsächlich einfach so ausgegeben wird, wie sie ist – also ohne die Konvertierung von Sonderzeichen in der Ausgabe:

```
<h1>
  <b>Hallo</b> Welt!
</h1>
```

Tipp

Nutzen Sie den `f:format.raw`-ViewHelper ausschließlich bei Inhalten, die absolut vertrauenswürdig sind. Verwenden Sie ihn unter gar keinen Umständen bei Eingaben, die von einem Redakteur getätigt wurden, dem Sie nicht zu 100 % vertrauen (und selbst dann – womöglich wurde dessen Login ja auch von einem böswilligen Angreifer gekapert), oder die sogar von einem Frontend-Benutzer oder einem anonymen Besucher stammen.

Andernfalls wird Ihre Seite angreifbar für *Cross-Site Scripting*-(XSS-)Attacken. Eine genauere Erläuterung dieses Angriffs würde an dieser Stelle den Rahmen des Kapitels sprengen. Eine detaillierte (englischsprachige) Erklärung finden Sie beispielsweise unter *https://owasp.org/www-community/attacks/xss/*.

Fluid-Variablen können jedoch noch andere Werte enthalten als nur Text. Eine detaillierte Betrachtung komplexerer Fluid-Variablen folgt in Kapitel 5, *TypoScript in der Praxis*.

Sämtliche Elemente, die später dynamisch über das Redaktionssystem befüllt werden, werden im Folgenden aus dem erstellten HTML-Dokument entfernt und durch Fluid-Variablen ersetzt (oder durch vorläufige Platzhalter, die wir im weiteren Verlauf dieses Praxisbeispiels austauschen werden). Diese Inhalte werden dann später von TYPO3 durch dynamisch generierte Inhalte ersetzt. Redakteure erhalten dadurch die Möglichkeit, schnell und problemlos die Präsentation auch ohne HTML-Kenntnisse zu bearbeiten.

Das Logo kann in vielen Fällen statisch in die Designvorlage integriert werden. Um Grafikfunktionalitäten zu erläutern, wird das Logo für unser Beispiel in Kapitel 6, *Grafiken mit TypoScript erstellen*, dynamisch eingelesen. Klassische Anwendungsfälle für das dynamische Ersetzen eines Logos sind z. B. unterschiedliche Geschäftsbereiche mit abweichenden Logos.

Die (vorläufig) fertige Designvorlage

Im folgenden Codebeispiel sehen Sie den HTML-Quellcode unseres vorläufigen Fluid-Templates. Dieses ist noch nicht vollständig; beachten Sie, dass an vielen Stellen noch Platzhalter stehen, die wir in den folgenden Kapiteln durch dynamisch generierte Inhalte ersetzen werden.

Abbildung 4.2 zeigt das Resultat, also wie die Designvorlage dann im Browser aussieht. Vom anfänglich erstellten HTML-Dokument bleibt dabei nicht mehr viel übrig. Da die Vorlage jetzt nur noch den Inhalt des `<body>`-Tags enthält, wird auch das Stylesheet nicht mehr geladen. Die fertige Designvorlage finden Sie in der Downloaddatei unter dem Dateinamen *site/packages/snowboard/Resource/Private/PageView/Pages/PageV1.html*.

Ein paar weitere Besonderheiten:

1. Das Fluid-Template ist kein vollständiges HTML-Dokument mehr, sondern enthält nur noch das HTML-Markup, das innerhalb des `<body>`-Tags stehen soll. Der HTML-Head und das eigentliche `<body>`-Tag werden später automatisch von TYPO3 generiert, sodass das Fluid-Template diese Tags nicht mehr enthalten muss.
2. Das Trailer-Bild wird per CSS als Hintergrundbild in das Element der Klasse `trailer` eingefügt. Beachten Sie die Fluid-Variable `{image}` in Zeile 26 des Codebeispiels: `style="background-image: url({image})"`.
3. Im Hauptinhaltsbereich wird der Inhalt in einer einzelnen Spalte ausgegeben. Unser Design sieht auch mehrspaltige Seiten vor, die wir für den Anfang jedoch erst einmal außer Acht lassen. Mit Seitenlayouts (unter die dann auch das mehrspaltige Layout fällt) beschäftigen wir uns ausführlicher in Kapitel 8, *Inhalte ausgeben*. Gleichermaßen ist der Inhalt selbst noch ein Platzhalter, den wir ebenfalls in Kapitel 8, *Inhalte ausgeben*, mit den vom Redakteur angegebenen Inhalten füllen werden.
4. Da die Webseite später mehrsprachig sein soll, wurden auch alle Beschriftungen wie etwa der Firmenname in der Kopfzeile und alle weiteren statischen Texte in Fluid-Variablen ausgelagert. Diese können später abhängig von der gewählten Sprache mit unterschiedlichen Werten befüllt werden.
5. Die Menüs (also die Hauptnavigation im Header, die sekundäre Navigation im Footer, den Klickpfad und die Sprachauswahl) werden wir später in Kapitel 7, *Menüs erstellen*, separat behandeln; wir lassen sie an dieser Stelle daher zunächst einmal leer.

6. Dasselbe gilt für die Suche und den News-Bereich. Beide werden wir in Kapitel 10, *Bestehende Erweiterungen integrieren*, mit Leben füllen.

Beispiel 4.1: Designvorlage

```
<nav class="navbar navbar-expand-md sticky-top bg-dark navbar-dark"
            aria-label="{labelMain}">
  <div class="container">
    <button class="navbar-toggler"
      type="button"
      data-bs-toggle="collapse"
      data-bs-target="#navbar-toggler"
      aria-controls="navbar-toggler"
      aria-expanded="false"
      aria-label="Toggle navigation"
    >
      <span class="navbar-toggler-icon"></span>
    </button>
    Platzhalter Logo
    <a class="navbar-brand" href="/">
      <div class="brand-line">{brandLineFirst}</div>
      <div class="brand-line">{brandLineSecond}</div>
    </a>
    <div class="navbar-collapse collapse justify-content-end"
              id="navbar-toggler">
      Platzhalter Hauptnavigation
    </div>
  </div>
</nav>

<header>

  <div class="trailer" style="background-image: url({image})">
    <div class="hero text-center">
      <div class="container">
        <div class="container">
          Platzhalter Trailer-Inhalt
        </div>
      </div>
    </div>
  </div>

  <div class="infobar navbar">
    <div class="container">
      <div id="youarehere">
        {labelYouAreHere}:
      </div>
      <nav aria-labelledby="youarehere">
        Platzhalter Klickpfad
      </nav>
```

Beispiel 4.1: Designvorlage (Fortsetzung)

```

      <nav aria-label="Sprach- und Ansichtswechsler"
                       class="navbar-expand">
        <ul class="navbar-nav justify-content-end">
          <li class="nav-item">
            Platzhalter Druckansicht
          </li>
          <li class="nav-item">
            <div class="language">
              Platzhalter Sprachauswahl
            </div>
          </li>
        </ul>
      </nav>
      <div class="pull-right search">
        Platzhalter Suche
      </div>
    </div>
  </div>

</header>

<main class="container">
  <div class="row">
    <div class="col-md-12 content-main">
      Platzhalter Haupt-Inhalt
    </div>
  </div>
</main>

<footer>
  <div class="container">
    <div class="row">
      <div class="col-md-8">
        <h4>{labelNews}</h4>
        Platzhalter News
      </div>
      <div class="col-md-4">
        <h4 id="secondary-navigation-label">{labelMore}</h4>
        <nav aria-labelledby="secondary-navigation-label">
          Platzhalter Sekundärnavigation
        </nav>
      </div>
    </div>
  </div>
</footer>
```

Tipp

Der Fluid-Quelltext der Designvorlage wird sich im Verlauf dieses Buchs noch verändern, wenn wir das Praxisbeispiel weiterführen und fortgeschrittene Funktionen von TYPO3 betrachten. Die oben gezeigte anfängliche Version der Vorlage finden Sie in den Dateien zum Buch unter dem Dateinamen *PageV1.html*.

In der Designvorlage sehen Sie unter anderem, dass *aria**-Label[1] verwendet werden. Diese werden für die barrierefreie Gestaltung von Webseiten benötigt. Obwohl das Thema Barrierefreiheit äußerst wichtig ist, können wir es aufgrund seiner Komplexität im Rahmen dieses Buchs nicht detailliert behandeln. Lesen Sie sich dazu am besten gesondert in das Thema ein, wenn Sie eigene Designs erstellen möchten. Wir empfehlen Ihnen dazu das (ebenfalls im O'Reilly erschienene) Werk *Barrierefreie Webentwicklung* von Maria Korneeva.[2]

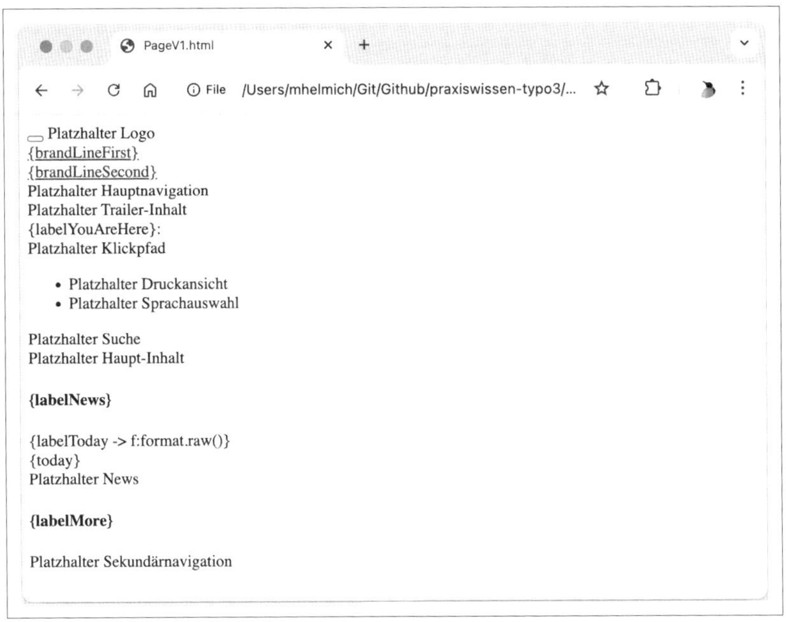

◀ **Abbildung 4.2**
Die substituierte Designvorlage im Browser

Ein Site Package erstellen und installieren

Um die Dateien des Praxisbeispiels in der von TYPO3 gewünschten Verzeichnisstruktur bereitzustellen, müssen wir nun also zunächst ein Site Package erstellen. Ein Site Package folgt einer streng von TYPO3 vorgegebenen Verzeichnisstruktur.

1 *https://developer.mozilla.org/de/docs/Web/Accessibility/ARIA/Reference/Attributes/aria-label*

2 *https://dpunkt.de/produkt/barrierefreie-webentwicklung/*

Für das Praxisbeispiel können Sie einfach das fertige Site Package aus den Dateien zu diesem Buch übernehmen. Zu diesem Zweck enthalten unsere Beispieldateien gleich zwei Site Packages: Das Verzeichnis *site/packages/snowboard/* enthält das fertige Site Package, das Sie erhalten, wenn Sie das Praxisbeispiel bis zum Ende durcharbeiten. Das Verzeichnis *site/packages/snowboard-starter/* enthält hingegen ein minimales Site Package, mit dem Sie das Praxisbeispiel Schritt für Schritt nachvollziehen können.

Warnung Übernehmen Sie auf jeden Fall nur *eines* der *snowboard/*- und *snowboard-starter/*-Verzeichnisse in Ihre lokale Installation!

Übernehmen Sie dazu einfach das Verzeichnis *site/packages/snowboard-starter/* in ein *packages/*-Verzeichnis, das Sie im Wurzelverzeichnis Ihrer TYPO3-Installation erstellen.

Falls Sie DDEV unter Windows verwenden, müssen Sie die Beispieldateien von Ihrer Windows-Partition zunächst in das Linux-Dateisystem kopieren. Verwenden Sie hierzu den folgenden Befehl in der WSL-Kommandozeile (passen Sie den Pfad Ihres Benutzerverzeichnisses gegebenenfalls an den Pfad an, unter dem Sie die Dateien des Praxisbeispiels heruntergeladen haben):

```
$ mkdir -p ./packages
$ cp -a /mnt/c/Users/Anwender/Downloads/praxiswissen-typo3-edition-12/site/
packages/snowboard-starter ./packages/snowboard
```

Falls Sie das Praxisbeispiel nicht Schritt für Schritt durcharbeiten, sondern gleich mit dem fertigen Paket loslegen möchten, kopieren Sie statt *snowboard-starter/* das Verzeichnis *snowboard/*.

Die zuvor erstellte Designvorlage *PageV1.html* können Sie anschließend in das Site Package unter dem Pfad *Resources/PageView/Pages/PageV1.html* kopieren.

Exkurs: Warum Site Packages?

In so mancher älteren Dokumentation zu TYPO3 (oder auch, wenn Sie beispielsweise ein älteres, bestehendes TYPO3-Projekt übernehmen) ist von Site Packages unter Umständen gar keine Rede. Gegebenenfalls finden Sie dort Designvorlagen und Grafik-Elemente, die im *fileadmin/*-Verzeichnis des TYPO3-Projekts verwaltet werden.

Gestalterische Elemente wie Templates und Grafiken im *fileadmin/*-Verzeichnis zu verwalten, ist keine empfohlene Best Practice mehr. Das hat folgende Gründe:

1. Das *fileadmin/*-Verzeichnis ist eigentlich dazu gedacht, dass Redakteure dort Inhalte in Form von Dateien hinterlegen können. Dieses Verzeichnis kann also generell von Backend-Benutzern bearbeitet werden (auch von denen, die keine *Systemverantwortlichen*-Rechte haben). Extensions (zu denen auch Site Packages zählen) hingegen können nur von Systemverantwortlichen installiert, deinstalliert und bearbeitet werden (und von Personen, die direkten Zugriff auf das Dateisystem des Servers haben – üblicherweise ist das auch der Systemverantwortliche).

   Ein Site Package ist daher vor unbedarfter Bearbeitung durch Redakteure und selbst durch Administratoren der Seite geschützt. Außerdem enthält das *fileadmin/*-Verzeichnis so keine für den Betrieb der Site kritischen Dateien mehr, sondern nur noch Dateien, die von Redakteuren selbst bereitgestellt wurden.

2. Ein Site Package kann Abhängigkeiten zu anderen Extensions definieren, die bei der Installation des Site Packages dann automatisch mitinstalliert werden. Im Laufe dieses Buchs werden wir einige Drittanbieter-Extensions verwenden, und es hat handfeste Vorteile, diese Abhängigkeiten explizit zu definieren – ein unbedachter Systemverantwortlicher, der einen Blick in die Liste der installierten Erweiterungen wirft, wüsste ansonsten nicht genau, ob eine bestimmte Erweiterung tatsächlich für den Betrieb der Site benötigt wird oder nur irgendwann einmal zu Testzwecken installiert wurde.

   Ein Site Package hingegen kann klar definierte Abhängigkeiten zu anderen Extensions (und sogar zu bestimmten Versionen anderer Extensions haben) – diese werden von TYPO3 dann automatisch mitinstalliert, sobald das Site Package installiert wird.

3. In einem Site Package befindet sich alles, was mit dem Layout und der Darstellung der Website zu tun hat, an einem einzelnen Ort. Dies ist insbesondere dann praktisch, wenn Sie diese Dateien etwa mit einer Versionsverwaltungssoftware wie *Git* versionieren oder die Installation und die Updates des Site Packages über verschiedene Deployment-Werkzeuge automatisieren möchten.

   Gleichermaßen erleichtert dies auch die Wiederverwendbarkeit des Site Packages, falls Sie das Site Package also irgendwann einmal für ein weiteres TYPO3-Projekt weiterverwenden möchten.

Alternative zum Praxisbeispiel: Ein neues Site Package erstellen

Für dieses Praxisbeispiel empfehlen wir Ihnen, das vordefinierte Site Package aus den Beispieldateien dieses Buchs zu übernehmen (also entweder das Verzeichnis *packages/snowboard-starter/* oder *packages/snow-*

board/, je nachdem, ob Sie das Praxisbeispiel Schritt für Schritt mitarbeiten wollen oder lieber gleich mit dem fertigen Ergebnis einsteigen möchten).

Falls Sie das aus irgendeinem Grund nicht möchten, können Sie auch ein von Grund auf neues Site Package erstellen. Beachten Sie jedoch, dass Sie dann den Weg des Praxisbeispiels verlassen und ein wenig mehr auf sich selbst gestellt sind.

Um die initiale Verzeichnisstruktur eines Site Packages zu generieren, können Sie den *Site Package Builder* verwenden, den Sie im Internet unter *https://get.typo3.org/sitepackage* erreichen. Rufen Sie dazu diese Seite im Browser auf und klicken Sie auf den Button *Create Site Package*.

In dem nun folgenden Formular können Sie die folgenden Eingaben tätigen:

Base Package
: Wählen Sie hier für das Praxisbeispiel die Option *Fluid Styled Content*. Wenn Sie keine eigene HTML-/CSS-Designvorlage haben, können Sie hier auch das *Bootstrap Package* oder das *Site Package Tutorial* auswählen.

TYPO3 Version
: Hier können Sie die TYPO3-Version auswählen, für die Sie das Site Package erstellen möchten; in unserem Fall also die Version 13.4.

Title
: Geben Sie hier den Namen Ihres Projekts an. Dieser ist frei wählbar, gibt später allerdings beispielsweise auch den Namen des Site Packages und ein paar Verzeichnisnamen vor. Für unser Beispiel wählen wir hier **`Snowboard`** als Eingabe.

Description und Repository URL
: Diese Felder können Sie leer lassen.

Author, Name und Email
: Diese Eingaben tauchen später in den Autoren-Angaben des Site Packages auf. Weitere Auswirkungen haben diese Eingaben nicht.

Company
: Diese Eingabe ist (auch wenn es kontraintuitiv ist) verpflichtend, da der Firmenname später im Namen des Packages verwendet wird. Sie können hier natürlich auch ebenso gut einfach den Namen Ihres Projekts verwenden. Für unser Beispiel wählen wir hier **`Praxiswissen TYPO3`** als Eingabe.

Abbildung 4.3 zeigt die vollständigen Eingaben. Bestätigen Sie sie anschließend und laden Sie das generierte Site Package über den *Download*-Button herunter. Sie sollten eine ZIP-Datei erhalten, die nach dem eingebenen Titel benannt ist (in unserem Fall also *snowboard.zip*).

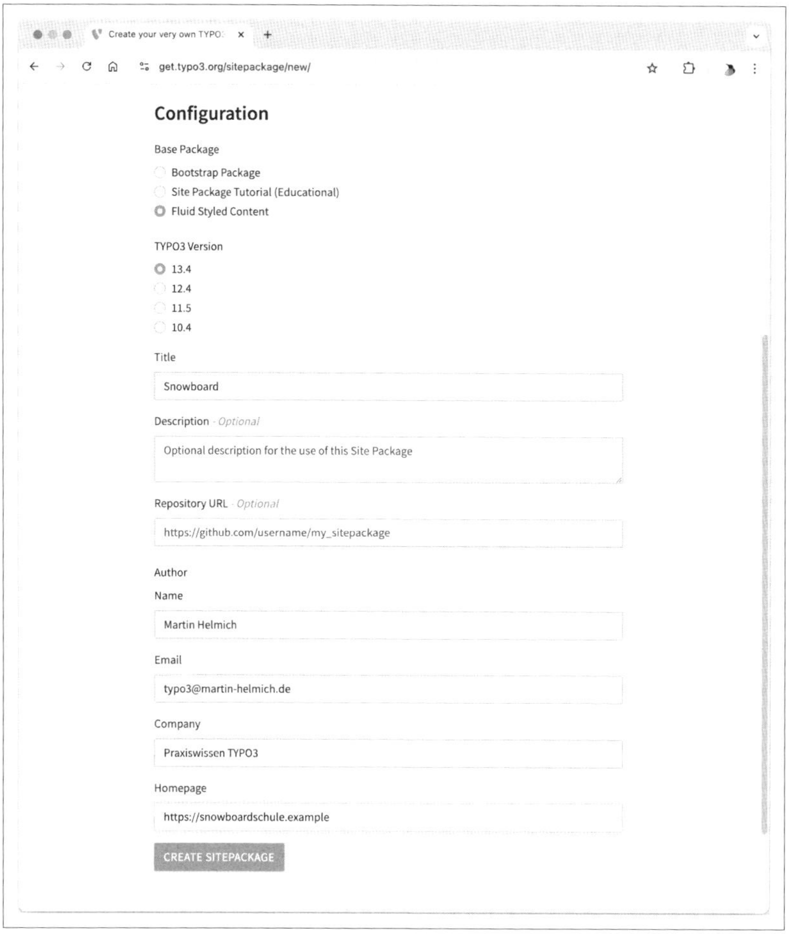

◀ **Abbildung 4.3**
Die fertige Konfiguration des Site Packages im Site Package Builder

Aufbau eines Site Packages

Die Verzeichnisstruktur eines typischen TYPO3-Site-Packages folgt einem ganz bestimmten Aufbau, den wir an dieser Stelle kurz betrachten möchten.

Für unseren unmittelbaren Anwendungsfall sind zunächst die folgenden Verzeichnisse relevant:

Configuration/
: Enthält alle Konfigurationsdaten, die für die Webseite relevant sind. Insbesondere zählen dazu:

Configuration/Sets/
: Dieses Verzeichnis enthält später die sogenannten Site-Sets, in denen die grundlegende Konfiguration Ihrer Website beschrieben wird. Damit beschäftigen wir uns in Kapitel 5, *TypoScript in der Praxis*.

Configuration/Yaml/
: Enthält verschiedene weitere Konfigurationsdateien, beispielsweise für die Kontaktformulare, mit denen wir in Kapitel 8, *Inhalte ausgeben*, arbeiten werden.

Resources/Public/
: Enthält generell alle Dateien, die ein Besucher der Webseite später direkt über seinen Browser aufrufen können soll. Dazu zählen beispielsweise Stylesheet-Dateien (meistens in einem Unterverzeichnis *Css/* oder *Stylesheet/*), JavaScript-Dateien im Unterverzeichnis *JavaScript/* oder Bilder im Unterverzeichnis *Images/*.

Resources/Private/PageView/
: Enthält HTML-Designvorlagen, die für den Aufbau der HTML-Seite selbst relevant sind. Auch unsere *PageV1.html* (und alle nachfolgenden Versionen) finden hier ihre Heimat.

Resources/Private/
: Kann neben dem *PageView/*-Verzeichnis auch noch weitere Verzeichnisse enthalten für Dateien, die ein Website-Besucher später nicht direkt über seinen Browser abrufen können muss. Hierzu können beispielsweise Formulardefinitionen gehören (dazu lesen Sie mehr in Kapitel 8, *Inhalte ausgeben*) oder überschriebene Templates von Erweiterungen (dazu mehr in Kapitel 10, *Bestehende Erweiterungen integrieren*).

composer.json
: Diese Datei enthält Metadaten für den PHP-Paketmanager Composer. Hier steht beispielsweise im *name*-Feld der tatsächliche Name des Site Packages, und es sind verschiedene Informationen zur Urheberschaft des Pakets und (später) Abhängigkeiten zu anderen Paketen definiert.

Der Vollständigkeit halber seien auch die weiteren Verzeichnisse innerhalb des Site Packages kurz erläutert:

Classes/
: Dieses Verzeichnis kann spezielle PHP-Klassen enthalten, sofern Sie TYPO3 später mit selbst programmierten Funktionen erweitern möchten. Für das Praxisbeispiel lassen wir dieses Verzeichnis außer Acht.

Configuration/RTE/
: Enthält Konfigurationsdateien für den *Rich Text Editor* (RTE) im TYPO3-Backend. In Kapitel 11, *Das Backend für Redakteure anpassen*, erfahren Sie, wie Sie den Editor an Ihre eigenen Bedürfnisse anpassen können.

Configuration/TCA/
: Enthält Konfigurationsdateien für das *Table Configuration Array*, also die Darstellung von Eingabemasken im TYPO3-Backend, beispielsweise für Seiten und Seiteninhalte. Dieses Verzeichnis lassen wir für das Praxisbeispiel ebenfalls außer Acht. Eine vollständige Dokumentation finden Sie unter *https://docs.typo3.org/permalink/t3tca:start*. (Das ist jedoch keine leichte Lektüre.)

Das Site Package per Composer installieren

Das soeben erstellte Site Package können Sie nun per Composer installieren. Hierzu müssen Sie (sofern das nicht bereits während des Installationsprozesses geschehen ist) Composer zunächst mitteilen, dass das *packages/*-Verzeichnis als Quelle für Paketinstallationen genutzt werden kann. Verwenden Sie hierzu den folgenden Befehl auf der Befehlszeile:

```
$ composer config repositories.packages path './packages/*'
```

Im Anschluss können Sie das Site Package über folgenden Befehl installieren:

```
$ composer require praxiswissen-typo3/snowboard '@dev'
$ vendor/bin/typo3 extension:setup
```

Der Paketname (hier *praxiswissen-typo3/snowboard*) muss dabei dem Paketnamen entsprechen, der in der *composer.json*-Datei innerhalb des Site Packages definiert ist. In den Beispieldateien dieses Buchs ist er fest vorgegeben. Falls Sie das Starter-Package für ein eigenes Projekt verwenden möchten, das nichts mit einer Snowboardschule zu tun hat, empfiehlt es sich natürlich, diesen entsprechend anzupassen.

Tipp Wenn Sie DDEV verwenden, denken Sie daran, den *composer*-Befehl durch *ddev composer* zu ersetzen sowie *vendor/bin/typo3* durch *ddev typo3*.

Aufbau der Navigationsstruktur

Der erste Schritt zur Umsetzung des gelieferten Designs ist das Anlegen einer geeigneten Seitenstruktur, die in TYPO3 abgebildet wird. Dabei sind folgende Überlegungen nötig:

Welche Navigationen gibt es?
: Für das Praxisbeispiel der *Snowboardschule* wird es eine primäre Navigation und ein Menü im Fußbereich geben. Zum Abbilden dieser Struktur werden Hilfsseiten eingeführt, die dem Besucher der Website nicht zur Verfügung stehen sollen.

Wie viele Ebenen wird die Navigation enthalten?
: Bei den Anforderungen haben wir keine konkreten Angaben darüber gemacht, wie tief bzw. über wie viele Ebenen die Navigation gehen wird. Das Hauptmenü soll daher willkürlich für maximal zwei Ebenen beschrieben werden. Das untere Textmenü hingegen wird keine weiteren Unterseiten enthalten. Diese Ebenenanzahl sehen Sie auch im Screenshot zu den Anforderungen an das Praxisbeispiel (siehe Abbildung 4.1 auf Seite 76).

Wo befindet sich die Homepage?
: Eigentlich sollte der Begriff *Homepage* eindeutig sein. Sie werden später beim Aufbau der Struktur allerdings feststellen, dass der genaue Ort der Homepage nicht unbedingt eindeutig festgelegt ist.

Überlegungen zur richtigen Struktur

In diesem Abschnitt werden Sie an die geeignete Seitenstruktur herangeführt und lernen so die Hintergründe und Vorteile der in diesem Beispiel verwendeten Struktur kennen.

Die Navigationsstruktur abbilden

Im Praxisbeispiel werden zwei Navigationen eingesetzt: im oberen Bereich die primäre Navigation mit Menüpunkten wie *Homepage*, *Aktuelles*, *Geschützter Bereich* usw. und im unteren Teil die Hilfsnavigation, die die Menüpunkte *Homepage*, *Sitemap*, *Impressum* und *Kontakt* enthält. Wie Sie bereits erkennen können, gibt es innerhalb der Navigation gleich zweimal die Seite *Homepage*. Welche Seite davon nun die tatsächliche Homepage sein soll, erfahren Sie am Ende dieses Abschnitts.

In TYPO3 wird die Seitenstruktur ähnlich wie ein Baum aufgebaut: Es gibt eine Wurzel, von der aus im Regelfall ein Stamm und diverse Zweige abgehen. An der Wurzel kann im wahrsten Sinne des Wortes nicht gerüttelt werden, denn sie ist tief und fest im System verankert. In TYPO3 wird die Wurzel als *rootlevel* bezeichnet (*Root-Ebene* oder auf Deutsch auch *Wurzelebene*).

Ausgehend von dieser Root-Ebene können Sie in TYPO3 die Navigationsstruktur abbilden. Das ist ähnlich wie bei Betriebssystemen, in denen Verzeichnisstrukturen erstellt werden können, die mit einem Datenträger beginnen. In TYPO3 legen Sie mit der Navigationsstruktur bzw. mit Seiten im Allgemeinen allerdings keine Verzeichnisse an, sondern eine Struktur von Seiten, die lediglich in der Datenbank abgebildet wird.

Beim Aufbau der Navigationsstruktur müssen Sie berücksichtigen, dass es Redakteuren möglich sein muss, das Menü selbstständig zu erweitern bzw. zu reduzieren. Dabei soll TYPO3 dynamisch all das machen, was zur Aufnahme eines weiteren Menüpunkts in die Navigation erforderlich ist, ohne dass der Redakteur Kenntnisse über den genauen Aufbau des Site Packages haben oder sich durch die einzelnen Fluid-Templates wühlen muss.

Ein Navigationsmenü wird in TYPO3 in der Regel über eine Kombination aus TypoScript (dazu später mehr) und Fluid-Templates umgesetzt. In der Regel hat ein Menü dabei stets eine Seite aus dem Seitenbaum als Einstiegspunkt, und alle Unterseiten dieser Seite werden dann als Navigationselemente im Menü dargestellt. Und genauso wie der Seitenbaum beliebig tief verschachtelt sein kann, können Sie auch beliebig tief verschachtelte Navigationsmenüs aus ihm konstruieren.

Dies hat den Vorteil, dass ein Redakteur nun im TYPO3-Backend neue Seiten anlegen kann und diese dann auch automatisch in die entsprechenden Menüs mit aufgenommen werden. Da unsere Seite zwei verschiedene Menüs enthalten soll, müssen wir in den nächsten Schritten nun also zwei verschiedene Seiten erstellen, die jeweils als Einstiegspunkt für die Hauptnavigation im Kopfbereich und für die Sekundärnavigation im Fußbereich dienen können.

Eine übergeordnete Seite als Anfang der Webseiten

Nach diesen Überlegungen gibt es zurzeit ausgehend von der Root-Ebene zwei Hilfsseiten für die beiden Menüs, die die Seiten der jeweiligen Menüs als Unterseiten haben. Allerdings ist noch folgendes Problem zu lösen: Jede TYPO3-Site-Konfiguration (grob übersetzt: jede Domain) benötigt *eine* Seite im Seitenbaum als Startpunkt (wortwörtlich den Anfang der Webseite), die idealerweise auch die entsprechenden Inhalte der Startseite enthält – die Homepage also.

In den späteren Kapiteln werden Sie erfahren, dass Datensätze im TYPO3-Backend stets auf einer bestimmten Seite im Seitenbaum gespeichert werden und sich oft auf untergeordnete Seiten »vererben«. Auch aus diesem Grund ist es sinnvoll, eine einzelne übergeordnete Seite im Seitenbaum zu haben, unterhalb derer dann die zwei Hilfsseiten für die Navigation platziert werden können.

Unsere Anfangsseite bekommt im Folgenden den Seitentitel *Snowboardschule*.

Wo befindet sich die Homepage?

Wenn das Frontend Ihres TYPO3-Projekts ohne besonderen Pfad in der URL aufgerufen wird – wenn also jemand einfach nur die URL *https://<ihre-domain>/* aufruft –, dann stellt TYPO3 die erste Seite dar, die sich unterhalb der Root-Ebene befindet; und das sollte im Regelfall auch die Homepage sein. (Das genaue Verhalten lässt sich über Site-Konfigurationen steuern, mit denen wir uns ein paar Abschnitte später beschäftigen.) Zum jetzigen Zeitpunkt ist unterhalb dieser Root-Ebene die Seite *Snowboardschule*, die ohnehin bereits dem Zweck dient, den Webseiten-Anfang zu markieren und als Einstiegspunkt der Seitenkonfiguration zu dienen. Zusätzlich dazu soll die Homepage jedoch auch in beiden Navigationsmenüs auftauchen: einmal im oberen Hauptmenü und einmal im unteren Hilfsmenü.

Es gibt in TYPO3 die Möglichkeit, eine Seite als *Verweis* zu definieren. Die Seite zeigt dann auf eine andere Seite, in diesem Fall auf die Anfangsseite. Ruft ein Websitebesucher die Startseite direkt auf, weil er die Website über die Domain *http://meinedomain.tld* aufgerufen hat, bekommt er direkt die Inhalte der Homepage geliefert.

Die beiden Menüpunkte *Homepage* (jeweils im Haupt- und Hilfsmenü) werden dann lediglich als Verweise zurück auf die eigentliche Anfangsseite erstellt. Die fertige Seitenstruktur könnte somit so wie in Abbildung 4.4 aussehen.

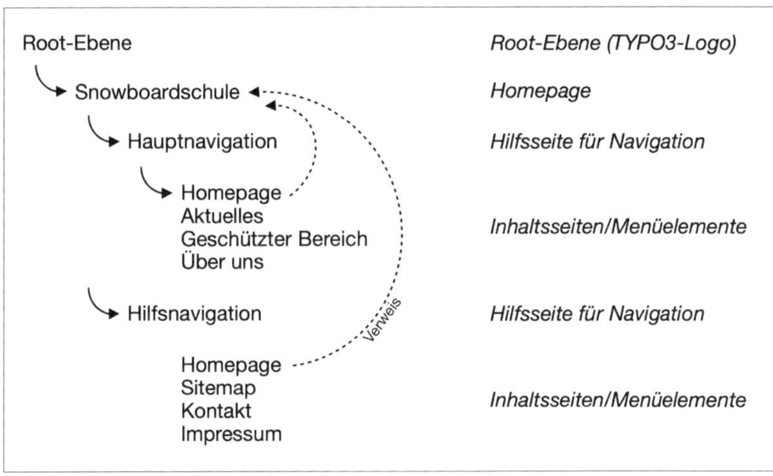

Abbildung 4.4 ▶ Überlegungen zur Seitenstruktur

Die gewünschte Struktur anlegen

Die in Abbildung 4.4 gezeigte Navigation soll nun in der TYPO3-Umgebung abgebildet werden. Die Seite *Test*, die Sie schon in Kapitel 3, *Das Backend kennenlernen*, angelegt haben, kann bestehen bleiben, soll aber keinen Einfluss auf das Projekt haben. Sie können die Seite *Test* löschen, indem Sie im Modul *Seite* im Abschnitt *Web* im Seitenbaum mit rechts auf die Seite klicken und im Auswahlmenü die Option *Löschen* anwählen. Alternativ löschen Sie die Seite per Drag-and-drop, indem Sie sie auf das rote *Löschen*-Feld ziehen, das erscheint, sobald Sie beginnen, ein Element mit der Maus aus dem Seitenbaum zu ziehen.

Legen Sie jetzt eine Seite unterhalb der Root-Ebene an. Gehen Sie dazu wie folgt vor (siehe auch Abbildung 4.5):

1. Wechseln Sie in das Modul *Web → Seite* und finden Sie im oberen Bereich des Seitenbaums die Buttons für die verschiedenen Seitentypen unterhalb des Suchfelds.
2. Sie haben nun die Auswahl zwischen verschiedenen verfügbaren Seitentypen. Für den Anfang am wichtigsten sind dabei die normale Seite (das erste Icon), die Verknüpfung (das dritte Icon) und der Ordner (das sechste Icon).
3. Sie können jetzt dem Seitenbaum eine neue Seite hinzufügen, indem Sie per Klicken und Ziehen das Symbol des jeweiligen Seitentyps an die gewünschte Stelle im Seitenbaum ziehen. Da der Seitenbaum derzeit noch leer ist, gibt es allerdings nicht allzu viele Möglichkeiten, die Seite zu platzieren.

▲ Abbildung 4.5
Eine neue Seite anlegen

Direkt im Seitenbaum kann der Seitentitel bearbeitet werden. Geben Sie hier *Snowboardschule* als Seitentitel an.

Bearbeiten Sie nun die neu erstellte Seite, indem Sie mit rechts auf den Seitenbaumeintrag klicken und den Menüpunkt *Bearbeiten* auswählen. Dadurch öffnet sich die Maske zum Bearbeiten der *Seiteneigenschaften*, in der Sie grundlegende Eigenschaften für eine neue Seite angeben können (siehe Abbildung 4.6):

1. Da die Seite sichtbar sein soll, wechseln Sie auf die Registerkarte *Zugriff* ❶ und aktivieren die Option *Sichtbarkeit → Seite sichtbar* ❷. Das Ein- und Ausblenden von Seiten können Sie auch direkt über den Seitenbaum vornehmen, indem Sie mit rechts auf eine Seite klicken und im Kontextmenü die Option *Deaktivieren* oder *Aktivieren* anwählen.
2. Um TYPO3 mitzuteilen, dass es sich bei dieser Seite um die Wurzel eines ganz neuen Seitenbaums handeln soll, aktivieren Sie des Weiteren auf dem Tab *Verhalten* die Option *Als Anfang der Website benutzen*.
3. Über den Button *Speichern* ❸ wird die neue Seite gespeichert.

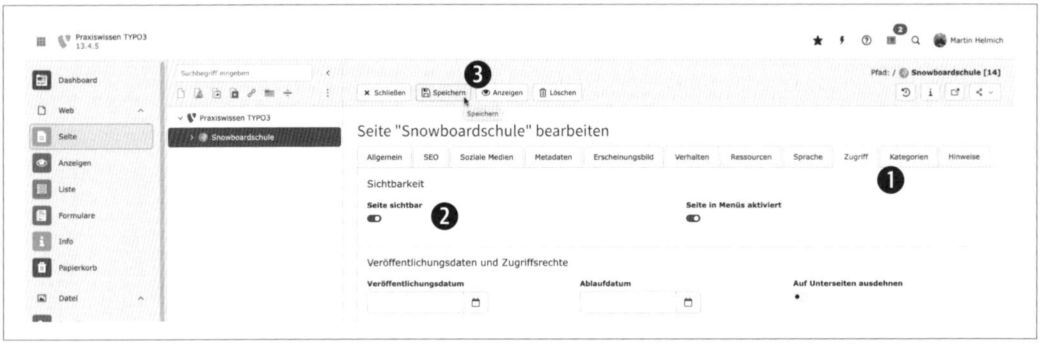

Abbildung 4.6 ▲
Die Maske mit den Eigenschaften für eine Seite

Auf den ersten Blick ändert sich im Frontend durch das Erstellen dieser neuen Seite noch nicht viel. Wenn Sie die Einstiegsseite (also einfach nur *http://<ihre-domain>*) aufrufen, werden Sie immer noch die Fehlermeldung *No site configuration found* vorfinden.

Anders verhält es sich, wenn Sie im TYPO3-Backend direkt im Seitenbaum mit rechts auf die Seite *Snowboardschule* klicken und aus dem Popup-Menü den Eintrag *Ansehen* auswählen. Sie werden nun auf eine URL der Form *http://<ihre-domain>/autogenerated-XY/en* weitergeleitet, wo die Fehlermeldung *No TypoScript record found!* erscheint (siehe Abbildung 4.7).

Abbildung 4.7 ▼
Für die aufgerufene Seite wurde kein TypoScript-Template gefunden.

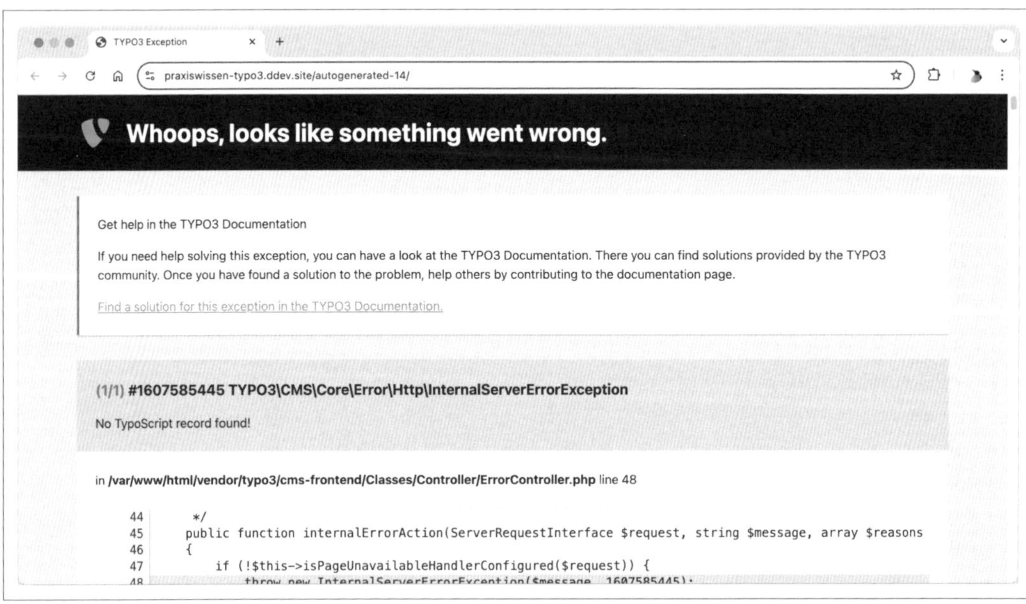

Die Fehlermeldung *No TypoScript record found* rührt daher, dass Sie TYPO3 noch mitteilen müssen, wie genau TYPO3 aus der hinterlegten Designvorlage nun die fertige Webseite zu generieren hat. Das geschieht in einer TypoScript-Konfiguration, die Sie im folgenden Kapitel erstellen werden.

Die Fehlermeldung *No site configuration found* auf der Einstiegsseite ist ebenfalls kein Grund zur Beunruhigung. Hierzu muss noch eine *Site-Konfiguration* erstellt werden, die TYPO3 mitteilt, welche genaue URL (also Domain und Pfad) auf welche *root*-Seite im Seitenbaum abgebildet wird (denn in größeren TYPO3-Projekten könnte es theoretisch mehrere *root*-Seiten geben, die beispielsweise über verschiedene Domains angesprochen werden sollen). Als *root*-Seite (*Wurzelseite*) gilt jede Seite, bei der die Option *Als Anfang der Website benutzen* gesetzt ist. Sie erkennen diese Seiten im Seitenbaum an dem Weltkugel-Icon. Mit Site-Konfigurationen werden Sie sich später in diesem Kapitel im Abschnitt »Eine Site-Konfiguration erstellen« auf Seite 98 befassen.

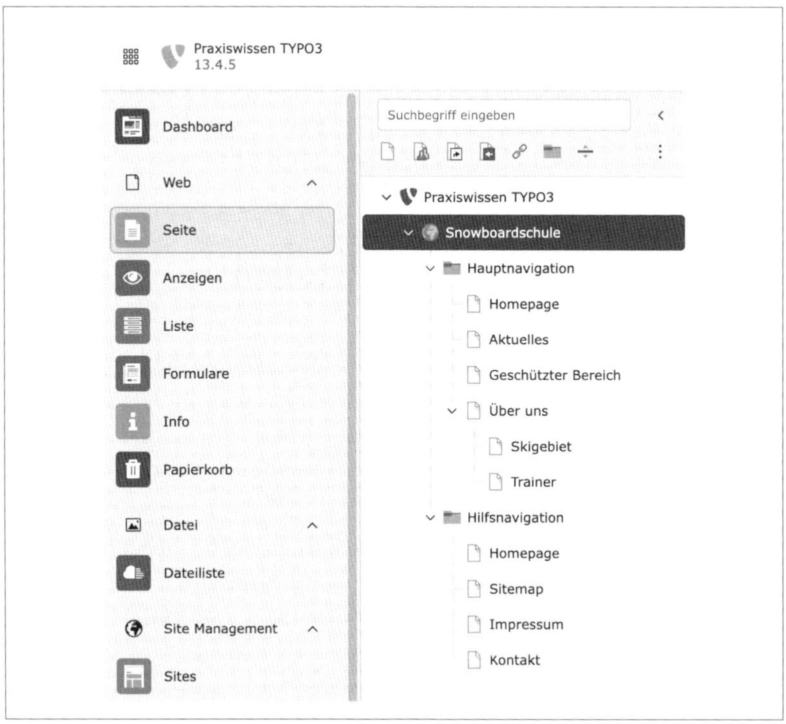

◀ Abbildung 4.8
Die fertige Seitenstruktur im Seitenbaum

Ausgehend von der Seite *Snowboardschule* können Sie nun die bekannten Seiten *Hauptnavigation* und *Hilfsnavigation* sowie die jeweiligen Unterseiten anlegen. Die beiden Seiten *Haupt-* und *Hilfsnavigation* sind dabei ein wenig besonders: Sie dienen später nicht dazu, Inhalte darzustellen, sondern lediglich dazu, die Unterseiten sinnvoll zu gruppieren. Aus diesem Grund sollten Sie diese Seiten nicht als reguläre Seiten erstellen, sondern als *Ordner*.

Bei *Ordnern* handelt es sich um spezielle Elemente im Seitenbaum, die später selbst keinen Inhalt enthalten und zu denen auch nicht über URLs navigiert werden kann. Ihr einziger Zweck ist die logische Gruppierung von Seiten im Seitenbaum. Um einen Ordner zu erstellen, ziehen Sie beim Erzeugen einer neuen Seite das Ordnersymbol aus dem oberen Bereich des Seitenbaums dorthin, wo der Ordner erstellt werden soll.

Tipp Wenn Sie zunächst eine reguläre Seite erstellt haben und im Nachhinein merken, dass Sie eigentlich doch einen Ordner erstellen wollten, können Sie den Typ eines bestehenden Seitenbaumelements auch nachträglich ändern. Bearbeiten Sie hierzu die Seite über den *Bearbeiten*-Eintrag im Kontextmenü der Seite und ändern Sie im Bearbeitungsformular den *Typ* der Seite von *Standard* auf *Ordner*.

Nachdem Sie Ordner für die Haupt- und Hilfsnavigation erzeugt haben, erstellen Sie die restlichen Unterseiten der Navigationsstruktur als ganz reguläre Seiten. Die Homepage-Seiten können Sie gleich als Seiten des Typs *Verweis* erstellen (Sie können das im Nachhinein jedoch auch noch ändern, was in einem späteren Abschnitt dieses Kapitels geschieht). Die von Ihnen fertiggestellte Seitenstruktur sollte in TYPO3 so wie in Abbildung 4.8 aussehen.

Eine Site-Konfiguration erstellen

Wie Sie schon festgestellt haben werden, können Sie Ihre *root*-Seite bereits über eine URL der Form *http://<ihre-domain>/autogenerated-XY/en* aufrufen. (Dort erscheint zwar noch die Fehlermeldung *No TypoScript record found*, aber ein Problem nach dem anderen.) Ein einfacher Aufruf der URL *http://<ihre-domain>* liefert jedoch nach wie vor die Fehlermeldung *No site configuration found*.

Diese Situation ist noch nicht wirklich schön, denn die meisten späteren Besucher Ihrer Seite werden wahrscheinlich einfach nur den Namen Ihrer Domain in den Browser eingeben und keine komplizierten URLs wie */autogenerated-XY/en*.

Alle diese Konfigurationen erfolgen in TYPO3 über Site-Konfigurationen. Diese beschreiben beispielsweise, welche Kombinationen aus URL und Pfad später welchen Teil des Seitenbaums abbilden. Das ermöglicht insbesondere in größeren TYPO3-Projekten sehr vielfältige Konfigurationen, in denen beispielsweise verschiedene Domains (etwa *https://www.snowboardschule.example* und *https://karriere.snowboardschule.example*) jeweils verschiedene *root*-Seiten ausliefern.

Tipp TYPO3 arbeitet in der englischen Variante mit den Begriffen *Page* (für einzelne Seiten im Seitenbaum) und *Site* (für eine gesamte Domain). In der deutschen Übersetzung wird *Page* mit *Seite* übersetzt, und *Site* im englischen Original belassen. Um Verwirrung vorzubeugen, folgen wir in diesem Buch der Konvention und arbeiten mit dem deutschen Begriff *Seite* (für *Page*) und dem englischen *Site* bzw. *Site-Konfiguration*.

Site-Konfigurationen sind auch für mehrsprachige Seiten wichtig. So könnte beispielsweise konfiguriert werden, dass unter *https://showboardschule.example/de/* und *https://showboardschule.example/en/* die gleiche Seite in verschiedenen Übersetzungen zur Verfügung steht. (Mehr zum Thema Mehrsprachigkeit finden Sie in Kapitel 9, *Erweiterte Darstellung von Inhalten*).

Tipp An dieser Stelle des Buchs beschäftigen wir uns nur so weit mit Site-Konfigurationen, um ein wenig voranzukommen. In späteren Kapiteln, wie etwa in Kapitel 9, *Erweiterte Darstellung von Inhalten*, in »Abschnitt »Mehrsprachige Websites« auf Seite 245 oder Abschnitt »Verwaltung von Fehlerseiten« auf Seite 272 werden wir noch einmal ausführlicher auf das Thema eingehen.

Für eine einfache TYPO3-Seite ohne verschiedene Domains oder Sprachen kann solch eine Site-Konfiguration ganz einfach aussehen: Sie müssen TYPO3 lediglich mitteilen, dass unter dem Pfad / die Startseite in der Standardsprache ausgeliefert werden soll.

Wechseln Sie hierzu im TYPO3-Backend in den Menüpunkt *Site Management → Sites*. Hier erhalten Sie, wie in Abbildung 4.9 gezeigt, eine Übersicht über die bereits bestehenden Site-Konfigurationen. Wie Sie sehen, hat TYPO3 für Ihre *Snowboardschule*-Seite schon eine Site-Konfiguration automatisch erstellt. Die Standardeinstellungen sind allerdings womöglich ein bisschen unglücklich: Die Standardsprache der Seite ist Englisch, und die Seite ist nur über die URL *http://<ihre-domain>/autogenerated-XY/en/* erreichbar.

▼ Abbildung 4.9
Die automatisch erstellte Seitenkonfiguration für Ihre Startseite

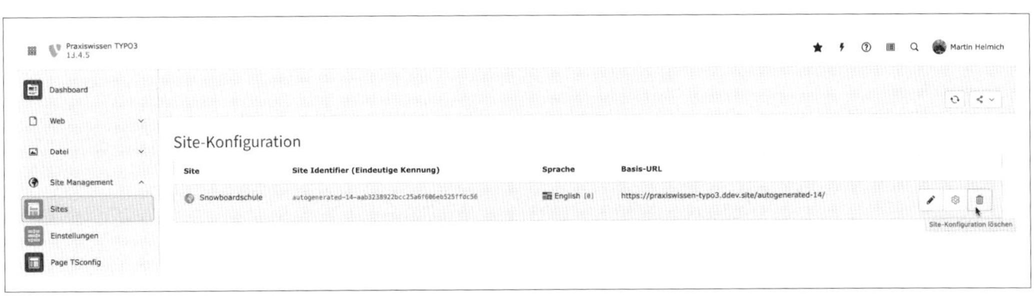

Um eine eigene Seitenkonfiguration zu erstellen, löschen Sie die automatisch generierte Seitenkonfiguration am besten zunächst wieder. Benutzen Sie hierzu den in Abbildung 4.9 gezeigten Button *Site-Konfiguration löschen*. Im Anschluss können Sie, wie in Abbildung 4.10 zu sehen ist, über den Button *Neue Site-Konfiguration für diese Seite hinzufügen* eben genau dies für die *root*-Seite tun.

Abbildung 4.10 ▼
Erstellen einer neuen Site-Konfiguration für die Anfangsseite

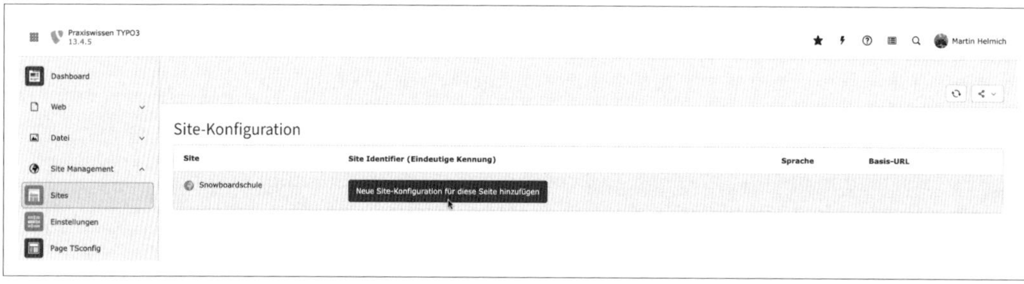

Im Anschluss öffnet sich ein komplexes Formular mit mehreren Tabs (siehe Abbildung 4.11). Das sieht auf den ersten Blick kompliziert aus, aber keine Angst: Die meisten der Einstellungsmöglichkeiten benötigen Sie anfangs gar nicht.

Abbildung 4.11 ▼
Das Formular zum Erstellen einer neuen Site-Konfiguration

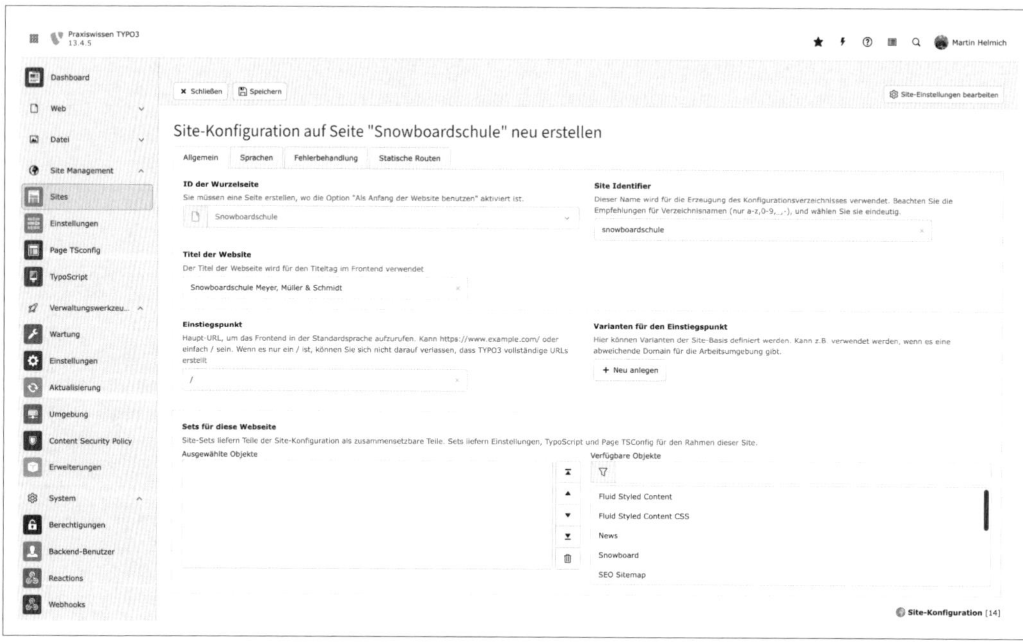

Folgende Einstellungsmöglichkeiten sollten Sie im Tab *Allgemein* beachten:

- Im Feld *ID der Wurzelseite* können Sie die Anfangsseite der Site-Konfiguration auswählen. Dies muss zwingend eine Seite sein, bei der die Option *Als Anfang der Website benutzen* aktiviert wurde. Solange Sie nur eine Anfangsseite in Ihrem Seitenbaum haben, gibt es hier keine große Auswahl.

- Der *Site Identifier* ist ein eindeutiger Bezeichner der Seitenkonfiguration. Er sollte ausschließlich aus Kleinbuchstaben, Ziffern und (Unter)Strichen bestehen. Dieser Wert dient lediglich dazu, die Seitenkonfiguration später eindeutig zu identifizieren – ein Besucher der Seite wird diesen Wert nicht zu Gesicht bekommen. Allerdings muss er eindeutig sein, was bedeutet, dass es keine zweite Seitenkonfiguration mit demselben Bezeichner geben darf.
- Der *Titel der Webseite* wird von TYPO3 später im `<title>`-Tag der generierten HTML-Seiten verwendet.
- Der *Einstiegspunkt* ist die URL (Domain und Pfad), unter der die Startseite der Site später erreichbar sein soll. Wenn Sie die Domain noch nicht kennen (oder sie egal ist), können Sie auch nur einen Pfad angeben. Geben Sie hier im einfachsten Fall / als Wert ein, besser jedoch eine vollständige URL wie *https://praxiswissen-typo3.ddev.site/*, da die Link-Generierung in diesem Fall tendenziell verlässlicher funktioniert.

Warnung Wenn Sie als Einstiegspunkt (*Entry Point*) eine absolute URL einschließlich Domain eingeben, wird TYPO3 Sie bei jedem Aufruf an diese URL weiterleiten. Geben Sie hier also nur dann eine absolute URL an, wenn Ihre Site auch tatsächlich unter dieser Domain erreichbar ist. Andernfalls bleiben Sie lieber beim einfachen / als Eingabe.

Neben dem Tab *Allgemein* verdient noch der *Sprachen*-Tab Ihre Aufmerksamkeit. Unsere Beispielseite wird anfangs nicht mehrsprachig sein (das Thema Mehrsprachigkeit wird in Kapitel 9, *Erweiterte Darstellung von Inhalten*, betrachtet). Dennoch muss in der Seitenkonfiguration zumindest die eine Standardsprache der Seite konfiguriert sein.

Abbildung 4.12 zeigt die relevanten Eingabefelder des *Sprachen*-Tabs. Das Feld *Verfügbare Sprachen für diese Seite* ist anfangs leer. Sobald Sie weitere Übersetzungen Ihres Projekts hinzufügen, werden diese in dieser Liste auftauchen. Darunter können Sie die Standardsprache der Seite bearbeiten:

- Der *Titel* der Sprache ist genau das – einfach nur ein Name.
- Der Schalter *Sichtbar im Frontend* wird später interessant, wenn Sie ein Sprachwechsler-Menü einbauen möchten. Auch das werden wir in Kapitel 9, *Erweiterte Darstellung von Inhalten*, betrachten.
- Der *Einstiegspunkt* gibt – ähnlich wie bei der Seitenkonfiguration selbst – an, unter welcher Domain und welchem Pfad die jeweilige Übersetzung der Site erreichbar sein soll. Wenn Sie hier lediglich einen Pfad und keine Domain angeben, wird der Pfad mit dem Einstiegspunkt der Seitenkonfiguration selbst kombiniert. Ist der Einstiegspunkt der Seitenkonfiguration also beispielsweise *http://<ihre-domain>/test* und der Einstiegspunkt der Sprache */de/*, errei-

chen Sie die deutsche Version der Seite am Ende über die URL *http://<ihre-domain>/test/de/*. Für den Anfang tragen Sie hier einfach den Wert / ein.

- Die *Spracheinstellung* wird beispielsweise für Datums-, Zeit, Zahlen- und Währungsformate genutzt. Tragen Sie hier beispielsweise den Wert *de_DE*, *de_AT* oder *de_CH* ein, oder wählen Sie eine passende Einstellung aus dem Dropdown-Feld.
- Im Abschnitt *Frontend* können Sie das Verhalten der Sprache im Frontend konfigurieren. Diese Einstellungen werden später interessant, wenn Sie mehrere Sprachen hinterlegt haben und einen Sprachwechsler ins Frontend Ihrer Seite integrieren möchten.

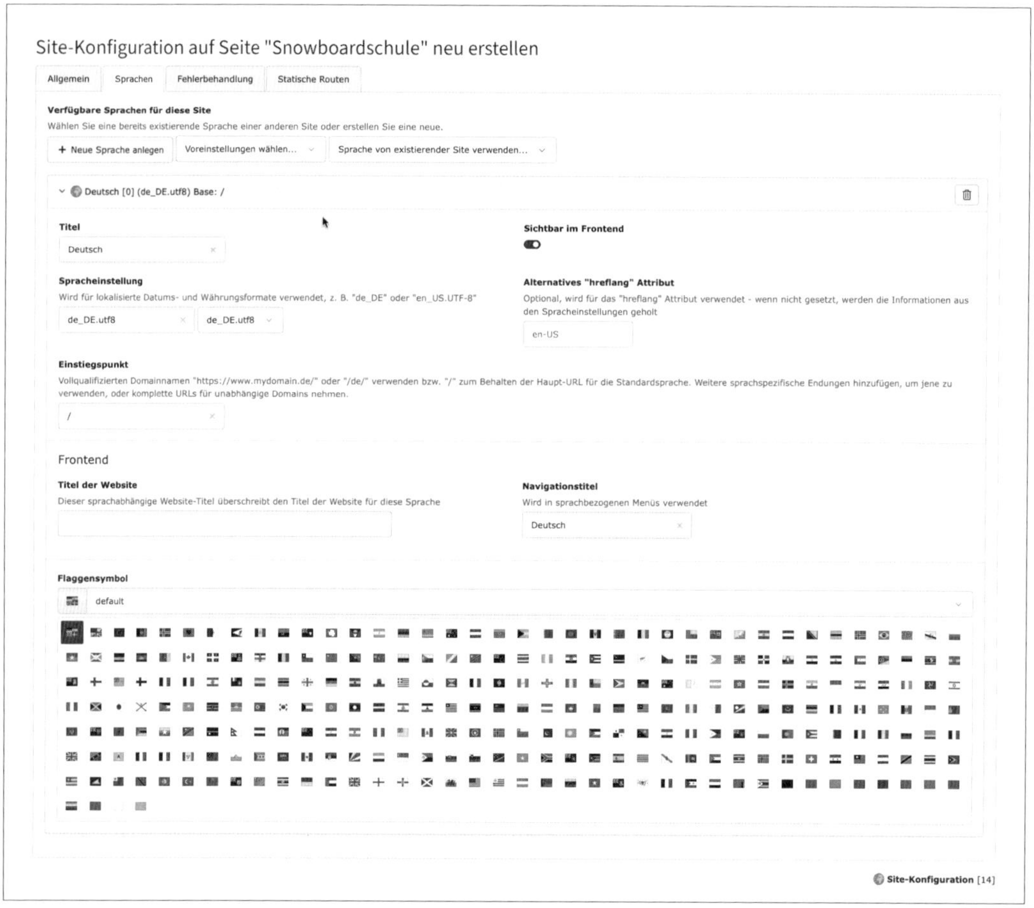

Abbildung 4.12 ▼
Konfiguration der Sprachen einer Site-Konfiguration

Speichern Sie anschließend Ihre Site-Konfiguration über den *Speichern*-Button ab. Die soeben erstellte Site-Konfiguration reicht für ein einfaches TYPO3-Projekt ohne Mehrsprachigkeit völlig aus. Wir werden uns erneut mit dieser Site-Konfiguration beschäftigen, wenn wir uns in

Kapitel 9, *Erweiterte Darstellung von Inhalten* mit dem Thema Mehrsprachigkeit auseinandersetzen.

Support Site-Konfigurationen werden von TYPO3 in Form von YAML-Dateien im Verzeichnis *config/sites/<site-identifier>/* gespeichert. Diese können Sie zur Not auch ohne Zugriff auf das TYPO3-Backend bearbeiten, beispielsweise über einen Texteditor. Aber Achtung: Eine unbedachte Bearbeitung dieser Dateien kann das gesamte Frontend Ihres Projekts unbenutzbar machen!

Rufen Sie im Anschluss das Frontend Ihrer TYPO3-Seite ohne besonderen Pfad in der URL auf (also einfach nur mit *http://<ihre-domain>/*), sollte die *No site configuration found*-Fehlermeldung verschwunden und einer Fehlermeldung mit dem Text *No TypoScript record found* gewichen sein.

Site-Konfigurationen im Texteditor bearbeiten

Site-Konfigurationen werden von TYPO3 in Form von YAML-Dateien im Verzeichnis *config/sites/<site-identifier>/* gespeichert (in unserem Fall also beispielsweise als *config/sites/snowboardschule/*). Diese Dateien können auch ohne Zugriff auf das TYPO3-Backend bearbeitet werden, etwa in einem Texteditor.

Warnung Falls Sie mit dem YAML-Dateiformat bisher nicht vertraut sind, passen Sie gut auf, wenn Sie diese Dateien mit einem Texteditor bearbeiten. Die Einrückung der einzelnen Zeilen (es wird jeweils in Zweierschritten mit Leerzeichen eingerückt) ist wichtig für die Struktur der Daten, die in der jeweiligen Datei enthalten sind. Eine unbedachte Bearbeitung dieser Dateien kann das gesamte Frontend Ihres Projekts unbrauchbar machen!

Wenn Sie die YAML-Datei einer Site-Konfiguration bearbeiten, legen Sie vorher unbedingt eine Sicherheitskopie der entsprechenden Datei an!

Beispiel 4.2 zeigt, wie die soeben erstellte Site-Konfiguration im YAML-Format gespeichert wird. Lediglich der Wert `rootPageId` kann von Projekt zu Projekt abweichen; er enthält die (interne) ID der *root*-Seite im Seitenbaum und kann in Ihrem Projekt gegebenenfalls anders lauten.

Beispiel 4.2: Die Seitenkonfiguration im YAML-Format

```
base: /
languages:
  -
    title: Deutsch
    enabled: true
```

Beispiel 4.2: Die Seitenkonfiguration im YAML-Format (Fortsetzung)

```
    locale: de_DE.utf8
    hreflang: ''
    base: /
    websiteTitle: ''
    navigationTitle: Deutsch
    flag: global
    languageId: 0
rootPageId: 2
websiteTitle: 'Snowboardschule Meyer, Müller & Schmidt'
```

Exkurs: Multi-Site-Konfigurationen

Site-Konfigurationen erlauben noch weitaus komplexere Konfigurationsmöglichkeiten. Bislang haben wir ja beispielsweise stets nur mit einer Site-Konfiguration und einer Wurzelseite gearbeitet. Theoretisch könnte es in Ihrem Seitenbaum jedoch auch ebenso gut mehrere Wurzelseiten geben (also Seiten, bei denen die Eigenschaft *Als Anfang der Website benutzen* aktiviert wurde) – und damit auch mehrere Sites. Gerade diese Verwaltung mehrerer Sites innerhalb derselben TYPO3-Installation kann in verschiedenen Fällen nützlich sein:

1. Sie möchten mehrere verschiedene Sites betreiben, die einander sehr ähnlich sind (beispielsweise eine Site für die *Snowboardschule Meyer, Müller & Schmidt* unter *snowboard-meyer.example* und eine weitere Site für die *Skischule Müller-Schuster* unter der Domain *skischule-muellerschuster.example*), und das gleiche Template oder dieselben Extensions verwenden.
2. Sie arbeiten intensiv mit Microsites oder möchten einzelne Landingpages anbieten, die zwar zu Ihrem Projekt gehören (und auch von denselben Redakteuren bearbeitet werden), aber ansonsten weitgehend unabhängig von der »Haupt«-Site sein sollen. Ist Ihr Hauptprojekt beispielsweise unter *snowboard-meyer.example* erreichbar, können Sie eine unabhängige Microsite unter der Domain *neujahrsfest2026.snowboard-meyer.example* anbieten.

Falls Sie mehrere Domains über eine TYPO3-Installation bedienen möchten, ist es unabdingbar, bei der Erstellung einer Site-Konfiguration eine vollständige Domain als Einstiegspunkt anzugeben (also nicht einfach nur /, sondern ein vollständiges *https://snowboard-meyer.example/*).

Hilfsseiten und Verweise

In der Seitenstruktur gibt es einige Seiten, die nicht zur Ablage von Inhalten bestimmt sind: die Seiten *Hauptnavigation* und *Hilfsnavigation* sowie die Homepage-Seiten unterhalb der Navigation. Die beiden Navigationsseiten werden in diesem Projekt als Hilfsseiten bezeichnet und dienen lediglich zur Strukturierung, und die Homepage-Seiten dienen nur dazu, einen Menüpunkt anzubieten, der zurück auf die Startseite führt.

Die Besucher der Website sollen keine Möglichkeit bekommen, irgendwie auf diese Seiten zu gelangen. Bei den Navigations-Hilfsseiten erübrigt sich dieses Bedenken, da sie ohnehin nicht direkt aus dem Browser aufgerufen werden können. Die Homepage-Einträge im Menü könnten jedoch direkt über den Browser aufgerufen werden und hätten dann jeweils verschiedene Inhalte. Stattdessen können wir den Typ dieser Seiten in *Verweis* ändern, damit ein Besucher beim Aufruf zurück auf die tatsächliche Homepage (also die Seite *Snowboardschule*) weitergeleitet wird.

Stellen Sie diesen Verweis her, indem Sie den Seitentyp beider *Homepage*-Seiten von *Standard* auf *Verweis* setzen. Klicken Sie dazu im Seitenbaum auf das Icon vor der Seite *Homepage* ❶ (siehe Abbildung 4.13) und wählen Sie aus dem Kontextmenü den Eintrag *Bearbeiten* ❷ aus. Auf der rechten Seite öffnet sich nun die Seite mit den allgemeinen Seiteneigenschaften. Wählen Sie hier auf der Registerkarte *Allgemein* aus dem Dropdown-Menü *Typ* den Eintrag *Verweis* ❸ aus und bestätigen Sie die folgende Meldung mit *OK*.

▼ Abbildung 4.13
Den Seitentyp ändern

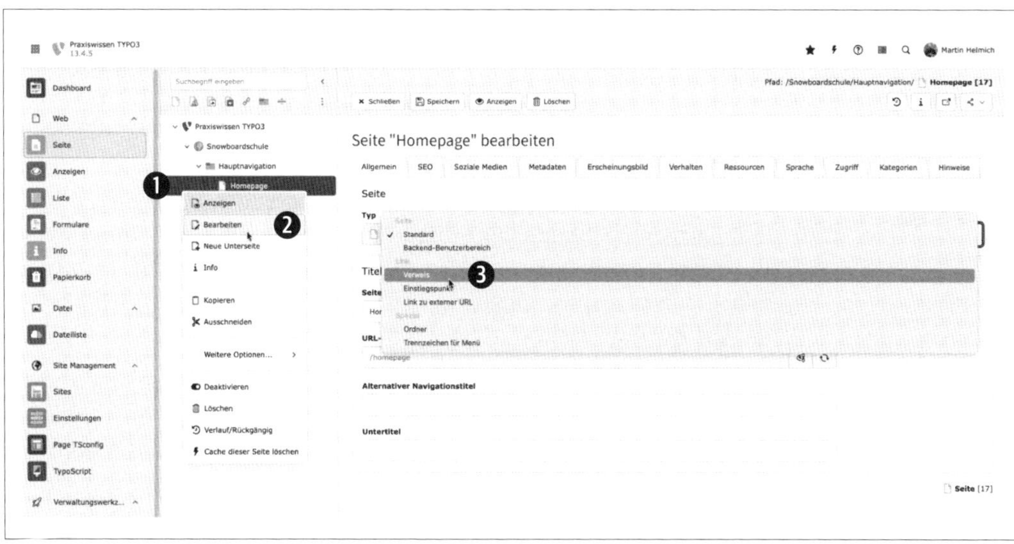

Die rechte Seite mit den Seiteneigenschaften wird neu geladen, und es erscheint eine andere Maske, in der Sie auf dem Tab *Allgemein* im Feld *Verweisziel* auswählen können, wohin der Verweis zeigen soll (siehe Abbildung 4.14). Nutzen Sie das in der Abbildung gezeigte Eingabefeld, um nach einer bestehenden Seite zu suchen, auf die die Seite verweisen soll.

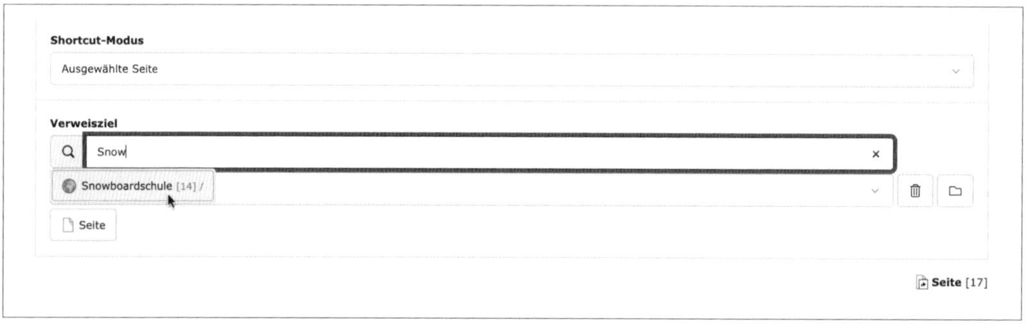

Abbildung 4.14▲
Einen Verweis auf eine Seite setzen

Wählen Sie als Verweisziel Ihre Startseite *Snowboardschule* auf oberster Ebene des Seitenbaums. Speichern Sie danach die Seite und betrachten Sie das Ergebnis im Frontend. Zum jetzigen Zeitpunkt müssten Sie die Fehlermeldung *No TypoScript record found!* erhalten. Sollte jedoch die Fehlermeldung *Page Not Found* erscheinen, überprüfen Sie, ob Sie den Verweis richtig gesetzt haben.

Diese Fehlermeldung besagt nämlich, dass Sie einen Verweis ins Nirwana gesetzt haben, z.B. auf eine nicht existierende Seite. Sie können diesen Fehler korrigieren, indem Sie im Seitenbaum auf das Icon vor der betroffenen Seite klicken und aus dem Pop-up-Menü den Eintrag *Bearbeiten* auswählen. Setzen Sie dann den Verweis auf eine reguläre Seite.

Tipp Alternativ können Sie auch die Schaltfläche mit dem Ordnersymbol nutzen, um die Zielseite des Verweises interaktiv auswählen zu können.

Wiederholen Sie diesen Schritt nun auch für die Seite *Homepage*, die sich im Hilfsmenü befindet. Die offizielle Homepage soll sich in der obersten Ebene des Seitenbaums befinden, Sie müssen also für die Seite *Homepage* in der Hilfsnavigation einen Verweis auf die Seite *Snowboardschule* oben im Seitenbaum setzen.

Werden Verweise auf andere Seiten gesetzt, deren Zielseite nicht existiert, erscheint beim Frontend-Aufruf die Meldung *Page Not Found*. Indem Sie in den *Seiteneigenschaften* über das Feld *Shortcut-Modus* die Einstellung *Erste Unterseite der aktuellen Seite* auswählen, verhindern Sie eine mögliche Anzeige der Fehlermeldung im Frontend im Live-Betrieb Ihrer Website. Eine Auflistung einiger wichtiger TYPO3-Fehlermeldungen samt ihrer Bedeutung finden Sie im letzten Abschnitt dieses Kapitels.

Tipp

Alternativ zum Seitentyp *Verweis* gibt es auch die Seiteneigenschaft *Zeige den Inhalt von Seite*, mit dem Sie den Inhalt einer Seite (beispielsweise der Startseite) auf einer anderen Seite einblenden können.

Aber: Für Suchmaschinen sind URLs, die aus unterschiedlichen Zeichen bestehen, aber den gleichen Inhalt haben, ein Negativkriterium, wenn es um die Platzierung Ihrer Seite geht. Es handelt sich dabei um *Duplicate Content* – doppelten Inhalt.

Durch die Verwendung von Verweisen stellt TYPO3 sicher, dass der Inhalt lediglich über eine eindeutige URL aufrufbar ist. Verwenden Sie daher bevorzugt den Seitentyp *Verweis*, und gehen Sie mit der Seiteneigenschaft *Zeige den Inhalt von Seite* sparsam um.

Die Navigationsstruktur und URLs

Wählen Sie im Seitenbaum einmal eine Seite aus einer der tieferen Ebenen per Rechtsklick aus und klicken Sie im Kontextmenü auf die *Anzeigen*-Option. Werfen Sie anschließend in dem Browserfenster, das sich nun öffnet, einen etwas genaueren Blick auf die Adresszeile.

Womöglich fällt Ihnen auf, dass sich die URL einer TYPO3-Seite aus ihrem eigenen Namen und den Namen der übergeordneten Seiten im Seitenbaum ableitet. Die Seite *Snowboardschule → Hauptnavigation → Über uns → Skigebiet* bekommt beispielsweise die URL *http://<ihre-domain>/ueber-uns/skigebiet*. Diese URLs werden von TYPO3 nach den folgenden Regeln konstruiert:

1. Die *Snowboardschule*-Seite ist unter dem *Einstiegspunkt* der Site-Konfiguration erreichbar. In unserem Beispiel ist das einfach nur der Pfad / mit einem beliebigen Domainnamen.
2. Die URL einer Unterseite setzt sich zusammen aus der URL der übergeordneten Seite, einem Slash und dem konvertierten Namen der Seite selbst. Bei der Konvertierung werden sämtliche Sonderzeichen entfernt, und der gesamte Name wird in Kleinschreibung konvertiert. (Wie Sie an */ueber-uns/* sehen, werden auch Leerzeichen und Umlaute umgewandelt.)
3. Die Namen von Seiten des Typs *Ordner* sind nicht in der URL enthalten. Das führt beispielsweise dazu, dass die URLs unserer Seiten nicht von unschönen Elementen wie */hauptnavigation/* oder */hilfsnavigation/* verunstaltet werden.
4. Ein paar Beispiele für die Konstruktion solcher URLs anhand des Praxisbeispiels:
    - *Snowboardschule*: URL ist der Einstiegspunkt der Site-Konfiguration = /.

- *Snowboardschule → Hauptnavigation*: Das ist ein Ordner und bekommt keine URL.
- *Snowboardschule → Hauptnavigation → Über uns*: Die URL der übergeordneten Seite (/)+/+der konvertierte Name der Seite selbst (*ueber-uns*) = */ueber-uns*.
- *Snowboardschule → Hauptnavigation → Über uns → Skigebiet*: Die URL der übergeordneten Seite (*/ueber-uns*)+/+der konvertierte Name der Seite selbst (*skigebiet*) = */ueber-uns/skigebiet*.

TYPO3 generiert die URLs, die später einer Seite zugeordnet werden, also zunächst einmal völlig automatisch. Meistens macht es dabei einen ordentlichen Job – manchmal passt Ihnen eine der von TYPO3 erstellten URLs jedoch möglicherweise nicht so ganz. In diesem Fall können Sie für eine Seite eine abweichende URL konfigurieren. Bearbeiten Sie hierzu die Seite (Rechtsklick auf die Seite und dann *Bearbeiten* auswählen). Im Bearbeitungsformular finden Sie das Feld *URL-Segment (engl. Slug)*. Dieser Wert ist standardmäßig nicht bearbeitbar (denn TYPO3 generiert ihn ja normalerweise automatisch). Über den in Abbildung 4.15 gezeigten Button *Umschalten manuelles URL-Segment* können Sie den Wert jedoch bearbeitbar machen.

Abbildung 4.15 ▲
Das URL-Segment einer Seite bearbeiten

Über den daneben befindlichen Button *Neuberechnen des URL-Segments aus dem Seitentitel* können Sie das URL-Segment auch erneut automatisch generieren lassen, nachdem Sie es manuell verändert haben.

Warnung Wenn Sie das URL-Segment einer Seite von Hand ändern, verändern sich naturgemäß auch die URL-Segmente eventuell vorhandener untergeordneter Seiten. Die vormaligen URLs der Unterseiten funktionieren allerdings trotzdem weiter, denn TYPO3 erstellt für Seiten, deren URL verändert wurde, sogenannte *Weiterleitungsregeln*. Diese sorgen dafür, dass Aufrufe veralteter URLs an die jeweils neuen URLs weitergeleitet werden. Diese Regeln können Sie über den Menüpunkt *Site Management → Weiterleitungen* auch einsehen und verwalten.

TYPO3-Fehlermeldungen

Werden im Frontend TYPO3-Fehlermeldungen angezeigt, sind diese oft schon durch kleine Änderungen zu beheben. Wir möchten Ihnen an dieser Stelle einen Überblick über Fehlermeldungen geben, die bei der Frontend-Ausgabe auftreten können:

No site configuration found
: Diese Fehlermeldung erscheint, wenn für die aufgerufene URL keine Site-Konfiguration hinterlegt wurde. Überprüfen Sie im TYPO3-Backend im Modul *Site Management → Sites*, ob eine Site-Konfiguration hinterlegt ist, deren *Einstiegspunkt* Teil der aufgerufenen URL ist.

No pages are found on the rootlevel
: Die Meldung wird angezeigt, wenn innerhalb von TYPO3 noch keine Seiten angelegt sind. Auf der obersten Ebene – *rootlevel* – wird daher auch keine Seite gefunden, was durch das Anlegen einer Seite im Backend behoben werden kann. Die Nachricht erhalten Sie meist bei einer neuen TYPO3-Installation. Nach dem Anlegen der Seite folgt oft die nächste Meldung.

No TypoScript record found
: Auf der aufgerufenen Seite ist weder ein Site-Set noch ein Datensatz vom Typ *Template* vorhanden. In einem TypoScript-Template beschreiben Sie mit der TYPO3-eigenen Skriptsprache TypoScript unter anderem, wie die spätere Website aussehen soll. Wie Sie diese Meldung durch Anlegen eines TypoScript-Templates vermeiden und was TypoScript eigentlich ist, erfahren Sie in Kapitel 5, *TypoScript in der Praxis*.

Page Not Found
: Diese Fehlermeldung kann verschiedene Ursachen haben. Die einfachste ist, dass in der URL eine Seite aufgerufen wurde, die innerhalb von TYPO3 nicht existiert (oder die zwar existiert, aber nicht sichtbar ist). Das Verhalten von TYPO3 beim Aufruf von nicht existierenden Seiten kann in der Seitenkonfiguration im Tab *Fehlerbehandlung* konfiguriert werden. Mehr dazu finden Sie in Kapitel 9, *Erweiterte Darstellung von Inhalten*, im Abschnitt »Verwaltung von Fehlerseiten« auf Seite 272.

: Außerdem ist es möglich, dass es sich bei der aufgerufenen Seite um einen falsch konfigurierten Verweis handelt (beispielsweise wenn die Seite, auf die der Verweis zeigt, gar nicht existiert). Zur Behebung muss der Verweis auf eine vorhandene Seite gerichtet werden.

KAPITEL 5

TypoScript in der Praxis

In diesem Kapitel:

- Was genau ist TypoScript?
- TypoScript-Datensätze und -Dateien
- Objekte und Eigenschaften einer Webseite
- Das TYPO3-Caching-Konzept
- Die erstellte Designvorlage integrieren
- Die Seite auf ihre Mobil-Darstellung vorbereiten
- TypoScript strukturieren

In diesem Kapitel lernen Sie die Arbeitsweise von TypoScript kennen. Sie erfahren, was Objekte und Eigenschaften sind und welche Operatoren in TypoScript zur Verfügung stehen. Damit Sie die Grundlagen gut nachvollziehen können und nicht gleich mit den TYPO3-spezifischen Eigenarten konfrontiert werden, erfolgt die Einführung in die Syntax an dieser Stelle – losgelöst von der Erstellung von Internetseiten – am Beispiel eines Schiffs.

Später in diesem Kapitel werden Sie TypoScript in der Praxis einsetzen. Sie erfahren, was TypoScript-Konfigurationen sind und wozu sie benötigt werden. Sie werden außerdem die in Kapitel 4, *Das Praxisbeispiel vorbereiten*, angelegte Designvorlage mithilfe von TypoScript integrieren und erste konkrete Erfolge im Frontend erzielen.

Was genau ist TypoScript?

TypoScript ist keine Programmiersprache und streng genommen auch keine Skriptsprache. TypoScript ist eine Konfigurationssprache. Mit ihr beschreiben Sie, auf welche Weise TYPO3 aus den vom CMS verwalteten Inhalten in der Datenbank Ausgabedokumente (üblicherweise HTML-Dateien) erstellen soll.

Im letzten Kapitel haben Sie sich bereits mit der Template-Engine Fluid beschäftigt und eine HTML-Designvorlage erstellt. Über eine entsprechende Konfiguration in TypoScript können Sie TYPO3 nun mitteilen, dass diese Vorlage zur Darstellung der Webseite genutzt werden soll und welche Variablen mit welchen Inhalten zu befüllen sind.

Objekte und Eigenschaften

In der Syntax von TypoScript würde eine Bauanleitung für ein Schiff in etwa so aussehen:

```
queenMary = SCHIFF
```

Diese Beschreibung liefert bereits einiges an Eckdaten zum Bau eines Schiffs. In obiger Zeile wird TYPO3 mitgeteilt, dass `queenMary` ein Schiff werden soll. `queenMary` ist dabei ein frei gewählter Name. Hinter dem Gleichheitszeichen sehen Sie ein Objekt, das vollständig großgeschrieben wird. In diesem Fall soll `queenMary` also eine Instanz des Objekts `SCHIFF` werden.

Wenn Sie einem Kind »Mal mir bitte ein Schiff« sagen, wird Ihnen das Kind im Handumdrehen ein Schiff zeichnen, ohne nähere Informationen zu benötigen. Das Kind bzw. wir alle assoziieren mit einem Objekt gleich bestimmte Eigenschaften, und zwar auf Grundlage unserer Erfahrungen und unseres Wissens. Ein Ingenieur hingegen wird, bevor er auch nur einen Strich zeichnet, stundenlang nachfragen und versuchen, jede auch nur erdenkliche Eigenschaft sowie Abhängigkeiten von Eigenschaften ausfindig zu machen.

TYPO3 besitzt intern schon eine genaue Bauanleitung dazu, wie ein Objekt auszusehen hat. In unserem Beispiel nehmen wir an, TYPO3 würde die Eigenschaften eines Schiffs kennen. So hat ein Schiff gewöhnlich eine Schraube, einen Dieselmotor, mindestens ein Deck und ist unten immer geschlossen – Räder, ein Antiblockiersystem oder einen Kofferraum werden Sie nicht finden.

Obige einzeilige Definition, die besagt, dass `queenMary` ein Schiff sein soll, könnte bereits zu einer vollständigen Bauanleitung eines Schiffs führen, die uns TYPO3 zur Verfügung stellt, einschließlich eines Namensschilds vorne links am Bug. Das Schiff wäre 30 Meter lang und 10 Meter breit. Wir haben TYPO3 aber nirgendwo mitgeteilt, dass das Schiff 30 Meter lang sein soll. Wenn wir dem System keine speziellen Angaben über die Eigenschaften machen, nimmt es dafür Standardwerte. Diese mit Standardwerten gefüllten Eigenschaften können aber problemlos überschrieben werden:

```
queenMary = SCHIFF
queenMary.laenge = 10
queenMary.breite = 4
queenMary.maxGeschwindigkeit = 6
```

Damit wird TYPO3 mitgeteilt, dass die `queenMary` 10 Meter lang und 4 Meter breit sein soll und die Geschwindigkeit bei maximal 6 Knoten liegt.

Auf die richtige Schreibweise achten

Geben wir hier nun Eigenschaften für das Objekt `SCHIFF` an, die das System nicht kennt, werden diese Eigenschaften einfach nicht beachtet. TYPO3 sucht bei der Zusammenstellung einer Bauanleitung nach Eigenschaften, die gegebenenfalls von den Standardwerten abweichen können. So sucht TYPO3 in der `queenMary` nach einer Eigenschaft `maxGeschwindigkeit`. Ist diese Eigenschaft nicht vorhanden, wird der Standardwert verwendet, den TYPO3 gespeichert hat. Dabei ist auf die richtige Schreibweise von Eigenschaften und auch Objekten zu achten, denn TYPO3 unterscheidet auch nach Groß- und Kleinschreibung (engl. *case-sensitive*). Das folgende Beispiel enthält eine Reihe von falschen Schreibweisen:

```
01 queenMary = Schiff
02 queenMary.Länge = 10
03 queenMary.Breite = 4
04 queenMary.Max_geschwindigkeit = 6
```

Dieses Beispiel würde nichts bewirken. In Zeile 1 steht, dass `queenMary` ein Schiff sein soll. Jedoch weiß TYPO3 jetzt nicht, was genau gemeint ist, da das Objekt großgeschrieben werden muss. Richtig wäre also in Zeile 1 `queenMary = SCHIFF`. In Zeile 2 gibt es bei der Schreibweise der Eigenschaft gleich zwei Fehler: Zum einen muss die Eigenschaft kleingeschrieben werden, zum anderen mit ae statt mit ä. Richtig ist also `queenMary.laenge = 10`. In Zeile 3 haben wir nur einen Fehler: Die Eigenschaft für die Breite muss kleingeschrieben werden, also `queenMary.breite = 4`; und das muss auch in Zeile 4 beachtet werden.

Regeln für die richtige Schreibweise

In TYPO3 gibt es für Objekte und deren Eigenschaften Regeln zur Schreibweise. Die Regel für Objekte ist einfach: Jedes Objekt wird immer komplett großgeschrieben, so z.B. SCHIFF statt Schiff.

Die Regel für Eigenschaften ist nur geringfügig komplizierter. Code ist wesentlich besser lesbar, wenn er nicht nur aus Kleinbuchstaben besteht. So werden die Anfangsbuchstaben aller in einer Eigenschaft vorkommenden Wörter mit Ausnahme des ersten Worts großgeschrieben, alle anderen Buchstaben klein. Damit bekommen die Eigenschaften »Kamelhöcker« (*Camel Caps*) und sind im Code einfacher zu lesen. Eine Eigenschaft wie z.B. *Name des Schiffs* würde somit in TYPO3 wie folgt geschrieben:

```
nameDesSchiffs
```

Selbstverständlich können Sie tatsächliche TypoScript-Objekte und deren Eigenschaften in der richtigen Schreibweise in der TYPO3-Referenz nachschlagen (genauer gesagt in der TypoScript-Referenz unter *https://docs.typo3.org/permalink/t3tsref:start*).

Wertzuweisungen

Der primäre Operator von TypoScript ist die Wertzuweisung mit dem Gleichheitszeichen. Links neben dem Gleichheitszeichen steht ein Bezeichner oder eine Eigenschaft, dem bzw. der ein Wert zugewiesen wird, der sich rechts neben dem Gleichheitszeichen befindet. Alle folgenden Operatoren könnten theoretisch auf das Gleichheitszeichen reduziert werden, was allerdings zu einer aufwendigen Tipparbeit führen würde.

```
queenMary = SCHIFF
```

Mit dieser Zeile erzeugen wir ein Objekt vom Typ `SCHIFF` mit dem Namen `queenMary`. Das Gleichheitszeichen wird in Programmiersprachen als *Wertzuweisung* bezeichnet. In unserem Fall weisen wir `queenMary` allerdings keinen Wert zu, sondern wir erzeugen eine *Objektinstanz* eines Schiffs. Im Klartext bedeutet dies, dass es mehrere Schiffe geben kann und `queenMary` nun eines von vielen möglichen Schiffen ist.

Eine Wertzuweisung mit dem Gleichheitszeichen reicht bei TypoScript (und bei den meisten anderen Sprachen auch) immer nur über eine Zeile. Wie eine Wertzuweisung über mehrere Zeilen ermöglicht wird, sehen Sie im nächsten Abschnitt.

Wertzuweisung über mehrere Zeilen

Angenommen, der Auftraggeber des Schiffs Queen Mary möchte, dass das Schiff mit dem Label *QueenMary London* versehen wird und dass *London* dabei aber in der nächsten Zeile steht. Nehmen wir weiter an, es gibt eine Eigenschaft für das `SCHIFF`-Objekt namens `label`, mit dem vorne links am Bug der angegebene Name auf einem großen Holzschild präsentiert wird. Das wäre auf folgende Art lösbar:

```
queenMary = SCHIFF
queenMary.label = QueenMary London
```

So würde allerdings der Aufdruck in einer Zeile stehen und nicht, wie vom Kunden gewünscht, in zweien. Abhilfe schafft eine Wertzuweisung über mehrere Zeilen, die mit runden Klammern ein- und ausgeleitet wird. Das Gleichheitszeichen als Wertzuweisung über eine Zeile entfällt in diesem Fall:

```
queenMary = SCHIFF
queenMary.label (
   QueenMary
   London
)
```

Damit später keine Missverständnisse auftreten, sei an dieser Stelle ein kurzer Ausblick auf unsere Internetpräsentation gegeben: Sie können mit einer Wertzuweisung über mehrere Zeilen keinen im Webbrowser sichtbaren Zeilenumbruch auslösen. Mehrere Zeilen sind nur in der Ausgabe innerhalb des von TYPO3 ausgelieferten HTML-Quellcodes zu sehen und dienen der Übersichtlichkeit innerhalb des TypoScript-Codes. Gerade wenn Sie komplexe Tabellenverschachtelungen haben, ist es sinnvoll, diese für mehr Übersichtlichkeit auf mehrere Zeilen aufzuteilen. Der Browser zeigt einen Zeilenumbruch aber erst mit einem `<br>` oder vergleichbaren HTML-Tags an.

Kommentare

Kommentare werden in TypoScript mit einem Rautezeichen oder einem doppelten Schrägstrich eingeleitet. Dabei reicht ein solcher Kommentar immer nur über eine Zeile.

```
# Allgemeine Beschreibung der Queen Mary
// Das hier ist auch ein Kommentar
queenMary = SCHIFF
queenMary.laenge = 150
queenMary.breite = 35
```

In diesem Beispiel sehen Sie in den ersten zwei Zeilen jeweils einen Kommentar. In vielen Sprachen ist es möglich, Kommentare auch hinter eine Zeile zu schreiben, in TYPO3 allerdings nicht an allen Stellen. Folgendes ist somit ungültig:

```
queenMary = SCHIFF # Dieser Kommentar ist nicht zulässig!
```

Alles, was nach einer Wertzuweisung (dem Gleichheitszeichen) steht, wird als Wert einer Eigenschaft bzw. als Objekt verwendet und macht vor Rautezeichen keinen Halt. Darum würde TYPO3 in diesem Fall nach einem Objekt suchen, das es nicht gibt.

Auch mehrzeilige Kommentare sind in TYPO3 möglich; sie werden mit einem »Strich-Sternchen« `/*` eingeleitet und mit einem »Sternchen-Strich« `*/` beendet. In Beispiel 5.1 werden die möglichen Kommentare eingesetzt. In Zeile 5 wird ein mehrzeiliger Kommentar eingeleitet, der in Zeile 8 beendet wird. Die in Zeile 7 angegebene Wertzuweisung steht somit innerhalb des Kommentars und wird nicht ausgeführt. Dadurch beträgt die Länge des Schiffs immer noch die in Zeile 4 angegebene Länge von 150 Einheiten.

Beispiel 5.1: Unterschiedliche Kommentare anwenden

```
01 # Dies ist ein Kommentar
02 queenMary = SCHIFF
03 // Dies ist auch ein Kommentar
04 queenMary.laenge = 150
05 /* Dieser Kommentar geht
06    über mehrere Zeilen
07    queenMary.laenge = 300
08 */
09 queenMary.breite = 35
```

Geschweifte Klammern für Schreibfaule

In TYPO3 kann mit geschweiften Klammern die Schreibweise vereinfacht werden. In unserem Beispiel sehen Sie, dass jeder Zeile `queenMary` vorangestellt wird. Durch Ausklammern mit geschweiften Klammern können Sie sich das monotone Voranstellen sparen:

```
01 # Allgemeine Beschreibung der Queen Mary
02 queenMary = SCHIFF
03 queenMary {
04    laenge = 150
05    breite = 35
06 }
```

Nachdem definiert worden ist, dass es sich bei der Queen Mary um ein Schiff handelt, wird in Zeile 3 der Bezeichner ausgeklammert. Dieses Ausklammern reicht bis Zeile 6, in der die geschweifte Klammer wieder geschlossen wird. In den Zeilen 4 und 5 können Sie beobachten, wie TYPO3 jeweils das voranstellt, was vor den geschweiften Klammern steht. Dabei können auch geschweifte Klammern verschachtelt werden.

Das Ausklammern findet besonders dann Anwendung, wenn es sich um längere TypoScript-Zeilen handelt, was bei TYPO3-Projekten aus unterschiedlichen Gründen der Fall sein kann. Sie werden später in diesem Kapitel und auch in folgenden Kapiteln viele Beispiele dafür finden. Richtiges Ausklammern wird Ihnen so bei der praktischen Arbeit in Fleisch und Blut übergehen. Sie werden das Ausklammern aber nur dann wirklich zu schätzen lernen, wenn Sie all das, was sich in den geschweiften Klammern befindet, auch richtig einrücken. Durch richtiges Einrücken wird der TypoScript-Code übersichtlich und leicht änderbar. Wenn Sie nicht richtig einrücken, werden Sie aufgrund der unübersichtlichen Struktur unter Umständen sehr lange nach Fehlern suchen müssen.

Intern bereitet TYPO3 den TypoScript-Code so auf, dass jede Zeile eine Wertzuweisung enthält. Da wir davon allerdings praktisch nichts mitbekommen, muss es uns auch nicht weiter kümmern.

Objekte und Eigenschaften kopieren

In TypoScript lassen sich ganze Objektbäume kopieren, also Objektinstanzen mit ihren jeweiligen Eigenschaften. Dazu erweitern wir unsere Beschreibung des Schiffs um Stockwerke. Das Schiff soll mehrere Etagen erhalten, nämlich ein Autodeck, zwei identische einfache Kabinendecks und ein Luxuskabinendeck.

Beispiel 5.2: Die Beschreibung verschiedener Ebenen mit TypoScript

```
# Allgemeine Beschreibung der Queen Mary
queenMary = SCHIFF
queenMary.laenge = 150
```

Beispiel 5.2: Die Beschreibung verschiedener Ebenen mit TypoScript (Fortsetzung)

```
04 queenMary.breite = 35
05
06 # Beschreibung der ersten Etage: Autodeck
07 queenMary.1 = AUTODECK
08
09 # Beschreibung der zweiten Etage: einfache Kabinen
10 queenMary.2 = KABINEN
11 queenMary.2.anzahl = 250
12 queenMary.2.bettenJeKabine = 3
13
14 # Beschreibung der dritten Etage: einfache Kabinen
15 queenMary.3 = KABINEN
16 queenMary.3.anzahl = 250
17 queenMary.3.bettenJeKabine = 3
18
19 # Beschreibung der vierten Etage: Luxuskabinen
20 queenMary.4 = KABINEN
21 queenMary.4.anzahl = 50
22 queenMary.4.bettenJeKabine = 3
```

In Beispiel 5.2 wird durch Angabe einer Zahl direkt nach dem Bezeichner des Schiffs die jeweilige Etage beschrieben. In Zeile 10 wird angegeben, dass in der zweiten Etage ein Deck mit Kabinen entstehen soll. Dabei sollen in dieser Etage 250 Kabinen mit jeweils 3 Betten zur Verfügung stehen. Die dritte Etage, die in Zeile 15 eingeführt wird, hat dieselben Eigenschaften. Auch die Beschreibung der Etage mit den Luxuskabinen, die in Zeile 20 beginnt, ist bis auf Zeile 21 identisch mit den anderen beiden Etagen.

Durch Kopieren von Objektinstanzen und Eigenschaften kann die Pflege des Codes wesentlich erleichtert werden, und es wird eine bessere Übersicht ermöglicht. Wenn auf den Etagen 2 und 3 statt 250 Kabinen nun 260 Kabinen entstehen sollen, ist eine Modifizierung an zwei Stellen notwendig. Wenn statt 3 Betten je Kabine 4 Betten je Kabine vorhanden sein sollen, ist diese Änderung sogar an drei Stellen notwendig.

Das Kopieren von Objektinstanzen geschieht mit dem Kleiner-als-Zeichen (<). Dabei kann sowohl absolut als auch relativ kopiert werden. Folgendes Beispiel verwendet die absolute Kopie:

Beispiel 5.3: Nutzen der absoluten Kopie zur Vereinfachung

```
# Allgemeine Beschreibung der Queen Mary
queenMary = SCHIFF
queenMary.laenge = 150
queenMary.breite = 35

# Beschreibung der ersten Etage: Autodeck
queenMary.1 = AUTODECK

```

Beispiel 5.3: Nutzen der absoluten Kopie zur Vereinfachung (Fortsetzung)

```
09 # Beschreibung der zweiten Etage: einfache Kabinen
10 queenMary.2 = KABINEN
11 queenMary.2.anzahl = 250
12 queenMary.2.bettenJeKabine = 3
13
14 # Beschreibung der dritten Etage: einfache Kabinen
15 queenMary.3 < queenMary.2
16
17 # Beschreibung der vierten Etage: Luxuskabinen
18 queenMary.4 < queenMary.2
19 queenMary.4.anzahl = 50
```

In den Zeilen 10 bis 12 wird die zweite Etage – wie im vorigen Beispiel auch – vollständig beschrieben. Da die dritte und die zweite Etage völlig identisch sind, wird in Zeile 15 in `queenMary.3` der Inhalt von `queenMary.2` kopiert. Damit ist `queenMary.3` eine reine Kopie von `queenMary.2`.

In Zeile 18 wird die Beschreibung der zweiten Etage in die vierte kopiert. In Zeile 19 wird jedoch ein Wert überschrieben, da die Anzahl der Kabinen auf dieser Etage von der Anzahl auf der zweiten Etage abweicht.

Beispiel 5.3 lässt sich durch Ausklammern mit noch weniger Aufwand gestalten, wie Sie in Beispiel 5.4 sehen.

Beispiel 5.4: Ausklammern vereinfacht das Lesen und Schreiben des Codes.

```
# Allgemeine Beschreibung der Queen Mary
queenMary = SCHIFF
queenMary {
  laenge = 150
  breite = 35

  # Beschreibung der ersten Etage: Autodeck
  1 = AUTODECK

  # Beschreibung der zweiten Etage: einfache Kabinen
  2 = KABINEN
  2.anzahl = 250
  2.bettenJeKabine = 3

  # Beschreibung der dritten Etage: einfache Kabinen
  3 < queenMary.2

  # Beschreibung der vierten Etage: Luxuskabinen
  4 < queenMary.2
  4.anzahl = 50
}
```

Nach dem Ausklammern steht uns nun auch noch die Möglichkeit zur Verfügung, relativ zu kopieren, was uns erneut ein bisschen Tipparbeit erspart und bei der praktischen Arbeit ebenfalls für eine bessere Übersicht sorgen kann.

Dabei funktioniert das relative Kopieren äquivalent zum absoluten Kopieren. Es muss aber nicht mehr der gesamte Pfad angegeben werden (in unserem Fall noch ein recht kurzer: `queenMary.2` mit zwei Komponenten). Mit einem vorangestellten Punkt wird beim Kopieren angegeben, dass es sich um eine relative Kopie handelt, nämlich relativ zur zuletzt geöffneten geschweiften Klammer. Das, was sich vor der geschweiften Klammer befindet, muss und darf hier nicht mehr mit angegeben werden. Im folgenden Beispiel haben wir die absoluten Kopien durch relative ersetzt.

Beispiel 5.5: Relatives Kopieren beim Ausklammern nutzen

```
# Allgemeine Beschreibung der Queen Mary
queenMary = SCHIFF
queenMary {
  laenge = 150
  breite = 35

  # Beschreibung der ersten Etage: Autodeck
  1 = AUTODECK

  # Beschreibung der zweiten Etage: einfache Kabinen
  2 = KABINEN
  2.anzahl = 250
  2.bettenJeKabine =  3

  # Beschreibung der dritten Etage: einfache Kabinen
  3 < .2

  # Beschreibung der vierten Etage: Luxuskabinen
  4 < .2
  4.anzahl = 50
}
```

Löschen von Objektinstanzen und Eigenschaften

Analog zum Kopieren von Objektinstanzen und Eigenschaften können diese auch wieder gelöscht werden. Das Löschen geschieht hier mit dem Größer-als-Zeichen (>). Ein Beispiel wäre an dieser Stelle zu abstrakt und wird daher im nächsten Abschnitt folgen.

Ausführungsreihenfolge beim Kopieren und Löschen

Beim Kopieren und Löschen ist die Ausführungsreihenfolge entscheidend. Kopiert wird immer nur das, was bis zur jeweiligen Zeile beschrieben wurde. Folgen weitere Eigenschaftszuweisungen an späterer Stelle, werden diese bei einer vorher eingefügten Kopie nicht berücksichtigt. Das folgende Beispiel verdeutlicht das.

Beispiel 5.6: Kopieren von Werten und anschließendes Überschreiben

```
01 # Allgemeine Beschreibung der Queen Mary
02 queenMary = SCHIFF
03 queenMary {
04   laenge = 150
05   breite = 35
06
07   # Beschreibung der ersten Etage: Autodeck
08   1 = AUTODECK
09
10   # Beschreibung der zweiten Etage: einfache Kabinen
11   2 = KABINEN
12   2.anzahl = 250
13   2.bettenJeKabine = 3
14
15   # Beschreibung der dritten Etage: einfache Kabinen
16   3 < .2
17
18   # Beschreibung der vierten Etage: Luxuskabinen
19   4 < .2
20   4.anzahl = 50
21
22   # Ändern der Kabinenanzahl in Etage 2
23   2.anzahl = 300
24 }
```

In Beispiel 5.6 wird in Zeile 23 die Anzahl der Kabinen auf der zweiten Etage mit einem neuen Wert versehen. Jedoch wurde die Anzahl der Kabinen vorher in Zeile 12 schon auf 250 gesetzt. Dieser Wert wurde in Zeile 16 mit in die dritte Etage übernommen. Da die Änderung in Zeile 23 erst nach dem Kopieren erfolgt, hat sie keinen Einfluss auf die dritte Etage. Praktisch bedeutet das, dass sich nach der Verarbeitung des TypoScript-Codes auf der zweiten Etage 300 Kabinen befinden, auf der dritten 250 und auf der vierten 50.

Referenzieren statt kopieren

Neben dem Kopieroperator < steht in TYPO3 noch der zusammengesetzte Operator =< zur Verfügung, der nicht kopiert, sondern referenziert. Das Referenzieren unterscheidet sich vom Kopieren dadurch, dass der Kopiervorgang erst ganz am Ende ausgeführt wird, egal an welcher Stelle innerhalb des TypoScript-Codes referenziert wurde.

Wenn Sie referenzieren möchten, müssen Sie einen absoluten Wert für ein Objekt angeben. Relative Angaben zu Objekten mit einem vorangestellten Punkt sind beim Referenzieren nicht möglich. In Tabelle 5.1 werden die Unterschiede zwischen Kopieren und Referenzieren anhand von Beispielen gegenübergestellt.

Kopieren		Referenzieren	
TypoScript	**Enthaltener Wert**	**TypoScript**	**Enthaltener Wert**
`1 < .3`	`1 = ?`	`1 < .3`	`1 = ?`
`2 = KABINEN`	`1 = ?`	`2 = KABINEN`	`1 = ?`
`2.anzahl = 250`	`1 = ?` `2.anzahl = 250`	`2.anzahl = 250`	`1 = ?` `2.anzahl = 250`

`3 < .2`	`1 = ?`
	`2.anzahl = 250`
	`3.anzahl = 250`
		`3 =< .2`	`1.anzahl = ?`
			`2.anzahl = 250`
			`3.anzahl = 250`

`4 < .2`	`1 = ?`
	`2.anzahl = 250`
	`3.anzahl = 250`
	`4.anzahl = 250`
		`4 =< .2`	`1.anzahl = ?`
			`2.anzahl = 250`
			`3.anzahl = 250`
			`4.anzahl = 250`

`4.anzahl = 50`	`1 = ?`
	`2.anzahl = 250`
	`3.anzahl = 250`
	`4.anzahl = 50`
		`4.anzahl = 50`	`1.anzahl = ?`
			`2.anzahl = 250`
			`3.anzahl = 250`
			`4.anzahl = 50`

`2.anzahl = 300`	`1 = ?`
	`2.anzahl = 300`
	`3.anzahl = 250`
	`4.anzahl = 50`
		`2.anzahl = 300`	`1.anzahl = ?`
			`2.anzahl = 300`
			`3.anzahl = 300`
			`4.anzahl = 50`

◀ **Tabelle 5.1**
Die Unterschiede zwischen Kopieren und Referenzieren

Und was hat das mit Content Management zu tun?

Selbstverständlich kann TYPO3 keine Bauanleitungen für Schiffe erstellen, auch kennt es kein Objekt `SCHIFF`. Mit TYPO3 können Sie Webseiten dynamisch generieren lassen. Und Objekte, die mit Webseiten zu tun haben, stehen in TypoScript zur Verfügung.

Anstelle eines Objekts `SCHIFF` gibt es somit beispielsweise ein `PAGE`-Objekt, mit dem Sie den grundlegenden Aufbau der zu generierenden HTML-Seiten beschreiben können. Über die Eigenschaften eines `PAGE`-Objekts können die üblichen Eigenschaften einer HTML-Seite konfiguriert werden, etwa welches Stylesheet oder welche JavaScript-Dateien zu laden sind oder aus welcher Designvorlage der Inhalt generiert werden soll.

Mit dem `PAGE`-Objekt (und vielen weiteren) werden wir es im Laufe dieses Kapitels (und auch im Rest des Buchs) noch häufig zu tun haben. Falls Sie jemals Details zum `PAGE`-Objekt (oder irgendwelchen anderen TypoScript-Objekten) nachschlagen wollen, finden Sie eine vollständige (englischsprachige) Referenz im Netz unter *https://typo3buch.helmich.me/ts-ref/13*.

Syntax-Kurzübersicht

In den folgenden Tabellen sind TypoScript-Operatoren und reservierte Symbole noch einmal zusammengefasst.

Tabelle 5.2 ▶ TypoScript-Operatoren

Operator	Beschreibung	Beispiel
=	Wertzuweisung	page = PAGE page.typeNum = 0 page.10 = TEXT page.10.value = HELLO WORLD
>	Löschoperator; löscht alle Eigenschaften und Wertzuweisungen ab einem gegebenen Punkt.	page = PAGE page >
<	Kopieroperator; kopiert alle Eigenschaften und Wertzuweisungen ab einem gegebenen Punkt.	page = PAGE page.typeNum = 0 page.10 = TEXT page.10.value = HELLO WORLD page.20 < page.10
=<	Referenzieroperator; referenziert Objekte.	page = PAGE page.typeNum = 0 page.10 = TEXT page.10.value = HELLO WORLD page.20 =< page.10 page.10.value = HALLO WELT # Liefert jetzt auch in page.20 "Hallo Welt"

{ }	Geschweifte Klammern; dienen der vereinfachten Schreibweise (kein echter Operator).	page = PAGE
		page {
		typeNum = 0
		10 = TEXT
		10.value = HELLO WORLD
		}

( )	Einfache Klammern; dienen der Wertzuweisung über mehrere Zeilen (kein echter Operator).	page = PAGE page.typeNum = 0 page.wrap (<table> <tr> <td> | </td> <tr> </table>)
# // /* */	Kommentar; Kommentare dürfen nicht (!) nach einer Wertzuweisung eingesetzt werden.	Erlaubt: # Das ist ein Kommentar Nicht erlaubt: page = PAGE # Dieser Kommentar ist nicht gestattet

◀ **Tabelle 5.3**
Sonstige reservierte Symbole

Symbol	Beschreibung	Beispiel
{$var}	Verwendung von Variablen, die unter *Constants* definiert wurden.	page = PAGE page.typeNum = 0 page.10 = TEXT page.10.value = <font face="{$var}" >Hallo Welt</font>
[bedingung] [...] [global]	*Condition;* Definition einer Bedingung innerhalb der eckigen Klammern. Nähere Informationen folgen in Kapitel 9, *Erweiterte Darstellung von Inhalten.*	
@import 'dateiname.typoscript'	*Include;* lädt TypoScript-Quelltext aus einer Datei im Dateisystem des Servers nach.	@import 'fileadmin/ typoscript/ page.typoscript'
<INCLUDE_TYPOSCRIPT: source="dateiname. typoscript">	*Include;* wie @import oben, aber veraltete Syntax.	<INCLUDE_TYPOSCRIPT: source="dateiname. typoscript">

TypoScript-Datensätze und -Dateien

Im vorigen Abschnitt haben Sie die grundlegende Syntax von TypoScript kennengelernt und sich in die Arbeitsweise dieser Sprache eingedacht. Im nächsten Schritt erfahren Sie jetzt, was *TypoScript-Datensätze* sind und welche Rolle sie bei der Erstellung unseres Praxisbeispiels spielen.

Hinweis In älteren Versionen von TYPO3 (bis einschließlich Version 11) war des Öfteren von *TypoScript-Templates* die Rede. Insbesondere, da es auch Fluid-Templates gibt, führte dies regelmäßig zu Verwirrung, weshalb ab TYPO3-Version 12 nur noch die einheitlichen Benennungen *TypoScript-Datensatz* und *Fluid-Template* verwendet werden.

In Kapitel 4, *Das Praxisbeispiel vorbereiten*, haben wir bereits die Fluid-Templates erstellt, aus denen TYPO3 später das Layout unserer Seite generieren soll. In diesen Fluid-Templates sind verschiedene Platzhalter definiert, die von TYPO3 dann mit Inhalten gefüllt werden sollen. Per TypoScript beschreiben wir nun, welche Teile eines Fluid-Templates mit welchen Inhalten aus dem CMS befüllt werden sollen. Diese Beschreibung gilt dann üblicherweise nicht nur für eine einzelne Seite aus dem Seitenbaum, sondern entweder für jeweils eine Seite und all ihre Unterseiten oder gleich für eine komplette Site-Konfiguration, beginnend bei deren Startseite.

In Kapitel 4, *Das Praxisbeispiel vorbereiten*, haben Sie die benötigte Seitenstruktur und eine Seitenkonfiguration schon angelegt. Ohne eine angelegte Seite oder ohne eine Seitenkonfiguration erhalten Sie im Frontend Fehlermeldungen wie etwa *No pages are found on the rootlevel* oder *No site configuration found.* Wurde bereits eine Seite angelegt und einer Seitenkonfiguration zugeordnet, erhalten Sie im Frontend eine andere Fehlermeldung: *No TypoScript record found.*

TypoScript-Datensätze und Site-Sets

Seit TYPO3-Version 13 gibt es mehrere Wege, um TypoScript zu verwalten: *Site-Sets* und *TypoScript-Datensätze.*

- Ein *Site-Set* ist stets Teil eines Site Packages und besteht aus Dateien, die im *Configuration/*-Verzeichnis des Site Packages hinterlegt werden. Ein Site-Set kann dann einer Site-Konfiguration zugeordnet werden. Das darin definierte TypoScript gilt für alle Seiten dieser Site-Konfiguration (oder präziser formuliert: für die Anfangsseite und alle ihre Unterseiten). Da der TypoScript-Code hier in Dateien gespeichert wird, können Sie ihn einfach über Ihren Lieblings-Texteditor bearbeiten.
- Ein *TypoScript-Datensatz* hingegen wird über das TypoScript-Modul im TYPO3-Backend verwaltet. Auch hier schreiben Sie TypoScript-Code; dieser wird dann aber nicht als Datei im Dateisystem Ihres Servers gespeichert, sondern in der TYPO3-Datenbank. Der Datensatz ist stets einer bestimmten Seite im Seitenbaum zugeordnet und gilt dann für diese Seite und all deren Unterseiten.

Wo liegt nun also der Unterschied? Ob Sie ein Site-Set definieren oder denselben TypoScript-Code als Datensatz auf Ihrer Anfangsseite hinterlegen, hat im Frontend Ihres Projekts zunächst einmal denselben Effekt. Der Unterschied liegt in der Handhabung: Wenn Sie Ihr Site Package beispielsweise in anderen Projekten wiederverwenden möchten, ist es von Vorteil, wenn der dafür benötigte TypoScript-Code in demselben Verzeichnis liegt und einfach zusammen mit den Fluid-Templates von A nach B kopiert werden kann. Womöglich nutzen Sie auch eine Software zur Versionskontrolle Ihres Quelltextes (wie beispielsweise Git) und können dann Änderungen an Ihren TypoScript-Dateien gleichermaßen mit ihr verfolgen. Eventuell arbeiten Sie auch in einem größeren Projekt mit mehreren Benutzern und klarer Aufgabenteilung und möchten ausdrücklich, dass ein Benutzer mit Zugriff auf das TYPO3-Backend (aber ohne Zugriff auf das Dateisystem des Servers) keine TypoScript-Dateien bearbeiten können soll.

Im weiteren Verlauf dieses Praxisbeispiels werden wir ausschließlich mit Site-Sets arbeiten, da dies ab TYPO3-Version 13 der vorgesehene Standardweg für die Verwaltung von TypoScript-Quelltext ist.

TypoScript-Vererbung

TypoScript-Code (egal er ob als Datensatz oder als Site-Set verwaltet wird) wird immer von einer Seite auf untergeordnete Seiten vererbt. Sämtliche Darstellungs- und Funktionalitätsbeschreibungen, die mit der TYPO3-eigenen Skriptsprache TypoScript erfolgen, gelten somit für die Seite, auf der der TypoScript-Code eingebunden wurde, sowie für alle Unterseiten. Dadurch ersparen Sie sich für jede angelegte neue Seite einen enormen Mehraufwand: Sie beschreiben in einer zentralen Konfiguration das Verhalten der Website im Frontend. Diese Beschreibung, die mit TypoScript vorgenommen wird, enthält z. B. Informationen darüber, wie der Inhalt dargestellt werden soll, von wo aus Menüs aufgebaut werden und wie diese aussehen sollen.

Dieses System ermöglicht die strikte Trennung von Design, Inhalt und Struktur: Das Design wird mit Fluid in einem Template festgelegt. Der Inhalt kann ohne besondere Kenntnisse von Redakteuren eingepflegt werden und beeinflusst normalerweise nicht die Darstellung. Die Struktur wird im Backend über den Seitenbaum gepflegt, je nach Benutzerrechten auch von Redakteuren. Und TypoScript dient letztendlich als Klebstoff zwischen all diesen Komponenten und beschreibt, welche Templates auf welche Weise mit welchen Inhalten befüllt werden sollen.

Ein Site-Set definieren

Ein Site-Set wird stets in Form von Dateien innerhalb eines Site Packages definiert. In diesem Sinne beziehen sich alle Dateipfade, die in diesem Abschnitt genannt werden, auf unser Site Package unter *packages/snowboard/*.

Site-Sets werden innerhalb des Site Packages unter dem Pfad *Configuration/Sets/* erwartet. Jedes Package kann mehrere Site-Sets enthalten (unter welchen Umständen das sinnvoll sein kann, betrachten wir später), weshalb wir dort zunächst ein neues Unterverzeichnis *Snowboard/* erstellen.

Der Kern eines Site-Sets ist zunächst die Konfigurationsdatei *config.yaml*, in der die grundlegenden Metadaten eines Site-Sets definiert werden. Dazu gehören sein Name und eine Beschreibung, aber auch Abhängigkeiten zu anderen TypoScript-Dateien (die beispielsweise aus dem TYPO3-Kern selbst, aber auch von anderen Site-Sets kommen können). Diese Abhängigkeiten zu definieren ist wichtig, damit TYPO3 die TypoScript-Dateien später auch in der richtigen Reihenfolge laden kann. Beispiel 5.7 zeigt, wie die Datei *Configuration/Sets/Snowboard/config.yaml* für den Anfang aussehen kann.

Beispiel 5.7: Die »config.yaml«-Datei des Site-Sets

```
1 name: praxiswissen-typo3/snowboard
2 label: 'Snowboard'
3 dependencies: []
```

Der *Name* in Zeile 1 ist derselbe wie der Name des Site Packages selbst (der in der *composer.json*-Datei definiert ist). Das ist zunächst einmal nur eine Konvention, macht aber in komplexeren Projekten die Zuordnung einfacher, welches Site-Set in welchem Site Package definiert ist.

Die *Beschreibung* (engl. *Label*) in Zeile 2 enthält einen frei wählbaren, für Menschen lesbaren Namen des Site-Sets.

Die derzeit noch leeren *Abhängigkeiten* (engl. *Dependencies*) in den Zeilen 3 definieren zu guter Letzt, welche anderen Site-Sets benötigt werden, damit unser Site-Set seinen Zweck erfüllt. (Diese anderen Site-Sets werden gegebenenfalls von anderen Packages oder von TYPO3 selbst bereitgestellt.) Im weiteren Verlauf des Praxisbeispiels werden wir hier einige bereits existierende Sets einbinden, die vom TYPO3-Kern selbst bereitgestellt werden.

Der TypoScript-Quelltext unseres Site-Sets wird später in der Datei *setup.typoscript* im Site-Set-Verzeichnis liegen (also als *Configuration/Sets/Snowboard/setup.typoscript* innerhalb des Site Packages). Beispiel 5.8 zeigt einen minimalen Inhalt, mit dem wir zunächst einmal starten können. (Keine Sorge, was genau in dieser Datei passiert, betrachten wir gleich noch.)

Beispiel 5.8: Ein einfaches Platzhalter-»Hallo Welt« in TypoScript

```
page = PAGE
page {
  10 = TEXT
  10.value = Hallo Welt!
}
```

Ein Site-Set installieren

Ein Site-Set, das in einem Site Package hinterlegt wurde, ist zunächst noch inaktiv und muss im TYPO3-Backend über die Site-Konfiguration aktiviert werden. Wechseln Sie hierzu in das Modul *Site Management → Sites* und bearbeiten Sie die Site-Konfiguration, die Sie in Kapitel 4, *Das Praxisbeispiel vorbereiten*, im Abschnitt »Eine Site-Konfiguration erstellen« auf Seite 98 erstellt hatten.

Hier finden Sie den Abschnitt *Sets für diese Webseite*, den Sie auch in Abbildung 5.1 sehen können. Unter der Liste *Verfügbare Objekte* sollte hier nun das soeben erstellte Site-Set erscheinen. (Falls Sie es nicht sehen, wählen Sie einmal über das Blitz-Symbol im oberen Bereich des Backends die Option *Alle Caches leeren*.)

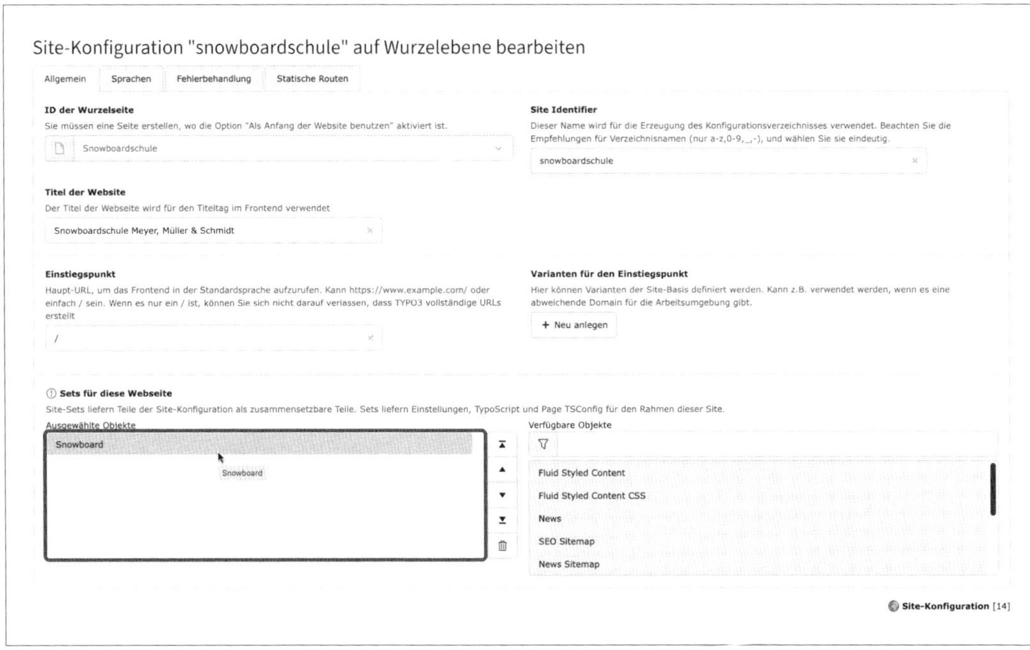

Speichern Sie die Site-Konfiguration anschließend über den *Speichern*-Button.

▲ Abbildung 5.1
Das Site-Set der Site-Konfiguration hinzufügen

Falls Sie Ihre Site-Konfiguration lieber als Datei bearbeiten möchten, können Sie stattdessen das Site-Set auch aktivieren, indem Sie die entsprechende *config.yaml*-Datei im *config/sites/*-Verzeichnis Ihrer TYPO3-Installation bearbeiten. Beispiel 5.9 zeigt in den Zeilen 2 und 3, wie die entsprechende Konfiguration aussehen würde. Der Name *praxiswissen-typo3/snowboard* muss dabei dem Namen aus der *config.yaml* des Site-Sets entsprechen (siehe Beispiel 5.7 auf Seite 126).

Beispiel 5.9: Aktivieren des Site-Sets in der »config.yaml«

```
01 base: https://praxiswissen-typo3.ddev.site/
02 dependencies:
03   - praxiswissen-typo3/snowboard
04 languages:
05   -
     [...]
15 rootPageId: 14
16 websiteTitle: 'Snowboardschule Meyer, Müller & Schmidt'
```

Das TypoScript-Modul

Im TYPO3-Backend finden Sie unter dem Abschnitt *Site Management* das Modul *TypoScript*. In diesem Modul können Sie die jeweils für eine Seite aktive TypoScript-Konfiguration betrachten. Falls Sie kein Site-Set verwenden, können Sie über dieses Modul auch einen TypoScript-Datensatz erstellen und dessen Quelltext bearbeiten.

Wenn Sie das TypoScript-Modul öffnen, können Sie dort über das Dropdown-Menü im oberen Bereich zwischen verschiedenen Ansichten wechseln (siehe Abbildung 5.2). Standardmäßig sollte die *TypoScript-Übersicht* ausgewählt sein.

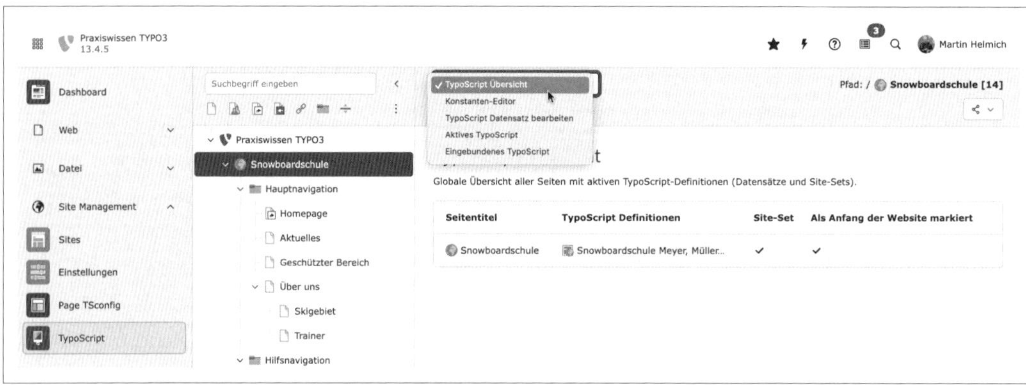

Abbildung 5.2 ▲
Die TypoScript-Übersicht

In dieser Übersicht sehen Sie alle Seiten des Seitenbaums, die eine aktive TypoScript-Konfiguration haben (unabhängig davon, ob diese aus einem Site-Set oder einem TypoScript-Datensatz stammt).

Alternativ zum Site-Set: Einen TypoScript-Datensatz anlegen

Sofern Sie kein Site-Set verwenden (und nur dann!), können Sie über die Option *TypoScript-Datensatz bearbeiten* einen neuen TypoScript-Datensatz erstellen und Ihre TypoScript-Konfiguration anschließend dort verwalten (statt über die Dateien innerhalb des Site-Sets).

Hinweis Folgen Sie diesem Abschnitt nur dann, wenn Sie in Ihrer TYPO3-Installation kein Site-Set verwenden können oder möchten, etwa weil Sie keinen Zugriff auf das Dateisystem Ihres Servers haben, weil Sie mit einer älteren TYPO3-Version als v13 arbeiten oder weil Sie ein bestehendes Projekt ohne Site-Sets übernommen haben.

Für alle neuen TYPO3-Projekte empfehlen wir bedingungslos die Verwendung von Site-Sets anstelle von TypoScript-Datensätzen.

Wählen Sie hierzu die Anfangsseite Ihrer Site-Konfiguration aus (in unserem Praxisbeispiel also die Seite *Snowboardschule*). Das Hinweisfeld *Kein TypoScript-Datensatz auf der aktuellen Seite* im rechten Bereich weist Sie darauf hin, dass auf der aktuellen Seite noch kein TypoScript-Datensatz angelegt worden ist (siehe Abbildung 5.3).

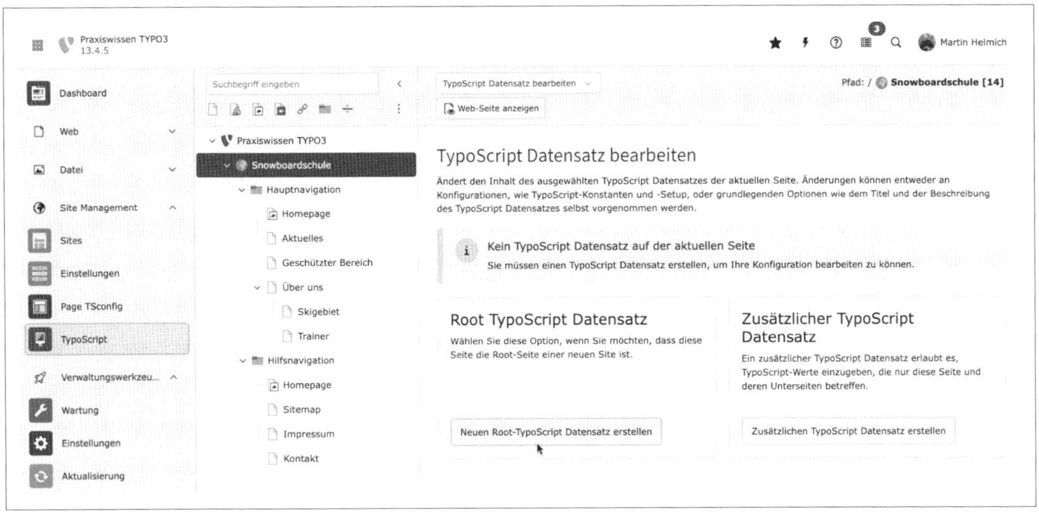

▲ Abbildung 5.3
Einen neuen TypoScript-Datensatz erstellen

Ein TypoScript-Datensatz kann nur auf einer bestehenden Seite angelegt werden. Zum Anlegen eines neuen TypoScript-Datensatzes haben Sie nun folgende Möglichkeiten:

Neuen Root-TypoScript-Datensatz erstellen
: Ein Klick auf den Button *Neuen Root-TypoScript-Datensatz erstellen* legt eine neue Projekt-TypoScript-Konfiguration an und ist eine Alternative zur Verwendung eines Site-Sets. Wenn Sie über diesen Button einen neuen TypoScript-Datensatz anlegen, wird die Vererbung von einer übergeordneten TypoScript-Konfiguration unterbrochen und auf dieser Seite kann ein neues Projekt begonnen werden (anders als bei einem Klick auf *Zusätzlichen TypoScript-Datensatz erstellen*). Für die Seite *Snowboardschule* gibt es keine übergeordneten Seiten, die TypoScript-Konfigurationen enthalten könnten.

  Mit dem Klick auf den Button wird ein neuer, leerer TypoScript-Datensatz erstellt. Ein auf diese Weise erstellter TypoScript-Datensatz wird auch *Root-TypoScript-Datensatz* genannt.

Zusätzlichen TypoScript-Datensatz erstellen
: *Zusätzliche Datensätze* bieten die Möglichkeit, vererbte Eigenschaften, Objekte, Variablen usw. zu überschreiben, zu modifizieren und zu erweitern. Eine TypoScript-Konfiguration (egal, ob aus einem Site-Set oder einem TypoScript-Datensatz) wird immer auf die untergeordneten Seiten vererbt. Mit einem *Zusätzlichen Datensatz*

wird diese Vererbung nicht unterbrochen, es können jedoch einzelne Ausnahmen definiert werden, die ebenfalls wieder *nach unten hin* vererbt werden.

Zusätzliche Datensätze sollten dann angewendet werden, wenn ein Site-Set oder ein Root-Datensatz existiert, es also eine allgemeine Definition für die Internetseite gibt, die aber ab einer bestimmten Seite in Teilbereichen anders sein soll.

Um einen neuen Root-Datensatz anzulegen, klicken Sie auf den Button *Neuen Root-TypoScript-Datensatz erstellen*. Anschließend erscheint im rechten Bereich die in Abbildung 5.4 gezeigte Seite.

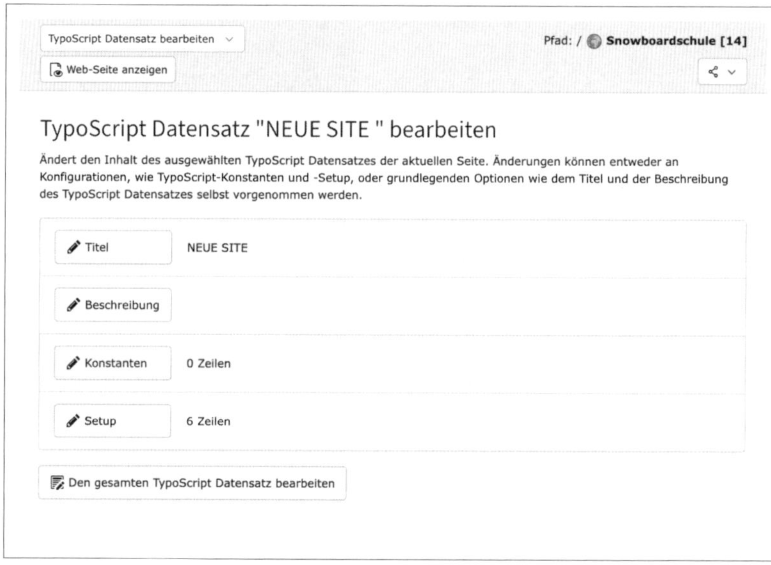

Abbildung 5.4 ▶
Ein leerer Root-TypoScript-Datensatz

TypoScript-Datensatz bearbeiten

Links oben auf dem soeben neu angelegten TypoScript-Datensatz sehen Sie ein Auswahlfeld, das mehrere Elemente enthält. Eines dieser Elemente trägt die Bezeichnung *TypoScript-Datensatz bearbeiten*. Falls Sie nicht mit einem Site-Set arbeiten (und Ihre TypoScript-Konfiguration über Ihren Lieblings-Texteditor bearbeiten), ist dies das Modul, mit dem Sie überwiegend arbeiten werden.

Unter *TypoScript-Datensatz bearbeiten* stehen mehrere Felder zur Bearbeitung zur Verfügung:

Titel
: Im Feld *Titel* können Sie einen Titel für den aktuellen Root-Datensatz angeben. Dieser Titel ist lediglich für interne Zwecke bestimmt und hat keinen Einfluss auf das Frontend.

Einen Titel anzugeben, ist besonders dann sinnvoll, wenn innerhalb eines TYPO3-Projekts oder gar auf einer Seite mehrere TypoScript-Datensätze vorhanden sind. Insbesondere Ersteres kann in größeren Projekten passieren, wenn Sie mehrere verschiedene Webseiten über dieselbe TYPO3-Installation verwalten möchten. Der Vorteil der Verwendung mehrerer Templates auf einer Seite ist, dass Sie ein großes Template in mehrere kleine aufteilen und in Ihrem zentralen Projekt-Template wieder zusammenfügen können (siehe den folgenden Abschnitt »Gesamten Template-Datensatz bearbeiten«). Statt mit einem großen Template wird mit mehreren kleinen gearbeitet. Im Regelfall enthält jedes Template einen thematischen Abschnitt, z. B. die Beschreibung eines Menüs.

Um die Übersicht zu behalten, sollten Sie daher bei der Verwendung mehrerer Templates auf einer Seite jeweils einen Template-Titel angeben.

Beschreibung

Unter *Beschreibung* können Sie eine Beschreibung des Templates ablegen. Dieses Feld ist lediglich zur besseren Übersicht bestimmt und hat keine Auswirkungen auf das Frontend.

Konstanten

Unter *Konstanten* können Variablen definiert werden, die in TypoScript als Konstanten ausgelesen werden. Konstanten sind Variablen, die sich nicht mehr verändern lassen (und somit einen konstanten Wert haben).

Die Verwendung der Begriffe »Konstante« und »Variable« in TYPO3 ist nicht unbedingt aus anderen Programmiersprachen übertragbar. In klassischen Programmiersprachen kann einer Konstanten nur genau einmal ein Wert zugewiesen werden, der sich dann nicht mehr verändern lässt. In TYPO3 sind Konstanten praktisch nichts anderes als wiederverwertbare Variablen. Diese Variablen können im Feld *Konstanten* (engl. *Constants*) beliebig oft mit einem neuen Wert versehen werden. Die jeweils letzte Wertzuweisung ist die gültige.

Diese Konstanten bzw. Variablen können in TypoScript ausgelesen werden. Eine Veränderung einer Variablen ist in TypoScript nicht möglich, woraus auch die Bezeichnung »Konstante« resultiert. Das Feld *Konstanten* selbst enthält allerdings kein TypoScript. Mit TypoScript arbeiten Sie im nun folgenden Feld *Setup*.

Setup

Der von Ihnen in einem TYPO3-Projekt und auch in diesem Buch am häufigsten verwendete Bereich wird der Bereich *Setup* sein. In *Setup* wird TypoScript-Code verwendet – Sie beschreiben an dieser Stelle die gesamte Internetpräsentation. Sie erhalten hier ein großes klassisches Textfeld (*textarea*), in dem Sie direkt programmieren können.

Gesamten Template-Datensatz bearbeiten

Unter *TypoScript-Datensatz bearbeiten* finden Sie den Button *Den gesamten TypoScript-Datensatz bearbeiten*. Hier können Sie in den gesamten TypoScript-Datensatz eingreifen und alle Konfigurationsmöglichkeiten auf einen Blick sehen, aufgeteilt auf verschiedene Tabs. Es stehen die bereits oben beschriebenen Felder zur Verfügung sowie noch einige weitere, z.B. *TypoScript-Dateien einbinden*. Abbildung 5.5 zeigt die Maske, die sich hinter diesem Textlink verbirgt.

Soll eine TypoScript-Konfiguration nur vorübergehend deaktiviert werden, ist dafür das Feld *Aktiviert* auf dem Tab *Zugriff* sinnvoll. Die TypoScript-Konfiguration wird dann im Frontend nicht mehr berücksichtigt, im Backend hingegen steht sie noch zur Verfügung und kann jederzeit wieder aktiviert werden.

Mit den Flags *Löschen → Constants* bzw. *Löschen → Setup* auf dem Tab *Erweiterte Optionen* kann die Vererbung von oben unterbrochen bzw. erlaubt werden. Ist beispielsweise *Löschen → Setup* aktiviert, wird von einer übergeordneten TypoScript-Konfiguration (einer anderen übergeordneten Seite) das im Feld *Setup* definierte TypoScript nicht mehr vererbt (bzw. im Falle eines Site-Sets der Code aus der *setup.typoscript*-Datei). Das ist auch der wesentliche Unterschied zwischen *Zusätzlichen TypoScript-Datensätzen* und *Root-TypoScript-Datensätzen*.

Im Feld *TypoScript-Dateien einbinden* auf dem Tab *Erweiterte Optionen* können Sie vordefinierte Standard-TypoScript-Dateien in den Datensatz aufnehmen. Dort sehen Sie alle verfügbaren Standard-TypoScript-Dateien. Markierte bzw. ausgewählte Einträge werden von TYPO3 vor unserer eigenen Konfiguration geladen. Diese statischen Dateien enthalten vordefinierten TypoScript-Code und Variablen, die Ihnen die Arbeit mit TYPO3 erleichtern können. Die Funktionsweise ist grundsätzlich vergleichbar mit *include*- und *use*-Anweisungen von Programmiersprachen – Überschreibungen sind aber problemlos möglich. Dieses Feld erfüllt dieselbe Funktion wie das *dependencies*-Feld in der Konfigurationsdatei des Site-Sets.

Unter *Inkludieren* (engl. *include*) versteht man das Hinzufügen von Code, der an einer anderen Stelle definiert wurde. In klassischen Programmiersprachen geht es dabei normalerweise um Dateien, die einen bestimmten Programmiercode enthalten und durch das Hinzufügen bzw. Inkludieren nicht mehrfach geschrieben werden müssen. Über das Feld *TypoScript-Dateien einbinden* fügen Sie analog dazu vordefinierte TypoScript-Dateien hinzu, die Sie in Ihrem aktuellen Datensatz wiederverwenden und anpassen können.

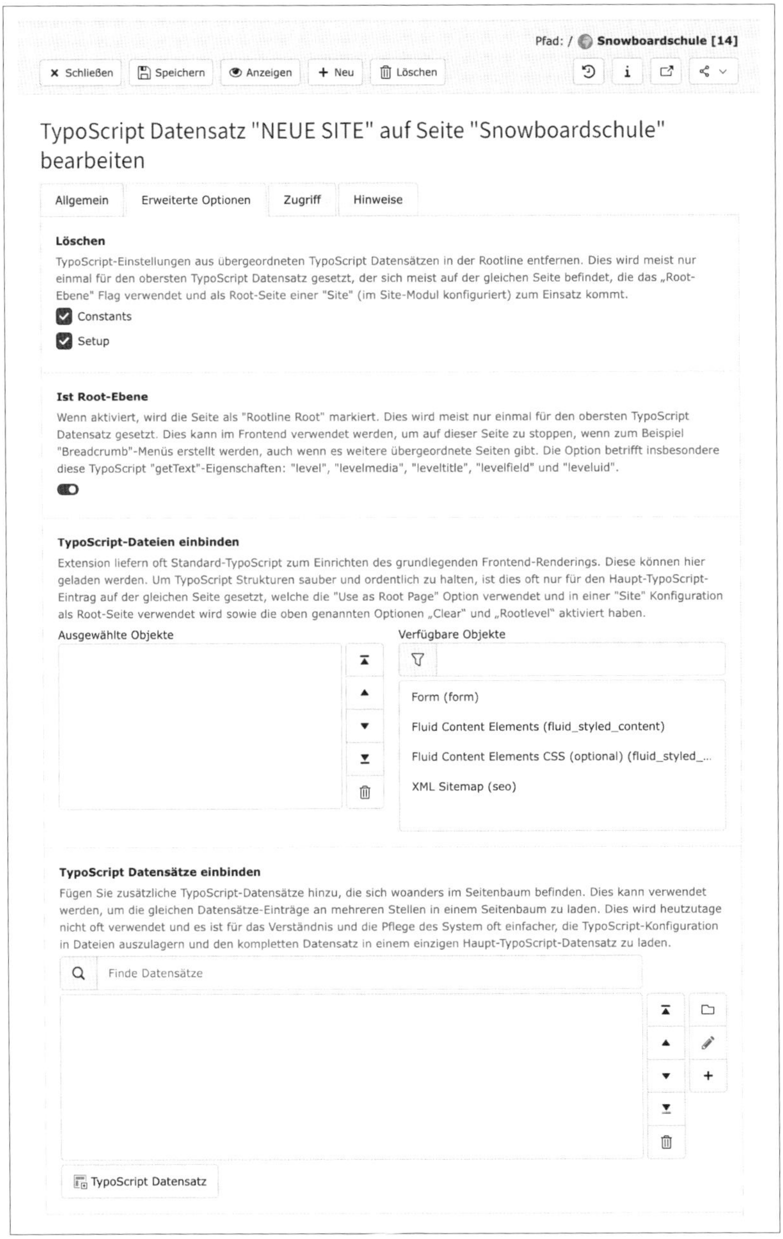

◀ Abbildung 5.5
Die Maske »Den gesamten TypoScript-Datensatz bearbeiten«

Sie werden in den nächsten Kapiteln noch alternative Wege zur Verwaltung von TypoScript kennenlernen und nutzen, die Ihnen eine einfache Übertragung in andere Installationen ermöglichen, ohne dass Sie im Backend TypoScript-Anweisungen hin und her kopieren müssen.

Aktives TypoScript

Mit der *Aktives TypoScript*-Ansicht (siehe Abbildung 5.6) erhalten Sie einen Überblick über die tatsächlich aktive TypoScript-Konfiguration, nachdem alle Site-Sets (oder TypoScript-Datensätze) und die wiederum von ihnen inkludierten Dateien geladen wurden.

Abbildung 5.6 ▶
Die »Aktives TypoScript«-Ansicht für das Site-Set

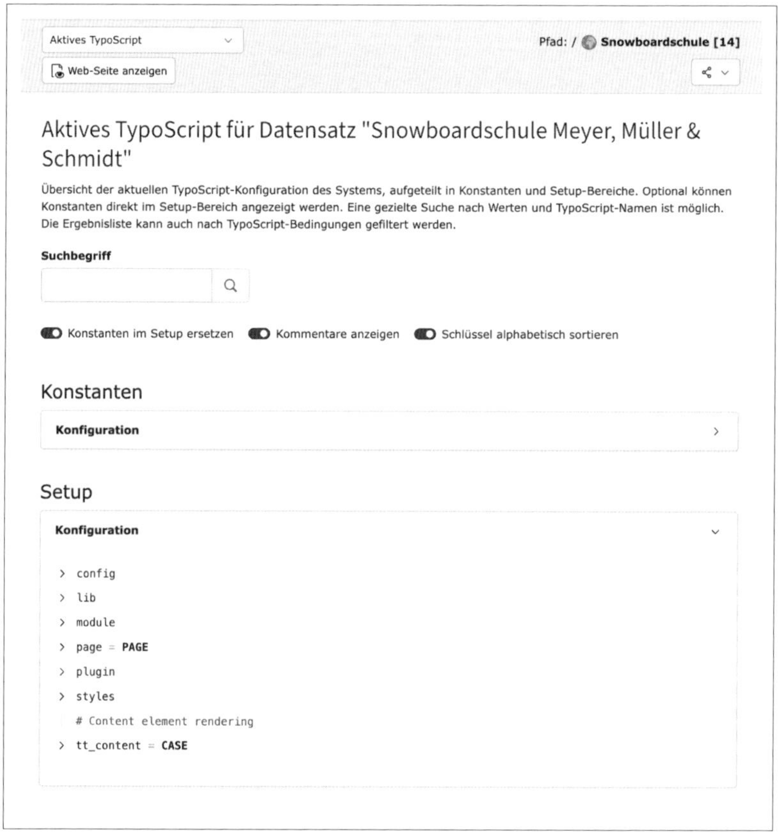

Diese Ansicht zeigt den intern aufbereiteten TypoScript-Code in Form eines strukturierten Baums an. Sie ist insbesondere in komplexen Projekten hilfreich, wenn die aktive TypoScript-Konfiguration aus mehreren Site-Sets besteht, wenn die Konfiguration in mehrere Dateien aufgeteilt ist, die inkludiert werden, oder wenn Extensions im Spiel sind.

Eingebundenes TypoScript

Ähnlich wie die *Aktives TypoScript*-Ansicht ist die *Eingebundenes TypoScript*-Ansicht, die Sie in Abbildung 5.7 sehen, ein hilfreiches Debugging-Werkzeug.

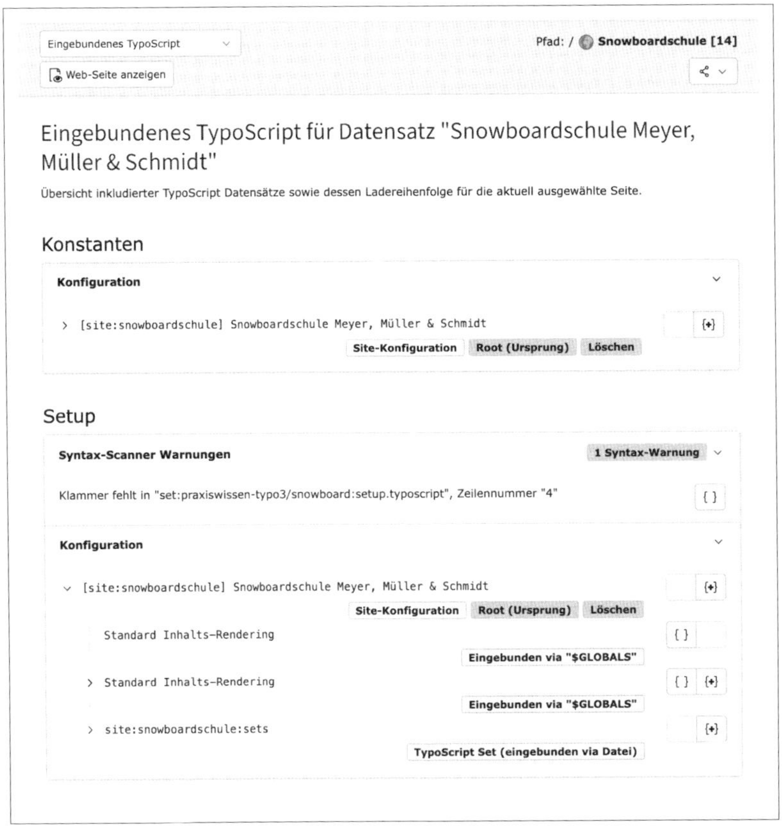

◀ Abbildung 5.7
Die »Eingebundenes TypoScript«-Ansicht hilft beim Debuggen von Fehlern.

Sie ist immer dann hilfreich, wenn im TypoScript-Code ein Fehler vorliegt, der schwer zu identifizieren ist. Sind Fehler im TypoScript vorhanden, werden in dieser Ansicht entsprechende Meldungen ausgegeben. Um die Anzeige in Abbildung 5.7 zu erzeugen, haben wir in der *setup.typoscript*-Datei beispielsweise mutwillig eine schließende Klammer entfernt, was zu der Meldung »*Klammer fehlt in <Dateiname>, Zeilennummer 4*« führt. Über den Button *Zeige betroffenes Code-Snippet* rechts können Sie sich auch gleich die fehlerhafte Stelle im Quellcode anschauen. Eine Übersicht über alle vorkommenden Meldungen in der Ansicht *Fehler und Warnungen* sehen Sie zur einfacheren Analyse hier:

Klammer fehlt in <Datei>
: Einer der am häufigsten vorkommenden TypoScript-Fehler wird durch fehlende oder falsch gesetzte Klammern ausgelöst. Erfahrungsgemäß sind die Zeilenangaben meistens präzise, jedoch muss der Fehler sich nicht unbedingt in der ausgegebenen Zeile befinden.Um ihn zu beheben, müssen Sie akribisch prüfen, ob alle Klammern richtig geschlossen wurden.

Klammer zu viel in <Datei>
: Im Gegensatz zur vorigen Meldung kennzeichnet dieser Fehler eine zu viel gesetzte Klammer. Auch hier ist die Zeilennummer meistens (aber nicht unbedingt) richtig. Die Lösung kann nur eine manuelle Suche nach der falsch gesetzten Klammer im TypoScript-Code sein.

Ungültige Zeile in <Datei>
: Das ist die Standard-Fehlermeldung für alle übrigen Syntaxfehler, die keinem der oben gelisteten Fehler entsprechen. Das könnte beispielsweise eine nicht korrekt geschlossene mehrzeilige Zuweisung oder ein ungültig oder falsch verwendeter Operator sein.

Sie werden sowohl die *Aktive TypoScript-* als auch die *Eingebundene TypoScript*-Ansicht sicherlich während Ihrer Arbeit mit TYPO3 schätzen lernen.

Der Konstanten-Editor

Der Konstanten-Editor ist nur dann relevant, wenn Sie kein Site-Set verwenden. Sie können hier wiederverwendbare Werte definieren, die Sie dann in Ihrem TypoScript-Code verwenden können. Wenn Sie mit einem Site-Set arbeiten, werden Sie statt Konstanten eher mit dem *Einstellungen*-Modul arbeiten. Dessen Verwendung erklären wir im Verlauf der nächsten Kapitel.

Objekte und Eigenschaften einer Webseite

Wie schon zuvor gesagt, werden Sie in TYPO3 nicht mit TypoScript-Objekten wie `SCHIFF` arbeiten, sondern mit Objekten, die die Generierung und den Aufbau der vom CMS generierten HTML-Seiten beschreiben. Der erste Objekttyp, mit dem wir zunächst arbeiten werden, ist das `PAGE`-Objekt. Das `PAGE`-Objekt beschreibt, wie genau TYPO3 aus den Seiten des Seitenbaums (und den darauf platzierten Inhalten) jeweils Webseiten im HTML-Format erstellen soll.

Doch welche Eigenschaften kann eine Webseite haben? Zum Beispiel hat eine Webseite normalerweise einen Titel, der im Browser links oben angezeigt wird, und dazu eine Hintergrundfarbe, auch wenn dies nur Weiß ist.

Sie bemerken vielleicht, dass beide dieser Eigenschaften im Header-Bereich einer HTML-Seite definiert werden, in Form eines `<title>`- oder eines `<style>`-Tags. Keine dieser beiden Eigenschaften einer Webseite wird zwischen den `<body>`-Tags angegeben, denn das, was sich zwischen den `<body>`-Tags befindet, ist gewöhnlich das, was vom Browser angezeigt wird.

Überlegen wir doch einfach einmal anders herum, welche Eigenschaften im Header-Bereich definiert werden. Das sind unter anderem

- der Titel der Webseite,
- Metadaten für Suchmaschinen,
- Stylesheet-Dateien (CSS-Dateien) sowie JavaScript-Dateien und
- der Dokumenttyp, beispielsweise HTML oder XHTML.

Nach der Angabe von Werten für diese Eigenschaften einer Webseite wird normalerweise noch kein sichtbarer Inhalt vom Browser ausgegeben, lediglich der Hintergrund kann durch Angabe einer Farbe innerhalb des Stylesheets oder direkt im `<body>`-Tag eine andere Farbe als Weiß haben.

Die Eigenschaften einer Webseite werden in TYPO3 als Eigenschaften des `PAGE`-Objekts bezeichnet. Folgende keineswegs vollständige Auflistung enthält einige wichtige und häufig gebrauchte Eigenschaften von `PAGE`-Objekten. Die offizielle Referenz zu TypoScript nennt sich TSref und wird von den Entwickler*innen in englischer Sprache bereitgestellt. Der Link *https://typo3buch.helmich.me/tsref/13* leitet Sie zur jeweils aktuellen Version der Dokumentation weiter.

config.doctype
: In dieser Eigenschaft können Sie den Dokumenttyp Ihrer Seite angeben. Diese Einstellung wirkt sich unter Umständen darauf aus, wie verschiedene Browser Ihre Seite darstellen. Beispiele für Dokumenttypen sind (das mittlerweile eher historische) HTML 4.1, XHTML und HTML 5. (Letzteres ist auch die Standardeinstellung, wenn Sie keinen Dokumenttyp angeben.)

includeCSS
: Wie der Name bereits erkennen lässt, werden über dieses Attribut CSS-Dateien inkludiert, also in den Seiten-Header eingefügt. Durch die Vergabe unterschiedlicher Bezeichner können Sie verschiedene CSS-Dateien in einem Dokument verwenden. Das ist durchaus sinnvoll, wenn Sie die Ausgabe für verschiedene Medien unterschiedlich gestalten möchten. Zum Beispiel können Sie zusätzlich zur Bildschirmausgabe eine Datei *print.css* für die Ausgabe einer Druckansicht und eine *mobile.css* für die optimierte Darstellung auf Smartphones einfügen. Sie müssen einen Bezeichner und den vollständigen Pfad zur CSS-Datei angeben. TYPO3 überprüft, ob die angegebene Datei vorhanden ist. Wenn die CSS-Datei existiert, wird das HTML-Tag `<link rel="stylesheet" ...>` in den Seiten-Header geladen. Zu jeder Datei kann noch der Medientyp über die Eigenschaft `media` und ein Titel über `title` vergeben werden. Die verfügbaren Medientypen sind laut

CSS vorgegeben und können `all`, `print` oder `screen` lauten. Es gibt noch weitere Möglichkeiten, CSS-Dateien zu integrieren (zum Beispiel über Inline-CSS oder über den `f:asset.css`-ViewHelper). Im Abschnitt »Stylesheets und JavaScript-Dateien einbinden« auf Seite 146 werden Sie die Funktion verwenden.

includeJS und includeJSFooter
: Analog zu `includeCSS` dient dieses Attribut dazu, JavaScript-Dateien in den Kopfbereich einer Seite einzufügen. Auch hier können mehrere Dateien eingefügt werden; jedes Unterattribut wird am Ende genutzt, um ein `<script src="...">`-HTML-Tag zu generieren. Genau wie `includeCSS` fügt `includeJS` diese Anweisungen in den `<head>`-Bereich der Seite ein.

  Das `includeJSFooter`-Attribut funktioniert genauso, fügt die generierten `<script>`-Tags jedoch ans Ende des `<body>`-Bereichs ein.

meta.[bezeichner]
: Hier können Sie beliebige Meta-Tags angeben, z.B. `meta.author`, `meta.description` usw. Als Bezeichner kann eine beliebige Zeichenkette verwendet werden, auch der angegebene Wert wird direkt übernommen (Beispiel: `meta.author = Robert Meyer`).

shortcutIcon
: Dieser Wert kann einen Dateipfad zum Icon Ihrer Webseite enthalten. Die hier verlinkte Datei muss eine Bilddatei eines kompatiblen Typs (also beispielsweise ICO, PNG oder SVG) sein.

Seiteneigenschaften mit TypoScript angeben

Nachdem Sie das Site-Set erstellt und in der Site-Konfiguration eingebunden haben, können Sie damit beginnen, allgemeine Seiteneigenschaften mit TypoScript festzulegen. Alle TypoScript-Code-Bearbeitungen nehmen wir im Folgenden in der Datei *setup.typoscript* in dem zuvor erstellten Site-Set vor.

Falls (und nur falls!) Sie nicht mit einem Site-Set arbeiten, bearbeiten Sie den TypoScript-Quelltext über das *TypoScript*-Modul im TYPO3-Backend. Wählen Sie dort die Anfangsseite *Snowboardschule* und im Dropdown-Feld im rechten Bereich die Option *TypoScript-Datensatz bearbeiten*. Klicken Sie dann auf das Bleistiftsymbol im Feld *Setup*. Sie erhalten ein Textfeld, in dem Sie TypoScript-Code ablegen können.

Unsere erste TypoScript-Konfiguration (egal sie ob per Site-Set oder TypoScript-Datensatz erstellt wurde) sieht so aus wie in Beispiel 5.10.

Beispiel 5.10: Eigenschaften des PAGE-Objekts setzen

```
01 page = PAGE
02
03 # Allgemeine Seiteneigenschaften setzen
04 page.config.doctype = html5
05
06 # Meta-Tags angeben
07 page.meta.author = Robert Meyer, Martin Helmich, Hannes Strangmeier
08 page.meta.description = Hier steht eine Beschreibung
```

In Zeile 1 wird eine Instanz eines `PAGE`-Objekts gebildet. Der Bezeichner `page` hat ab sofort `PAGE`-Eigenschaften. `page` ist hier als Bezeichner frei gewählt und könnte auch anders lauten. Wie auch immer der Bezeichner gewählt wird, muss er weitergeführt werden, da er jetzt `PAGE`-Eigenschaften hat. Lassen Sie sich nicht durch die doppelte Namensgebung irritieren. Statt `page = PAGE` könnte z.B. auch `seite = PAGE` angegeben werden. `PAGE` ist ein feststehender Objektname, während `page` oder `seite` ein frei wählbarer Bezeichner ist.

In Zeile 4 wird der Dokumenttyp Ihrer Seite angegeben, in diesem Fall mit *HTML 5*. Der Dokumenttyp kann beeinflussen, wie verschiedene Browser Ihre Seite darstellen.

In den Zeilen 7 und 8 haben Sie Werte für die `<meta>`-Tags `author` und `description` angegeben. Diese `<meta>`-Tags werden mit in den erzeugten HTML-Code aufgenommen. Dabei können Sie beliebige `<meta>`-Tags mit beliebigen Werten angeben: Wenn Sie in Ihrem TypoScript-Code `page.meta.BESTESBUCH = Praxiswissen TYPO3` angeben, fließt auch das mit in die Ausgabe ein.

Der ausgegebene HTML-Code

Klicken Sie links auf das Symbol *Anzeigen*, um das Ergebnis dieser TypoScript-Konfiguration zu betrachten. Im Frontend wird eine leere weiße Seite zurückgeliefert. Wenn Sie aber einen Blick in den HTML-Quellcode (siehe Abbildung 5.8) werfen, werden Sie bemerken, dass die Zuweisungen bereits Anwendung gefunden haben.

Zu Beginn des HTML-Quellcodes wird innerhalb von Kommentaren ein genereller Hinweis auf TYPO3 gegeben. Sie sollten diesen Hinweis nicht entfernen, können ihn aber um eigene Zeilen ergänzen.

Nach dem TYPO3-Kommentar wird das `<title>`-Tag ausgegeben. Dieses setzt sich aus dem *Titel der Website* zusammen, den Sie in Kapitel 4, *Das Praxisbeispiel vorbereiten*, im Abschnitt »Eine Site-Konfiguration erstellen« auf Seite 98, eingegeben haben, sowie aus dem Namen der aktuell darstellten Seite aus dem Seitenbaum. (Das ist hier die Startseite *Snowboardschule*).

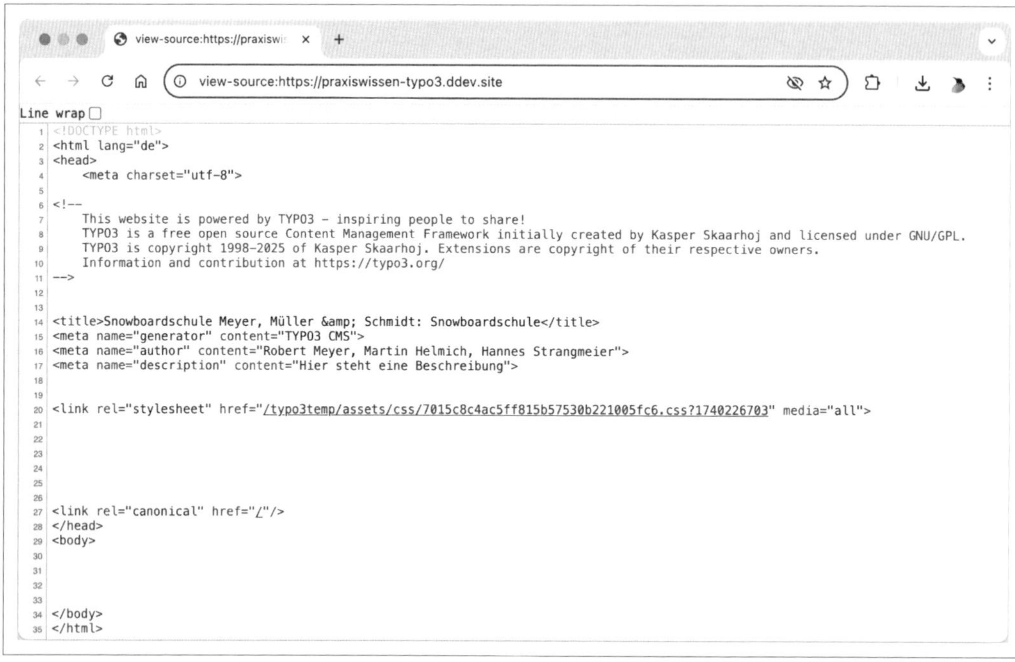

Abbildung 5.8 ▲ Der HTML-Quellcode enthält die <meta>-Tags sowie das <body>-Tag.

Ausklammern

Wie Sie sicherlich bemerkt haben, führen Sie derzeit zu Beginn einer jeden TypoScript-Zeile den Bezeichner page mit. Diesen Bezeichner können Sie durch Ausklammern mit geschweiften Klammern ganz einfach »eliminieren« und so Ihren Code übersichtlicher und einfacher gestalten. Beispiel 5.11 zeigt den TypoScript-Code in der ausklammernden Version.

Beispiel 5.11: Ausklammern zur besseren Übersicht

```
01 page = PAGE
02 page {
03
04   # Allgemeine Seiteneigenschaften setzen
05   config.doctype = html5
06
07   # Meta-Tags angeben
08   meta.author = Robert Meyer, Martin Helmich, Hannes Strangmeier
09   meta.description = Hier steht eine Beschreibung
10 }
```

In Zeile 2 wird page ausgeklammert – die Ausklammerung reicht in diesem Beispiel bis Zeile 10. page wird somit intern in den Zeilen 3 bis 10 vorangestellt. Also steht in Zeile 8 statt `meta.author = Robert Meyer (u.a.)` in Wirklichkeit `page.meta.author = Robert Meyer (u.a.)`. Das Ausklammern erleichtert Ihnen die Arbeit und ermöglicht eine Strukturierung.

Eine bessere Übersicht ist aber nur dann gegeben, wenn durchgängig eingerückt wird.

Das TYPO3-Caching-Konzept

Bevor Sie richtig in die Arbeit mit TypoScript und Fluid einsteigen, ist diese Stelle geeignet, um kurz auf eines der Features einzugehen, die TYPO3 so performant und skalierbar machen: auf den Cache.

TYPO3 ist dynamisch. Alle Inhalte werden in Datenbanken gehalten und auf Abruf entsprechend anhand von TypoScript-Code und Fluid-Templates erzeugt. Um jedoch die Serverlast zu verringern bzw. die Performance zu erhöhen, werden Inhalt (Seiten und Seiteninhalte, aber auch dynamisch erzeugte Grafiken) sowie Code (TypoScript-Dateien und Fluid-Templates) in TYPO3 grundsätzlich gecacht. Dadurch werden generierte Daten so lange statisch gehalten, bis sich Veränderungen ergeben.

Um aus den Inhalten in der TYPO3-Datenbank, den Fluid-Templates und der TypoScript-Konfiguration am Ende eine HTML-Ausgabe zu generieren, muss ganz schön viel passieren: Inhalte müssen (mit teils sehr aufwendigen Abfragen) aus der Datenbank geladen werden, und diverse TypoScript-Konfigurationen und Fluid-Templates müssen ausgewertet werden. Das ist so komplex, dass bei großen Präsentationen mit viel Traffic eine hohe Serverlast entsteht (beziehungsweise *entstehen würde* – gäbe es nicht den Cache).

In der Praxis sind es jedoch immer die gleichen HTML-Ausgaben, die die Benutzer bekommen, bis sich entweder am Content oder einer der Template- bzw. Konfigurationsdateien eine Veränderung ergeben hat. TYPO3 nutzt das aus und speichert die Ergebnisse einer Datenbankabfrage in einem Cache, der standardmäßig teilweise in der TYPO3-Datenbank und teilweise in Dateien im Dateisystem des Servers liegt. Komplexe Abfragen über mehrere Tabellen sind somit nicht notwendig, da TYPO3 einmal gespeicherte Ergebnisse als fertigen HTML-Code aus einigen wenigen Tabellen holen kann.

Es ist möglich, auch andere Mechanismen des Cachings von Daten zu nutzen. Der Cache muss nicht mehr zwingend in der Datenbank gespeichert werden. Das Caching ist auch auf Dateiebene möglich. Darüber hinaus ist mit der PHP-Erweiterung *APCu* auch ein Caching von Daten direkt im RAM des Servers möglich; außerdem können spezielle Caching-Server wie beispielsweise *Redis* oder *Memcache* eingesetzt werden. Interessant werden diese Möglichkeiten jedoch erst bei großen Projekten, die auf verteilten Systemen zum Einsatz kommen. Wir gehen in diesem Buch vom klassischen Caching in der Datenbank aus.

Bei der Entwicklung eines TYPO3-Projekts gibt es ein paar Caching-Eigenarten, die Sie kennen sollten. TYPO3 bemerkt, wie oben schon erwähnt, wenn sich *Inhalte* verändert haben – aber nur dann, wenn es sich um veränderte Datensätze handelt (z. B. Seite, Content oder TypoScript-Datensätze). *Dateien*, die in Ihrem Site Package liegen (seien es nun Fluid-Templates oder TypoScript-Code aus dem Site-Set), werden von TYPO3 jedoch nicht notwendigerweise jedes Mal neu eingelesen. Nehmen Sie nun Änderungen an diesen Dateien vor, löscht TYPO3 den Cache nicht (auch nicht partiell), sondern arbeitet mit den alten Versionen aus dem Cache weiter.

Aus diesem Grund besteht im Backend die Möglichkeit, den gesamten Cache manuell zu leeren (siehe Abbildung 5.9). Über die Schaltfläche *Frontend-Caches leeren* werden alle zwischengespeicherten HTML-Ausgaben geleert und über die Schaltfläche *Alle Caches leeren* auch die übrigen Caches.

Abbildung 5.9 ▼
Den Cache manuell leeren

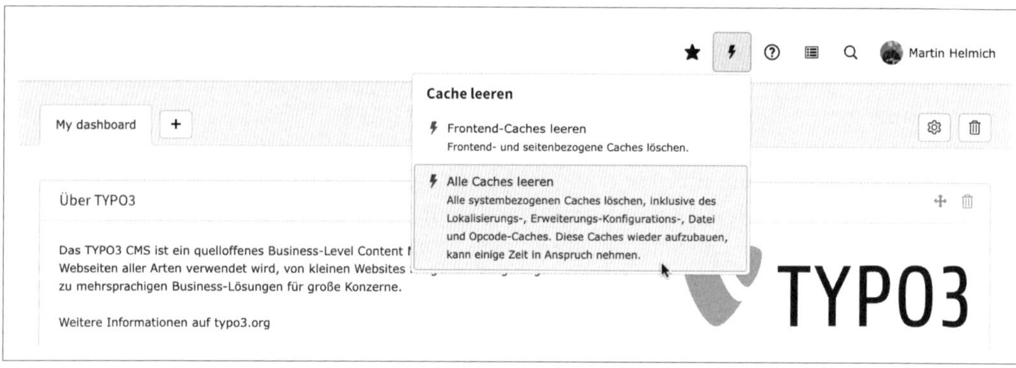

Support Die Caching-Tabellen von TYPO3 können bei großen Websites stark anwachsen. Meist geschieht das durch die falsche Konfiguration von TYPO3-Erweiterungen. Die Tabellen können schnell mehrere Hundert MByte oder sogar GByte groß werden. Große Tabellen verlangsamen die Auslieferung der TYPO3-Webseiten und sollten daher regelmäßig kontrolliert werden.

Wenn Sie den Cache einer bestimmten Seite leeren möchten, können Sie das auch im Frontend tun. Wenn Sie als Backend-Benutzer angemeldet sind, drücken Sie im Frontend im Browser den *Reload*-Button oder (unter Windows) die Tastenkombination *STRG+F5* bzw. (unter macOS) die Tastenkombination *CTRL+SHIFT+R*.

Der Cache ist in zwei separate Gruppen aufgeteilt: in System- und in Frontend-Caches. Dabei werden bei einem Klick auf *Frontend-Caches leeren* nur die Cache-Tabellen in der Datenbank geleert, die auch für den Frontend-Cache zuständig sind. Hingegen werden bei einem Klick auf

Alle Caches leeren auch die die systemnahen Caches geleert. Für besonders hartnäckige Caches können Sie im Modul *Verwaltungswerkzeuge à Wartung* auch die Option *Flush TYPO3 and PHP Cache* verwenden (auch wenn das im Alltag nur selten nötig sein sollte).

Die erstellte Designvorlage integrieren

In diesem Abschnitt werden Sie die in Kapitel 4, *Das Praxisbeispiel vorbereiten*, erstellten Dateien, unter anderem auch die Designvorlage, in das TYPO3-Projekt integrieren und ansprechen. Das Integrieren der Designvorlage erfolgt wieder mit TypoScript.

Elemente mit in die Seite aufnehmen

Damit Sie in Ihrem Browser eine sichtbare Ausgabe erhalten, muss sich im ausgelieferten HTML-Quellcode etwas innerhalb des `<body>`-Tags befinden. Das kann eine beliebige Anzahl von Elementen sein. So wollen Sie vermutlich nicht, dass sich auf Ihrer Internetseite im Inhaltsbereich immer nur genau eine Überschrift mit genau einem folgenden Fließtext befindet, sondern es sollen mehrere hintereinander sein. Und selbst eine Überschrift mit anschließendem Fließtext besteht ja aus zwei Elementen.

Mit TypoScript können Sie eine beliebige Anzahl von Elementen in den Body-Bereich aufnehmen. Diese müssen natürlich auf eine bestimmte Art angeordnet werden. Sie können angeben, welche Elemente in welcher Reihenfolge ausgegeben werden sollen.

Einige TypoScript-Objekte besitzen numerische Listen, die mehrere Elemente aufnehmen können – das `PAGE`-Objekt zum Beispiel ist ein solches Objekt. Durch Angabe einer Nummer direkt im Anschluss an den Bezeichner der Objektinstanz können mehrere Objekte sortiert ausgeführt werden. Auch wenn nur ein einziges Element mit in die Seite aufgenommen werden soll, kann die Ausgabe nur über eine solche numerische Liste erfolgen. Die beiden folgenden Beispiele sind nicht ausführbar und dienen lediglich der Veranschaulichung.

```
page.1 = OBJEKT
page.1.eigenschaft = wert
page.2 = OBJEKT_2
page.2.eigenschaft = wert_2
```

Durch die Verwendung von direkt aufeinanderfolgenden Nummern nehmen Sie sich allerdings einiges an Flexibilität. Möchten Sie z.B. zu einem späteren Zeitpunkt zwischen `page.1` und `page.2` ein weiteres Objekt aufnehmen, müssten Sie so nachträglich Änderungen an der Sortierung vornehmen. Daher empfiehlt es sich, die Sortiernummern in Zehnerschritten anzugeben:

```
page.10 = OBJEKT
page.10.eigenschaft = wert
page.20 = OBJEKT_2
page.20.eigenschaft = wert_2
```

Die Designvorlage integrieren

Die in Kapitel 4, *Das Praxisbeispiel vorbereiten*, erstellte und bereits hochgeladene Designvorlage können Sie nun in das Projekt integrieren. Dazu verwenden Sie das TypoScript-Objekt `PAGEVIEW`. Dieses hat eine Eigenschaft `.paths`, in der Sie Pfade angeben können, unter denen TYPO3 nach Fluid-Templates für die Seitendarstellung sucht (siehe Beispiel 5.12). Ergänzen Sie die entsprechenden Zeilen in der *setup.typoscript*.

Beispiel 5.12: Einlesen der Designvorlage

```
01 page = PAGE
02 page {
03
04   # Allgemeine Seiteneigenschaften setzen
05   config.doctype = html5
06
07   # Meta-Tags angeben
08   meta.author = Robert Meyer, Martin Helmich, Hannes Strangmeier
09   meta.description = Hier steht eine Beschreibung
10
11   # Die Designvorlage integrieren
12   10 = PAGEVIEW
13   10 {
14     paths {
15       10 = EXT:snowboard/Resources/Private/PageView/
16     }
17   }
18 }
```

Hier passieren ein paar Besonderheiten: Der Pfad in Zeile 15 ist offensichtlich kein vollständiger Dateipfad, sondern enthält das Kürzel `EXT:snowboard`. Pfade dieser Art werden von TYPO3 automatisch auf Paketnamen aufgelöst (hier auf Namen des Site Packages unter *packages/snowboard/*). Diese Schreibweise kann in TypoScript an so ziemlich allen Stellen verwendet werden, an denen ein Dateipfad erwartet wird.

Weiterhin wird hier zwar ein Verzeichnis angegeben, jedoch nirgendwo der Dateiname. Das liegt daran, dass der Dateiname automatisch anhand des gewählten Layouts der TYPO3-Seite ermittelt wird. (Mit Layouts beschäftigen wir uns in Kapitel 8, *Inhalte ausgeben*, ausführlicher.) Wenn kein spezielles Layout ausgewählt wurde (also wie bislang in unserem Praxisbeispiel), sucht TYPO3 nach einer Datei *Default.html*.

Diese Datei muss aber zunächst erst einmal existieren. Kopieren Sie dazu das Fluid-Template *PageV1.html* aus Kapitel 4, *Das Praxisbeispiel vorbereiten*, in den Dateipfad *packages/snowboard/Resources/Private/PageView/Pages/Default.html*.

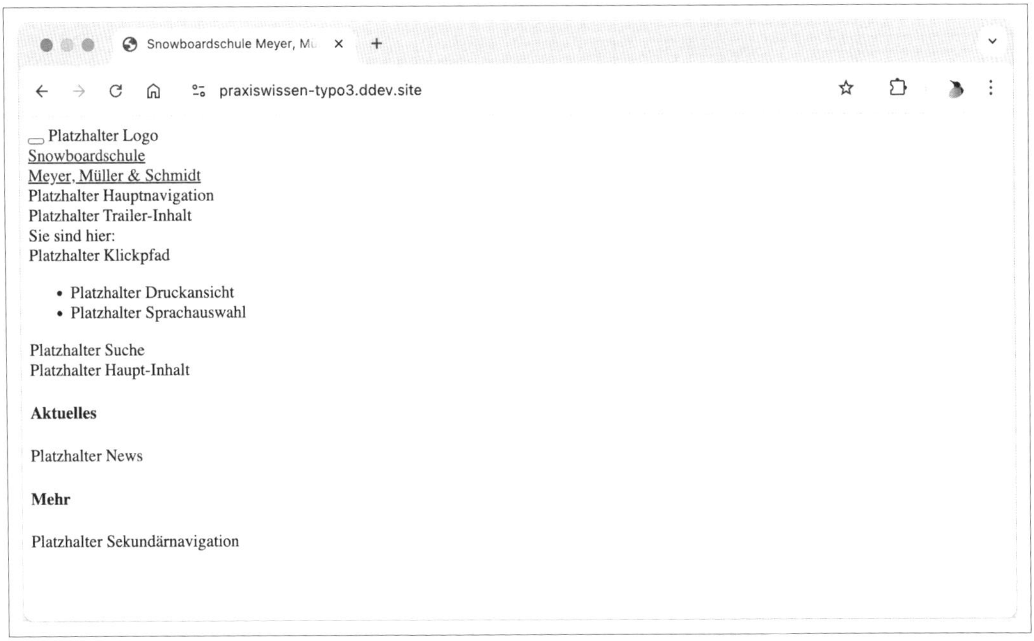

▲ Abbildung 5.10
Die Designvorlage wird – ohne Inhalte und Styles – im Frontend angezeigt. Wie enttäuschend!

Leeren Sie im Anschluss einmal den TYPO3-Cache, damit TypoScript-Code und Templates neu eingelesen werden können. Wenn Sie das gespeicherte Template im Frontend betrachten, sehen Sie ... erst mal nichts (siehe Abbildung 5.10). Ein Blick in den HTML-Quelltext der Seite zeigt, dass die Fluid-Designvorlage zwar geladen wird, aber offensichtlich fehlt noch das CSS-Stylesheet. Außerdem wurden alle in der Vorlage definierten Fluid-Variablen durch leere Werte ersetzt – insgesamt also ein recht trauriges Ergebnis.

Tipp Die im Frontend ausgegebenen Inhalte werden von TYPO3 in der Datenbank zwischengespeichert. Dieses Verfahren nennt sich Caching. Wenn Sie Änderungen an der Konfiguration durchführen, diese jedoch nicht im Frontend sichtbar werden, kann das am Caching von TYPO3 liegen. Bitte löschen Sie dann über die Schaltfläche mit dem Blitz-Icon im oberen rechten Bereich den Seiteninhalts-Cache. Mehr Informationen zum Caching finden Sie in diesem Kapitel im Abschnitt »Das TYPO3-Caching-Konzept« auf Seite 141.

Die fehlenden Styles und die fehlenden Inhalte sind zwei separate Probleme. Lösen wir also eins nach dem anderen und kümmern wir uns zunächst um die fehlenden Styles.

Stylesheets und JavaScript-Dateien einbinden

Das Stylesheet wird derzeit nicht eingebunden, da das Fluid-Template nur den Inhalt des `<body>`-Tags enthält. Der `<head>`-Bereich der HTML-Seite wird von TYPO3 selbst generiert. Im nächsten Schritt muss über TypoScript konfiguriert werden, dass das CSS-Stylesheet im Kopfbereich der Seite geladen werden soll.

Hinweis Wie so oft führen in TYPO3 viele Wege nach Rom. Neben den hier vorgestellten `includeCSS`- und `includeJS`-Optionen können Sie auch CSS- und JavaScript Dateien über die `f:asset.css`- bzw. `f:asset.script`-ViewHelper einfügen. Diese ViewHelper sind in der offiziellen Referenz dokumentiert (*https://docs.typo3.org/permalink/t3viewhelper:typo3-fluid-asset-css*), werden an dieser Stelle jedoch nicht vertiefend betrachtet.

Dies ist über das Attribut `includeCSS` des `PAGE`-Objekts möglich. In Beispiel 5.13 haben wir das TypoScript-Template um diese Funktion erweitert. Da Sie über die Funktion mehrere CSS-Dateien einbinden können, wird ein Bezeichner für jede Datei angegeben. Über die Angabe des Dateipfads wird die CSS-Datei zugewiesen. Ergänzend kann ein Titel für die Datei angegeben werden sowie der Medientyp, für den die CSS-Datei bestimmt ist.

Beispiel 5.13: Ein Stylesheet einbinden

```
page = PAGE
page {

  # Allgemeine Seiteneigenschaften setzen
  config.doctype = html5

  # Meta-Tags angeben
  meta.author = Robert Meyer, Martin Helmich, Hannes Strangmeier
  meta.description = Hier steht eine Beschreibung

  # CSS-Dateien einfügen
  includeCSS {
    main = EXT:snowboard/Resources/Public/Css/index.css
    main.title = main
    main.media = all
  }

  # Die Designvorlage integrieren
  [...]
```

Das Gleiche gilt für die JavaScript-Dateien, die die Designvorlage nutzt. Die Vorlage nutzt das Bootstrap-Framework und liefert den dafür nötigen JavaScript-Code in der Datei *index.js* mit.

Um JavaScript-Dateien auf einer Seite einzubinden, stehen im `PAGE`-Objekt die Attribute `includeJS` (analog zu `includeCSS`) und `includeJSFooter` zur Verfügung. Ersteres lädt JavaScript-Dateien im Kopfbereich der Seite, Letzteres unter dem `<body>`-Bereich. Da das Laden größerer JavaScript-Dateien im Kopfbereich deutlich negative Auswirkungen auf die Seitenaufbauzeit haben kann, ist es im Normalfall günstiger, JavaScript-Dateien mit dem `includeJSFooter`-Attribut unterhalb des Bodys zu laden. Beispiel 5.14 zeigt das `includeJSFooter`-Attribut im Einsatz:

Beispiel 5.14: JavaScript-Dateien laden

```
page = PAGE
page {
  [...]

  # JS-Dateien einfügen
  includeJSFooter {
    main = EXT:snowboard/Resources/Public/JavaScript/index.js
  }

  # Die Designvorlage integrieren
  [...]
```

Das Template laden und Variablen definieren

Wenn Sie nun Ihre Seite im Browser betrachten, sollte das Ergebnis in etwa so aussehen wie in Abbildung 5.11. Ihnen wird auffallen, dass die Seite nur marginal besser aussieht als vorher – die Styles werden nun zwar korrekt dargestellt, die Inhalte fehlen jedoch nach wie vor. Das liegt daran, dass alle Fluid-Variablen, die in der Designvorlage definiert wurden, bisher einfach durch einen leeren Wert ersetzt werden. Das bedeutet, dass die grundsätzlichen Inhaltsbereiche der Designvorlage (die Kopfzeile, der Hauptinhaltsbereich, die Fußzeile) und die dazugehörigen Styles schon da sind – nur die Inhalte fehlen noch komplett.

Nachdem nun die Designvorlage eingelesen worden ist, können die verwendeten Fluid-Variablen befüllt werden, sodass im Frontend dort, wo diese Variablen genutzt werden, auch der entsprechende Inhalt ausgegeben wird. Innerhalb eines `PAGEVIEW`-Objekts definieren Sie Variablen innerhalb des Attributs `.variables`. Die Zuweisung von Variablen erfolgt dabei stets nach dem Schema `variables.[VARIABLENNAME] = [OBJEKT]`.

Beginnen wir mit etwas Einfachem: Für den Markennamen (engl. *Brand*) in der Kopfzeile der Seite sind im Fluid-Template die zwei Variablen `{brandLineFirst}` und `{brandLineSecond}` vorgesehen. Das Angenehme an diesen zwei Werten ist: Egal welche Unterseite Sie später im Frontend aufrufen, diese beiden Werte sind immer gleich. Sie können diese Fluid-Variablen im TypoScript-Template also einfach mit statisch definierten Werten befüllen.

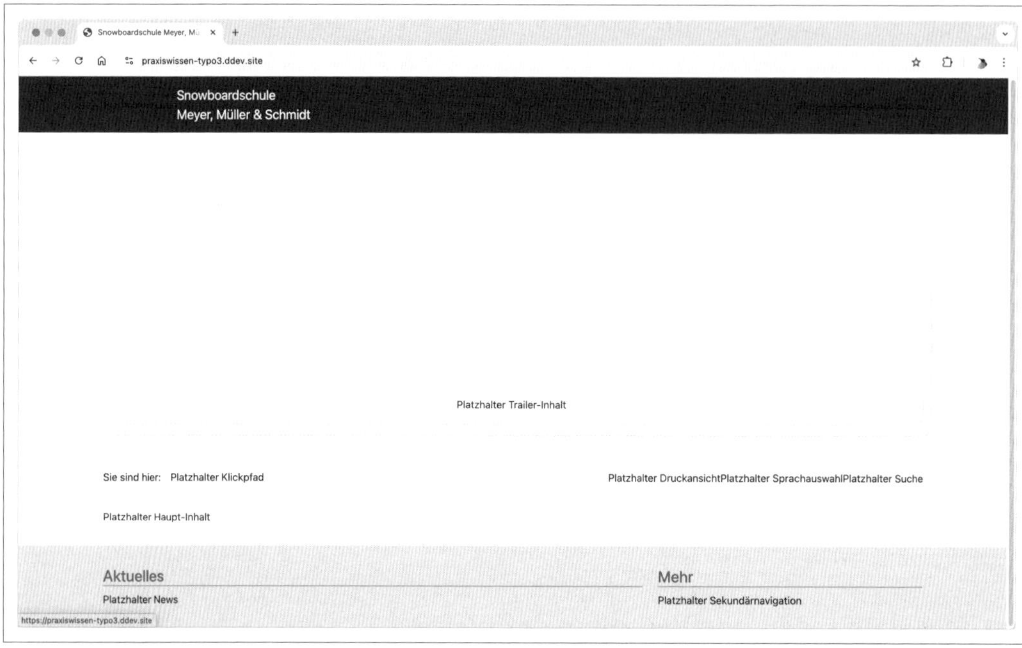

Abbildung 5.11 ▲ In der Designvorlage werden nun alle Variablen durch nichts ersetzt.

Um in TypoScript einen einfachen, statischen Text zu beschreiben, nutzen Sie das TEXT-Objekt. Wie das genau funktioniert, zeigt Beispiel 5.15:

Beispiel 5.15: Die Variablen »brandLineFirst« und »brandLineSecond« definieren und befüllen

```
page = PAGE
page {
  [...]

  # Die Designvorlage integrieren
  10 = PAGEVIEW
  10 {
    paths {
      10 = EXT:snowboard/Resources/Private/PageView/
    }

    variables {
      brandLineFirst = TEXT
      brandLineFirst.value = Snowboardschule

      brandLineSecond = TEXT
      brandLineSecond.value = Meyer, Müller & Schmidt
    }
  }
}
```

Betrachten Sie das Ergebnis im Frontend, werden Sie feststellen, dass die beiden Variablen in der Kopfzeile nun korrekt ausgegeben werden (siehe Abbildung 5.12).

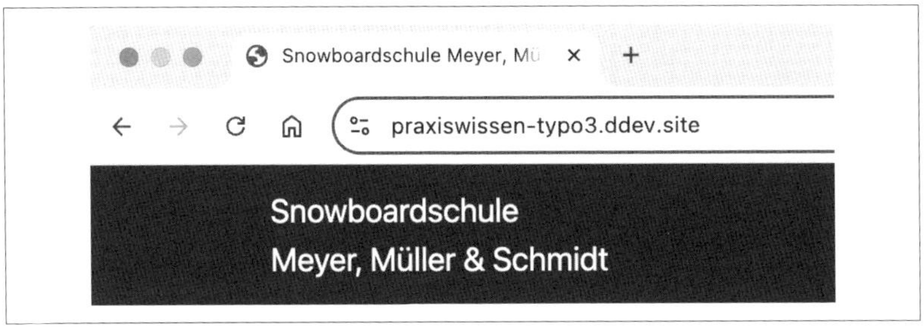

Abbildung 5.12
Die Ausgabe der Variablen »brandLineFirst« und »brandLineSecond«

In Zeile 31 wird die Variable `brandLineFirst` angesprochen und durch ein TEXT-Objekt ersetzt. Prinzipiell liefert das TEXT-Objekt eine Zeichenkette zurück, die z. B. über die Eigenschaft `.value` angegeben werden kann. In unserem Fall ist im TypoScript-Template an dieser Stelle die Zeichenkette hartcodiert. Im Folgenden (im Abschnitt »Strukturierte Daten in Fluid-Templates« auf Seite 150) lernen Sie außerdem, wie Sie auf dieselbe Art und Weise dynamische Inhalte einfügen können.

Mit Variablen arbeiten: Fehleranalyse

Zur Fehlersuche bei der Nutzung von Fluid-Variablen ist es hilfreich zu wissen, an welcher Stelle innerhalb des TypoScript-Templates oder der Fluid-Vorlage zu suchen ist. Im Frontend werden alle noch nicht definierten Variablen grundsätzlich durch eine leeren Zeichenkette ersetzt (einerseits ist das zwar praktisch, da der Besucher der Seite später keine Platzhalter sieht, wenn Sie mal eine Variable vergessen; andererseits erschwert es die Fehlersuche).

Um Programmierfehler zu finden, können Sie innerhalb des Fluid-Templates den ViewHelper `f:debug()` nutzen. Beispiel 5.16 zeigt, wie Sie diesen ViewHelper nutzen können, um den Wert und den Datentyp einer Variablen auszugeben. Ist die Variable nicht definiert, gibt dieser ViewHelper in der HTML-Ausgabe den Wert NULL aus, andernfalls den Datentyp und den Inhalt der Variablen. Den ViewHelper können Sie an einer beliebigen Stelle in Ihrem Fluid-Template einfügen – die Debug-Ausgabe erscheint dann an der entsprechenden Stelle in der generierten HTML-Ausgabe Ihres Templates.

Beispiel 5.16: Nutzung des »f:debug«-ViewHelpers für einzelne Variablen

```
{variable -> f:debug()}
```

Sie können den `f:debug`-ViewHelper auch nutzen, um alle zur Verfügung stehenden Variablen auszugeben:

Beispiel 5.17: Nutzung des »f:debug«-ViewHelpers für alle Variablen

```
{_all -> f:debug()}
```

Abbildung 5.13 zeigt eine Beispielausgabe, die Sie erhalten können, wenn Sie alle Variablen mit `f:debug()` ausgeben. Sie erkennen hier die zwei Variablen `brandLineFirst` und `brandLineSecond`, die Sie zuvor selbst im TypoScript-Template definiert haben. Darüber hinaus sehen Sie auch die Variablen `site`, `language` und `page`, die bei der Nutzung des `PAGEVIEW`-Objekts standardmäßig enthalten sind und verschiedene Informationen über die aktuelle Site-Konfiguration, die aktuell ausgewählte Sprache (auch, wenn es nur eine gibt) sowie die gerade dargestellte Seite des Seitenbaums enthalten. Auch auf diese Variablen können Sie innerhalb Ihres eigenen Fluid-Templates zugreifen – beispielsweise mit `{page.pageRecord.title}`, um den Titel der aktuellen Seite auszugeben.

Abbildung 5.13 ▶
Ausgabe des »f:debug«-ViewHelpers

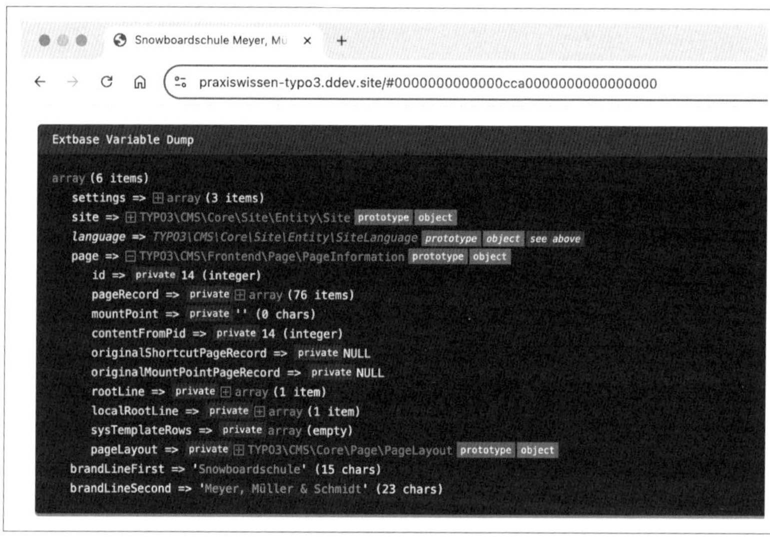

Strukturierte Daten in Fluid-Templates

Bisher haben Variablen, mit denen wir in Fluid-Templates gearbeitet haben, immer nur Zeichenketten als Inhalt enthalten. Die »Regeln« für diese Variablen waren relativ einfach. Sie wissen bereits aus Kapitel 4, *Das Praxisbeispiel vorbereiten*, dass eine Variable `heading` mit dem Wert `'Hallo Welt'` und ein Template `<h1>{heading}</h1>` am Ende die HTML-Ausgabe `<h1>Hallo Welt</h1>` ergeben.

Eine Fluid-Variable kann allerdings noch viel mehr enthalten als nur Text. Sie kann auch sogenannte *strukturierte Daten* wie etwa *Objekte* oder *Listen* enthalten. Ein Objekt kann wiederum verschiedene »Attribute« beinhalten (die ihrerseits auch wieder Werte in Form von Text oder strukturierten Daten haben können). In Abbildung 5.13 beispielsweise sehen Sie die Variable *page*, die den kompletten Seiten-Datensatz als strukturiertes Objekt enthält.

Der Zugriff auf die Attribute solcher Objekte erfolgt (ähnlich wie auch in TypoScript) über einen Punkt. Den Titel der aktuellen Seite könnten Sie in einem Fluid-Template also beispielsweise wie folgt ausgeben:

```
{page.pageRecord.title}
```

Neben Objekten könnte eine Fluid-Variable auch eine Liste von Werten enthalten (die ihrerseits natürlich ebenfalls wieder Objekte sein können). Diese lassen sich in der Fluid-Vorlage jedoch nicht so ohne Weiteres ausgeben. Allerdings können Sie den `f:for`-ViewHelper benutzen, um jedes einzelne Element einer Liste einzeln zu betrachten und eine Ausgabe dafür zu generieren. Ein Beispiel dafür könnte die Variable `site.languages` sein, die alle Sprachen enthält, die Sie in der Seitenkonfiguration definiert haben. (Ja, derzeit ist das nur eine – aber eine Liste mit einem Element ist technisch gesehen trotzdem noch eine Liste.) Eine Liste könnte in Fluid wie folgt verarbeitet werden:

```
<f:for each="{site.languages}" as="language">
  <a href="{language.base}">{language.title}</a>
</f:for>
```

Damit haben wir eigentlich schon fast einen fertigen Sprachselektor gebaut. (Die ausführliche Version lernen Sie in Kapitel 9, *Erweiterte Darstellung von Inhalten*, kennen.)

Aber was genau geschieht hier? Das Konstrukt verhält sich ähnlich wie eine `for`-Schleife in einer Programmiersprache: Der Wert, der in dem Parameter `each` übergeben wird, ist die Liste, über die die Schleife iterieren soll. Im Parameter `as` hingegen wird angegeben, unter welchem Namen das jeweils aktuelle Element der Liste im Inneren des ViewHelpers zur Verfügung stehen soll.

Die Seite auf ihre Mobil-Darstellung vorbereiten

Das CSS-Stylesheet der Designvorlage enthält ein responsives Layout. Das heißt, es passt sich automatisch an die Bildschirmgröße und Pixeldichte des Ausgabebildschirms an, sodass sich die Seite später auf einem Smartphone mit 5-Zoll-Display genauso gut bedienen lässt wie auf einem 4K-Bildschirm.

Die wichtigste Einstellung für mobile Webseiten ist der sogenannte *Viewport*. Der Viewport beschreibt den Bereich einer Seite, den der Nutzer sehen kann. Ohne weitere Anpassungen gehen mobile Browser von einer festen Breite des Viewports aus (Safari Mobile beispielsweise von 980 Pixeln), in die eine (nicht auf Mobil-Darstellung optimierte!) Seite bequem hineinpasst. Der Nachteil dieser Einstellung ist, dass die meisten Webseiten zwar komplett auf das Smartphone-Display passen, jedoch so weit herunterskaliert werden, dass sie nicht mehr benutzbar sind. Bei einem speziell für die Mobildarstellung optimierten Stylesheet ist diese Annahme nicht mehr zutreffend, sodass dem Browser über ein Meta-Tag mitgeteilt werden muss, dass er als Viewport-Breite die tatsächliche Bildschirmbreite des Geräts annehmen soll:

```
<meta name="viewport" content="width=device-width, initial-scale=1">
```

Abbildung 5.14 zeigt zwei Screenshots derselben Designvorlage: einmal ohne den wie oben definierten Viewport (links) und einmal mit (rechts). Sie sehen, dass insbesondere der Kopfbereich der Seite ohne Viewport-Definition so weit herunterskaliert wurde, dass das Menü, aber auch die Sprachauswahl oder der Klickpfad kaum noch benutzbar sind.

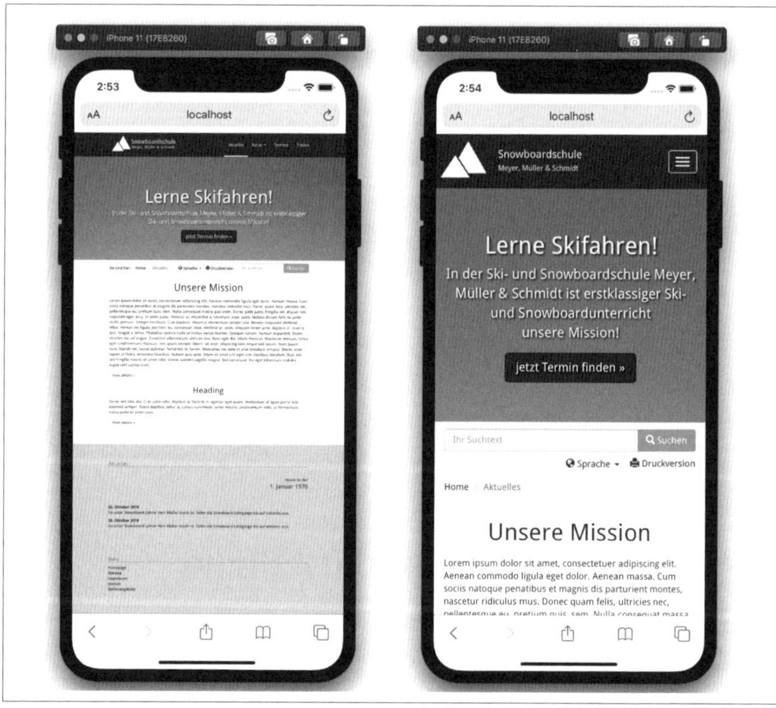

Abbildung 5.14 ▶ Darstellung der Seite auf Mobilgeräten mit unterschiedlichen Viewports

Standardmäßig liefert TYPO3 selbst kein entsprechendes Meta-Tag aus; es kann aber über TypoScript hinzugefügt werden. Am Beispiel der `author`- und `description`-Tags haben Sie das bereits zuvor in diesem Kapitel selbst durchgeführt. Beispiel 5.18 zeigt, wie Sie auf die gleiche Weise auch das `viewport`-Tag hinzufügen können.

Beispiel 5.18: Konfiguration des Browser-Viewports über TypoScript

```
page = PAGE
page {

  # Allgemeine Seiteneigenschaften setzen
```

Beispiel 5.18: Konfiguration des Browser-Viewports über TypoScript (Fortsetzung)

```
config.doctype = html5

# Meta-Tags angeben
meta.author = Robert Meyer, Martin Helmich, Hannes Strangmeier
meta.description = Hier steht eine Beschreibung
meta.viewport = width=device-width, initial-scale=1

  [...]
}
```

TypoScript strukturieren

Nachdem nun unsere ersten Gehversuche mit TypoScript abgeschlossen sind, nur so viel: Wir werden im weiteren Verlauf dieses Praxisbeispiels noch eine ganze Menge mehr TypoScript schreiben. Damit unsere *setup.typoscript*-Datei nicht irgendwann unübersichtlich wird (denn bei ein paar Hundert Zeilen weiß man irgendwann nicht mehr, wo oben und unten ist), werden wir an dieser Stelle noch ein paar Maßnahmen ergreifen, um unseren TypoScript-Quelltext sinnvoll zu strukturieren.

In anderen Programmiersprachen ist es gängige Praxis, längere Quelltext-Abschnitte in kleinere, besser handhabbare Teile aufzuteilen und diese dann beispielsweise durch einen Include-Mechanismus wieder zusammenzustöpseln.

TypoScript bietet mit dem `@import`-Befehl eine ganz ähnliche Möglichkeit. Mit diesem Befehl können Sie entweder einzelne Dateien importieren oder durch Angabe eines Verzeichnispfades alle Dateien (mit der Dateiendung *.typoscript*) in diesem Verzeichnis.

Für die weiteren Zwecke dieses Praxisbeispiels werden wir unser TypoScript in einzelne, zweckbasierte Dateien innerhalb eines *TypoScript/*-Verzeichnisses speichern, das sich in unserem Site-Sets befindet. Die Datei *setup.typoscript*, die nach wie vor der Einstiegspunkt für die TypoScript-Konfiguration unseres Site-Sets ist, enthält dann nur noch einen einzelnen `@import`-Befehl, um alle Dateien aus diesem Verzeichnis zu laden.

Gehen Sie hierzu wie folgt vor:

1. Verschieben Sie die Definition des page-Objekts aus Ihrer *setup.typoscript*-Datei (die zum aktuellen Stand den gesamten Inhalt dieser Datei ausmachen dürfte) in eine Datei *TypoScript/page.typoscript* innerhalb Ihres Site-Set-Verzeichnisses. Das Verzeichnis *TypoScript/* werden Sie dazu zunächst erstellen müssen.
2. Fügen Sie in der Datei *setup.typoscript* nun einen einzelnen `@import "./TypoScript"`-Befehl ein, um pauschal alle TypoScript-Dateien aus diesem Verzeichnis zu importieren.

Am Ende dieser Aktion sollte Ihre *setup.typoscript*-Datei nur noch den einzelnen `@import`-Befehl enthalten und so wie in Beispiel 5.19 aussehen.

Beispiel 5.19: Verwendung des »@import«-Befehls

```
01 @import "./TypoScript"
```

Die Datei *setup.typoscript* selbst wird sich im weiteren Verlauf dieses Praxisbeispiels somit nicht mehr großartig verändern. Alle weiteren TypoScript-Konfigurationen werden wir über einzelne, spezialisiertere Dateien innerhalb des *TypoScript/*-Unterverzeichnisses vornehmen.

KAPITEL 6

Grafiken mit TypoScript erstellen

In diesem Kapitel:

- Das vorhandene Logo einbinden
- Responsive Grafiken generieren
- Den grafischen Trailer erstellen

In den bisherigen Kapiteln haben Sie ein neues Site-Set erstellt, die Designvorlage integriert und die ersten Variablen in ihrem Fluid-Template ausgegeben. In diesem Kapitel erfahren Sie, wie Sie mit Fluid und TypoScript Grafiken logisch so beschreiben, dass sie dynamisch erstellt werden können.

Das vorhandene Logo einbinden

Sie können mit TypoScript existierende Grafiken recht einfach einbinden. Dafür gibt es das Objekt `IMAGE` mit der wesentlichen Eigenschaft `.file`, mit deren Hilfe die einzubindende Grafik angegeben wird. TYPO3 übernimmt dazu die gesamte HTML-Arbeit und erzeugt ein vollständiges `<img>`-Tag. Dabei werden selbst Informationen wie Breite und Höhe der Grafik ausgelesen und als Parameter in das erzeugte `<img>`-Tag aufgenommen.

Hierzu gehen wir in zwei Schritten vor:

Zunächst werden wir ein TypoScript-Objekt definieren, in dem das Logo über das TypoScript-Objekt `IMAGE` beschrieben wird.

Im Anschluss binden wir dieses TypoScript an der richtigen Stelle im Fluid-Template ein. Dazu werden wir den `f:cObject`-ViewHelper verwenden.

Für die TypoScript-Definition erstellen Sie zunächst eine neue Datei *TypoScript/logo.typoscript* in Ihrem Site-Set mit dem Inhalt aus Beispiel 6.1. (Zur Erinnerung: Alle Dateien in diesem Verzeichnis werden dank des `@import`-Befehls in der Datei *setup.typoscript* automatisch geladen.)

Beispiel 6.1: Das Logo als TypoScript-Objekt definieren

```
01 lib {
02   logo = IMAGE
03   logo {
04     file = EXT:snowboard/Resources/Public/Images/logo.png
05   }
06 }
```

Dieses TypoScript-Objekt ist unter dem Pfad `lib.logo` definiert und hat mit der TypoScript-Definition unserer Seite zunächst einmal nicht viel zu tun. (Die Verknüpfung mit unserem Fluid-Template kommt gleich.) Die Definition des `IMAGE`-Objekts selbst ist zunächst überschaubar: In Zeile 2 wird das Objekt definiert und in Zeile 4 mit dem Dateipfad der Bilddatei verknüpft (über die gewohnte `EXT:snowboard`-Abkürzung im Dateipfad).

Im Anschluss können wir im Fluid-Template den `f:cObject`-ViewHelper verwenden, um dieses TypoScript-Objekt dort einzubinden, wo es hingehört. Passen Sie Ihr Fluid-Template (also die Datei *Defaut.html* im *Resources/Private/PageView/Pages/*-Verzeichnis Ihres Site Packages) so an wie in Beispiel 6.2 gezeigt.

Beispiel 6.2: Verwendung eines TypoScript-Objekts in Fluid

```
01 <nav class="navbar navbar-expand-md sticky-top bg-dark navbar-dark">
02   <div class="container">
03     <button class="navbar-toggler"
         […]
10     >
11       <span class="navbar-toggler-icon"></span>
12     </button>
13     <f:cObject typoscriptObjectPath="lib.logo" />
14     <a class="navbar-brand" href="/">
15       <div class="brand-line">{brandLineFirst}</div>
16       <div class="brand-line">{brandLineSecond}</div>
17     </a>
18     <div class="navbar-collapse collapse justify-content-end"
                 id="navbar-toggler">
19       Platzhalter Hauptnavigation
20     </div>
21   </div>
22 </nav>
23
24 <header>
    […]
```

Die relevante Zeile ist Zeile 13: Hier wird der `f:cObject`-ViewHelper verwendet, um das TypoScript-Objekt, das unter dem dort angegebenen `typoscriptObjectPath` definiert ist (hier also `lib.logo`, wie in Beispiel 6.1), an der jeweiligen Stelle im Fluid-Template auszugeben.

Im Frontend können Sie das Ergebnis Ihrer TypoScript-Arbeit begutachten (siehe Abbildung 6.1). Dabei werden Sie feststellen, dass die eingebundene Grafik für die Kopfzeile viel zu groß und außerdem falsch positioniert ist. Im nächsten Abschnitt erfahren Sie, wie Sie die Größe der Grafik ändern und die Grafik korrekt positionieren können.

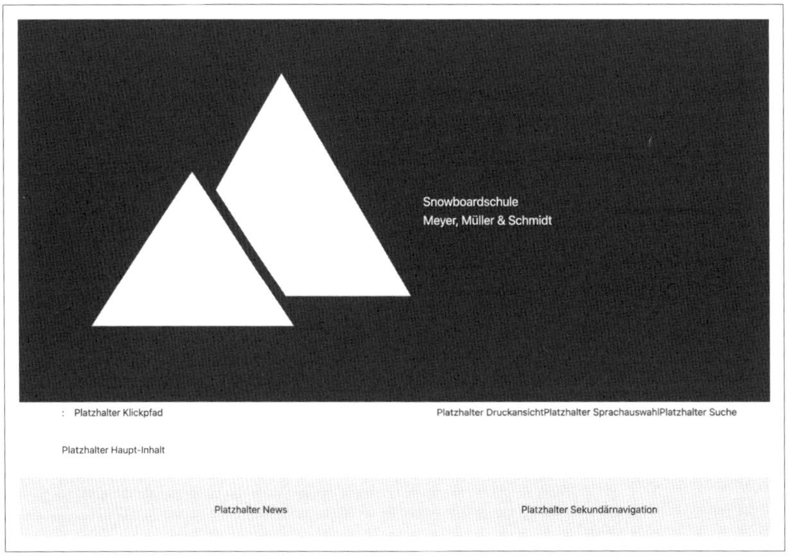

◀ **Abbildung 6.1**
Das Logo wird eingebunden, ist aber noch zu groß und falsch positioniert.

Um Näheres zur eingebundenen Grafik zu erfahren, sollten Sie einen Blick auf ihre Eigenschaften werfen und sich außerdem den Quellcode anzeigen lassen. Die Eigenschaften der Grafik können Sie sich ansehen, indem Sie im Frontend nach einem Rechtsklick auf die Grafik (je nach verwendetem Browser) den Menüpunkt *Eigenschaften*, *Prüfen* oder *Inspizieren* aus dem erscheinenden Menü auswählen. Sie können hier sehen, von wo der Browser die Grafik nachgeladen hat.

Der Pfad der eingebundenen Grafik könnte Sie eventuell verwundern, da er wahrscheinlich nur den Dateinamen *logo.png* mit der ursprünglichen Datei aus Beispiel 6.1 gemein haben dürfte und ansonsten aus einem */_assets/*-Verzeichnis mit einem kryptischen Pfad ausgeliefert wird. Das liegt daran, dass TYPO3 alle statischen Dateien aus Site Packages (die ja üblicherweise nicht unterhalb des Document-Root-Verzeichnisses Ihres Webservers liegen) unter dem */_assets/*-Pfad noch einmal neu bereitstellt. Diese Dateien werden automatisch aktualisiert (bzw. sind unter der Haube über einen symbolischen Link direkt mit Ihrem Site Package verknüpft), sodass Sie sich in aller Regel nicht weiter mit diesem Verzeichnis auseinandersetzen müssen.

Im generierten HTML-Quellcode (siehe Abbildung 6.2) können Sie erkennen, dass ein vollständiges `<img>`-Tag an die Stelle des Platzhalters gesetzt wurde, einschließlich der Angaben zu Breite und Höhe der Grafik.

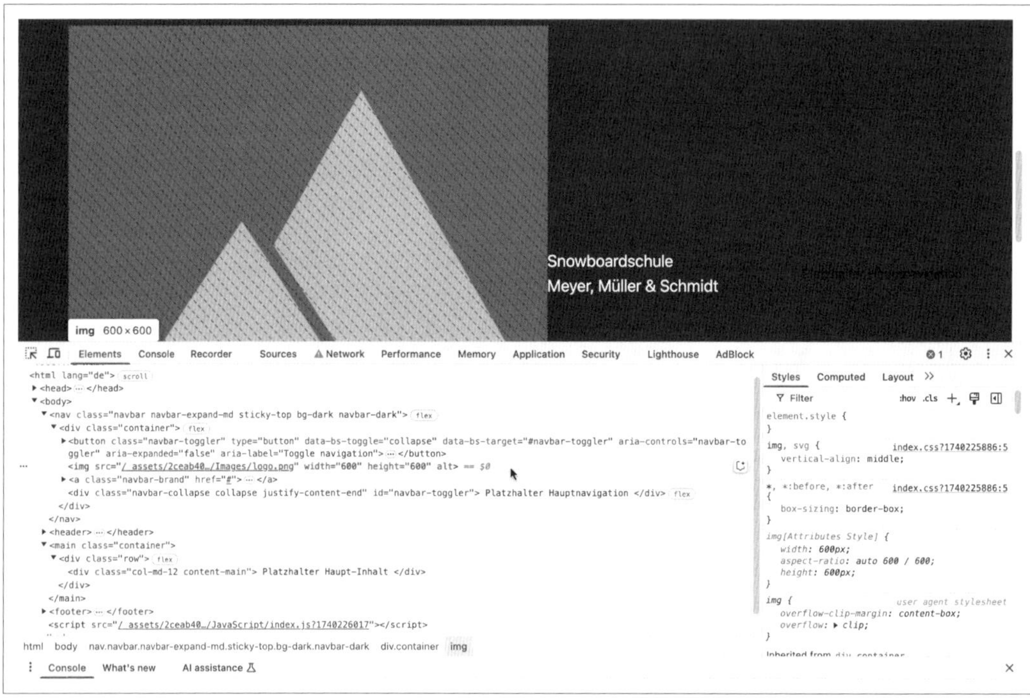

Abbildung 6.2 ▲ Der ausgelieferte HTML-Quellcode mit einem vollständigen <img>-Tag

Zwei Probleme müssen noch gelöst werden: Zunächst einmal ist das Logo falsch positioniert. In der ursprünglichen HTML-Designvorlage hatte das `<img>`-Tag die CSS-Klasse `logo`; im von TYPO3 generierten `<img>`-Tag fehlt diese CSS-Klasse jedoch noch. Außerdem ist das Logo mit 600 Pixeln viel zu groß (angesichts moderner hochauflösender Displays ist das nur die halbe Wahrheit; dazu später mehr).

CSS-Klassen zum Logo hinzufügen

Zunächst muss das im letzten Abschnitt generierte Bild mit der CSS-Klasse `logo` ausgezeichnet werden, damit das Bild im Seitenlayout korrekt positioniert wird. Hierzu können Sie das Attribut `.params` des `IMAGE`-Objekts nutzen (siehe Beispiel 6.3).

Beispiel 6.3: Hinzufügen einer CSS-Klasse zum generierten Bild

```
lib {
  logo = IMAGE
  logo {
    file = EXT:snowboard/Resources/Public/Images/logo.png
    params = class="logo"
  }
}
```

Das .params-Attribut können Sie grundsätzlich nutzen, um beliebige HTML-Attribute zu dem generierten <img>-Tag hinzuzufügen.

Wenn Sie anschließend einen Blick auf das Frontend Ihrer Seite werfen, werden Sie merken, dass das Logo nun richtig positioniert ist und überraschenderweise auch bereits die korrekte Größe hat. Dies liegt daran, dass in der CSS-Definition der Klasse logo bereits eine bestimmte Größe vorgegeben wird; das Logo wird nun also vom Browser heruntergerechnet. Das vom Server zum Browser übertragene Bild hat jedoch immer noch eine Größe von 600 mal 600 Pixeln. Das ist unschön, da das Logo gar nicht in dieser Größe benötigt wird und speziell auf mobilen Geräten und/oder bei schwacher Netzwerkanbindung wertvolle Bandbreite belegt.

Die Größe der Grafik ändern

Die Größe der Grafik kann geändert (also in unserem Fall auf die gewünschte Höhe verkleinert) werden, sodass das vom Browser geladene Logo nur so groß ist wie benötigt. Mit der Eigenschaft .file.width des IMAGE-Objekts wird die Breite der Grafik neu angepasst. Dabei wird die Grafik serverseitig physisch neu erstellt. Während die ursprüngliche Grafik im Original erhalten bleibt, wird die geänderte Version mit den neuen Abmessungen im separaten Verzeichnis */typo3temp/assets/_processed_/* unter einem kryptischen Namen abgelegt. Beispiel 6.4 zeigt, wie die Größe des Logos auf eine Breite von 80 Pixeln skaliert wird. Neben dem Attribut .width können Sie auch das Attribut .height verwenden, um die Höhe der Grafik anzugeben. Geben Sie für eine Grafik nur die Breite oder die Höhe an (wie in diesem Fall), skaliert die andere Dimension automatisch, sodass das Seitenverhältnis des Bilds erhalten bleibt.

Da die exakte Größe des Bilds über das CSS-Stylesheet definiert wird und sich aufgrund des responsiven Designs auch zusammen mit der Bildschirmgröße ändern kann, beschränken wir uns hier auf eine Größe von 80×80 Pixeln für das Logo.

Beispiel 6.4: Die Breite (und Höhe) des Logos an das Layout anpassen

```
lib {
  logo = IMAGE
  logo {
    file = EXT:snowboard/Resources/Public/Images/logo.png
    file {
     width = 80
    }

    params = class="logo"

}
```

Ein Blick auf die Eigenschaften der Grafik im neu geladenen Frontend zeigt, dass die angezeigte Grafik vom Browser nicht mehr direkt aus dem */_assets/*-Verzeichnis nachgeladen wird: Sie sehen stattdessen eine Datei mit kryptischer Namensgebung aus dem Ordner *typo3temp/assets/_processed_*.

Hinweis Falls das Logo nicht von TYPO3 in 80×80 Pixel generiert wird, sind die Einstellungen zu ImageMagick bzw. GraphicsMagick vermutlich nicht korrekt oder die Software ist nicht installiert. Kontrollieren Sie in diesem Fall zunächst die Einstellungen im Install Tool noch einmal so wie in Kapitel 2 beschrieben.

Einen Alternativtext für die Grafik setzen

Alternativtexte (oder kurz Alt-Texte) für Grafiken sind wichtig für Screenreader und andere assistive Technologien und einer der grundlegendsten Bausteine für eine barrierefreie Webseite. (Barrierefreiheit ist seit spätestens 2025 für viele Webseiten eine gesetzliche Anforderung.) In unserem Fall erfüllt das Logo eine rein dekorative Funktion, weshalb es einen leeren Alt-Text bekommen sollte, damit Screenreader es einfach ignorieren können (zumal der Name der Snowboardschule ja ohnehin als Screenreader-lesbarer Text noch einmal direkt daneben steht).[1] Glücklicherweise denkt TYPO3 mit und gibt dem Bild automatisch einen leeren Alt-Text, sodass wir eigentlich nichts weiter tun müssen.

In der hypothetischen Situation, dass Sie dem Logo einen Alt-Text geben wollten (auch wenn Sie es nicht müssten), können Sie die `.altText`-Eigenschaft des `IMAGE`-Objekts verwenden. Beispiel 6.5 zeigt, wie das aussehen könnte.

Beispiel 6.5: Einen Alternativtext für das Logo setzen

```
lib {
  logo = IMAGE
  logo {
    file = EXT:snowboard/Resources/Public/Images/logo.png
    file {
     width = 80
    }

    altText = Stilisierter schneebedeckter Berg als Logo
              der Snowboardschule Meyer, Müller & Schmidt
    params = class="logo"
}
```

1 *https://www.w3.org/TR/WCAG20-TECHS/H67*

Responsive Grafiken generieren

Das Logo auf unserer Seite hat derzeit eine feste Größe von 80×80 Pixeln. Die Kopfzeile, in der das Logo eingebettet ist, hat je nach Bildschirmgröße ebenfalls eine Höhe von ungefähr 80 Pixeln. Das klingt zunächst so, als wäre alles in bester Ordnung.

Problematisch wird es dann, wenn Sie die Webseite auf einem Display mit hoher Pixeldichte betrachten – so manches moderne Notebook bringt beispielsweise 2.560×1.600 Pixel auf einem 13-Zoll-Display unter. Damit die Nutzer*innen Webseiten nicht mit einer Lupe betrachten müssen, stellen Browser die Seiten auf solchen Geräten daher in der Regel größer dar, als es eigentlich im Stylesheet vorgegeben ist. Eine Kopfzeile, deren Höhe im CSS-Stylesheet mit 80 Pixeln definiert ist, würde auf solch einem Display also womöglich tatsächlich mit einer Höhe von 160 Pixeln dargestellt – und das darin enthaltene Bild von 80 Pixeln Höhe muss dann auf einmal auf 160 Pixel hochgerechnet werden und kann die eigentlich höhere Pixeldichte des Displays nicht ausnutzen.

Für diesen Zweck steht ab HTML5 das `srcset`-Attribut zur Verfügung. Dieses kann in einem `<img>`-Tag eingesetzt werden und eine Liste verschiedener Bilder enthalten, die je nach Pixeldichte oder anderen Geräteeigenschaften geladen werden können. Ein Beispiel für die Verwendung zeigt das folgende Codebeispiel:

Beispiel 6.6: Beispiel für die Verwendung des »srcset«-Attributs

```
<img src="path/to/image-small.png"
     srcset="path/to/image-small.png 1x,path/to/image-large.png 2x" />
```

Das `srcset`-Attribut kann somit eine kommaseparierte Liste verschiedener Bilddateien enthalten. Hinter jedem Dateinamen steht ein Kennzeichner für die Pixeldichte: `1x` für normale Pixeldichte und `2x` für hochauflösende Displays. Ältere Browser, die das `srcset`-Attribut nicht kennen, nutzen stattdessen wie gewohnt die URL aus dem `src`-Attribut.

Auch das `IMAGE`-Objekt, mit dem Sie bisher in TypoScript gearbeitet haben, kann `<img>`-Tags mit `srcset`-Attribut generieren. Beispiel 6.7 zeigt eine Beispielimplementierung für das Logo:

Beispiel 6.7: Das Logo in verschiedenen Größen präsentieren

```
lib {
  logo = IMAGE
  logo {
    file = EXT:snowboard/Resources/Public/Images/logo.png
    file {
     width = 80
    }

    sourceCollection {
      small {
```

Beispiel 6.7: Das Logo in verschiedenen Größen präsentieren (Fortsetzung)

```
        width = 200
        srcsetCandidate = 1x
      }
      big {
        width = 200
        pixelDensity = 2
        srcsetCandidate = 2x
      }
    }

    layoutKey = srcset
    layout {
      srcset {
        element = <img src="###SRC###" srcset="###SOURCECOLLECTION###"
                    ###PARAMS######ALTPARAMS###>
        source = |*|###SRC######SRCSETCANDIDATE###,
                 |*|###SRC### ###SRCSETCANDIDATE###
      }
    }

    altText = Stilisierter schneebedeckter Berg als Logo
der Snowboardschule Meyer, Müller & Schmidt
    params = class="logo"
  }
}
```

Dateien im Ordner typo3temp/assets/_processed_/

Im obigen Beispiel wurde eine geänderte Version der Originalgrafik im Ordner *typo3temp/assets/_processed_/* zwischengespeichert. Wenn Sie nun beispielsweise in Ihrem TypoScript-Code statt einer Breite von 160 Pixeln 170 Pixel angeben, muss die Grafik neu erstellt werden. Mit jeder Änderung an einer dieser Grafiken wird eine neue, geänderte Version im Ordner *typo3temp/assets/_processed_/* abgelegt, aber die alten Grafiken werden nicht gelöscht.

Das kann zu Unmengen an nicht mehr benötigten Grafiken in diesem Ordner führen, und die veralteten Daten nehmen mehr und mehr Webspace in Anspruch. Sie können die Dateien in den Ordnern *typo3temp/assets/_processed_/*, *fileadmin/_processed_/* usw. aber getrost löschen. Am einfachsten geht das im TYPO3-Backend über das *Wartung*-Modul und die Option *Remove Temporary Assets*. Nach dem Löschen dieser Dateien sollten Sie den Seiten-Cache ebenfalls löschen, da sich im Cache noch immer Verweise auf die nicht mehr existenten Grafiken befinden könnten. Sie löschen den Seiten-Cache im Backend, indem Sie den Textlink *Alle Caches löschen* anklicken, den Sie auf der linken Seite oberhalb des Buttons *Logout* finden.

Nach dem Löschen der temporären Grafiken aus dem Ordner *_processed_/* und dem Leeren des Seiten-Cache wird der Server intensiver beansprucht, da für alle aufgerufenen Seiten einmalig die fehlenden Daten, z.B. auch die Grafiken, neu erstellt werden müssen. In Live-Umgebungen sollten Sie daher möglichst keine solchen Arbeiten tätigen, wenn die Webseite gerade stark in Anspruch genommen wird. Die beste Zeit für solche Aufräumarbeiten ist immer dann, wenn Sie die Entwicklung der TYPO3-Präsentation abgeschlossen oder nachträglich Änderungen an entsprechenden Stellen in Ihrer TypoScript-Konfiguration vorgenommen haben.

Betrachten wir den Code im Einzelnen: In den Zeilen 9 bis 19 wird eine `sourceCollection` definiert. Dieses Attribut enthält eine Sammlung aller Bilder, die später im `srcset` enthalten sein sollen; prinzipiell kann es beliebig viele Elemente enthalten. Jedes dieser Elemente hat eine Breite in Pixeln und eine Pixeldichte (`.width` und `.pixelDensity`); die Pixeldichte dient dabei als Multiplikator für die Größe, sodass wir am Ende zwei Versionen des Logos mit je 80 und 160 Pixeln Breite erhalten.

Die `.layout`-Definition in den Zeilen 22 bis 27 definiert ein Layout für die Darstellung des `<img>`-Tags. Hierbei enthält `.element` einen HTML-String, der Platzhalter beinhaltet, die später von TYPO3 ersetzt werden. Das `.source`-Attribut beschreibt zudem den genauen Inhalt des `srcset`-Attributs: Der Platzhalter `###SRC###` wird später mit der URL des generierten Bilds gefüllt, der Platzhalter `###SRCSETCANDIDATE###` mit dem `.srcsetCandidate`-Attribut des jeweiligen Elements der `.sourceCollection` aus Zeile 9 ff.

Wenn Sie anschließend einen Blick in den generierten HTML-Quelltext der Seite werfen, werden Sie sehen, dass das `<img>`-Tag nun mit einem korrekten `srcset`-Attribut erstellt wird (siehe Abbildung 6.3).

▲ Abbildung 6.3
Im TYPO3-Frontend wird nun ein korrektes »srcset« generiert.

Den grafischen Trailer erstellen

Im vorigen Abschnitt haben Sie am Beispiel des Logos die Einbindung von bestehenden Grafiken und das Erzeugen von responsiven Grafiken über die Bildverarbeitungsfunktionen von TYPO3 kennengelernt. In diesem Abschnitt werden Sie nun den Trailer so erstellen, wie er für das Praxisbeispiel benötigt wird.

Laut Designvorlage wird das Trailer-Bild als Hintergrundbild in den Trailer eingefügt. Über das Bild gelegt, fügen sich die Kopfzeile sowie ein Inhaltsbereich ein, dessen Inhalt später vom Redakteur gepflegt werden soll. Für einzelne Seiten sollen sich abweichende Trailer-Bilder definieren lassen. Dies soll auch für Redakteure möglich sein.

Das Ziel bei der Erstellung des grafischen Trailers ist, dem Redakteur möglichst viel Arbeit abzunehmen. Beim Anlegen einer neuen Seite soll er mit dem Trailer keine Arbeit haben und lediglich einen Seitentitel angeben müssen. Außerdem soll der Redakteur die Möglichkeit erhalten, ein beliebiges Bild hochzuladen, wobei eventuell fehlende Bilder automatisch aus einer übergeordneten Seite übernommen werden.

Den grafischen Trailer vorbereiten

In der Fluid-Designvorlage gibt es bereits eine Variable für das Trailer-Hintergrundbild: die Variable `{image}`. Beispiel 6.8 zeigt noch einmal, wie diese in der Fluid-Vorlage benutzt wird:

Beispiel 6.8: Nutzung der "{image}"-Variablen im Fluid-Template

```
<header>
  <div class="trailer" style="background-image: url({image})">
```

Im Unterschied zu Ihren bisherigen Arbeiten mit Bildern in TypoScript benötigen Sie hier kein `<img>`-Tag, sondern lediglich die URL des Bildes, um sie in die Fluid-Vorlage einfügen zu können. Glücklicherweise gibt es auch hierfür ein TypoScript-Objekt: das `IMG_RESOURCE`-Objekt. Dieses funktioniert ähnlich wie `IMAGE`, gibt jedoch nur den Pfad eines Bildes aus.

Auch wenn die Hintergrundbilder später vom Redakteur selbst hochgeladen werden sollen, enthält die Designvorlage im Ordner *images/* einige Beispielbilder, mit denen Sie arbeiten können, beispielsweise das Bild *trailer1.jpg*.[2] Das Bild *trailer1.jpg* liegt außerdem im *Public/Images/*-Verzeichnis des Site Packages, sodass Sie es sofort von dort benutzen können.

2 Bildquelle: *https://commons.wikimedia.org/wiki/File:Winter_is_Coming_(15252945587).jpg*

Eine statische Grafik in den Trailer einbeziehen

Als ersten Schritt begnügen wir uns damit, ein statisches Bild in den Trailer einzufügen. Wie die Bearbeitung durch den Redakteur erfolgt, erläutern wir im nächsten Abschnitt dieses Kapitels.

Vorab: Das der Vorlage beiliegende Bild *trailer1.jpg* ist 8,4 MByte groß, hat eine Bildgröße von 4.991 × 3.031 Pixeln und ist damit selbst für die Darstellung auf einem Desktoprechner mit großzügiger Netzwerkanbindung viel zu groß. Dies ist auch etwas, mit dem Sie im laufenden Betrieb Ihrer Seite rechnen müssen:

Wenn Sie Ihren Redakteur*innen die Möglichkeit geben, im TYPO3-Backend Bilder hochzuladen, ist es nach Murphy's Gesetz nur eine Frage der Zeit, bis jemand ein 40-Megapixel-Bild einfügt. Glücklicherweise können Sie die Grafikfunktionen von TYPO3 nutzen, um auch solche Bilder auf Größen herunterzurechnen, die für das Web annehmbar sind.

Für den Anfang befüllen wir einfach die Fluid-Variable `{image}` direkt mit der URL des Bildes. Dafür nutzen wir das `IMG_RESOURCE`-Objekt direkt in den Variablen des `PAGEVIEW`-Objekts. Erweitern Sie hierzu Ihre TypoScript-Konfiguration in der Datei *page.typoscript* so wie in Beispiel 6.9 gezeigt.

Beispiel 6.9: Nutzung des IMG_RESOURCE-Objekts, um den Link zu einer Hintergrundgrafik einzufügen

```
page = PAGE
page {
  [...]
  # Die Designvorlage integrieren
  10 = PAGEVIEW
  10 {
    paths {
      10 = EXT:snowboard/Resources/Private/PageView/
    }

    variables {
      [...]

      image = IMG_RESOURCE
      image {
        file = EXT:snowboard/Resources/Public/Images/trailer1.jpg
        file.width = 1920
      }
    }
  }
}
```

Das Hintergrundbild wird in diesem Fall auf eine feste Breite von 1.920 Pixeln skaliert – das CSS-Stylesheet im Frontend sorgt dann dafür, dass das Bild genau auf die Breite des Browsers skaliert wird. Abbildung 6.4 zeigt das Ergebnis im Browser.

Abbildung 6.4 ▼
Die Trailer-Grafik mit einem statischen Hintergrund

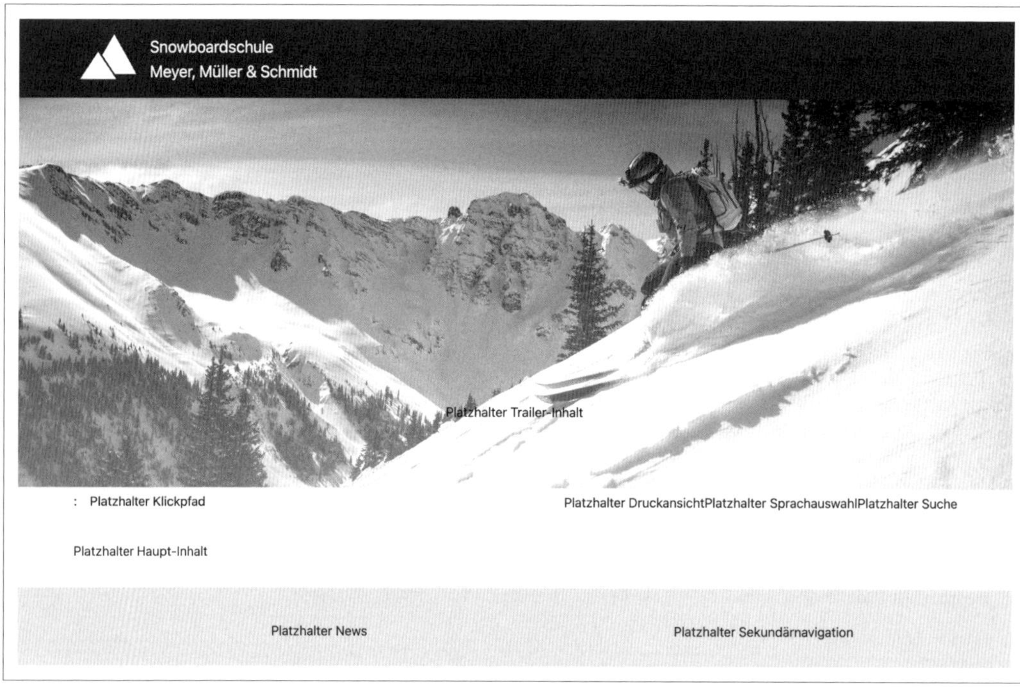

Eine Grafik in die aktuelle Seite einbinden

Bisher wurde der Trailer mit einer statischen Grafik im Hintergrund erzeugt. Der Redakteur soll allerdings die Möglichkeit erhalten, die Trailer-Grafik pro Seite selbstständig zu ändern. Dabei soll z. B. für die Seite *Skigebiet* eine andere Grafik verwendet werden. TYPO3 kann Ihnen dabei die Fleißarbeit abnehmen und die vom Redakteur angegebene Grafik automatisch in das richtige Format und die richtige Größe konvertieren.

In TYPO3 besteht die Möglichkeit, für jede Seite mehrere Dateien zu hinterlegen. Zur Realisierung des grafischen Trailers wird hier allerdings nur eine Grafikdatei in einem beliebigen unterstützten Grafikformat benötigt.

Dateien zu einer Seite hinterlegen

Damit Sie zu einer Seite eine Datei hinterlegen können, müssen Sie wieder einmal die Seite bearbeiten. Klicken Sie, wie in Abbildung 6.5 zu sehen, im Seitenbaum auf das Icon der Seite *Skigebiet* und wählen Sie anschließend aus dem sich öffnenden Kontextmenü den Eintrag *Bearbeiten*.

In der Maske, die daraufhin erscheint, können Sie im oberen Bereich den Tab mit der Beschriftung *Ressourcen* erkennen, den Sie auswählen müssen. Unterhalb des Tabs sehen Sie jetzt das Feld mit der Überschrift *Dateien*, über das Sie die gewünschte Grafik hochladen können. Verwenden Sie die auf unserer Downloadseite angebotene Datei *images/trailer-skigebiet.jpg*. Am einfachsten klicken Sie auf die Schaltfläche *Dateien auswählen und hochladen* und wählen anschließend im Dateisystem Ihres lokalen Rechners die jeweilige Datei aus.

Alternativ können Sie die Beispieldateien (etwa per SFTP) direkt auf Ihren Server in das *public/fileadmin/*-Verzeichnis Ihrer TYPO3-Installation übertragen (oder in ein Unterverzeichnis davon) und dann über *Neue Relation erstellen* die bereits hochgeladene Datei dort auswählen.

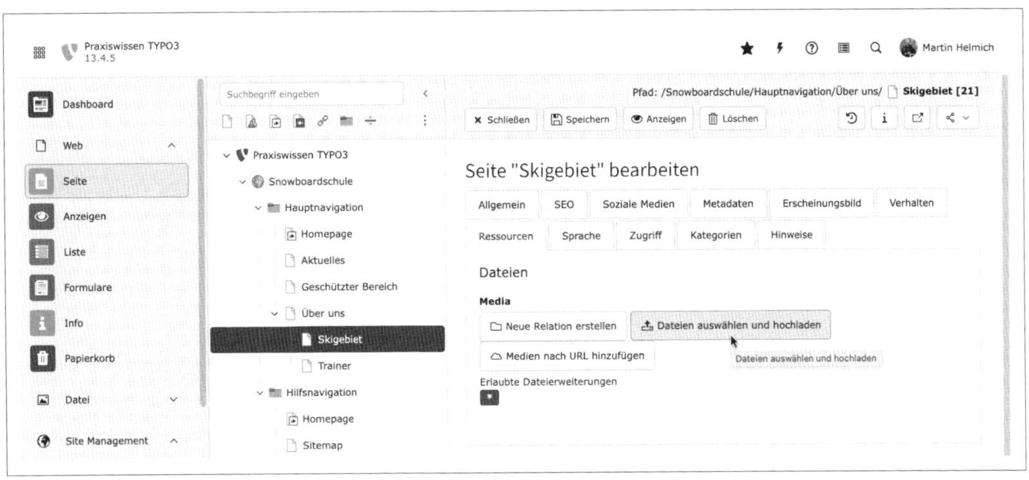

▲ Abbildung 6.5
Eine Datei als Ressource mit einer Seite verknüpfen

Die ausgewählte Grafik ist nun mit dieser Seite verknüpft. (Jede Seite kann dabei mit mehreren Dateien verknüpft sein und jede Datei ihrerseits auch mit mehreren Seiten.) Wie Sie sehen, haben Sie auch die Möglichkeit, zahlreiche Metadaten zu dem ausgewählten Bild zu bearbeiten. Unter anderem können Sie über den Button *Editor öffnen* einen bestimmten Ausschnitt des Bilds auswählen (siehe Abbildung 6.6).

Abbildung 6.6 ▲
Bearbeitung des ausgewählten Bildes über das TYPO3-Backend

Eine Grafikdatei aus der Datenbank auslesen

In den vorangegangenen Beispielen war das Header-Hintergrundbild im TypoScript noch einfach statisch mit der Datei *trailer1.jpg* verknüpft. Im nächsten Schritt muss die TypoScript-Konfiguration nun so angepasst werden, dass nicht mehr einfach nur ein statisch hinterlegtes Bild verwendet wird, sondern genau die Grafik, die mit der jeweils aufgerufenen Seite verknüpft wurde.

Dazu wird in Beispiel 6.10 eine `.file.import`-Funktion genutzt. Diese bewirkt, dass das Bild nicht aus einer statischen Datei geladen wird (denn bisher haben Sie stets mit `.file = <dateiname>` eine feste Datei geladen), sondern aus dem Datensatz der aktuell dargestellten Seite geladen werden soll.

In TYPO3 gibt es die Möglichkeit, das Seitenattribut `media` rekursiv zu durchlaufen, bis eine Seite gefunden wird, die ein Bild vorhält. In Beispiel 6.10 kommt in Zeile 43 die Funktion `.data` zum Einsatz. Diese kann auf verschiedenste Arten und Weisen Daten aus der jeweils aktuell dargestellten Seite (oder auch aus anderen Datensätzen und -quellen) weiterverarbeiten. Über die an `.data` übergebene Option `levelmedia:-1` wird das Feld *media* ausgelesen. `-1` gibt dabei an, dass die Daten aus dem Dateifeld der aktuell aufgerufenen Seite gelesen werden sollen. Sofern das Feld *media* der aktuellen Seite leer ist, wird durch die Option `slide` geprüft, ob eine übergeordnete Seite eine Dateiangabe im Feld *media* besitzt, damit diese Datei dann verwendet werden kann.

Beispiel 6.10: Den Seitenbaum rekursiv durchlaufen, bis eine Seite mit Bild gefunden wurde

```
01 page = PAGE
02 page {
     [...]
24   # Die Designvorlage integrieren
25   10 = PAGEVIEW
26   10 {
27     paths {
28       10 = EXT:snowboard/Resources/Private/PageView/
29     }
30
31     variables {
         [...]
37
38       image = IMG_RESOURCE
39       image {
40         file {
41           import = 1
42           import {
43             data = levelmedia:-1,slide
44             listNum = 0
45           }
46           treatIdAsReference = 1
47           width = 1920
48         }
49       }
50     }
51   }
52 }
```

Das Attribut `listNum` in Zeile 44 bewirkt, dass von mehreren auf der Seite hinterlegten Bildern stets das erste für den Trailer ausgewählt wird. (Und denken Sie daran: Informatiker fangen stets bei 0 an zu zählen!) Die Option `treatIdAsReference` in Zeile 46 ist nötig, wenn Sie Bilder aus Seiten (und anderen Inhaltselementen) ausgeben. Sie teilt TYPO3 mit, dass der aktuelle Seitendatensatz lediglich einen Verweis auf das eigentliche Bild enthält.

Um im folgenden Beispiel einen Effekt auf allen Seiten zu sehen, ist es sinnvoll, auf der Anfangsseite *Snowboardschule* im Tab *Ressourcen* ebenfalls die anfangs verwendete Grafik *images/trailer1.jpg* im Feld *Dateien* einzubinden. Dafür müssen Sie, wie im vorherigen Abschnitt beschrieben, zunächst die Seite bearbeiten. Klicken Sie dazu mit rechts auf die Seite *Snowboardschule* und wählen Sie dann *Bearbeiten* aus. Anschließend klicken Sie unter dem Tab *Ressourcen* im Bereich *Dateien* auf den Button *Dateien auswählen und hochladen*. (Falls Sie die Bilddateien selbst ins *fileadmin/*-Verzeichnis hochgeladen haben, klicken Sie stattdessen auf den Button *Neue Relation erstellen*.) Da unser TypoScript den Seitenbaum immer weiter nach oben durchsucht, bis eine Verknüpfung zu einer Bilddatei gefunden wurde, dient eine mit der Anfangsseite verknüpfte Bilddatei quasi als »Reservedatei«, falls auf einer Unterseite keine abweichende Bilddatei verknüpft wurde.

Derzeit ist auf der Seite noch kein Menü zum Navigieren vorhanden. Möchten Sie dennoch schon andere Seiten als die *Snowboardschule*-Seite im Frontend aufrufen, können Sie zum Testen die *Anzeigen*-Funktion im Seitenbaum benutzen. Klicken Sie hierzu mit rechts auf die Seite, die Sie im Frontend betrachten möchten, und wählen Sie die Option *Anzeigen*.

Das Trailer-Bild in verschiedenen Auflösungen bereitstellen

Zu Beginn dieses Kapitels haben Sie bereits das Logo so konfiguriert, dass es für verschiedene Bildschirmgrößen in verschiedenen Auflösungen zur Verfügung steht. Das Trailer-Hintergrundbild, das Sie im letzten Abschnitt eingefügt haben, hat nun derzeit eine Breite von 1.920 Pixeln, wird per CSS im Frontend jedoch stets auf die volle Breite der Seite skaliert. Für die meisten Displays reicht diese Größe vollkommen aus. Bei hochauflösenderen Displays müsste der Browser das Bild jedoch über seine eigentliche Größe hinaus hochskalieren.

Zu Beginn dieses Kapitels wurde bereits das `srcset`-Attribut vorgestellt. Mit diesem Attribut konnten dem Browser mehrere Versionen eines Bilds mit unterschiedlichen Auflösungen angeboten werden. Da es sich beim Trailer-Hintergrundbild nicht um ein `<img>`-Tag, sondern um ein CSS-Hintergrundbild handelt, besteht hier leider nicht die Möglichkeit, ein `srcset`-Attribut zu nutzen. Stattdessen können Sie jedoch mit CSS Media Queries arbeiten. Diese können jedoch nicht mit Inline-Style-Definitionen genutzt werden. (Zur Erinnerung: Im Fluid-Template hat der Trailer derzeit das Attribut `style="background-image: url({image})"`.)

Ihr erstes Ziel sollte somit sein, die Definition des Trailer-Hintergrunds vom Inline-`style`-Attribut in ein eigenes `<style>`-Tag im Head der Seite zu verlagern. Gleichzeitig werden wir auch betrachten, wie ein größerer Teil dieser ganzen Bildverarbeitung in das Fluid-Template verlagert werden kann.

Im ersten Schritt werden wir dazu alle auf einer Seite hinterlegten Bilder als Variable im Fluid-Template verfügbar machen. Im `PAGEVIEW`-Objekt können hierzu sogenannte *Data Processors* definiert werden. Diese dienen in der Regel dazu, innerhalb des Fluid-Templates auf bestimmte (und konfigurierbare) Art und Weise weitere Variablen zur Verfügung zu stellen. Für dieses Beispiel nutzen wir den `files`-Data-Processor[3]; es gibt

3 *https://docs.typo3.org/permalink/t3tsref:filesprocessor*

jedoch auch noch viele weitere, von denen wir im Laufe dieses Praxisbeispiels noch einige nutzen werden.

Ändern Sie hierzu Ihre Page-Definition in der Datei *page.typoscript* wie in Beispiel 6.11 gezeigt. In Zeile 34 beschreibt die Eigenschaft *as*, unter welchem Variablennamen die Bilder später im Fluid-Template zur Verfügung stehen. In Zeile 35 wird erneut die *data*-Funktion genutzt, um rekursiv den Seitenbaum zu durchlaufen, bis ein verknüpftes Bild gefunden wurde.

Beachten Sie außerdem, dass die zuvor erstmals in Beispiel 6.9 eingeführte Variable *image* (mit vollem Pfad *page.10.variables.image*) in Beispiel 6.11 wieder entfallen ist.

Beispiel 6.11: Verknüpfte Bilder per Data Processor als Variable verfügbar machen

```
01 page = PAGE
02 page {
     [...]
24   # Die Designvorlage integrieren
25   10 = PAGEVIEW
26   10 {
27     paths {
28       10 = EXT:snowboard/Resources/Private/PageView/
29     }
30
31     dataProcessing {
32       10 = files
33       10 {
34         as = images
35         references.data = levelmedia:-1,slide
36       }
37     }
38
39     variables {
40       brandLineFirst = TEXT
41       brandLineFirst.value = Snowboardschule
42
43       brandLineSecond = TEXT
44       brandLineSecond.value = Meyer, Müller & Schmidt
45     }
46   }
47 }
```

In unserem Fluid-Template steht nun eine neue Variable {images} zur Verfügung. Diese enthält als Wert jedoch nicht nur den Bildpfad, sondern Referenzen auf den vollständigen Bild-Datensatz, so wie er von TYPO3 in der Datenbank gespeichert wird. Wir können jedoch den `f:uri.image`-ViewHelper benutzen, um die URL eines solchen Bildes auszugeben. Im einfachsten Fall sähe das so aus wie in Beispiel 6.12:

Beispiel 6.12: Den »f:uri.image«-ViewHelper verwenden

```
<header>
  <div class="trailer" style="background-image:
              url({f:uri.image(image: '{images.0}', maxWidth: 1920)})">
```

Das funktioniert zwar, ist aber an und für sich erst mal kein sonderlich großer Gewinn im Vergleich zu vorher.

Der eigentliche Trick kommt jetzt: Im nächsten Schritt können nun über CSS Media Queries je nach Pixeldichte des Anzeigegeräts verschiedene Versionen des Bilds geladen werden. Zur Erinnerung: Eine Abfrage der Pixeldichte erfolgt in CSS mit dem `min-resolution`-Selektor. Dies könnte beispielsweise so aussehen:

```
.trailer {
  background-image: url(image_small.jpg);
}

@media(min-resolution: 2dppx) {
  .trailer {
    background-image: url(image_large.jpg);
  }
}
```

Beispiel 6.13 zeigt nun, wie Sie diese CSS-Definitionen mit den aus Fluid bereits bekannten Bordmitteln selbst generieren können. Neu ist der `f:asset.css`-ViewHelper, den Sie gleich in Zeile 1 in Ihrem Fluid-Template einbinden können. Genau genommen ist es weitgehend egal, an welcher Stelle im Fluid-Template Sie ihn verwenden, denn TYPO3 sammelt alle über den `f:asset.css`-ViewHelper definierten Stylesheets und bindet sie so in die Seite ein, wie es gerade am günstigsten ist (entweder über einen Inline-Style im Header oder Footer der Seite oder gegebenenfalls ausgelagert in eine dynamisch erstellte Datei).

Beispiel 6.13: Generierung eines responsiven CSS-Hintergrunds mit CSS Media Queries

```
01 <f:asset.css identifier="trailer-image">
02   .trailer {
03     background-image:
      url({f:uri.image(image: "{images.0}", maxWidth: 1920)});
04   }
05
06   @media(min-resolution: 2dppx) {
07     .trailer {
08       background-image:
        url({f:uri.image(image: "{images.0}", maxWidth: 3840)});
09     }
10   }
11 </f:asset.css>
12
13 <nav class="navbar navbar-expand-md sticky-top bg-dark navbar-dark">
     [...]
34 </nav>
```

Beispiel 6.13: Generierung eines responsiven CSS-Hintergrunds mit CSS Media Queries (Fortsetzung)

```
35
36 <header>
37   <div class="trailer">
       […]
```

Innerhalb des so definierten dynamischen Stylesheets verwenden wir den (erstmals in Beispiel 6.12 verwendeten) `f:uri.image`-ViewHelper – und zwar mehrfach und mit verschiedenen Größenangaben in den Zeilen 3 und 8. Über die Media Query auf die Pixeldichte in Zeile 6 wird sichergestellt, dass hochauflösende Displays auch die größere Variante des Bildes ausgespielt bekommen.

In Zeile 37 ist dafür der Inline-Style entfallen, in dem das Hintergrundbild zuvor definiert wurde. Abbildung 6.7 zeigt das Endergebnis im HTML-Quelltext.

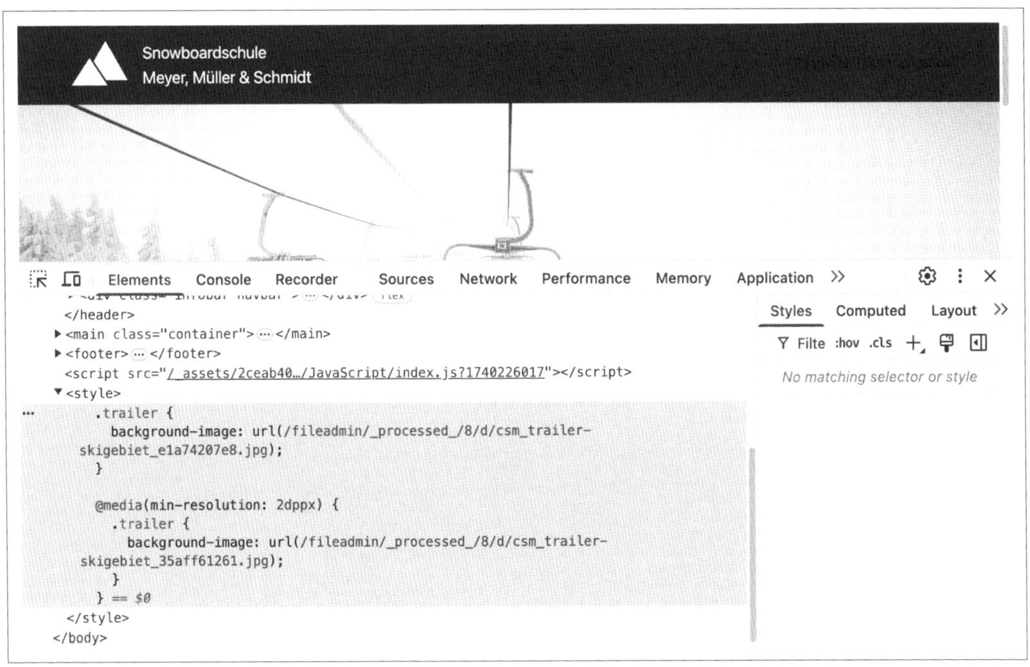

▲ **Abbildung 6.7**
Mehrere Varianten des Hintergrundbilds für verschiedene Auflösungen

KAPITEL 7

Menüs erstellen

In diesem Kapitel:

- Einführung in die Erstellung dynamischer Menüs
- Site-Einstellungen definieren
- Das untere Textmenü erstellen
- Das Hauptmenü mit Fluid generieren
- Den Klickpfad mit Fluid generieren
- Fluid-Templates mit Partials strukturieren

Im vorigen Kapitel haben Sie die Grundlagen der dynamischen Bilderzeugung und manipulation kennengelernt und Ihre allgemeinen TypoScript-Kenntnisse vertieft. In diesem Kapitel erfahren Sie, wie Sie dynamische Menüs erstellen bzw. beschreiben können. Dabei werden Sie die Erfahrungen aus den vorangegangenen Kapiteln nutzen und neue Objekte, Eigenschaften und Funktionen kennenlernen.

Einführung in die Erstellung dynamischer Menüs

TYPO3 bietet die Funktion, aus der im Backend hinterlegten Seitenstruktur mehr oder weniger automatisch Navigationsmenüs für das Frontend zu generieren. »Mehr oder weniger« deshalb, weil Sie als Integrator die Menügenerierung in der Regel stets an die Anforderungen Ihrer eigenen Designvorlage werden anpassen müssen.

Dazu gibt es derzeit zwei verschiedene Wege, auf denen Sie ein dynamisches Menü aus den Seiten im Seitenbaum generieren können. Die erste Möglichkeit nutzt ausschließlich TypoScript, die zweite einen Data Processor (diese Möglichkeit kennen Sie schon aus Kapitel 6, *Grafiken mit TypoScript erstellen*) und vornehmlich Fluid. In diesem Zusammenhang sollten Sie folgende Vor- und Nachteile kennen:

Der Nachteil der TypoScript-basierten Darstellung besteht darin, dass die Generierung des HTML-Quelltextes des Menüs an zwei verschiedenen Stellen gesteuert wird: teilweise im TypoScript und teilweise in der Fluid-Designvorlage. Insbesondere in größeren Projekten ist das unpraktisch, wenn beispielsweise ein Entwickler für die Programmierung der Fluid-Designvorlage verantwortlich ist und ein anderer für die TypoScript-Konfiguration. Soll die HTML-Ausgabe der Seite angepasst werden, müssten diese beiden Personen sich ständig absprechen. Und auch für einen einzelnen Entwickler kann es nervig sein, für HTML-Designanpassungen ständig zwischen TypoScript und Fluid-Template hin- und herspringen zu müssen.

Der Vorteil bei der Umsetzung des Menüs mit Fluid besteht darin, dass das TypoScript-Template lediglich die zur Generierung des Menüs benötigten Rohdaten als Variable in die Fluid-Vorlage einfließen lässt – und kein fertig generiertes HTML. Wie genau aus diesen Daten die HTML-Ausgabe des Menüs generiert wird, beschreibt ausschließlich die Fluid-Vorlage. Neben der »saubereren« Trennung von Design und Inhalt haben Sie in der Fluid-Vorlage zudem viel weitreichendere gestalterische Möglichkeiten.

Aus diesen Gründen fokussieren wir uns in diesem Kapitel daher auf die Menü-Generierung mit Fluid-Templates und lassen die TypoScript-basierte Variante außer Acht.

Site-Einstellungen definieren

Bevor wir mit der Erstellung der Menüs beginnen, ist noch etwas Vorarbeit gefragt: In den folgenden Abschnitten werden wir an verschiedenen Stellen mit den internen Seiten-IDs der TYPO3-Seiten arbeiten. Sie erfahren die ID einer Seite, indem Sie mit der Maus über das Icon der Seite im Seitenbaum fahren. Abbildung 7.1 zeigt, wie Sie beispielsweise die Seiten-ID der Seite *Hilfsnavigation* auslesen.

Abbildung 7.1 ▶
Ermitteln der Seiten-ID

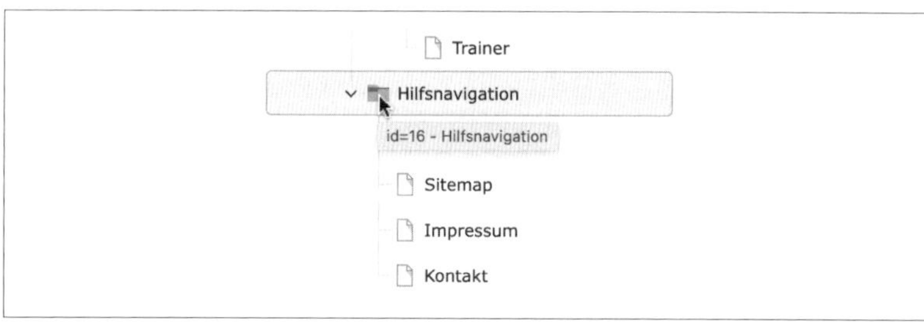

Die Schwierigkeit bei der Sache ist: Die IDs von TYPO3-Seiten zählen einfach hoch. Je nachdem, in welcher Reihenfolge Sie die Seiten erstellt haben, werden Sie somit unterschiedliche Seiten-IDs haben. Im obigen Beispiel ist die ID der Seite *Hilfsnavigation* 16 – wenn Sie das Praxisprojekt selbst nachbauen, ist es jedoch gut möglich, dass die Seiten in Ihrem TYPO3-Projekt andere IDs haben.

Im TypoScript-Setup werden wir diese IDs an mehreren Stellen benötigen – beispielsweise um zu bestimmen, aus den Unterseiten welcher Seite die Menüs generiert werden sollen. Anstatt diese mehr oder weniger bedeutungslosen (und möglicherweise immer unterschiedlichen) IDs direkt im TypoScript-Quelltext unterzubringen, ist es allgemein empfehlenswert, diese als *Site-Einstellungen* (oder engl. *Settings*) zu definieren. Im TypoScript selbst müssen Sie dann nur noch angeben, aus welcher Einstellung ein bestimmter Wert befüllt werden soll.

Tipp Bei den TypoScript-Beispieldateien dieses Buchs gehen wir davon aus, dass die betroffenen Seiten-IDs in den Einstellungen `navigation.primaryStartpoint` und `navigation.secondaryStartpoint` definiert sind. Diese zwei Einstellungen müssen Sie nun einmal selbst mit den jeweiligen Seiten-IDs aus Ihrer TYPO3-Installation befüllen – danach können Sie einfach die beiliegenden Beispieldateien nutzen, ohne weiter auf diese IDs achten zu müssen.

Die Einstellungen teilen sich auf das Site-Set und die Site-Konfiguration auf. Im Site-Set ist definiert, welche Einstellungen es gibt, und in der Site-Konfiguration werden die jeweils konkreten Werte definiert. Auf diese Weise bleiben das Site Package und die darin definierten Site-Sets und Einstellungen wiederverwendbar.

Um Einstellungen in Ihrem Site-Set zu definieren, erstellen Sie innerhalb Ihres Site-Sets (also unter *Configuration/Sets/Snowboard/* in Ihrem Site Package) eine Datei namens *settings.definitions.yaml*. Beispiel 7.1 zeigt, wie das Ganze aussehen kann.

Beispiel 7.1: Definition von Einstellungen innerhalb eines Site-Sets

```
01 categories:
02   Snowboardschule:
03     label: 'Snowboardschule'
04
05 settings:
06   snowboardSchool.name:
07     label: Name der Snowboardschule
08     description: Bezeichnet den Namen der Snowboardschule.
                    Wird in der Kopfzeile verwendet.
09     category: Snowboardschule
10     type: string
11     default: Mustermann
```

Der Abschnitt *categories* in den Zeilen 1 bis 3 ist für die grafische Oberfläche im *Einstellungen*-Modul. Hier werden Kategorien definiert, in die die eigentlichen Einstellungen im Abschnitt *settings* ab Zeile 5 eingruppiert werden.

Zu Demonstrationszwecken definieren wir zunächst einmal ein Feld *snowboardSchool.name*, in dem wir einfach nur den Namen der Snowboardschule definieren. Das ist sinnvoll, falls Sie vorhaben, irgendwann eine zweite Snowboardschule zu gründen und das Site Package einfach wiederverwenden möchten. Zeile 6 enthält dabei den Namen der Einstellung; *label* und *description* in den Zeilen 7 und 8 sind ebenfalls für die Bearbeitungsoberfläche im *Einstellungen*-Modul. Der Datentyp in Zeile 10 definiert, welche Eingaben erlaubt sind (hier *string* für beliebige Zeichenketten), und der Standardwert in Zeile 11 wird verwendet, wenn in der Site-Konfiguration kein expliziter Wert für diese Einstellung gesetzt wird.

Hinweis Nach einer Bearbeitung der YAML-Dateien innerhalb eines Site-Sets müssen Sie in der Regel einmal alle Caches über das Blitz-Symbol im TYPO3-Backend leeren.

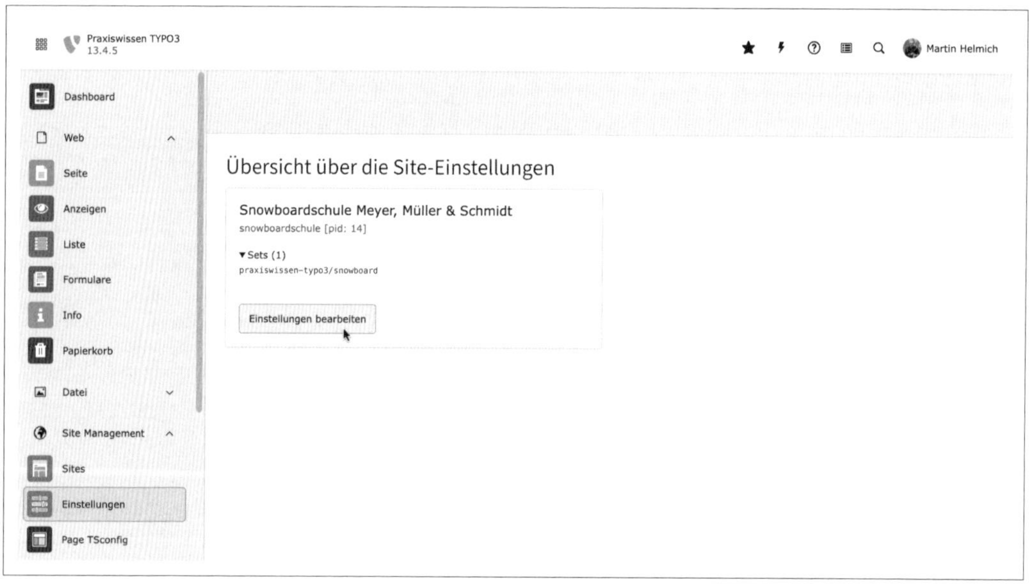

Abbildung 7.2 ▲
Site-Einstellungen einer Site bearbeiten

Um konkrete Werte für Einstellungen zu setzen (die von den Default-Werten abweichen), wechseln Sie (wie in Abbildung 7.2 gezeigt) zunächst in das *Einstellungen*-Modul unter dem Abschnitt *Site Management*. Hier finden Sie alle aktiven Site-Konfigurationen wieder (derzeit also wahrscheinlich nur die Snowboardschule) und kommen mit einem Klick auf *Einstellungen bearbeiten* weiter zur Bearbeitung.

Der Bearbeitungsbildschirm sieht aus wie in Abbildung 7.3. Im linken Navigationsbereich tauchen hier die Kategorien auf, die Sie in Beispiel 7.1 definiert hatten, und im rechten Bereich sehen Sie dann die Einstellungen selbst.

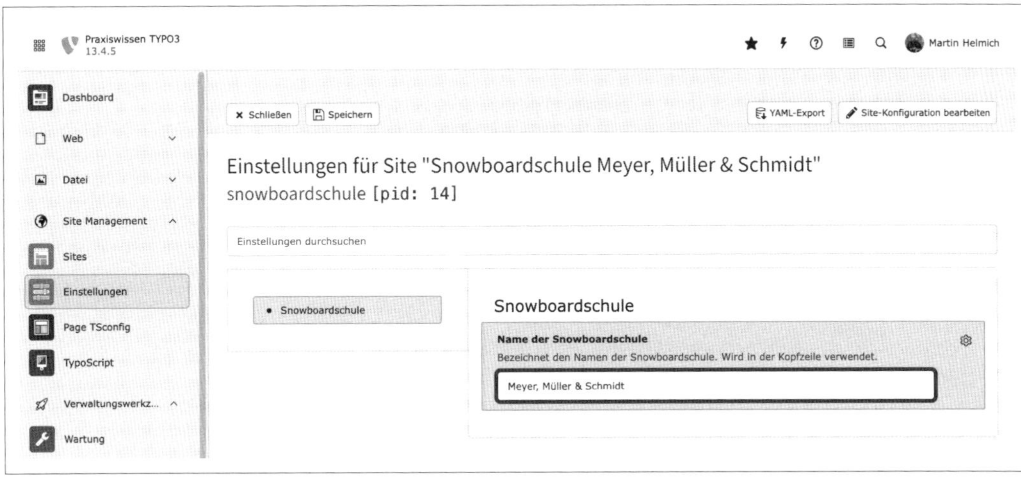

▲ Abbildung 7.3
Selbst definierte Site-Einstellungen bearbeiten

Sie können hier von den Standardwerten abweichende Einstellungen vornehmen und diese im Anschluss speichern.

Wie alle Teile einer Site-Konfiguration werden auch die Einstellungen im Hintergrund als YAML-Dateien im Dateisystem des Servers gespeichert. Falls Sie die Einstellungen also lieber direkt als Datei bearbeiten, finden Sie sie zusammen mit der Site-Konfiguration selbst im Verzeichnis *config/sites/<site-name>/* Ihrer TYPO3-Installation in der Datei *settings.yaml*. Falls Sie den Namen der Snowboardschule bearbeitet haben, sollte diese Datei so aussehen wie in Beispiel 7.2.

Beispiel 7.2: Einstellungen werden in der »settings.yaml« gespeichert.

```
snowboardSchool:
  name: 'Meyer, Müller & Schmidt'
```

Die so definierten Einstellungen können Sie im Anschluss überall in Ihrem TypoScript-Setup wiederverwenden. Für den Namen Ihrer Snowboardschule könnte das so aussehen wie in Beispiel 7.3. Der Zugriff erfolgt hier stets über die Syntax `{$einstellungsName}`.

Beispiel 7.3: Einstellungen können im TypoScript-Setup verwendet werden.

```
  variables {
    brandLineFirst = TEXT
    brandLineFirst.value = Snowboardschule

    brandLineSecond = TEXT
    brandLineSecond.value = {$snowboardSchool.name}
  }
```

Mit diesem Grundwissen ausgestattet, können wir nun noch die Einstellungen für die Startpunkte der beiden Menüs definieren. Ergänzen Sie hierzu die *settings.definitions.yaml*-Datei im Site-Set wie folgt:

Beispiel 7.4: Einstellungen für die Menü-Einstiegspunkte definieren

```
categories:
  Snowboardschule:
    label: 'Snowboardschule'
  Snowboardschule.Navigation:
    label: 'Navigation'
    parent: Snowboardschule

settings:
  snowboardSchool.name:
    [...]
  navigation.primaryStartpoint:
    label: Startpunkt des Hauptmenüs
    category: Snowboardschule.Navigation
    type: int
    default: 0
  navigation.secondaryStartpoint:
    label: Startpunkt des Hilfsmenüs
    category: Snowboardschule.Navigation
    type: int
    default: 0
```

Suchen Sie nun in Ihrer TYPO3-Installation die IDs der Seiten *Hauptmenü* und *Hilfsmenü* heraus, wie in Abbildung 7.1 auf Seite 176 gezeigt. Wechseln Sie erneut in das *Einstellungen*-Menü und tragen Sie diese beiden IDs in die beiden neu hinzugekommenen Felder *Startpunkt des Hauptmenüs* bzw. *Startpunkt des Hilfsmenüs* ein.

Das untere Textmenü erstellen

Zur Erinnerung: Die Designvorlage des Praxisbeispiels brachte gleich zwei Menüs mit: eine primäre Navigation im oberen Bereich der Seite und eine Hilfsnavigation im Fußbereich der Seite. Da Letztere weniger komplex (und daher auch einfacher umzusetzen) ist, nehmen wir uns diese in diesem Abschnitt als Erstes vor. Abbildung 7.4 zeigt noch einmal den angestrebten Endzustand im Frontend.

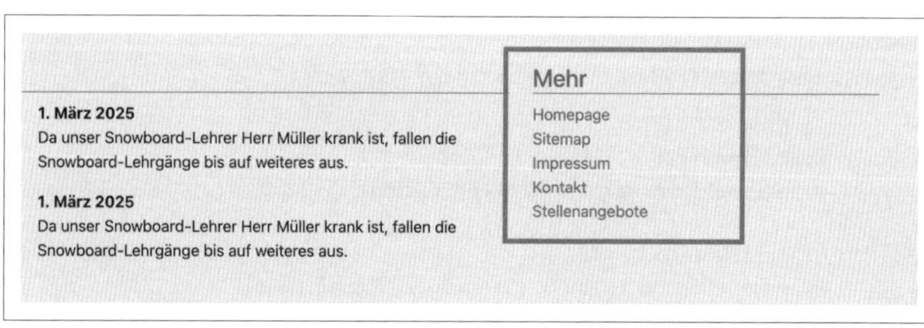

Abbildung 7.4 ▶ Gewünschtes Aussehen der sekundären Navigation

Im HTML-Quelltext ist dieses Menü eine einfache Liste (also ein `<ul>`-Element), das mehrere `<li>`-Elemente enthält. Jedes Listenelement enthält einen Link auf die entsprechende Zielseite. Beispiel 7.5 zeigt den HTML-Quelltext, der das Menü später auszeichnen soll.

Beispiel 7.5: Die HTML-Struktur, die die sekundäre Navigation später einmal haben soll

```
<ul>
  <li><a href="/">Homepage</a></li>
  <li><a href="/sitemap.html">Sitemap</a></li>
  <li><a href="/impressum.html">Impressum</a></li>
  <li><a href="/kontakt.html">Kontakt</a></li>
  <li><a href="/jobs.html">Stellenangebote</a></li>
</ul>
```

Dieses Menü soll eine einfache Liste von Links ohne besondere Verschachtelung oder spezielle Menüzustände werden. Die einzelnen Menüelemente werden dynamisch der Seitenstruktur entnommen. Bevor allerdings die Beschreibung der Menüelemente losgeht, muss zunächst im TypoScript-Setup ein Data Processor definiert werden, der die benötigten Variablen an das Fluid-Template übergibt.

Die Menüdaten in der Vorlage verfügbar machen

Um die Menüs in der Fluid-Vorlage generieren zu können, müssen zunächst die dafür benötigten Daten in der Vorlage zur Verfügung gestellt werden. Das passiert – wie gewohnt – in Form von Fluid-Variablen. In Kapitel 6, *Grafiken mit TypoScript erstellen*, haben Sie bereits mit dem *files*-Data-Processor gearbeitet. Analog zu diesem gibt es auch einen *menu*-Data-Processor, den wir für Menü-Daten verwenden können.

Erweitern Sie dafür die Datei *page.typoscript* so wie in Beispiel 7.6 gezeigt. In Zeile 54 und 55 wird hier zunächst einmal die Fluid-Variable *labelMore* mit dem Titel des Menüs gefüllt. Die eigentliche Magie findet aber in den Zeilen 38 bis 44 statt. In Zeile 41 und 42 wird über die Eigenschaft *special* des *menu*-Processors der Startpunkt des Menüs definiert – also die Seite im Seitenbaum, aus deren Unterseiten die Menüeinträge generiert werden sollen. Hierzu wird die interne ID der Seite *Hilfsnavigation* benötigt – das ist die, die wir im vorherigen Abschnitt in der Einstellung *navigation.secondaryStartpoint* gespeichert hatten. Die Eigenschaft *levels* in Zeile 43 gibt an, aus wie vielen Ebenen das Menü bestehen soll. In unserem Fall ist das zunächst egal, da in unserem Beispiel keine der Hilfsnavigationsseiten überhaupt Unterseiten hat. In tiefer verschachtelten Seitenbäumen mit komplexeren Menüs kann diese Einstellung allerdings relevant werden. Als Letztes gibt es noch die Eigenschaft *as*. Wie schon beim *files*-Processor gibt diese den Namen der Fluid-Variable an, unter der die Menüelemente später zur Verfügung stehen.

Beispiel 7.6: Daten für das Hilfsmenü im Fluid-Template bereitstellen

```
10 = PAGEVIEW
10 {
  paths {
    10 = EXT:snowboard/Resources/Private/PageView/
  }

  dataProcessing {
    10 = files
    10 {
      as = images
      references.data = levelmedia:-1,slide
    }

    20 = menu
    20 {
      as = secondaryMenuItems
      special = directory
      special.value = {$navigation.secondaryStartpoint}
      levels = 1
    }
  }

  variables {
    brandLineFirst = TEXT
    brandLineFirst.value = Snowboardschule

    brandLineSecond = TEXT
    brandLineSecond.value = {$snowboardSchool.name}

    labelMore = TEXT
    labelMore.value = Mehr
  }
```

Die Menüdaten im Template auswerten

Der in Beispiel 7.6 definierte Data Processor sorgt dafür, dass im Fluid-Template nun die Variable `secondaryMenuItems` zur Verfügung steht und mit den Daten für die entsprechenden Menüelemente gefüllt ist.

Wie strukturierte Daten in Fluid-Templates generell verarbeitet werden können, hatten wir in Kapitel 5, *TypoScript in der Praxis*, im Abschnitt »Strukturierte Daten in Fluid-Templates« auf Seite 150 schon einmal betrachtet. Genau wie dort die Liste verschiedener Sprachen können wir hier auch wieder den `f:for`-ViewHelper verwenden.

Falls Sie genau wissen möchten, welche Daten im Template zur Verfügung stehen, können Sie den schon bekannten `f:debug`-ViewHelper benutzen. Fügen Sie in Ihr Fluid-Template einfach irgendwo die Zeile `{secondaryMenuItems -> f:debug()}` ein, und Sie sollten eine Ausgabe ähnlich der in Abbildung 7.5 erblicken.

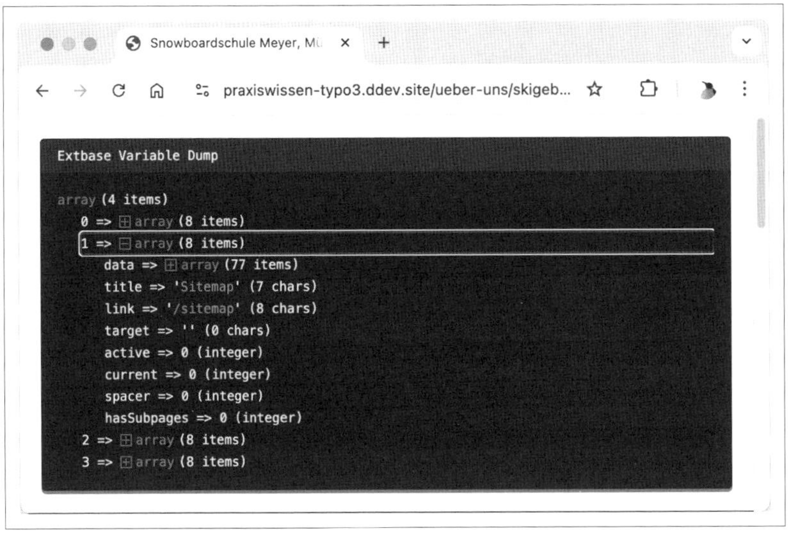

◀ **Abbildung 7.5**
Die Fluid-Variable »secondaryMenuItems« per »f:debug« ausgeben

Mit ein paar Zeilen HTML und ein paar ViewHelpern kann daraus nun die endgültige HTML-Ausgabe des Menüs generiert werden.

Die Variable `secondaryMenuItems` enthält eine Liste der jeweiligen Menüeinträge. Im Template muss sie daher mit dem `f:for`-ViewHelper verarbeitet werden. Beispiel 7.7 zeigt, wie das geht.

Beispiel 7.7: Das Hilfsmenü mit Fluid generieren

```
      <div class="col-md-4">
        <h4 id="secondary-navigation-label">{labelMore}</h4>
        <nav aria-labelledby="secondary-navigation-label">
          <ul>
            <f:for each="{secondaryMenuItems}" as="item">
              <li><a href="{item.link}">{item.title}</a></li>
            </f:for>
          </ul>
        </nav>
      </div>
```

Ein Blick ins Frontend sollte sicherstellen, dass das Hilfsmenü tatsächlich genau so aussieht, wie in Abbildung 7.4 ursprünglich spezifiziert.

In diesem Beispiel werden verschiedene Attribute der jeweiligen Menüeinträge benutzt (beispielsweise `.link` für die URL einer verlinkten Seite und `.title` für den Titel des Menüeintrags). Neben diesen beiden Attributen stehen noch einige weitere zur Verfügung, die unter Umständen nützlich sein können:

1. `.active` enthält als Wert 1, wenn die aktuell dargestellte Seite eine Unterseite der mit dem Menüeintrag verknüpften Seite ist.

2. `.current` enthält als Wert 1, wenn der Menüeintrag genau der aktuell dargestellten Seite entspricht.
3. Mit dem `.data`-Attribut wird es spannend: Es enthält den gesamten Datensatz der mit dem Menüelement verknüpften Seite. Über `{item.data.author}` können Sie somit beispielsweise auf den Autor der Seite zugreifen (sofern gesetzt) und diesen ebenfalls in die Darstellung des Menüs mit einfließen lassen.
4. Das `.children`-Attribut enthält zu guter Letzt alle Unterseiten der jeweiligen Seite. Dieses Attribut enthält wiederum eine Liste mit genauso aufgebauten Menüeinträgen. Sie werden es dann benötigen, wenn Sie ein verschachteltes Menü mit mehreren Navigationsebenen aufbauen möchten.

Diese gerade aufgezählten Attribute reichen, um beliebig komplexe Menüs in Fluid zu konstruieren. Einige davon werden wir noch im Hauptmenü benötigen, an dem wir uns nun im nächsten Abschnitt versuchen werden.

Das Hauptmenü mit Fluid generieren

Das Hauptmenü kann auf dieselbe Weise generiert werden wie das Hilfsmenü. Der einzige Unterschied besteht darin, dass es gestalterisch etwas aufwendiger ist und sich über zwei Menüebenen erstreckt.

Beginnen wir zunächst wieder mit dem Data Processor. Beispiel 7.8 fügt (neben dem Label für den Screenreader in den Zeilen 62 und 63) einen weiteren *menu*-Data-Processor in den Zeilen 46 bis 52 hinzu.

Beispiel 7.8: Daten für das Hauptmenü bereitstellen

```
25  10 = PAGEVIEW
26  10 {
27    paths {
28      10 = EXT:snowboard/Resources/Private/PageView/
29    }
30
31    dataProcessing {
        [...]
45
46      30 = menu
47      30 {
48        as = primaryMenuItems
49        special = directory
50        special.value = {$navigation.primaryStartpoint}
51        levels = 2
52      }
53    }
54
55    variables {
        [...]
```

Beispiel 7.8: Daten für das Hauptmenü bereitstellen (Fortsetzung)

```
61
62        labelMain = TEXT
63        labelMain.value = Hauptnavigation
64
65        labelMore = TEXT
66        labelMore.value = Mehr
67      }
68    }
69  }
```

Wie Sie sehen, unterscheidet sich der Data Processor nicht sonderlich von dem für das Hilfsmenü. Die Unterschiede bestehen lediglich in einem anderen Startpunkt für das Menü (Zeile 50), einer höheren Verschachtelungstiefe (dieses Mal zwei Ebenen, siehe Zeile 51) und einem anderen Variablennamen (Zeile 48).

Wie zuvor enthält die Variable `primaryMenuItems` nun die für das Hauptmenü benötigten Menüeinträge und kann im Fluid-Template mit dem `f:for`-ViewHelper ausgewertet werden. Beispiel 7.9 zeigt die Umsetzung – da das Hauptmenü etwas komplexer und verschachtelt ist, fällt diese nun ebenfalls etwas komplizierter aus.

Beispiel 7.9: Das Hauptmenü in Fluid erstellen

```
<nav class="navbar navbar-expand-md sticky-top bg-dark navbar-dark"
      aria-label="{labelMain}">
  <div class="container">
    <button class="navbar-toggler"
      [...]
    >
      <span class="navbar-toggler-icon"></span>
    </button>
    <f:cObject typoscriptObjectPath="lib.logo" />
    <a class="navbar-brand" href="/">
      <div class="brand-line">{brandLineFirst}</div>
      <div class="brand-line">{brandLineSecond}</div>
    </a>
    <div class="navbar-collapse collapse justify-content-end"
          id="navbar-toggler">
      <ul class="navbar-nav navbar-right">
        <f:for each="{primaryMenuItems}" as="item">
          <f:if condition="{item.children}">
            <f:then>
              <li class="nav-item dropdown
                  {f:if(condition: '{item.active}', then: 'active')}">
                <a href="{item.link}" class="nav-link dropdown-toggle"
                   data-bs-toggle="dropdown" aria-expanded="false">
                  {item.title} <span class="caret"></span>
                </a>
                <ul class="dropdown-menu">
                  <f:for each="{item.children}" as="child">
                    <li>
```

Beispiel 7.9: Das Hauptmenü in Fluid erstellen (Fortsetzung)

```
042                         <a class="dropdown-item" href="{child.link}"
                               {f:if(condition: '{child.current}',
                               then: 'aria-current="page"')}>
043                              {child.title}
044                         </a>
045                       </li>
046                     </f:for>
047                   </ul>
048                 </li>
049               </f:then>
050               <f:else>
051                 <li class="nav-item
                        {f:if(condition: '{item.active}', then: 'active')}">
052                   <a class="nav-link" href="{item.link}"
                         {f:if(condition: '{item.current}',
                         then: 'aria-current="page"')}>
053                     {item.title}
054                   </a>
055                 </li>
056               </f:else>
057             </f:if>
058           </f:for>
059         </ul>
060       </div>
061     </div>
062 </nav>
```

Ein paar Besonderheiten zu diesem Template möchten wir noch ansprechen: Jeder einzelne Menüpunkt wird unterschiedlich dargestellt, wenn er Untermenüpunkte hat. Diese Unterscheidung wird über den `<f:if condition="{item.children}">`-ViewHelper in Zeile 33 umgesetzt. Enthält ein Menüpunkt Unterelemente, wird der `<f:then>`-Teil des ViewHelpers (Zeilen 34 bis 49) dargestellt, ansonsten der `<f:else>`-Teil (Zeilen 50 bis 46).

Für die Untermenüs enthält die `<f:for>`-Schleife noch eine zweite `<f:for>`-Schleife in den Zeilen 40 bis 46, die für die Darstellung der Untermenüpunkte verantwortlich ist und das ganze Spiel noch einmal wiederholt.

Je nach Zustand eines Menü-Elements (wir erinnern uns: die `current`-Eigenschaft ist wahr, wenn das Menüelement die aktuell dargestellte Seite ist, und `active` ist wahr, wenn das Menüelement eine Oberseite der dargestellten Seite ist) werden die generierten Menüelemente um ein paar Attribute und CSS-Klassen ergänzt. So bekommen die aktiven Menü-Elemente beispielsweise eine zusätzliche CSS-Klasse `active` (Zeilen 35 und 51), und Links zur aktuellen Seite bekommen ein `aria-current="page"`-Attribut für den Screenreader.

Den Klickpfad mit Fluid generieren

Zu guter Letzt können Sie auch das Klickpfadmenü über Fluid generieren. Die Funktionsweise ist dabei dieselbe wie schon beim Haupt- und beim Hilfsmenü. Lediglich die Konfiguration des Data Processors ist leicht unterschiedlich, wie Beispiel 7.10 zeigt:

Beispiel 7.10: Daten für den Klickpfad bereitstellen

```
31      dataProcessing {
          [...]
53
54        40 = menu
55        40 {
56          as = rootlineItems
57          special = rootline
58          special.range = 0|-1
59        }
60      }
61
62      variables {
          [...]
74
75        labelYouAreHere = TEXT
76        labelYouAreHere.value = Sie sind hier
77      }
```

Für die Eigenschaft *special* wird dieses Mal der Wert *rootline* angegeben (Zeile 57). Dies sorgt dafür, dass das Menü nicht (wie beim *directory*-Menü) alle Unterseiten einer bestimmten Startpunkt-Seite enthält, sondern alle Oberseiten (bis hin zur Wurzelseite) der aktuell dargestellten Seite.

Welche Seiten genau im Klickpfad dargestellt werden, können Sie über die Eigenschaft *special.range* konfigurieren (Zeile 58), die hier den Wert *0|-1* hat. Die 0 gibt an, ab welcher Position der Klickpfad beginnen soll. (0 heißt »ganz oben im Seitenbaum«, meint also hier die Wurzelseite *Snowboardschule*.) Wollten Sie die Startseite im Klickpfad überspringen und in der ersten »richtigen« Navigationsebene einsteigen, könnten Sie hier stattdessen auch 1 eintragen. Die -1 beschreibt die maximale Länge des Klickpfades. (-1 bedeutet dabei »unendlich«.)

Im Fluid-Template steht nun die Variable `rootlineItems` zur Verfügung, aus der – wie gewohnt – mit einem `f:for`-ViewHelper das Klickpfadmenü generiert werden kann.

Beispiel 7.11: Das Klickpfadmenü in Fluid generieren

```
<nav aria-labelledby="youarehere">
  <ol class="breadcrumb">
    <f:for each="{rootlineItems}" as="item">
```

Beispiel 7.11: Das Klickpfadmenü in Fluid generieren (Fortsetzung)

```
      <li class="breadcrumb-item {f:if(condition:
          '{item.current}', then: 'active')}">
        <a href="{item.link}" {f:if(condition: '{item.current}',
           then: 'aria-current="page"')}>
          {item.title}
        </a>
      </li>
    </f:for>
  </ol>
</nav>
```

Wie Sie vielleicht bemerken, ist das Fluid-Template durch die ganzen Menüs langsam ein wenig unübersichtlich geworden. Im folgenden Abschnitt werden wir daher ein weiteres Fluid-Feature betrachten, um etwas mehr Übersicht in größere Templates zu bringen: *Partials*.

Fluid-Templates mit Partials strukturieren

In den vergangenen Abschnitten haben wir die Fluid-Vorlage schrittweise so erweitert, dass alle Menüs der Seite direkt aus den Rohdaten im Fluid-Template generiert werden. Das bietet weitreichende gestalterische Möglichkeiten, hat aber dafür gesorgt, dass unser Template ein wenig unübersichtlich geworden ist.

Ähnlich, wie wir es bereits mit den TypoScript-Dateien im Site-Set getan haben, ist es auch bei Fluid-Templates äußerst sinnvoll, diese in kleine und besser handhabbare Teile zu zerteilen. In diesem Abschnitt betrachten wir daher, wie in Fluid mit *Partials* gearbeitet werden kann. Mit diesen können Sie einzelne Teile einer HTML-Vorlage in eigene Dateien auslagern und diese dann wiederverwenden.

Wenn Sie ein `PAGEVIEW`-TypoScript-Objekt verwenden, ist hierzu im TypoScript keinerlei weitere Konfiguration erforderlich. Wir erinnern uns: Wir hatten seinerzeit in Beispiel 5.12 auf Seite 144 das Verzeichnis *EXT:snowboard/Resources/Private/PageView/* als Pfad für das `PAGEVIEW`-Objekt konfiguriert; die eigentlichen Seiten-Templates werden dann im Unterverzeichnis *Pages/* unter diesem Pfad gesucht.

Ausgelagerte (und einzeln einbindbare) Teil-Templates werden in Fluid *Partials* genannt. Im `PAGEVIEW`-Objekt werden diese im Unterverzeichnis *Partials/* unterhalb des konfiguriertes Pfades gesucht, in unserem Fall also *Resources/Private/PageView/Partials/* im Site Package.

Eine Partial-Datei ist selbst ein ganz normales Fluid-Template (also eine HTML-Datei mit Variablen und ViewHelpern), das beispielsweise unter *Resources/Private/PageView/Partials/Header.html* liegen könnte. Ein ganz einfaches Partial könnte also beispielsweise wie folgt aussehen:

```
<h1>
  {header}
</h1>
```

Im eigentlichen Fluid-Template können Sie nun den `<f:render>`-View-Helper nutzen, um dieses Partial an eine beliebige Stelle in Ihr Template einzufügen – gern auch mehrfach und mit unterschiedlichen Parametern:

```
1 <div class="row">
2   <div class="col-md-6">
3     <f:render partial="Header" arguments="{header: 'Hallo Welt'}" />
4   </div>
5   <div class="col-md-6">
6     <f:render partial="Header" arguments="{header: header}" />
7   </div>
8 </div>
```

Dasselbe Partial wird in diesem Template zweimal eingebunden, jeweils in Zeile 3 und Zeile 6. Über das `arguments`-Attribut können Sie Fluid-Variablen an das Partial durchreichen. Dabei kann es sich um feste Werte handeln (Zeile 3) oder um andere Fluid-Variablen. Im obigen Beispiel wird also zunächst in Zeile 3 das Partial `header` ausgewertet; innerhalb des Partials hat die Fluid-Variable `{header}` dann den Wert `"Hallo Welt"`. Beim zweiten Aufruf des Partials in Zeile 6 wird die bereits definierte Variable `{header}` einfach an das Partial durchgereicht.

Die Menüs in Partials auslagern

Für mehr Übersicht im Fluid-Template können wir die einzelnen Menüs nun in Partials auslagern. Wir zeigen das exemplarisch anhand des Hauptmenüs in der Datei *Menu/Primary.html* in Beispiel 7.12. Die Partials *Secondary.html* und *Rootline.html* für die anderen beiden Menüs finden Sie in den Beispieldateien.

Beispiel 7.12: Inhalt des Primary.html-Partials

```
<ul class="navbar-nav navbar-right">
  <f:for each="{items}" as="item">
    <f:if condition="{item.children}">
      [...]
    </f:if>
  </f:for>
</ul>
```

Das Partial enthält jetzt nur noch den HTML-Code des Hauptmenüs und nichts anderes. Der Code ist derselbe wie der in Beispiel 7.9. Lediglich die Variable `primaryMenuItems` wurde nun einfach in `items` umbenannt, denn Variablen existieren lediglich innerhalb eines Templates oder eines Partials (und innerhalb eines einzelnen Menü-Partials wird es immer nur eine einzelne Liste mit Menüelementen geben).

Im letzten Schritt muss jetzt lediglich noch das Haupt-Template angepasst werden, um an den entsprechenden Stellen die neu erstellten Partials einzubinden. Beispiel 7.13 zeigt die notwendigen Anpassungen:

Beispiel 7.13: Einbinden der Partials im Haupt-Template

```
<div class="navbar-collapse collapse justify-content-end"
    id="navbar-toggler">
  <f:render partial="Menu/Primary"
            arguments="{items: primaryMenuItems}" />
</div>
```

Beliebig verschachtelte Menüs mit rekursiven Partials

Wie Sie sehen, sind Partials eine gute Möglichkeit, um komplizierte Fluid-Templates etwas übersichtlicher zu strukturieren. Man kann jedoch noch mehr damit anfangen.

Bislang ist unsere Hauptnavigation auf maximal zwei Ebenen ausgelegt. Im TYPO3-Backend würde einen Redakteur allerdings nichts daran hindern, einfach eine dritte oder vierte Menüebene anzulegen (beispielsweise eine Unterseite der *Skigebiet*-Seite). Ein Besucher der Website könnte jedoch zu solchen Seiten über die bisherige Navigationsstruktur gar nicht navigieren.

In diesem Abschnitt werden wir das mit Fluid generierte Hauptmenü daher so erweitern, dass es beliebig viele Menüebenen darstellen kann.

Tipp Dieser Abschnitt zeigt, was mit Fluid technisch alles möglich ist. In der Praxis ist es nicht unbedingt eine gute Idee, ein beliebig tief verschachteltes Menü zu implementieren, da es Ihre Nutzer womöglich eher verwirrt. Auf Mobilgeräten kommt noch dazu, dass diese Menüs irgendwann nicht mehr dargestellt (geschweige denn sinnvoll bedient) werden können.

Für das beliebig tief verschachtelte Hauptmenü werden wir eines der ältesten Prinzipien der Informatik anwenden: die *Rekursion*. In der Programmierung kann eine Funktion beispielsweise *rekursiv* sein, wenn sie sich in ihrer Ausführung selbst wieder aufruft. Und das Spannende: Genau dasselbe geht mit Fluid-Partials, denn auch in einem Fluid-Partial können weitere Fluid-Partials eingebunden werden. Und ja, ein Fluid-Partial kann sich sogar selbst aufrufen.

Prinzipiell könnte ein tief verschachteltes Menü dadurch umgesetzt werden, dass sich innerhalb des Drop-down-Menüs immer wieder neue Drop-down-Menüs öffnen. Das wird gern in den Menüzeilen von Desktopanwendungen genutzt. Abbildung 7.6 zeigt beispielsweise ein Menü des macOS-E-Mail-Programms.

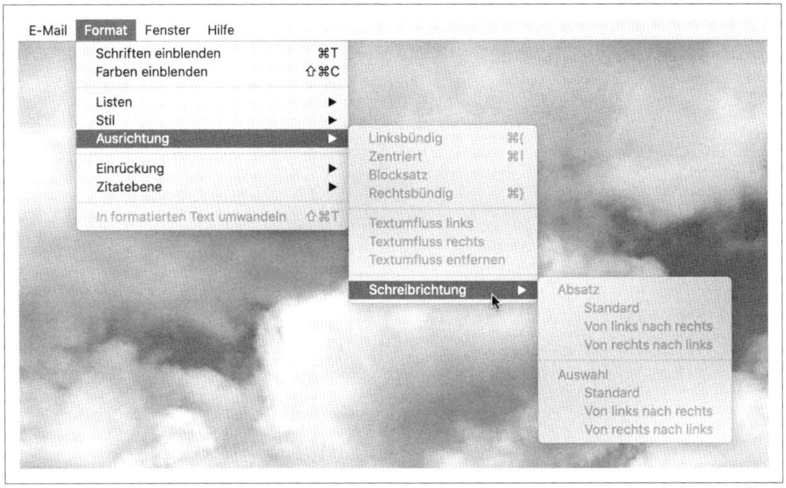

◀ **Abbildung 7.6**
Desktopanwendungen sind hin und wieder für tief verschachtelte Menüs berüchtigt.

Im Web – und spätestens auf Webseiten, die auch auf mobilen Endgeräten bedient werden sollen – funktionieren solche Menüs jedoch nicht mehr. Aus diesem Grund unterstützt das im Praxisbeispiel genutzte *Bootstrap*-Framework auch keine verschachtelten Untermenüs.

Stattdessen werden wir das Menü für unser Praxisbeispiel so bauen, dass Unterseiten einer Unterseite auf derselben Menüebene angezeigt werden, aber dabei den Titel der Oberseite vorangestellt bekommen. Hätte die *Skigebiet*-Seite also noch eine Unterseite *Anfahrt*, könnte sie im Menü als *Skigebiet* → *Anfahrt* auftauchen.

Bevor wir die Fluid-Templates des Menüs anpassen, muss zunächst dem Data Processor mitgeteilt werden, dass mehr Menüebenen generiert werden sollen. Dies geht über die `levels`-Eigenschaft des Data Processors, wie in Beispiel 7.14 zu sehen ist. In diesem Fall wird die Anzahl der gewünschten Menüebenen einfach auf 10 erhöht. (10 bedeutet zwar nicht »unendlich«, sollte in den meisten Fällen aber reichen.)

Beispiel 7.14: Das »levels«-Attribut steuert, wie viele Menüebenen generiert werden sollen.

```
    30 = menu
    30 {
      as = primaryMenuItems
      special = directory
      special.value = {$navigation.primaryStartpoint}
      levels = 10
    }
```

Um das Ganze testen zu können, brauchen wir nun auch eine etwas tiefer verschachtelte Seitenstruktur. Legen Sie daher über das TYPO3-Backend einige zusätzliche Seiten auf etwas tieferen Ebenen des Seitenbaums an. Abbildung 7.7 zeigt ein Beispiel für einige mögliche (Unter)Unterseiten der *Über uns*-Seite.

Abbildung 7.7 ▶
Die Hauptnavigation besteht nun aus vier Ebenen.

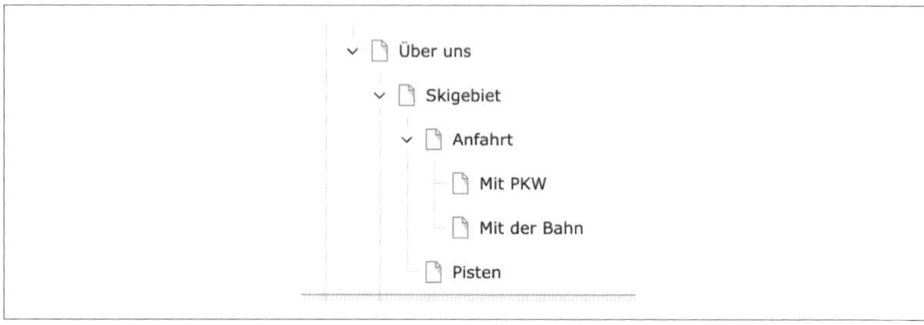

Im nächsten Schritt können nun die Fluid-Partials entsprechend erweitert werden. Dazu werden wir zunächst das *Primary.html*-Partial anpassen, sodass auch Unterseiten von Unterseiten berücksichtigt werden. Hierzu wird ein neues Partial *Menu/Primary/SubMenuItems.html* aufgerufen:

Beispiel 7.15: Darstellung von Untermenüelementen im Hauptmenü

```
01 <ul class="navbar-nav navbar-right">
02   <f:for each="{items}" as="item">
03     <f:if condition="{item.children}">
04       <f:then>
05         <li class="nav-item dropdown {f:if(condition: '{item.active}',
               then: 'active')}">
06           <a href="{item.link}" class="nav-link dropdown-toggle"
                data-bs-toggle="dropdown" aria-expanded="false">
07             {item.title} <span class="caret"></span>
08           </a>
09           <ul class="dropdown-menu">
10             <f:render partial="Menu/Primary/SubMenuItems"
                         arguments="{items: item.children}" />
11           </ul>
12         </li>
13       </f:then>
14       <f:else>
           [...]
20       </f:else>
21     </f:if>
22   </f:for>
23 </ul>
```

In diesem Beispiel wird in Zeile 10 das *Menu/Primary/SubMenuItems*-Partial aufgerufen. Dieses wird im Partials-Verzeichnis in der Datei *Menu/Primary/SubMenuItems.html* hinterlegt. Beispiel 7.16 zeigt den Inhalt dieses Partials.

Beispiel 7.16: Das »SubMenuItems«-Partial generiert rekursiv die weiteren Menüebenen.

```
<f:for each="{items}" as="item">
  <li>
    <a class="dropdown-item" href="{item.link}" {f:if(condition:
       '{child.current}', then: 'aria-current="page"')}>
      <f:if condition="{prefix}">
```

Beispiel 7.16: Das »SubMenuItems«-Partial generiert rekursiv die weiteren Menüebenen. (Fortsetzung)

```
05         <span class="text-muted">{prefix} / </span>
06       </f:if>
07       {item.title}
08     </a>
09   </li>
10   <f:if condition="{item.children}">
11     <f:if condition="{prefix}">
12       <f:then>
13         <f:render partial="Menu/Primary/SubMenuItems"
14           arguments="{items: item.children, prefix: '{prefix} /
                                                 {item.title}'}" />
15       </f:then>
16       <f:else>
17         <f:render partial="Menu/Primary/SubMenuItems"
18           arguments="{items: item.children, prefix: item.title}" />
19       </f:else>
20     </f:if>
21   </f:if>
22 </f:for>
```

Hier findet die eigentliche Magie statt: Das *SubMenuItems*-Partial iteriert über alle Menüelemente, die ihm als Argument übergeben werden. Hat eines dieser Menüelemente wiederum Unterelemente (Zeile 10), ruft sich das Partial in Zeile 13 oder 17 selbst auf und übergibt die Unterelemente an den nächsten Aufruf. Außerdem wird jedes Mal eine `prefix`-Variable übergeben, die sich aus dem schon vorhandenen Präfix und dem Titel des aktuellen Menüelements zusammensetzt.

Wird das Partial das erste Mal (also direkt vom *Primary.html*-Partial) aufgerufen, ist die `prefix`-Variable zunächst leer. Dieser Fall muss gesondert behandelt werden (dazu dient das `f:if` in den Zeilen 4 und 11), damit auf der ersten Menüebene die Linktexte nicht mit einem / beginnen.

Abbildung 7.8 zeigt, wie das auf diese Weise generierte Menü im Frontend aussieht.

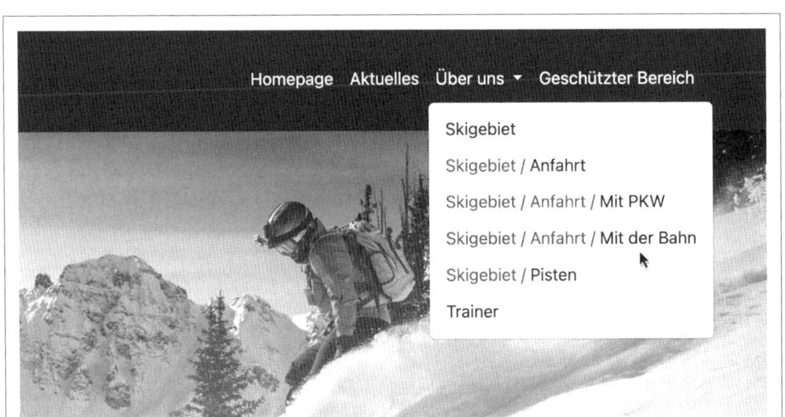

◀ **Abbildung 7.8**
Das verschachtelte Menü im Frontend

KAPITEL 8

Inhalte ausgeben

In diesem Kapitel:

- Neue Seiteninhalte anlegen
- Vorhandene Seiteninhalte ausgeben
- Besondere Seiteninhalte
- Inhalte in anderen Bereichen ausgeben
- Übersicht über Seiteninhaltstypen

In diesem Kapitel zeigen wir Ihnen, wie Sie Seiteninhalte, die von Redakteur*innen eingepflegt werden, integrieren und mit gestalterischen Vorgaben versehen können. Sie werden bereits bekannte TypoScript-Objekte verwenden und zusätzlich neue Objekte und Eigenschaften kennenlernen. Wenn Sie dieses Kapitel Schritt für Schritt nachvollzogen haben, werden Sie Seiteninhalte in verschiedenen gestalterischen Varianten mit TypoScript beschreiben können. Eine tabellarische Übersicht über die verschiedenen Seiteninhaltstypen finden Sie am Ende des Kapitels.

Neue Seiteninhalte anlegen

Bevor überhaupt Inhalte ausgegeben werden können, müssen erst einmal Seiteninhalte angelegt werden. Dafür müssen Sie kurzzeitig den Redakteursposten einnehmen, wozu Sie den Code-Editor verlassen. Zunächst soll auf der Startseite *Snowboardschule* ein einfacher Text mit Überschrift angelegt werden.

Klicken Sie zum Anlegen eines Seiteninhalts in der linken Modulliste auf *Seite* und wählen Sie im Seitenbaum durch Anklicken des Textlinks die Seite *Snowboardschule* aus. Im Anschluss erhalten Sie nun eine Ansicht über die auf dieser Seite platzierten Inhaltselemente (am Anfang also wahrscheinlich noch gar keine). Inhaltselemente können in TYPO3 in verschiedenen *Bereichen* (gelegentlich auch *Spalten* genannt) platziert werden. Zu Anfang finden Sie lediglich den Bereich *Normal* – später im Abschnitt »Inhalte in anderen Bereichen ausgeben« auf Seite 231 werden Sie lernen, wie Sie die Inhaltsbereiche im Backend an das Layout Ihrer Seite anpassen, zusätzliche Bereiche definieren und dort Inhalte platzieren können.

Sie können im rechten Bereich einen Seiteninhalt anlegen, indem Sie auf den Button *Neuen Inhalt erstellen* innerhalb des Bereichs *Normal* klicken, wie in Abbildung 8.1 zu sehen ist.

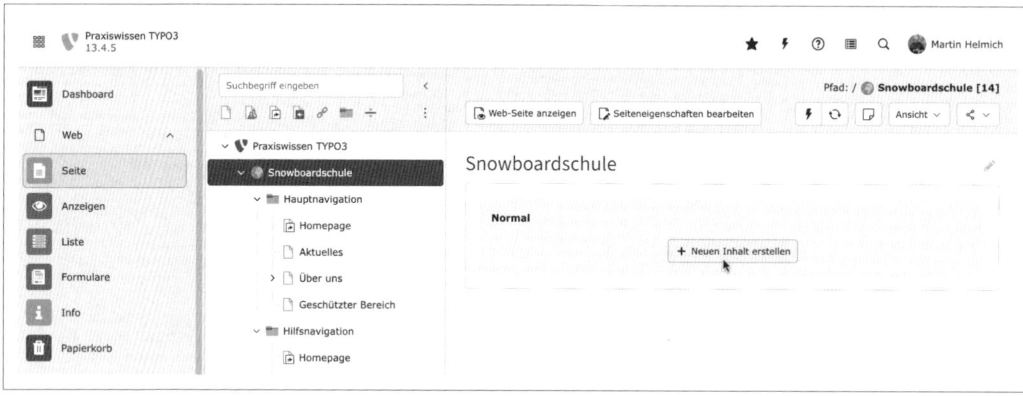

Abbildung 8.1 ▲
Übersicht über Seiteninhalte auf einer Seite

In dem Wizard für neue Inhaltselemente bzw. Seiteninhalte, der nun erscheint (siehe Abbildung 8.2), können Sie verschiedene vordefinierte Inhaltstypen auswählen. Dies sind prinzipiell nur unterschiedliche Masken, die Redakteuren zur Verfügung gestellt werden. Wie aus diesen Inhalten am Ende HTML-Code für den Webseitenbesucher generiert wird, erfolgt (wie in den vorherigen Kapiteln auch schon) über eine Kombination aus TypoScript-Konfiguration und Fluid-Templates – aber dazu später mehr.

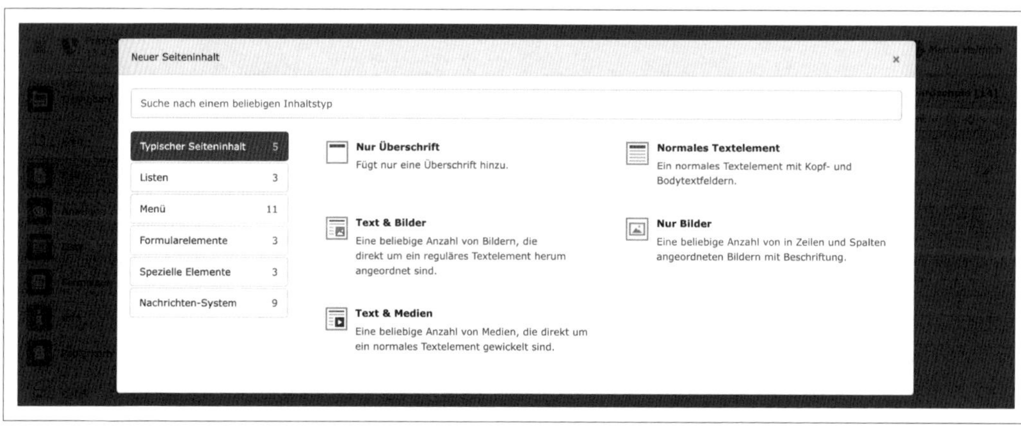

Abbildung 8.2 ▲
Der Wizard für neue Seiteninhalte

Diese vordefinierten Inhaltstypen sind z. B. *Text & Medien*, *Tabelle* usw. Über den Inhaltstyp *Text & Medien* kann der Redakteur Inhaltsüberschriften sowie Fließtext angeben. Außerdem gibt es zusätzliche Felder, über die Multimediainhalte wie Bilder, Video- oder Audiodateien hochgeladen bzw. eingebunden werden können und mit denen man die Position der eingebundenen Medien bestimmen kann.

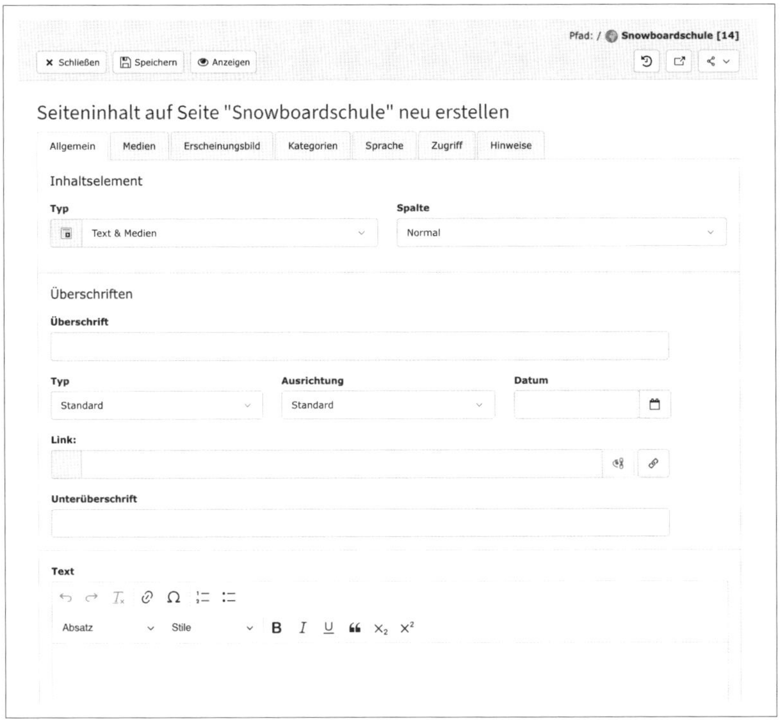

◀ **Abbildung 8.3**
Backend-Maske für einen Seiteninhalt vom Typ »Text & Medien«

Für den ersten Seiteninhalt wählen Sie aus dem Wizard den Eintrag *Text & Medien* aus. Dann erscheint die in Abbildung 8.3 gezeigte Maske für einen Seiteninhalt des Typs *Text & Medien*. Füllen Sie hier auf dem Tab *Allgemein* das Feld *Überschrift* mit dem Inhalt *Das ist eine Überschrift*. Füllen Sie anschließend das Feld *Text* mit dem Inhalt *Dies ist ein Text*. Speichern Sie den Seiteninhalt, indem Sie auf das Symbol *Speichern* klicken.

Speziell für Redakteure kann die Vielzahl der Eingabefelder oft verwirrend sein. In Kapitel 11, *Das Backend für Redakteure anpassen*, erfahren Sie, wie Sie Redakteuren nur diejenigen Felder zur Verfügung stellen, die Sie per TypoScript beschrieben haben und die auch tatsächlich benötigt werden. Ebenso erfahren Sie dort, wie Sie den Texteditor für den Textinhalt an Ihre Bedürfnisse anpassen können.

Einen weiteren Seiteninhalt anlegen

Legen Sie nun auf derselben Seite *Snowboardschule* einen weiteren Seiteninhalt vom Typ *Text & Medien* an. Verwenden Sie dazu den aus Abbildung 8.1 bekannten Button *Neuen Inhalt erstellen*. Verwenden Sie bei Ihrem neuen Seiteninhalt in den Feldern *Überschrift* und *Text* einen von dem oben abweichenden Inhalt, z. B. *Das hier ist eine zweite Überschrift*, um direkt einen Unterschied festzulegen.

Es existiert ein weiteres Feld mit der Bezeichnung *Typ*, aus dem Sie ein Layout auswählen können. Wählen Sie hier statt des Eintrags *Standard* den Eintrag *Layout 3* aus und speichern Sie den neuen Seiteninhalt ab. Abbildung 8.4 zeigt, wo sich das Feld zur Auswahl des Layouts befindet.

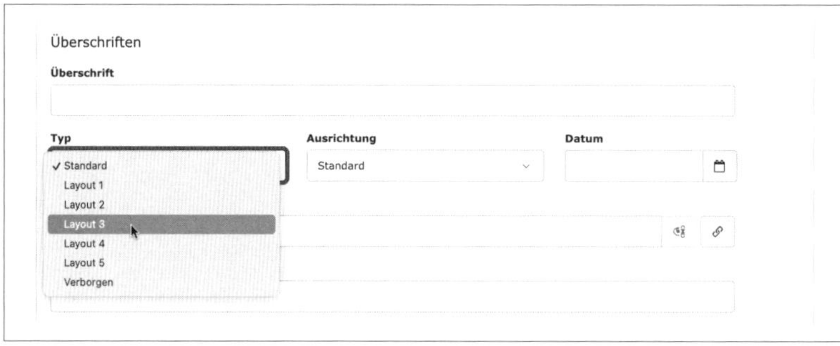

Abbildung 8.4 ▶ Im Feld »Typ« ein Layout auswählen

Vorhandene Seiteninhalte ausgeben

Nachdem Sie nun zwei Seiteninhalte auf der Seite *Homepage* angelegt haben, werden Sie vielleicht enttäuscht sein, dass diese im Frontend noch nicht angezeigt werden. Auf der anderen Seite wäre das allerdings überraschend, da Sie TYPO3 noch nicht mitgeteilt haben, dass (und wo) überhaupt Inhalt angezeigt werden soll.

Site-Set Dependencies definieren

Sie haben es bereits bei der Implementierung der Menüs bemerkt: Wie Inhalte aus der TYPO3-Datenbank in den HTML-Code übersetzt werden, der am Ende dem Website-Besucher dargestellt wird, bestimmt immer eine Kombination aus TypoScript-Konfiguration und Fluid-Templates.

Nicht anders ist es bei den Inhaltselementen selbst. Glücklicherweise müssen wir hier nicht bei null anfangen, sondern können auf vordefinierte TypoScript-Dateien zurückgreifen, die vom TYPO3-Kern gleich mitgeliefert werden. Diese bringen (im Regelfall sinnvoll) vorkonfigurierte Darstellungen für alle Standard-Inhaltstypen mit, die wir im Bedarfsfall anpassen können (dazu später mehr).

Diese TypoScript-Dateien werden vom Site-Set *typo3/fluid-styled-content* bereitgestellt. Das Site-Set *typo3/fluid-styled-content-css* liefert zudem noch ein paar sinnvolle Standard-Stylesheets mit. Diese Site-Sets können Sie genauso über die Site-Konfiguration einbinden, wie Sie bereits Ihr eigenes Snowboard-Site-Set eingebunden haben (vgl. Abbildung 5.1 auf Seite 127). Wenn Ihr Site-Set jedoch tatsächlich einfach wiederverwendbar sein soll, ist es in der Regel sinnvoller, direkt in der Definition des Site-Sets zu definieren, dass eine Abhängigkeit zu diesen beiden anderen Site-Sets besteht. Ergänzen Sie daher die Definitionsdatei Ihres Site-Sets (die in Ihrem Site Package unter *Configuration/Sets/Snowboard/config.yaml* liegen sollte) so wie in Beispiel 8.1 gezeigt.

Beispiel 8.1: Abhängigkeiten zu anderen Site-Sets definieren

```
name: praxiswissen-typo3/snowboard
label: 'Snowboard'
dependencies:
  - typo3/fluid-styled-content
  - typo3/fluid-styled-content-css
```

Denken Sie im Anschluss daran, einmal alle Caches zu leeren, damit die geänderte Konfiguration des Site-Sets auch tatsächlich aktiv wird.

Alternativ zum Site-Set: Statische Templates verwenden

Falls Sie einen TypoScript-Datensatz anstelle eines Site-Sets verwenden, funktioniert die Einbindung der *fluid-styled-content*-Dateien ein bisschen anders.

Hinweis Nehmen Sie die folgenden Schritte nur vor, wenn Sie den vorherigen Kapiteln zur Erstellung eines Site-Sets **nicht** gefolgt sind!

Hierzu müssen Sie die vordefinierten TypoScript-Dateien in Ihren TypoScript-Datensatz einbinden. Das funktioniert wie folgt:

1. Wählen Sie dazu das *TypoScript*-Modul an und wechseln Sie im Seitenbaum auf die Seite *Snowboardschule*.
2. Klicken Sie in Ihrem TypoScript-Template ganz unten auf den Button *Den gesamten TypoScript-Datensatz bearbeiten*. Abbildung 8.5 zeigt, wo sich dieser Button befindet.
3. Nun öffnet sich eine umfangreiche Maske, die wir bereits in Kapitel 5, *TypoScript in der Praxis*, näher vorgestellt haben. Wechseln Sie zum Tab *Erweiterte Optionen*.
4. Fügen Sie im Abschnitt *TypoScript-Dateien einbinden* auf der rechten Seite die Einträge *Fluid Content Elements (fluid_styled_content)* und *Fluid Content Elements CSS* zu Ihrem TypoScript-Datensatz hinzu (siehe Abbildung 8.6), indem Sie einfach auf diesen Eintrag klicken.
5. Speichern Sie den Datensatz ab.

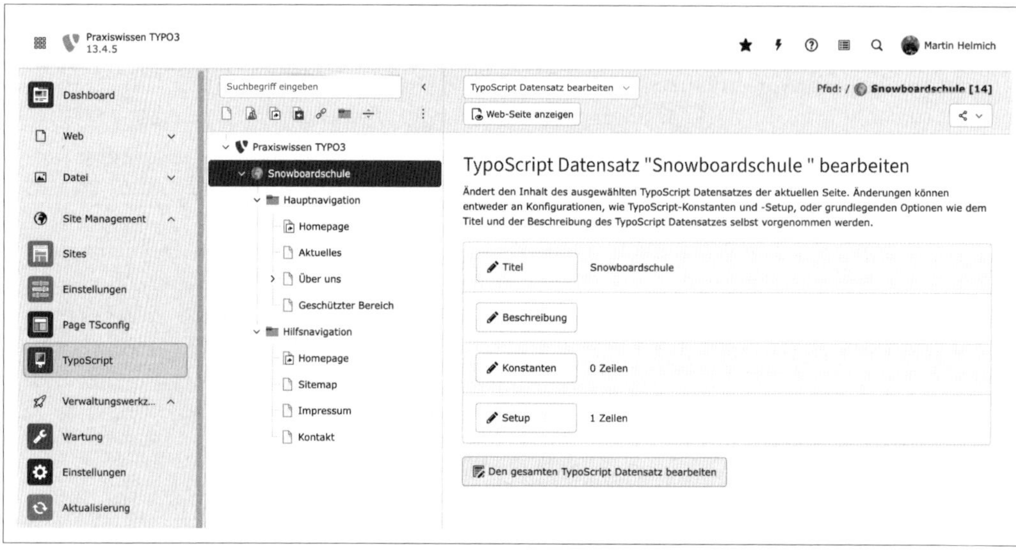

Abbildung 8.5 ▲
Der Button zur Maske, mit der der gesamte TypoScript-Datensatz bearbeitet werden kann

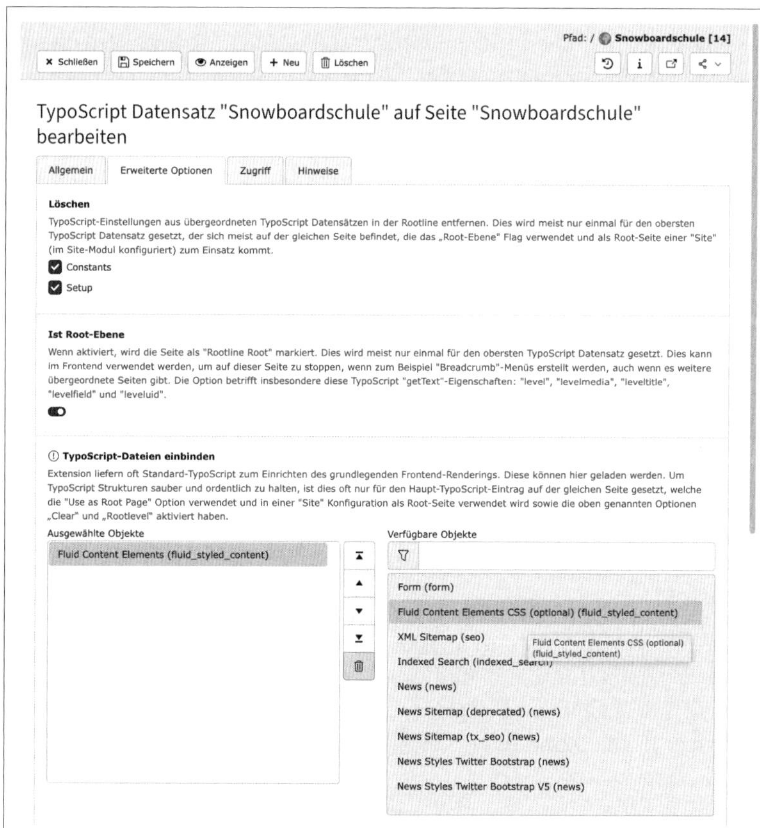

Abbildung 8.6 ▶
Die statische TypoScript-Datei einbinden

Inhalte ausgeben

Um die Seiteninhalte in Ihrem Fluid-Template an der richtigen Stelle ausgeben zu können, müssen diese zunächst einmal als Variable im Fluid-Template zur Verfügung stehen. Die Lösungsstrategie ist hier dieselbe wie schon bei der Grafikgenerierung und den Menüs: Nutzen Sie einen Data Processor.

Zum Laden von Inhalten gibt es den *page-content*-Data-Processor. Erweitern Sie daher Ihre *page.typoscript*-Datei so wie in Beispiel 8.2 gezeigt.

Beispiel 8.2: Den Seiteninhalt im Fluid-Template verfügbar machen

```
25  10 = PAGEVIEW
26  10 {
27    paths {
28      10 = EXT:snowboard/Resources/Private/PageView/
29    }
30
31    dataProcessing {
        [...]
60
61      50 = page-content
62      50.as = content
63    }
```

Wie bei den anderen Data Processors gibt die Eigenschaft *as* (Zeile 62) an, unter welchem Variablennamen der Seiteninhalt später im Fluid-Template verfügbar sein wird. Die Angabe *as=content* könnten wir uns in diesem Fall sogar sparen, da das ohnehin der Standardwert ist.

Im Fluid-Template haben Sie nun Zugriff auf die Variable *content*. Genauer gesagt befinden sich alle Inhalte, die wir bislang erstellt haben, unter *content.main*; denn theoretisch unterstützt TYPO3 ja viele verschiedene Content-Bereiche. *main* ist dabei der systeminterne Name des *Normal*-Bereichs (der bislang auch der einzige Bereich ist). Wie so oft hilft die Verwendung des `f:debug`-ViewHelpers, um sich einen Überblick über Inhalte und Struktur einer komplexeren Fluid-Variable zu verschaffen.

Um den Inhalt tatsächlich im Frontend auszugeben, nutzen wir den `f:cObject`-ViewHelper, mit dem auf bestehende TypoScript-Objekte zugegriffen werden kann. In diesem Fall sind das keine Objekte, die wir selbst definiert haben, sondern Objekte aus dem eingebundenen *fluid_styled_content*-Site-Set. Erweitern Sie dazu Ihr Fluid-Template so wie in Beispiel 8.3 gezeigt.

Beispiel 8.3: Inhalte im Fluid-Template ausgeben

```
<main class="container">
  <div class="row">
    <div class="col-md-12 content-main">
      <f:for each="{content.main.records}" as="record">
        <f:cObject
```

Beispiel 8.3: Inhalte im Fluid-Template ausgeben (Fortsetzung)

```
089             typoscriptObjectPath="{record.mainType}"
090             data="{record}"
091             table="{record.mainType}"
092         />
093       </f:for>
094     </div>
095   </div>
096 </main>
```

Betrachten wir die Konstruktion noch einmal im Detail: Die Variable *content.main.records* enthält die tatsächlichen Inhaltsobjekte, die für den Haupt-Inhaltsbereich auf der jeweiligen Seite definiert sind. Mit der *for*-Schleife in Zeile 87 iterieren wir über all diese Datensätze. Der `f:cObject`-ViewHelper in Zeile 88 ist dann dafür verantwortlich, den jeweiligen Inhalt tatsächlich darzustellen. Das Besondere dabei: Der *typoscriptObjectPath* ist dynamisch, abhängig vom Typ des Datensatzes. Die jeweils ausgewerteten TypoScript-Konfigurationen stammen dabei aus dem *fluid_styled_content*-Site-Set, können aber natürlich von Ihnen überschrieben werden, falls Sie die standardmäßig von TYPO3 produzierte HTML-Ausgabe an Ihre Bedürfnisse anpassen möchten.

Wenn Sie jetzt Ihre Seite im Frontend betrachten, sollte sie ähnlich aussehen wie in Abbildung 8.7. Wie Sie sehen, liefern die *Fluid Styled Content*-Standardkonfigurationen bereits durchaus brauchbare Ergebnisse. Der erzeugte HTML-Quelltext wird mit zahlreichen CSS-Klassen ausgezeichnet, sodass Sie einen Großteil der Formatierung einfach über die CSS-Datei anpassen können.

Abbildung 8.7 ▼
Überschrift und Inhalt werden CSS-formatiert ausgegeben.

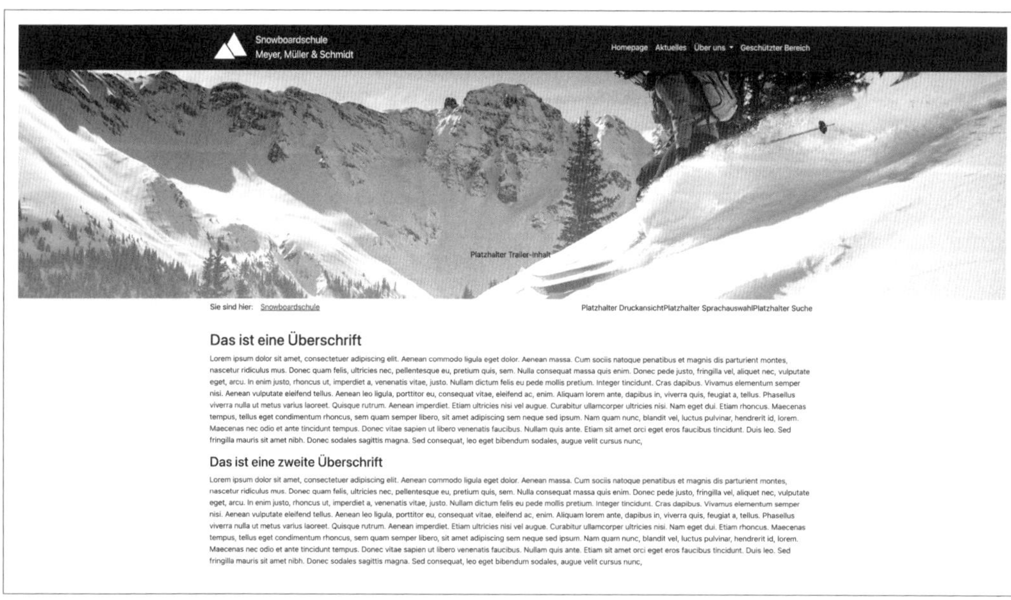

Wie Sie komplexere Anpassungen über TypoScript vornehmen können, werden wir uns im nächsten Abschnitt ansehen.

Multimedia-Inhalte ausgeben

Bislang haben wir als Inhalt immer nur Texte erstellt; tatsächlich aber ist »Text« ja nur eine von vielen möglichen Arten von Inhalten, die Sie über ein Content-Management-System wie TYPO3 verwalten können.

Dateien in der Dateiliste verwalten

In Kapitel 6, *Grafiken mit TypoScript erstellen*, haben Sie bereits kurz mit Bilddateien gearbeitet, als Sie das Trailerbild eingerichtet haben. Oft kommt es jedoch vor, dass Sie manche Medien-Dateien gleich an mehreren Stellen verwenden möchten. In diesem Fall ist es sinnvoller, diese zuvor über die eingebaute Dateiliste zu verwalten und sie nicht jedes Mal neu hochzuladen, wenn Sie einen Inhalt erstellen oder bearbeiten.

Für das Praxisbeispiel möchten wir eine kleine Bibliothek an Bilddateien anlegen, die wir zunächst in der eingebauten Dateiverwaltung hochladen. Diese finden Sie im TYPO3-Backend unter dem Menüpunkt *Datei → Dateiliste*. Abbildung 8.8 zeigt, wie Sie hier einen neuen Ordner erstellen können. Klicken Sie auf *Ordner erstellen* in der oberen Zeile und erstellen Sie direkt unterhalb des *fileadmin*-Dateispeichers einen Ordner namens *images*.

▼ Abbildung 8.8
Einen neuen Ordner in der Dateiliste erstellen

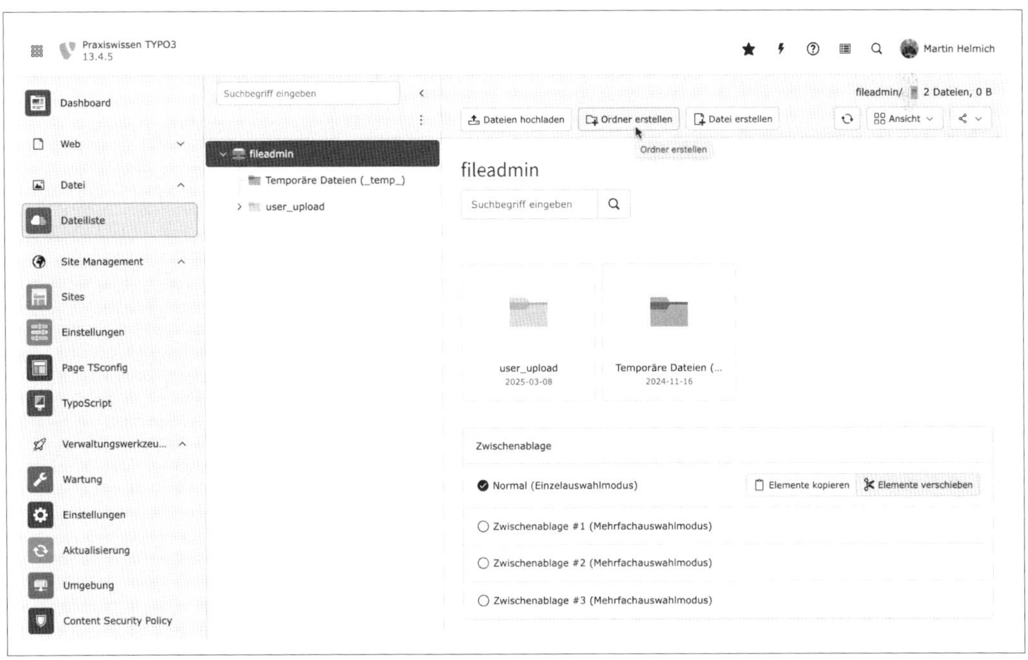

Hinweis TYPO3 unterstützt verschiedene Dateispeicher. In der Standard-Installation haben Sie einen Dateispeicher mit dem Namen *fileadmin*, der im Dateisystem Ihres Servers auch unter dem Verzeichnis *public/fileadmin/* liegt. Je nach dem Setup Ihrer TYPO3-Installation können der Speicherort und/oder der Name jedoch auch abweichen.

Wenn Sie den neu erstellten Ordner *images/* in der Dateiliste anwählen, haben Sie die Option, Dateien in diesen hochzuladen. Klicken Sie dazu auf *Dateien hochladen* und wählen Sie ein paar der Beispielbilder aus, die im *images/*-Verzeichnis der Beispieldateien dieses Buchs liegen.

Tipp Den *fileadmin*-Dateispeicher finden Sie im Dateisystem Ihres Servers – in der Regel unter *public/fileadmin/* unterhalb Ihres TYPO3-Installationsverzeichnisses. Statt über das TYPO3-Backend können Sie ebenso gut Dateien per SFTP (oder andere Übertragungsmechanismen) in diesen Ordner hochladen. Insbesondere bei größeren Datenmengen oder vielen einzelnen Dateien kann das sowohl komfortabler als auch robuster sein. Beachten Sie dabei, dass TYPO3 in diesem Fall die Dateiinformationen gesondert auslesen muss. Wie das funktioniert, erfahren Sie in Kapitel 12, *Tipps und Tricks*, im Abschnitt »Wiederkehrende Aufgaben: Der Scheduler« auf Seite 388.

Metadaten pflegen

Wenn Sie eine Bilddatei in der Dateiliste anklicken, können Sie in dem dann erscheinenden Formular die grundlegenden Metadaten dieses Bildes bearbeiten (siehe Abbildung 8.9).

Abbildung 8.9 ▼
Bild-Metadaten bearbeiten

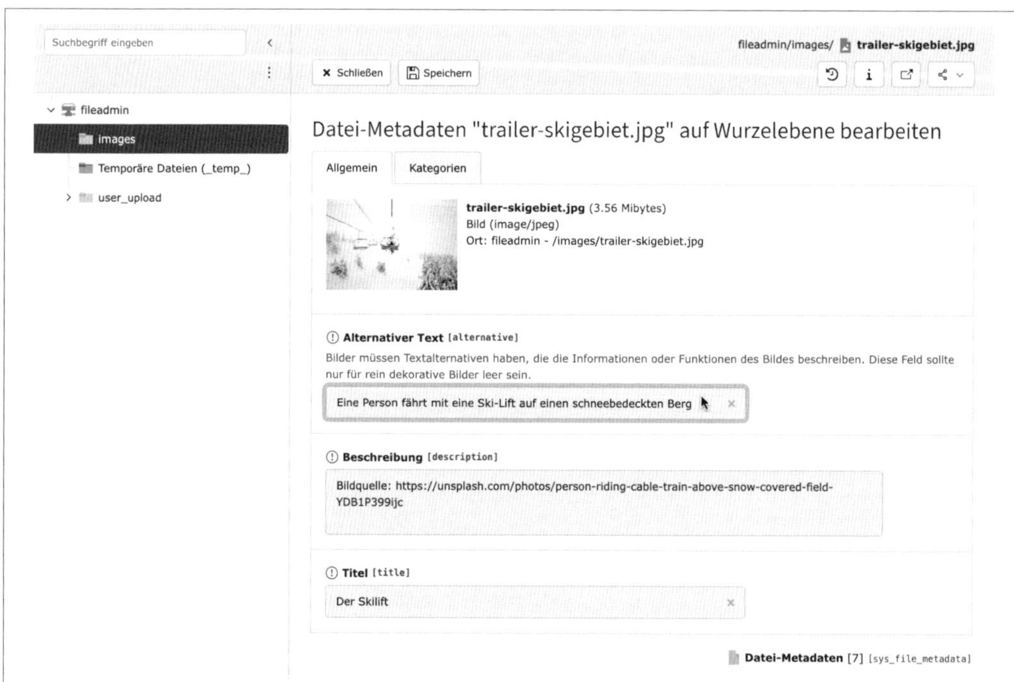

Achten Sie hier unbedingt insbesondere auf den *Alternativen Text*, wenn Sie grundlegende Anforderungen an die Barrierefreiheit Ihrer Webseite erfüllen möchten (bzw. müssen). Sie können diese Metadaten auch ebenso gut direkt im Seiteninhalt pflegen, müssen sie dann aber auch immer wieder neu eingeben, wenn Sie dasselbe Bild auf mehreren Seiten verwenden möchten. Generell ist es daher sinnvoller, die Bild-Metadaten direkt in der Dateiliste zu pflegen, damit diese stets konsistent sind, wenn Sie Mediendateien an mehreren Stellen auf Ihrer Website verwenden.

Bild-Inhalte einfügen

Die Inhaltstypen *Text & Bilder*, *Nur Bilder* sowie *Text & Medien* können allesamt genutzt werden, um in der Dateiliste hinterlegte Bilder als Seiteninhalt einzufügen. Fügen Sie beispielsweise auf der Seite *Skigebiet* auf die schon bekannte Art und Weise (wie in Abbildung 8.1 und Abbildung 8.2) einen neuen Inhalt des Typs *Nur Bilder* ein. Unter dem Tab *Bilder*, zu sehen in Abbildung 8.10, können Sie über den Button *Bild hinzufügen* bestehende Bilder aus dem *fileadmin*-Dateispeicher auswählen und auf der Seite einfügen.

▼ Abbildung 8.10
Bild-Inhalte als Seitenelement einfügen

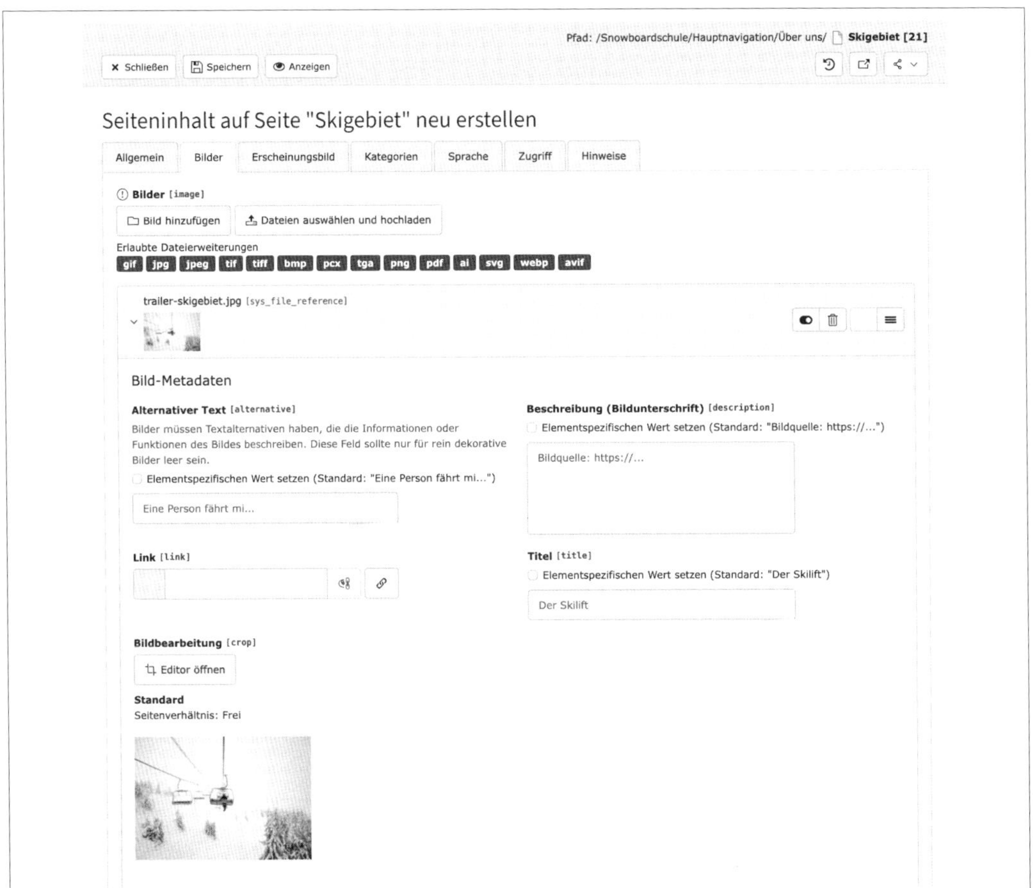

Sie haben hier die Möglichkeit, die als Datei-Metadaten hinterlegen Alternativtexte und Beschreibungen noch einmal zu überschreiben. Weiterhin können Sie auch einen bestimmten Bildausschnitt auswählen. Das kann insbesondere bei Galerieansichten sinnvoll sein, wenn Sie Bilder mit unterschiedlichen Seitenverhältnissen einheitlich darstellen möchten.

Die Ausgabe von Bildern über die Site-Einstellungen anpassen

Wenn Sie ein *Nur Bilder*-Inhaltselement mit drei Bildern einfügen, fällt Ihnen womöglich auf, dass die Bilder standardmäßig mit ca. 200 Pixeln Größe eingefügt werden. Das mag in manchen Anwendungsfällen ausreichend sein, aber in manchen womöglich nicht.

In Kapitel 7, *Menüs erstellen*, haben Sie ja bereits eigene Einstellungen in Ihrem Site-Set definiert, um die Startpunkte der Menüs konfigurierbar zu machen. Nachdem Sie in Beispiel 8.1 auf Seite 199 die Abhängigkeit zum *typo3/fluid-styled-content*-Site-Set hinzugefügt haben, steht Ihnen im Modul *Site Management → Einstellungen* eine Vielzahl weiterer Einstellungen zur Verfügung. Unter *Fluid Styled Content, Content Elements* finden Sie dort beispielsweise die Einstellung *Max Image/Media Width* (siehe Abbildung 8.11). Mit dieser können Sie die gewünschte Gesamtbreite aller Bildinhalte einer Galerie konfigurieren. (Allerdings ist es, sofern Ihr Layout keine feste Breite hat, sinnvoll, die Breite der Bildelemente zusätzlich per CSS an die tatsächliche Breite des Seitenlayouts anzupassen.)

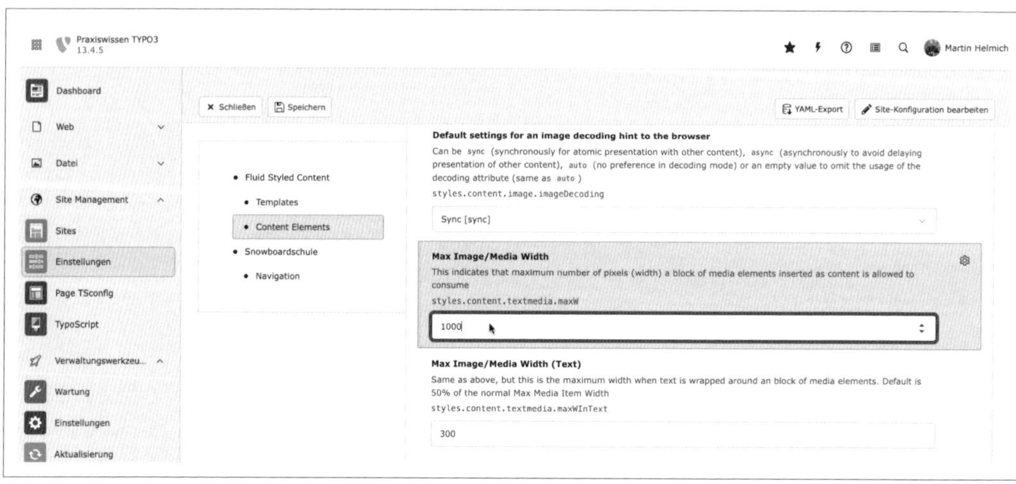

Abbildung 8.11 ▲
»Fluid Styled Content« über das »Einstellungen«-Modul konfigurieren

Über die Site-Einstellungen können Sie neben den Bildgrößen noch ein paar weitere Feinheiten konfigurieren, die sich auf die Darstellung von Inhalten im Frontend auswirken. Falls Sie größere Änderungen an der standardmäßigen HTML-Ausgabe vornehmen möchten, werden wir uns im nächsten Abschnitt damit befassen, wie Sie die vorkonfigurierten Fluid-Templates an Ihre Bedürfnisse anpassen können.

Die Ausgabe von Inhalten mithilfe von Fluid-Templates anpassen

Das *Fluid Styled Content*-Paket liefert bereits vordefinierte TypoScript-Konfigurationen und Fluid-Templates für alle standardmäßig vorhandenen Inhaltselemente mit – und diese sind in aller Regel auch für die meisten Anwendungsfälle geeignet.

Gelegentlich kommt es jedoch vor, dass Sie die HTML-Ausgabe von Inhaltselementen an Ihre eigenen Bedürfnisse anpassen möchten. Ein Beispiel: In jedem Inhaltselement können Sie eine Überschrift und eine Unterüberschrift (ja, dieses Wort gibt es tatsächlich) definieren. In der Standard-Konfiguration gibt TYPO3 diese als `<h2>`- und `<h3>`-Element aus:

```
<header>
  <h2>Überschrift</h2>
  <h3>Unterüberschrift</h3>
</header>
```

Nehmen wir einmal an, Sie möchten diese Struktur anpassen, beispielsweise indem Sie ein `<h1>`-Element verwenden und die Unterüberschrift nicht als separate Überschriftenebene einfügen:

```
<div class="page-header">
  <h1>
    Überschrift
    <small>Unterüberschrift</small>
  </h1>
</div>
```

Neben dieser Gesamtüberschrift sollten weitere Überschriftebenen als HTML-Tags von `<h2>` bis `<h6>` abgebildet werden. Mit dem *Layout*-Feld in den Eigenschaften der Inhaltselemente, die Sie bereits erstellt haben, können Sie in der Standardeinstellung alle Überschrifttypen von `<h1>` bis `<h5>` erstellen. Lediglich für die oben beschriebene Hauptüberschrift bedarf es einer Sonderlösung, die zunächst in TypoScript konfiguriert werden muss. Wie Sie die Darstellung der Überschriften oder auch einzelner Inhaltstypen Ihren Wünschen anpassen können, wird in den folgenden Abschnitten behandelt.

Um die Ausgabe von Inhaltselementen anzupassen, müssen wir zunächst die TypoScript-Konfiguration verstehen, die dieser zugrunde liegt. In Beispiel 8.3 haben Sie bereits gesehen, dass jedes Inhaltselement über ein TypoScript-Objekt ausgegeben wird, das aus dem Pfad mit dem Wert `{record.mainType}` ausgelesen wird. Dieser *mainType* ist bei allen von TYPO3 mitgelieferten Inhaltselementen *tt_content*. (Bei Drittanbieter-Extensions könnte er jedoch theoretisch auch einen anderen Wert haben.) Die Darstellung von Inhaltselementen wird also unter ebendiesem TypoScript-Pfad konfiguriert.

In Kapitel 5, *TypoScript in der Praxis*, hatten wir im Abschnitt »Aktives TypoScript« auf Seite 134 kurz die *Aktives TypoScript*-Funktion unterhalb des *TypoScript*-Moduls betrachtet. Dieses können wir nun verwenden, um die TypoScript-Konfiguration für die Darstellung von Inhalten etwas genauer unter die Lupe zu nehmen. Wechseln Sie dazu in das genannte Modul und wählen Sie im Seitenbaum die Startseite *Snowboardschule* an. Sie sehen die gesamte TypoScript-Konfiguration in einer Baumstruktur, einschließlich der Abhängigkeiten Ihres Site-Sets, wie etwa das *typo3/fluid-styled-content*-Site-Set (siehe Abbildung 8.12). Um ein Objekt näher zu analysieren, klicken Sie auf das Pfeilsymbol davor, um seine Eigenschaften auszuklappen.

Abbildung 8.12 ▶ Die »Fluid Styled Content«-Konfiguration im »Aktiven TypoScript«

Die Darstellung von Inhalten verstehen

Intern verwendet TYPO3 eine Reihe von TypoScript-Optionen und Fluid-Vorlagen, um die Darstellung von Inhalten zu beschreiben. Umgekehrt bedeutet das auch, dass Sie TypoScript und Fluid verwenden können, um so gut wie alle Einstellungen in Ihrem Template zu überschreiben.

Das Praxisbeispiel sieht vor, dass es mehrere unterschiedliche Arten der Darstellung für Überschriften geben soll: In der ersten Variante soll die Überschrift besonders hervorgehoben und mit Unterüberschrift erscheinen, in den übrigen Varianten sollen die Überschriften als reguläre `<h2>`- bis `<h5>`-Elemente dargestellt werden.

Um zu unterscheiden, welche Darstellungsvariante des Seiteninhalts angezeigt werden soll, verwenden Sie das Auswahlfeld *Typ* mit den Einträgen *Standard*, *Layout 1*, *Layout 2* ... (siehe Abbildung 8.13). Je nach ausgewähltem Layout soll die jeweilige TypoScript-Beschreibung verwendet werden.

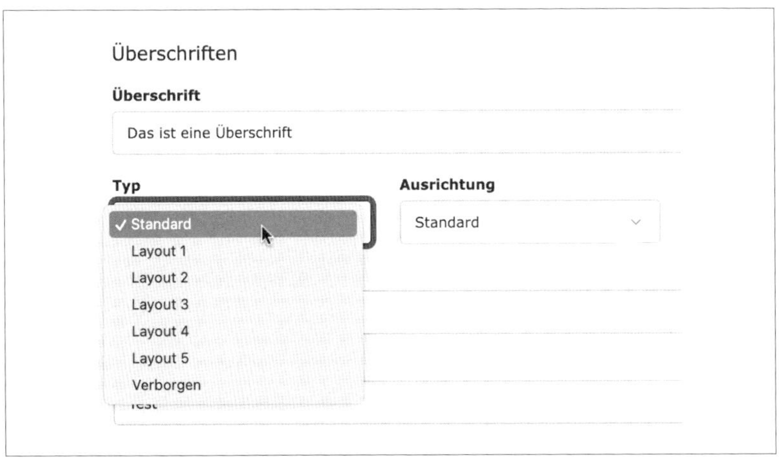

◀ **Abbildung 8.13**
Elemente des Auswahlfelds für die Überschrift

Tipp Generell sind die Typbezeichnungen *Standard* und *Layout 1* bis *5* für einen Redakteur später nicht besonders hilfreich, da sie nicht aussagekräftig genug sind. In Kapitel 11, *Das Buckend für Redakteure anpassen*, erfahren Sie, wie Sie die Darstellungsvarianten Ihrem Template entsprechend benennen können.

Die Darstellung von Inhaltselementen (und damit auch die Darstellung der Überschriften) ist in dem TypoScript-Objekt `tt_content` konfiguriert, das Sie über den TypoScript-Objekt-Browser inspizieren können. Sie werden sehen, dass die TypoScript-Variable eine Instanz des `CASE`-Objekts ist. Das `CASE`-Objekt bietet ähnliche Funktionen wie eine *switch/case*-Anweisung in einer Programmiersprache: In Abhängigkeit von einem bestimmten Eingabewert können verschiedene TypoScript-Konfigurationen zur Ausgabe eines Inhaltselements genutzt werden. Beispiel 8.4 zeigt (stark vereinfachten) Code für die Nutzung des CASE-Objekts zur Darstellung von Inhalten:

Beispiel 8.4: Nutzung des CASE-Objekts

```
01 tt_content = CASE
02 tt_content {
03   key.field = CType
04
05   header = TEXT
06   header {
07     field = header
08     wrap = <h1> | </h1>
09   }
10
11   textmedia = TEXT
12   textmedia {
13     field = bodytext
14   }
15 }
```

In seinen internen Datenstrukturen (in denen TYPO3 seine Inhalte beispielsweise in der Datenbank speichert oder die auch in den Fluid-Templates zur Verfügung stehen) hat jedes Inhaltselement einen Typ (wie beispielsweise den schon bekannten Typ *Text & Medien*). Dieser wird in einem Attribut namens `CType` gespeichert.

Tipp

Falls Sie wissen möchten, welche Attribute (wie beispielsweise also `CType`) Ihnen in einem Datensatz zur Verfügung stehen, können Sie beispielsweise einen Inhaltsdatensatz im Fluid-Template durch den `f:debug`-ViewHelper ausgeben (also z.B. durch `{contents.main.records -> f:debug()}`. Alternativ aktivieren Sie in den installationsweiten Einstellungen im *Verwaltungswerkzeuge/Einstellungen*-Modul die Option *[BE][debug]*. Mit dieser werden Ihnen im Backend die internen Attributsnamen neben den Eingabefeldern angezeigt.

Das TypoScript-Objekt `tt_content` beschreibt nun, wie TYPO3 diese Inhaltselemente darzustellen hat. Es wird für jedes Inhaltselement neu ausgewertet, und der entstehende HTML-Quelltext wird auf der Seite ausgegeben. Dieses Codebeispiel macht intensiven Gebrauch vom `.field`-Attribut. Im Unterschied zum `.value`-Attribut (das einfach einen statischen Wert einfügt) befüllt das `.field`-Attribut ein TypoScript-Objekt mit einem Attribut des gerade dargestellten Inhaltselements (in Zeile 7 wird das TEXT-Objekt mit dem `header`-Feld, also der Überschrift des gerade geladenen Inhaltselements, befüllt). Auf dieselbe Weise wird in Zeile 3 der `CType` des Inhaltselements in das `.key`-Attribut geladen. Dessen Wert entscheidet, welches Unterelement des CASE-Objekts zur Darstellung des Inhaltselements genutzt werden soll. Für ein Inhaltselement, dessen `CType` also `textmedia` ist, wird das in `textmedia` definierte `TEXT`-Objekt zur Darstellung genutzt.

Beispiel 8.4 ist in diesem Fall tatsächlich nur genau das: ein Beispiel. Das tatsächlich von TYPO3 genutzte `tt_content`-Objekt sieht natürlich um einiges komplizierter aus: Abbildung 8.12 auf Seite 208 gibt Ihnen einen Eindruck von dem tatsächlichen Aufbau dieses Objekts. Bei genauerer Inspektion fällt jedoch auf, dass nahezu alle Varianten des `tt_content` `CASE`-Objekts Kopien des Objekts `lib.contentElement` sind. Dieses wiederum ist eine Instanz des `FLUIDTEMPLATE`-Objekts.

Das FLUIDTEMPLATE-Objekt

Wenn Sie das *fluid_styled_content*-Template nutzen, wird die HTML-Ausgabe aller Inhaltselemente über Fluid-Vorlagen generiert. In den vorhergehenden Kapiteln haben Sie Fluid bereits für alles Mögliche genutzt, beispielsweise für die Generierung von Grafiken oder Menüs.

Das *fluid_styled_content*-Template macht intensiven Gebrauch von Fluid-*Partials*. Erinnern Sie sich an den Abschnitt »Fluid-Templates mit Partials strukturieren« auf Seite 188: Mit diesen können Sie einzelne Teile einer HTML-Vorlage in eigene Dateien auslagern und diese dann mithilfe des `<f:render partial="...">`-ViewHelpers wiederverwenden.

Es ist wichtig, dass Sie die Funktionsweise von Fluid-Templates und Partials verstanden haben, wenn Sie die Ausgabe der TYPO3-eigenen Inhaltselemente anpassen möchten. Denn auch diese werden, wie Sie bereits im letzten Abschnitt gesehen haben, über Fluid-Templates generiert – und in diesen werden Partials gern und intensiv genutzt.

Das `FLUIDTEMPLATE`-Objekt verhält sich ganz ähnlich zu dem `PAGEVIEW`-Objekt, das Sie bereits aus den vergangenen Kapiteln kennen, ist aber wesentlich generischer. Während das `PAGEVIEW`-Objekt darauf ausgelegt ist, ganze HTML-Dokumente auszugeben, ist das `FLUIDTEMPLATE` flexibler, benötigt aber auch ein bisschen mehr Konfiguration.

Um zu verstehen, wie TYPO3 selbst Fluid-Templates zur Ausgabe von Inhalt nutzt, können Sie in der *Aktives TypoScript*-Ansicht die Definition des Objekts `tt_content.textmedia` untersuchen. (Dieses Objekt wird zur Darstellung des schon bekannten Inhaltstyps *Text & Medien* genutzt.) Dort sehen Sie, dass dieses Objekt in etwa wie folgt definiert ist:

```
tt_content.textmedia =< lib.contentElement
tt_content.textmedia {
  templateName = Textmedia
}

lib.contentElement = FLUIDTEMPLATE
lib.contentElement {
  templateRootPaths {
```

```
09     0 = EXT:fluid_styled_content/Resources/Private/Templates
10   }
11
12   partialRootPaths {
13     0 = EXT:fluid_styled_content/Resources/Private/Partials
14   }
15 }
```

Das Objekt `tt_content.textmedia` in Zeile 1 ist lediglich eine Referenz auf das `lib.contentElement`-Objekt. Das Attribut `templateName` wird in Zeile 3 jedoch mit dem Wert `Textmedia` überschrieben. Der `templateName` zusammen mit dem Attribut `templateRootPaths` aus `lib.contentElement` in Zeile 8 gibt an, an welcher Stelle TYPO3 letztendlich nach der Fluid-Template-Datei zu suchen hat. Die Kennzeichnung `EXT:fluid_styled_content` im Dateipfad wird dabei durch den Dateipfad der Systemkomponente `fluid_styled_content` ersetzt. (In einer Composer-basierten Installation ist das üblicherweise das Verzeichnis *vendor/typo3/cms-fluid-styled-content*.) In diesem Fall befindet sich das Fluid-Template für *Text & Medien*-Inhaltselemente also in der Datei *vendor/typo3/cms-fluid-styled-content/Resources/Private/Templates/Textmedia.html*. Werden in dieser Template-Datei Partials eingebunden, dann werden diese im Verzeichnis *Resources/Private/Partials* gesucht. Um die HTML-Ausgabe des *Text & Medien*-Inhaltselements an Ihre Wünsche anzupassen, könnten Sie nun die Fluid-Vorlage in dieser Datei verändern. Allgemein wäre das jedoch nicht ratsam, da alle Änderungen an TYPO3-eigenen Dateien nach einem Softwareupdate wieder weg wären. Im nächsten Abschnitt werden Sie daher erfahren, wie Sie diese Vorlage an Ihre Wünsche anpassen, ohne dabei Dateien des TYPO3-Kerns verändern zu müssen.

Die Kopfzeile anpassen

Theoretisch könnten Sie in Ihrem TypoScript-Template nun zum Objekt `lib.contentElement` einen weiteren `templateRootPath` hinzufügen – beispielsweise im *Resources/*-Verzeichnis in Ihrem eigenen Site Package – und dort einzelne Standard-Fluid-Templates durch Ihre eigenen ersetzen. Da unser aktuelles Ziel jedoch eine Änderung der Überschrift ist (und jedes der vielen verschiedenen Inhaltselemente eine Überschrift hat), wäre dies aber ein recht mühsamer Weg zur Anpassung der Überschrift.

Glücklicherweise haben die Entwickler*innen von TYPO3 diesen Umstand bedacht und die HTML-Vorlage, aus der die Überschriften der Inhaltselemente generiert werden, in ein eigenes Partial mit dem Namen `Header/All` ausgelagert. Dieses besteht sogar wieder aus weiteren Partials, beispielsweise `Header/Header` für die eigentliche Überschrift und `Header/SubHeader` für eine eventuell vorhandene Unterüberschrift. Um die Überschrift an Ihre eigenen Bedürfnisse anzupassen, haben Sie also die Möglichkeit, das komplette `Header/All`-Partial gegen ein eigenes auszutauschen oder aber gezielt eigene Partials für die Haupt- oder Unterüberschrift zu entwickeln. Da unsere »Seitenüberschrift« tiefe Eingriffe in die HTML-Ausgabe erfordert, werden wir im Folgenden das `Header/All`-Partial austauschen.

Erstellen Sie dazu eine neue Datei *content.typoscript* in Ihrem Site-Set (*Configuration/Sets/Snowboard/TypoScript*). Beispiel 8.5 zeigt, wie Sie in dieser Datei das Objekt `lib.contentElement` mit einem zusätzlichen `partialRootPath` im *Resources/*-Verzeichnis Ihres Site Packages erweitern können. Fluid wird bei der Generierung der Ausgabe alle konfigurierten Partial-Verzeichnisse nach den entsprechenden Vorlagen durchsuchen und dabei zuerst im von Ihnen konfigurierten Verzeichnis suchen.

Beispiel 8.5: Konfiguration eines zusätzlichen Partial-Verzeichnisses für »tt_content«

```
lib.contentElement {
  partialRootPaths {
    10 = EXT:snowboard/Resources/Private/ContentElements/Partials
  }
}
```

Durch diese Konfiguration wird jedes Fluid-Partial zuerst in Ihrem Site-Package gesucht. Erst, wenn es dort nicht gefunden wird, schlägt Fluid im vorkonfigurierten Standardverzeichnis unter *vendor/typo3/cms-fluid-styled-content* nach. Um nun den Header zu überschreiben, platzieren Sie in Ihrem Site Package im Verzeichnis *Resources/Private/ContentElements/Partials/Header* die Datei *All.html*. Beispiel 8.6 zeigt einen möglichen Inhalt für dieses Template.

Beispiel 8.6: Ein benutzerdefiniertes »Header/All«-Partial

```
<f:if condition="{data.header}">
  <f:switch expression="{data.header_layout}">
    <f:case value="1">
      <div class="page-header">
        <h1>
          {data.header}
          <f:if condition="{data.subheader}">
            <small>{data.subheader}</small>
          </f:if>
        </h1>
      </div>
    </f:case>
    <f:case value="2"><h2>{data.header}</h2></f:case>
    <f:case value="3"><h3>{data.header}</h3></f:case>
    <f:case value="4"><h4>{data.header}</h4></f:case>
    <f:case value="5"><h5>{data.header}</h5></f:case>
    <f:case value="6"><h6>{data.header}</h6></f:case>
    <f:defaultCase><h2>{data.header}</h2></f:defaultCase>
  </f:switch>
</f:if>
```

Dieses Template unterstützt alle möglichen Darstellungsweisen einer Überschrift. Hierzu werden die `<f:switch>`-, `<f:case>`- und `<f:defaultCase>`-ViewHelper genutzt, die sich genauso verhalten wie ein *switch/case*-Statement in einer Programmiersprache. Als Variable für das *switch*-Statement wird die Variable `{data.header_layout}` verwendet. Diese enthält das Layout, das Sie im TYPO3-Backend beim Erstellen des Inhaltselements ausgewählt haben.

Der `<f:if>`-ViewHelper in den Zeilen 1 und 20 stellt sicher, dass die Überschrift nur dann ausgegeben wird, wenn ein Inhaltselement auch tatsächlich eine Überschrift hat (denn der Redakteur kann das entsprechende Eingabefeld im TYPO3-Backend ja auch einfach leer lassen).

Tipp Nutzen Sie den Fluid-Ausdruck `{_all -> f:debug()}` irgendwo im Fluid-Template, um den kompletten Datensatz auszugeben und alle nutzbaren Fluid-Variablen zu inspizieren.

Wurde das Layout `1` ausgewählt (Zeilen 2 bis 11), wird der in der Designvorlage definierte Seiten-Header ausgegeben. Über den `<f:if>`-ViewHelper in den Zeilen 6 bis 8 wird zudem abgefragt, ob eine Unterüberschrift vorhanden ist, und diese gegebenenfalls ausgegeben.

Um diese Anpassung zu verifizieren, benötigen Sie nun zunächst ein Inhaltselement mit einer entsprechend konfigurierten Überschrift. Wechseln Sie daher zurück in das Modul *Seite* und wählen Sie die Startseite. Fügen Sie nun entweder ein neues Inhaltselement ein oder bearbeiten Sie einen der schon vorhandenen Inhalte. Achten Sie darauf, dem Inhaltselement sowohl eine *Überschrift* als auch eine *Unterüberschrift* zu geben: Füllen Sie diese Felder mit einer kreativen Überschrift Ihrer Wahl. Vergeben Sie als *Typ* zudem den Wert *Layout 1* (das entspricht dann dem *f:case value="1"* aus Beispiel 8.6). Speichern Sie dann den Inhalt und betrachten Sie nun die Seite im Frontend. Die Ausgabe sollte in etwa so aussehen wie in Abbildung 8.14.

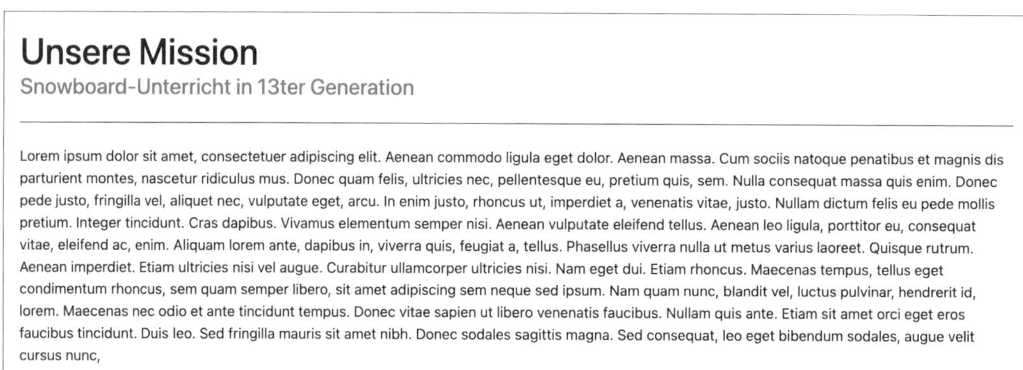

Abbildung 8.14 ▼ Eine Überschrift mit benutzerdefinierter Darstellung im Frontend

Besondere Seiteninhalte

In den bisherigen Abschnitten haben Sie die Inhaltselemente *Text & Medien* und *Nur Überschrift* kennengelernt. Diese zwei Inhaltstypen reichen schon in vielen Fällen zur Verwaltung »normaler« Inhalte aus. Wenn Sie später Redakteuren Zugriff auf Ihre Seite geben, könnte es sogar sinnvoll sein, den Zugriff dieser Nutzer auf nur diese beiden Inhaltselemente einzuschränken – wie das geht, erfahren Sie in Kapitel 11, *Das Backend für Redakteure anpassen*.

In diesem Abschnitt möchten wir Ihnen jedoch noch einige weitere Inhaltselemente vorstellen, die ebenfalls gut zu gebrauchen sind. Hierzu zählen Sitemaps (also Menüs, die als Inhaltselement eingefügt werden können) sowie Kontaktformulare.

Eine Sitemap integrieren

Auch eine Sitemap ist ein Seiteninhalt, der von Redakteuren mit entsprechenden Rechten angelegt werden kann. Um eine Sitemap anzulegen, wechseln Sie daher in der linken Modulliste in den Bereich *Seite* und wählen dann im Seitenbaum die Seite *Sitemap* aus.

Hinweis

Mit einer »Sitemap« meinen wir in diesem Fall ein Menü-Inhaltselement, mit dem ein Besucher Ihrer Website schnell einen Überblick über die Seitenstruktur gewinnen kann.

Wir meinen damit ausdrücklich *nicht* die maschinenlesbare »XML-Sitemap«, die häufig zur Suchmaschinenoptimierung eingesetzt wird. Damit befassen wir uns in Kapitel 9, *Erweiterte Darstellung von Inhalten*, im Abschnitt »Die XML-Sitemap« auf Seite 281.

Durch Anklicken des Buttons *Neuen Inhalt erstellen* erscheint der bereits bekannte Wizard, mit dem Sie auswählen können, welcher Seiteninhaltstyp angelegt werden soll. Prinzipiell können Sie hier einen beliebigen Inhaltstyp auswählen, da Sie später immer noch die Möglichkeit haben, den Typ des Seiteninhalts z.B. von *Text & Medien* auf *Menü/Sitemap* zu ändern. Um eine neue Sitemap zu erstellen, wechseln Sie im Wizard auf der linken Seite zunächst in den *Menü*-Tab.

Wie Sie im Wizard sehen, gibt es viele verschiedene Arten von Menüs, die Sie als Inhaltselement auf einer Seite einfügen können. Neben regulären Menüs und Sitemaps können Sie beispielsweise auch ein Menü der zuletzt veränderten Seiten oder eine Liste von »ähnlichen« Seiten ausgeben. Für unsere Zwecke sind die Typen *Sitemap* und *Sitemap der ausgewählten Seiten* die interessantesten. Ersterer würde eine Sitemap mit allen Unterseiten der aktuellen Seite darstellen; da die Seite Sitemap selbst keine Unterseiten mehr hat, bringt uns das an der Stelle nicht mehr viel. Aus diesem Grund ist die *Sitemap der ausgewählten Seiten* die geeignetere Wahl.

Sie können nun auf dem Tab *Allgemein* die Masken für den Inhaltstyp *Menü/Sitemap mit ausgewählten Seiten* nach Ihren Wünschen füllen. Das Feld *Überschrift* dürfte selbsterklärend sein und wird wie schon bei den vorgestellten Inhaltstypen *Text & Medien* und *Nur Überschrift* angewendet. Weiterhin können Sie spezielle Einstellungen zum Inhaltstyp vornehmen, wie in Abbildung 8.15 zu sehen ist. Besonders hervorzuheben ist das Feld *Ausgewählte Seiten*.

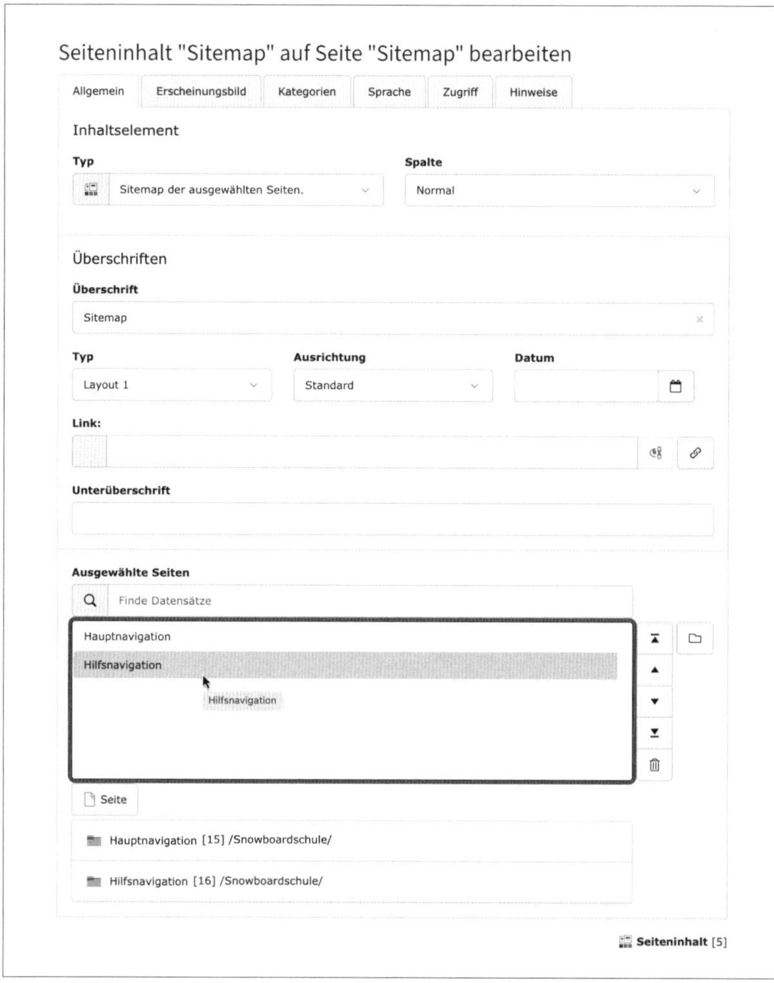

Abbildung 8.15 ▶ Der Seiteninhaltstyp »Sitemap«

Dieses Eingabefeld ist nur sichtbar, wenn Sie ein Element vom Typ *Sitemap der ausgewählten Seiten* bearbeiten. Darin können Sie angeben, von welchen Startpunkten aus die Sitemap dargestellt werden soll. Nehmen Sie die beiden Seiten *Hauptnavigation* und *Hilfsnavigation* in die Auswahl auf, indem Sie über das Suchfeld *Finde Datensätze* nach den beiden Seiten suchen. Alternativ können Sie das Ordnersymbol rechts neben dem Eingabefeld nutzen, um die Seite interaktiv aus dem Seitenbaum auszuwählen.

Jeder der verschiedenen Menütypen wird durch ein eigenes TypoScript-Objekt beschrieben. Sie finden diese, wenn Sie der *Aktives TypoScript*-Ansicht das `tt_content`-Objekt inspizieren und auf die verschiedenen Einträge achten, die mit `menu_` beginnen. Wie Sie sehen, handelt es sich bei allen Menütypen um Varianten des `lib.contentElement`-Objekts. Auch die Menü-Inhaltselemente werden also über Fluid-Templates beschrieben, die Sie genau so anpassen können wie zuvor in diesem Kapitel schon die Überschrift. Und es wird noch besser: Die Menüdaten in diesen Fluid-Templates werden über den *menu*-Data-Processor bereitgestellt, mit dem Sie in Kapitel 7, *Menüs erstellen*, bereits ebenfalls schon gearbeitet haben.

Einen genaueren Überblick über die verschiedenen Menütypen und die zugrunde liegenden TypoScript-Objekte finden Sie in Tabelle 8.1.

◀ **Tabelle 8.1**
Elemente des Auswahlfelds »Menütyp« mit den jeweils gespeicherten Werten

Element der Auswahlbox »Menütyp«	Zugrunde liegendes TypoScript-Objekt	Beschreibung
Zusammenfassungen	`menu_abstracts`	Listet ein Menü mit den unter *Ausgewählte Seiten* angegebenen Seiten auf. Zu jedem Menüpunkt wird die Inhaltsangabe ausgegeben, die im Bearbeitungsformular einer Seite auf dem Tab *Metadaten* eingegeben werden kann.
Kategorisierter Inhalt	`menu_categorized_content`	Menü von Inhaltselementen, die einer bestimmten Kategorie zugeordnet sind
Kategorisierte Seiten	`menu_categorized_pages`	Menü von Seiten, die einer bestimmten Kategorie zugeordnet sind
Seiten	`menu_pages`	Ein Menü, das ausschließlich aus den ausgewählten Seiten besteht
Unterseiten	`menu_subpages`	Ein Menü, das aus den direkten Unterseiten der ausgewählten Seiten besteht
Kürzlich aktualisierte Seiten	`menu_recently_updated`	Gibt Seiten aus, die kürzlich verändert wurden.
Verwandte Seiten	`menu_related_pages`	Gibt Seiten aus, bei denen die Angaben im Feld *Stichworte* übereinstimmen.
Sektionsindex	`menu_section`	Gibt von der aktuellen Seite bzw. der im Feld *Ausgangspunkt* angegebenen Seite eine Übersicht der auf dieser Seite angelegten Seiteninhalte aus. Dabei werden nur Inhalte angezeigt, die für die momentan aktive Sprache gelten und in der Spalte *Normal* angelegt wurden. Ausgegeben wird lediglich die Überschrift.
Menü der Unterseiten von ausgewählten Seiten	`menu_section_pages`	Gib ein Menü der Unterseiten der ausgewählten Seiten samt Seiteninhalt aus.
Sitemap	`menu_sitemap`	Eine Sitemap, die den gesamten Seitenbaum von der obersten Seite an ausgibt.
Sitemap ausgewählter Seiten	`menu_sitemap_pages`	Eine Sitemap, bei der eine oder mehrere Seiten als Ausgangspunkte angegeben werden können.

Ein Kontaktformular konfigurieren

Eine weitere häufige Anforderung ist das Hinzufügen von Eingabeformularen auf einer Seite. Diese können von einfachen Kontaktformularen mit E-Mail-Adresse und Text bis hin zu komplexen Bestellformularen reichen. Alle diese Anforderungen können Sie in TYPO3 mit dem *Formular*-Inhaltstyp umsetzen. Bevor Sie ihn benutzen können, müssen Sie einige Einstellungen am System vornehmen.

Kontaktformulare per TypoScript aktivieren

Die Kontaktformularfunktion ist kein Bestandteil von TYPO3 selbst, sondern wird von der Erweiterung *form* angeboten. Diese wird bereits standardmäßig zusammen mit TYPO3 selbst ausgeliefert und ist nach der Installation auch bereits standardmäßig aktiviert. Die Kontaktformulare werden – wie andere Inhaltstypen auch – über TypoScript generiert und benötigen eine Abhängigkeit in Ihrer Site-Set-Definition.

Ergänzen Sie daher die *config.yaml*-Datei Ihres Site-Sets so, wie in Beispiel 8.7 gezeigt ist, und leeren Sie im Anschluss alle Caches.

Beispiel 8.7: Das »form«-Paket als Abhängigkeit dem Site-Set hinzufügen

```
name: praxiswissen-typo3/snowboard
label: 'Snowboard'
dependencies:
  - typo3/fluid-styled-content
  - typo3/fluid-styled-content-css
  - typo3/form
```

Im Anschluss können Sie ein Kontaktformular als reguläres Inhaltselement auf einer Seite einfügen. In unserem Praxisbeispiel bietet sich dafür (wer hätte es gedacht) die Seite *Kontakt* unter der Seite *Hilfsnavigation* an.

Ein Kontaktformular definieren

Formulare in TYPO3 verhalten sich ein wenig anders als die Inhaltselemente, mit denen Sie bisher bereits gearbeitet haben. Bevor Sie ein Formular als Inhaltselement auf einer Seite platzieren können, müssen Sie zunächst das Formular selbst definieren. Dies geschieht über das Modul *Formulare*, das Sie im Abschnitt *Web* finden können. Eine so erstellte Formulardefinition beschreibt den grundlegenden Aufbau eines Formulars (also welche Felder existieren und wie sie angeordnet sind) sowie damit verbundene Regeln (beispielsweise welche Eingaben für die einzelnen Felder überhaupt erlaubt sein sollen und was passiert, wenn das Formular abgeschickt wird). Erst nachdem auf diese Weise ein Formular definiert wurde, können Sie es als Inhaltselement auf einer Seite einfügen. Sie können dann sogar das gleiche Formular auf mehreren Seiten platzieren.

Um mit der Erstellung eines Formulars zu beginnen, wechseln Sie im Backend also zunächst in das Modul *Formulare*. Üblicherweise wird Sie hier eine Liste der bereits definierten Formulare erwarten. Wenn Sie das Modul zum ersten Mal aufrufen, erscheint stattdessen der Hinweistext *Keine Formulare gefunden*. Um ein neues Formular zu erstellen, klicken Sie also auf die Schaltfläche *Neues Formular erstellen*.

Beim Klick auf die Schaltfläche öffnet sich der in Abbildung 8.16 gezeigte Assistent, der Sie in mehreren Schritten durch die Erstellung des neuen Formulars begleitet.

▼ Abbildung 8.16
Erstellen eines neuen Formulars

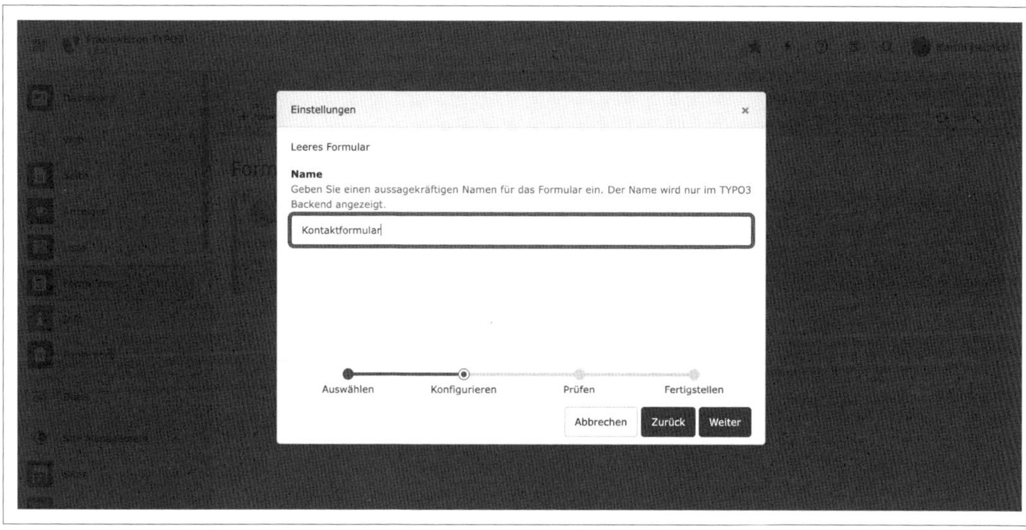

Hier können Sie im ersten Schritt angeben, ob Sie ein neues leeres Formular erstellen oder ein vordefiniertes Formular benutzen möchten. (TYPO3 liefert bereits ein vordefiniertes Kontaktformular mit, das Sie theoretisch einfach verwenden könnten.) Für das Praxisbeispiel werden wir ein komplett neues Formular erstellen – wählen Sie daher im ersten Schritt die Option *Leeres Formular*.

Im nächsten Schritt vergeben Sie einen Namen für das neue Formular. Die restlichen Schritte des Assistenten können Sie ohne weitere Eingaben einfach durchklicken.

Im Anschluss öffnet sich der eigentliche Formular-Editor, der auch in Abbildung 8.17 zu sehen ist. Dieser ist wie folgt aufgebaut:

1. Die Kopfzeile enthält die allgemeinen Speichern- und Schließen-Funktionen, die denen ähneln, die Sie schon von der Bearbeitung der Inhaltselemente kennen sollten.

2. Die linke Spalte zeigt den grundsätzlichen Aufbau des Formulars. Wenn Sie gerade ein neues Formular erstellt haben, gibt es noch nicht viel zu sehen; später finden Sie hier eine hierarchische Übersicht über alle Schritte des Formulars und die darauf platzierten Eingabeelemente.
3. Die mittlere Spalte enthält eine schematische Übersicht über den Aufbau der gerade ausgewählten Formularseite. Hier haben Sie die Möglichkeit, einzelne Eingabefelder zur Bearbeitung auszuwählen und neue Felder hinzuzufügen.
4. Die rechte Spalte enthält einen Editor, in dem Sie diejenigen Eingabefelder und Formularseiten bearbeiten können, die Sie in der linken oder mittleren Spalte selektiert haben.

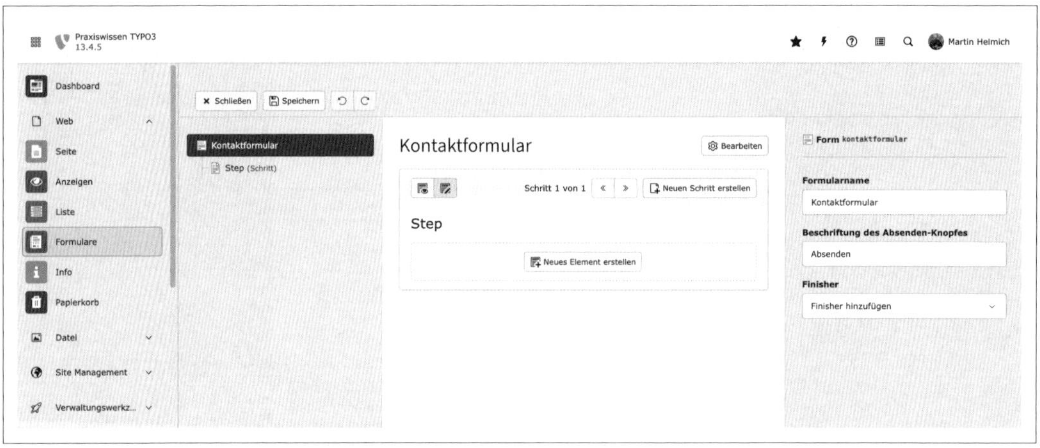

Abbildung 8.17 ▲
Die Bearbeitungsseite eines (noch leeren) Formulars

Wie Sie schon gesehen haben, kann jedes Formular theoretisch aus mehreren Schritten bestehen. Auf diese Weise können Sie Formulare gestalten, die aus mehreren Seiten mit Eingabefeldern bestehen, die der Nutzer nacheinander ausfüllen muss. Ein einfaches Kontaktformular muss nicht aus mehreren Seiten bestehen; falls Sie jedoch beispielsweise ein etwas komplexeres Bestellformular umsetzen möchten, wäre ein mehrseitiges Formular möglicherweise eine gute Lösung.

Standardmäßig trägt der erste Schritt des Formulars den einfallslosen Namen *Step*. Um diesen Namen zu ändern (er wird später auch als Überschrift im Frontend angezeigt), klicken Sie den Schritt im zentralen Element an und ändern anschließend im rechten Bereich den *Schrittnamen*, beispielsweise in »Kontaktformular«.

Um schon mal ein paar Eingabefelder zum Formular hinzuzufügen, wählen Sie die in Abbildung 8.17 gezeigte Schaltfläche *Neues Element erstellen*. Daraufhin öffnet sich das in Abbildung 8.18 dargestellte Pop-up, in dem Sie als Nächstes den gewünschten Typ des neuen Eingabefelds bestimmen können. Wie Sie sehen, bietet TYPO3 hier eine reichhaltige Auswahl an Feldtypen, die bei einfachen Elementen wie ein- und mehrzeiligen Texteingabefeldern beginnt (hier *Text* und *Textfeld*) und sich über Checkboxen mit Einfach- und Mehrfachauswahl bis hin zu Datumsauswahl- und Dateiuploadfeldern erstreckt.

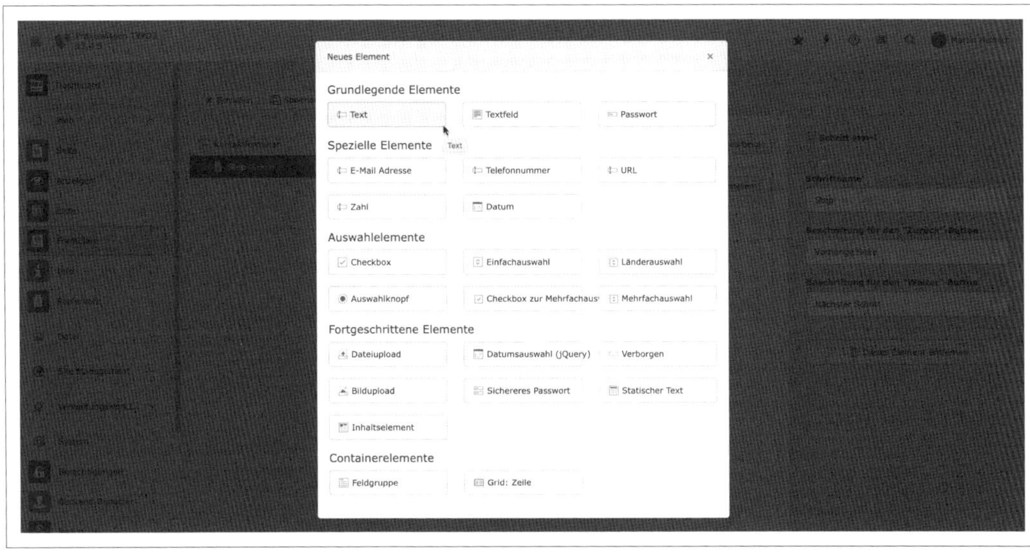

▲ **Abbildung 8.18**
Das Auswahlfeld für den Typ des neuen Eingabeelements

Für unser Kontaktformular werden die einfachen Texteingabefelder wahrscheinlich ausreichen. Konkret wären hier die folgenden Eingabefelder sinnvoll:

1. Name des Anfragenden
2. E-Mail-Adresse des Anfragenden
3. Mitteilung

Beginnen Sie damit, im Auswahlfenster mit den Feldtypen den Typ *Text* zu selektieren. Nach einem Klick gelangen Sie zurück in den Formular-Editor, in dem Sie das neue Feld nun im mittleren Bereich (und auch in der Strukturansicht in der linken Spalte) finden können. Ein Klick auf das Element ermöglicht es Ihnen, die grundlegenden Eigenschaften des Feldes in der rechten Spalte zu bearbeiten.

Geben Sie dem ersten Feld als *Name* den Wert »Name«. Auch ein *Platzhalter* kann sinnvoll sein, um dem Benutzer zu verdeutlichen, welche Art von Eingabe hier erwartet wird. Ein *Standardwert* ist bei einem Eingabefeld für den Namen einer Person hingegen nicht sinnvoll; lassen Sie dieses Feld also besser leer. Es empfiehlt sich aber, das neue Feld als *Pflichtfeld* zu markieren.

Tipp Wenn Sie längere Zeit mit dem Bearbeiten desselben Formulars verbringen, denken Sie daran, zwischenzeitlich die *Speichern*-Schaltfläche zu betätigen. Nur zur Sicherheit.

Anschließend fügen Sie auf die gleiche Art ein zweites Eingabefeld vom Typ *E-Mail-Adresse* mit der Beschriftung »E-Mail-Adresse« hinzu. Auch dieses Feld sollte ein Pflichtfeld sein. Im Unterschied zum ersten Eingabefeld ist für ein Eingabefeld dieses Typs sinnvollerweise ein *Validator* vorkonfiguriert. Schließlich soll in dieses Feld ja eine gültige E-Mail-Adresse eingegeben werden und nicht irgendetwas anderes. Alternativ können Sie auch für reguläre Eingabefelder verschiedene Validierungsregeln konfigurieren. Wählen Sie dazu in der rechten Spalte in der Auswahlbox *Validator hinzufügen* eine Validierungsregel aus, wie etwa *E-Mail*. Die neu hinzugefügte Validierungsregel taucht anschließend in der rechten Spalte im Abschnitt *Validatoren* auf, wenn Sie das Feld bearbeiten. Hier können Sie eine Regel auch wieder entfernen. Darüber hinaus sind Felder mit Validierungsregeln in der zentralen Ansicht des Formulars speziell gekennzeichnet (siehe Abbildung 8.19).

Abbildung 8.19 ▼
Für ein Eingabefeld hinterlegte Validatoren erkennen Sie am Schildsymbol.

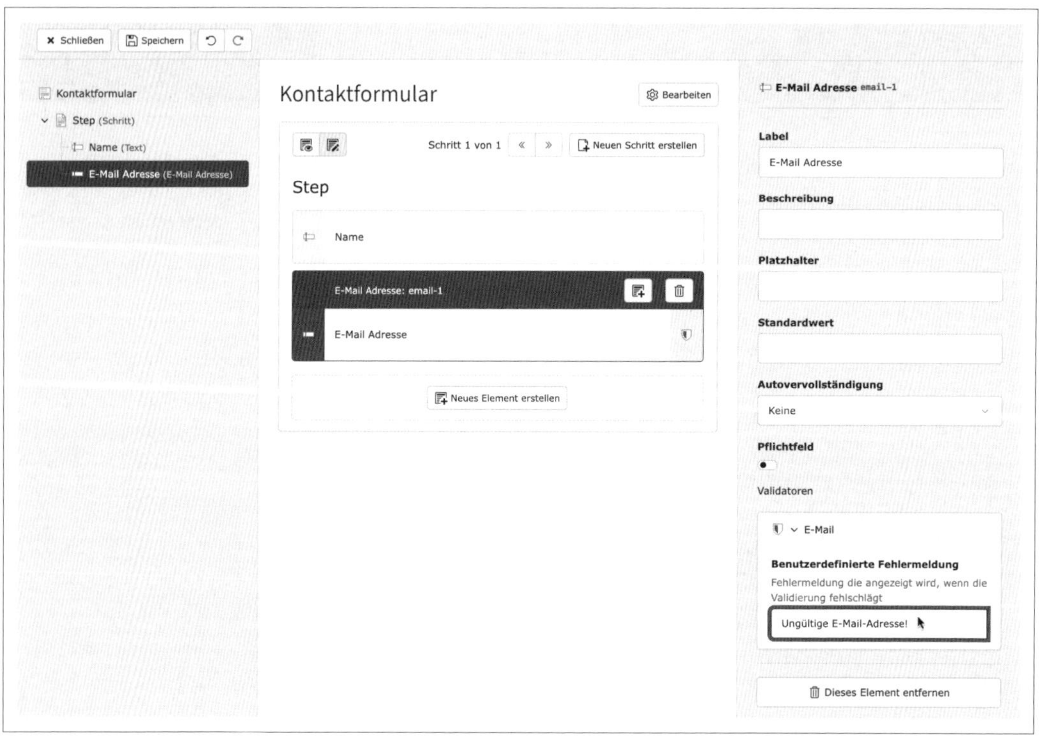

Zum Abschluss fügen Sie noch ein drittes Eingabefeld mit der Beschriftung »Ihre Mitteilung« hinzu. Damit der Nutzer hier etwas mehr Platz für eine Eingabe hat, ist es sinnvoll, ein mehrzeiliges Eingabefeld (also ein *Textfeld*) als Typ zu wählen. Auch dieses Feld sollte ein Pflichtfeld sein.

Über das *Autovervollständigung*-Feld können Sie dem Webseitenbesucher zudem das Leben erleichtern. Bei diesen Feldern bietet der Browser an, sie automatisch mit lokal gespeicherten Daten auszufüllen, wenn Sie die entsprechenden Filter setzen – für das Feld der E-Mail-Adresse beispielsweise »email«.

Nachdem das Formular nun alle benötigen Felder hat, steht noch eine wichtige Sache aus: Was soll überhaupt passieren, wenn ein Nutzer das Formular abschickt? Die einfachste Möglichkeit, die Eingabe eines Kontaktformulars zu verarbeiten, besteht darin, einfach alle Eingaben des Formulars per E-Mail an den Betreiber der Seite zu schicken. Im TYPO3-Formular-Editor erzielen Sie genau dieses Verhalten über einen sogenannten *Finisher*.

Um einen Finisher hinzuzufügen, klicken Sie in oben rechts im zentralen Bereich des Formular-Editors auf die Schaltfläche *Bearbeiten*. In der rechten Spalte können Sie nun allgemeine Eigenschaften des gesamten Formulars bearbeiten. Unter anderem finden Sie hier das Auswahlfeld *Finisher hinzufügen*, in dem Sie die Option *E-Mail an Empfänger (Sie)* wählen können. Im Abschnitt *Finisher* finden Sie nun ein neues Element, über das Sie den E-Mail-Versand an den Empfänger konfigurieren können (siehe Abbildung 8.20). Beachten Sie, dass einige Konfigurationsparameter des E-Mail-Versands Pflichtfelder sind (sehr naheliegend ist die Empfängeradresse). Diese werden – sofern sie noch nicht ausgefüllt sind – jedoch deutlich hervorgehoben. Innerhalb der Parameter haben Sie die Möglichkeit, auf die Eingaben zuzugreifen, die ein Nutzer gemacht hat. Nutzen Sie dazu die *{+}*-Schaltfläche neben dem jeweiligen Eingabefeld, um beispielsweise die E-Mail-Adresse des Absenders in den Betreff der versandten E-Mail einzubauen.

Support

Widerstehen Sie der Versuchung, als *Absender-Adresse* des E-Mail-Finishers die E-Mail-Adresse zu verwenden, die der Nutzer im Formular angegeben hat. Dies würde womöglich dazu führen, dass Ihr Webserver auf einmal E-Mails mit Absenderadressen von gmail.com oder anderen bekannten Mailprovidern verschickt. Da die Mailserver der großen Provider öffentlich bekannt sind, würde ein empfangender Mailserver Ihre E-Mails als Spam aussortieren, wenn diese Mails nicht von den bekannten und vertrauenswürdigen Mailservern des jeweiligen Providers verschickt würden.

Verwenden Sie die vom Nutzer eingegebene Adresse stattdessen in der *Reply-to-Adresse* und wählen Sie als *Absender-Adresse* eine E-Mail-Adresse mit einer Domäne, die auch tatsächlich von Ihrem Server verwaltet wird. Wenden Sie sich für Unterstützung gegebenenfalls an Ihren Provider.

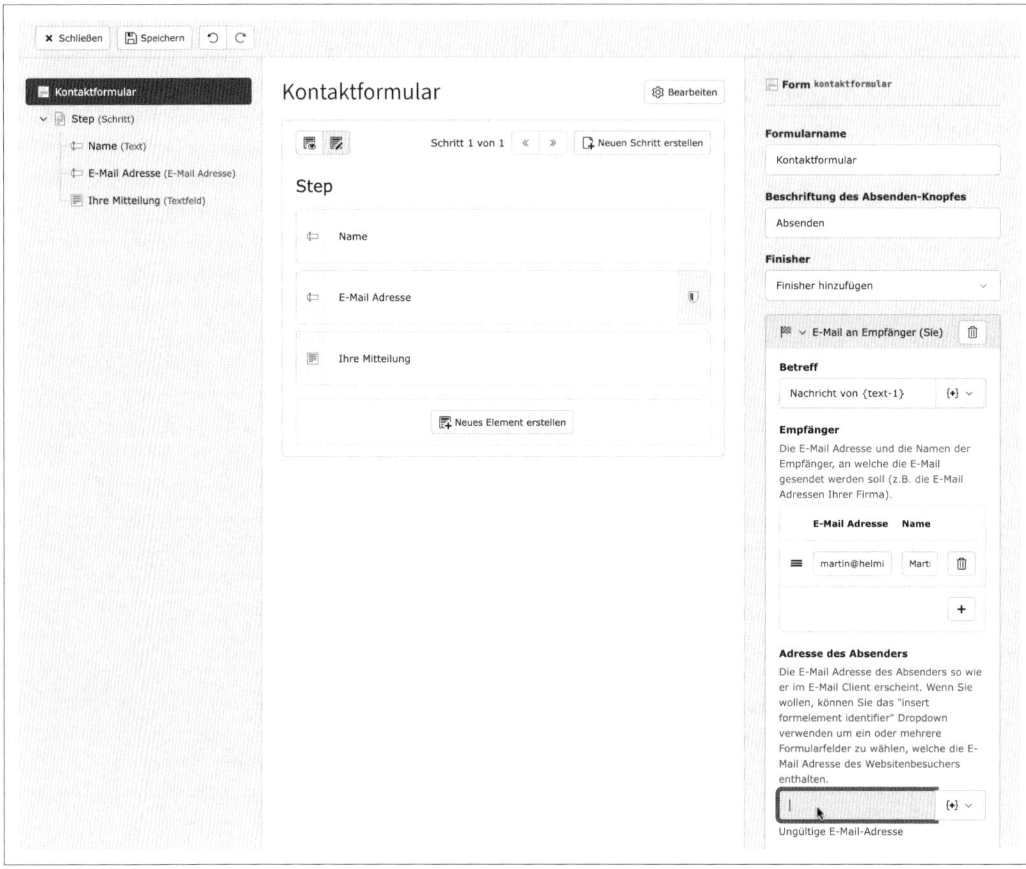

Abbildung 8.20 ▲
Die Finisher-Konfiguration des Formulars erreichen Sie über die Schaltfläche »Bearbeiten«.

Speichern Sie anschließend das Formular ein letztes Mal über die Schaltfläche *Speichern*. Sie können das Formular zu jedem späteren Zeitpunkt erneut bearbeiten und verändern.

Einfügen des Kontaktformulars

Nachdem Sie nun ein Kontaktformular definiert haben, können Sie es als Nächstes als Inhaltselement auf einer Seite einfügen.

In unserem Seitenbaum existiert unterhalb der Seite *Hilfsnavigation* bereits die für exakt diesen Zweck vorgesehene Seite *Kontakt*. Wechseln Sie also im Modul *Seite* auf die Seite *Kontakt* und erstellen Sie ein neues Inhaltselement.

Sie finden das Inhaltselement im Register *Formularelemente* unter der Beschriftung *Formular*. Nach dem Einfügen des Inhaltselements können Sie das Kontaktformular auf dem Tab *Plugin* bearbeiten. Hier finden Sie ein Feld *Formulardefinition*, in dem Sie das zuvor definierte Formular nun auswählen können (siehe Abbildung 8.21).

Speichern Sie das Inhaltselement ab und betrachten Sie das Formular im TYPO3-Frontend Ihrer Seite. Sie sehen, dass das Formular nun im Frontend dargestellt wird (und auch bereits durchaus benutzbar ist!) und dass es sich auch schon halbwegs ordentlich in die bestehende Designvorlage einpasst. Im nächsten Schritt werden wir betrachten, wie die Ausgabe des Kontaktformulars noch weiter an unsere Anforderungen angepasst werden kann.

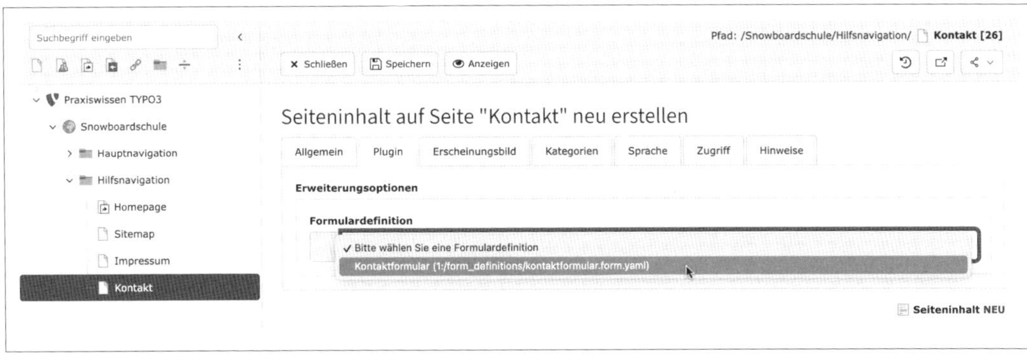

▲ **Abbildung 8.21**
Nutzung des zuvor definierten Formulars in einem Inhaltselement

Die Ausgabe der Formulare anpassen

Schon jetzt ist dieses Kontaktformular durchaus ansehnlich – das ist jedoch eher zufällig der Fall: Unsere Designvorlage nutzt das Bootstrap-Framework, und das Formular-Inhaltselement generiert bereits HTML-Ausgaben, in denen die CSS-Klassen des Bootstrap-Frameworks genutzt werden. Dennoch gibt es einige Punkte, in denen die HTML-Ausgabe des Formulars optimiert werden kann.

Genau wie schon die anderen Inhaltselemente wird das Kontaktformular über Fluid-Templates ausgegeben. Für jedes einzelne Element des Formulars gibt es dabei ein Fluid-Partial, das Sie einzeln überschreiben können.

Wie bereits zuvor muss für das Überschreiben der Fluid-Partials ein weiterer `partialRootPaths` definiert werden – dieses Mal für die *form*-Erweiterung. Die Konfiguration eines zusätzlichen Partial-Dateipfads erfolgt bei dieser Erweiterung (anders als sonst üblich) nicht über TypoScript, sondern über eine zusätzliche Konfigurationsdatei, die im YAML-Format vorliegen muss. Wie alle anderen Konfigurationsdateien speichern wir diese Datei im *Configuration/*-Verzeichnis unserer Site Packages, genauer gesagt unter *Configuration/Yaml/Forms.yaml*. Beispiel 8.8 zeigt, wie diese Datei aussehen kann.

Beispiel 8.8: Hinzufügen neuer Formular-Template-Pfade über eine YAML-Konfigurationsdatei

```
TYPO3:
  CMS:
    Form:
```

Beispiel 8.8: Hinzufügen neuer Formular-Template-Pfade über eine YAML-Konfigurationsdatei (Fortsetzung)

```
    prototypes:
      standard:
        formElementsDefinition:
          Form:
            renderingOptions:
              templateRootPaths:
                20: 'EXT:snowboard/Resources/Private/
                Templates/Extensions/Form/'
              partialRootPaths:
                20: 'EXT:snowboard/Resources/Private/
                Partials/Extensions/Form/'
              layoutRootPaths:
                20: 'EXT:snowboard/Resources/Private/
                Layouts/Extensions/Form/'
```

Falls Sie den *Site Package Builder* verwendet haben, kann es sogar sein, dass diese Datei bereits standardmäßig mitgeneriert wurde.

Support YAML ist ein spezielles Dateiformat für strukturierte Daten, ähnlich wie JSON oder XML. Wie Sie im obigen Beispiel erkennen können, erfolgt die Strukturierung des Dokuments im YAML-Format anhand der Einrückungstiefe. Geben Sie daher beim Übertragen von YAML-Quelltext besonders auf die Anzahl der Leerzeichen acht, mit denen jede Zeile eingerückt wird. Kopieren Sie die Datei im Zweifelsfall direkt aus den Beispieldateien des Projekts.

Die Existenz dieser zusätzlichen Konfigurationsdatei muss dann allerdings wieder über TypoScript bekannt gemacht werden. Das geschieht über das TypoScript-Objekt `plugin.tx_form.settings`. Erstellen Sie dazu eine neue Datei *forms.typoscript* in Ihrem Site-Set unter *Configuration/Sets/Snowboard/TypoScript*. Beispiel 8.9 zeigt die entsprechende Konfiguration.

Beispiel 8.9: Hinzufügen neuer »yamlConfigurations« für die Kontaktformulare

```
plugin.tx_form {
  settings {
    yamlConfigurations {
      100 = EXT:snowboard/Configuration/Yaml/Forms.yaml
    }
  }
}
```

Durch diese Konfiguration können wir die Ausgabe einzelner Formularelemente verändern, indem wir neue Fluid-Partials im Verzeichnis *Resources/Private/Partials/Extensions/Form/* in unserem Site Package hinterlegen.

Um einen Überblick darüber zu erhalten, welche Formularelemente überhaupt angepasst werden können, werfen Sie am besten einen Blick in das ursprüngliche *Partials*-Verzeichnis der *form*-Erweiterung. Sie finden dieses Verzeichnis im Verzeichnis *vendor/typo3/cms-form/Resources/Private/Frontend/Partials* Ihrer TYPO3-Installation.

Die Menge der hier vorhandenen Templates und Partials mag zunächst erschlagend wirken. Tatsächlich aber ist die vorgegebene Struktur aus Partials sehr durchdacht und ermöglicht es Ihnen, einzelne Aspekte der Formulargenerierung durch gezieltes Überschreiben einzelner Partials zu verändern, ohne zu viel Fluid-Code in Ihre eigenen Templates duplizieren zu müssen. Möchten Sie beispielsweise ändern, wie die Beschriftung der Felder generiert wird (eine Eigenschaft, die ja unabhängig vom eigentlichen Typ des Eingabefelds ist), reicht eine Anpassung des Partials `Field/Field`. Möchten Sie hingegen die Darstellung eines bestimmten Feldtyps (beispielsweise des Texteingabefelds) anpassen, ist das Partial `Text` die richtige Anlaufstelle.

In diesem Beispiel möchten wir das Formular als »horizontales Formular« gestalten, sodass der zur Verfügung stehende Platz besser ausgenutzt wird. In einem solchen Formular werden Beschriftung und Eingabefeld nicht untereinander, sondern nebeneinander dargestellt. Das grundsätzliche HTML-Markup sieht dabei in etwa so aus:

```
<div class="row mb-3">
  <label for="feld-id" class="col-sm-3 col-form-label">Feldname</label>
  <div class="col-sm-9">
    <input … class="form-control" id="feld-id" />
  </div>
</div>
```

Grundsätzlich müssen wir also erreichen, dass jedes Formularelement von einem div-Element mit der CSS-Klasse `.row` umschlossen ist. Weiterhin benötigen sowohl das Label als auch das Eingabefeld selbst (bzw. ein umschließendes Element) jeweils eine CSS-Klasse, die die Elemente als Spalten im Grid-Layout darstellt (also beispielsweise `.col-sm-3` und `.col-sm-9`).

Das Partial, das sich um die Darstellung einzelner Formularfelder kümmert, ist das *Field/Field*-Partial. Beispiel 8.10 zeigt eine angepasste Version (die sich in weiten Teilen an dem Original-Partial aus dem *Resources/*-Verzeichnis der *forms*-Extension orientiert), in der die CSS-Klassen ein wenig an die horizontale Darstellung angepasst wurden. Im Site Package muss dieses Template unter dem Pfad *Resources/Private/Partials/Extensions/Form/Field/Field.html* liegen (bzw. unter dem Pfad, der zuvor in Beispiel 8.8 konfiguriert wurde).

Beispiel 8.10: Ein Fluid-Partial für ein einzelnes Formularelement

```
01 <html
         xmlns:f=http://typo3.org/ns/TYPO3/CMS/Fluid/ViewHelpers
         xmlns:formvh=http://typo3.org/ns/TYPO3/CMS/Form/ViewHelpers
```

Beispiel 8.10: Ein Fluid-Partial für ein einzelnes Formularelement (Fortsetzung)

```
         data-namespace-typo3-fluid="true">
02 <f:form.validationResults for="{element.identifier}">
03   <div class="row mb-3
    {f:if(condition: '{validationResults.errors.0}', then: ' has-error')}">
04     <f:if condition="{doNotShowLabel} != 1">
05       <label class="col-form-label col-sm-3"
                for="{element.uniqueIdentifier}">
06         {formvh:translateElementProperty(element: element,
                                          property: 'label')}
07         <f:if condition="{element.required}">
08           <f:render partial="Field/Required" />
09         </f:if>
10       </label>
11     </f:if>
12     <div class="col-sm-9 {element.properties.containerClassAttribute}">
13       <f:format.raw>
14         {elementContent}
15         <f:if condition="{validationResults.flattenedErrors}">
16           <span class="error help-block" role="alert">
17             <f:for each="{validationResults.errors}" as="error">
18               {formvh:translateElementError(element: element,
                                              error: error)}
19               <br />
20             </f:for>
21           </span>
22         </f:if>
23       </f:format.raw>
24       <f:if condition="{element.properties.elementDescription}">
25         <span class="help-block">
26           {formvh:translateElementProperty(element: element, property:
                                            'elementDescription')}
27         </span>
28       </f:if>
29     </div>
30   </div>
31 </f:form.validationResults>
32 </html>
```

Dieses Fluid-Template sieht sehr kompliziert aus. Das liegt jedoch weniger an Fluid als an der Tatsache, dass die Ausgabe von Formularelementen schlicht eine sehr komplizierte Sache ist. Was machen Sie beispielsweise, wenn das Formular abgeschickt wurde, eines der Eingabefelder jedoch ungültige Daten enthält? Wie werden die entsprechenden Fehlermeldungen und Hilfetexte ausgegeben? Im Codebeispiel oben sehen Sie, dass im Fehlerfall in Zeile 3 die CSS-Klasse `has-error` dem obersten `<div>`-Element hinzugefügt wird. Dies geschieht durch den `{f:if(condition: '{validationResults.errors.0}', then: ' has-error')}`-ViewHelper. In den Zeilen 16 bis 19 werden eventuelle Fehlermeldungen dann noch einmal ausführlich in einer Schleife ausgegeben. Das eigentliche Formularfeld befindet sich lediglich in Zeile 13 und nimmt auch nur deshalb so wenig Platz in Anspruch, weil das eigentliche Eingabefeld von einem anderen Partial generiert wird (das sich wiederum je nach Typ des Eingabefelds unterscheidet).

Glücklicherweise sind für unsere Zwecke (wir erinnern uns: horizontales Formular) nur minimale Änderungen an dem ursprünglichen Partial nötig: Im obigen Beispiel wurden lediglich in den Zeilen 5 und 12 die CSS-Klassen `.col-sm-3` und `.col-sm-9` hinzugefügt.

Sie können dieses Prozedere mit den übrigen Fluid-Partials aus dem Verzeichnis *typo3/sysext/form/Resources/Private/Frontend/Partials/* wiederholen. Im Rahmen unseres Beispiels wollen wir es an dieser Stelle jedoch dabei belassen. In den Beispieldateien zu diesem Buch finden Sie einige weitere angepasste Formularelemente, die im Frontend letztendlich die durchaus akzeptable Ausgabe aus Abbildung 8.22 generieren.

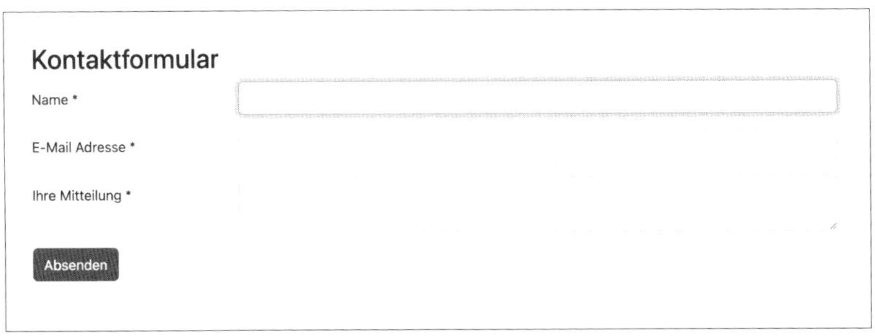

◀ **Abbildung 8.22**
Das angepasste Kontaktformular im TYPO3-Frontend

Die Formulardefinition im Site Package speichern

Formulardefinitionen, die Sie im TYPO3-Backend über das Formulare-Modul verwalten, werden von TYPO3 im Hintergrund als YAML-Dateien im *public/fileadmin/form_definitions/*-Verzeichnis gespeichert.

Falls Sie Ihre Formulardefinitionen jedoch in anderen Projekten wiederverwenden wollen (was ja auch der generelle Nutzen eines Site Packages ist), ist es sinnvoll, diese Formulardefinitionen lieber innerhalb des Site Packages zu speichern und von dort zu laden.

Dafür müssen wir TYPO3 zunächst mitteilen, dass Formulardefinitionen überhaupt erst mal aus unserem Site Package geladen werden dürfen (und aus welchem Verzeichnis genau). Erweitern Sie hierzu zunächst die Datei *Forms.yaml* so wie in Beispiel 8.11 gezeigt. (Diese Datei haben Sie zuletzt in Beispiel 8.8 auf Seite 225 gesehen.)

Beispiel 8.11: Konfiguration zusätzlicher Formular-Speicherorte

```
TYPO3:
  CMS:
    Form:
      prototypes:
        standard:
          [...]
```

Beispiel 8.11: Konfiguration zusätzlicher Formular-Speicherorte (Fortsetzung)

```
      persistenceManager:
        allowedExtensionPaths:
          10: EXT:snowboard/Resources/Private/Forms/
```

Im Anschluss fehlt noch ein kleines bisschen TypoScript-Konfiguration, um nicht nur dem TYPO3-Frontend, sondern auch dem TYPO3-Backend mitzuteilen, dass diese YAML-Konfigurationsdatei geladen werden muss. Erweitern Sie daher Ihre *forms.typoscript*-Datei so wie in Beispiel 8.12 gezeigt. (Diese Datei haben Sie zuletzt in Beispiel 8.9 auf Seite 226 gesehen.)

Beispiel 8.12: Konfiguration des Forms-Backend-Moduls

```
plugin.tx_form {
  […]
}

module.tx_form {
  settings {
    yamlConfigurations {
      100 = EXT:snowboard/Configuration/Yaml/Forms.yaml
    }
  }
}
```

Im Anschluss können wir die bereits bestehende Formular-Definition nun in unser Site Package übernehmen. Das Kontaktformular, das Sie bereits über das Formular-Modul erstellt haben, dürften Sie im Verzeichnis *public/fileadmin/form_definitions/* mit einer *.form.yaml*-Dateiendung finden.

Exkurs: Plug-ins und Module

Vielleicht ist Ihnen in Beispiel 8.12 aufgefallen, dass wir für *plugin.tx_form* und *module.tx_form* quasi identische Konfigurationen hinterlegt haben. Das mag auf den ersten Blick verwirrend erscheinen, folgt aber einem System:

Plug-in ist die TYPO3-Bezeichnung für spezielle Features, die im TYPO3-Frontend zur Verfügung stehen; beispielsweise ein Kontaktformular, eine Suche oder andere Funktionen für den Websitebesucher. Über das TypoScript-Objekt *plugin.tx_form* konfigurieren wir also, wie sich das Kontaktformular im Frontend der Seite zu verhalten hat. (In diesem konkreten Fall legen wir also fest, von welcher Quelle die Fluid-Templates geladen werden sollen.)

Module hingegen sind spezielle Features im TYPO3-Backend (tatsächlich haben wir den Begriff bislang ja auch immer schon so verwendet); beispielsweise das *Seiten*-Modul oder eben auch das *Formulare*-Modul. Über das TypoScript-Objekt *modu le.tx_form* können wir also konfigurieren, wie sich das Formular-Feature im Backend verhalten soll. Dazu zählt beispielsweise die Konfiguration aus Beispiel 8.12, in der wir definieren, von welchem Ort die Formulardefinitionen geladen werden sollen, die dem Redakteur beim Einfügen eines neuen Formulars zur Auswahl angeboten werden sollen.

Verschieben Sie diese Datei nun in Ihr Site Package ins Verzeichnis *Resources/Private/Forms/* (bzw. in das Verzeichnis, das in Beispiel 8.11 in Zeile 17 angegeben wurde). Leeren Sie danach die Caches und fügen Sie das Formular im bestehenden Inhaltselement auf der Kontakt-Seite erneut hinzu.

Im Anschluss können Sie beim Einfügen eines neuen Kontaktformulars die Formular-Definition aus dem *EXT:snowboard*-Verzeichnis auswählen. Das hat den charmanten Vorteil, dass die Formular-Definition nun Teil Ihres Site Packages ist und auch zur Verfügung steht, falls Sie sich irgendwann einmal dazu entscheiden sollten, dieses Site Package für ein anderes Projekt weiterzuverwenden.

Inhalte in anderen Bereichen ausgeben

Bisher enthält das Layout Ihres Projekts lediglich einen einzelnen Inhaltsbereich – den Bereich *Normal*, dessen Inhalte in der dafür vorgesehenen Fluid-Variablen `{contentMain}` ausgegeben werden.

Tatsächlich finden Sie in vielen Webprojekten jedoch Layouts mit mehr als einem Inhaltsbereich. Auch die Designvorlage des Praxisbeispiels bietet theoretisch mehrere Inhaltsbereiche. Das ist in unserem Fluid-Template aber bislang nur halb berücksichtigt. Im Trailer-Bereich befindet sich dort derzeit ein unzeremonieller Platzhalter mit dem Inhalt »Platzhalter Trailer-Inhalt«, und die eigentlich vorgesehene Randspalte ist in unserer Designvorlage gar nicht enthalten.

Im TYPO3-Backend, so wie Sie es bisher kennengelernt haben, gibt es bislang nur einen Inhaltsbereich »Normal«. Im folgenden Abschnitt müssen wir uns nun also um zwei Dinge kümmern:

1. Im TYPO3-Backend müssen Inhalte in verschiedenen Inhaltsbereichen erstellt werden können. Idealerweise sollten die Inhaltsbereiche im Backend dabei so ähnlich angeordnet sein wie auch im Frontend (beispielsweise, wenn es einen Trailer sowie nebeneinander angeordnete Haupt- und Randbereiche gibt), damit Redakteure sich schnell zurechtfinden können.
2. Die Inhalte, die im Backend in den verschiedenen Inhaltsbereichen definiert wurden, müssen dann im Fluid-Template an den entsprechend korrekten Stellen (wie im Trailer, im Haupt- oder Randbereich) wieder ausgegeben werden.

Zu diesem Zweck werden Sie im folgenden Abschnitt ein *Backend-Layout* erstellen, um die im Backend verfügbaren Inhaltsbereiche an die Bereiche anzupassen, die in der Fluid-Vorlage tatsächlich existieren.

Anlegen eines Backend-Layouts

Backend-Layouts können in TYPO3 (ähnlich wie TypoScript-Datensätze) sowohl als Konfigurationsdatei innerhalb Ihres Site-Sets wie auch als Systemdatensatz über das TYPO3-Backend verwaltet werden. Für das Praxisbeispiel werden wir den Ansatz über das Site-Set verwenden, da die Backend-Layouts in diesem Fall Teil Ihres Site Packages sind – und somit auch generell wiederverwendbar sind.

Um ein Backend-Layout zu definieren, müssen wir die sogenannte *Seiten-TSConfig* bearbeiten. Dabei handelt es sich um spezielle TypoScript-Definitionen. Im Unterschied zu den bisherigen TypoScript-Konfigurationen (die hauptsächlich die Darstellung von Inhalten im Frontend steuern), steuert die Seiten-TSConfig das Verhalten des TYPO3-Backends auf den entsprechenden Seiten. Wie auch bei der normalen TypoScript-Konfiguration wird die Seiten-TSConfig auf die Unterseiten vererbt.

Wenn Sie ein Site-Set verwenden, können Sie Seiten-TSConfig direkt über das Site-Set definieren. (Andernfalls können Sie auch eine Seite direkt bearbeiten und in den Seiteneigenschaften unter dem Tab *Ressourcen* das Feld *Seiten-TSConfig* bearbeiten.) Statt in der *setup.typoscript* wird *Seiten-TSConfig* im Site-Set unter der Datei *page.tsconfig* erwartet.

Wie schon bei der regulären TypoScript-Konfiguration werden wir die Konfigurationsdateien sinnvoll strukturieren. Erstellen Sie daher die Datei *page.tsconfig* innerhalb Ihres Site-Sets (der vollständige Pfad innerhalb des Site Packages sollte dann *Configuration/Sets/Snowboard/page.tsconfig* sein) mit dem Inhalt aus Beispiel 8.13.

Beispiel 8.13: Seiten-TSConfig im Site-Set definieren

```
@import './PageTsConfig/BackendLayouts/'
```

Diese Konfiguration sorgt dafür, dass wir unsere Backend-Layouts in einzelnen Dateien im Verzeichnis *PageTsConfig/BackendLayouts/* definieren können. Erstellen Sie zunächst einmal eine Datei *PageTsConfig/BackendLayouts/default.tsconfig* mit dem Inhalt aus Beispiel 8.14.

Beispiel 8.14: Ein Backend-Layout im Seiten-TSConfig definieren

```
mod.web_layout.BackendLayouts.default {
  title = Einspaltig, mit Trailer
  config {
    backend_layout {
      colCount = 1
      rowCount = 2
      rows {
        1 {
          columns {
            1 {
              name = Trailer
              colPos = 5
```

Beispiel 8.14: Ein Backend-Layout im Seiten-TSConfig definieren (Fortsetzung)

```
13               identifier = trailer
14             }
15           }
16         }
17         2 {
18           columns {
19             1 {
20               name = Normal
21               colPos = 0
22               identifier = main
23             }
24           }
25         }
26       }
27     }
28   }
29 }
```

Nehmen wir einmal genauer auseinander, was in dieser Layout-Definition alles passiert.

Der Objektname *default* in Zeile 1 ist der (interne) Name des Backend-Layouts. Dieser ist wichtig, weil er gleichzeitig auch der Name des Fluid-Templates ist, mit dem Seiten dieses Layouts später im Frontend dargestellt werden. (Dazu später mehr.) Womöglich erinnern Sie sich auch, dass unser Fluid-Template ja bereits unter dem Dateinamen *Default.html* gespeichert wird – genau das ist der Grund dafür.

Der Titel in Zeile 2 beschreibt den Namen des Backend-Layouts. Dieser wird später verwendet, wenn Sie im TYPO3-Backend dieses Layout einer Seite zuweisen möchten (auch dazu folgt später mehr).

In den Zeilen 4 bis 27 wird das eigentliche Backend-Layout beschrieben. Dieses wird ähnlich einer Tabelle mit verschiedenen Zeilen und Spalten konfiguriert. Die Eigenschaften *colCount* und *rowCount* in den Zeilen 5 und 6 geben dabei die Gesamtgröße des Layouts an. In der Eigenschaft *rows* werden dann zunächst die einzelnen Zeilen definiert (in diesem Beispiel zwei Stück) und unterhalb jeder Zeile in der Eigenschaft *columns* dann die einzelnen Spalten in dieser Zeile.

Jede Tabellen-Zelle (beispielsweise in den Zeilen 10 bis 14 oder 19 bis 23) hat dann in der Eigenschaft *name* einen Namen und in der Eigenschaft *colPos* eine eindeutige Spaltenposition. Diese Nummer dient dazu, die Inhaltsdatensätze in der TYPO3-Datenbank später dem korrekten Inhaltsbereich zuordnen zu können. Inhalte aus dem Bereich *Normal* (mit dem Sie bisher gearbeitet haben), haben standardmäßig die Positionsnummer 0.

Für Ihre Fluid-Templates weiterhin relevant ist der *Identifier*. Womöglich erinnern Sie sich noch, dass Sie in Ihrem Fluid-Template über die Variable *{content.main}* auf den Inhalt der Hauptspalte zugreifen konnten (vgl. Beispiel 8.3 auf Seite 201). Das *main* ist in diesem Fall der Identifier. Wenn Sie also im Backend-Layout einen Inhaltsbereich mit dem Identifier *trailer* erstellen, werden Sie später über *{content.trailer}* im Fluid-Template darauf zugreifen können.

Da wir die bereits erstellten Inhalte weiterverwenden möchten, hat der Haupt-Inhaltsbereich (Zeilen 19 bis 23) weiterhin die Spaltenposition 0 und den Identifier *main*. Die Spaltenposition und die Identifier für alle neu hinzukommenden Inhaltsbereiche (also für den Trailer-Bereich in den Zeilen 10 bis 14) sind vollkommen frei wählbar.

Layouts zuweisen und mit Inhalt füllen

Ein Backend-Layout wird nur dann wirksam, wenn es explizit einer Seite zugewiesen wird – und dann auch nur für diese Seite und gegebenenfalls für deren Unterseiten. Möchten Sie, dass ein Backend-Layout für das gesamte Projekt gilt, sollten Sie das Layout der Startseite *Snowboardschule* zuweisen, damit es sich auf den gesamten Seitenbaum vererbt:

1. Bearbeiten Sie also jetzt die *Snowboardschule*-Seite.
2. Wechseln Sie auf den Tab *Erscheinungsbild*. Hier können Sie unter den Auswahlfeldern *Backend-Layout (nur für diese Seite)* und *Backend-Layout (für Unterseiten dieser Seite)* das jeweils zu verwendende Layout angeben.
3. Weisen Sie der *Snowboardschule*-Seite und ihren Unterseiten wie in Abbildung 8.23 das soeben erstellte Layout zu.
4. Speichern Sie die Seite.

Abbildung 8.23 ▼
Zuweisen eines Layouts

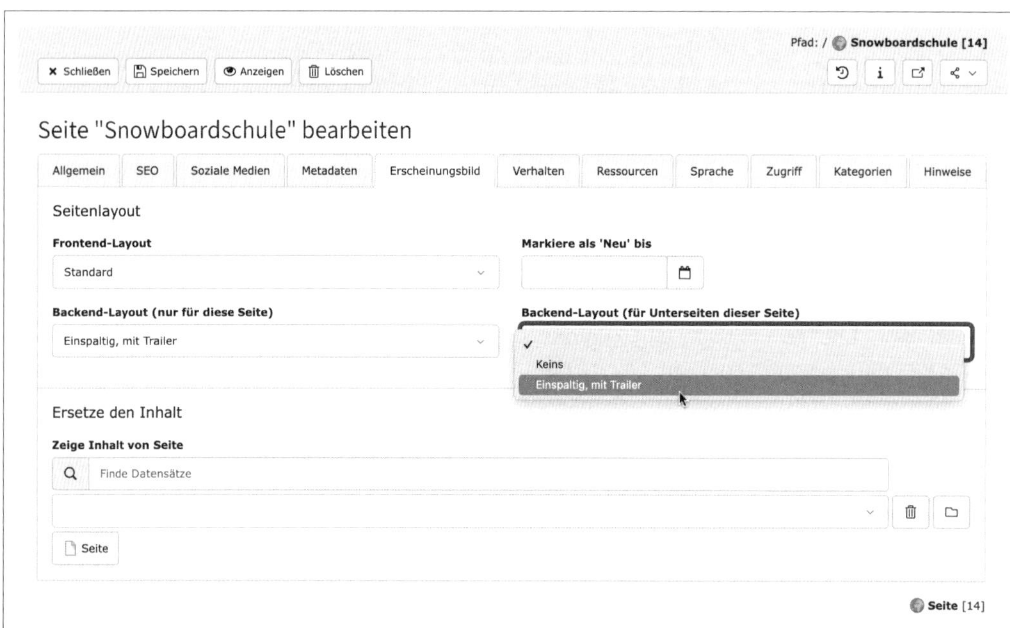

Wechseln Sie nun auf das *Seite*-Modul, sehen Sie dort zusätzlich zum üblichen *Normal*-Bereich einen weiteren *Trailer*-Bereich. In diesem Bereich können Sie jetzt ebenfalls ganz regulär Inhalte anlegen (siehe Abbildung 8.24).

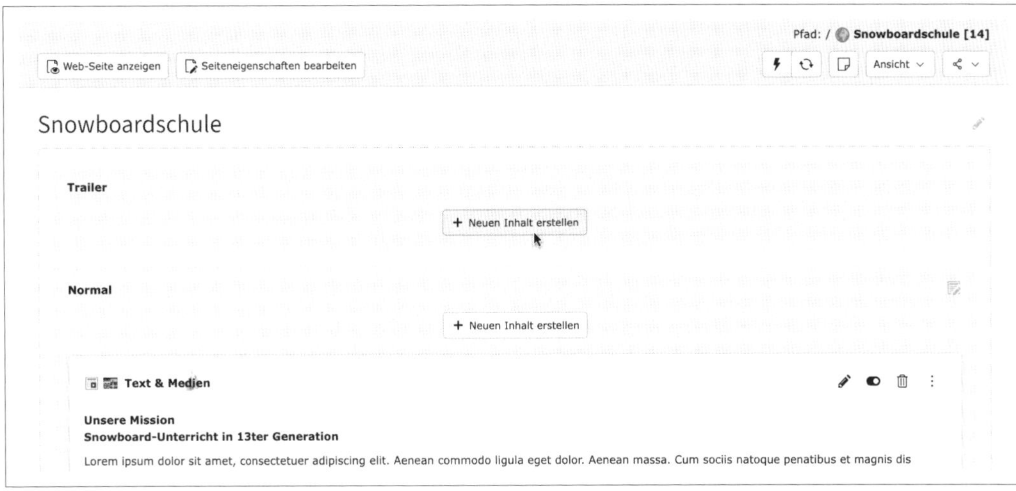

▲ Abbildung 8.24
Inhalte im »Trailer«-Bereich erstellen

Bevor wir fortfahren, erstellen Sie in diesem Inhaltsbereich zunächst einen Inhalt, beispielsweise vom Typ *Nur Überschrift* oder ein *Normales Textelement* mit einem kurzen Beispiel-Inhalt, damit im Trailer-Bereich auch tatsächlich etwas angezeigt werden kann.

Inhaltsbereiche im Fluid-Template ausgeben

In unserem Fluid-Template wird der Inhalt des Trailer-Bereichs bislang noch nicht ausgegeben. Dank des *page-content*-Data-Processors (Sie erinnern sich an Beispiel 8.2 auf Seite 201?) sind die entsprechenden Inhaltselemente aber zumindest schon als Variable im Fluid-Template verfügbar und müssen jetzt nur noch eingebunden werden.

Beispiel 8.15 zeigt, wie Sie Ihr Fluid-Template *Default.html* anpassen müssen, damit die Trailer-Inhalte an der ansprechenden Stelle ausgegeben werden.

Beispiel 8.15: Die Trailer-Inhalte im Fluid-Template ausgeben

```
<header>
  <div class="trailer">
    <div class="hero text-center">
      <f:if condition="{content.trailer.records}">
        <div class="container">
          <f:for each="{content.trailer.records}" as="record">
            <f:cObject
              typoscriptObjectPath="{record.mainType}"
              data="{record}"
```

Beispiel 8.15: Die Trailer-Inhalte im Fluid-Template ausgeben (Fortsetzung)

```
045                 table="{record.mainType}"
046               />
047             </f:for>
048           </div>
049         </f:if>
050       </div>
051     </div>
```

Die Konstruktion in den Zeilen 41 bis 47 ist exakt dieselbe wie in Beispiel 8.3 auf Seite 201. Der einzige Unterschied besteht darin, dass wir statt *content.main* in Zeile 41 die Variable *content.trailer* auslesen. (Wie Sie sich erinnern werden, ergibt sich der Name *trailer* aus dem Identifier, den wir seinerzeit in Beispiel 8.14 definiert hatten.)

Da ja nicht unbedingt garantiert ist, dass ein Redakteur überhaupt Inhalte im Trailer-Bereich einfügt, befindet sich in Zeile 39 und 49 weiterhin eine Bedingung, die überprüft, ob überhaupt Inhalte in dem entsprechenden Bereich vorhanden sind.

Wenn Sie im Anschluss das Frontend Ihrer Seite aufrufen, sollten die zuvor hinterlegten Inhalte an der entsprechenden Stelle ausgegeben werden.

Inhalte am rechten Rand ausgeben

Um das Beispiel noch etwas spannender zu machen, erweitern wir die Anforderungen für die Inhalte in der *Rand*-Spalte noch ein wenig: Zusätzlich zu den Inhaltselementen, die auf der jeweils aktuellen Seite in der *Rand*-Spalte hinterlegt sind, sollen auch die Inhaltselemente übergeordneter Seiten in der Randspalte angezeigt werden. Backend-Layouts unterstützen das über den sogenannten *slideMode*, mit dem wir uns gleich beschäftigen werden.

Wir möchten das zweispaltige Layout als zusätzliches Backend-Layout definieren. Auf diese Weise kann der Redakteur selbst entscheiden, ob eine Seite mit einer einzelnen Inhaltsspalte oder mit zweien dargestellt werden soll. Beispiel 8.16 zeigt, wie ein entsprechendes Layout aussehen kann. Speichern Sie dieses in Ihrem Site-Set unter *PageTsConfig/BackendLayouts/twocolumn.tsconfig*.

Beispiel 8.16: Definition eines zweispaltigen Backend-Layouts

```
mod.web_layout.BackendLayouts.twoColumn {
  title = Zweispaltig, mit Trailer
  config {
    backend_layout {
      colCount = 3
      rowCount = 2
      rows {
        1 {
          columns {
```

Beispiel 8.16: Definition eines zweispaltigen Backend-Layouts (Fortsetzung)

```
10             1 {
11               name = Trailer
12               colPos = 5
13               identifier = trailer
14               colspan = 3
15             }
16           }
17         }
18         2 {
19           columns {
20             1 {
21               name = Normal
22               colPos = 0
23               identifier = main
24               colspan = 2
25             }
26             2 {
27               name = Rand
28               colPos = 1
29               identifier = margin
30               slideMode = collect
31             }
32           }
33         }
34       }
35     }
36   }
37 }
```

Dieses Beispiel ähnelt auf den ersten Blick der Definition des Default-Layouts aus Beispiel 8.14. Ein Unterschied besteht im Namen in Zeile 1 (*twoColumn* statt *default*) sowie in den konfigurierten Inhaltszellen. Der *colCount* in Zeile 5 ist auf 3 erhöht. (Dass es drei und nicht nur zwei Spalten sind, hat visuelle Gründe, damit die Hauptspalte im TYPO3-Backend mit 2/3 Breite und die Randspalte mit 1/3 Breite dargestellt werden kann.) Der Trailer-Inhaltsbereich hat in Zeile 14 die Eigenschaft *colspan=3* bekommen, damit er sich über alle drei Spalten erstreckt. Neu hinzugekommen ist der Rand-Bereich in den Zeilen 26 bis 31.

Besondere Erwähnung verdient hier der *slideMode* in Zeile 30. Inhaltsbereiche mit *slideMode=collect* werden nicht nur mit den Inhaltselementen befüllt, die auf der aktuellen Seite platziert wurden, sondern auch mit allen Inhaltselementen, die auf übergeordneten Seiten in demselben Inhaltsbereich erstellt wurden.

Um das neue Backend-Layout nutzen zu können, leeren Sie einmal die Caches. Bearbeiten Sie anschließend die Seiteneigenschaften Ihrer Startseite *Snowboardschule* und weisen Sie dann der Startseite (aber dieses Mal nicht den Unterseiten) das neue zweispaltige Backend-Layout zu (siehe Abbildung 8.25).

Platzieren Sie im Anschluss ein oder zwei Inhalte in der jeweiligen Spalte.

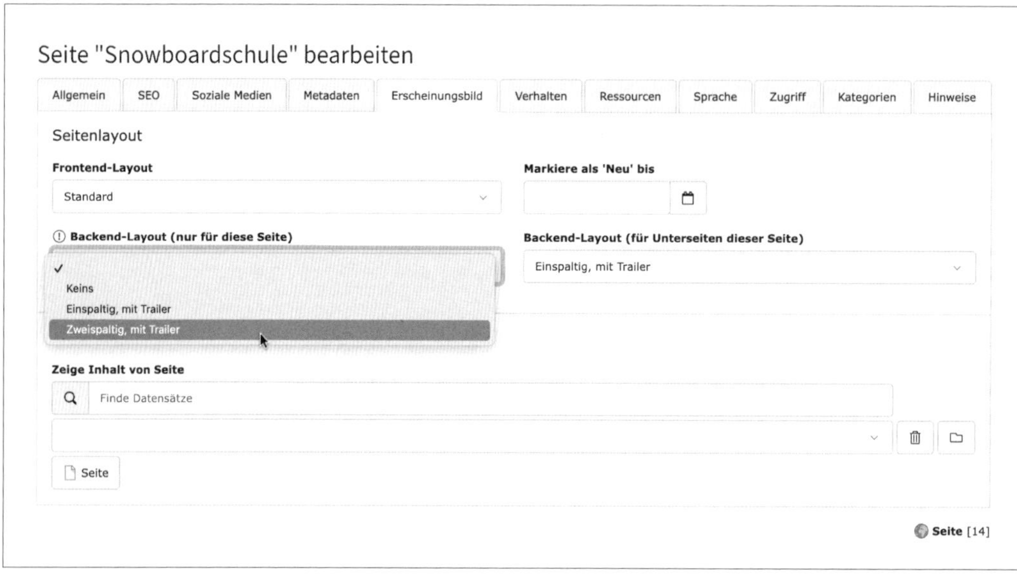

Abbildung 8.25 ▲
Das zweispaltige Layout einer einzelnen Seite zuweisen

Wenn Sie die Startseite nun im Frontend aufrufen, werden Sie zunächst nur eine schnöde Fehlermeldung vorfinden. Das liegt daran, dass wir im nächsten Schritt nun ein eigenes Fluid-Template für das neue Backend-Layout definieren müssen.

Zur Erinnerung: Das *PAGEVIEW*-TypoScript-Objekt sucht stets eine Template-Datei, deren Namen dem Namen des Backend-Layouts entspricht. Für das Backend-Layout *default* wird beispielsweise das Fluid-Template *Default.html* geladen (selber Name, nur mit Großbuchstaben am Anfang). Für das Layout *twoColumn* wird dementsprechend ein Fluid-Template *TwoColumn.html* erwartet, das wir nun im nächsten Schritt erstellen müssen.

Fluid-Layouts

Für das neue Fluid-Template *TwoColumn.html* könnten wir nun natürlich einfach das bestehende Template *Default.html* kopieren, dort die zweite Inhaltsspalte einfügen und es gut sein lassen. Das hätte allerdings den ganz gravierenden Nachteil, dass wir sehr viel doppelten Code in den zwei Vorlagen hätten – beispielsweise für die Generierung der verschiedenen Menüs (wenngleich diese schon größtenteils in Partials ausgelagert wurden) oder für die Darstellung der Trailer-Inhalte.

Fluid bietet jedoch einen schönen Mechanismus, um das zu umgehen. Wenn wir mehrere Templates haben, die sich gemeinsame grundlegende Layout-Elemente teilen sollen (beispielsweise also die grundlegende Struktur aus Navigation, Header und Footer), dann können wir diese in ein sogenanntes Layout auslagern. Layouts sind selbst ebenfalls Fluid-Templates, die (im Falle unseres *PAGEVIEW*-Objekts) unter *Resources/Private/*

PageView/Layouts/ unseres Site Packages gespeichert werden. Beispiel 8.17 zeigt auszugsweise (!), wie so eine Layout-Datei aussehen kann.

Beispiel 8.17: Definition eines Fluid-Layouts mit einer Section (Layouts/Default.html)

```
001 <f:asset.css identifier="trailer-image">
      [...]
011 </f:asset.css>
012
013 <nav class="navbar navbar-expand-md sticky-top bg-dark navbar-dark"
aria-label="{labelMain}">
      [...]
034 </nav>
035
036 <header>
      [...]
088 </header>
089
090 <f:render section="main" />
091
092 <footer>
      [...]
119 </footer>
```

Das gezeigte Layout ist weitgehend inhaltsgleich mit unserem bisherigen Fluid-Template; lediglich der Haupt-Content wurde durch den in Zeile 90 gezeigten `f:render`-ViewHelper ersetzt. Was genau dieser ViewHelper tut, betrachten wir gleich im Detail. Speichern Sie diese angepasste Datei in dem genannten Layouts-Verzeichnis als *Default.html*.

Mit diesem Layout können wir nun zunächst unsere bestehende Default.html-Vorlage etwas verschlanken. Beispiel 8.18 zeigt, wie sehr wir dieses Template nun vereinfachen können.

Beispiel 8.18: Das Layout in einem Fluid-Template nutzen (Pages/Default.html)

```
<f:layout name="Default" />

<f:section name="main">
  <main class="container">
    <div class="row">
      <div class="col-md-12 content-main">
        <f:for each="{content.main.records}" as="record">
          <f:cObject
            typoscriptObjectPath="{record.mainType}"
            data="{record}"
            table="{record.mainType}"
          />
        </f:for>
      </div>
    </div>
  </main>
</f:section>
```

Anhand von Beispiel 8.17 und Beispiel 8.18 wird nun auch klar, wie Layout und Template zusammenspielen: Im Template wird in Zeile 1 angegeben, dass das Layout mit dem Namen *"Default"* genutzt werden soll. Gleichzeitig kann das Template beliebig viele `f:section`-ViewHelper enthalten; die Inhalte dieser ViewHelper werden im Layout an den Stellen eingefügt, wo die korrespondierenden `f:render`-ViewHelper (mit demselben Section-Namen) vorhanden sind.

Um die endgültige HTML-Ausgabe dieses Templates zu generieren, wird also zunächst einmal das Fluid-Layout ausgewertet. Anstelle des `f:render`-ViewHelpers in Beispiel 8.17, Zeile 90 wird dann der Inhalt des `f:section`-ViewHelpers in Beispiel 8.18, Zeilen 4 bis 16 eingefügt.

Da unsere eigentlichen Fluid-Templates nun sehr schlank geworden sind, können wir im nächsten Schritt vergleichsweise einfach das *TwoColumn.html*-Template ergänzen. In Beispiel 8.19 werden in der *main*-Section nun zwei Spalten ausgegeben, in denen einmal (wie gehabt) die Variable *content.main* ausgewertet wird und außerdem *content.margin*.

Beispiel 8.19: Ein Fluid-Template für das zweispaltige Backend-Layout definieren (Pages/TwoColumn.html)

```
<f:layout name="Default" />

<f:section name="main">
  <main class="container">
    <div class="row">
      <div class="col-md-8 content-main">
        <f:for each="{content.main.records}" as="record">
          <f:cObject
            typoscriptObjectPath="{record.mainType}"
            data="{record}"
            table="{record.mainType}"
          />
        </f:for>
      </div>
      <aside class="col-md-4 content-margin">
        <f:for each="{content.margin.records}" as="record">
          <f:cObject
            typoscriptObjectPath="{record.mainType}"
            data="{record}"
            table="{record.mainType}"
          />
        </f:for>
      </aside>
    </div>
  </main>
</f:section>
```

Leeren Sie nun wie gehabt die Caches. Wenn Sie danach die Startseite erneut im Frontend aufrufen, sollte das Ergebnis so ähnlich wie in Abbildung 8.26 aussehen.

Was nun noch verbleibt, ist die Slide-Logik, die wir in Beispiel 8.16, »Definition eines zweispaltigen Backend-Layouts« auf Seite 236 definiert hatten. Um diese zu testen, weisen Sie einer beliebigen Unterseite (beispielsweise der *Trainer*-Seite) über die *Seiteneigenschaften bearbeiten*-Option das zweispaltige Backend-Layout zu (wie schon in Abschnitt »Das zweispaltige Layout einer einzelnen Seite zuweisen« auf Seite 238) und platzieren auf dieser Seite ein weiteres Inhaltselement. Wenn Sie diese Seite nun im Frontend aufrufen, sollte dort an oberster Stelle der Inhalt von der Startseite dargestellt werden, gefolgt von den Inhalten, die auf der Seite selbst platziert wurden (siehe Abbildung 8.27).

▼ Abbildung 8.26
Die Randspalte wird im Frontend dargestellt.

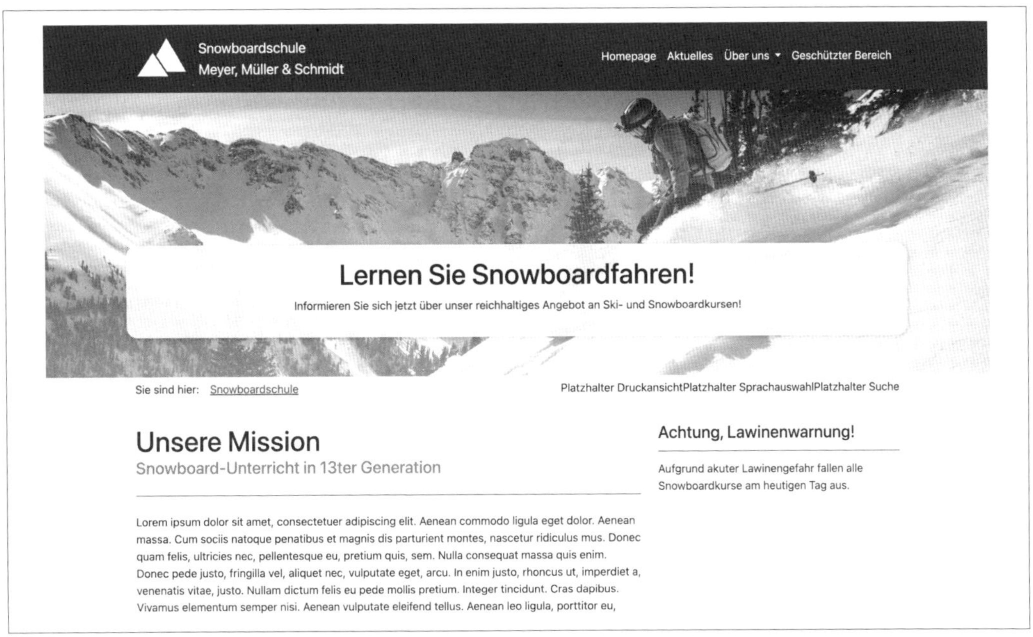

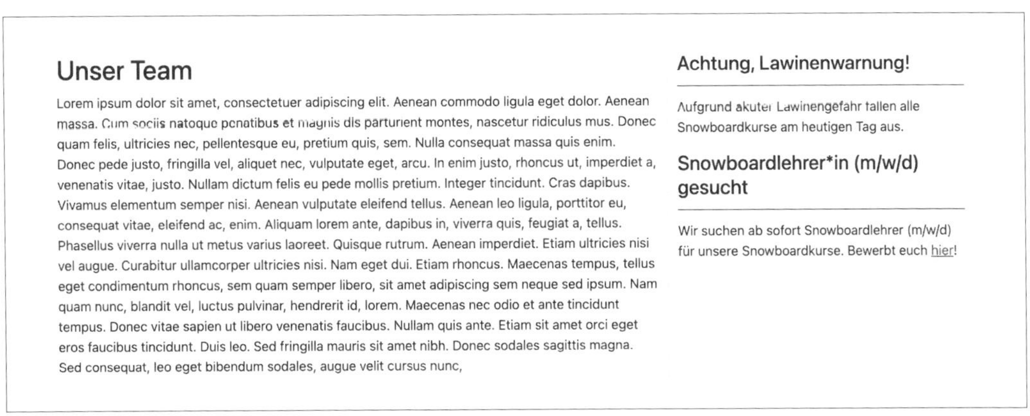

▲ Abbildung 8.27
Die »slide=collect«-Option in Aktion

Überschriften in der Randspalte formatieren

Weiter vorne in diesem Kapitel haben Sie ja bereits gelernt, wie Sie durch die Kombination von TypoScript und Fluid-Templates bzw. -Partials die Darstellung von Inhaltselementen an Ihre Bedürfnisse anpassen können. Was tun Sie aber, wenn Sie möchten, dass dieselben Arten von Inhaltselementen je nach Inhaltsbereich unterschiedlich dargestellt werden sollen – wenn also für eine Überschrift in der Randspalte anderer HTML-Code generiert werden soll als für eine Überschrift im Hauptbereich?

Die Möglichkeiten sind mannigfaltig: Beispielsweise können Sie innerhalb Ihrer Fluid-Templates mit dem f:if-ViewHelper unterscheiden, in welcher Spaltenposition ein bestimmtes Inhaltselement platziert ist. Diese Spaltenposition eines Inhaltselements wird in der Datenbank in der Spalte *colPos* gespeichert. Diese Positionen ergeben sich aus den Spaltennummern, die Sie bei der Erstellung des Backend-Layouts angegeben haben. In diesem Beispiel wird für Inhalte in der Spalte *Normal* der Wert *0*, für Inhalte in der rechten Spalte der Wert *2* gespeichert. Diesen Sachverhalt können wir uns bei der Darstellung der Überschrift zunutze machen, indem wir diese in Abhängigkeit von der Spalte unterschiedlich darstellen.

Nehmen wir mal an, wir möchten, dass Überschriften im Trailer-Bereich immer als *h1*-Element dargestellt werden (egal, was der Redakteur im Backend ausgewählt hat) und Überschriften im Randbereich immer als *h2*. Dafür erweitern wir das zuvor erstellte Fluid-Partial in *Resources/Private/ContentElements/Partials/Header/All.html* um einen weiteren <f:switch>-ViewHelper, in dem die Position des Inhaltselements abgefragt wird:

Beispiel 8.20: Überschriften in Rand- und Trailerbereich abweichend formatieren

```
<f:if condition="{data.header}">
  <f:switch expression="{data.colPos}">
    <f:case value="2">
      <h2>{data.header}</h2>
    </f:case>
    <f:case value="5">
      <h1>{data.header}</h1>
    </f:case>
    <f:defaultCase>
      <f:switch expression="{data.header_layout}">
        [...]
      </f:switch>
    </f:defaultCase>
  </f:switch>
</f:if>
```

»Verwaiste« Inhaltselemente verwalten

Backend-Layouts bieten Ihnen eine große Flexibilität darin, die Gestaltung des TYPO3-Backends an das tatsächliche Layout Ihres Projekts im Frontend anzupassen. Damit sind natürlich auch Fallstricke verbunden – was passiert beispielsweise mit Inhaltselementen in einem bestimmten Bereich, wenn Sie nachträglich das Backend-Layout bearbeiten und diesen Bereich entfernen?

TYPO3 bezeichnet solche Elemente als *Unbenutzte Elemente*. Dabei handelt es sich um Inhaltselemente, die ursprünglich einmal in einem Inhaltsbereich platziert wurden, der mittlerweile gar nicht mehr existiert – beispielsweise weil das dazugehörige Backend-Layout verändert oder gelöscht wurde oder weil der Seite nachträglich ein anderes Backend-Layout zugewiesen wurde.

Aber keine Sorge! Solche Elemente verschwinden nicht einfach, sondern TYPO3 weist Sie auf die Existenz solcher unbenutzten Elemente explizit hin. Wenn Sie eine Seite im *Seite*-Modul öffnen, auf der derartige Elemente existieren, erscheint die in Abbildung 8.28 sichtbare Warnung *Unbenutzte Elemente auf dieser Seite*. Die unbenutzten Elemente tauchen zudem im Abschnitt *Unbenutzt* auf und können dort beispielsweise gelöscht oder bearbeitet und in andere Inhaltsbereiche verschoben werden.

▼ Abbildung 8.28
Hinweis auf unbenutzte Inhaltselemente

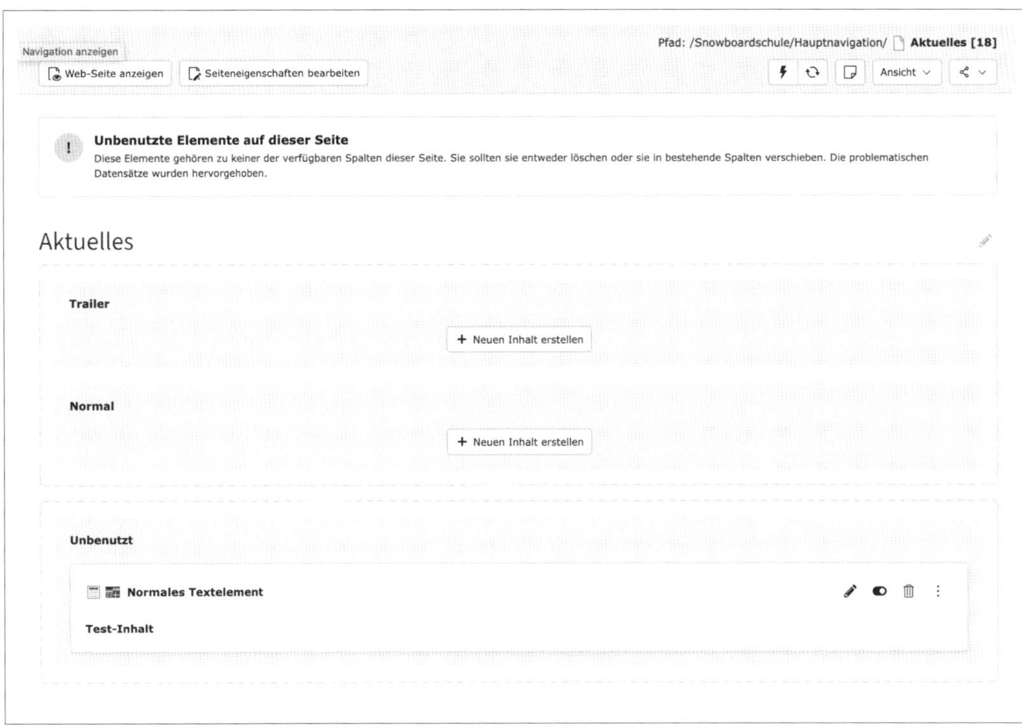

Übersicht über Seiteninhaltstypen

Tabelle 8.2 gibt einen Überblick über die verschiedenen Seiteninhaltstypen mit den jeweils gespeicherten Werten im Datenbankfeld *CType* und beschreibt die Verwendung dieser Typen.

Tabelle 8.2 ▶ Seiteninhaltstypen und ihre Werte im Datenbankfeld »CType«

Seiteninhaltstyp	CType	Beschreibung
Nur Überschrift	header	Dieser Seiteninhaltstyp stellt lediglich eine Überschrift zur Verfügung. Verwendet wird nur das Fluid-Partial *Header*.
Normales Textelement	text	Besteht lediglich aus einem normalen Textfeld ohne Medieninhalte.
Aufzählung	bullets	Dieser Seiteninhaltstyp ermöglicht es, eine Liste zu erstellen. Für jede vom Redakteur angegebene Zeile wird ein separater Bereich gekennzeichnet, der z. B. mit vorangestellten Symbolen versehen werden kann.
Tabelle	table	Mit diesem Inhaltstyp können Tabellen beschrieben werden.
Text & Medien	textmedia	Mit diesem Seiteninhaltstyp kann ein Textbereich mitsamt Überschrift und verschiedensten Mediendateien angegeben werden. Das ist der vermutlich am häufigsten gebrauchte Inhaltstyp.
Dateilinks	uploads	Um Dateien zum Download anzubieten, eignet sich dieser Seiteninhaltstyp.
Spezial-Menüs	menu_*	Erstellt eine Sitemap, eine Inhaltsübersicht oder eine Übersicht der folgenden Seiten. Dieser Seiteninhaltstyp wurde in diesem Kapitel eingehend behandelt.
Reines HTML	html	Mit diesem Seiteninhaltstyp können Sie HTML-Code angeben, der an der entsprechenden Stelle direkt ausgegeben wird. Der Typ eignet sich besonders bei der Verwendung von komplexen und individuellen Tabellen als Seiteninhalt.
Trenner	div	Dieses Element wird als Trennelement (üblicherweise als horizontale Linie) auf der Seite ausgegeben.
Datensatz einfügen	shortcut	Mit diesem Seiteninhaltstyp können Sie bereits angelegte Seiteninhalte wiederverwenden. Dabei wird der Seiteninhalt von einer anderen Seite genommen. Änderungen an einem Seiteninhalt müssen nur noch im Originalinhalt vorgenommen werden und übertragen sich automatisch auf eingefügte Seiteninhalte.
Anmeldeformular	felogin_login	Mit dem Seiteninhaltstyp *Login* können Sie einen Log-in-Button für zugriffsbeschränkte Seiten anzeigen lassen. Wie Sie Webseiten vor Zugriff schützen und Frontend-Benutzer anlegen, erfahren Sie in Kapitel 9, *Erweiterte Darstellung von Inhalten*.
Formular	form_formframework	Dieser Inhaltstyp fügt ein beliebig konfigurierbares Formular auf die Seite ein, dessen Eingaben per Mail an eine konfigurierbare Adresse verschickt werden. Dieser Inhaltstyp erfordert, dass die Erweiterung *form* geladen und deren statisches TypoScript eingebunden wurde.
Plugin einfügen	list	Mit *Plugin einfügen* können Frontend-Plug-ins auf einer Seite ausgeführt werden.

KAPITEL 9

Erweiterte Darstellung von Inhalten

In diesem Kapitel:

- Mehrsprachige Websites
- Zugriffsbeschränkte Seiten und Seiteninhalte
- Spezielle Druckansicht
- Verwaltung von Fehlerseiten
- Suchmaschinen, soziale Netzwerke und TYPO3
- E-Mail-Adressen vor Spam schützen

In diesem Kapitel erfahren Sie, wie Sie mit einigen interessanten Funktionen (z. B. mit Bedingungen) häufig anfallende Aufgabenstellungen erledigen. Erläutert wird, wie Ausnahmen in TYPO3 behandelt und mehrsprachige Internetseiten umgesetzt werden, wie Sie einen geschützten Kundenbereich einrichten können und wie eine Druckansicht erzeugt wird.

Mehrsprachige Websites

Mehrsprachige Internetpräsentationen werden von TYPO3 nativ unterstützt. Es gibt zwei Möglichkeiten, wie Internetpräsentationen mehrsprachig erstellt werden können – durch zwei (oder mehrere) unterschiedliche Seitenbäume oder durch einen einzigen Seitenbaum:

- Eine TYPO3-Webseite, die Mehrsprachigkeit durch zwei (oder mehr) parallele Seitenbäume umsetzt, benötigt prinzipiell mehrere Site-Konfigurationen und somit ein wiederverwendbares Site-Set. Der Vorteil bei der Umsetzung von Mehrsprachigkeit mit mehreren Seitenbäumen liegt in der Flexibilität der Gestaltung. Jede Sprachversion kann so ein eigenes Design (oder zumindest eigene Site-Einstellungen) erhalten, was dann angebracht ist, wenn die gesamte Navigationsstruktur, angebotene Funktionalitäten usw. von Sprache zu Sprache unterschiedlich sein sollen.
- Eine mehrsprachige Website mit nur einem Seitenbaum zu realisieren, hat den Vorteil, dass Änderungen an der Internetpräsentation schneller in anderen Sprachen verfügbar sind. Eine neu angelegte Seite in einer Standardsprache kann schnell und einfach übersetzt werden. Auch ist der Sprachwechsel innerhalb einer Seite möglich, ohne dass der Besucher zurück auf die Homepage geführt wird. Zudem muss nicht jede Seite übersetzt werden: Einzelne Seiten oder auch ganze Teilbereiche einer Präsentation, die beispielsweise über-

wiegend technische Informationen enthalten, können auch in nur einer Sprache zur Verfügung stehen.

Da die Integration von Mehrsprachigkeit mit nur einem Seitenbaum offensichtlich zwar aufwendiger ist, aber wesentliche Vorteile gegenüber der Realisierung mit unterschiedlichen Seitenbäumen bietet, stellen wir diese Möglichkeit im Folgenden vor.

Neue Sprachen anlegen und konfigurieren

Sprachen werden in TYPO3 in der Site-Konfiguration verwaltet. Wir erinnern uns: Die Seitenkonfiguration hatten wir in Kapitel 4, *Das Praxisbeispiel vorbereiten*, im Abschnitt »Eine Site-Konfiguration erstellen« auf Seite 98 gebaut. Dort hatten wir für die Seite auch bereits eine »Standardsprache« erstellt. (Dazu gehört beispielsweise der *Einstiegspunkt*, also die URL, über die eine bestimmte Übersetzung des Projekts aufgerufen werden kann.) Nun können wir eine weitere Konfiguration für die neu erstellte Sprache hinzufügen.

Wechseln Sie also in das Modul *Sites* im Abschnitt *Site Management* und bearbeiten Sie dort die in Kapitel 4, *Das Praxisbeispiel vorbereiten*, angelegte Seitenkonfiguration für die Seite *Snowboardschule*.

Wenn Sie die Seitenkonfiguration bearbeiten, können Sie unter dem Tab *Sprachen* neue Sprachkonfigurationen hinzufügen. Über das Dropdown-Feld *Voreinstellungen wählen...* können Sie hier auch bereits (für nahezu alle vorstellbaren Sprachen) sinnvolle Vorkonfigurationen wählen, damit Sie nicht die ganze Konfiguration von Hand befüllen müssen. Wählen Sie hier beispielsweise *Englisch* als Voreinstellung aus.

Die Eingabefelder in diesem Formular wurden in Kapitel 4, *Das Praxisbeispiel vorbereiten*, bereits oberflächlich betrachtet, nun sehen wir sie uns noch einmal ausführlich an:

- Der *Titel* der Sprache ist einfach nur der Name der Sprache. Sofern kein abweichender *Navigationstitel* angegeben wurde, wird dieser Titel auch später für das Sprachauswahlmenü verwendet. (Mehr dazu lesen Sie später im Abschnitt »Ein Sprachmenü erstellen« auf Seite 254).
- Auch der Schalter *Sichtbar im Frontend* ist für das Sprachauswahlmenü interessant. Er bestimmt, ob diese Sprache im Sprachmenü auftauchen wird oder nicht.
- Der *Einstiegspunkt* gibt an, unter welcher Domain und welchem Pfad die jeweilige Übersetzung der Seite erreichbar sein soll. Wenn Sie hier lediglich einen Pfad und keine Domain angeben, wird der Pfad mit dem Einstiegspunkt der Seitenkonfiguration selbst kombiniert. Ist der Einstiegspunkt der Seitenkonfiguration selbst also bei-

spielsweise *http://<ihre-domain>/test* und der Einstiegspunkt der Sprache */en/*, erreichen Sie die englische Version der Seite am Ende über die URL *http://<ihre-domain>/test/en/.*

- Tragen Sie für die zweite Sprache hier den Wert */en/* ein. Dies würde dazu führen, dass Sie zukünftig beispielsweise die Seite *Aktuelles* unter der URL *http://<ihre-domain>/aktuelles* in der Standardsprache (in unserem Fall Deutsch) aufrufen können und unter *http://<ihre-domain>/en/news* in der englischen Übersetzung. (Sinnvollerweise übersetzen Sie nicht nur die Inhalte auf der Seite, sondern auch die URL der Seite selbst, hier etwa von */aktuelles* in */news*.)

▼ Abbildung 9.1
Die Site-Konfiguration um eine weitere Sprache ergänzen

- Falls Sie es lieber einheitlich haben möchten, können Sie den Einstiegspunkt der Standardsprache nun zusätzlich auch noch auf */de/* ändern. Die jeweiligen Versionen z.B. der *Aktuelles*-Seite wären dann unter */de/aktuelles* bzw. */en/news* erreichbar. Beachten Sie, dass dadurch eine zusätzliche Weiterleitung beim Aufruf der Startseite erfolgt, die Sie aus Performance-Gründen lieber vermeiden sollten.
- Sie haben hier auch die Möglichkeit, statt verschiedener Pfade völlig unterschiedliche Domains (etwa *snowboardschule-meyer.de* und *snowboardschool-meyer.com*) oder Subdomains derselben Domain (etwa *de.snowboardschool.example* und *en.snowboardschool.example*) zu verwenden.
- Die *Spracheinstellung* wird beispielsweise für Datums-, Zeit-, Zahlen- und Währungsformate benutzt. Die Eingabe folgt üblicherweise dem Schema *[Sprachcode]_[Ländercode].[Zeichensatz]*, wobei der Zeichensatz eine optionale Angabe ist. Mögliche Eingaben für die deutsche Sprache wären beispielsweise *de_DE*, *de_AT* oder *de_CH* – über den Ländercode werden regionale Unterschiede berücksichtigt (ob zum Beispiel in einer Datumsausgabe *Januar* oder *Jänner* verwendet wird). Mögliche Eingaben für die englische Sprache wären unter anderem *en_GB* oder *en_US*.

Support In den meisten Linux-Distributionen können Sie einen Blick in die Datei */usr/share/i18n/SUPPORTED* werfen oder den Befehl `locale -a` nutzen, um herauszufinden, welche Spracheinstellungen von Ihrem Server unterstützt werden. Nur diese werden Ihnen auch im Dropdown-Menü zur Vorauswahl angeboten.

- Das Feld *Titel der Webseite* überschreibt das gleichnamige Feld aus dem *Allgemein*-Tab. Der Titel wird im `<title>`-Tag der generierten HTML-Seiten verwendet.
- Im Feld *Auf andere Sprache(n) ausweichen* können Sie definieren, wie sich TYPO3 verhalten soll, falls ein bestimmter Inhalt noch nicht in diese Sprache übersetzt wurde. Ist keine Ausweichsprache definiert, würde dieser Inhalt in der übersetzten Version der Seite einfach nicht angezeigt. Definieren Sie hingegen eine (oder mehrere) Ausweichsprachen, würde stattdessen der Inhalt in dieser Sprache angezeigt.

Speichern Sie die Seitenkonfiguration im Anschluss ab. In der Seitenübersicht sollte das Endergebnis letztendlich so aussehen wie in Abbildung 9.2.

Tipp

Denken Sie daran, dass Seitenkonfigurationen als YAML-Datei im Verzeichnis *config/sites/<seitenbezeichner>/* gespeichert werden. Hier können Sie die Seitenkonfiguration zur Not auch mit einem einfachen Texteditor bearbeiten.

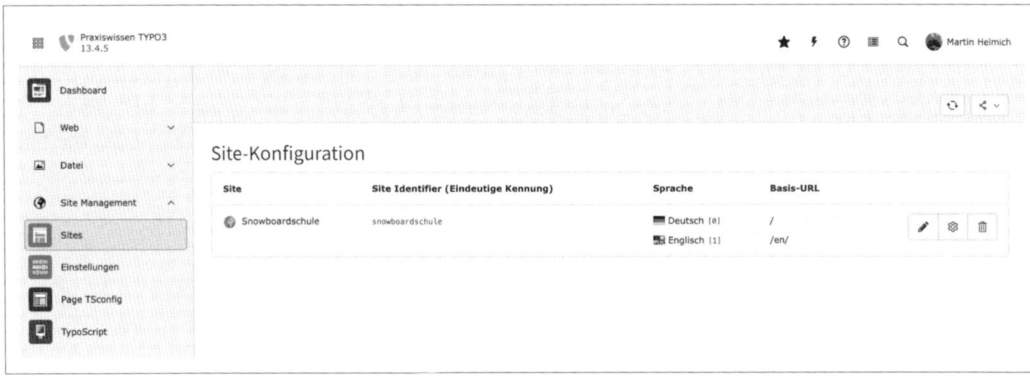

▲ **Abbildung 9.2**
Eine Seitenkonfiguration mit mehreren Sprachen

Inhalte übersetzen

Nachdem Sie nun die neue Website-Sprache in Ihrer Seitenkonfiguration konfiguriert haben, können Sie für Ihre bestehenden Seiten und deren Inhalte Übersetzungen anlegen. Gehen Sie dazu in das Backend-Modul *Seite* und wählen Sie beispielsweise Ihre Startseite *Snowboardschule* aus, auf der sich bereits Inhalte befinden. Im oberen Bereich können Sie aus der Auswahl den Menüeintrag *Sprachenvergleich* wählen. Daraufhin erscheint die in Abbildung 9.3 gezeigte Backend-Seite.

▼ **Abbildung 9.3**
Das Backend-Modul »Seite« im »Sprachenvergleich«-Modus ohne Übersetzung

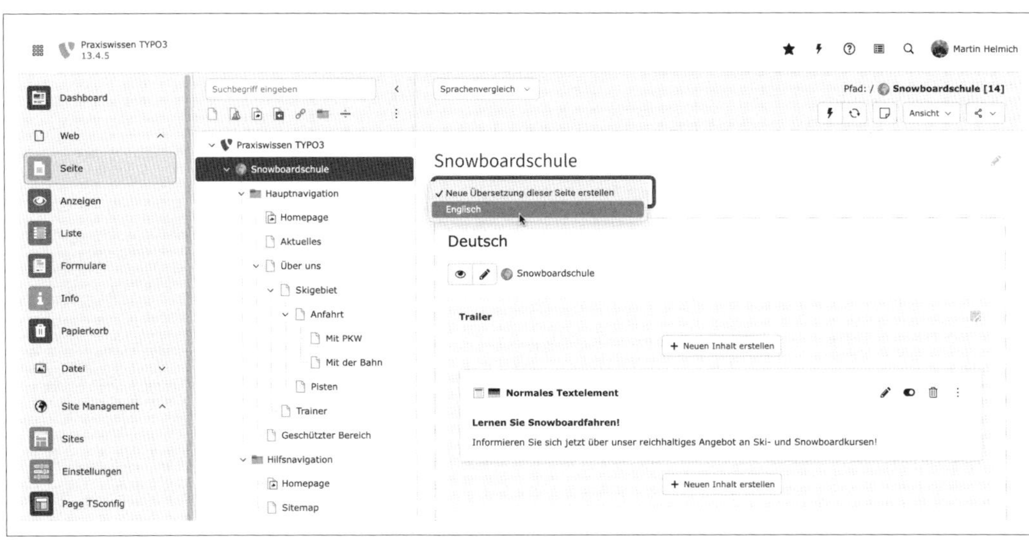

Tipp Die Auswahl der Ansicht *Sprachen* steht nur dann zur Verfügung, wenn eine zusätzliche Website-Sprache angelegt wurde!

Sie können jetzt von Ihrer aktuellen Seite eine Übersetzung anlegen, indem Sie im Auswahlfeld *Neue Übersetzung dieser Seite erstellen* (siehe Abbildung 9.3) die gewünschte Sprache auswählen.

Die nun erscheinende Maske (siehe Abbildung 9.4) ähnelt der Maske zum Anlegen (bzw. Bearbeiten) von Seiten. Hier können Sie die einzelnen Felder der Seite in die jeweilige Zielsprache übersetzen. Für eine bessere Übersicht sehen Sie auch die jeweiligen Werte aus der ursprünglichen Sprache.

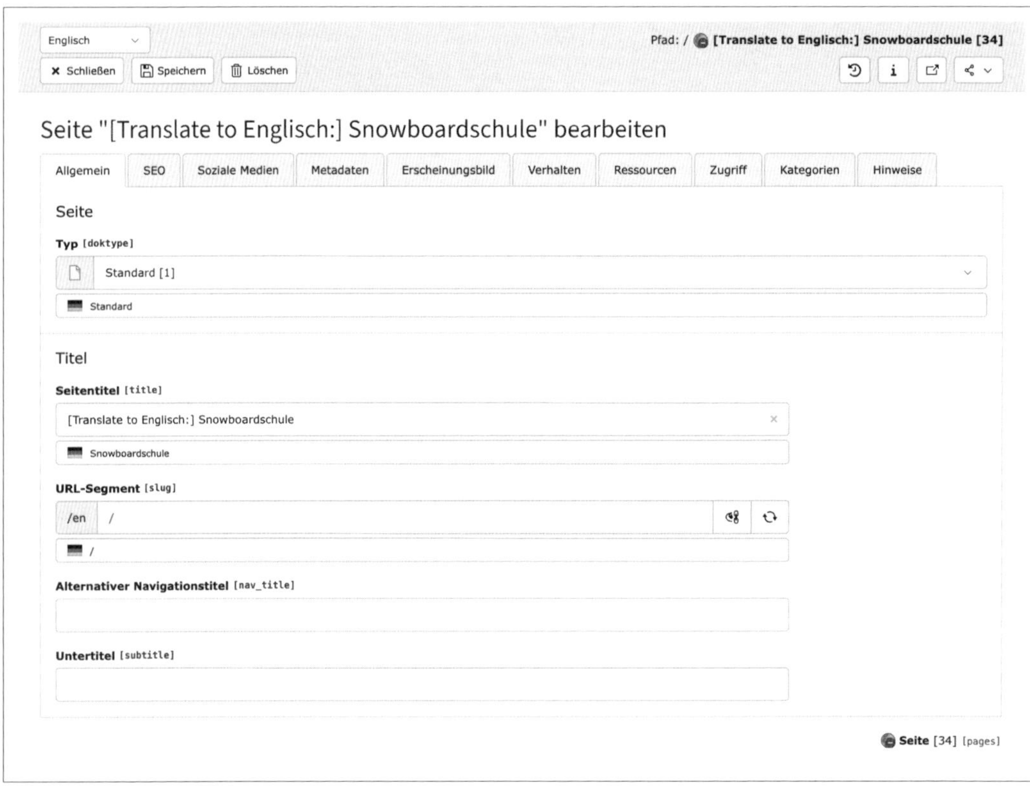

Abbildung 9.4 ▲ Erstellen einer übersetzten Seite

Allen Werten, die übersetzt werden können, wird dabei zunächst der Text *[Translate to English:]* vorangestellt. Geben Sie als Übersetzung für die Seite *Snowboardschule* zunächst den Titel *Snowboard School* an.

Beachten Sie, dass die Übersetzung der Seite gegebenenfalls versteckt sein kann (auch wenn es die ursprüngliche Seite selbst nicht ist). Stellen Sie sicher, dass unter dem Tab *Zugriff* die Option *Seite sichtbar* aktiviert ist.

Tipp Auch das URL-Segment der Seite wird mit übersetzt! Bei der Startseite ist das nicht relevant, aber bei allen anderen Seiten schon! Achten Sie darauf, das URL-Segment über den entsprechenden Button neu zu generieren, nachdem Sie den Seitentitel geändert haben, damit die englische Version nicht unter hässlichen URLs wie */en/translate-to-english-aktuelles* erreichbar bleibt.

Nach dem Speichern der übersetzten Seite nimmt das Backend-Modul *Seite* nun eine neue Gestalt an, wie Sie in Abbildung 9.5 sehen können. Im oberen Bereich kommt ein neues Drop-down-Feld *Sprachen* dazu, in dem Sie die Ansicht in die neue Sprache umschalten können. In der Inhaltsansicht erscheint nun jeweils die ausgewählte Übersetzung (im Beispiel also Englisch) auf der rechten Seite und die Standardsprache auf der linken.

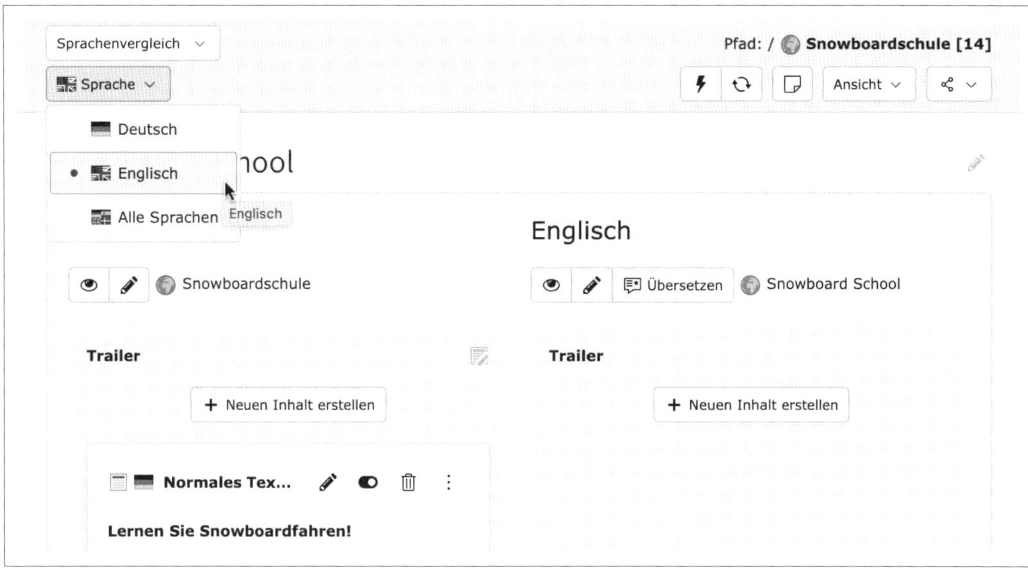

▲ **Abbildung 9.5**
Das Modul »Seite« im »Sprachenvergleich«-Modus mit einer übersetzten Seite mit Inhalt

Mit dem Button *Übersetzen* können Sie die Inhalte der linken Spalte mit in die rechte Spalte aufnehmen. Hierzu müssen Sie zunächst entscheiden, ob Sie die Inhalte in die andere Sprache *übersetzen* oder *kopieren* möchten. Der Unterschied besteht darin, dass übersetzte Inhaltselemente weiterhin eng an das ursprüngliche Inhaltselement gebunden sind; sie übernehmen bestimmte Eigenschaften (beispielsweise Layout- oder Sichtbarkeitseinstellungen) und werden auch zusammen mit dem ursprünglichen Element verschoben oder gelöscht. In eine andere Sprache kopierte Elemente hingegen sind vollkommen unabhängig und können somit auch unabhängig vom ursprünglichen Element verschoben oder gelöscht werden.

Wie schon bei der Seite selbst wird den einzelnen Feldern von so erstellten Inhalten in der anderen Sprache jeweils der Text *Translate to English* vorangestellt, um kenntlich zu machen, dass dieser Inhalt noch nicht übersetzt wurde. Erstellen Sie also nun in der Spalte *Englisch* einfach einen neuen Seiteninhalt, indem Sie ein bestehendes Inhaltselement übersetzen, und machen Sie darin (z. B. durch Wahl des Titels *Homepage Englisch*) kenntlich, dass es sich hier um einen englischsprachigen Inhalt handelt.

Tipp Auch übersetzte Elemente sind zunächst als unsichtbar markiert, damit keine unfertigen Übersetzungen im Frontend angezeigt werden. Vergessen Sie daher nicht, die fertig übersetzten Elemente anschließend über den zugehörigen Toggle in der Inhaltsübersicht oder den *Zugriff*-Reiter innerhalb des Elements sichtbar zu schalten.

TypoScript und Mehrsprachigkeit

Wenn Sie Ihre übersetzte Seite im Frontend ansehen, bemerken Sie, dass jetzt nur der deutsche Inhalt (als Standardsprache) dargestellt wird, Sie aber keine Möglichkeit haben, auf den englischen Inhalt zuzugreifen – es sei denn, Sie kennen den Einstiegspunkt, den Sie in der Seitenkonfiguration angegeben haben, und geben die entsprechende URL direkt in der Adresszeile des Browsers ein.

Selbst wenn Sie die Übersetzung einer Seite direkt über die URL aufrufen, wird Ihnen jedoch auffallen, dass zwar der übersetzte Inhalt dargestellt wird, aber die statischen Texte nach wie vor auf Deutsch erscheinen und eigentlich auch noch übersetzt werden müssten.

So oder so ist im TypoScript also noch ein wenig Arbeit gefragt: Zum einen benötigen wir ein Sprachmenü, damit Besucher überhaupt erst einmal auf die englische Version Ihrer Seite zugreifen können. Zum anderen müssen die statischen Texte übersetzt werden.

Statische Inhalte übersetzen

Aktuell enthält das TypoScript-Setup Ihrer Seite zahlreiche statische Texte, die derzeit deutschen Text enthalten. Wenn ein Benutzer nun die englische Übersetzung einer Seite betrachtet, werden diese statischen Texte nach wie vor in ihrer deutschen Version angezeigt. Um statische Inhalte sprachabhängig zu gestalten, bietet TypoScript Ihnen dafür das spezielle Attribut `.lang.[SPRACHE]` an. Dieses können Sie beispielsweise in einem `TEXT`-Objekt nutzen, um gleich mehrere Übersetzungen anzugeben. Welche Übersetzung dann letztendlich genutzt wird, bestimmt die Eigenschaft *Spracheinstellung* in der Site-Konfiguration (siehe Abbildung 9.1).

Die Eigenschaft *Spracheinstellung* ist auch entscheidend, wenn Sie Plug-ins und Extensions auf Ihrer Seite nutzen; diese richten die Sprache Ihrer Ausgabetexte ebenfalls nach dieser Konfigurationseinstellung. In einem späteren Abschnitt werden wir außerdem betrachten, wie Sie Texte und Übersetzungen von Plug-ins an Ihre Bedürfnisse anpassen können.

Im folgenden Beispiel werden alle bisher definierten TEXT-Objekte und andere statische Texte um die Funktion .lang.[SPRACHE] erweitert, sodass Mehrsprachigkeit direkt unterstützt wird, womit der Pflege- und Übersetzungsaufwand geringer wird.

Da TYPO3 Englisch intern als Standardsprache behandelt, haben wir in diesem Beispiel den »eigentlichen« Wert der TEXT-Objekte unter .value auf Englisch übersetzt. Die deutsche Variante steht unter .lang.de zur Verfügung.

Beispiel 9.1: Unterstützung für Mehrsprachigkeit in das TypoScript-Template integrieren

```
page = PAGE
page {

  # Allgemeine Seiteneigenschaften setzen
  config.doctype = html5

  # Meta-Tags angeben
  meta.author = Robert Meyer, Martin Helmich, Hannes Strangmeier
  meta.description = This is a description
  meta.description.lang.de = Hier steht eine Beschreibung
  meta.viewport = width=device-width, initial-scale=1

  [...]

  # Die Designvorlage integrieren
  10 = PAGEVIEW
  10 {
    [...]

    variables {
      brandLineFirst = TEXT
      brandLineFirst.value = Snowboard School
      brandLineFirst.lang.de = Snowboardschule

      brandLineSecond = TEXT
      brandLineSecond.value = {$snowboardSchool.name}

      labelMain = TEXT
      labelMain.value = Main navigation
      labelMain.lang.de = Hauptnavigation

      labelMore = TEXT
      labelMore.value = More
      labelMore.lang.de = Mehr

      labelYouAreHere = TEXT
      labelYouAreHere.value = You are here
      labelYouAreHere.lang.de = Sie sind hier
    }
  }
}
```

Wenn Sie möchten, können Sie bereits jetzt die englische Übersetzung Ihrer TYPO3-Seiten aufrufen, sofern Sie die Seiten-URLs in der Adresszeile des Browsers entsprechend manipulieren. Stellen Sie der URL einfach ein */en/* voran, sollten Sie die übersetzten statischen Texte (und auch übersetzte Inhaltselemente, die Sie womöglich bereits erstellt haben) schon sehen. Auch hier gilt: Leeren Sie vorher den Cache, damit die Änderungen angezeigt werden. Schöner wäre es natürlich, einfach eine entsprechende Schaltfläche zu haben, um zu einer anderen Sprache zu wechseln. Aus diesem Grund werden wir uns im nächsten Abschnitt mit der Konstruktion eines Sprachmenüs beschäftigen.

Ein Sprachmenü erstellen

Für die Erstellung eines Sprachmenüs bietet das `PAGEVIEW`-Objekt einen speziellen Data Processor an (ähnlich wie den `menu`-Data-Processor, den Sie bereits für die Erstellung der verschiedenen Menüs benutzt haben).

Beispiel 9.2 zeigt in den Zeilen 65 und 66, wie Sie den `language-menu-Data-Processor` nutzen können, um die Daten für ein Sprachmenü in der Fluid-Variablen `languages` zur Verfügung zu stellen. Außerdem fügt das Codebeispiel in den Zeilen 89 bis 95 noch die zwei Fluid-Variablen `labelLanguage` und `labelLangNavigation` hinzu: Diese dienen später dazu, die Beschriftung des Menüs und das ARIA-Label des Navigationselements zu befüllen. Mehr Konfiguration benötigt der `language-menu`-Data-Processor nicht – standardmäßig werden alle in der Seitenkonfiguration hinterlegten Sprachen als Menüelement angeboten.

Beispiel 9.2: Die Daten für ein Sprachmenü bereitstellen

```
26  10 = PAGEVIEW
27  10 {
28    paths {
29      10 = EXT:snowboard/Resources/Private/PageView/
30    }
31
32    dataProcessing {
        [...]
61
62      50 = page-content
63      50.as = content
64
65      60 = language-menu
66      60.as = languages
67    }
68
69    variables {
        [...]
88
89      labelLangNavigation = TEXT
90      labelLangNavigation.value = Display and language navigation
91      labelLangNavigation.lang.de = Sprach- und Ansichtswechsler
```

Beispiel 9.2: Die Daten für ein Sprachmenü bereitstellen (Fortsetzung)

```

        labelLanguages = TEXT
        labelLanguages.value = Language
        labelLanguages.lang.de = Sprache     }
    }
}
```

Im nächsten Schritt muss nun noch das Fluid-Template erweitert werden, um das Sprachmenü auch tatsächlich darzustellen. Wie bereits die vorherigen Menüs wird auch das Sprachmenü in ein eigenes Fluid-Partial ausgelagert. (Das genaue Vorgehen dazu haben wir in Kapitel 7, *Menüs erstellen*, im Abschnitt »Fluid-Templates mit Partials strukturieren« auf Seite 188 beschrieben.)

Erweitern Sie zunächst das Fluid-Layout wie in Beispiel 9.3 gezeigt. (Denken Sie bitte daran, dass in Kapitel 8, *Inhalte ausgeben*, der Großteil des Inhalts der Datei *Pages/Default.html* in die Datei *Layouts/Default.html* gewandert ist.) Hier wird an entsprechender Stelle in den Zeilen 77 bis 79 das Partial `Menu/Language` eingebunden, das dann innerhalb des Site Packages im üblichen Partial-Pfad unter *Resources/Private/PageView/Partials/Menu/Language.html* gesucht wird. An das Template übergeben werden die Variable `languages`, die die Rohdaten für die Erstellung des Menüs enthält, sowie die Variable `labelLanguage`, die die Beschriftung des Sprachmenüs in der jeweils aktiven Sprache enthält.

Beispiel 9.3: Einbinden des Partials für das Sprachmenü

```
036 <header>
037   <div class="trailer">
        [...]
051   </div>
052
053   <div class="infobar navbar">
054     <div class="container">
          [...]
069
070       <nav aria-label="{labelLangNavigation}" class="navbar-expand">
071         <ul class="navbar-nav justify-content-end">
072           <li class="nav-item">
073             Platzhalter Druckansicht
074           </li>
075           <li class="nav-item">
076             <div class="language">
077               <f:render
078                 partial="Menu/Language"
079                 arguments="{label: labelLanguages, languages:
                              languages}"
080               />
081             </div>
082           </li>
083         </ul>
```

Beispiel 9.3: Einbinden des Partials für das Sprachmenü (Fortsetzung)

```
      </nav>
      <div class="pull-right search">
        Platzhalter Suche
      </div>
    </div>
  </div>

</header>
```

Beispiel 9.4 zeigt schließlich den Inhalt des Partials. Hier werden lediglich die Fluid-ViewHelper genutzt, die Sie bereits kennen. Dieses Partial wird im Site Package in der Datei *Resources/Private/PageView/Partials/Menu/Language.html* platziert. Im Anschluss erscheint das Sprachmenü im Frontend.

Beispiel 9.4: Das Partial für das Sprachmenü

```
<div class="btn-group">
  <a href="#" class="nav-link dropdown-toggle"
              data-bs-toggle="dropdown">
    {label} <span class="caret"></span>
  </a>
  <ul class="dropdown-menu dropdown-menu-right">
    <f:for each="{languages}" as="language">
      <li>
        <a class="dropdown-item" href="{language.link}">
          {language.navigationTitle}
        </a>
      </li>
    </f:for>
  </ul>
</div>
```

Zugriffsbeschränkte Seiten und Seiteninhalte

Häufig ist es nicht erwünscht, dass Website-Besucher *alle* Seiten oder Seiteninhalte sehen dürfen. Im Praxisbeispiel soll z. B. unterhalb der Seite *Geschützter Bereich* eine weitere Navigation erscheinen, die nur dann zu sehen sein soll, wenn sich der Besucher erfolgreich mit einem Benutzernamen und einem zugehörigen Passwort authentifiziert hat.

TYPO3 selbst bietet die Unterstützung von geschützten Bereichen an. So können Sie z. B. bestimmen, dass Seiten, ganze Seitenbäume und auch Seiteninhalte nur für bestimmte Benutzergruppen zugänglich sein sollen. Doch bevor Sie eine Seite nur für bestimmte Benutzergruppen zugänglich machen können, muss auch mindestens eine solche Benutzergruppe vorhanden sein.

Website-Benutzer anlegen

Website-Benutzer, häufig auch als *Frontend-User* oder *FE-User* bezeichnet, sowie Benutzergruppen für Website-Benutzer müssen auf einer separaten Seite angelegt werden. An einer späteren Stelle teilen Sie TYPO3 mit, auf welcher Seite sich die Benutzer befinden.

Legen Sie unterhalb der Startseite eine neue Seite vom Typ *Ordner* an:

1. Wechseln Sie in das Modul *Seite* und wählen Sie im oberen Bereich des Seitenbaums die Option *Neue Seite erstellen*.
2. Wählen Sie nun den Typ *Ordner*.
3. Erstellen Sie einen neuen Ordner, indem Sie das Ordersymbol anklicken und an die gewünschte Stelle im Seitenbaum ziehen (siehe Abbildung 9.6).
4. Geben Sie dem neu erstellten Ordner im Seitenbaum den Titel *Benutzer* und bestätigen Sie mit *Enter*.

◀ Abbildung 9.6
Eine Seite vom Typ »Ordner« anlegen

Bearbeiten Sie anschließend den neu erstellten Ordner (wie gehabt per Rechtsklick auf die Seite und Klick auf *Bearbeiten* im Kontextmenü). Wechseln Sie in der Bearbeitungsmaske auf den Tab *Verhalten*. Dort erscheint die Auswahlliste *Enthält Plug-In* (siehe Abbildung 9.7), aus der Sie den Eintrag *Website-Benutzer* auswählen. Stellen Sie sicher, dass die Seite sichtbar ist, und speichern Sie Ihre Angaben.

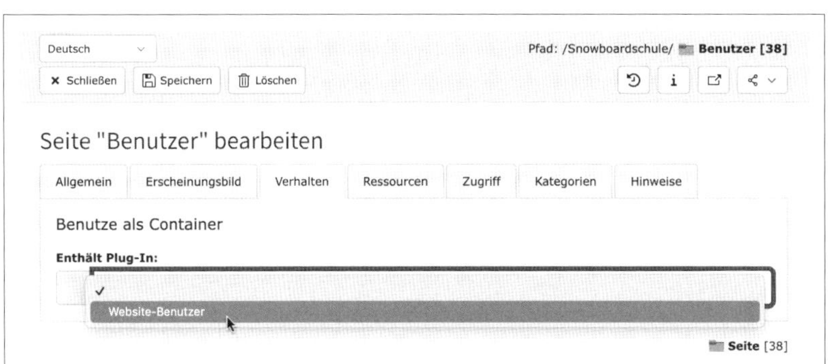

◀ Abbildung 9.7
Der Systemordner soll Website-Benutzer aufnehmen können.

Im Seitenbaum sehen Sie nun, dass die Seite *Benutzer* ein anderes Icon bekommen hat. Mit Seiten des Typs *Ordner* haben wir bereits zuvor gearbeitet (etwa in Kapitel 4, *Das Praxisbeispiel vorbereiten*, im Abschnitt »Aufbau der Navigationsstruktur« auf Seite 91). Diese Seiten werden nicht mit in die Menüs aufgenommen und werden auch nicht bei der Generierung von Seiten-URLs berücksichtigt (wenn beispielsweise ein Ordner wieder weitere Unterseiten hat). Außerdem gibt es manche Arten von Datensätzen (wie etwa Benutzer und Benutzergruppen), die ausschließlich in Ordnern platziert werden können.

Bevor Sie allerdings einen Website-Benutzer anlegen können, muss zunächst eine Benutzergruppe vorhanden sein. Um diese zu erstellen, gehen Sie wie folgt vor:

1. Wechseln Sie in das *Liste*-Modul.
2. Wählen Sie den *Benutzer*-Ordner an.
3. Klicken Sie auf die Schaltfläche *Neuen Datensatz erstellen* (den Button mit dem Plussymbol) in der oberen Zeile.
4. In der Liste der Datensätze, die neu angelegt werden können, stehen jetzt zwei weitere Datensätze zur Verfügung: *Website-Benutzer* und *Website-Benutzergruppe*. Wählen Sie hier den Eintrag *Website-Benutzergruppe* aus.

Jetzt erscheint die in Abbildung 9.8 gezeigte Maske, in der die Angabe eines Gruppennamens für die Benutzergruppe völlig ausreichend ist. Geben Sie hier als Gruppenname *Snowboardkurs* an und speichern Sie Ihre Angabe ab. Wiederholen Sie das Prozedere und erstellen Sie eine zweite Gruppe *Snowboardlehrer*.

Abbildung 9.8 ▼
Die Backend-Maske für Website-Benutzergruppen

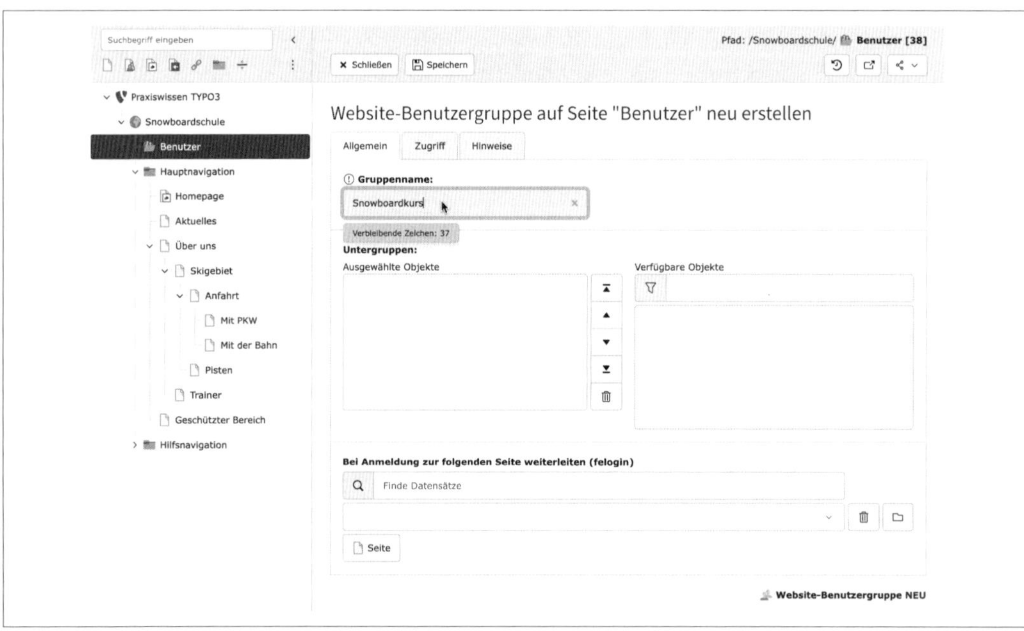

Nachdem nun eine Benutzergruppe für Website-Benutzer existiert, können Sie auch einen Benutzer anlegen. Legen Sie auch dafür auf der Seite *Benutzer* einen neuen Datensatz an und wählen Sie aus der Liste der möglichen Datensätze den Eintrag *Website-Benutzer* aus. Dann erscheint die in Abbildung 9.9 gezeigte Maske.

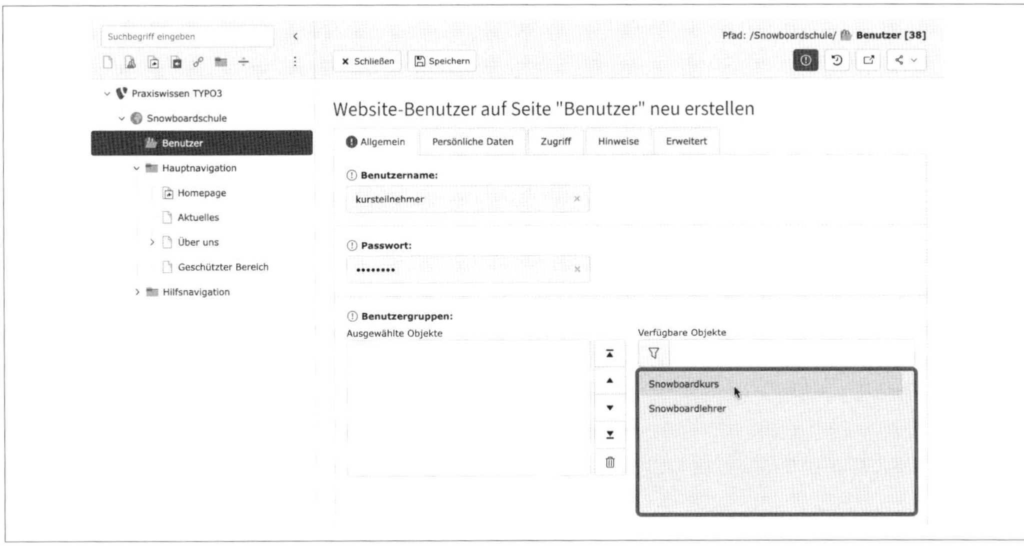

▲ Abbildung 9.9
Die Backend-Maske für Website-Benutzer

Sie müssen auf dem Tab *Allgemein* in den drei Pflichtfeldern *Benutzername*, *Passwort* und *Benutzergruppen* einen Wert angeben. Alle anderen Felder sind optional. Geben Sie als Benutzername beispielsweise *kursteilnehmer* an und tragen Sie ein Passwort Ihrer Wahl ein. Aus dem Feld der möglichen Benutzergruppen auf der rechten Seite wählen Sie die soeben erstellte Benutzergruppe *Snowboardkurs* aus. Speichern Sie danach den angelegten Benutzer ab.

Wiederholen Sie anschließend das Ganze und erstellen Sie einen zweiten Benutzer in der Gruppe *Snowboardlehrer*.

Ein Log-in-Formular anlegen

Ein Log-in-Formular, auf dem sich Website-Besucher anmelden können, steht bereits als vordefinierter Seiteninhaltstyp zur Verfügung.

Legen Sie jetzt auf der Seite *Geschützter Bereich* einen neuen Seiteninhalt vom Typ *Anmeldeformular* im Bereich *Normal* an. Geben Sie als Überschrift *Mitgliederbereich* ein und wechseln Sie dann auf den in Abbildung 9.10 gezeigten Tab *Plugin*.

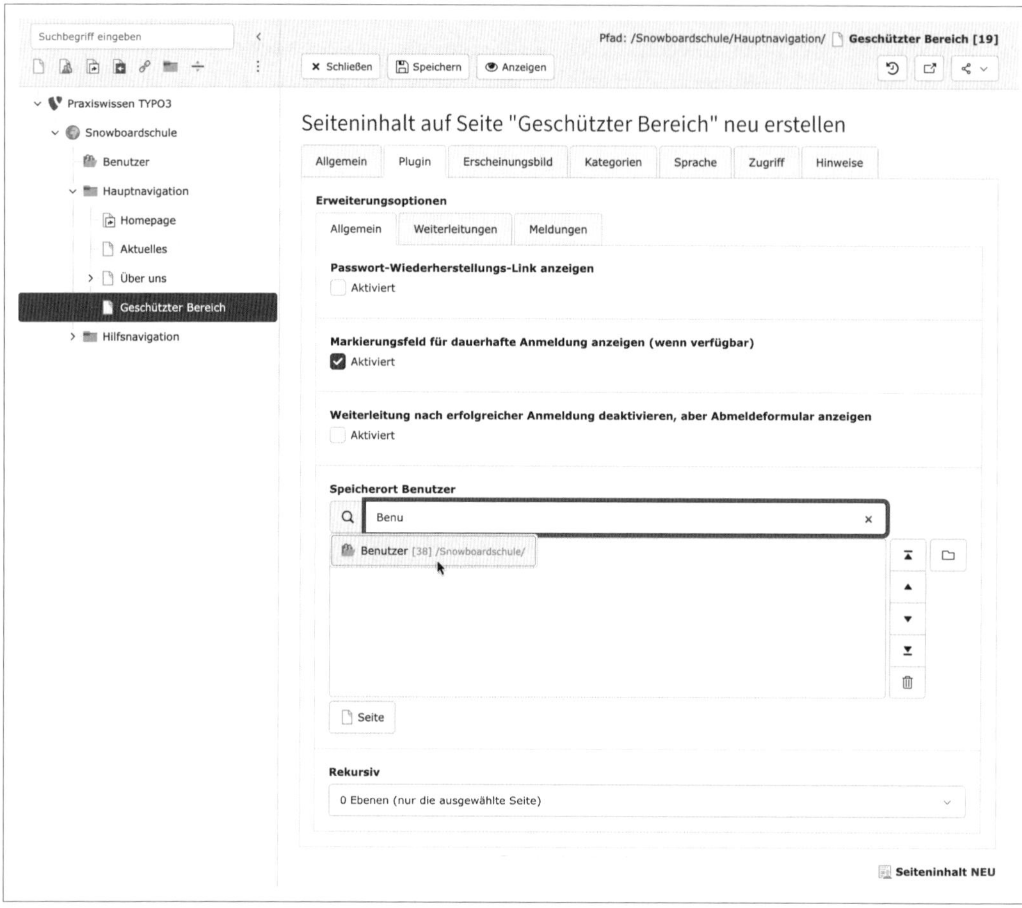

Abbildung 9.10 ▲
Einen Seiteninhalt vom Typ »Anmeldung« anlegen

Damit das Log-in-Formular tut, was es soll, müssen Sie noch konfigurieren, auf welcher Seite sich die Website-Benutzer und Benutzergruppen befinden.

Unter dem Tab *Plugin* finden Sie dafür das Feld *Erweiterungsoptionen*. Dieses enthält wiederum in mehreren Tabs eine Reihe an Konfigurationsmöglichkeiten für das Log-in-Formular. Geben Sie hier unter dem Punkt *Speicherort Benutzer* die Seite an, auf der Ihre Website-Benutzer und Benutzergruppen abgelegt sind.

Wenn Sie das Log-in-Formular nun speichern und die Seite im Frontend aufrufen, sollten Sie die Benutzeranmeldung bereits ohne Einschränkungen nutzen können. Nach dem Log-in sollten Sie wie in Abbildung 9.11 eine Meldung im Sinne von *Sie sind nun als '<benutzername>' angemeldet* sehen. Wenn Sie die Seite noch ein weiteres Mal aufrufen, haben Sie zudem die Möglichkeit, sich über den Button *Logout* wieder abzumelden.

Loggen Sie sich jetzt über den Button *Logout* aus, um die im folgenden Abschnitt durchgeführte TypoScript-Beschreibung für die Darstellung des Log-in-Formulars zu erstellen.

Tipp Sie werden feststellen, dass auch die Übersetzung der Log-in-Maske bereits funktioniert. Der Grund dafür ist wieder die Verwendung einer Sprachdatei, die über die Konfiguration *Spracheinstellung* in der Site-Konfiguration die Begriffe in der jeweiligen Sprache zurückliefert.

▲ **Abbildung 9.11**
Erfolgreicher Log-in in den geschützten Bereich

Zugriffsgeschützte Inhalte erstellen

In TYPO3 können Sie Seiten und Seiteninhalte geschlossenen Benutzergruppen zugänglich machen. Die Steuerung von Zugriffsrechten ist nur auf Gruppenebene möglich, nicht auf Benutzerebene. Unterhalb der Seite *Geschützter Bereich* wollen wir nun eine Navigationsstruktur aufbauen, die nur sichtbar ist, wenn ein Benutzer angemeldet und in der jeweils korrekten Benutzergruppe ist.

Auf der Seite *Geschützter Bereich* (die ja prinzipiell auch für nicht angemeldete Benutzer sichtbar sein muss, weil diese ja erst mal das Anmeldeformular finden müssen) soll nun zusätzlich zum Anmeldeformular noch ein einzelner Seiteninhalt angelegt werden, der nur dann angezeigt wird, wenn der Benutzer sich erfolgreich angemeldet hat – unabhängig von der Benutzergruppe.

Zugriffsgeschützte Seiten erstellen

Die Zugriffsberechtigung einer Seite können Sie in den Seiteneigenschaften bearbeiten. Erstellen Sie hierzu zunächst auf die gewohnte Weise die zwei Seiten *Informationen für Kursteilnehmer* und *Informationen für Trainer* unterhalb der Seite *Geschützter Bereich*.

Bearbeiten Sie anschließend diese Seiten und suchen Sie unter dem *Zugriff*-Tab das Feld *Zugriffsrechte für Benutzergruppen*. Hier finden Sie alle zuvor erstellten Benutzergruppen und die zwei speziellen Optionen *Nach Anmeldung verbergen* sowie *Anzeigen, wenn angemeldet* (siehe Abbildung 9.12).

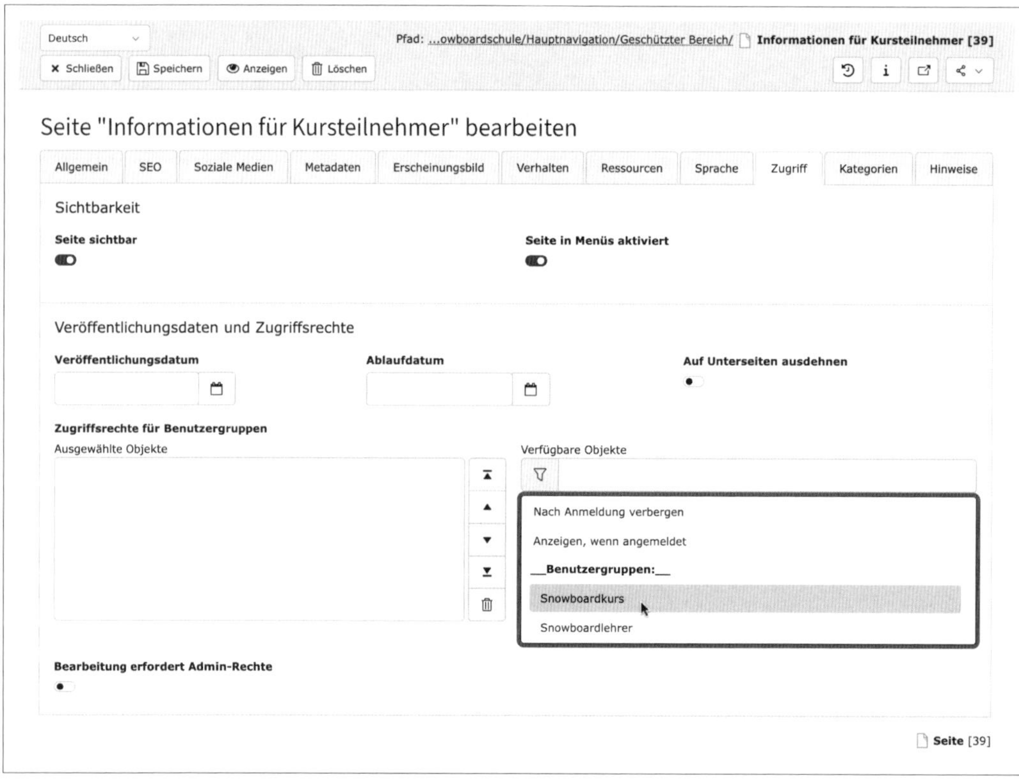

Abbildung 9.12 ▲
Zugriffsberechtigungen für Seiten verwalten

Wenn Sie hier eine Benutzergruppe auswählen, darf ein Webseitenbesucher diese Seite nur dann aufrufen, wenn er Mitglied dieser bestimmten Benutzergruppe ist. Dazu gehört beispielsweise auch, dass diese Seite nur dann im Menü auftaucht, wenn der Besucher berechtigt ist, sie zu sehen.

Die Option *Anzeigen, wenn angemeldet* berechtigt Benutzer zum Zugriff, die überhaupt *irgendeiner* (egal welcher) Gruppe angehören. Die Option *Nach Anmeldung verbergen* tut das genaue Gegenteil und erlaubt den Zugriff nur, wenn ein Besucher ausdrücklich nicht als Benutzer angemeldet ist. (Das kann sinnvoll sein, um Informationen zu verbergen, die einfach keinen Sinn mehr ergeben, sobald ein Benutzer angemeldet ist – beispielsweise eine »Wie erstelle ich ein Benutzerkonto?«-Seite.)

Tipp Zugriffsberechtigungen für eine Seite zu vergeben bedeutet nicht nur, dass ein unautorisierter Benutzer diese Seite nicht in der Navigation sehen kann. Selbst falls ein Besucher die URL einer geschützten Seite kennt und direkt im Browser aufruft, prüft TYPO3 seine Zugriffsberechtigungen und tut im Zweifelsfall so, als gäbe es die angefragte Seite nicht. Dazu liefert TYPO3 eine »Seite nicht gefunden«-Fehlermeldung aus.

Konfigurieren Sie auf diese Weise die Seite *Informationen für Kursteilnehmer* so, dass sie nur von Mitgliedern der Gruppe *Snowboardkurs* aufgerufen werden kann. Das Gleiche gilt für die Seite *Informationen für Trainer:* Sorgen Sie dafür, dass sie nur von Mitgliedern der Gruppe *Snowboardlehrer* aufgerufen werden kann. Achten Sie dabei darauf, dass die Seiten unabhängig von der Auswahl der entsprechenden Benutzergruppe auch sichtbar geschaltet sein müssen (*Seite sichtbar*).

Rufen Sie im Anschluss die Seite im Frontend auf und vergleichen Sie den *Geschützter Bereich*-Menüpunkt, wenn Sie als Benutzer an- oder abgemeldet sind. Ihnen sollte auffallen, dass Seiten, auf die Sie keine Zugriffsberechtigung haben (entweder weil Sie gar nicht angemeldet sind oder weil Sie kein Mitglied der richtigen Benutzergruppe sind), gar nicht in der Navigationsstruktur auftauchen. Die Menü-Generierung (bzw. genauer gesagt der *menu*-Data-Processor, der unser Fluid-Template mit den Daten für die Navigationsstruktur befüllt) ist also schlau genug, um auch alle möglichen Zugriffsberechtigungen beim Aufbau der Navigationsstruktur zu berücksichtigen.

Seiteninhalte vor Zugriff schützen

Dasselbe Feld *Zugriff*, mit dem Sie im vorherigen Abschnitt ganze Seiten für bestimmte Benutzergruppen zugänglich machen konnten, gibt es auch für einzelne Inhaltselemente.

Gehen Sie zum Anlegen eines solchen Inhalts über das Backend-Modul *Seite* auf die Seite *Geschützter Bereich* und legen Sie über das Symbol für *Neuen Datensatz anlegen* einen neuen Seiteninhalt vom Typ *Text & Media* an. Geben Sie als Überschrift *Herzlichen Glückwunsch* ein und als Text beispielsweise *Sie haben sich erfolgreich eingeloggt!*. Um diesen Seiteninhalt nur dann anzeigen zu lassen, wenn sich ein Benutzer tatsächlich auch eingeloggt hat, können Sie über den Tab *Zugriff* gehen. Dieser funktioniert genau so wie das gleichnamige Feld in den Seiteneigenschaften (siehe Abbildung 9.12).

Tipp Natürlich sind Sie mit zugriffsgeschützten Seiten und Inhalten nicht an die Seite *Geschützter Bereich* und deren Unterseiten gebunden. Sie können im gesamten Seitenbaum zugriffsgeschützte Seiten und Inhalte hinterlegen!

Das Log-in-Formular anpassen

Das Log-in-Formular fügt sich derzeit noch nicht wirklich in den grafischen Stil der Designvorlage ein. Aus diesem Grund soll im nächsten Abschnitt das HTML-Markup des Log-in-Formulars verändert werden, sodass es besser in die Designvorlage hineinpasst.

Den großen Teil der Arbeit macht bei dem Log-in-Formular ein PHP-Programm, das von der (direkt mit TYPO3 ausgelieferten) Erweiterung *felogin* angeboten wird. Die Darstellung des Formulars ist jedoch, ähnlich wie schon andere Inhaltselemente, auch über TypoScript beschrieben und kann angepasst werden.

Eine eigene Designvorlage definieren

Das TypoScript-Objekt, das die Darstellung des Log-in-Formulars beschreibt, ist das Objekt `plugin.tx_felogin_login`. Technisch gesehen, handelt es sich beim Log-in-Formular um eine TYPO3-Erweiterung, die allerdings direkt zum Standardlieferumfang von TYPO3 gehört.

Die Ausgabe der allermeisten TYPO3-Erweiterungen wird ebenfalls über Fluid-Templates geregelt. Beispiel 9.5 zeigt, wie Sie das `plugin.tx_felogin_login`-Objekt im TypoScript-Setup so erweitern können, dass Sie einzelne Templates gezielt gegen Ihre eigenen austauschen können.

Beispiel 9.5: Konfiguration eines abweichenden Template-Pfads für das Log-in-Formular

```
plugin.tx_felogin_login.view {
  templateRootPaths {
    10 = EXT:snowboard/Resources/Private/Templates/Extensions/FeLogin
  }
}
```

Erstellen Sie hierzu eine neue TypoScript-Datei *login.typoscript* in Ihrem Site-Set. Der Dateipfad innerhalb Ihres Site Packages wäre dann *Configuration/Sets/Snowboard/TypoScript/login.typoscript*.

Tipp Um nicht den Überblick über die angepassten HTML-Vorlagen verschiedener Systemkomponenten zu verlieren, empfehlen wir, jeweils ein Unterverzeichnis pro Extension anzulegen und die angepassten Vorlagen dort zu organisieren. Die angepassten Designvorlagen des Log-in-Formulars werden daher im Folgenden innerhalb des Site Packages im Verzeichnis *Resources/Private/Templates/Extensions/FeLogin* gespeichert.

Um zu sehen, welche Fluid-Templates überhaupt für das Log-in-Formular verwendet werden, reicht ein Blick in das Verzeichnis mit den dazugehörigen Standard-Templates, das Sie unter *vendor/typo3/cms-felogin/Resources/Private/Templates* finden. Hier sind für uns insbesondere die Dateien *Login/Login.html* und *Login/Logout.html* interessant.

Kopieren Sie beide Dateien (samt Verzeichnisname) in das in Beispiel 9.5 angegebene Verzeichnis in Ihrem Site Package. Der endgültige Pfad für die Datei *Login.html* (und analog dazu auch für die *Logout.html*) innerhalb des Site Packages sollte dann beispielsweise *Resources/Private/Templates/Extensions/FeLogin/Login/Login.html* lauten.

Wie bereits in Kapitel 8, *Inhalte ausgeben*, im Abschnitt »Die Ausgabe der Formulare anpassen« auf Seite 225 besprochen, können Sie diese Dateien nun nach Herzenslust an Ihre eigenen Bedürfnisse anpassen, ohne die Dateien in den TYPO3-Standardverzeichnissen verändern zu müssen.

Die Template-Dateien des Log-in-Formulars sind jedoch etwas länger, da sie zahlreiche Fälle berücksichtigen müssen. (So müssen innerhalb des Templates beispielsweise mögliche Fehlermeldungen und optional je nach Konfiguration vorhandene oder nicht vorhandene Eingabefelder berücksichtigt werden.) Beispiele für Template-Dateien, die an das Design des Praxisbeispiels angepasst wurden, finden Sie daher in den Beispieldateien zu diesem Buch (bereits an der passenden Stelle im Site-Package-Verzeichnis).

Spezielle Druckansicht

Ein häufiger Anwendungsfall bei Internetpräsentationen ist eine spezielle Druckversion, die im Regelfall den gleichen Inhalt hat wie die »normale« Präsentation, jedoch eine andere Gestaltung. Spezielle Druckansichten lassen sich grundsätzlich auch direkt per CSS-Formatierung vornehmen (etwa über CSS-Media-Queries wie `@media print` oder `@media screen`). In diesem Abschnitt wollen wir Ihnen jedoch zeigen, wie auch mit TypoScript Anpassungen möglich sind.

Ein weiteres PAGE-Objekt verwenden

Zum Erstellen einer Druckansicht ist das bisher definierte Fluid-Template nicht mehr notwendig, da z. B. sämtliche in diesem Template genutzten Variablen (bzw. die darin enthaltenen TypoScript-Objekte) nicht mehr benötigt werden. Die Ausnahme bildet der `f:cObject`-ViewHelper, mit dem zuvor die einzelnen Inhaltsbereiche der Seite ausgegeben wurden. Daher soll an dieser Stelle ein weiteres `PAGE`-Objekt mit der Bezeichnung `print` eingeführt werden:

```
print = PAGE
```

Im aktuellen TypoScript-Template befinden sich jetzt jedoch zwei PAGE-Objekte. TYPO3 weiß im Moment nicht, welches der beiden überhaupt für die Darstellung im Frontend zuständig sein soll. Deshalb nimmt TYPO3 zur Darstellung einfach die Beschreibung des ersten PAGE-Objekts, das es im Template findet.

Die Eigenschaft .typeNum

Um aber mehrere PAGE-Objekte gezielt einzusetzen und anzusprechen, kann jedes von ihnen mit einer eindeutigen Nummer versehen werden. Die entsprechende Eigenschaft für das PAGE-Objekt heißt `.typeNum`. Wurde bei einem PAGE-Objekt die Eigenschaft `.typeNum` nicht angegeben, erhält es automatisch die interne Nummer `0`. Die Druckversion könnte die Nummer `1` erhalten:

```
print = PAGE
print.typeNum = 1
```

Üblicherweise wird die Webseite im Frontend über eine URL der Art *http://<ihre-domain>/<sprach-einstiegspunkt>/<seiten-url>* aufgerufen (zum Beispiel also *http://typo3.example/de/ueber-uns/skigebiet*). Hier wird angegeben, dass die Seite mit dem URL-Segment */ueber-uns/skigebiet* angezeigt werden soll (und das in der Sprache, die in der Seitenkonfiguration mit dem Einstiegspunkt */de/* konfiguriert ist). Das zu verwendende PAGE-Objekt kann über die URL mit dem Parameter *?type=* explizit angegeben werden. Die URL */de/ueber-uns/skigebiet?type=0* führt zu einem identischen Ergebnis wie der Aufruf über die URL */de/ueber-uns/skigebiet*. Wird allerdings die URL mit dem Parameter *?type=1* aufgerufen, erhalten Sie zum jetzigen Zeitpunkt noch die Fehlermeldung *The page ist not configured [type=1]*, da die Druckversion, für die *type = 1* gelten soll, noch nicht in Ihrer TypoScript-Konfiguration definiert und beschrieben wurde.

Die Druckansicht mit TypoScript beschreiben

Fügen Sie der TypoScript-Konfiguration in Ihrem Site-Set eine weitere Datei *print.typoscript* hinzu. Beispiel 9.6 zeigt, wie diese Konfiguration aussehen kann.

Beispiel 9.6: TypoScript-Konfiguration für eine neue Seitenansicht zur Druckdarstellung

```
print = PAGE
print {
  typeNum = 1

  10 = PAGEVIEW
  10 {
    paths {
      10 = EXT:snowboard/Resources/Private/PrintView/
    }
```

Beispiel 9.6: TypoScript-Konfiguration für eine neue Seitenansicht zur Druckdarstellung (Fortsetzung)

```
10
11     dataProcessing {
12       50 = page-content
13       50.as = content
14     }
15
16     variables {
17       brandLineFirst = TEXT
18       brandLineFirst.value = Snowboard School
19       brandLineFirst.lang.de = Snowboardschule
20
21       brandLineSecond = TEXT
22       brandLineSecond.value = {$snowboardSchool.name}
23     }
24   }
25 }
```

In dieser TypoScript-Konfiguration passiert eigentlich nichts, das Sie nicht bereits kennen. Neben `page = PAGE` haben Sie nun noch eine zweite Darstellung `print = PAGE` definiert, die eine völlig andere Beschreibung erhalten kann und nur für einen explizit angegebenen Parameter *?type=1* (Zeile 3) zur Verfügung steht. Nach dem Aufruf der Webseite im Frontend müssen Sie die URL noch um diesen Parameter erweitern, also beispielsweise */ueber-uns/skigebiet/?type=1*.

Damit die Druckansicht im Frontend auch tatsächlich dargestellt werden kann, benötigen Sie noch ein entsprechendes Fluid-Template unter dem Pfad *EXT:snowboard/Resources/Private/PrintView/Pages/Default.html* (und, da wir mehrere mögliche Layouts haben, auch noch eine *TwoColumn.html* in demselben Verzeichnis). Diese Templates können recht rudimentär gestaltet sein und funktionieren mit den Bordmitteln, die Sie bereits kennengelernt haben. Ein sehr einfaches *TwoColumn.html*-Template für die Druckansicht könnte beispielsweise so aussehen wie in Beispiel 9.7.

Beispiel 9.7: Ein (rudimentäres) Fluid-Template für eine Druckansicht

```
<header>
    <small>
      {brandLineFirst}<br />
      {brandLineSecond}
    </small>
  </header>

  <main>
    <f:for each="{content.main.records}" as="record">
      <f:cObject
        typoscriptObjectPath="{record.mainType}"
        data="{record}"
        table="{record.mainType}"
      />
```

Beispiel 9.7: Ein (rudimentäres) Fluid-Template für eine Druckansicht (Fortsetzung)

```
    </f:for>
  </main>

  <aside>
    <f:for each="{content.margin.records}" as="record">
      <f:cObject
        typoscriptObjectPath="{record.mainType}"
        data="{record}"
        table="{record.mainType}"
      />
    </f:for>
  </aside>
```

Nachdem Sie die Caches geleert haben, sollten Sie das in Abbildung 9.13 gezeigte Ergebnis erhalten.

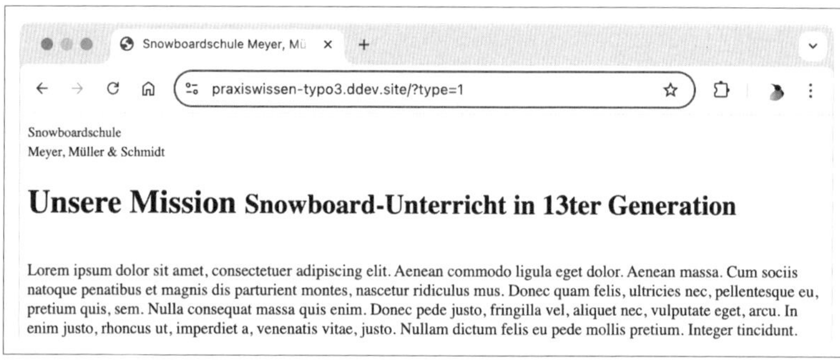

Abbildung 9.13 ▶ Die Darstellung der Druckversion im Frontend

Ein Link zur Druckversion

Es wäre allerdings eine Zumutung, dem Benutzer einer Webseite mitzuteilen, dass manuell ein Parameter *?type=1* eingefügt werden muss, um eine Druckansicht der aktuellen Seite zu erhalten. Das lässt sich, wie schon bei der Sprachauswahl, eleganter lösen.

Dafür können wir im Fluid-Template den `f:link.page`-ViewHelper benutzen. Beispiel 9.8 zeigt, wie Sie Ihr *Default.html*-Layout bearbeiten können, um einen Link zur Druckansicht der jeweils aktuellen Seite einzufügen.

Beispiel 9.8: Einen Link zur Druckversion im Fluid-Template einbinden

```
      <nav aria-label="{labelLangNavigation}" class="navbar-expand">
        <ul class="navbar-nav justify-content-end">
          <li class="nav-item">
            <f:link.page pageType="1" class="nav-link">
              {labelPrint}
            </f:link.page>
          </li>
          <li class="nav-item">
            <div class="language">
```

Beispiel 9.8: Einen Link zur Druckversion im Fluid-Template einbinden (Fortsetzung)

```
079               <f:render
080                 partial="Menu/Language"
081                 arguments="{label: labelLanguages,
                                languages: languages}"
082               />
083             </div>
084           </li>
085         </ul>
086       </nav>
```

Hier wird in den Zeilen 73 bis 75 der `f:link`.page-ViewHelper verwendet. Dieser hat eigentlich einen Parameter *pageUid* (der angibt, auf welche Seite der Link zeigen soll); wird dieser weggelassen, führt der Link stets auf die aktuelle Seite; jedoch mit dem *pageType* der Druckansicht (den wir zuvor in Beispiel 9.6 konfiguriert hatten). Die Variable *{labelPrint}* wird über eine Fluid-Variable befüllt, deren Definition in Beispiel 9.9 gezeigt wird.

Beispiel 9.9: Ein Label für den Link zur Druckversion einfügen

```
variables {
  [...]

  labelPrint = TEXT
  labelPrint.value = Print view
  labelPrint.lang.de = Druckansicht
}
```

Tipp Weitere Informationen zur Nutzung des `f:link`.page-ViewHelpers finden Sie unter *https://docs.typo3.org/permalink/t3viewhelper:typo3-fluid-link-page*.

Die URL zur Druckversion verändern

Falls Sie in Ihrem Projekt Wert auf »schöne« URLs legen, stört Sie womöglich das *?type=1*, das jetzt an alle Links zur Druckansicht angehängt werden muss. TYPO3 wäre nicht TYPO3, wenn es keine Möglichkeit gäbe, diese Links zu konfigurieren.

TYPO3 bietet hierfür sogenannte *Route Enhancer*, die in der Site-Konfiguration definiert werden müssen. Route Enhancer sind ein fortgeschrittenes Feature, für das im TYPO3-Backend keine Konfigurationsoberfläche zur Verfügung steht. Sie müssen daher die Konfigurationsdatei *config.yaml* Ihrer Site-Konfiguration manuell mit einem Text-Editor bearbeiten. (Sie finden diese Datei im *config/sites/<site-name>/*-Verzeichnis.)

Beispiel 9.10: Über einen Route Enhancer die Links zur Druckversion konfigurieren

```
01 base: /
02 dependencies:
03   - praxiswissen-typo3/snowboard
04 languages:
     [...]
27 rootPageId: 14
28 websiteTitle: 'Snowboardschule Meyer, Müller & Schmidt'
29 routeEnhancers:
30   PageType:
31     type: PageType
32     default: ''
33     map:
34       .print.html: 1
```

Die relevante Konfiguration finden Sie in Beispiel 9.10 in den Zeilen 29 bis 34. Der Name des Route Enhancers in Zeile 30 ist egal (er muss lediglich innerhalb der Site-Konfiguration eindeutig sein). Der relevante Part steht in den Zeilen 33 und 34: Hier werden Suffixe, die an die URL angehängt werden können, auf Page-Types abgebildet. Der Wert *1* in Zeile 34 entspricht dabei dem *pageType* unserer Druckansicht (konfiguriert in Beispiel 9.6).

Im Anschluss können Sie die Druckansichten Ihrer Seiten aufrufen, indem Sie ein *.print.html* an den Seitenpfad hängen. Aus */aktuelles* wird dann beispielsweise */aktuelles.print.html*. Der `f:link.page`-ViewHelper, den wir in Beispiel 9.8 verwendet hatten, kennt diese Route Enhancer ebenfalls und passt die generierten Links automatisch an, sodass Sie nach der Definition der Route Enhancer nichts weiter konfigurieren müssen.

Besondere Darstellung von Inhalten in der Druckversion

Nun kann es immer wieder vorkommen, dass die TypoScript-Beschreibung der Seiteninhalte (aus der Tabelle *tt_content*) für die Druckversion nicht besonders gut geeignet ist. Die TypoScript-Beschreibung für Inhaltsdatensätze ist jedoch global gültig, also sowohl für die Beschreibung der normalen Ansicht in `page = PAGE` als auch für die Druckversion in `print = PAGE`. Um eine unterschiedliche Beschreibung der Darstellung von Seiteninhalten zu erreichen, sind deshalb zwei Konfigurationen für die TypoScript-Beschreibung unterhalb von `tt_content` notwendig: eine für die *normale* Darstellung und eine für die Druckversion.

Eine (von vielen) möglichen Lösungen hierfür sind TypoScript-*Conditions*. Conditions sind prinzipiell nichts anderes als ein *Wenn-dann*-Bereich (ähnlich also wie ein *if/else*, wie Sie es womöglich aus Programmiersprachen wie PHP oder JavaScript kennen).

Conditions sorgen dafür, dass bestimmte TypoScript-Konfigurationen nur dann ausgewertet werden, wenn die bestimmten Bedingungen zutreffen, die in der Condition formuliert sind. Conditions befinden sich immer in eckigen Klammern und dürfen sich nicht innerhalb geschweifter Klammern befinden. Sie werden immer mit einem abschließenden *[end]* beendet (oder dem Ende der Datei).

Erinnern Sie sich an die TypoScript-Anpassungen und Fluid-Templates, die Sie in Kapitel 8, *Inhalte ausgeben*, vorgenommen haben, um die Ausgabe der Überschriften anzupassen? Die angepassten Überschriften machen in der Druckansicht ohne die dazugehörigen CSS-Stylesheets nicht allzu viel her. Daher ist es sinnvoll, sich in der Druckansicht (*&type=1*) wieder auf die Standarddarstellung der Überschriften zu besinnen. Dafür wird im folgenden Beispiel die bestehende *content.typoscript*-Datei so angepasst, dass der abweichende `.partialRootPath` für das `lib.contentElement`-Objekt nur für den `pageType=0` gesetzt wird – also nicht für die Druckversion (und alle weiteren zukünftigen möglichen Page-Types), in der dann einfach weiterhin die Standard-Templates genutzt werden.

Beispiel 9.11: Eine TypoScript-Condition verwenden, um Fluid-Templates für die Inhalte vom »pageType« abhängig zu machen

```
[request?.getPageArguments()?.getPageType() == 0]
lib.contentElement {
  partialRootPaths {
    10 = EXT:snowboard/Resources/Private/ContentElements/Partials
  }
}
[end]
```

Die Syntax, die in diesen Conditions verwendet wird, ist Ihnen bislang noch nicht begegnet. Sie ist die Syntax der *Symfony Expression Language* und ähnelt beispielsweise JavaScript. Die runden Klammern innerhalb der Condition beschreiben jeweils einen Funktionsaufruf (analog zu anderen Programmiersprachen), und die Zeichenfolge `?.` ist ein null-sicherer Zugriff und verhindert mögliche Fehler, wenn beispielsweise die Variable *request* keinen Wert hat.

Tipp

Sie können mit Conditions noch weitaus mehr Funktionen umsetzen. Werfen Sie einen Blick in die offizielle Dokumentation unter *https://docs.typo3.org/permalink/t3tsref:condition-functions-in-frontend-context*, um einen vollständigen Überblick über alle Variablen und Funktionen zu erhalten, die Sie in einer TypoScript-Condition benutzen können.

Verwaltung von Fehlerseiten

Ein häufig übersehener, aber enorm wichtiger Bestandteil von Webseiten sind Fehlerseiten. Eventuell rechnen Sie beim Erstellen einer Seite nicht unbedingt damit, dass bei deren Aufruf später irgendwelche Fehler eintreten könnten. Aber was passiert beispielsweise, wenn ein Besucher über eine Suchmaschine versucht, einen Link zu einer längst gelöschten (oder verschobenen) Seite aufzurufen? Oder wenn er versucht, auf eine Seite zuzugreifen, die einen Log-in erfordert? Oder wenn serverseitig bei der Verarbeitung von Formulareingaben irgendetwas fehlschlägt?

In solchen Fällen kann eine gut gestaltete Fehlerseite darüber entscheiden, ob ein Besucher Ihrer Seite diese frustriert verlässt oder womöglich doch dort verweilt. TYPO3 stellt zwar Standardfehlerseiten zur Verfügung (siehe beispielsweise Abbildung 9.14) – diese sind jedoch eher zweckmäßig gestaltet und natürlich nicht an das Design Ihrer Website angepasst. Um Ihren Nutzern ein besseres Erlebnis zu bieten, sollten Sie die Gestaltung dieser Fehlerseiten daher lieber selbst in die Hand nehmen.

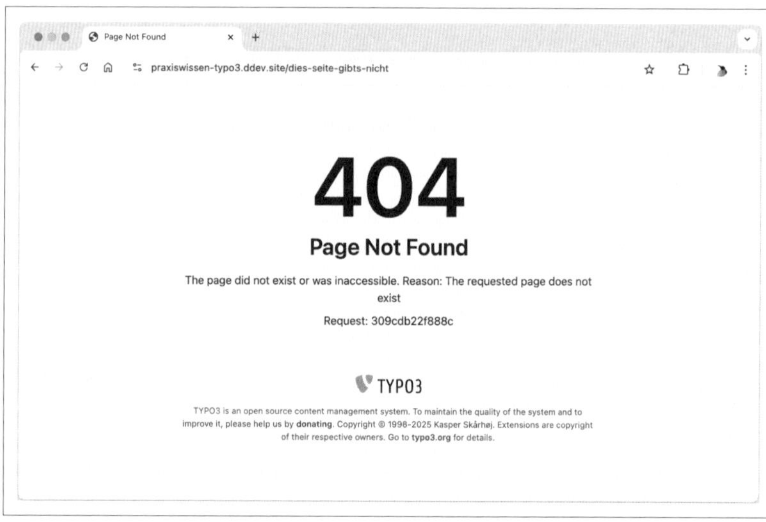

Abbildung 9.14 ▶ Die Standardfehlerseite von TYPO3 beim Aufruf einer nicht existierenden Seite

Wenn Sie eine Site-Konfiguration bearbeiten, finden Sie dort den Tab *Fehlerbehandlung*. Hier können Sie über den Button *Neu anlegen* unterschiedliche Fehlerseiten konfigurieren. Diese orientieren sich an den HTTP-Statuscodes für verschiedene Fehlerbedingungen (um mit 404 für »Seite nicht gefunden« oder 403 für »Zugriff verboten« nur die wichtigsten Beispiele zu nennen). Abbildung 9.15 zeigt das entsprechende (bereits fertig ausgefüllte) Formular.

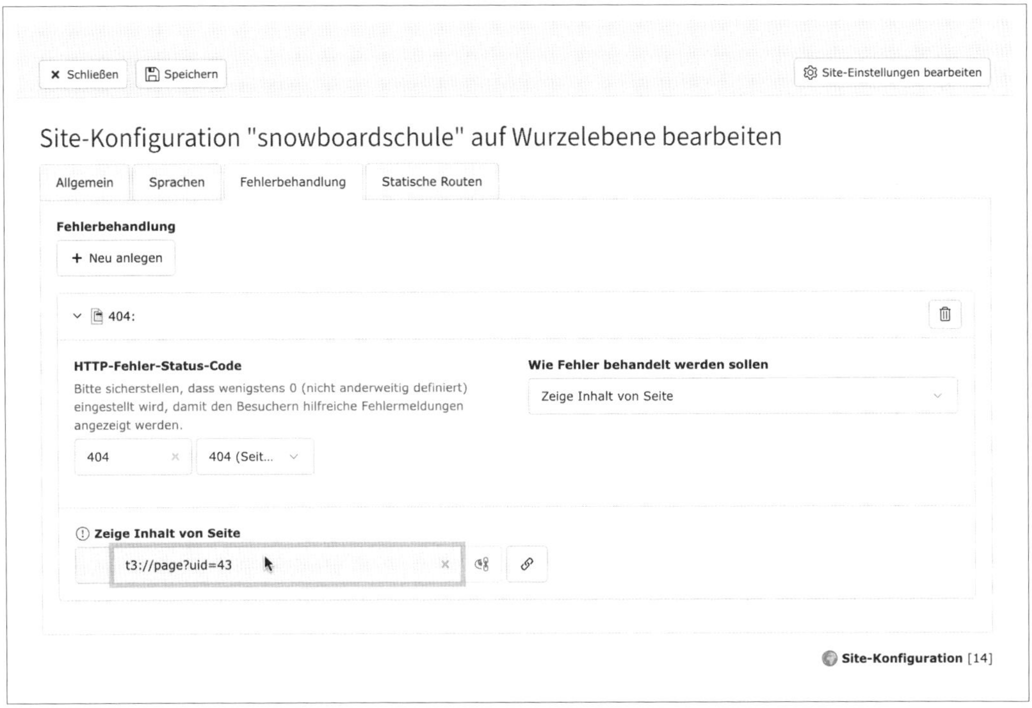

▲ Abbildung 9.15
Konfiguration einer eigenen Fehlerseite

Wenn Sie eine neue Fehlerseite hinzufügen, müssen Sie im Feld *HTTP-Fehler-Status-Code* zunächst angeben, in welchem Fehlerfall die Seite dargestellt werden soll. Sie sollten zumindest eine Fehlerseite für den Statuscode *404 Not Found* definiert haben.

Was genau passieren soll, wenn eine Fehlerseite ausgeliefert wird, können Sie im Eingabefeld *Wie Fehler behandelt werden sollen* auswählen. Hier gibt es verschiedene Möglichkeiten:

Fluid-Vorlage
: Wenn Sie diese Option wählen, können Sie im Anschluss den Dateinamen eines Fluid-Templates eingeben, das im Fehlerfall ausgegeben wird. Diese Lösung ist tendenziell einfach umsetzbar – ein einzelnes Fluid-Template ist jedoch häufig nur schwer in das bestehende Layout der Seite integrierbar. Spätestens wenn Sie beispielsweise innerhalb dieses Templates Ihr bestehendes Menü oder andere Daten nutzen möchten, die ansonsten über eine Template-Variable oder einen Data Processor an das Template übergeben werden, wird diese Lösung schwierig.

Zeige Inhalt von Seite
: Diese Lösung ist die einfachste – mit ihr können Sie auf Ihrer Fehlerseite den Inhalt einer beliebigen bestehenden Seite in Ihrem Seitenbaum ausgeben. Wie das geht, betrachten wir im Anschluss genauer.

PHP-Klasse

Eine eigene PHP-Klasse ist die wahrscheinlich aufwendigste Art, eine eigene Fehlerseite zu implementieren – dafür aber auch die mächtigste. Um eine eigene PHP-Klasse zu hinterlegen, müssen Sie diese im *Classes/*-Verzeichnis eines Packages platzieren, im einfachsten Fall also innerhalb Ihres Site Packages. Diese Klasse muss die von TYPO3 bereitgestellte PHP-Schnittstelle `TYPO3\CMS\Core\Error\PageErrorHandler\PageErrorHandlerInterface` implementieren. Innerhalb dieser Klasse können Sie beliebige eigene Programmlogik zur Darstellung der Fehlerseite unterbringen (und natürlich auch wieder ein Fluid-Template ausgeben). Aufgrund der Komplexität dieser Lösung betrachten wir sie an dieser Stelle nicht weiter im Detail.

Im Allgemeinen sind Sie am besten beraten, wenn Sie Ihre Fehlerseiten so konfigurieren, dass existierende Inhalte von speziell dafür angelegten Seiten im Seitenbaum ausgegeben werden (wenn Sie also oben die Option *Zeige Inhalt von Seite* wählen). Dazu benötigen Sie zunächst einige spezielle Seiten im Seitenbaum. So könnten Sie beispielsweise einen Ordner mit dem Titel *Fehlerseiten* erstellen und dort als Unterseiten verschiedene einzelne Seiten für die einzelnen Fehlermeldungen unterbringen. Abbildung 9.16 zeigt ein Beispiel für eine mögliche Seitenstruktur.

Abbildung 9.16 ▼
Spezielle TYPO3-Seiten für die Darstellung von Fehlermeldungen

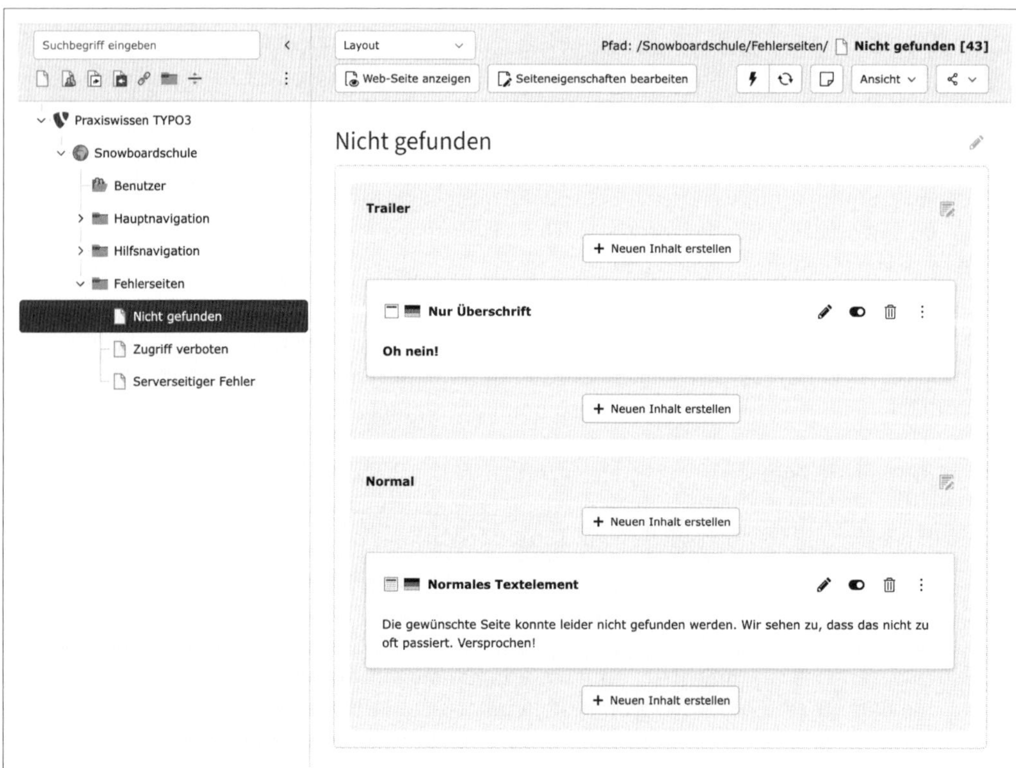

Die Oberseite *Fehlerseiten* im obigen Beispiel ist vom Typ *Ordner*. Das liegt daran, dass sie selbst überhaupt nicht als Seite aufrufbar sein muss und nur dazu dient, die Fehlerseiten im TYPO3-Backend irgendwie zu strukturieren. Die Unterseiten sind ganz normale Standardseiten. Als Inhaltselemente enthalten sie entsprechende Fehlermeldungen (siehe Abbildung 9.16 im rechten Bereich).

Sobald die gewünschten Seiten fertiggestellt sind, können Sie in der Seitenverwaltung eine entsprechende Fehlerbehandlung konfigurieren. Nachdem Sie eine Fehlerbehandlung erstellt haben, wählen Sie im Eingabefeld *Wie Fehler behandelt werden sollen* die Option *Zeige Inhalt von Seite*. Nach erneutem Laden klicken Sie unter der nun erschienenen Option *Zeige Inhalt von Seite* auf den Link-Button und wählen eine Ihrer zuvor erstellten Fehlerseiten aus. Das Endergebnis sollte ähnlich aussehen wie das bereits in Abbildung 9.15 gezeigte.

Zum Testen der 404-Fehlerseite können Sie anschließend bewusst eine nicht existierende Seite im Frontend aufrufen. Als Ergebnis sollte Ihre benutzerdefinierte Fehlerseite mit einem 404-Statuscode ausgeliefert werden. Abbildung 9.17 zeigt das Ergebnis zusammen mit dem gewünschten HTTP-Fehlercode.

▼ Abbildung 9.17
Ausgabe der eigenen Fehlerseite mit korrektem HTTP-Statuscode

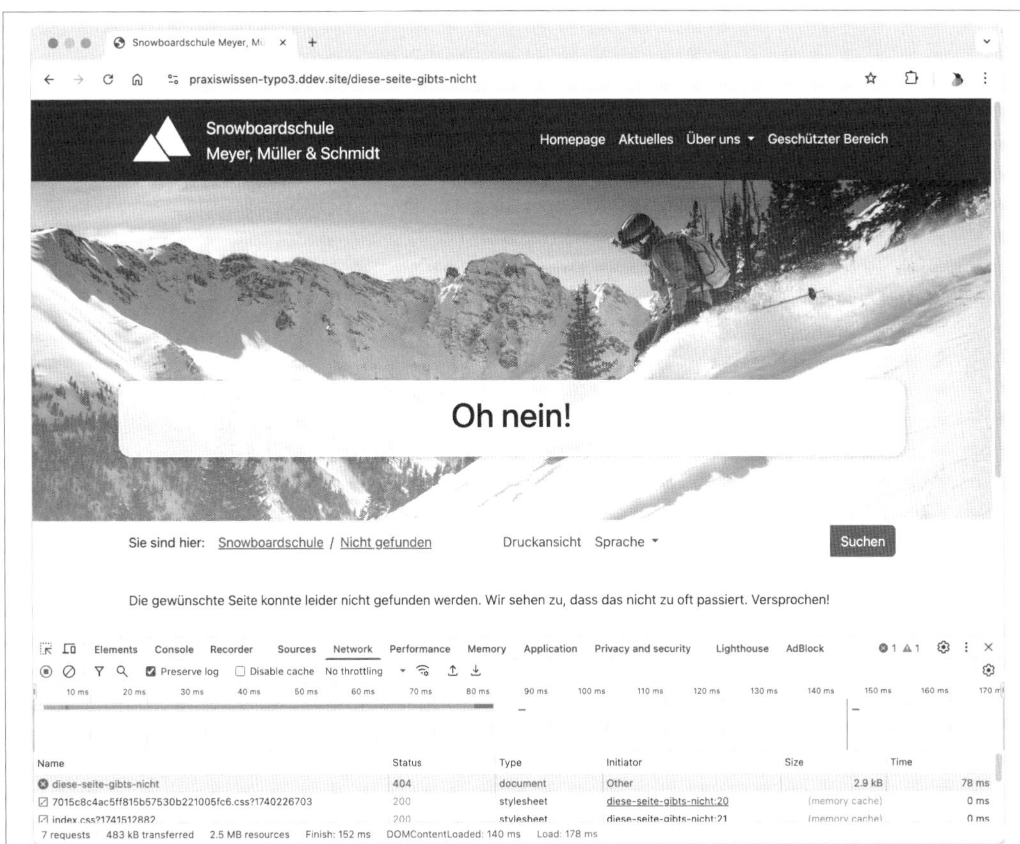

Support Wenn Sie statt der gewünschten Fehlerseite eine Fehlermeldung *Invalid error handler configuration* erhalten, liegt das womöglich daran, dass die konfigurierte Fehlerseite nicht (oder nicht mehr) existiert. Prüfen Sie in diesem Fall Ihre Site-Konfiguration und stellen Sie sicher, dass die als Fehlerseite konfigurierte Seite (oder das Fluid-Template) tatsächlich existiert.

Suchmaschinen, soziale Netzwerke und TYPO3

Das schönste Design und die bestformulierten Inhalte nützen Ihnen wenig, wenn Besucher nicht den Weg auf Ihre Seite finden. Je nach Zielgruppe Ihres Projekts müssen Sie damit rechnen, dass ein Großteil der Besucher Ihrer Seite über Suchmaschinen oder soziale Netzwerke zu Ihnen findet – oder auch nicht, falls Sie das wichtige Thema der *Suchmaschinenoptimierung* (engl. *Search Engine Optimization* oder kurz *SEO*) außen vor lassen.

Generell handelt es sich bei der Suchmaschinenoptimierung um ein hochkomplexes und sich stetig veränderndes Thema, mit dem allein schon ganze Bücher gefüllt werden können (wie etwa die ebenfalls im O'Reilly Verlag erschienenen Bücher *SEO mit Google Search Console* von Stephan Czysch und *Technisches SEO* von Stephan Czysch, Benedikt Illner und Dominik Wojcik). In diesem Abschnitt werden wir uns daher auf das Nötigste beschränken und betrachten, mit welchen Einstellungen Sie im TYPO3-Backend die gängigsten Maßnahmen zur Suchmaschinenoptimierung umsetzen können.

Zahlreiche Techniken zur Suchmaschinenoptimierung werden verwendet, um die Metadaten im <head>-Bereich der von TYPO3 generierten HTML-Seiten zu optimieren. Auch über entsprechende Metadaten oder spezielle *robots.txt*-Dateien können Sie versuchen, das Verhalten von Suchmaschinen noch genauer zu steuern. All diese Techniken werden wir in diesem Abschnitt näher betrachten.

Nicht nur für die Suchmaschinenoptimierung, sondern auch für die Benutzbarkeit durch menschliche Anwender sind zudem lesbare URLs wichtig (also beispielsweise */aktuelles* statt */index.php?id=123*). Bei regulären Seiten ist das bei einer richtig konfigurierten Site-Konfiguration normalerweise kein Problem, und über die Route Enhancer (die Sie zuvor bei der Konfiguration der Druckansicht kennengelernt haben) können Sie hier auch erweiterte Konfigurationen vornehmen. Bei Extensions (dazu im nächsten Kapitel mehr) kann das etwas herausfordernder werden. Am Beispiel der News-Extension werden wir dort jedoch auch betrachten, wie Sie (ebenfalls mithilfe der bekannten Route Enhancer) lesbare URLs für Erweiterungen konfigurieren können.

Unabhängig von diesen technischen Implementierungen sollten Sie eines stets im Hinterkopf behalten: Allen Suchmaschinen ist es gemeinsam, dass sie ihre Nutzer auf genau die Seiten führen möchten, die die besten Informationen zum gesuchten Thema bieten – schließlich sucht sich ein Nutzer andernfalls eine andere Suchmaschine. Aus diesem Grund sollten Sie ein besonderes Augenmerk auf die Qualität Ihrer Inhalte legen, denn diese sind für die Besucher*innen Ihrer Website am Ende relevant und werden von Suchmaschinen dementsprechend hoch bewertet (so gut es die Suchmaschinenroboter eben können).

Der Seiten-Header

In älterer Literatur zur Suchmaschinenoptimierung waren Metadaten im Seitenkopf das Allheilmittel, um gute Platzierungen in Suchmaschinen zu erreichen. Moderne Suchmaschinen arbeiten differenzierter und werten die im `<head>`-Bereich einer Seite hinterlegten Daten nicht mehr oder nur noch für Darstellungszwecke in den Suchergebnissen aus. So ist mittlerweile hinlänglich bekannt, dass Google die Keywords, die früher als für die Suchmaschinenoptimierung unbedingt nötig angepriesen wurden, heute schlichtweg komplett ignoriert.

Ganz bedeutungslos sind die üblichen Meta-Tags jedoch nicht: Viele Suchmaschinen werten sie nach wie vor für die Darstellung der Seite in den Suchergebnissen aus. Darüber hinaus verlassen sich auch zunehmend soziale Netzwerke auf die Metainformationen im Seitenkopf – beispielsweise wenn ein Link auf Ihre TYPO3-Seite auf einem sozialen Netzwerk geteilt wird.

Seitentitel

TYPO3 nutzt für den Seitentitel stets den in der Site-Konfiguration definierten *Titel der Website*, verkettet mit dem eigentlichen Titel der aktuell dargestellten Seite. Navigieren Sie beispielsweise auf die Seite Aktuelles, enthält der <title>-Tag der HTML-Seite den Wert *Snowboardschule Meyer, Müller & Schmidt: Aktuelles*. Der Titel ist eine der wichtigsten Angaben für Suchmaschinen, da er für die Position in den Suchergebnissen und als Überschrift der Suchergebnisse verwendet wird.

In aller Regel ist dieses Verhalten bereits eine sinnvolle Voreinstellung. Für den (hypothetischen) Fall, dass Sie die Ausgabe des Seitentitels ändern wollten, könnten Sie das beispielsweise mit folgender TypoScript-Konfiugration tun:

```
config.noPageTitle = 2
page.headerData.10 = TEXT
page.headerData.10 {
  field = subtitle // title
  wrap = <title>Snowboardschule Meier-Müller-Schmidt: |</title>
}
```

Über `config.noPageTitle = 2` deaktivieren Sie die automatische Erzeugung des Titels. In den Seitenkopf fügen Sie innerhalb des `<head>`-Bereichs über die Eigenschaft `.headerData` einen Text manuell ein. Dazu erstellen Sie ein `TEXT`-Objekt und füllen darin das Feld `title` bzw. `subtitle` aus, wenn vorhanden. Anschließend erstellen Sie über die `.wrap`-Funktion das HTML-`<title>`-Tag und ergänzen es um beliebigen Text.

Metadaten

Im Abschnitt »Objekte und Eigenschaften einer Webseite« auf Seite 136 haben wir der Seite bereits Metadaten hinzugefügt. Diese werden jedoch statisch auf jeder Seite gleich ausgegeben. Die Angaben sollten aber auf jeder Seite unterschiedlich sein und sich im Inhalt der Seite wiederfinden.

Wenn Sie eine Seite bearbeiten, können Sie die üblichen Metadaten (Beschreibungstext, Schlüsselwörter und Autor) unter dem Tab *Metadaten* bearbeiten (siehe Abbildung 9.18). Nicht alle der hier angegebenen Metadaten werden jedoch automatisch in den Seiten-Header geschrieben. (Die *Beschreibung* wird üblicherweise als `<meta name="description" ...>`-Tag eingefügt, alle anderen Metadaten zunächst einmal nicht.)

Abbildung 9.18 ▼
Metaangaben einer Seite hinzufügen

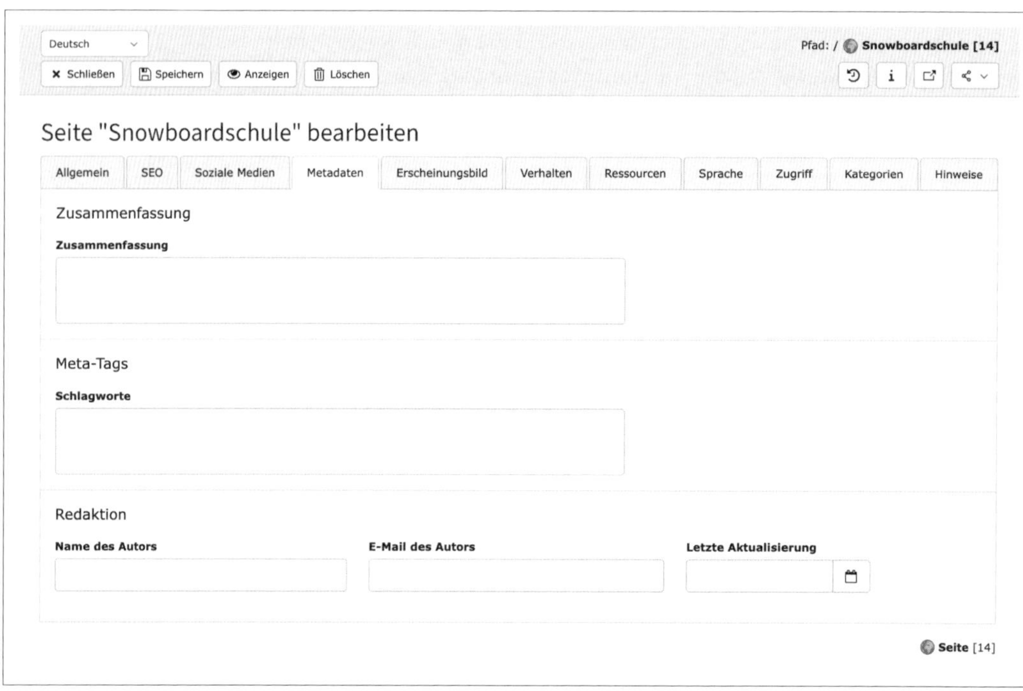

Tipp

Die meisten Felder unter dem Tab *Metadaten* stehen Ihnen beim Bearbeiten einer Seite nur zur Verfügung, wenn Sie eine Seite vom Typ *Standard* bearbeiten. Wurzelseite, Verweise und Ordner haben weder eine Beschreibung noch Keywords.

Insbesondere der Beschreibungstext wird von Suchmaschinen und sozialen Netzwerken für die Darstellung der Seite in Suchergebnissen verwendet – oder für die Linkvorschau in einem Tweet oder Ähnliches.

Falls Sie keinen Beschreibungstext in den Metadaten angeben, werden viele Suchmaschinen versuchen, sich selbst aus dem regulären Seiteninhalt irgendeine Art Zusammenfassung zusammenzustückeln. Das funktioniert mal mehr, mal weniger gut. Wenn Sie auf Nummer sicher gehen wollen, überlassen Sie nichts dem Zufall und geben einen Beschreibungstext an.

Um die entsprechenden Metadaten im HTML-Header unterzubringen, reichen ein paar Zeilen TypoScript. Passen Sie Ihre *page.typoscript*-Datei wie in Beispiel 9.12 gezeigt an.

Beispiel 9.12: Meta-Tags dynamisch befüllen

```
page = PAGE
page {

  # Allgemeine Seiteneigenschaften setzen
  config.doctype = html5

  # Meta-Tags angeben
  meta.description {
    field = description
    ifEmpty = Günstige Snowboardkurse zu jeder Jahreszeit!
  }

  meta.author {
    field = author
    ifEmpty = Robert Meyer, Martin Helmich, Hannes Strangmeier
  }

  meta.viewport = width=device-width, initial-scale=1
  [...]
```

In den `ifEmpty`-Attributen wird für jedes Meta-Tag ein Standardwert angegeben. Dieser wird verwendet, wenn auf der entsprechenden Seite keine Metaeigenschaft eingetragen wurde. Sie können das `ifEmpty`-Attribut auch weglassen, falls Sie möchten, dass gar kein Meta-Tag erstellt wird, wenn beispielsweise kein Autor angegeben wurde.

OpenGraph- und X- bzw. Twitter-Card-Daten

Neben den regulären Metadaten können Sie beim Bearbeiten einer Seite unter dem Tab *Social Media* auch noch spezielle OpenGraph- und X-Card-Metadaten angeben. Die OpenGraph-Metadaten werden zum Beispiel von Facebook, WhatsApp, LinkedIn und Slack ausgewertet und die X-Card-Daten von – Überraschung! – X. Hier können Sie gegebenenfalls einen abweichenden Titel und einen Beschreibungstext festlegen, der von diesen sozialen Netzwerken für die Darstellung von Links auf Ihre Seite genutzt werden soll.

Nützlich ist die Möglichkeit, Bilder anzugeben, die üblicherweise zusammen mit einem geteilten Link auf dieser Seite dargestellt werden. Durch geschickte Gestaltung dieser Metadaten können Sie die Attraktivität Ihrer Seite deutlich erhöhen, wenn Links zu ihr auf sozialen Netzwerken geteilt werden.

Das Schöne an der ganzen Sache ist: OpenGraph- und X-Card-Daten werden von TYPO3 nativ unterstützt und werden, wenn sie gesetzt sind, ohne weiteres TypoScript-Setup direkt im HTML-Header Ihrer Seite ausgegeben.

Das Verhalten von Suchmaschinen steuern

Über Metadaten im HTML-Header Ihrer Seite können Sie nicht nur steuern, wie Suchmaschinen diese Seite in ihren Ergebnissen darstellen, sondern Sie können sogar teilweise kontrollieren, wie sich die Crawler der Suchmaschinen auf Ihrer Seite verhalten. Wenn Sie eine Seite bearbeiten, erhalten Sie dafür die relevanten Einstellungen unter dem Tab *SEO*.

Hier finden Sie die Felder *Index dieser Seite* und *Seite folgen*. Für beide Optionen wird TYPO3 später ein `<meta name="robots">`-Tag in Ihren HTML-Header einfügen, dessen Inhalt durch die Optionen beeinflusst wird.

Die Option *Index dieser Seite* steuert, ob eine Suchmaschine diese Seite überhaupt in ihren Suchindex aufnehmen soll. Wählen Sie diese Option, sofern Sie nicht möchten, dass eine bestimmte Seite über eine Suchmaschine gefunden werden kann. Wenn Sie diese Eigenschaft deaktivieren (standardmäßig ist sie natürlich aktiviert), wird im `robots`-Meta-Tag die Option `noindex` eingefügt.

Die Option *Dieser Seite folgen* hingegen definiert, ob die Suchmaschine den Links auf dieser Seite folgen soll. Wenn diese Eigenschaft deaktiviert wird, wird im `robots`-Meta-Tag die Option `nofollow` eingefügt.

Der *kanonische Link*, den Sie setzbar über das gleichnamige Eingabefeld setzen können, ist dann sinnvoll, wenn Sie Inhalte doppelt verwenden – oder anders ausgedrückt: wenn der gleiche Inhalt unter mehreren verschiedenen URLs verfügbar ist. Dies kann Ihnen beispielsweise mit der Druckansicht passieren, die wir in Abschnitt »Spezielle Druckansicht« auf Seite 265 erstellt haben. Schließlich handelt es sich bei */de/homepage* und */de/homepage?type=1* trotz der verschiedenen Parameter ja eigentlich um dieselbe Seite, die nicht doppelt (einmal als Bildschirm- und einmal als Druckansicht) in den Suchergebnissen auftauchen sollte.

Der kanonische Link wird in einem `<link rel="canonical" href="...">`-Element untergebracht. Dieses Element ist immer vorhanden – auch dann, wenn hier kein expliziter Link angegeben ist. Standardmäßig wird der reguläre von TYPO3 generierte Link zur jeweiligen Seite als kanonischer Link verwendet. Dabei handelt es sich um den automatisch aus dem Einstiegspunkt der Seitenkonfiguration in dem Seitentitel erstellten Link. (Wie genau diese Links erstellt werden, beschreiben wir in Kapitel 4, *Das Praxisbeispiel vorbereiten*, im Abschnitt »Die Navigationsstruktur und URLs« auf Seite 107.) In gewissen Einzelfällen kann es allerdings sinnvoll sein, hier einen abweichenden Link zu konfigurieren.

Tipp Alle Einstellungen, die Sie unter dem SEO-Tab treffen, werden von TYPO3 automatisch in Form von verschiedenen Tags im HTML-Header Ihrer Seite untergebracht. Eine spezielle Verarbeitung dieser Angaben in Ihrem TypoScript-Template ist üblicherweise nicht notwendig.

Die XML-Sitemap

In Kapitel 8, *Inhalte ausgeben*, haben Sie bereits die *Sitemap* als Inhaltselement kennengelernt. Diese Art der Sitemap richtet sich allerdings eher an menschliche Besucher, die sich auf Ihrer Seite zurechtfinden möchten, und weniger an Suchmaschinen – zumal sie von Redakteuren an einer inhaltlich passenden Stelle platziert würde.

Für Suchmaschinen gibt es stattdessen *XML-Sitemaps*. Dabei handelt es sich um ein standardisiertes Format, das maschinenlesbar in Form von XML definiert ist und von Suchmaschinen konsumiert werden kann. Eine XML-Sitemap hat den Vorteil, dass eine Suchmaschine sofort erkennen kann, aus welchen Unterseiten Ihre Website besteht, ohne jede einzelne Unterseite über irgendeinen Klickpfad von der Startseite beginnend »entdecken« zu müssen.

Tipp Die XML-Sitemap ist ein standardisiertes Format. Sie finden die offizielle Definition des Dateiformats unter *https://www.sitemaps.org/protocol.html*.

TYPO3 liefert standardmäßig die SEO-Extension mit, die bereits ein vordefiniertes `PAGE`-Objekt mit einer bestimmten `typeNum` enthält. (Sie erinnern sich an den Abschnitt »Spezielle Druckansicht« auf Seite 265?)

Ähnlich wie Sie es bereits von den Kontaktformularen kennen, muss zunächst ein entsprechendes Site-Set eingebunden werden. Beispiel 9.13 zeigt, wie Sie die *config.yaml*-Datei Ihres Site-Sets anpassen können, um das Site-Set für die XML-Sitemap einzubinden.

Beispiel 9.13: Das Site-Set der XML-Sitemap einbinden

```
name: praxiswissen-typo3/snowboard
label: 'Snowboard'
```

Beispiel 9.13: Das Site-Set der XML-Sitemap einbinden (Fortsetzung)

```
dependencies:
  - typo3/fluid-styled-content
  - typo3/fluid-styled-content-css
  - typo3/form
  - typo3/seo-sitemap
```

Genau genommen reicht das schon, damit Sie über den Parameter *?type=1533906435* die XML-Sitemap aufrufen können (sofern Sie wie nach jeder Änderung die Caches geleert haben). Wie schon bei der Druckansicht wäre es natürlich auch hier schöner, eine sprechende URL zu haben.

Für die Druckansicht haben Sie bereits in der Site-Konfiguration einen Route Enhancer definiert. Dieses Spiel können wir nun wiederholen. Passen Sie daher die *config.yaml* Ihrer Site-Konfiguration unter *config/sites/* (Achtung: *nicht* die Ihres Site-Sets!) so an wie in Beispiel 9.14 gezeigt.

Im Anschluss sollten Sie die Sitemap aufrufen können, indem Sie einfach ein */sitemap.xml* an den jeweiligen Einstiegspunkt Ihrer Seite hängen.

Hinweis Jeder Einstiegspunkt Ihrer Site-Konfiguration hat eine eigene Sitemap. (Erinnern Sie sich daran, dass jede Sprache ihren eigenen Einstiegspunkt hat.) Haben Sie also beispielsweise eine englische Übersetzung mit dem Einstiegspunkt */en/* definiert, finden Sie die englischsprachige XML-Sitemap ebenfalls unter */en/sitemap.xml*.

Beispiel 9.14: Einen Route Enhancer für die XML-Sitemap konfigurieren

```
base: /
dependencies:
  - praxiswissen-typo3/snowboard
errorHandling:
  [...]
languages:
  [...]
rootPageId: 14
routeEnhancers:
  PageType:
    type: PageType
    default: ''
    map:
      .print.html: 1
      sitemap.xml: 1533906435
  Sitemap:
    type: Simple
    routePath: 'sitemap-type/{sitemap}'
    aspects:
      sitemap:
        type: StaticValueMapper
        map:
          pages: pages
websiteTitle: 'Snowboardschule Meyer, Müller & Schmidt'
```

E-Mail-Adressen vor Spam schützen

Alle diejenigen, die ihre E-Mail-Adresse auf einer Website veröffentlichen, sind häufig Opfer von sogenanntem *Spam*. Als Spam werden unerwünschte Werbe-E-Mails bezeichnet, die oft an Hunderttausende von gesammelten E-Mail-Adressen versendet werden. Dabei durchsuchen spezielle Roboter systematisch das Internet und Newsgroups nach potenziellen Adressen.

Die Herkunft des Begriffs Spam ist interessant: Eigentlich ist Spam ein Markenname der amerikanischen Firma Hormel Foods Inc., wird in den USA umgangssprachlich für Dosenfleisch verwendet und steht ursprünglich für *spiced ham*. Zum Synonym für unerwünschte Werbung wurde er durch einen Sketch in der Fernsehserie *Monty Python's Flying Circus*. Dort wünscht ein Gast ein Gericht ohne Dosenfleisch, aber die Kellnerin bietet ihm in einer langen Aufzählung immer wieder nur Spamgerichte an.

Neben Spamfiltern zum automatischen Aussortieren unerwünschter Werbe-E-Mails gibt es aber auch vorbeugende Maßnahmen, um erst gar keine E-Mails dieser Art zu erhalten. Dabei besteht die Prophylaxe darin, E-Mail-Adressen entweder gar nicht oder nur in unzugänglicher/verschleierter Form zu veröffentlichen. Roboter suchen beim Durchforsten des Internets häufig nach @-Zeichen; darum wird, um E-Mail-Adressen für Roboter unkenntlich zu machen, z. B. das @-Zeichen durch die Zeichenkombination *at* oder Ähnliches ersetzt.

Häufig ist es erwünscht, zusätzlich zur Nennung der E-Mail-Adresse auf einer Webseite auch einen Link auf diese E-Mail-Adresse zu setzen, um möglichst komfortabel eine E-Mail an diesen Empfänger verschicken zu können. Die E-Mail-Adresse steht dann allerdings erneut im Quellcode und könnte von Robotern gefunden werden. Die in dem Link angegebene E-Mail-Adresse muss also ebenfalls verschleiert werden, jedoch auf eine spezielle Art, damit E-Mail-Programme mit diesen verschleierten E-Mail-Adressen umgehen können.

In TYPO3 steht eine Funktion zur Verfügung, mit der E-Mail-Adressen verschleiert werden können: `config.spamProtectEmailAddresses`. In Beispiel 9.15 wird diese Funktion in einer separaten TypoScript-Datei *spam.typoscript* eingefügt:

Beispiel 9.15: Den Spamschutz für E-Mail-Adressen aktivieren

```
config {
  spamProtectEmailAddresses = 1
}
```

In Zeile 2 wird der Spamschutz aktiviert. Jeder Link der Art

```
<a href="mailto:kontakt@snowboardschule.example">
  kontakt@snowboardschule.example
</a>
```

wird von TYPO3 in eine verschleierte Form umgewandelt:

```
<a href="#"
  data-mailto-token="nbjmup+lpoubluAtopxcpbsetdivmf/fybnqmf"
  data-mailto-vector="1"
>
  kontakt(at)snowboardschule.example
</a>
```

Bei dieser »Verschlüsselung« handelt es sich nebenbei bemerkt nicht um eine kryptografisch sichere Verschlüsselung. Ernsthafte Hacker halten Sie damit nicht auf – für Roboter, die den HTML-Code Ihrer Seite automatisch nach E-Mail-Adressen durchwühlen, reicht diese einfache Absicherung jedoch häufig aus.

Support Durch die »Verschlüsselung« von E-Mail-Adressen wird eine kleine JavaScript-Funktion zur Ausgabe Ihrer Seite hinzugefügt, die die E-Mail-Adressen bei Bedarf wieder entschlüsselt. Bedenken Sie hierbei: Manche Besucher Ihrer Seite haben in ihrem Browser möglicherweise die Ausführung von JavaScript deaktiviert. Diese Besucher werden keinen E-Mail-Link auf Ihrer Seite anklicken können, solange Sie `.spamProtectEmailAddresses` aktiviert haben.

Oft ist es als Alternative ohnehin ratsamer, statt einer E-Mail-Adresse lieber die Kontaktformular-Funktion zu nutzen, die Sie bereits in Kapitel 8, *Inhalte ausgeben*, kennengelernt haben. Sollte hier Spam zum Problem werden, gibt es Drittanbieter-Extensions, die Ihr Kontaktformular noch weiter gegen Spam absichern können (zum Beispiel die *form_crshield*-Extension[1]). Wie Sie Extensions zu Ihrer TYPO3-Installation hinzufügen, erfahren Sie (wenn auch nicht anhand dieser spezifischen Extension) im nächsten Kapitel.

1 *https://extensions.typo3.org/extension/form_crshield*

KAPITEL 10

Bestehende Erweiterungen integrieren

In diesem Kapitel:

- Einführung
- Der TYPO3-Extension-Manager
- Das News-Plug-in integrieren und anpassen
- Eine Suche hinzufügen
- Probleme nach der Installation einer Erweiterung

In diesem Kapitel erfahren Sie, wie Sie vorhandene Erweiterungen in TYPO3 integrieren und an Ihre eigenen Bedürfnisse anpassen.

Einführung

TYPO3 ist schon seit jeher vollständig modular aufgebaut. Zusätzlich zum ohnehin schon respektablen Umfang des Grundsystems haben Sie die Möglichkeit, das System über benutzerdefinierte Erweiterungen um weitere Funktionen zu ergänzen – und Erweiterungen gibt es viele: Derzeit stehen Tausende Erweiterungen für unterschiedliche TYPO3-Versionen unter Open-Source-Lizenzen öffentlich zur Verfügung, die sich alle mit geringem Aufwand hinzufügen lassen.

TYPO3-Erweiterungen können aus verschiedenen Quellen installiert werden. Im *TYPO3-Extension-Repository* (TER) können Erweiterungen auf einem zentralen Server abgelegt und so der Öffentlichkeit und damit auch Ihnen zur weiteren Verwendung zur Verfügung gestellt werden. Eine weitere Quelle von Erweiterungen ist das reguläre Composer-Paketverzeichnis auf *packagist.org*, dessen Basisinformationen automatisch ins TER übernommen werden.

Die Vielfalt der verfügbaren Erweiterungen muss jedoch mit Vorsicht genossen werden: Während die Entwicklung des TYPO3-Kerns selbst strengen Qualitätsmechanismen unterliegt, gilt dies nicht notwendigerweise für Erweiterungen, die von Community-Mitgliedern bereitgestellt werden. Zwar existiert innerhalb der Community ein Prozess, über den Sicherheitslücken in Erweiterungen gemeldet werden können – eine Garantie, dass die zur Verfügung gestellten Erweiterungen keine Fehler enthalten, gibt es allerdings nicht.

Ebenso kann es zu Kompatibilitätsproblemen kommen: Einzelne Erweiterungen setzen eine ganz bestimmte TYPO3-, PHP- oder MySQL-Version voraus. Steht diese Version nicht zur Verfügung, kann es bei der einen oder anderen Erweiterung zu Fehlermeldungen kommen oder die gesamte Webseite lässt sich nicht mehr ohne Fehlermeldungen anzeigen. Im schlimmsten Fall ist selbst ein Log-in in das Backend aufgrund von Fehlermeldungen nicht mehr möglich. Durch manuelles Deinstallieren der Erweiterung kann der Zugriff auf das Backend wieder ermöglicht werden – jedoch ist dies immer mit Ärger und Stress verbunden. Wie Sie manuell eine Erweiterung wieder deinstallieren können, erfahren Sie ebenfalls in diesem Kapitel.

Diese Einführung soll Sie nicht davor zurückschrecken lassen, Erweiterungen zu verwenden. Jedoch sollten Sie unbekannte Erweiterungen nicht in einer Produktivumgebung testen, da das unangenehme Folgen haben kann. Testen Sie Erweiterungen also möglichst in einer separaten Testumgebung auf Fehler oder vergewissern Sie sich vorab durch Recherche in Foren, ob Probleme mit der Erweiterung oder den von Ihnen genutzten Systemvoraussetzungen bekannt sind.

Im TYPO3-Sprachgebrauch werden Sie auf verschiedene Begriffe treffen, die prinzipiell alle eines gemeinsam haben. Ob *Erweiterung*, *Extension*, *Modul* oder *Plug-in*: Jeder dieser Begriffe bezeichnet etwas, das TYPO3 um bestimmte Funktionalitäten erweitert. *Erweiterung* und *Extension* sind Oberbegriffe für die Begriffe *Modul* und *Plug-in*.

Unter einem *Modul* wird in TYPO3 eine Backend-Erweiterung verstanden, also eine Erweiterung, die nicht auf der Website direkt eingesetzt wird. Ein klassisches Backend-Modul ist z. B. das *Dateiliste*-Modul, das Sie bereits aus Kapitel 8, *Inhalte ausgeben* kennen. Das gesamte Backend selbst ist vollständig modular aufgebaut.

Unter einem *Plug-in* wird in TYPO3 eine Frontend-Erweiterung verstanden. Frontend-Plug-ins können direkt auf der Website eingesetzt werden und stehen im Regelfall im Seiteninhaltstyp *Plugin einfügen* in einer Auswahl zur Verfügung. Klassische Frontend-Plug-ins sind z. B. das News-Plug-in oder das Such-Plug-in. Und natürlich gibt es auch Erweiterungen, die gleichzeitig sowohl ein Backend-Modul als auch ein Frontend-Plug-in anbieten. Ein Beispiel dafür wäre das *Kontaktformular*-Modul/Plug-in, das Sie ebenfalls schon aus Kapitel 8, *Inhalte ausgeben* kennen.

Wie wir bereits oben erwähnt haben, können Frontend-Plug-ins direkt auf der Website integriert bzw. angezeigt werden. Dabei arbeiten fast alle Frontend-Plug-ins nach den gleichen Prinzipien. Diese Grundlagen werden wir ausführlich am Beispiel des News-Plug-ins erläutern, und bei den anderen vorgestellten Erweiterungen gehen wir überwiegend auf die jeweiligen Eigenarten ein. Auch wenn Sie für Ihr aktuelles Projekt das News-Plug-in nicht benötigen sollten, empfehlen wir Ihnen, den Abschnitt »Das News-Plug-in integrieren und anpassen« auf Seite 289 durchzuarbeiten, um sich ein grundsätzliches Verständnis anzueignen.

Der TYPO3-Extension-Manager

Wenn Sie TYPO3 mit Composer installiert haben, ist der Extension Manager (den Sie im linken Menü im Abschnitt *Verwaltungswerkzeuge* unter dem Punkt *Erweiterungen* finden) ironischerweise nicht Ihre erste Anlaufstelle.

Nichtsdestotrotz können Sie den Extension Manager nutzen, um sich einen Überblick über die Erweiterungen zu verschaffen, die in Ihrer TYPO3-Installation aktiv sind, ohne dafür extra auf die Befehlszeile Ihres Servers wechseln zu müssen.

Hinweis Sollten Sie mit einer historischen TYPO3-Installation arbeiten, die nicht über Composer installiert wurde, ist der Extension Manager auch der Ort, an dem Sie neue Erweiterungen installieren würden. Da die Installation über Composer bereits seit der TYPO3-Version 9 der empfohlene Installationsweg ist, klammern wir die Installation von Extensions über den Extension Manager an dieser Stelle aus.

Installierte Erweiterungen

Wenn Sie den Extension Manager aufrufen, wechseln Sie zunächst in die Übersicht der lokal zur Verfügung stehenden Erweiterungen, indem Sie oben im Auswahlmenü den Punkt *Installierte Erweiterungen* auswählen. In dieser Übersicht finden Sie alle Erweiterungen, die derzeit lokal auf Ihrem System zur Verfügung stehen.

Wie Sie in Abbildung 10.1 sehen, sind bereits sehr viele Erweiterungen installiert. In der Einleitung zu diesem Kapitel haben Sie erfahren, dass TYPO3 selbst fast vollständig modular aufgebaut ist. Zum Beispiel sind die Backend-Menüpunkte *Protokoll (TYPO3 CMS Log)* und *das Dashboard* ebenfalls Erweiterungen, die in der Grundinstallation bereits enthalten sind. Dieser modulare Aufbau ist aber nicht das, was Sie von klassischen Erweiterungen erwarten würden.

Wenn Sie genau hinschauen, sehen Sie, dass auch das zuvor in Kapitel 4, *Das Praxisbeispiel vorbereiten*, erstellte Site Package schon in der Liste der Erweiterungen auftaucht. Genau wie das Site Package sind alle Erweiterungen Composer-Pakete, die auch über Composer installiert und verwaltet werden können.

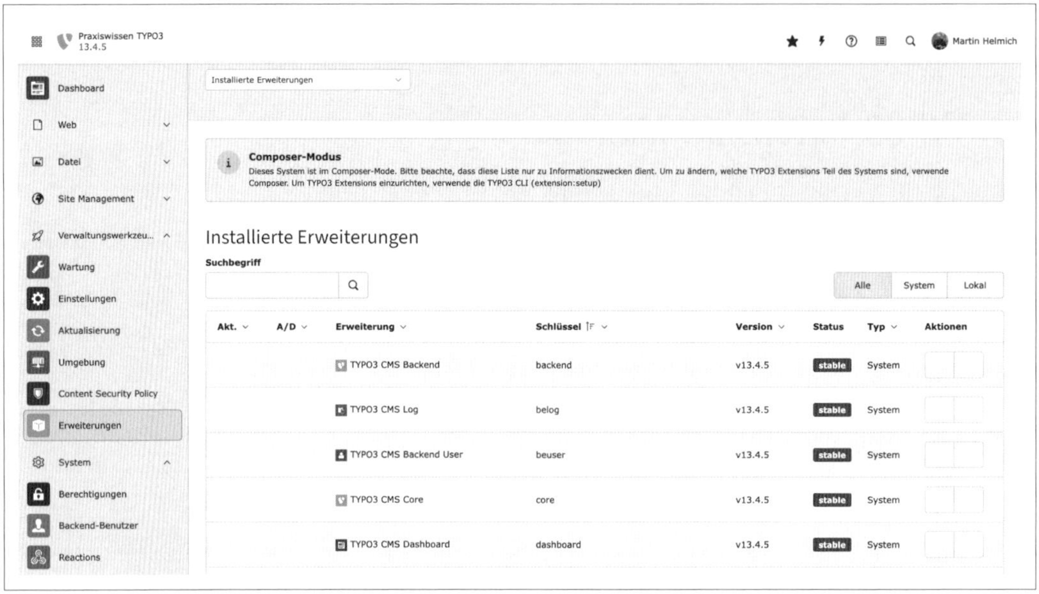

Abbildung 10.1 ▲
Auch viele der bereits genutzten Funktionalitäten sind Erweiterungen.

Die Spalten im Extension Manager

In den Erweiterungslisten im Extension Manager (siehe Abbildung 10.1) sind mehrere Spalten erkennbar, die wir im Folgenden näher erläutern werden. Beachten Sie, dass all diese Spalten im Composer-Modus lediglich informativen Charakter haben.

- Die Spalte *Erweiterung* enthält die Bezeichnung der Erweiterung, damit Sie wissen, welches Modul oder Plug-in installiert ist.
- In der Spalte *Schlüssel* wird der sogenannte *Erweiterungsschlüssel* (*Extension Key*) angezeigt. Das ist der eindeutige Bezeichner der Erweiterung; er darf (zumindest, was Extensions angeht, die im Extension Repository oder auf Packagist veröffentlicht werden) nicht noch einmal verwendet werden. Für Entwickler*innen, die ihre selbst entwickelten Erweiterungen veröffentlichen möchten, steht unter *my.typo3.org* ein Formular zur Verfügung, mit dem sie sich einen Extension-Key reservieren lassen können, damit es in der internationalen Entwicklergemeinde nicht zu Namenskonflikten kommt.
- Die Spalte *Version* enthält, wie der Name bereits vermuten lässt, die Versionsnummer der aktuell installierten Version.
- In der *Status*-Spalte wird der Entwicklungsstand der Erweiterung angegeben. Mögliche Werte sind *test*, *experimental*, *obsolete, alpha*, *beta* und *stable*. Dieser Status wird nicht von einem Gremium vergeben, sondern direkt vom Entwickler der Erweiterung selbst. Er kann durch Anpassung der Datei *ext_emconf.php* verändert werden.

Sogar Erweiterungen mit dem Status *stable* können also durchaus noch Fehler enthalten, wenn sie z. B. nur für eine bestimmte TYPO3-Umgebung getestet wurden.

Erweiterungen konfigurieren

Manche Erweiterungen bieten fortgeschrittene Konfigurationsmöglichkeiten an, über die Sie Verhalten, Präsentation und andere Eigenschaften einer Erweiterung anpassen können. Der dazugehörige Menüpunkt versteckt sich im Modul *Verwaltungswerkzeuge → Einstellungen*. Hier finden Sie den Menüpunkt *Extension Configuration*. Wenn Sie diese Option anwählen, sehen Sie das in Abbildung 10.2 gezeigte Formular. Dieses enthält einzelne Konfigurationsabschnitte für jede Extension, die Konfigurationsmöglichkeiten anbietet, in der Abbildung zum Beispiel für die *backend*-Extension. (Ja, sogar das TYPO3-Backend selbst ist eine Extension.)

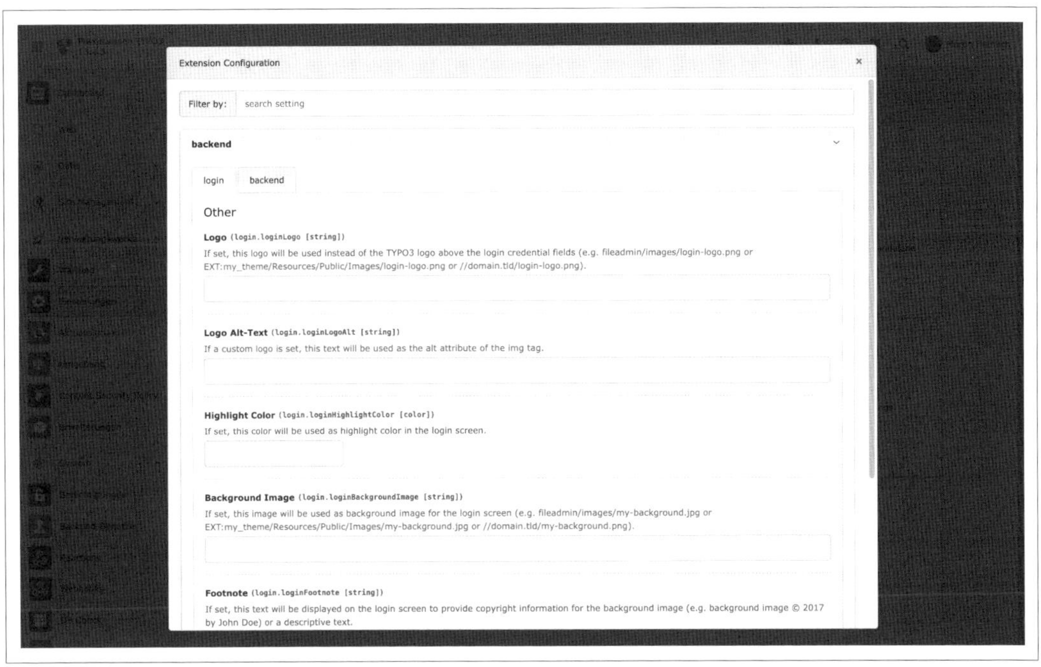

▲ Abbildung 10.2
Über den Menüpunkt »Extension Configuration« im »Einstellungen«-Modul können Sie weitere Einstellungen für eine Erweiterung vornehmen.

Das News-Plug-in integrieren und anpassen

Mit dem News-Plug-in werden aktuelle Mitteilungen erstellt. Das ist prinzipiell auch über Seiteninhaltstypen wie *Text & Media* möglich. Das News-Plug-in selbst stellt aber Funktionen zur Verfügung, die diese Seiteninhaltstypen im Regelfall nicht bieten.

Eine typische Funktion ist beispielsweise die Automatisierung eines Teaser-Texts mit anschließendem Link *Weiter* auf einen vollständigen Artikel. Mehrere bestehende News werden so auf einer Übersichtsseite auf eine bestimmte Anzahl von Zeichen gekürzt – um die vollständige Nachricht zu lesen, kann man dann einem Link folgen.

Eine weitere Funktion ist das Erstellen von News-Archiven. News-Beiträge, die ein bestimmtes Datum überschritten haben, können in ein Archiv aufgenommen und dann beispielsweise kategorisiert nach Jahren, Quartalen oder Monaten aufgelistet werden.

Diese Funktionen lassen sich theoretisch auch über normale Seiteninhalte realisieren. Das muss jedoch jeweils manuell geschehen. Ein Teaser-Text müsste manuell erstellt werden, Archive wären per Hand zu pflegen usw.

Wenn diese Funktionen jedoch nicht benötigt werden, ist das News-Plug-in möglicherweise überflüssig, und Sie sollten die bekannten Seiteninhaltstypen verwenden. Mit TypoScript lassen sich diese Funktionen zum großen Teil ebenfalls realisieren, jedoch ist das recht kompliziert und aufwendig.

Das News-Plug-in installieren

Bevor das News-Plug-in installiert werden kann, muss es zunächst heruntergeladen werden. Für die Installation einer Erweiterung per Composer benötigen Sie zunächst den sogenannten *Paketnamen*. Diesen finden Sie heraus, wenn Sie online die Seite *https://extensions.typo3.org* besuchen und dort nach der Extension suchen, die Sie installieren möchten. Wenn Sie dort die gewünschte Erweiterung gefunden haben, klicken Sie den Namen der Erweiterung an, um auf die dazugehörige Detailseite zu gelangen. Diese sieht für die News-Erweiterung so aus wie in Abbildung 10.3. Die dort dargestellte Seite finden Sie unter der URL *https://extensions.typo3.org/extension/news*.

Hier finden Sie direkt unter der Überschrift den *Extension-Key* der Erweiterung sowie Anweisungen zur Installation dieser Erweiterung mit Composer.

Die Installation von Erweiterungen per Composer funktioniert (genauso wie die Installation von TYPO3 mit Composer selbst) generell über die Kommandozeile. Öffnen Sie daher eine Kommandozeile in Ihrer TYPO3-Installation und wechseln Sie in Ihr Projektverzeichnis.

Tipp Sie erkennen das richtige Arbeitsverzeichnis für die Ausführung von Composer-Befehlen daran, dass sich dort eine *composer.json*- und eine *composer.lock*-Datei sowie das *public*- und *config*-Verzeichnis befinden.

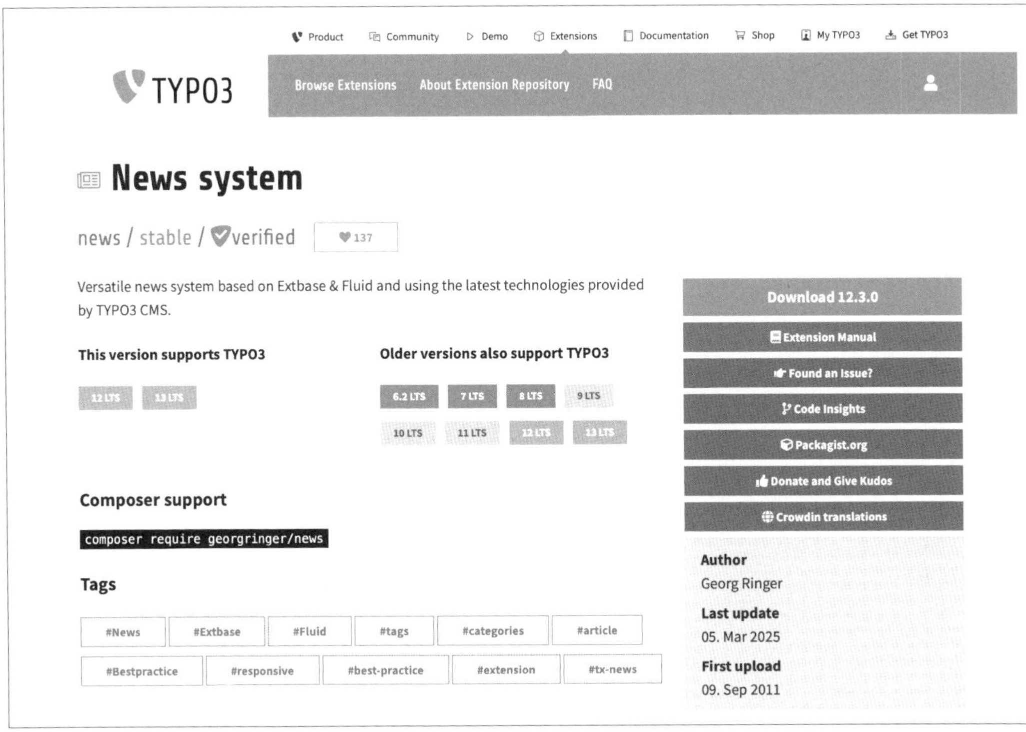

▲ **Abbildung 10.3**
Die Details zur »News«-Erweiterung im TYPO3-Extension-Repository

Auf der Detailseite der Erweiterung finden Sie einen Abschnitt *Composer support* mit einer Befehlszeile, die Sie eins zu eins in Ihre Kommandozeile kopieren und ausführen könnten. In diesem Fall lautet der Befehl also:

```
$ composer require georgringer/news
```

Hinweis Wenn Sie DDEV verwenden, müssten Sie dem Befehl noch ddev voranstellen.

Dieser Befehl würde (im Wurzelverzeichnis Ihres Projekts ausgeführt) die *composer.json* Ihres Projekts anpassen. In der Regel ist es jedoch sinnvoller, die Abhängigkeit zu Extensions innerhalb des Site Packages (genauer gesagt, in der *composer.json*-Datei des Site Packages) zu definieren, damit dieses gut wiederverwendbar bleibt. Sollten Sie sich irgendwann einmal entscheiden, Ihr Site Package für ein anderes TYPO3-Projekt wiederzuverwenden, müssten Sie sich in dem Fall nicht noch einmal daran erinnern, die News-Erweiterung ebenfalls zu installieren, sondern sie würde von Composer bei der Installation des Site Packages gleich mitinstalliert.

Um die Abhängigkeit zur News-Erweiterung zu definieren, bearbeiten Sie daher die *composer.json* in Ihrem Site Package (also die Datei unter *packages/snowboard/* und nicht die im Wurzelverzeichnis Ihres Projekts!) so wie in Beispiel 10.1 gezeigt. Die relevante Zeile ist Zeile 12.

Beispiel 10.1: Die »News«-Erweiterung als Abhängigkeit im Site Package hinzufügen

```
01 {
02     "name": "praxiswissen-typo3/snowboard",
03     "type": "typo3-cms-extension",
04     "description": "Site Package für die Snowboardschule
                       Meyer, Müller & Schmidt",
05     "homepage": "https://snowboardschule.example",
06     "license": ["GPL-2.0-or-later"],
07     "keywords": ["TYPO3 CMS"],
08     "require": {
09         "typo3/cms-core": "^13.4",
10         "typo3/cms-rte-ckeditor": "^13.4",
11         "typo3/cms-fluid-styled-content": "^13.4",
12         "georgringer/news": "^12.3"
13     },
14     "autoload": {
15         "psr-4": {
16             "PraxiswissenTypo3\\Snowboard\\": "Classes/"
17         }
18     },
19     "extra": {
20         "typo3/cms": {
21             "extension-key": "snowboard"
22         }
23     }
24 }
```

Tipp

Wenn Sie eine Abhängigkeit zu einer Extension definieren, ist es sinnvoll, diese (wie in Beispiel 10.1 in Zeile 12) auf bestimmte Versionen oder zumindest auf einen bestimmten Versionszweig einzuschränken. (Das `^12.3` bedeutet hier: »Version 12.3 oder neuer, aber nicht Version 13.«) Ansonsten könnten Sie mit einem unbedachten `composer update`-Befehl schnell eine (zukünftige, neuere) News-Version installieren, die womöglich nicht mehr mit Ihrer TYPO3-Version kompatibel ist.

Führen Sie im Anschluss einmal im Wurzelverzeichnis(!) Ihres Projekts den Befehl `composer update` aus (oder, falls Sie wirklich nur die Abhängigkeiten Ihres Site Packages aktualisieren bzw. installieren möchten, den Befehl `composer update praxiswissen-typo3/snowboard --with-dependencies`). Dieser Befehl wird die Erweiterung nun herunterladen und installieren. Die Ausgabe auf der Kommandozeile sollte dabei so ähnlich aussehen wie in Abbildung 10.4 gezeigt.

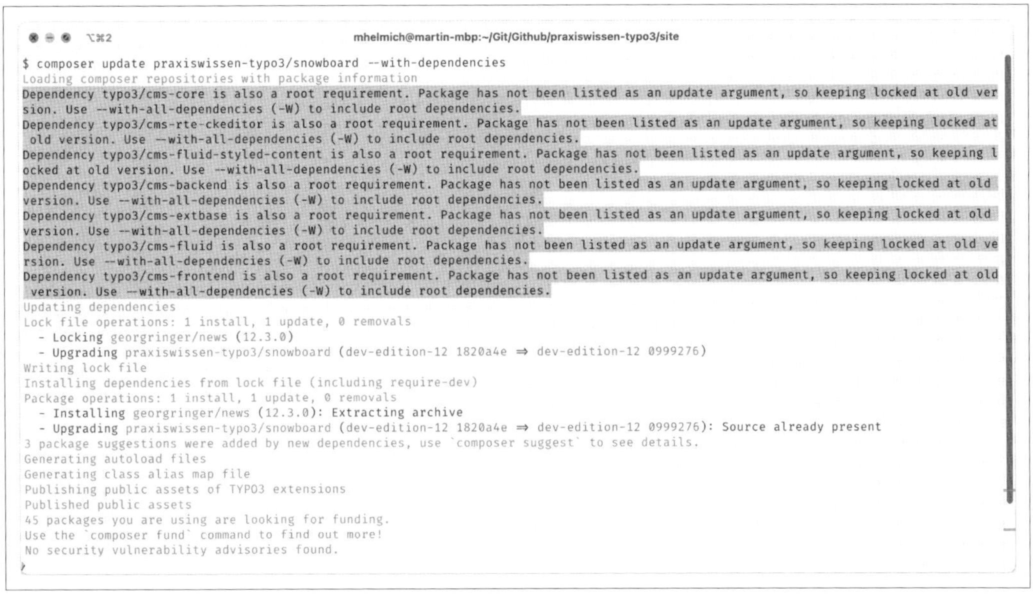

▲ Abbildung 10.4
Der »composer update«-Befehl installiert alle gewünschten Pakete.

Die Warnhinweise, die Sie in Abbildung 10.4 sehen, sind in diesem Fall kein Grund zur Beunruhigung. Composer weist Sie darauf hin, dass die TYPO3-Core-Pakete (die ja ebenfalls als Abhängigkeit in der *composer.json* Ihres Site Packages definiert sind) von diesem Befehl nicht aktualisiert werden. Das ist aber in diesem Fall eine gute Sache, damit Sie nicht gleichzeitig mit der Installation einer Extension auch ein überraschendes TYPO3-Update bekommen. (Nebenbei: Wie Sie ein TYPO3-Update ausführen, erfahren Sie in Kapitel 12, *Tipps und Tricks*.)

Im Anschluss muss noch einmal der Befehl `vendor/bin/typo3 extension:setup` aufgerufen werden, damit beispielsweise auch alle notwendigen Datenbanktabellen für die neue Extension initialisiert werden können.

Hinweis Wenn Sie DDEV verwenden, nutzen Sie statt `vendor/bin/typo3` den Befehl `ddev typo3`.

Die News-Erweiterung konfigurieren

Nach der Installation der News-Erweiterung können Sie diese nun noch konfigurieren. Wechseln Sie hierzu in den Menüpunkt *Verwaltungswerkzeuge → Einstellungen* und wählen Sie dort die Option *Extension Configuration*. Hier können Sie die Erweiterung noch weiter an Ihre Bedürfnisse anpassen (siehe Abbildung 10.5).

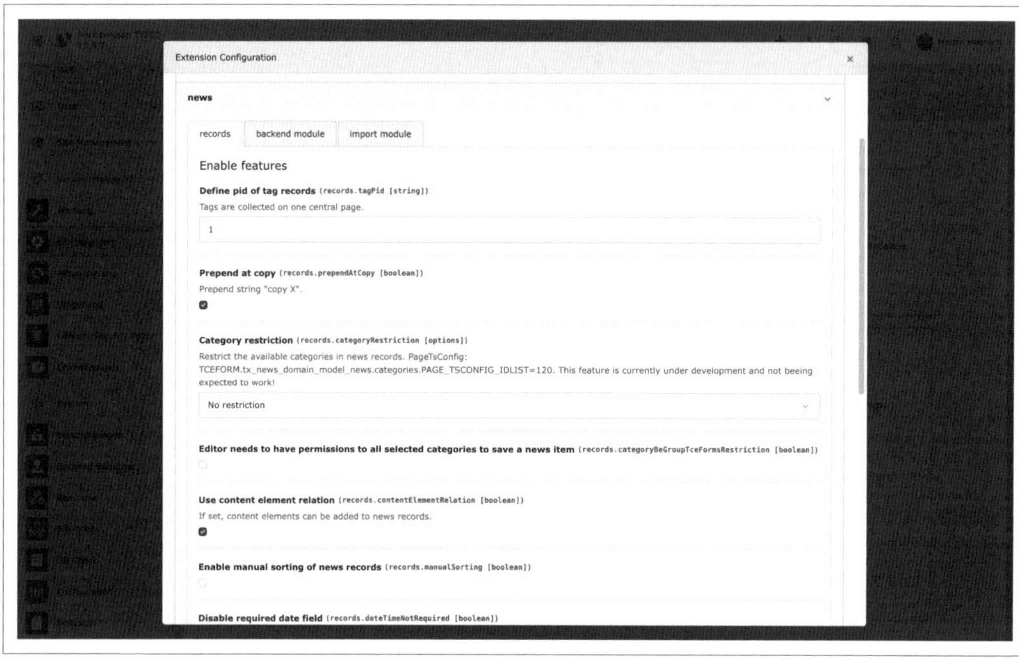

Abbildung 10.5 ▲
Das »News«-Plug-in wurde erfolgreich installiert.

Die Konfiguration betrifft insbesondere das Verhalten im Backend, zum Beispiel bei mehrsprachigen Präsentationen, sowie einige Feineinstellungen. Sie können die Grundkonfiguration getrost so lassen. Wenn gewünscht, können Sie diese Konfigurationen zu einem späteren Zeitpunkt wieder ändern.

Das News-Plug-in ist jetzt installiert – auf den ersten Blick wird Ihnen wahrscheinlich das neue Backend-Modul *News-Administration* im linken Menü auffallen. Bevor wir uns mit dem Anlegen von News im Backend beschäftigen, kümmern wir uns jedoch zunächst um die Einbindung in unserem Site-Set.

Tipp Nach der Installation von Erweiterungen sind in der Regel nur die englischen Sprachdateien vorhanden. Wenn Sie andere Sprachen im Backend nutzen, können Sie die benötigten Sprachdateien in der Sprachverwaltung unter *Verwaltungswerkzeuge → Wartung → Manage Language Packs* herunterladen, indem Sie die Schaltfläche *Update all* anklicken.

Die News-Erweiterung im Site-Set einbinden

Wie beispielsweise schon die Formular-Erweiterung in Kapitel 8, *Inhalte ausgeben*, bringt die News-Erweiterung ein eigenes Site-Set mit vordefinierten TypoScript-Konfigurationen mit, das Sie in Ihr eigenes Site-Set einbetten können. Weiterhin bringt die Extension noch ein zweites Site-Set mit, das spezialisierte Fluid-Templates für das Bootstrap-Framework enthält – und da unsere Designvorlage ebenfalls auf dem Boostrap-Framework basiert, kommt das natürlich wie gerufen. Beispiel 10.2 zeigt, wie Sie die *config.yaml*-Datei Ihres Site-Sets anpassen können, um die beiden Site-Sets der News-Extension dort als Abhängigkeit hinzuzufügen.

Beispiel 10.2: Die »News«-Extension im Site-Set einbinden

```
name: praxiswissen-typo3/snowboard
label: 'Snowboard'
dependencies:
  - typo3/fluid-styled-content
  - typo3/fluid-styled-content-css
  - typo3/form
  - typo3/seo-sitemap
  - georgringer/news
  - georgringer/news-twb5
```

Tipp Die meisten Erweiterungen für TYPO3 v13 liefern eigene Site-Sets mit, die Sie auf diese Weise als Abhängigkeit in Ihr eigenes Site-Set einbinden können. Oft (aber nicht immer) tragen diese denselben Namen wie das Composer-Package der Erweiterung, so wie hier `georgringer/news`. Werfen Sie im Zweifelsfall einen Blick in das Handbuch der jeweiligen Erweiterung oder – wenn alle Stricke reißen – in das *Configuration/Sets/*-Verzeichnis im Installationsverzeichnis der Erweiterung.

Frontend-Plug-in: Seiteninhalt/Container anlegen

Das News-Plug-in soll jetzt so in die Website integriert werden, dass News zunächst nur auf der Seite *Aktuelles* angezeigt werden. Später sollen die letzten drei News auch im Fußbereich der Seite auftauchen.

Sie können das News-Plug-in nach seiner Installation zur Seite *Aktuelles* hinzufügen. Dazu wählen Sie im linken Menü den Eintrag *Seite* und im Seitenbaum die Seite *Aktuelles* aus. Durch Anklicken des Buttons *Neues Inhaltselement erstellen* können Sie dann einen Seiteninhalt anlegen. Dazu öffnet sich der Wizard für neue Seiteninhalte. Sie können entweder einen ganz normalen Seiteninhalt wie *Text & Media* auswählen oder aber aus dem nun neu hinzugekommenen Bereich *Nachrichten-System* beispielsweise das Element *News-Artikelliste* auswählen. Für welches Element Sie sich auch entscheiden, Sie haben nachträglich immer die Möglichkeit, den Typ des Seiteninhalts zu ändern, z.B. von *Text & Media* in *Allgemeines Plug-In*.

Nach dem Anlegen eines neuen Seiteninhalts vom Typ *News-Artikelliste* kommen Sie in die übliche Maske für Inhaltselemente, mit (mehr oder weniger) den üblichen Tabs. Über den Tab *Allgemein* können Sie wie gehabt eine Überschrift vergeben. Auf dem Tab *Plug-In* finden Sie die in Abbildung 10.6 gezeigte umfangreiche Maske, in der das News-Plug-in konfiguriert werden kann.

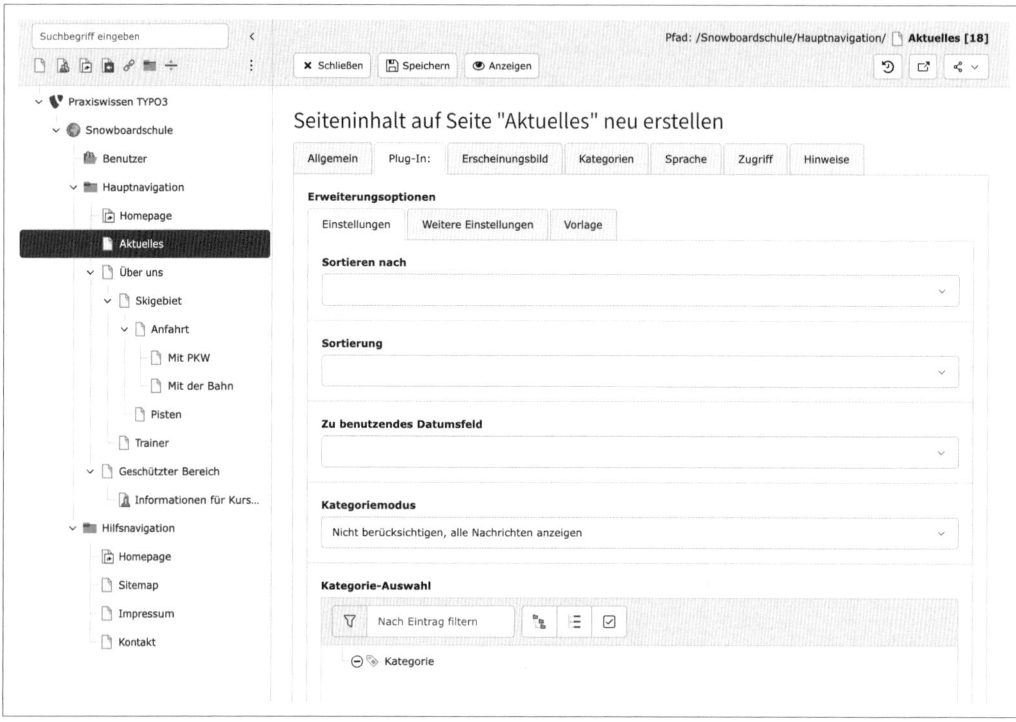

Abbildung 10.6 ▲
Das »News«-Plug-in kann über eine Maske konfiguriert werden.

Das News-Plug-in konfigurieren

Für die ausführliche Konfiguration des News-Plug-ins stehen umfangreiche Dokumentationen zur Verfügung, die die Einstellungsmöglichkeiten detailliert beschreiben. (Das offizielle Handbuch der News-Extension finden Sie beispielsweise unter *https://docs.typo3.org/p/georgringer/news/12.3/en-us/.*) Daher stellen wir in diesem Abschnitt nur die am häufigsten verwendeten Konfigurationsmöglichkeiten vor.

Die verschiedenen Typen von News-Plug-ins

Beim Einfügen des News-Plug-ins hatten Sie die Auswahl zwischen verschiedenen Varianten, wie beispielsweise der *News-Artikelliste* und der *Detailansicht der News-Artikel*. Die *News-Artikelliste* bedeutet, dass eine bestimmte Anzahl an News in einer Kurzfassung (Teaser) dargestellt wird. Ein Klick im Frontend auf einen News-Beitrag zeigt dann den ausgewählten Beitrag in Gänze an.

Der Plug-in-Typ *Detailansicht* gibt an, dass nur ein einziger News-Beitrag angezeigt wird. Um welchen News-Beitrag es sich handeln soll, muss über Parameter in der URL übermittelt werden. Daher eignet sich die *Detailansicht* insbesondere auf Seiten, auf die gegebenenfalls von der *Listenansicht* aus verwiesen wird.

Mit *Datumsmenü der News-Artikel* kann ein Menü aller vorhandenen News-Beiträge gruppiert nach Datum erstellt werden. Dies ist für Archivansichten nützlich, in denen ein Nutzer der Seite historische News-Beiträge durchsuchen können soll.

Mit der Ansicht *Suchformular* wird ein Suchformular angezeigt, mit dem in News-Beiträgen gesucht werden kann. Für ein Suchformular wird zudem (auf einer anderen Seite platziert) ein News-Element mit der Ansicht *Suchergebnis* benötigt, in dem die Ergebnisse einer Suche dargestellt werden können.

Die Ansichten *News-Kategorie-Menü* und *Schlagwortliste* geben jeweils ein Menü der im TYPO3-Backend hinterlegten Kategorien bzw. Schlagworte aus. Die News-Kategorien sind (ähnlich wie der TYPO3-Seitenbaum) hierarchisch organisiert; jede Kategorie kann Unterkategorien haben, und jeder News-Eintrag gehört zu einer Kategorie. Schlagworte sind nicht hierarchisch unterteilt, und jeder Eintrag kann mit beliebig vielen Schlagworten ausgezeichnet werden.

Den Darstellungsmodus bestehender News-Elemente können Sie beim Bearbeiten des Inhaltselements unter dem Tab *Allgemein* im Auswahlfeld *Typ* jederzeit verändern.

Überblick über die wichtigsten Konfigurationsmöglichkeiten

Der größte Teil der Konfiguration des News-Plug-ins erfolgt unter dem Tab *Plug-In*. Unter *Erweiterungsoptionen* und auf dem Tab *Weitere Einstellungen* können Sie beispielsweise die Anzahl der dargestellten Beiträge im Feld *Maximale Anzahl anzuzeigender Datensätze* angeben. Über die Option *Kategorie-Auswahl* lässt sich die Listenansicht auf eine bestimmte Nachrichtenkategorie einschränken. Die Optionen *Nachrichtendatum später (bzw. früher) als* hingegen erlaubt es, nur News-Einträge ab bzw. bis zu einem bestimmten Zeitpunkt darzustellen.

Unter *Weitere Einstellungen* können Sie zudem diverse Seiten-IDs konfigurieren (beispielsweise die *Seiten-ID für Einzelnachrichten-Ansicht*). Diese werden gleich in den nächsten Schritten relevant, wenn wir beispielsweise die Detailansicht konfigurieren.

Für jeden Ausgabemodus auf der Registerkarte *Einstellungen* können Sie im Feld *Ausgangspunkt* angeben, auf welcher Seite bzw. welchen Seiten sich die News-Beiträge befinden. Wenn kein Ausgangspunkt angegeben wird, werden News-Beiträge immer auf der momentan aktuellen Frontend-Seite gesucht, also z.B. auf *Aktuelles*. Mit *Rekursiv* können Sie zusätzlich angeben, ob vom Ausgangspunkt bzw. von der momentan aktuellen Seite aus rekursiv nach News-Beiträgen gesucht werden soll. Wenn Sie den Ausgangspunkt z.B. auf die Seite *root* legen und die Option *Rekursiv* auf *unendlich* setzen, würde das gesamte TYPO3-Projekt nach News-Beiträgen durchsucht. Speichern Sie das Element zunächst.

Einen News-Beitrag erstellen

Damit später überhaupt News-Beiträge angezeigt werden können, muss auch mindestens einer vorhanden sein. Dieser News-Beitrag soll sich ebenfalls auf der Seite *Aktuelles* befinden. Wechseln Sie zum Anlegen eines News-Beitrags in das *Liste*-Modul und wählen Sie die Seite *Aktuelles*. Anschließend klicken Sie in der oberen Zeile auf die Schaltfläche *Neuen Datensatz erstellen*.

Im rechten Bereich sehen Sie eine Liste der möglichen Datensätze, die Sie neu anlegen können. Mit der Installation der Erweiterung *News* sind zwei neue Einträge in der Liste der möglichen Datensätze aufgetaucht: *Artikel* und *Nachrichten-Tag* (siehe Abbildung 10.7). Wählen Sie zum Anlegen eines News-Beitrags den Eintrag *Artikel* aus.

Abbildung 10.7 ▼
Einen News-Beitrag anlegen

Dadurch öffnet sich die in Abbildung 10.8 gezeigte Maske für einen News-Beitrag. Diese Maske ist recht umfangreich und enthält viele Felder, die im Regelfall für das jeweilige Projekt nicht benötigt werden. Diese nicht benötigten Felder können den Redakteuren mithilfe von Benutzerrechten entzogen werden. Nähere Informationen dazu finden Sie in Kapitel 11, *Das Backend für Redakteure anpassen*.

1. Tragen Sie in die Felder *Überschrift* und *Text* (optional auch *Teaser*) einen beliebigen Inhalt ein.
2. Deaktivieren Sie unter der Registerkarte *Zugriff* die Option *Verbergen*, falls sie aktiviert ist. Ansonsten wird dieser News-Beitrag nicht angezeigt.
3. Speichern und schließen Sie Ihren ersten News-Beitrag.

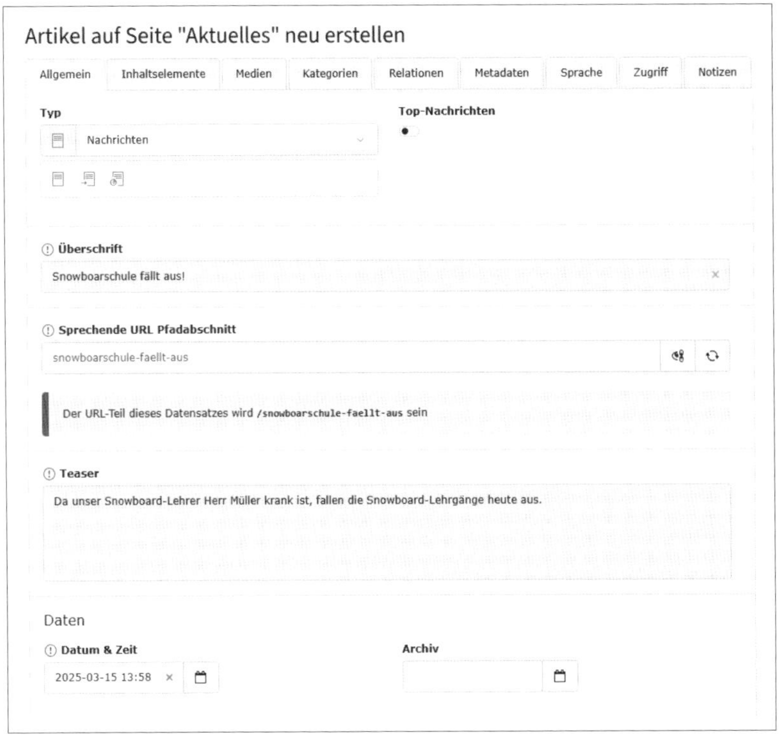

◀ Abbildung 10.8
Die Maske für einen News-Beitrag

Die Verlinkung zur Detailansicht anpassen

Auf der Seite *Aktuelles* haben Sie bei der Plug-in-Konfiguration im Backend angegeben, dass News-Beiträge im Ansichtsmodus *Listenansicht* gezeigt werden sollen. Nachrichten werden also nicht komplett, sondern in einer Liste dargestellt. Jeder Eintrag besteht aus der Überschrift und einem kurzen Ausschnitt aus dem Text. Um die gesamte Nachricht einsehen zu können, müssen die Listeneinträge zu einer *Detailansicht* verlinkt werden.

Wenn Sie jetzt auf der Seite *Aktuelles* auch ein Plug-in im Modus *Detailansicht* einfügen würden, erhielten Sie bei der Auswahl der Seite *Aktuelles* des Menüs im Frontend die Fehlermeldung *No news entry found.*

Um bei einem Klick auf den Link eines News-Beitrags den vollständigen Beitrag zu sehen, muss eine neue Seite als Unterseite von *Aktuelles* angelegt werden:

1. Legen Sie eine neue Unterseite an, indem Sie per Rechtsklick das Kontextmenü der Seite *Aktuelles* öffnen und die Aktion *Neu* auswählen.
2. Geben Sie der neuen Seite z.B. den Titel *Detailansicht* und deaktivieren Sie die Option *Sichtbarkeit → Seite in Menüs aktiviert* unter-

halb der Registerkarte *Zugriff*, damit diese Seite weder im Menü noch in der Sitemap angezeigt wird.

3. Fügen Sie dann auf der neuen Seite einen Seiteninhalt vom Typ *Nachrichten-System* ein.
4. Wählen Sie in der erscheinenden Maske zur Konfiguration des News-Plug-ins unter dem Tab *Plug-In* den Ausgabemodus *Detailansicht der Newsartikel* aus.
5. Speichern Sie das Inhaltselement.

Damit nun bei Auswahl eines News-Beitrags auf der Seite *Aktuelles* auch eine Verlinkung zur Seite *Detailansicht* erfolgt, muss in der Konfiguration des News-Plug-ins auf der Seite *Aktuelles* eine entsprechende Eigenschaft gesetzt werden:

1. Wählen Sie im Backend aus dem Seitenbaum die Seite *Aktuelles* aus und klicken Sie auf das Bleistiftsymbol des einzigen angelegten News-Seiteninhalts.
2. Wechseln Sie auf die Registerkarte *Plug-In → Erweiterungsoptionen → Weitere Einstellungen*.
3. Wählen Sie für die Eigenschaft *Seiten-ID für Einzelnachrichten-Ansicht* jetzt die Seite *Detailansicht*, indem Sie ganz rechts neben dem Eintrag in dem Eingabefeld nach dem Seitentitel suchen.
4. Speichern Sie das Inhaltselement und rufen Sie anschließend die Seite *Aktuelles* im Frontend auf.

Sie werden sehen, dass Ihre angelegte Nachricht angezeigt wird (siehe Abbildung 10.9). Die Überschrift ist bereits verlinkt, und der Link *Weiterlesen* verweist nicht mehr ins Leere, sondern leitet Sie beim Klick auf die Seite mit dem Plug-in und der Detailansicht weiter (Abbildung 10.10).

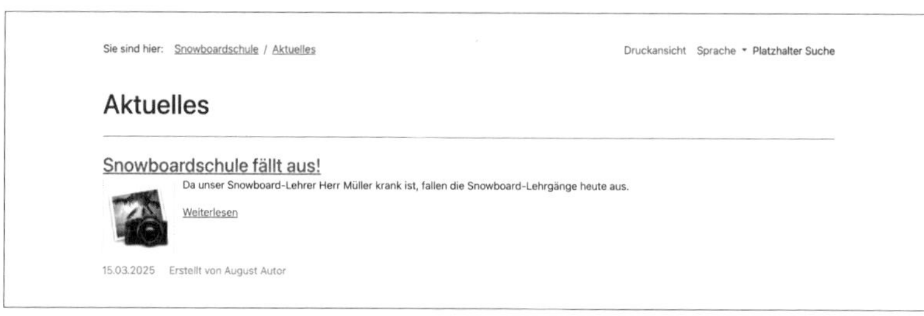

Abbildung 10.9 ▶ Im Frontend wird der angelegte News-Beitrag angezeigt (Listenansicht)

Abbildung 10.10 ▶ Die Detailansicht

Support Wenn Sie im Frontend keine Ausgabe erhalten, muss der gesamte Frontend-Cache einmal manuell geleert werden. Klicken Sie dazu im oberen Bereich auf das gelbe Blitzsymbol und dann auf den Textlink *Seiteninhalts-Cache löschen*.

Das News-Plug-in unter die Lupe genommen

Nehmen wir das News-Plug-in einmal ein wenig unter die Lupe. So können Sie erfahren, was genau passiert ist, als Sie es installiert haben, wo die News-Maske definiert ist und warum überhaupt im Inhaltsbereich News angezeigt werden.

Per Composer installierte Erweiterungen werden (genauso wie die TYPO3-Core-Pakete) stets unter *vendor/<hersteller>/<paketname>/* gespeichert, im Falle der News-Extension also unter *vendor/georgringer/news/*. In diesem Ordner sind einige Dateien vorhanden, die in folgender Auflistung kurz vorgestellt werden:

ext_emconf.php und composer.json
: Diese beiden Dateien enthalten die grundlegenden Metadaten des Plug-ins: einmal für den TYPO3 Extension Manager und einmal für Composer. Zu diesen Informationen gehören beispielsweise die generelle Beschreibung sowie Informationen zu den Urhebern, aber auch Informationen zur derzeit installierten Version sowie zur Kompatibilität und den Abhängigkeiten der Extension.

ext_tables.php
: Diese Datei erweitert bestehende Konfigurationen und nimmt Implementierungen im System vor, z. B. für das *Liste*-Modul. Sie sorgt auch dafür, dass das News-Plug-in auch unter *Plugin einfügen → Erweiterungen* zu finden ist.

ext_tables.sql
: Diese Datei enthält die Beschreibung von Tabellen und Feldern als SQL-Dump. Bei der Installation des Moduls werden nach dieser Datei die Tabellen und Felder angelegt bzw. erweitert, die das News-Plug-in benötigt.

Configuration/Sets/
: In diesem Verzeichnis befinden sich die verschiedenen Site-Sets, die die News-Extension anbietet. Neben dem Standard *georgringer/news*-Site-Set findet sich hier beispielsweise auch ein *georgringer/news-twb5*-Set, das Sie verwenden können, um bereits auf das Bootstrap-Framework optimierte Fluid-Templates laden zu können.

Configuration/TypoScript/setup.typoscript
: In dieser Datei befindet sich Standard-TypoScript-Code, der vom Site-Set inkludiert wird. Dadurch wird ermöglicht, dass es bereits

eine Basiskonfiguration gibt und dass das News-Plug-in überhaupt als *Inhalt* unterhalb von *tt_content* implementiert ist. Eine genauere Erläuterung folgt weiter unten.

Configuration/TypoScript/constants.typoscript
: Diese Datei ähnelt *Configuration/TypoScript/setup.txt*, enthält aber Variablen (und kein TypoScript). Außerdem steht in dieser Datei, wie der Bereich *News* für einen sogenannten Konstanten-Editor auszusehen hat.

Configuration/TCA/.php*
: Diese Dateien (eine für jeden Datensatztyp, der von der Extension verwaltet wird) enthalten Beschreibungen, wie die eigentlichen Masken im Backend aussehen. Hier werden die Reihenfolge und die Konfiguration jedes einzelnen Felds (Input-Feld/DateTime-Feld, Trim, Label usw.) beschrieben. Durch Änderungen an dieser Datei können z. B. Plug-ins manuell erweitert werden – Updatefähigkeit ist dann allerdings nicht mehr gegeben!

Resources/Private/Language/locallang_*.xlf
: Hierbei handelt es sich um diverse Sprachdateien für die Mehrsprachigkeit der Backend-Oberflächen und für das Frontend-Plug-in. Diese Dateien enthalten üblicherweise lediglich die englischen Sprachdateien; Übersetzungen für andere Sprachen (darunter auch Deutsch) müssen über die Sprachverwaltung heruntergeladen werden.

Classes/
: Dies sind die eigentlichen PHP-Klassen des News-Plug-ins, die die Funktionalität für das Frontend bereitstellen. Der Aufbau dieses Verzeichnisses wird an dieser Stelle nicht weiter erläutert.

Resources/Private/Templates/News/.html*
: Hierbei handelt es sich durchgehend um die Ihnen bereits bekannten Fluid-Templates (die mitgelieferten Designvorlagen). Dabei existiert stets eine Vorlage für jeden Anzeigemodus, in dem das Plug-in konfiguriert werden kann.

Im Normalfall müssen Sie sich als Nutzer einer Extension nicht genauer mit deren Eingeweiden befassen. Insbesondere die Struktur der Fluid-Templates und der TypoScript-Konfiguration ist unter Umständen jedoch sinnvoll zu kennen, da es durchaus vorkommen kann, dass man diese an seine eigene Seite anpassen möchte. (Spoiler-Alarm: Das werden wir im nächsten Abschnitt auch noch tun.)

Das News-Plug-in über TypoScript-Konstanten anpassen

Das Design können Sie relativ problemlos an Ihre eigenen Bedürfnisse anpassen. Generell gelten hier die gleichen Regeln, die wir bereits in Kapitel 8, *Inhalte ausgeben*, im Abschnitt »Die Ausgabe der Formulare anpassen« auf Seite 225 oder in Kapitel 9, *Erweiterte Darstellung von Inhalten*, im Abschnitt »Das Log-in-Formular anpassen« auf Seite 264 genannt haben: Wichtig ist, dass die Designvorlagen nicht direkt im Extension-Ordner im *vendor/*-Verzeichnis verändert werden, da sie dort bei einem Update durch die Originalversion überschrieben würden.

Noch einmal zur Erinnerung: »Updatefähig« heißt, dass angepasste Bereiche nach einem Update nicht erneut angepasst werden müssen. Alle Konfigurationen, die Sie innerhalb Ihres Site Packages vornehmen (also TypoScript-Dateien oder Fluid-Templates) sind updatefähig, da das Site Package ja unabhängig von den TYPO3-Core-Paketen und allen Extensions ist. Bei einem möglicherweise später angedachten separaten Update des News-Plug-ins würde der Ordner *vendor/georgringer/news/* jedoch mit einer neuen Version des News-Plug-ins überschrieben. Dadurch würden auch alle Anpassungen verloren gehen. Und um das Design unseren Wünschen anzupassen, sind gegebenenfalls Anpassungen an einer Designvorlage notwendig.

Das News-Plug-in nutzt Fluid-Templates als Designvorlagen, mit denen Sie in den bisherigen Abschnitten bereits gearbeitet haben. Zur Erinnerung: In Kapitel 9, *Erweiterte Darstellung von Inhalten*, hatten wir im Abschnitt »Das Log-in-Formular anpassen« auf Seite 264 die Darstellung des Log-in-Formulars verändert, indem wir das `templateRootPaths`-Attribut des `plugin.tx_felogin_login.view`-Objekts um einen weiteren Dateipfad erweitert haben. Für das News-Plug-in (und auch die meisten anderen neuen TYPO3-Plug-ins) kann eine Anpassung auf genau demselben Wege erfolgen.

Statt direkt über das TypoScript-Setup werden wir die Anpassung der Dateipfade für die Designvorlagen in diesem Abschnitt über Konstanten vornehmen. TypoScript-Konstanten verhalten sich so ähnlich wie die Site-Einstellungen, mit denen wir bereits in Kapitel 7, *Menüs erstellen*, gearbeitet haben.

Die Suchpfade für die Fluid-Templates der News-Extension werden in der TypoScript-Konfiguration unter dem Objekt `plugin.tx_news` beschrieben.

Tipp Diese Erkenntnis lässt sich verallgemeinern: Die Fluid-Templates der allermeisten TYPO3-Extensions werden in der TypoScript-Konfiguration unter einem Objekt in der Form `plugin.tx_[pluginname]` konfiguriert.

Wenn Sie dieses Objekt in der *Aktives TypoScript*-Ansicht betrachten, sollte das so ähnlich aussehen wie in Abbildung 10.11. Womöglich fällt Ihnen hier der Hinweis »Konstanten-Nutzung« auf.

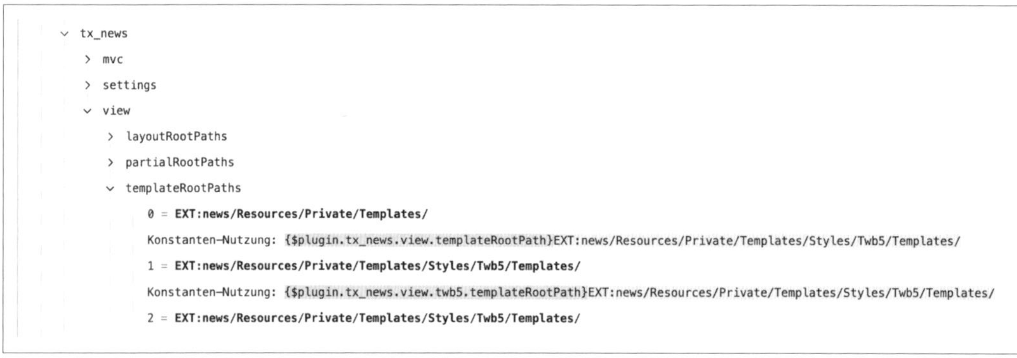

Abbildung 10.11 ▲ Die »Aktives TypoScript«-Ansicht zeigt an, wo Konstanten genutzt werden.

Konstanten funktionieren ganz ähnlich wie die Site-Einstellungen, die Sie bereits in Kapitel 7 kennengelernt haben, und werden auch über dieselbe Syntax in die TypoScript-Konfiguration eingebunden. In diesem Fall ist das News-Plug-in so konfiguriert, dass der Reihe nach drei verschiedene Template-Verzeichnisse durchsucht werden (von denen die letzten beiden über die Konstanten `plugin.tx_news.view.templateRootPath` und `plugin.tx_news.view.twb5.templateRootPath` definiert werden).

Um hier auf updatesichere Art und Weise unsere eigenen Fluid-Templates »unterzuschieben«, können wir nun eine dieser Konstanten in unserem Site-Set überschreiben. Sinnvollerweise überschreiben wir die letzte aus der Liste, damit wir in unserem Site-Set nur die Fluid-Templates hinterlegen müssen, die wir auch tatsächlich verändert haben, und TYPO3 für alle weiteren Templates danach einfach in den Standard-Dateien der Extension weitersucht.

Erstellen Sie hierzu eine neue Datei *constants.typoscript* innerhalb Ihres Site Sets. (Zur Erinnerung: Das liegt im Verzeichnis *Configuration/Sets/Snowboard/* in Ihrem Site Package.) Beispiel 10.3 zeigt, wie diese Datei aussehen sollte, um die entsprechenden Konstanten zu überschreiben. Neben der `templateRootPath`-Konstanten überschreiben wir hier auch gleich die `partialRootPath`- und `layoutRootPath`-Konstanten.

Beispiel 10.3: Definition abweichender Fluid-Pfade für die News-Extension

```
plugin.tx_news {
    view.twb5 {
        templateRootPath =
```

Beispiel 10.3: Definition abweichender Fluid-Pfade für die News-Extension (Fortsetzung)

```
                EXT:snowboard/Resources/Private/Templates/Extensions/News/
        partialRootPath =
                EXT:snowboard/Resources/Private/Partials/Extensions/News/
        layoutRootPath =
                EXT:snowboard/Resources/Private/Layouts/Extensions/News/
    }
}
```

Die Designvorlage anpassen

Mit den Änderungen im vorherigen Abschnitt haben Sie dem News-Plug-in mitgeteilt, dass Fluid-Designvorlagen nun zuerst in Ihrem Site Package im Verzeichnis *Resources/Private/Templates/Extension/News* gesucht werden sollen. Erst wenn eine Designvorlage dort nicht existiert, wird im Standardverzeichnis *vendor/georgringer/news/Resources/Private/Templates/* nachgeschlagen. Dasselbe gilt für Partials, die nun ebenfalls zuerst in Ihrem Site Package gesucht werden. Der Unterschied zwischen Templates und Partials wurde bereits in Kapitel 7, *Menüs erstellen*, im Abschnitt »Fluid-Templates mit Partials strukturieren« auf Seite 188 betrachtet.

Sie können somit Kopien der Originaldesignvorlage und Partials in einem Verzeichnis hinterlegen, das von Versionsupdates des News-Plug-ins nicht betroffen ist. Als Ausgangspunkt kopieren Sie am besten die Originaldateien, die Sie verändern möchten, aus dem *vendor/georgringer/news/Resources/Templates/*-Verzeichnis in Ihr eigenes Verzeichnis. Zunächst sollten wir jedoch betrachten, wie diese Vorlagen aufgebaut sind.

Die Designvorlage im Detail

Der Inhalt einer Designvorlage setzt sich aus vielen verschachtelten Teilbereichen (*Partials*) zusammen. Verwenden Sie am besten die Originaldesignvorlagen als Grundlage und passen Sie diese Ihren Bedürfnissen an. Sie können problemlos Fluid-Variablen entfernen und hinzufügen und auch neue Partials ergänzen.

Im Verzeichnis *vendor/georgringer/news/Resources/Private/Templates/News/* finden Sie verschiedene Fluid-Vorlagen. In der Regel existiert dabei stets eine Datei für jeden Ansichtsmodus, in dem Sie das News-Plug-in im Frontend darstellen können. Für die Listenansicht ist beispielsweise die Vorlage *List.html* zuständig, für die Detailansicht (wenig überraschend) die Vorlage *Detail.html*.

Wenn Sie sich den Inhalt der Designvorlage ansehen (siehe Beispiel 10.4), werden Sie erkennen, dass diese ausgiebigen Gebrauch von Fluid-ViewHelpern macht. Den <f:if>-ViewHelper sowie den <f:render>-ViewHelper haben Sie in den vorherigen Kapiteln bereits kennengelernt. Da eine vollständige Betrachtung aller Fluid-ViewHelper den Rahmen dieses Kapitels sprengen würde, folgt hier zunächst nur das Nötigste.

Beispiel 10.4: Die Standard-Fluid-Vorlage für die Liste der News-Beiträge

```
<html xmlns:f="http://typo3.org/ns/TYPO3/CMS/Fluid/ViewHelpers"
    xmlns:n="http://typo3.org/ns/GeorgRinger/News/ViewHelpers"
    data-namespace-typo3-fluid="true">
<f:layout name="General" />

<f:section name="content">
  <!--TYPO3SEARCH_end-->
  <f:if condition="{news}">
    <f:then>
      <div class="news-list-view"
           id="news-container-{contentObjectData.uid}">
        <f:if condition="{settings.hidePagination}">
          <f:then>
            <ul class="list-group mb-3">
              <f:for each="{news}" as="newsItem" iteration="iterator">
                <f:render partial="List/Item" arguments="{newsItem:
                   newsItem,settings:settings,iterator:iterator}" />
              </f:for>
            </ul>
          </f:then>
          <f:else>
            <f:if condition="{settings.list.paginate.insertAbove}">
              <f:render partial="List/Pagination"
                        arguments="{pagination: pagination.pagination,
                        paginator: pagination.paginator}" />
            </f:if>
            <ul class="list-group mb-3">
              <f:for each="{pagination.paginator.paginatedItems}"
                     as="newsItem" iteration="iterator">
                <f:render partial="List/Item" arguments="{newsItem:
                   newsItem,settings:settings,iterator:iterator}" />
              </f:for>
            </ul>
            <f:if condition="{settings.list.paginate.insertBelow}">
              <f:render partial="List/Pagination"
                        arguments="{pagination: pagination.pagination,
                        paginator: pagination.paginator}" />
            </f:if>
          </f:else>
        </f:if>
      </div>
    </f:then>
    <f:else>
      <div class="alert ">
        <f:translate key="list_nonewsfound" />
      </div>
    </f:else>
  </f:if>
  <!--TYPO3SEARCH_begin-->
</f:section>
</html>
```

Diese Fluid-Vorlage sieht zunächst einmal kompliziert aus und kann, da fast jede Zeile aus einem neuen ViewHelper besteht, ein wenig erschrecken. Die ganzen ViewHelper einmal beiseitegelassen, beschreibt diese Fluid-Vorlage Folgendes: Es existiert eine Fluid-Variable `{news}`. Diese Variable enthält eine Liste aller News-Beiträge, die dargestellt werden sollen. In Zeile 14 bis 16 wird mit einem `<f:for>`-ViewHelper über diese Liste iteriert, und für jeden einzelnen News-Beitrag wird in Zeile 15 das Partial mit dem Namen `List/Item` ausgewertet. Innerhalb dieses Partials steht der News-Beitrag unter dem Variablennamen `{newsItem}` zur Verfügung. Der beste Ansatzpunkt für eine Veränderung der Listenansicht wäre somit also tatsächlich das Partial `List/Item`.

Um dieses Partial anzupassen, kopieren Sie die Originaldatei von *vendor/georgringer/news/Resources/Private/Partials/List/Item.html* in Ihr Site Package nach *Resources/Private/Partials/Extensions/News/List/Item.html*. Beachten Sie dabei, dass der Pfad relativ zum jeweiligen `partialRootPath` gleich bleiben muss (also stets *List/Item.html*, da das Partial genau so in dem übergeordneten Fluid-Template referenziert wird). Beispiel 10.5 zeigt eine mögliche Variante dieses Partials, das die CSS-Klassen des Bootstrap-Frameworks nutzt.

Beispiel 10.5: Eine an die Designvorlage angepasste Version des Partials »List/Item.html«

```
<html
  xmlns:f="http://typo3.org/ns/TYPO3/CMS/Fluid/ViewHelpers"
  xmlns:n="http://typo3.org/ns/GeorgRinger/News/ViewHelpers"
  data-namespace-typo3-fluid="true">

<div class="card">
  <div class="card-body">
    <h5 class="card-title">
      <n:link newsItem="{newsItem}" settings="{settings}"
              title="{newsItem.title}">
        {newsItem.title}
      </n:link>
    </h5>
    <h6 class="card-subtitle mb-2 text-body-secondary">
      <f:if condition="{newsItem.author}">
        {newsItem.author},
      </f:if>
      {newsItem.datetime -> f:format.date(format:
                '{f:translate(key:\'dateFormat\')}')}
    </h6>
    <f:if condition="{newsItem.tags}">
      <div>
        <f:for each="{newsItem.tags}" as="tag">
          <span class="label label-default">{tag}</span>
        </f:for>
      </div>
    </f:if>
    <f:if condition="{newsItem.teaser}">
```

Beispiel 10.5: Eine an die Designvorlage angepasste Version des Partials »List/Item.html« (Fortsetzung)

```
27        <f:then>
28          {newsItem.teaser -> f:format.crop(maxCharacters:
                                '{settings.cropMaxCharacters}',
                                respectWordBoundaries:'1')
                                -> f:format.html()}
29        </f:then>
30        <f:else>
31          {newsItem.bodytext -> f:format.crop(maxCharacters:
                                  '{settings.cropMaxCharacters}',
                                  respectWordBoundaries:'1')
                                  -> f:format.html()}
32        </f:else>
33      </f:if>
34
35      <n:link class="card-link" newsItem="{newsItem}"
                settings="{settings}" title="{newsItem.title}">
36        Weiterlesen
37      </n:link>
38    </div>
39  </div>
```

Ein paar Worte zu diesem Template: Die News-Extension bringt eigene Fluid-ViewHelper mit, wie beispielsweise den in Zeile 9 genutzten `<n:link>`-ViewHelper. Dieser erstellt einen Link zur Detailansicht eines News-Beitrags. Sämtliche von Erweiterungen bereitgestellten ViewHelper müssen explizit in ein Fluid-Template importiert werden. Dies geschieht über das `xmlns`-Attribut in Zeile 3.

In Zeile 17 wird der `f:format.date`-ViewHelper genutzt, um einen Datumswert in einem bestimmten Format auszugeben. (Da Datumsformate sprachabhängig sind, wird das Datumsformat wiederum über einen `f:translate`-ViewHelper geladen, der dann ein entsprechend lokalisiertes Sprachformat ausgibt.)

In den Zeilen 26 bis 33 wird der eigentliche Haupttext des News-Beitrags ausgegeben. Falls im TYPO3-Backend ein Teaser-Text angegeben wurde, wird dieser für die Ausgabe genutzt. Da die Angabe eines Teaser-Texts nicht verpflichtend ist, wird alternativ der Hauptinhalt des News-Beitrags für die Vorschau genutzt. Über den `f:format.crop`-ViewHelper wird in Zeile 28 bzw. 31 die maximale Länge des ausgegebenen Texts auf eine bestimmte Anzahl Zeichen beschränkt, die unter `{settings.cropMaxCharacters}` definiert ist (die Sie wiederum per TypoScript überschreiben können).

Die Anpassung der News-Listenansicht sollte lediglich als kurzes Beispiel für die Anpassbarkeit der Extension dienen. Im Extension-Verzeichnis selbst finden Sie unter *Resources/Private/Templates* und *Resources/Private/Partials* zahlreiche weitere Fluid-Templates der News-Extension, die Sie auf genau dieselbe Weise überschreiben können, wenn Sie möchten.

Darüber hinaus ist der hier beschriebene Ansatz zur Anpassung von Fluid-Designvorlagen weitgehend allgemeingültig. Die meisten der in der neueren Zeit entwickelten TYPO3-Erweiterungen nutzen Fluid für ihre HTML-Ausgabe und können auf genau dieselbe Art und Weise in ihrer Ausgabe angepasst werden, wie wir es in diesem Abschnitt am Beispiel der News-Extension gezeigt haben. Ältere Extensions nutzen unter Umständen noch andere Mechanismen zur Ausgabe ihres HTML-Quelltexts. Da diese jedoch mittlerweile aussterben, betrachten wir diese Gruppe von Extensions an dieser Stelle nicht weiter.

Das News-Plug-in per TypoScript direkt einfügen

Bisher haben Sie das News-Plug-in als Seiteninhaltselement auf einzelnen Seiten platziert und das Verhalten des Plug-ins über das Feld *Erweiterungsoptionen* konfiguriert. Gelegentlich kommt es jedoch auch vor, dass Sie eine Erweiterung losgelöst von den im Backend-Layout definierten Inhaltsbereichen direkt an einer bestimmten Stelle in der Designvorlage platzieren möchten – und das vielleicht sogar auf jeder Seite.

Die meisten Plug-ins können Sie über ein paar Zeilen TypoScript auch ohne den »Umweg« über ein Inhaltselement einer Fluid-Variablen zuweisen und so direkt in einem Fluid-Template ausgeben. Auch die Konfiguration des Plug-ins – beispielsweise der Darstellungsmodus, der zuvor über die *Erweiterungsoptionen* konfiguriert wurde – erfolgt dann über TypoScript. Die möglichen Optionen zur Konfiguration unterscheiden sich von Erweiterung zu Erweiterung und müssen im Zweifelsfall in der jeweiligen Dokumentation (oder in der TypoScript-Konfiguration) nachgeschlagen werden.

Die über die *Erweiterungsoptionen* angegebenen Konfigurationen überschreiben im Regelfall die in TypoScript angegebenen Eigenschaften. Über das inkludierte Site-Set der News-Erweiterung werden diese TypoScript-Konfigurationen bereits mit einem Wert versehen, der dann überschrieben werden kann – entweder mit TypoScript oder auch über die Erweiterungsoptionen. Das ist allerdings abhängig von der Erweiterung selbst, da diese das Zusammenspiel der Konfiguration innerhalb eines Inhaltselements und über die TypoScript-Konfiguration unterstützen muss.

Sie haben bereits gesehen, dass die standardmäßige Ausgabe des News-Plug-ins unter (beispielsweise) tt_content.news_pi1 über das `EXTBASEPLUGIN`-TypoScript-Objekt vorgenommen wird. Genau dieses Objekt können wir nun benutzen, um eine Instanz des News-Plug-ins über unser Fluid-Template auf jeder Seite einzufügen.

Wird das EXTBASEPLUGIN-Objekt für die Darstellung eines Plug-ins genutzt, werden alle Attribute dieses Objekts zudem mit dem entsprechenden Objekt unter dem Namen plugin.tx_[PLUGINNAME] zusammengeführt. (Sie erinnern sich gewiss an das Objekt plugin.tx_news aus dem vorherigen Abschnitt, in dem beispielsweise das Attribut views.templateRootPaths verändert wurde.) Neben dem view-Attribut, in dem die Dateipfade für die verschiedenen Fluid-Templates konfiguriert werden, ist dabei das settings-Attribut besonders interessant. Dieses enthält eine Vielzahl an Konfigurationsvariablen, die entweder direkt das Verhalten des PHP-Quelltexts der Extension beeinflussen oder in der ein oder anderen Art in den Fluid-Vorlagen ausgewertet werden. (Dort stehen alle hier konfigurierten Attribute in der Fluid-Variablen {settings} zur Verfügung.)

Darstellung von News im Fußbereich

In unserem Praxisbeispiel war vorgesehen, dass im Fußbereich der Seite stets die drei aktuellsten News-Mitteilungen aufgelistet werden sollten. Hierzu existiert in der Fluid-Designvorlage für die Seite bereits ein kleiner Platzhalter, den wir bislang ignoriert haben. Wie bereits zuvor definieren wir hierfür zunächst ein neues TypoScript-Objekt (dieses Mal unter lib.footerNews), das wir dann anschließend über den f:cObject-ViewHelper in das Fluid-Template einfügen können. Erstellen Sie dafür eine neue Datei *news.typoscript* in Ihrem Site-Set mit dem Inhalt aus Beispiel 10.6.

Beispiel 10.6: TypoScript-Objekt zur Darstellung von News im Footer

```
page.10.variables {
  labelNews = TEXT
  labelNews.value = News
  labelNews.lang.de = Aktuelles
}

lib.footerNews = EXTBASEPLUGIN
lib.footerNews {
  extensionName = News
  pluginName = NewsListSticky
}
```

Im Anschluss können Sie das *Default.html*-Fluid-Layout so erweitern, wie Sie es in Beispiel 10.7 sehen.

Beispiel 10.7: Einbinden der News im Footer

```
<footer>
  <div class="container">
    <div class="row">
      <div class="col-md-8">
```

Beispiel 10.7: Einbinden der News im Footer (Fortsetzung)

```
    <h4>{labelNews}</h4>
    <f:cObject typoscriptObjectPath="lib.footerNews" />
   </div>
   <div class="col-md-4">
    <h4>{labelMore}</h4>
    <nav>
     <ul>
      <f:for each="{secondaryMenuItems}" as="item">
       <li><a href="{item.link}">{item.title}</a></li>
      </f:for>
     </ul>
    </nav>
   </div>
  </div>
 </div>
</footer>
```

Wenn Sie nach dem obligatorischen Cache-Leeren nun einen Blick ins Frontend der Seite werfen, werden Sie merken, dass das Ganze schon gar nicht so schlecht aussieht (siehe Abbildung 10.12). Die News-Meldungen werden offensichtlich im Fußbereich ausgegeben. Noch unschön ist dabei:

1. Die News-Meldungen werden mit demselben Fluid-Template wie im Hauptinhaltsbereich angegeben (genauer gesagt mit exakt dem Fluid-Partial, das wir im vorherigen Abschnitt erstellt hatten). Während dieses im Hauptbereich optisch eine gute Figur macht, sieht diese Darstellung im Fußbereich der Seite fehl am Platze aus.
2. Außerdem werden die News-Meldungen nur dann im Footer-Bereich angezeigt, wenn Sie die *Aktuelles*-Seite aufrufen. Auf allen anderen Seiten ist die Ansicht leer.
3. Die generierten Links funktionieren noch nicht; obwohl ja bereits eine eigene Seite im Seitenbaum für die Detailansicht existiert, zeigen die Links in der HTML-Ausgabe nicht auf diese Seite.

◀ **Abbildung 10.12**
Die News werden mit dem Standard-Template im Fußbereich dargestellt.

Alle drei Probleme gehen wir nun im Rest dieses Abschnitts an. Hierzu müssen wir dem in den Fußbereich definierten EXTBASEPLUGIN-Objekt eine alternative Designvorlage »unterschieben«, und wir müssen einen

Weg finden, dem Objekt über TypoScript mitzuteilen, von welcher Seite die News-Beiträge geladen werden sollen und wohin für die Detailseite verlinkt werden soll.

Für die Punkte 2 und 3 benötigen Sie die Seiten-IDs der *Aktuelles*- und der *Detailansicht*-Seiten. Wie schon zuvor möchten wir vermeiden, diese Seiten-IDs direkt in die TypoScript-Konfiguration schreiben zu müssen, da das Site Package ansonsten nicht mehr ohne Weiteres für andere Projekte wiederverwendbar ist. In Kapitel 7, *Menüs erstellen*, haben wir dieses Problem gelöst, indem wir im Site-Set Einstellungen für die entsprechenden Seiten-IDs (dort für die Haupt- und Hilfsnavigation) definiert haben. Denselben Trick können wir hier wieder anwenden. Erweitern Sie hierzu die *settings.definitions.yaml* Ihres Site-Sets so wie in Beispiel 10.8 gezeigt.

Beispiel 10.8: Definition von Einstellungen für die News-Darstellung im Site-Set

```
categories:
  Snowboardschule:
    label: 'Snowboardschule'
  Snowboardschule.Navigation:
    label: 'Navigation'
    parent: Snowboardschule
  Snowboardschule.News:
    label: News
    parent: Snowboardschule

settings:
  [...]
  news.storagePid:
    label: Speicherseite für Newsbeiträge
    category: Snowboardschule.News
    type: int
    default: 0
  news.detailPid:
    label: Detailansicht für Newsbeiträge
    category: Snowboardschule.News
    type: int
    default: 0
```

Wechseln Sie anschließend (nachdem Sie einmal alle Caches geleert haben) im TYPO3-Backend in das Modul *Einstellungen* im Bereich *Site-Management*. Klicken Sie auf *Einstellungen bearbeiten*, um die Einstellungen Ihrer Site-Konfiguration zu bearbeiten: Dort sollte nun ein neuer Menüpunkt *Snowboardschule/News* hinzugekommen sein. Fügen Sie in den neu hinzugekommenen Eingabefeldern die IDs Ihrer *Aktuelles*- und Ihrer *Detailansichtsseiten* ein (siehe Abbildung 10.13, mit sehr wahrscheinlich abweichenden IDs).

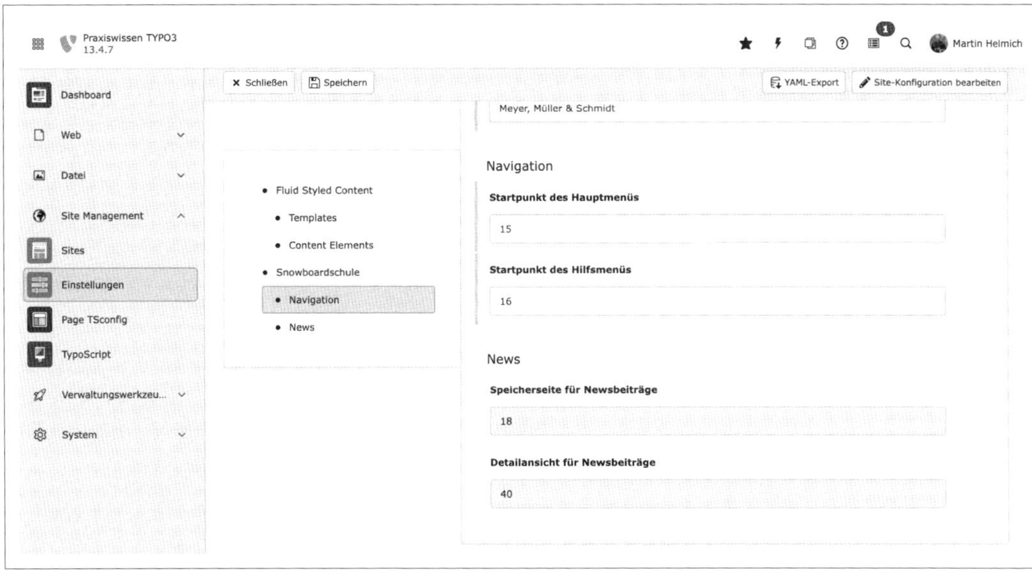

▲ Abbildung 10.13
Die IDs der News-Seiten über das »Einstellungen«-Modul hinterlegen

Die so definierten Einstellungen können Sie nun im nächsten Schritt in Ihrer TypoScript-Konfiguration verwenden. Erweitern Sie dazu Ihre Datei *news.typoscript* (die Sie zuletzt in Beispiel 10.6 genutzt haben) so wie in Beispiel 10.9 gezeigt.

Beispiel 10.9: Die Speicher- und die Detailseite der News in TypoScript definieren

```
page.10.variables {
  labelNews = TEXT
  labelNews.value = News
  labelNews.lang.de = Aktuelles
}

lib.footerNews = EXTBASEPLUGIN
lib.footerNews {
  extensionName = News
  pluginName = NewsListSticky

  persistence {
    storagePid = {$news.storagePid}
  }

  settings {
    defaultDetailPid = {$news.detailPid}
    list.paginate.itemsPerPage = 3
  }
}
```

Die Eigenschaft `persistence.storagePid` ist eine Eigenschaft, die Sie bei nahezu jedem TYPO3-Plug-in verwenden können, das Datensätze von bestimmten Seiten aus dem Seitenbaum auslesen möchte. Die Eigenschaft `settings.defaultDetailPid` hingegen ist eine spezifische Eigenschaft der News-Extension. Bei der Gelegenheit haben wir in Zeile 18 auch gleich die (ebenso News-spezifische) Eigenschaft `list.paginate.itemsPerPage` gesetzt, damit im Footer nur eine überschaubare Anzahl an Einträgen dargestellt wird. Bei anderen Extensions sollten Sie zuvor einmal über die *Aktives TypoScript*-Ansicht in das jeweilige `plugin.tx_[plugin name].settings`-Objekt schauen, um herauszufinden, welche Optionen das jeweilige Plug-in unterstützt. Ansonsten könnten Sie natürlich auch einfach im Handbuch der jeweiligen Extension nachschauen. Aber wer tut das schon?

Bei einem erneuten Blick ins Frontend sollten die Probleme 2 und 3 damit schon einmal behoben sein: Die News-Liste sollte auf jeder Seite angezeigt werden, und die Links sollten auf die richtige Seite mit der Detailansicht führen.

Um das News-Plug-in im Fußbereich mit einer anderen Designvorlage darzustellen, können Sie das bereits bekannte `view.templateRootPaths`-Attribut nutzen. Es wurde bisher direkt im Objekt `plugin.tx_news` gesetzt; dieses wird als Standardkonfiguration für alle `EXTBASEPLUGIN`-Objekte herangezogen, in denen das News-Plug-in dargestellt wird – sofern keine abweichende Konfiguration vorhanden ist (die Sie jetzt erstellen werden). Beispiel 10.10 zeigt, wie Sie das `view`-Attribut des `USER`-Objekts konfigurieren können, sodass die News im Fußbereich (und nur da!) mit anderen Fluid-Templates dargestellt werden als im Hauptbereich der Seite.

Beispiel 10.10: Definition eines eigenen »templateRootPaths« für die Footer-News

```
07 lib.footerNews = EXTBASEPLUGIN
08 lib.footerNews {
     [...]
20
21   view {
22     templateRootPaths {
23       100 = EXT:snowboard/Resources/Private/Templates/Extensions/
                   NewsFooter
24     }
25   }
26 }
```

In diesem Beispiel haben wir in Zeile 23 die Nummer 100 verwendet. Das liegt daran, dass für dieses Plug-in nach wie vor die in `plugin.tx_news` definierte Standard-Konfiguration greift und wir sicherstellen möchten, dass Templates unter allen Umständen zuerst in dem hier definierten Verzeichnis gesucht werden, bevor in den standardmäßig definierten Template-Verzeichnissen gesucht wird.

Da im Fußbereich nur die Listenansicht dargestellt werden soll, reicht es in diesem Fall daher aus, auch nur die Fluid-Vorlage *News/List.html* bereitzustellen. Beispiel 10.11 zeigt eine mögliche Vorlage für den Fußbereich, die Sie in der Datei *Resources/Private/Templates/Extensions/News-Footer/News/List.html* in Ihrem Site Package platzieren können. Aufgrund des knappen Platzes im Fußbereich fällt die Vorlage naturgemäß etwas knapper als im Hauptbereich aus.

Beispiel 10.11: Eine kurze Designvorlage für die Listenansicht des News-Plug-ins im Fußbereich

```
<html
  xmlns:f="http://typo3.org/ns/TYPO3/CMS/Fluid/ViewHelpers"
  xmlns:n="http://typo3.org/ns/GeorgRinger/News/ViewHelpers"
  data-namespace-typo3-fluid="true">
<ul>
  <f:for each="{news}" as="newsItem">
    <li>
      <div>
        <n:link newsItem="{newsItem}" settings="{settings}"
                title="{newsItem.title}">
          {newsItem.title}
        </n:link>
      </div>
      <f:if condition="{newsItem.author}">
        {newsItem.author},
      </f:if>
      {newsItem.datetime -> f:format.date(format:
                '{f:translate(key:\'dateFormat\')}')
    </li>
  </f:for>
</li>
```

Sprechende URLs für News-Beiträge

Womöglich sind Ihnen bei der Verwendung des News-Plug-ins die Detailansicht-Links in der Form */aktuelles/details?tx_news_pi1%5Baction%5D=detail&tx_news_pi1%5Bcontroller%5D=News&tx_news_pi1%5Bnews%5D=1&cHash=...* aufgefallen. Seien wir ehrlich: Wirklich hübsch sind diese Links nicht – und sie haben auch praktische Auswirkungen. Diese beginnen bei der Suchmachinenoptimierung und reichen bis hin zu Situationen, in denen jemand so einen Link einmal (aus welchen Gründen auch immer) von Hand eintippen muss. Glücklicherweise unterstützt das News-Plug-in die sogenannten *Route Enhancer*, die Sie bereits in Kapitel 9, *Erweiterte Darstellung von Inhalten*, kennengelernt haben.

Zur Erinnerung: Route Enhancer sind ein fortgeschrittenes Feature der Site-Konfiguration. Sie können nicht über eine grafische Oberfläche bearbeitet werden, sondern müssen direkt in der *config.yaml*-Datei der Site-Konfiguration (also unter *config/sites/snowboardschule/*) eingefügt werden.

Beispiel 10.12 zeigt, wie die *config.yaml* der Site-Konfiguration unter *config/sites/...* erweitert werden kann. Achten Sie lediglich auf Zeile 27: Hier müssen Sie die Seiten-ID auf die tatsächliche Seiten-ID der Detailansicht in Ihrer Installation anpassen.

Beispiel 10.12: Sprechende URLs für Newsbeiträge konfigurieren

```
01 base: /
02 dependencies:
03   - praxiswissen-typo3/snowboard
04 languages:
     [...]
27 rootPageId: 14
28 routeEnhancers:
     [...]
43   News:
44     type: Extbase
45     limitToPages:
46       - 40                      # <- WICHTIG: anpassen
47     extension: News
48     plugin: Pi1
49     routes:
50       - routePath: '/{news-title}'
51         _controller: 'News::detail'
52         _arguments:
53           news-title: news
54     aspects:
55       news-title:
56         type: NewsTitle
57 websiteTitle: 'Snowboardschule Meyer, Müller & Schmidt'
```

Die Konfiguration solcher Route Enhancer ist immer ein Stück weit spezifisch für die jeweilige Extension. Die Zeilen 44 bis 53 können Sie potenziell auch an andere Extensions anpassen (auch wenn Sie dafür Kenntnisse über die internen Funktionsweisen der jeweiligen Extensions benötigen). Die Zeilen 54 bis 56 beziehen sich jedoch auf spezifische Funktionen der News-Extension.

Viele Extensions dokumentieren die Konfiguration von Route Enhancern in ihren entsprechenden Handbüchern. Auch beispielsweise für das News-Plug-in finden Sie eine ausführliche Dokumentation zur Konfiguration der Route Enhancer unter *https://docs.typo3.org/permalink/georgringer-news:routing*.

Eine Suche hinzufügen

Eine seiteninterne Suchfunktion gehört auf vielen Seiten zu den Standardfunktionen und ist speziell auf größeren Seiten mit viel Inhalt sogar unbedingt notwendig, damit Besucher der Seite sich schnell zurechtfinden können. Auch TYPO3 bietet eine Suchfunktion in Form der Extension *Indexed Search Engine* (*indexed_search*), die in diesem Abschnitt betrachtet werden soll.

Die Indexed Search Engine erlaubt neben der einfachen Suche nach einzelnen Begriffen zusätzlich auch logische Verknüpfungen wie `AND` und `OR` und kann auch in einigen Dateiformaten wie PDF-, Word-, OpenOffice-, Excel-, RTF- sowie PowerPoint-Dokumenten suchen. Dazu kann diese erweiterte Suchfunktion in News-Beiträgen suchen, zumindest wenn für die News-Beiträge die Indizierung aktiviert wurde.

In diesem Abschnitt soll auf einer neuen Suche-Seite die Extension integriert werden. Außerdem ist in der Designvorlage auf jeder Seite ein kleines Suchfenster vorgesehen, das in diesem Abschnitt ebenfalls mit Funktion gefüllt werden soll.

Die Indexed Search Engine installieren

Je nachdem, wie Sie TYPO3 installiert haben (bzw. welche Kombination aus Paketen Sie womöglich beim Composer Helper auf *get.typo3.org* ausgewählt haben), besteht die Möglichkeit, dass die Erweiterung *Indexed Search* bereits die ganze Zeit in Ihrer TYPO3-Installation installiert war. Ob die Erweiterung bereits vorhanden ist, finden Sie entweder über einen Blick in den Extension Manager heraus oder über den Befehl `composer show` auf der Kommandozeile. (Wenn Sie DDEV verwenden, müssen Sie wiederum `ddev` voranstellen.)

Falls die Funktion Ihrer Seite von der Index Search abhängt (was sie tun wird, nachdem wir diesen Abschnitt abgeschlossen haben), ist es jedoch so oder so sinnvoll, diese Abhängigkeit auch in der *composer.json*-Datei des Site Packages festzuhalten. Den Vorteil davon hatten wir bereits bei der News-Extension diskutiert: Falls Sie das Site Package irgendwann einmal in einer anderen TYPO3-Installation installieren möchten, wird Composer die *Indexed Search*-Extension automatisch mitinstallieren.

Beispiel 10.13: Die »Indexed Search«-Extension in die »composer.json« einfügen

```
{
    "name": "praxiswissen-typo3/snowboard",
    "type": "typo3-cms-extension",
    "description": "Site Package für die
                    Snowboardschule Meyer, Müller & Schmidt",
    "homepage": "https://snowboardschule.example",
    "license": ["GPL-2.0-or-later"],
    "keywords": ["TYPO3 CMS"],
    "require": {
        "typo3/cms-core": "^13.4",
        "typo3/cms-rte-ckeditor": "^13.4",
        "typo3/cms-fluid-styled-content": "^13.4",
        "typo3/cms-indexed-search": "^13.4",
```

Beispiel 10.13: Die »Indexed Search«-Extension in die »composer.json« einfügen (Fortsetzung)

```
        "georgringer/news": "^12.3"
    },
    "autoload": {
        "psr-4": {
            "PraxiswissenTypo3\\Snowboard\\": "Classes/"
        }
    },
    "extra": {
        "typo3/cms": {
            "extension-key": "snowboard"
        }
    }
}
```

Beispiel 10.13 zeigt, wie Sie die *composer.json*-Datei Ihres Site Packages erweitern können, um die Abhängigkeit zur *Indexed Search*-Extension zu definieren. (Achtung: Gemeint ist hier die *composer.json*-Datei unter *packages/snowboard/* und nicht die *composer.json*-Datei im Wurzelverzeichnis Ihres Projekts!)

Im Anschluss führen Sie im Wurzelverzeichnis Ihres Projekts einmal den Befehl `composer update` aus, damit alle benötigten Abhängigkeiten installiert werden können, und danach einmal den Befehl `typo3 extensions:setup`:

```
$ composer update
$ vendor/bin/typo3 extensions:setup
```

Nach der Aktivierung der Erweiterung sollten Sie ein weiteres Backend-Modul *Indizierung* im Abschnitt *Web* erkennen können.

Tipp Wenn Sie DDEV verwenden, denken Sie daran, den *composer*-Befehl durch *ddev composer* und *vendor/bin/typo3* durch *ddev typo3* zu ersetzen.

Die Indexed Search Engine konfigurieren

Das Durchsuchen von Dokumenten kann eine Belastung für den Server sein. Allein um ein 200-seitiges PDF-Dokument auf das Vorkommen eines Worts hin zu durchsuchen, würde der Server stark beansprucht werden. Damit nicht jede Suchanfrage erneut sämtliche Dokumente durchsucht, werden die Inhalte von Seiten und Dokumenten *indiziert* und in einer bzw. mehreren Datenbanktabellen gespeichert. Die eigentliche Suchanfrage findet somit nur noch in der Datenbank statt.

Die Suchmaschine indiziert dabei die Seiten und Dokumente nicht von allein, sondern immer nur dann, wenn Seiten erstmalig im Frontend aufgerufen werden. In der Konfiguration können Sie angeben, wie lange ein

Eintrag in der Datenbank gültig sein soll. Eine einmal indizierte Seite oder ein indiziertes Dokument wird erst dann wieder indiziert, wenn eine bestimmte Zeit vergangen ist.

Um Änderungen an der Konfiguration der Erweiterung *Indexed Search Engine* vorzunehmen, wechseln Sie in das Modul *Verwaltungswerkzeuge → Einstellungen* und wählen die Option *Extension Configuration*. Mit der Installation der *Indexed Search*-Erweiterung ist in dem nun erscheinenden Konfigurationsfenster ein neuer Abschnitt *indexed_search* hinzugekommen (siehe Abbildung 10.14).

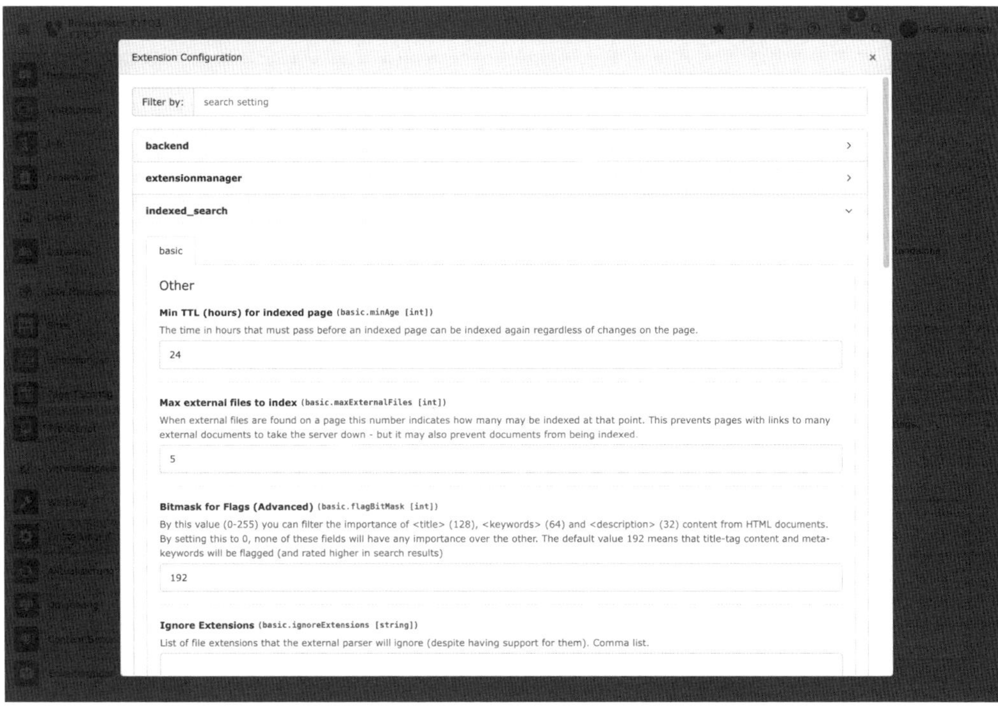

▲ Abbildung 10.14
Die »Indexed Search Engine« konfigurieren

Damit in Dateien gesucht werden kann, müssen die drei Applikationen *catdoc*, *pdftotext* und *pdfinfo* installiert sein, die in Linux-Systemen im Regelfall im Ordner */usr/local/bin/* oder */usr/bin/* abgelegt werden. Diese Tools werden von TYPO3 benötigt, damit der Inhalt von PDF- und Word-Dokumenten ausgelesen werden kann.

Es können noch weitere Dateiformate durchsucht bzw. indiziert werden. Dazu sind allerdings einige serverseitige Tools notwendig, die ebenfalls auf dem Server zur Verfügung stehen müssen. Diese zusätzlichen Tools sind *xlhtml* für Excel-Dokumente, *ppthtml* für PowerPoint-Dokumente und *unrtf* für RTF-Dokumente. Wenn Sie zusätzlich OpenOffice-Dokumente durchsuchen lassen möchten, wird lediglich das Tool *unzip* vorausgesetzt.

Aber keine Sorge: Die ganz normale Suche über die im TYPO3-Backend gepflegten Inhalte funktioniert auch ohne diese ganzen Werkzeuge.

Tipp Unter einem Ubuntu- oder Debian-System können Sie – Root-Zugang vorausgesetzt – die notwendigen Pakete mit folgendem Befehl nachinstallieren:

```
$ apt-get install unrtf catdoc unzip poppler-utils
```

Falls Sie DDEV nutzen, erstellen Sie stattdessen eine Datei *.ddev/web-build/Dockerfile* in Ihrem Projektverzeichnis (den Ordner *.ddev/web-build/* müsste es bereits geben) mit dem folgenden Inhalt:

```
RUN apt-get update && \

    apt-get install -y catdoc poppler-utils unrtf
```

Führen Sie im Anschluss den Befehl `ddev restart` aus, damit die zugrunde liegenden Container-Abbilder neu gebaut werden können. Im Anschluss sollten Ihnen die benötigten Werkzeuge in Ihrer Entwicklungsumgebung zur Verfügung stehen.

Die Verzeichnispfade sind mit */usr/bin/* bereits vordefiniert. Sollten sich die jeweiligen Anwendungen in einem anderen Verzeichnis befinden, können Sie für jedes Tool separat das Verzeichnis angeben, in dem es sich befindet. Wenn Ihnen eine Anwendung nicht zur Verfügung steht oder Sie eine Funktion nicht nutzen möchten, lassen Sie das jeweilige Feld einfach leer. Dadurch wird die Performance minimal verbessert.

Tipp Unter Linux erhalten Sie den aktuellen Installationspfad über den Befehl `which <software>`. Auch unter DDEV können Sie diesen nutzen, indem Sie `ddev exec` voranstellen. Als Ausgabe erhalten Sie den vollständigen Pfad, beispielsweise:

```
$ ddev exec which pdfinfo
/usr/bin/pdfinfo
```

Einfluss auf die Performance können Sie über die Konfigurationsangaben *PDF-Parse-Modus*, *Indizierung im Frontend deaktivieren* und *Mindestwartezeit für indizierte Seiten* nehmen:

PDF parsing mode
: Damit geben Sie an, wie viele Seiten eines PDF-Dokuments auf einmal indiziert werden sollen. Da die Indizierung eines umfangreichen PDF-Dokuments die Serverressourcen stark beansprucht, wird ein Dokument in mehreren Schritten indiziert. Mit positiven Werten ge-

ben Sie an, wie viele Seiten eines Dokuments in einem Durchgang indiziert werden sollen. Geben Sie z. B. als Wert eine `10` an, werden bei einem 200-seitigen PDF-Dokument 20 Durchgänge benötigt, bei einem 20-seitigen Dokument 2 Durchgänge.

Mit negativen Werten können Sie angeben, in wie vielen Durchgängen das Dokument indiziert werden soll. Der Wert `-10` besagt also, dass bei einem 200-seitigen PDF jeweils 20 Seiten je Durchgang indiziert werden sollen, bei einem 20-seitigen Dokument hingegen nur 2 Seiten je Durchgang.

Der Wert `0` gibt an, dass das gesamte Dokument nicht aufgeteilt, sondern in einem Durchgang indiziert wird.

Disable Indexing in Frontend

Im Normalfall wird der Indizierungsvorgang im Frontend vorgenommen, wenn die jeweiligen Seiten aufgerufen werden. Hier kann die Indizierung im Frontend ausgeschaltet werden, sodass sie nur dann möglich ist, wenn Sie die *crawler*-Extension[1] installieren, die wie die großen Suchmaschinen in regelmäßigen Abständen komplett durchläuft und indiziert.

Für den Anfang werden Sie die Crawler-Extension jedoch aller Wahrscheinlichkeit nach nicht benötigen und mit der einfachen Indizierung über das Frontend erst einmal auskommen.

Min TTL (hours) for indexed page

Hier können Sie angeben, wie viele Stunden eine bereits indizierte Seite mindestens indiziert bleibt, bis sie erneut durchlaufen wird. Das ist insbesondere dann sinnvoll, wenn Sie im Live-Betrieb häufig Änderungen an Seiten vornehmen. Dann ist es natürlich nicht besonders effektiv, wenn nach jeder kleinen Änderung im Abstand von z. B. fünf Minuten die Seite jedes Mal neu indiziert wird.

Das Suchformular einbinden

Stellen Sie sicher, dass es auf Ihrer TYPO3-Seite eine Seite *Suche* im Seitenbaum gibt, oder legen Sie gegebenenfalls eine an (beispielsweise als Unterseite der Seite *Hilfsnavigation*). Das Suchformular integrieren Sie als Seiteninhalt vom Typ *Indexsuche*. Wählen Sie auf dem Tab *Formularelemente* in der Liste der verfügbaren Erweiterungen *Indexsuche* aus (siehe Abbildung 10.15) und speichern Sie die Eingabe ab.

Wenn Sie nun die Seite *Suche* im Frontend aufrufen, sehen Sie einen Fehlertext, der Sie darauf hinweist, zunächst das entsprechende TypoScript-Template für die Indexsuche zu aktivieren.

1 *https://extensions.typo3.org/extension/crawler*

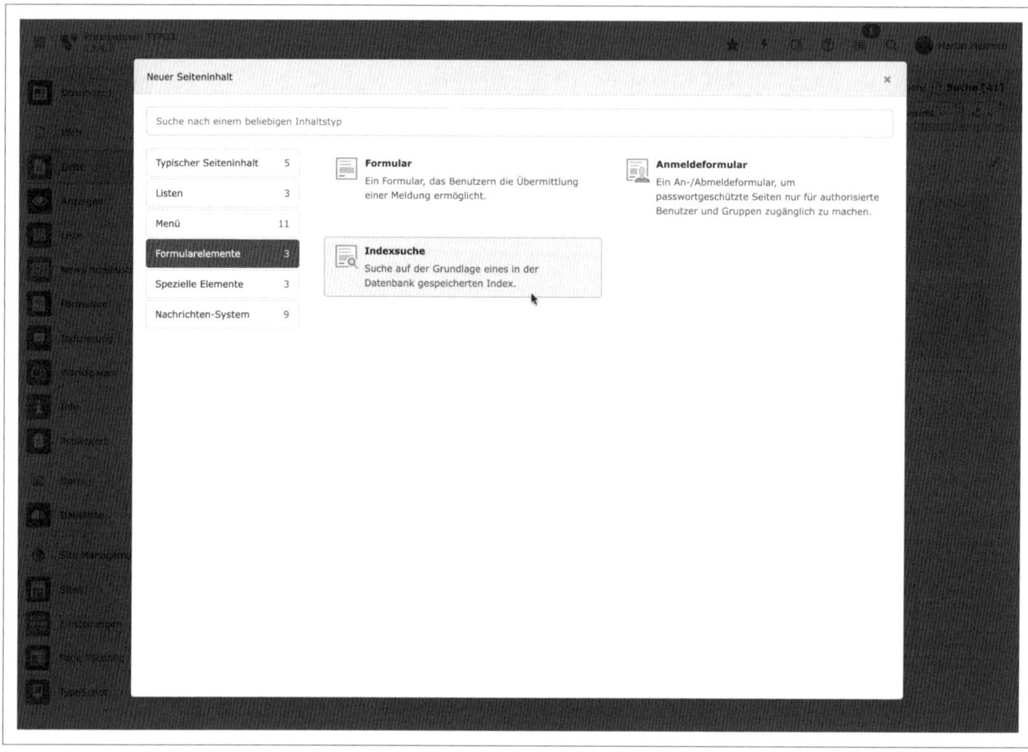

Abbildung 10.15 ▲ Die »Indexed Search Engine« auf der Webseite einbinden

Die indizierte Suche aktivieren und überprüfen

Bevor Sie das Suchformular im Frontend nutzen können, muss die indizierte Suche per TypoScript erst mal aktiviert werden. Hierzu müssen Sie zunächst (wie auch schon zuvor bei der News-Extension) das Site-Set der Extension einfügen. Beispiel 10.14 zeigt, wie Sie die *config.yaml* Ihres Site-Sets anpassen.

Beispiel 10.14: Das Site-Set der Indexed Search aktivieren

```
name: praxiswissen-typo3/snowboard
label: 'Snowboard'
dependencies:
  - typo3/fluid-styled-content
  - typo3/fluid-styled-content-css
  - typo3/form
  - typo3/seo-sitemap
  - typo3/indexed-search
  - georgringer/news
  - georgringer/news-twb5
```

Nach dem Einbinden des Site-Sets muss die Suche (bzw. die Indizierung) noch über TypoScript aktiviert werden. Fügen Sie daher in Ihrem Site-Set eine neue TypoScript-Datei *search.typoscript* mit dem Inhalt aus Beispiel 10.15 hinzu.

Beispiel 10.15: Die indizierte Suche aktivieren

```
01 config {
02   index_enable = 1
03   index_externals = 1
04 }
```

In Zeile 2 wird die Indizierung grundsätzlich aktiviert. Mit der Eigenschaft `.index_externals` in Zeile 3 weisen Sie die Suche außerdem an, auch externe Medien wie etwa verlinkte PDF-Dokumente zu indizieren.

Alle Seiten, die Sie durchsuchen möchten, müssen zunächst indiziert werden. Gehen Sie dazu auf jede einzelne Frontend-Seite und führen Sie anschließend die Suche erneut durch. Jetzt sollte ein Suchergebnis gefunden werden.

Den aktuellen Indizierungsstatus Ihrer Website können Sie im Backend unter dem Modul *Indizierung* überprüfen (siehe Abbildung 10.16). Hier sehen Sie beispielsweise, welche Seiten bereits indiziert wurden (und wann das geschehen ist), können Seiten auch wieder aus dem Index entfernen (für den eventuellen Fall, dass auf einer Seite etwas veröffentlicht wurde, das nicht veröffentlicht werden sollte, über die Suche aber noch zu finden ist) und haben Zugriff auf zahlreiche weitere Statistiken zur Suche.

▼ Abbildung 10.16
Das »Indizierung«-Modul gibt Aufschluss über den aktuellen Status des Suchindex.

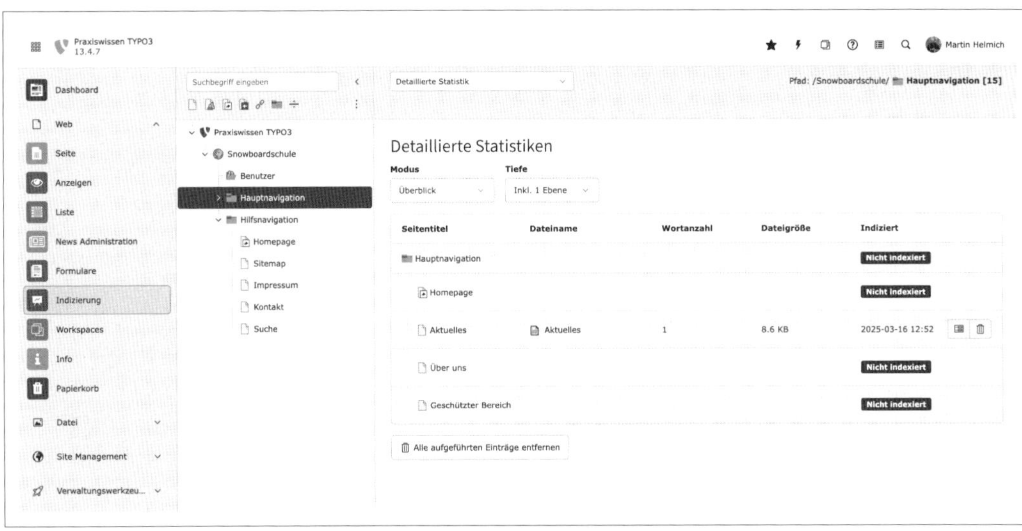

Hinweis Der Suchindex für eine Seite baut sich erst auf, wenn diese Seite mindestens einmal im Frontend aufgerufen wurde. In den meisten Projekten ist das kein Problem, da die meisten Seiten ohnehin früher oder später irgendwann einmal aufgerufen werden möchten.

Wenn Sie sich nicht darauf verlassen möchten, dass jede Seite irgendwann mal von einem Besucher aufgerufen wird, können Sie stattdessen auch die *crawler*-Extension verwenden, die diese Arbeit für Sie automatisiert.

Seiten aus den Suchergebnissen ausschließen

Bei nicht jeder Seite ist es sinnvoll, sie in den Suchindex aufzunehmen. Eine offensichtliche Ausnahme sollte beispielsweise die Suche-Seite selbst sein. Aber auch Seiten wie die *Aktuelles*-Seite mit der Nachrichtenliste gehören dazu: Denn diese enthält nichts anderes als zusammengefasste Versionen der »richtigen« Nachrichtenartikel; und eine Suchanfrage, zu deren Ergebnissen ein Nachrichtenartikel zählt, sollte idealerweise gleich auf die Detailansicht des betreffenden Artikels führen. Obendrein verändert sich der Inhalt der *Aktuelles*-Seite ja ständig, wenn neue Nachrichtenartikel dazukommen (und ältere Artikel dann auf Seite 2 der Listenansicht rutschen). Auch das sind keine idealen Voraussetzungen für einen Suchindex.

Um eine Seite vom Suchindex auszuschließen, bearbeiten Sie eine Seite (beispielsweise also die *Aktuelles*-Seite). Unter dem Tab *Verhalten* finden Sie hier die Option *In Indexsuche einbeziehen*, die Sie für die *Aktuelles*-Seite deaktivieren können (siehe Abbildung 10.17).

Abbildung 10.17 ▼
Seiten von den Suchergebnissen ausschließen

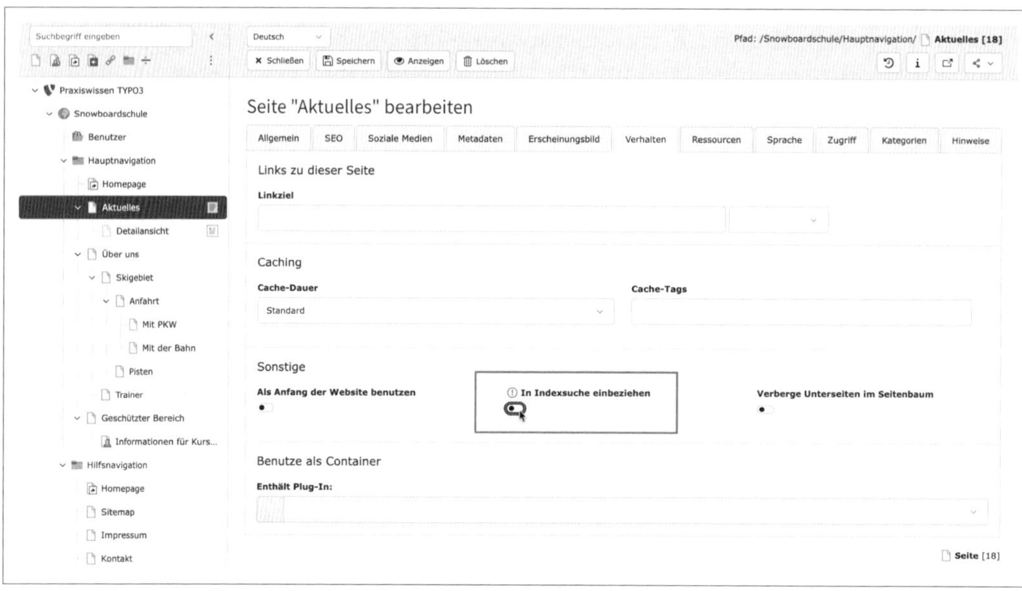

Die Darstellung anpassen

In diesem Abschnitt soll gezeigt werden, welche Eigenschaften und Dateien Sie überschreiben bzw. ändern oder löschen müssen, um das Design der Suche Ihren Wünschen anzupassen.

Das generelle Vorgehen, um die Fluid-Templates der Suche Ihren Bedürfnissen anzupassen, entspricht dem »Standard«-Schema, das Sie bereits mit dem Login-Formular und der News-Extension kennengelernt haben. Wie gehabt liefert ein Blick in die *Aktives TypoScript*-Ansicht einen Einblick in das, was genau bei der Einbindung eines Suchformulars vor sich geht.

Im TypoScript-Objekt `plugin.tx_indexedsearch.view` können Sie, wie bereits beim News-Plug-in, die Pfade zu den Fluid-Templates und Partials verändern (bzw. weitere Pfade hinzufügen, in denen nach Templates gesucht werden soll). Die originalen Templates und Partials finden Sie im Extension-Verzeichnis *vendor/typo3/cms-indexed-search* in den Unterverzeichnissen *Resources/Private/Templates/Search* und *Resources/Private/Partials*. Sie sehen dort ebenfalls, dass der Suchpfad für die Templates in einer Konstante `$indexedsearch.view.templateRootPath` definiert ist (gleichsam für Layouts und Partials), die Sie über die Site-Einstellungen bearbeiten können.

Durch das Einbinden des *Indexed Search*-Site-Sets ist im Modul *Site Management → Einstellungen* ein neuer Menüpunkt *Indexed Search* hinzugekommen. Hier können Sie nun Pfade aus Ihrem eigenen Site Package angeben (siehe Abbildung 10.18). Denken Sie bei dieser Gelegenheit auch daran, die *Target page* zu setzen. Diese werden wir später benötigen, wenn Sie das Suchformular im Kopfbereich der Seite einbinden wollen. Tragen Sie hier die ID Ihrer *Suchen*-Seite ein (die in Ihrem Fall sicherlich einen anderen Wert haben wird als die 41 aus Abbildung 10.18).

▼ Abbildung 10.18
Neue Template-Pfade für die Suche über die Site-Einstellungen definieren

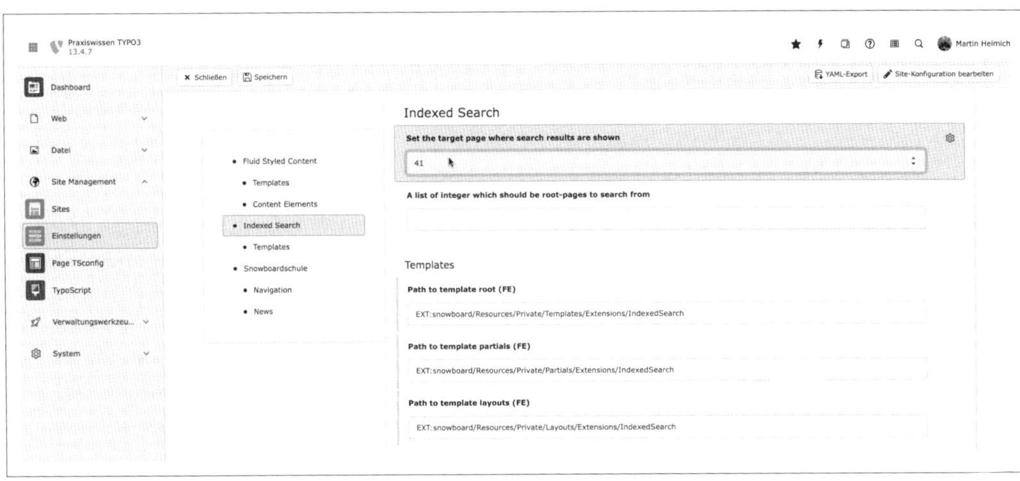

Um beispielsweise die Ausgabe des Suchformulars selbst anzupassen, können Sie das Partial `Form` überschreiben. Kopieren Sie hierzu die Datei *vendor/typo3/cms-indexed-search/Resources/Private/Partials/Form.html* in Ihr Site Package nach *Resources/Private/Partials/Extensions/Indexed Search/Form.html*. Beispiel 10.16 zeigt, wie Sie diese Datei anpassen können, um die CSS-Klassen des Bootstrap-Frameworks zu nutzen.

Beispiel 10.16: Beispiel für eine angepasste Such-Designvorlage

```
<div class="tx-indexedsearch-searchbox">
  <f:form action="search"
    method="post"
    id="tx_indexedsearch"
    pageUid="{settings.targetPid}">
    <div class="input-group input-group-lg">
      <f:form.textfield
        name="search[sword]"
        value="{sword}"
        placeholder="Ihre Suche"
        class="form-control"
        aria-label="{f:translate(key: 'form.searchFor')}"
      />
      <f:form.submit
        name="search[submitButton]"
        value="{f:translate(key: 'form.submit')}"
        id="tx-indexedsearch-searchbox-button-submit"
        class="btn btn-success"
      />
    </div>
  </f:form>
</div>
```

Gegenüber dem Original-Template ist das angepasste deutlich reduziert. Insbesondere die zahlreichen Eingabefelder für die erweiterte Suchfunktion wurden in diesem Beispiel entfernt, um das Formular nicht zu überfrachten. Möchten Sie Begriffe der mitgelieferten Übersetzung anpassen, können Sie in der TypoScript-Konfiguration des Plug-ins (hier also `plugin.tx_indexedsearch`) die Eigenschaft `._LOCAL_LANG` nutzen. Die generelle Struktur dieser Eigenschaft sieht so aus:

```
._LOCAL_LANG.[lang-key].[label-key] = [Neuer Wert]
```

Um nun z. B. den Text *Suchen* auf dem *Suchen*-Button ändern zu können, ist es erforderlich, dass Sie den sogenannten *Label-Key* kennen. Diesen finden Sie im Fluid-Template im `f:translate`-ViewHelper. Für den Button mit der Beschriftung `{f:translate(key: 'form.submit')}` lautet der entsprechende Key also `form.submit`. Die Standardübersetzung finden Sie für die Indexsuche unter *var/labels/de/indexed_search/Resources/Private/Language/de.locallang.xml*. Mit diesem Kennzeichner können Sie dann über TypoScript die Übersetzung an Ihre Bedürfnisse anpassen:

```
plugin.tx_indexedsearch._LOCAL_LANG.de.form.submit = Suche starten!
```

Das Suchformular im Kopfbereich

Unsere Designvorlage sieht vor, dass der Kopfbereich jeder Seite ein kleines Suchformular enthalten soll. Im bisherigen Fluid-Template prangt dort bislang jedoch nur ein schnöder Platzhalter. Da Sie nun eine funktionierende Suche auf Ihrer Seite haben, ist das die perfekte Gelegenheit, auch das Suchformular im Trailer mit Leben zu füllen.

Sie können hier den gleichen Ansatz wählen wie schon für das News-Plug-in im Fußbereich der Seite. Erneut nutzen wir das `EXTBASEPLUGIN`-Objekt. Beispiel 10.17 zeigt, wie Sie Ihre Datei *search.typoscript* erweitern können.

Beispiel 10.17: Das Suchformular im Kopfbereich per TypoScript definieren

```
01 config {
02   index_enable = 1
03   index_externals = 1
04 }
05
06 lib.search = EXTBASEPLUGIN
07 lib.search {
08   extensionName = IndexedSearch
09   pluginName = Pi2
10
11   settings {
12     targetPid = {$indexedsearch.targetPid}
13   }
14
15   view {
16     templateRootPaths {
17       100 = EXT:snowboard/Resources/Private/Templates/Extensions/
                 IndexedSearchNavbar
18     }
19     partialRootPaths {
20       100 = EXT:snowboard/Resources/Private/Partials/Extensions/
                 IndexedSearchNavbar
21     }
22   }
23 }
```

Die *view*-Eigenschaft in den Zeilen 15 bis 22 sollte Ihnen bereits von anderen Extensions (zuletzt der News-Extension) bekannt vorkommen. In Zeile 12 referenzieren wir außerdem die Site-Eigenschaft `$indexedsearch.targetPid`, die wir in Abbildung 10.18 in den Site-Einstellungen gesetzt hatten.

Im Anschluss können Sie den schon bekannten `f:cObject`-ViewHelper benutzen, um das Suchformular an der entsprechenden Stelle in Ihr *Default.html*-Layout einzubinden (siehe Beispiel 10.18).

Beispiel 10.18: Das Suchformular in das Fluid-Layout einfügen

```
  <div class="infobar navbar">
    <div class="container">
      [...]

      <nav aria-label="{labelLangNavigation}" class="navbar-expand">
        [...]
```

Beispiel 10.18: Das Suchformular in das Fluid-Layout einfügen (Fortsetzung)

```
        </nav>
        <div class="pull-right search">
          <f:cObject typoscriptObjectPath="lib.search" />
        </div>
      </div>
    </div>
```

Da in der Kopfzeile nicht sonderlich viel Platz ist, benötigt das Suchformular an dieser Stelle ein eigenes Fluid-Template, das etwas kompakter gestaltet ist. Aus diesem Grund waren in Beispiel 10.17 auch bereits abweichende Dateipfade für die Fluid-Templates und -Partials definiert. Beispiel 10.19 zeigt das *Form.html*-Partial, das Sie unter dem angegebenen Pfad *Resources/Private/Partials/Extensions/IndexedSearchNavbar/* in Ihrem Site Package einfügen können.

Beispiel 10.19: Das Fluid-Partial für das Suchformular in der Kopfzeile

```
<f:form class="form-inline" action="search"
        method="post" pageUid="{settings.targetPid}">
  <div class="input-group">
    <f:form.textfield name="search[sword]"
                      value="{sword}" class="form-control" />
    <button type="submit" class="btn btn-success">
      <f:translate key="form.submit" />
    </button>
  </div>
</f:form>
```

Wenn Sie im Anschluss das Frontend Ihrer Seite aufrufen, sollte das Suchformular bereits in der Kopfzeile erscheinen. So weit, so gut.

Falls Sie das Formular nun tatsächlich einmal für eine Suche verwenden, erleben Sie womöglich eine Überraschung: Denn nun werden auch die Suchergebnisse in der Kopfzeile angezeigt – und im Inhaltsbereich der Suche-Seite (da, wo sie hingehören) zusätzlich noch einmal.

Das liegt daran, dass viele Plug-ins zwischen verschiedenen Ansichten wechseln können (also beispielsweise vom Suchformular zur Ergebnisseite), was in der Regel durch einen Parameter *tx_<pluginname>[action]* in der URL gesteuert wird. Das betrifft dann aber *jede* Instanz dieses Plug-ins. Um diese Eigenart zu umgehen, ersetzen wir als Nächstes das Fluid-Template *Search/Search.html*. Dieses landet im Site Package im Verzeichnis *Resources/Private/Templates/Extensions/IndexedSearchNavbar/* und hat den (zugegebenermaßen überschaubaren) Inhalt aus Beispiel 10.20.

Beispiel 10.20: Für die Kopfzeile ändern wir die Darstellung der Suchergebnisse, sodass nur noch das Suchfeld dargestellt wird.

```
<f:render partial="Form" arguments="{_all}" />
```

Wir machen uns hier den Umstand zunutze, dass das Suchfeld selbst ja bereits im Partial *Form.html* abgebildet ist. Das Template *Search/Search.html* ist in der *Indexed Search*-Extension eigentlich für die Darstellung der Suchergebnisse verantwortlich (also nachdem bereits eine Suchanfrage abgeschickt wurde). Die Darstellung der Suchergebnisse haben wir an dieser Stelle ersatzlos gestrichen und geben einfach weiter das Suchformular aus.

Statistiken zur Suche

Im Modul *Indizierung* können Sie nicht nur den Status zur Indizierung einzelner Seiten einsehen, sondern ebenfalls eine kleine Statistik zu den indizierten Inhalten und meistgesuchten Begriffen. Gehen Sie dazu ins *Indizierung*-Modul und wählen Sie im Seitenbaum die Seite aus, auf der sich das Indexed-Search-Plug-in befindet (in diesem Fall *Suche*). Wechseln Sie nun im oberen Drop-down-Menü auf *Allgemeine Statistiken*. Sie erhalten eine Übersicht wie in Abbildung 10.19, die Ihnen zum Beispiel Aufschluss über die Anzahl indizierter Wörter (*index_words*) und die meistgesuchten Begriffe auf allen Seiten gibt.

▼ Abbildung 10.19
Statistiken zur Index-Suche

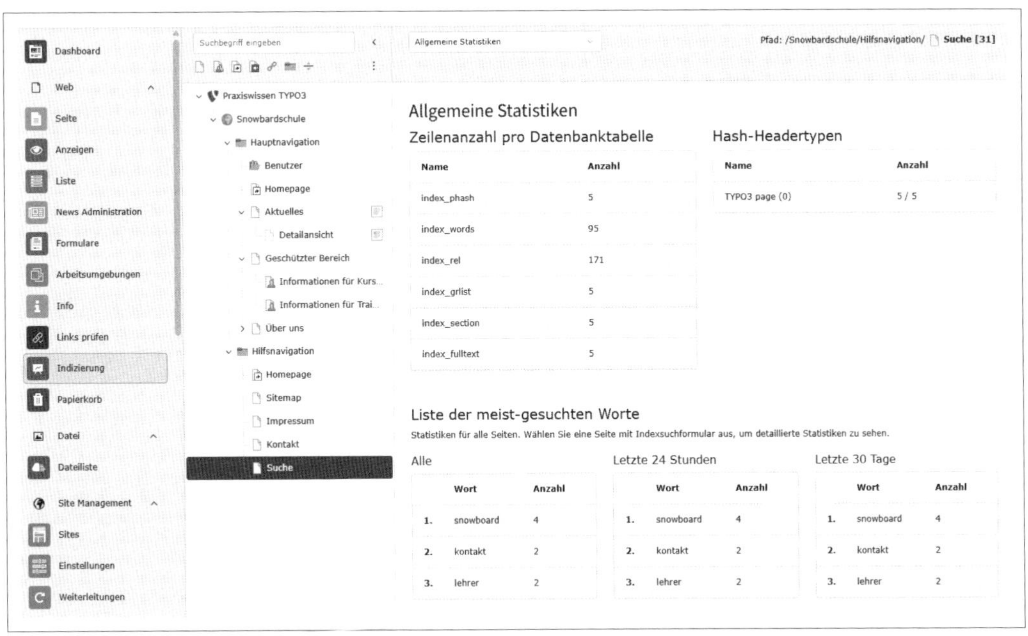

Wenn Sie im Seitenbaum eine andere Seite auswählen, sehen Sie in der Liste der meistgesuchten Begriffe nur die Begriffe, die von genau dieser Seite aus gesucht wurden. Sie können diese Informationen nutzen, um den Inhalt Ihrer Seite zu optimieren, indem Sie zum Beispiel weiteren Inhalt zu häufig gesuchten Begriffen in die jeweiligen Seiten aufnehmen oder die passenden Seiten verlinken.

Ausblick: Suchen mit SOLR

Die Indexsuche gehört zum Standardumfang von TYPO3 und bietet einen großen Funktionsumfang. Auch hinsichtlich ihrer Leistungsfähigkeit ist sie für kleine bis mittelgroße TYPO3-Projekte eine gute Lösung. Bei großen Seitenbäumen mit mehreren Tausend Seiten und Dokumenten stößt jedoch auch die Indexsuche irgendwann an ihre Kapazitätsgrenzen.

Um auch den höchsten Anforderungen gerecht zu werden, kann ein dedizierter Suchserver verwendet werden, beispielsweise der in Java implementierte Apache-SOLR-Server (*http://lucene.apache.org/solr/*). Dieser kann mithilfe einer TYPO3-Erweiterung (Extension-Key: *solr*) in die TYPO3-Präsentation integriert werden. Mit SOLR stehen Ihnen weitere Funktionen zur Verfügung, die die Index-Suche von TYPO3 selbst nicht ohne Weiteres abbilden kann. Dazu gehören zum Beispiel Wortvorschläge, während Suchbegriffe eingegeben werden. Da die Einrichtung eines solchen Servers jedoch in keinem Fall trivial und nur bei sehr großen Websites überhaupt notwendig ist, soll der kurze Ausblick an dieser Stelle genügen.

Probleme nach der Installation einer Erweiterung

Leider kann es immer mal wieder vorkommen, dass die Installation einer Erweiterung fehlschlägt und so der Zugriff auf das Backend nicht mehr möglich ist. Dieses Problem tritt üblicherweise dann auf, wenn eine Erweiterung fehlerhaft oder für eine andere TYPO3-Version bestimmt ist. In so einem Fall reicht es meist aus, folgende Schritte auf der Kommandozeile durchzuführen.

Entfernen Sie den zur fraglichen Extension gehörenden *require*-Eintrag aus der jeweiligen *composer.json* (je nachdem, wie die Extension installiert wurde, entweder im Wurzelverzeichnis des Projekts oder innerhalb des Site Packages). Führen Sie anschließend den Befehl `composer update` aus, um die Extension zu deinstallieren.

Hinweis "`composer update`" verwenden, um Erweiterungen zu deinstallieren? Das wirkt kontraintuitiv, aber nur auf den ersten Blick: Der `composer update`-Befehl stellt sicher, dass alle in der *composer.json* spezifizierten Pakete in der neuestmöglichen Version installiert sind – und zwar nur diese Pakete. Wurde ein Paket aus der *composer.json* entfernt, ist aber noch installiert, kommt der `composer update`-Befehl zu der (völlig richtigen) Schlussfolgerung, das Paket zu deinstallieren.

Im Anschluss sollten Sie sicherheitshalber noch einmal den `vendor/bin/typo3 extension:setup`-Befehl ausführen. Sollte es immer noch Schwierigkeiten geben, schieben Sie noch den Befehl `vendor/bin/typo3 cache:flush` hinterher, um über die Kommandozeile einmal alle Caches zu leeren. Sollte dies immer noch nicht zum Erfolg führen, können Sie auch noch einmal die Caches über das Install-Tool leeren, indem Sie dort *Maintenance → Flush TYPO3 and PHP Cache* aufrufen.

KAPITEL 11

Das Backend für Redakteure anpassen

In diesem Kapitel:

- Überblick
- Administratoren anlegen
- Administratoren und Systemverantwortliche
- Redakteure anlegen
- Eingabefelder und Editoren anpassen
- Die TSConfig im Site Package hinterlegen
- Workspaces: Trennung von Entwurfsarbeits- und Live-Umgebung

In den bisherigen Kapiteln haben Sie überwiegend als Administrator Templates und TypoScript-Konfigurationen bearbeitet, die gesamte Seitenstruktur angelegt und Inhalte eingepflegt. In diesem Kapitel erstellen Sie weitere Benutzer, die ohne großen Schulungsaufwand selbstständig die Webseite redaktionell pflegen können. Sie lernen auch, wie Sie das TYPO3-Backend an die speziellen Bedürfnisse solcher Benutzer anpassen.

Überblick

TYPO3 bietet zahlreiche Funktionen, die das Arbeiten mit mehreren Benutzern und auch die Gestaltung von Gruppen- und Rechtestrukturen vereinfachen. In Kapitel 3, *Das Backend kennenlernen*, haben wir bereits das Modul *Backend-Benutzer* vorgestellt, das Sie auch zum Anlegen weiterer Benutzer verwenden können. Außerdem finden Sie hier eine Liste aller aktuell gerade angemeldeten Nutzer, sodass Sie diese bei Bedarf z. B. über Wartungsarbeiten informieren können.

Außerdem stehen sogenannte *Arbeitsumgebungen* (engl. *Workspaces*) zur Verfügung, die einen Vorschaumodus mit Versionierung und Rechte- bzw. Rollensystem umfassen. Seiten und Seiteninhalte können bearbeitet werden, ohne dass Änderungen sofort auf der Website sichtbar sind. Über die verschiedenen Rollen können Inhalte von Redakteuren geändert, zum endgültigen »Live-Schalten« jedoch an eine andere Instanz weitergereicht werden. Workspaces gehören nicht mehr zum Basissystem, sondern sind eine eigene Systemerweiterung. Auf das Thema Workspaces gehen wir am Ende dieses Kapitels ein.

Das TYPO3-Backend kann für Wartungsarbeiten komplett gesperrt werden. Wenn Sie beispielsweise Updates vornehmen oder Änderungen am System oder an der Datenbank durchführen und nicht möchten, dass währenddessen Benutzer im TYPO3-Backend arbeiten, führen Sie über die TYPO3-Kommandozeile den Befehl `backend:lock` aus:

```
$ typo3/sysext/core/bin/typo3 backend:lock
```

Tipp Wenn Sie Ihre Installation mittels DDEV vorgenommen haben, verwenden Sie hier wieder die Kurzschreibweise mit `ddev typo3 backend:lock`.

Das Frontend ist weiterhin wie gewohnt zu erreichen, ist aber im Backend mit einer Fehlermeldung gesperrt (siehe Abbildung 11.1). Um das Backend wieder freizuschalten, rufen Sie den obigen Befehl stattdessen mit `backend:unlock` auf.

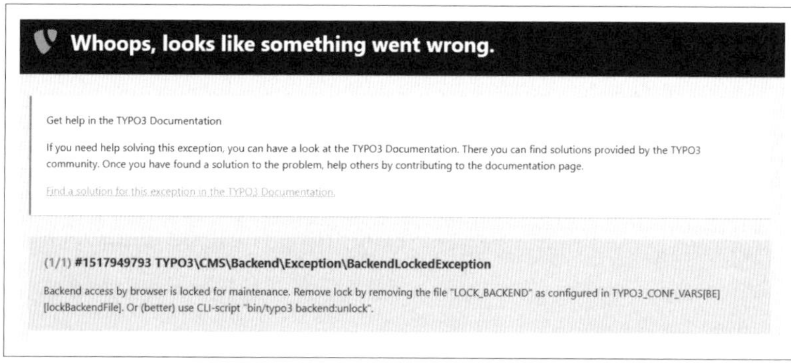

Abbildung 11.1 ▶ Der Backend-Zugriff kann für Wartungsarbeiten gesperrt werden.

Möchten Sie, dass sich nur noch Administratoren im TYPO3-Backend anmelden können und Redakteuren der Zugriff verwehrt wird, setzen Sie im Backend unter dem Menüpunkt *Verwaltungswerkzeuge → Einstellungen → Configure Installation-Wide Options* im Abschnitt *Backend* die Option *[BE][adminOnly]* auf eine der Optionen, die mit *Only administrators / system maintainers...* beginnen.

Über die Option *Total shutdown for maintenance purposes* können Sie auch alle Benutzer einschließlich Administratoren aussperren. Beachten Sie jedoch, dass Sie sich mit dieser Option auch selbst aus dem Backend aussperren! Sie können zudem auch einige Funktionen der TYPO3-CLI nicht mehr benutzen, die eine funktionierende Backend-Umgebung voraussetzen. Um diese Einstellung wieder zu deaktivieren, ist der Weg in das Install-Tool nötig.

Wie Sie Administratoren und Redakteure anlegen, erfahren Sie in den folgenden Abschnitten.

Administratoren anlegen

Bei der Standardinstallation von TYPO3 ist im Normalfall bereits ein Benutzer mit Administratorrechten vorhanden. Mit diesem Benutzer haben Sie bisher gearbeitet. Wenn Sie nun anderen Personen Zugriff auf Ihr TYPO3-Projekt mit Administratorrechten gewähren möchten, könnten Sie Ihre Zugangsdaten mitteilen, mit denen Sie sich selbst in das TYPO3-Backend einloggen. Das hat den Vorteil, dass Sie keinen weiteren Benutzer anlegen müssen – Sie sparen so etwa eine Minute Zeit. Die Liste der Nachteile, die auftreten, wenn Sie Ihre persönlichen Zugangsdaten anderen Personen mitteilen, ist sehr lang, und nur einige dieser Nachteile sollen im Folgenden genannt werden.

Zum einen werden Sie Ihr Passwort wahrscheinlich noch an anderen Stellen verwenden. Wenn andere Personen das Passwort kennen, mit dem Sie z. B. auch Ihre E-Mails abrufen oder sich in ein Firmennetzwerk einloggen, birgt das unvorhersehbare Gefahren. Zum anderen gewähren Sie einem Benutzer, dem Sie Ihre Administratorrechte weitergeben, einen tiefen Einblick: Er kann erkennen, wann sich welcher Benutzer eingeloggt hat und welche Aktionen von diesem Benutzer ausgehen. Gibt es auf der Website irgendwelche Phänomene oder Modifikationen, werden Änderungen immer auf Sie selbst zurückfallen. Sie haben keine Möglichkeit, nachzuweisen, dass ein anderer Benutzer versehentlich rekursiv alles gelöscht hat, wenn sich auch andere Personen mit Ihren Zugangsdaten einloggen können.

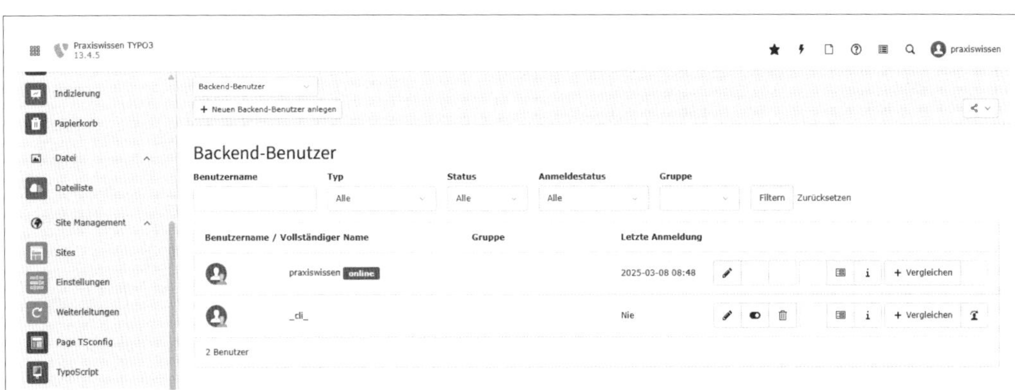

▲ **Abbildung 11.2**
Im Modul »Backend-Benutzer« können Sie Backend-Benutzer verwalten.

Um sich diese Nachteile erst gar nicht einzuhandeln, sollten Sie sich vor der Herausgabe von Zugangsdaten eine Minute Zeit nehmen, um einen neuen Benutzer anzulegen. Gehen Sie dazu in das Backend-Modul *System → Backend-Benutzer*. Auf der rechten Seite können Sie dann erkennen, welche Benutzer bereits angelegt worden sind (siehe Abbildung 11.2). Achten Sie besonders auf das Icon in der unteren rechten Ecke des Benutzerbilds: Benutzer mit Administratorrechten erhalten hier als Icon eine Figur mit orangefarbenem Hemd, Benutzer mit eingeschränkten Rechten werden mit einem blauen Hemd dargestellt.

Um einen neuen Benutzer anzulegen, klicken Sie im Modul *Backend-Benutzer* auf den Button *Neuen Backend-Benutzer anlegen*, den Sie in der oberen Menüleiste finden (siehe Abbildung 11.2).

Abbildung 11.3 ▼
Einen neuen Benutzer anlegen

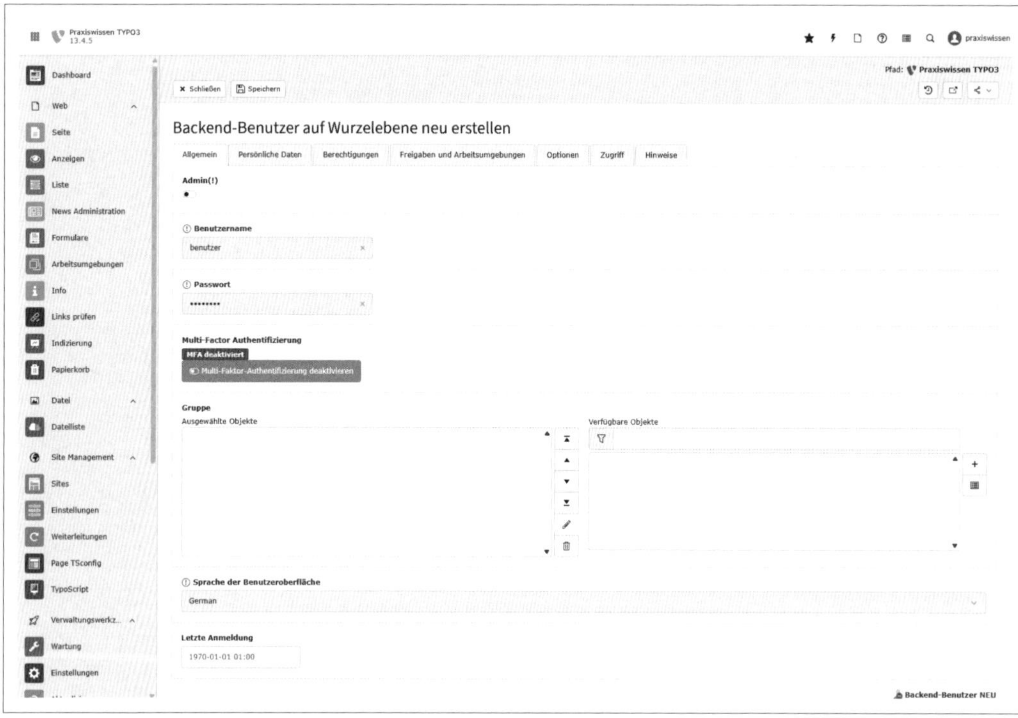

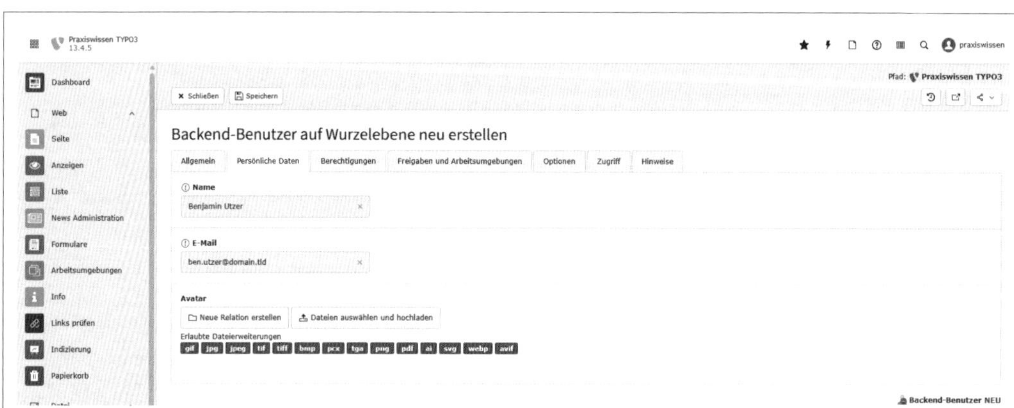

Abbildung 11.4 ▲
Persönliche Daten eines Benutzers hinterlegen

In der Maske, die nun erscheint (siehe Abbildung 11.3), nehmen Sie die Angaben zum Benutzer vor. Zunächst müssen die beiden Felder *Benutzername* und *Passwort* zwingend ausgefüllt werden. Mit diesen Zugangsdaten kann sich der neue Benutzer anschließend in das TYPO3-Backend einloggen. Optional, aber durchaus sinnvoll ist die Angabe einer Standardsprache. Wenn sich der neue Administrator erstmalig ins Backend einloggt, wird die hier angegebene Sprache verwendet und gespeichert. Wählen Sie im Auswahlfeld *Sprache der Benutzeroberfläche* beispielsweise den Eintrag *German* aus.

Warnung Verwenden Sie nach Möglichkeit keine allgmeingültigen Benutzernamen wie »admin« oder »administrator«.

Hinterlegen Sie zudem am besten direkt eine passende E-Mail-Adresse, damit der Benutzer bei Bedarf die Passwort-vergessen-Funktion verwenden kann. Wie das genau funktioniert, steht in Kapitel 12, *Tipps und Tricks*, im Abschnitt »Das Backend-Passwort vergessen?« auf Seite 419. Tragen Sie dazu die Daten im Reiter *Persönliche Daten* ein (siehe Abbildung 11.4). Im Reiter *Zugriff* muss der Benutzer zudem noch aktiviert werden (siehe Abbildung 11.5). Dabei handelt es sich wie bei allen anderen Datensätzen auch um eine Sicherheitsmaßnahme, damit diese nicht aktiv werden, solange Sie mit der Bearbeitung noch nicht fertig sind.

Ein häufiges Sicherheitsproblem besteht darin, dass Benutzer noch aktiv sind, obwohl sie es nicht mehr sein sollten. Wenn Sie zum Beispiel einen Praktikanten mit der Pflege bestimmter Bereiche Ihrer Webseite betrauen, können Sie hier auch festlegen, dass der Benutzer nur in einem bestimmten Zeitraum aktiv sein soll. Tragen Sie dafür einfach die gewünschten Daten bei *Start* und *Stopp* ein.

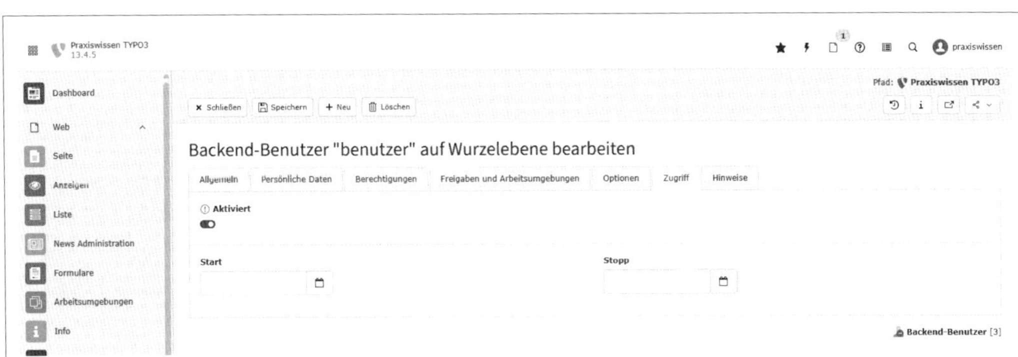

▲ **Abbildung 11.5**
Benutzer aktivieren und zeitlich begrenzen

Zu diesem Zeitpunkt darf der neue Benutzer noch nichts (außer sich einloggen).

Da Sie einen Benutzer mit Administratorrechten anlegen möchten, aktivieren Sie das Kontrollkästchen *Admin(!) im Reiter Allgemein*. Es folgt ein Hinweis, der Sie darüber informiert, dass nach dem Bestätigen dieses Hinweises die Daten gespeichert werden und die Maske mit anderen Feldern neu geladen wird. Bestätigen Sie diesen Hinweis einfach mit *OK*.

Warnung Wenn Sie das Kontrollkästchen *Admin(!)* aktivieren, bekommt der angelegte Benutzer Administratorrechte und erhält dadurch Zugriff auf weite Teile des TYPO3-Backends. Lediglich ein Systemverantwortlicher hat noch weitreichendere Rechte – mehr dazu erfahren Sie im nächsten Abschnitt.

Einschränkungen vorzunehmen, z. B. dass der Administrator sich nur bis zu einem bestimmten Datum einloggen darf, ist bei Administratoren wenig sinnvoll, da diese ihre eigenen Rechte bearbeiten können. Auf die anderen Felder und Möglichkeiten gehen wir im nächsten Abschnitt ein.

Speichern Sie den neu angelegten Administrator über das bekannte Icon *Speichern und schließen* Sie den Datensatz danach. Nachdem Sie einen neuen Administrator angelegt haben, können Sie testen, ob sich dieser auch mit Administratorrechten einloggen kann. Loggen Sie sich aus dem Backend aus und mit den Zugangsdaten des neuen Benutzers wieder ein.

Falls Sie nur schnell einmal testen möchten, wie das Backend als ein anderer Benutzer aussieht, ohne sich aufwendig als dieser einloggen zu müssen, können Sie in der Benutzerverwaltung auch die in Abbildung 11.6 gezeigte *Benutzer wechseln*-Funktion nutzen. Klicken Sie dazu auf das Kopf-Icon mit dem Pfeil darüber ganz rechts in der Benutzerliste.

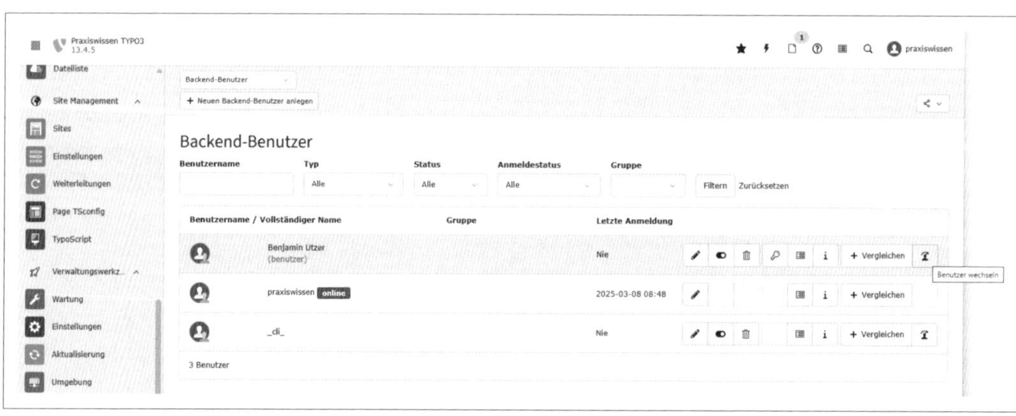

Abbildung 11.6 ▲
Das Backend aus der Sicht eines anderen Benutzers betrachten

Sie können die Ansicht des anderen Benutzers wieder verlassen, indem Sie sich »ausloggen«. Anstelle der *Abmelden*-Schaltfläche wird Ihnen nach einem Klick auf den Benutzer oben rechts die Schaltfläche *Benutzerwechsel-Modus verlassen* wie in Abbildung 11.7 angezeigt. Zudem steht vor dem Benutzernamen jetzt BW (für *Benutzer Wechseln*), damit erkenntlich ist, dass nicht der wirkliche Nutzer eingeloggt ist.

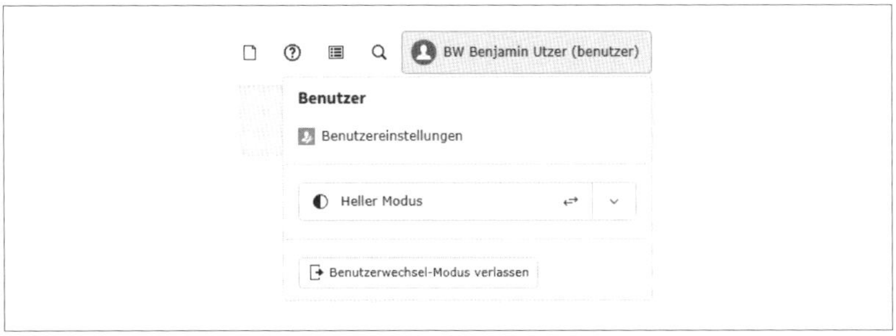

◀ Abbildung 11.7
Die Benutzerwechsel-Ansicht verlassen

Administratoren und Systemverantwortliche

Neben dem Administrator gibt es noch eine weitere Nutzerrolle, die eine etwas besondere Stellung einnimmt: der *Systemverantwortliche* (engl. *System Maintainer*).

Ein Systemverantwortlicher hat unbeschränkten Vollzugriff auf das System. Er kann Aktionen im Install-Tool ausführen, die potenziell den Betrieb einer TYPO3-Installation gefährden könnten. Dafür stehen nur dieser Benutzer-Art die Funktionen im Bereich *Verwaltungswerkzeuge* zur Verfügung.

Ein Administrator hingegen hat (sofern er nicht gleichzeitig auch Systemverantwortlicher ist) keinen Einfluss mehr auf die Konfiguration des Systems selbst. Vereinfacht zusammengefasst, stehen alle Menüpunkte unter dem Abschnitt *Verwaltungswerkzeuge* einem Administrator (ironischerweise, angesichts der Benennung) nicht zur Verfügung. Auf alles, was nicht mit dem Setup des Systems selbst zu tun hat (beispielsweise das Erstellen neuer Backend-Benutzer, das Anlegen und Bearbeiten von TypoScript-Datensätzen, das Definieren von Formularen oder das Verwalten von Workspaces), darf ein Administrator jedoch uneingeschränkt zugreifen.

Um einen neuen Systemverantwortlichen zu hinterlegen, muss zunächst ein Backend-Benutzer mit Administratorrechten erstellt werden. Im Anschluss kann unter dem Menüpunkt *Verwaltungswerkzeuge → Manage System Maintainers* dieser Nutzer als weiterer Systemverantwortlicher hinterlegt werden.

Redakteure anlegen

Häufig werden Sie Benutzer anlegen wollen, die nur auf bestimmte Seiten Zugriff haben und nur bestimmte Aktionen durchführen dürfen, die Sie zuvor erlaubt haben. Nicht jeder Benutzer muss in TYPO3 ein Administrator sein – auch Redakteure mit eingeschränktem Backend-Zugang können angelegt werden.

Im vorigen Abschnitt haben Sie einen Administrator angelegt, der alle Rechte am TYPO3-Projekt hat. Ein Benutzer, der kein Administrator ist, hat zunächst gar keine Rechte und darf nicht mehr, als sich ein- und ausloggen. Über Backend-Benutzergruppen können Sie einzelne Rechte vergeben und später Benutzern eine oder mehrere Benutzergruppen zuweisen. Die Rechte – also alles, was ein Benutzer darf – werden in Benutzergruppen definiert. Daher ist der erste Schritt zum Anlegen eines Redakteurs das Anlegen einer Benutzergruppe für Redakteure, in der die gesetzten Rechte angegeben werden.

Eine Benutzergruppe für Redakteure anlegen

Wenn Sie das mächtige Rechtemanagement von TYPO3 nutzen möchten, ist es sinnvoll, sich im Vorfeld Gedanken darüber zu machen, welche Arten von Benutzern es geben wird und welche Rechte diese erhalten sollten. Grundsätzlich können Sie in TYPO3 die Rechte sowohl für einzelne Benutzer als auch für Benutzergruppen setzen. Dabei kann ein Benutzer mehreren Gruppen angehören und sogar Gruppen können voneinander Rechte erben. Um sich später viel Arbeit zu ersparen, sollten Sie die Rechte zuerst immer für eine Gruppe vergeben und dieser dann Benutzer zuordnen – auch, wenn Sie erst einmal nur einen Benutzer mit diesen Rechten brauchen. Der initiale Einrichtungsaufwand ist nahezu identisch. Sobald Sie einen weiteren Benutzer mit diesen Rechten anlegen möchten, werden Sie sich allerdings freuen, dass Sie von Anfang an eine Benutzergruppe angelegt haben. Daher gehen wir in diesem Abschnitt davon aus, dass vornehmlich Benutzergruppen für die Berechtigungen verwendet werden sollen.

Wie bereits erwähnt, ist das Rechtemanagement von TYPO3 äußerst mächtig. Sie können für jeden Benutzer bzw. für jede Benutzergruppe bis zum letzten Feld im Backend definieren, ob dieses überhaupt angezeigt wird und, falls ja, ob die Bearbeitung erlaubt ist. Natürlich sollen Sie dabei nicht bei null anfangen und für jedes Feld die Konfiguration vornehmen müssen (wenngleich Sie genau das tun könnten, indem Sie einfach eine ganz neue Benutzergruppe anlegen). Für das Grundverständnis der Berechtigungen greifen wir jedoch auf eine praktische Funktion von TYPO3 zurück, mit der Sie Beispiel-Benutzergruppen im System installieren können. Dafür verwenden Sie wiederum die TYPO3-CLI und installieren die entsprechenden Gruppen über `setup:begroups:default`, wobei Sie über die Auswahl der zweiten Option gleich zwei vorkonfigurierte Gruppen installieren:

```
$ typo3/sysext/core/bin/typo3 setup:begroups:default
Which backend groups do you want to create? [Both]:
```

```
  [0] Editor
  [1] Advanced Editor
  [2] Both
  [3] None
 > 2

 [OK] Backend user group(s) created: Editor, Advanced Editor
```

Sie haben nun zwei Gruppen im Backend zur Verfügung, deren Funktionen Sie im Folgenden näher kennenlernen.

Tipp

Sie können `setup:begroups:default` grundsätzlich mehrfach ausführen, wobei die Gruppen dann noch einmal angelegt werden. Für die folgenden Abschnitte sollten Sie die Gruppen aber nur einmalig anlegen, um spätere Verwirrungen zu vermeiden. Wenn Sie eine DDEV-Installation verwenden, können Sie wieder die Kurzschreibweise `ddev typo3 setup:begroups:default` verwenden.

Rufen Sie nun im Backend wieder den Punkt *Backend-Benutzer* auf und wechseln Sie im oberen Drop-down-Menü von *Backend-Benutzer* auf *Backend-Benutzergruppen* (siehe Abbildung 11.8). Sie werden feststellen, dass hier die zwei Gruppen vorhanden sind, die Sie soeben über die TYPO3-CLI erstellt haben.

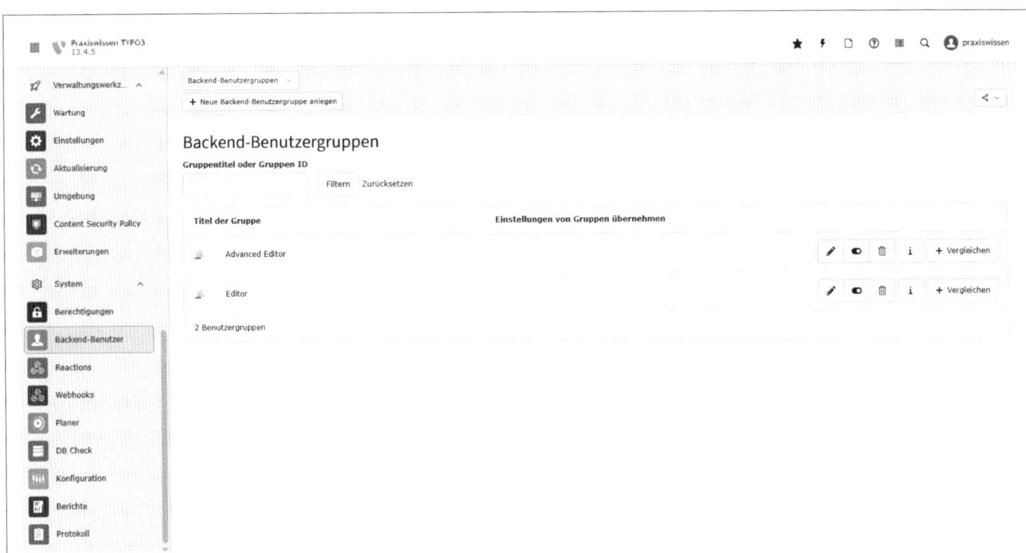

▲ Abbildung 11.8
Übersicht der Benutzergruppen

Zugriff auf Datensätze

Bearbeiten Sie nun die Gruppe *Editor*, indem Sie auf den Namen oder das Bleistift-Symbol klicken. Im ersten Reiter *Allgemein* könnten Sie den Namen ändern. Außerdem sehen Sie oben einen Hinweis-Text, den Sie über den Reiter *Hinweise* anpassen können. Nutzen Sie diese Funktion gerne, um die Berechtigungen Ihrer eigenen Benutzergruppen in kurzen Worten zu beschreiben. Dies erleichtert Ihnen später die Arbeit, wenn Sie Änderungen vornehmen müssen. Wie in Abbildung 11.9 zu sehen ist, können Sie auch die Rechte von anderen Benutzergruppen für eine andere Gruppe übernehmen. Dies erleichtert es Ihnen, Strukturen aufzubauen, bei denen verschiedene Gruppen immer wieder die gleichen Berechtigungen benötigen. Für Standard-Funktionen können Sie so zum Beispiel eigene Gruppen definieren, die Sie später in beliebigen Konstellationen zusammenführen. Für unsere Beispielgruppe benötigen wir diese Funktion allerdings nicht.

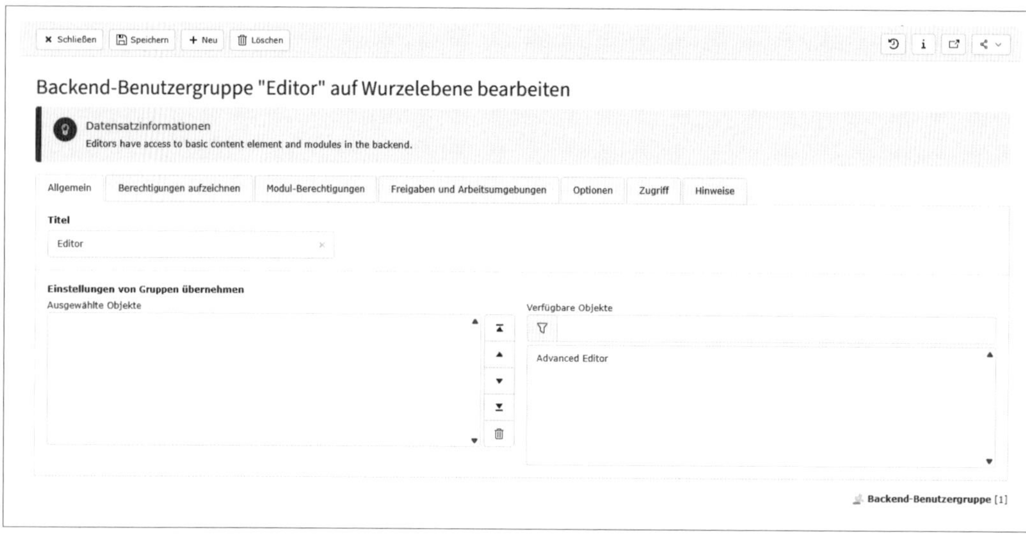

Abbildung 11.9 ▲
Die allgemeinen Einstellungen für eine Benutzergruppe

Schauen Sie stattdessen nun in den Reiter *Berechtigungen aufzeichnen*. (Es handelt sich hierbei um einen Übersetzungsfehler von »*Record permissions*«, der zumindest zum Zeitpunkt der Erstellung dieses Buchs noch vorhanden war. Richtiger wäre etwa *Datensatz-Berechtigungen*.) Auf den ersten Blick mag die Oberfläche, die sich nun öffnet, erschlagend wirken – was nicht zuletzt daran liegt, dass Sie unglaublich viele Einstellungen vornehmen können. Doch lassen Sie sich davon nicht verunsichern, denn wir nehmen Sie nun für jeden Bereich an die Hand.

Betrachten Sie als Erstes die Einstellungen *Zulässige Seitentypen* wie in Abbildung 11.10 gezeigt.

Sie sehen hier, dass bis auf *Backend-Benutzerbereich* alle Typen ausgewählt sind. Dies bedeutet, dass die Benutzergruppe *Editor* auf all diese Seitentypen Zugriff hat. So wird einem Benutzer, der dieser Gruppe angehört, beispielsweise oberhalb des Seitenbaums der Seitentyp *Standard* zur Auswahl angeboten, um über diesen per Drag-and-drop eine neue Seite vom Typ *Standard* an der gewünschten Stelle im Seitenbaum anzulegen. (Sie erinnern sich vielleicht daran, dass Sie genau über dieses Vorgehen Ihre Seitenstruktur angelegt haben.) Wenn Sie nicht möchten, dass ein Benutzer neue Seiten des jeweiligen Typs anlegen kann, entfernen Sie diese Rechte einfach mit einem Klick auf die Checkbox.

▲ Abbildung 11.10
Die Berechtigungseinstellungen für Seitentypen

Im nächsten Abschnitt, *Tabellenberechtigungen,* wird die nächste Berechtigungsebene gesteuert.

Die Bezeichnung »Tabelle« mag auf den ersten Blick verwirrend sein, da es hier keineswegs um Tabellen im Sinne von Inhaltselementen geht. Vielmehr speichert TYPO3 Daten in unterschiedlichen Datenbanktabellen. Die Einstellungen zu Seiten speichert es beispielsweise in der Tabelle *pages* und Seiteninhalte in der Tabelle *tt_content*.

Wie in Abbildung 11.11 zu sehen ist, gibt es hier für verschiedene Tabellen die Möglichkeit, entweder *keine Berechtigungen*, nur einen *Lesen*-Zugriff oder volle Berechtigungen zu gewähren (*Lesen & Schreiben*, wobei »Schreiben« gleichzeitig auch bedeutet, dass Inhalte gelöscht werden können.) Die wichtigsten Berechtigungen sind in der Regel jene für Seiten, Dateien und Seiteninhalte. Ein Redakteur sollte beispielsweise in der Lage sein, Seiteninhalte zu erstellen, zu bearbeiten und zu löschen. Er braucht dementsprechend alle Berechtigungen auf die Tabelle *Seiteninhalt*. Er soll aber unter keinen Umständen auf die Daten von Webseiten-Benutzern zugreifen können, weshalb hierfür *Keine Berechtigungen* gesetzt sind.

Sobald Sie damit anfangen, die Berechtigungen an Ihre individuellen Bedürfnisse anzupassen, sollten Sie immer im Hinterkopf behalten, dass manche Berechtigungen voneinander abhängen. Bleiben wir dafür einmal bei den *Seiten*. Wenn Sie unter *Zulässige Seitentypen* den Typ *Standard* zulassen, aber unter *Tabellenberechtigungen* keine Schreibrechte für *Seiteninhalt* vergeben, hat der Redakteur ein Problem: Obwohl er eine Standard-Seite im Seitenbaum platzieren kann, könnte er im Anschluss keine Inhalte auf der Seite anlegen.

Tipp Wenn Sie für Ihre erste größere Seite komplexe Rechtestrukturen aufbauen, werden Sie irgendwann genau vor solchen Abhängigkeitsproblemen stehen und sich fragen, warum ein Benutzer gewisse Dinge nicht tun kann. Aber keine Sorge: Das ist den Autoren dieses Buchs beim ersten Mal genauso gegangen! Gehen Sie in solchen Situationen einmal in Ruhe alle möglichen logischen Abhängigkeiten durch und Sie werden das fehlende Häkchen schnell finden.

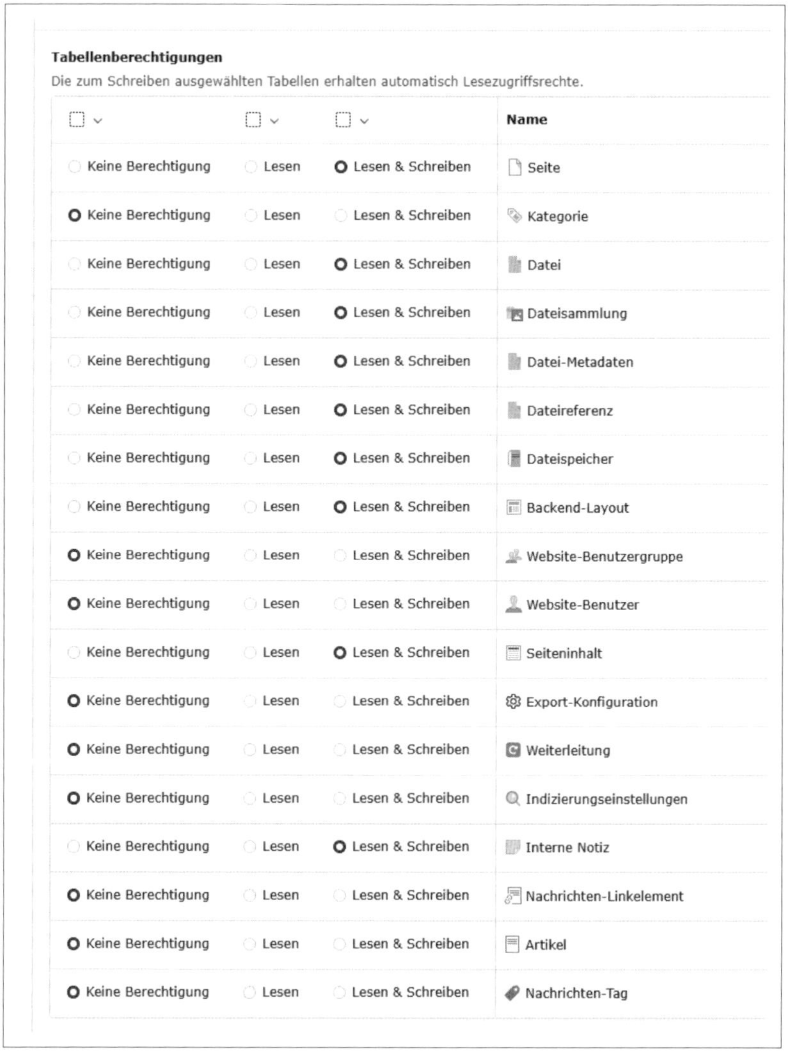

Tabellenberechtigungen
Die zum Schreiben ausgewählten Tabellen erhalten automatisch Lesezugriffsrechte.

☐ ⌄	☐ ⌄	☐ ⌄	**Name**
○ Keine Berechtigung	○ Lesen	● Lesen & Schreiben	Seite
● Keine Berechtigung	○ Lesen	○ Lesen & Schreiben	Kategorie
○ Keine Berechtigung	○ Lesen	● Lesen & Schreiben	Datei
○ Keine Berechtigung	○ Lesen	● Lesen & Schreiben	Dateisammlung
○ Keine Berechtigung	○ Lesen	● Lesen & Schreiben	Datei-Metadaten
○ Keine Berechtigung	○ Lesen	● Lesen & Schreiben	Dateireferenz
○ Keine Berechtigung	○ Lesen	● Lesen & Schreiben	Dateispeicher
○ Keine Berechtigung	○ Lesen	● Lesen & Schreiben	Backend-Layout
● Keine Berechtigung	○ Lesen	○ Lesen & Schreiben	Website-Benutzergruppe
● Keine Berechtigung	○ Lesen	○ Lesen & Schreiben	Website-Benutzer
○ Keine Berechtigung	○ Lesen	● Lesen & Schreiben	Seiteninhalt
● Keine Berechtigung	○ Lesen	○ Lesen & Schreiben	Export-Konfiguration
● Keine Berechtigung	○ Lesen	○ Lesen & Schreiben	Weiterleitung
● Keine Berechtigung	○ Lesen	○ Lesen & Schreiben	Indizierungseinstellungen
○ Keine Berechtigung	○ Lesen	● Lesen & Schreiben	Interne Notiz
● Keine Berechtigung	○ Lesen	○ Lesen & Schreiben	Nachrichten-Linkelement
● Keine Berechtigung	○ Lesen	○ Lesen & Schreiben	Artikel
● Keine Berechtigung	○ Lesen	○ Lesen & Schreiben	Nachrichten-Tag

Abbildung 11.11 ▶ Die Tabellenberechtigungen einer Benutzergruppe

Wenn Sie bis hierhin dachten, dass TYPO3 schon sehr feingranular die Berechtigungen der Benutzer(gruppen) verwaltet, wird Sie der nächste Bereich, *Zulässige Felder*, eines Besseren belehren. Tatsächlich verbirgt sich hier eine der gleichsam umfangreichsten wie mächtigsten Einstellungsmöglichkeiten. Das Konzept ist dabei für jeden Bereich identisch: Während Sie vorher die Berechtigungen für Tabellen im Allgemeinen gesetzt haben, setzen Sie nun die Berechtigungen für einzelne Felder im Speziellen. Der Übersichtlichkeit halber schauen wir uns dafür nur die Felder für Datensätze vom Typ *Seite* an, die in Abbildung 11.12 (teilweise) zu sehen sind.

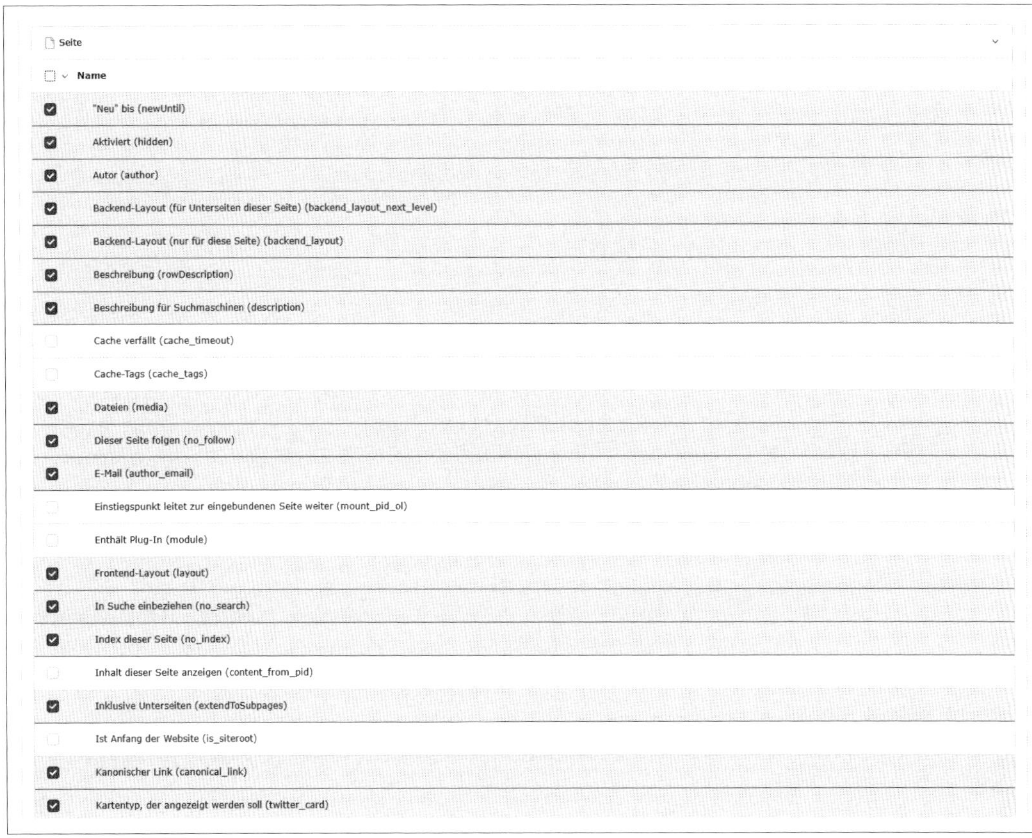

▲ Abbildung 11.12
Zulässige Felder bearbeiten

Jedes Feld, das es zu einer Seite gibt, kann individuell für die Gruppe freigeschaltet werden. In den Standard-Einstellungen der *Editor*-Gruppe sind beispielsweise die Felder *cache_timeout* und *cache_tags* nicht erlaubt. Wechseln Sie im Backend einmal auf das Modul *Seite*, wählen Sie eine beliebige Seite im Seitenbaum aus und gehen Sie auf *Seiteneigenschaften bearbeiten*. Sie gelangen auf die bereits bekannte Oberfläche, in der Sie zum Beispiel den Seitentitel ändern können. Gehen Sie hier auf den Reiter *Verhalten*. Wie Sie in Abbildung 11.13 sehen, sind hier unter *Caching* zwei Felder – die Anzeige eben dieser Felder können Sie über die *zulässigen Felder* für die Benutzergruppe steuern.

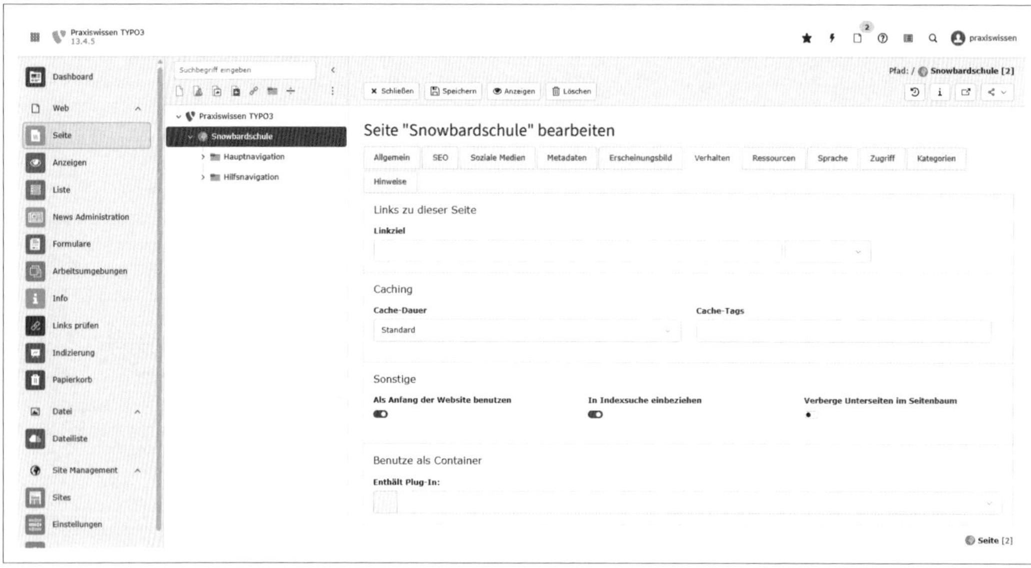

Abbildung 11.13 ▲
Die Felder der Seiteneigenschaften

Vor allem dann, wenn Sie oder Ihre Benutzer mit unterschiedlichen Sprachen im Backend unterwegs sind, kann es sehr sinnvoll sein, sich eher an den genauen Feldbezeichnungen (in diesem Fall *cache_timeout* und *cache_tags*) zu orientieren. Diese sind aber standardmäßig nicht im Backend sichtbar. Sie können allerdings vorübergehend den Debug-Modus für das Backend aktivieren, um dies zu ändern. Gehen Sie dafür in die bereits bekannte Oberfläche unter *Verwaltungswerkzeuge → Einstellungen → Configure Installation-Wide Options* und setzen Sie wie in Abbildung 11.14 *[BE][debug]* auf *true*, indem Sie den zugehörigen Haken setzen und per *Write Configuration* speichern.

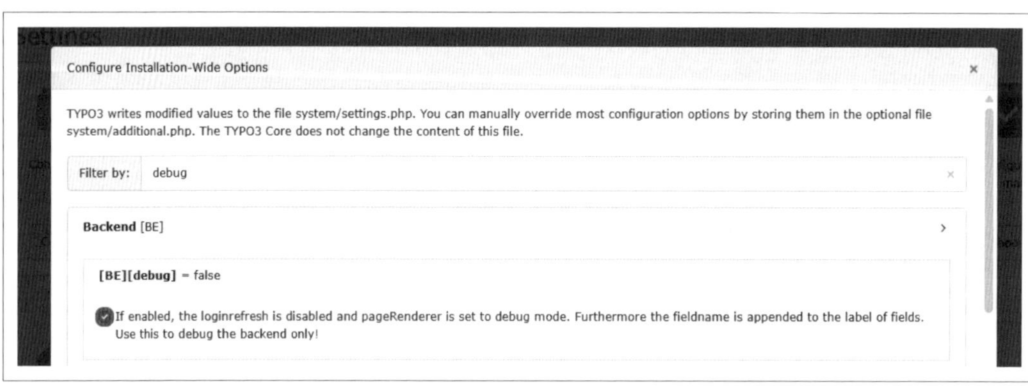

Abbildung 11.14 ▲
Den Debug-Modus des Backends aktivieren

Wechseln Sie nun wieder in die Seiteneigenschaften einer Seite und gehen Sie auf den Reiter *Verhalten*. Neben jedem Feld finden Sie nun in roter Schrift die entsprechenden Bezeichner (siehe Abbildung 11.15), wie sie auch in den Einstellungen der Benutzergruppen stehen.

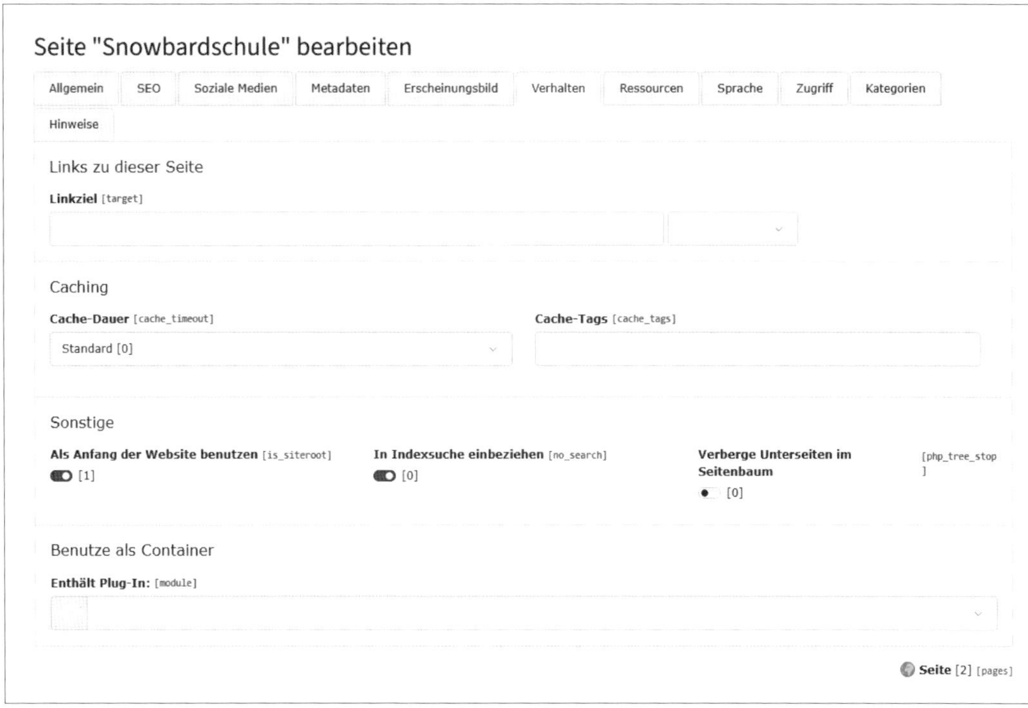

▲ **Abbildung 11.15**
Feldbezeichner in den Seiteneigenschaften

Neben den einzelnen Feldern ist es natürlich ebenfalls sinnvoll, den Redakteuren nur solche *Inhaltstypen* anzubieten, die sie für ihre Arbeit benötigen (oder benutzen sollen). Diese Einstellung erfolgt im Bereich *Explizit erlaubte Feldwerte*, den Sie in Abbildung 11.16 sehen.

Tipp

Die Einstellung zu *[BE][debug]* ändert auch noch einige andere Verhaltensweisen des Backends – wenngleich nur für Administratoren und Systemverwalter. Deaktivieren Sie diese Einstellung dennoch wieder, wenn Sie die Feldbezeichner nicht mehr benötigen.

Sie könnten hier zum Beispiel einstellen, dass ein Redakteur (bzw. die zugehörige Backendbenutzer-Gruppe) nur Inhalte vom Typ *Überschrift, Text, Bild* und *Text & Medien* anlegen darf. Dem Benutzer werden dann gar keine anderen Seiteninhaltstypen angeboten.

Ebenso wie in anderen Bereichen werden auch hier alle Inhaltselemente aufgeführt, die es in Ihrer Installation gibt. Dabei bringen auch Extensions teilweise eigene Inhaltselemente mit, die ebenfalls gesteuert werden können. Wenn Sie in der Liste herunterscrollen, sehen Sie beispielsweise einige Inhaltstypen, die von der *News*-Extension bereitgestellt werden, die wir in Kapitel 10, *Bestehende Erweiterungen integrieren*, installiert haben. Dies geschieht ganz automatisch, wenn eine Extension einen Inhaltstyp mit den TYPO3-Standard-Funktionen bekannt macht.

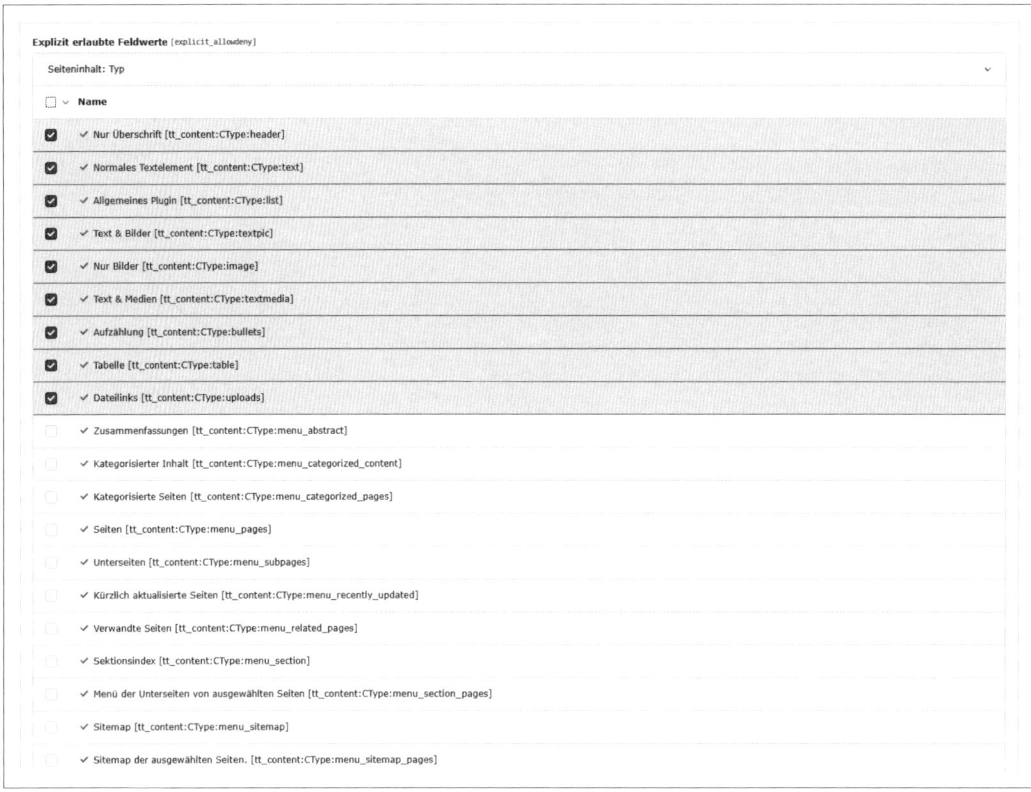

Abbildung 11.16 ▲
Erlaubte Seiteninhalte festlegen

Als letzte Einstellungsmöglichkeit können Sie einen Benutzer noch auf bestimmte Sprachen einschränken. Diese Einstellung bezieht sich nicht auf die Anzeige des Backends (hier kann ein Benutzer in seinen Einstellungen frei wählen, in welcher Sprache er das Backend bedienen will), sondern auf die Webseiten-Sprachen, die Sie in Kapitel 9, *Erweiterte Darstellung von Inhalten*, angelegt haben.

Backend-Module verfügbar machen

Im vorherigen Abschnitt haben Sie schon mannigfaltige Einstellungen zu Seiten, Seitentypen und Seiteninhalten für die Benutzergruppe vorgenommen. Als Nächstes kümmern wir uns um die Module, auf die der Benutzer im Backend Zugriff hat. Während Sie als Administrator (bzw. Systemverwalter) auf alle Module zugreifen können, wäre dies für einen Redakteur unnötig unübersichtlich – ganz abgesehen davon, dass ein Redakteur auf bestimmte Module vielleicht auch gar keinen Zugriff haben sollte. Die zugehörigen Berechtigungen setzen Sie im Reiter *Modul-Berechtigungen*. Je nachdem, welche Aufgaben ein Redakteur genau erfüllen soll, sind meistens die Module *Seite, Anzeigen, Liste, Dateiliste* und *Benutzereinstellungen* sinnvoll. Dies sind auch die mitgelieferten Einstellungen für die *Editor*-Gruppe wie in Abbildung 11.17 zu sehen.

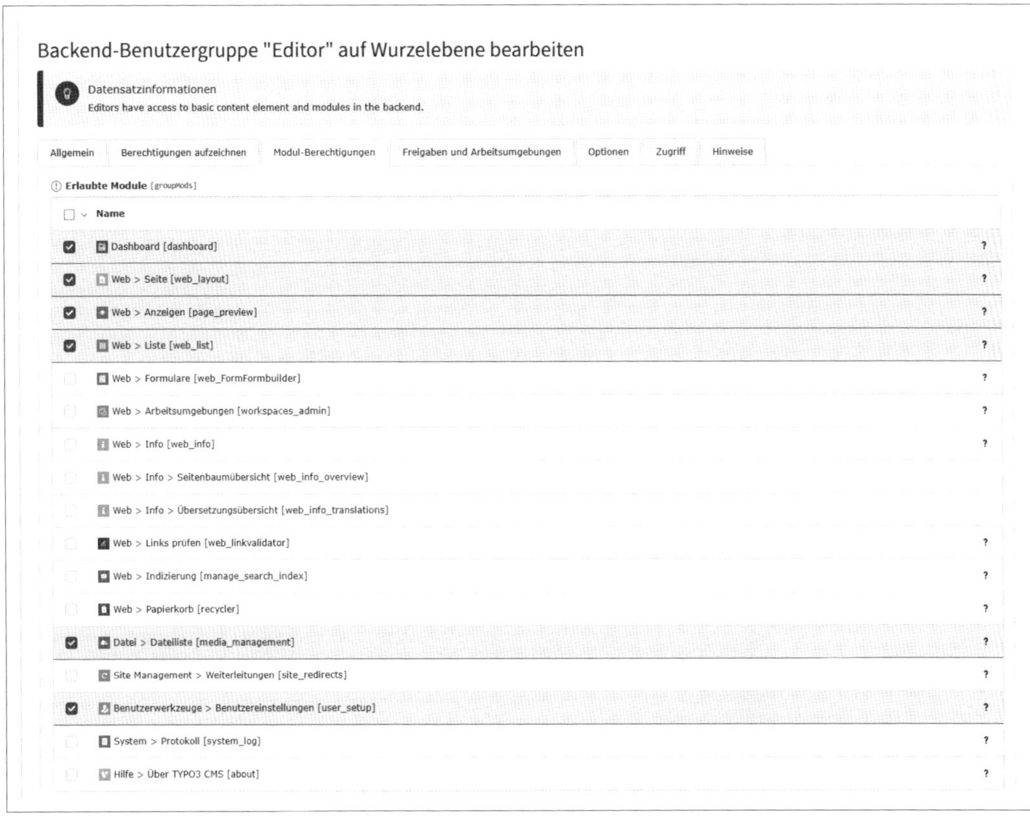

▲ Abbildung 11.17
Die Backend-Module einer Gruppe definieren

Darunter können Sie ebenfalls noch die erlaubten Dashboard-Widgets und Multi-Faktor-Authentifierizerungsanbieter definieren. Bei Letzteren gibt es in TYPO3 als Standard *totp (time-based-onetime password)* und *Wiederherstellungscodes*. Was es damit auf sich hat und wie Sie die Zwei-Faktor-Authentifizierung einrichten, erfahren Sie im Abschnitt »Die Zwei-Faktor-Authentifizierung einrichten« in Kapitel 12, *Tipps und Tricks*, auf Seite 410.

Datenbank- und Verzeichnisfreigaben

Der Reiter *Freigaben und Arbeitsumgebungen* führt Sie nun in eine Konfigurationsmaske, mit der Sie sowohl den Seitenbaum als auch die Dateiliste für Benutzergruppen steuern können. Die Details zu Arbeitsumgebungen lassen wir vorerst außer Acht und greifen diese in einem späteren Abschnitt noch einmal gesondert auf. Falls die Systemextension für Arbeitsumgebungen schon installiert ist, sehen Sie allerdings als Erstes einen Toogle-Button wie in Abbildung 11.18, der die Live-Bearbeitung erlaubt. Klicken Sie diesen zunächst an und speichern Sie die Einstellungen schon einmal, bevor Sie weitermachen.

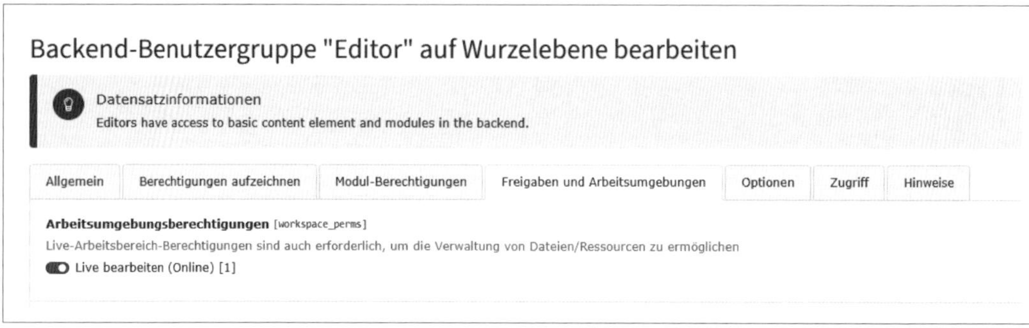

Abbildung 11.18 ▲
Eine Live-Bearbeitung erlauben

Die Datenbankfreigaben ermöglichen es Ihnen zu steuern, welche Teile des Seitenbaums eine Benutzergruppe sehen darf. Beispielhaft schränken wir die Gruppe nur auf den Bereich der Hauptnavigation ein. Klicken Sie dafür neben der bisher leeren Liste an Datenbankfreigaben auf das Ordnersymbol. Klappen Sie bei Bedarf den Seitenbaum aus und wählen Sie den Ordner *Hauptnavigation* aus, indem Sie, wie in Abbildung 11.19 zu sehen ist, auf das Link-Symbol daneben klicken.

Abbildung 11.19 ▶
Eine Datenbankfreigabe erstellen

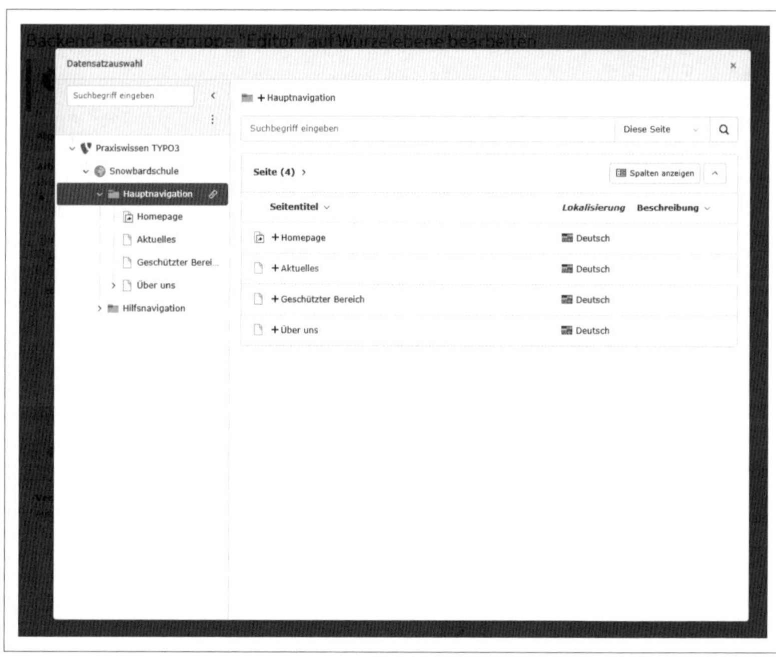

Alternativ können Sie auch oben über das +-Symbol neben *Hauptnavigation* die Auswahl treffen. Speichern Sie die Einstellungen jetzt einmal, da wir die Oberfläche nun zunächst verlassen werden.

In Kapitel 8, *Inhalte ausgeben*, haben Sie bereits mit der Dateiliste gearbeitet. Für unsere Backend-Benutzergruppe legen wir nun zunächst ein eigenes Verzeichnis an. Dieses soll als Speicherort für alle Dateien dienen, die Benutzer dieser Gruppe anlegen. Auf alle anderen Dateien soll kein Zugriff bestehen. Gehen Sie daher zunächst im linken Menü auf die Dateiliste und erstellen Sie wie in Abbildung 11.20 über *Ordner erstellen* einen Ordner namens *Redakteure* an einer beliebigen Stelle.

◀ **Abbildung 11.20**
Einen Ordner in der Dateiliste erstellen

Wechseln Sie nun wieder in die Bearbeitungsmaske der Rechte für die *Editor*-Gruppe zurück. Unter den Verzeichnisfreigaben sehen Sie, dass es aktuell weder eine Freigabe noch verfügbare Objekte gibt. Klicken Sie auf das Plus rechts neben *Verfügbare Objekte* (siehe Abbildung 11.21), um eine neue Verzeichnisfreigabe zu erzeugen.

Tipp Sie können eine Verzeichnisfreigabe auch über den zugehörigen Toggle-Button in einem schreibgeschützten Zustand erstellen. Die Benutzergruppe kann dann nur lesend auf das Verzeichnis zugreifen. Dies kann sinnvoll sein, wenn Sie an einem zentralen Ort wichtige Bilder hinterlegen möchten, die nicht von allen bearbeitet werden können. Legen Sie in diesem Fall für die eine Gruppe eine Verzeichnisfreigabe mit Schreibschutz und für die andere Gruppe ohne Schreibschutz für dieses Verzeichnis an.

Abbildung 11.21 ▲
Datenbank- und Verzeichnisfreigaben

Vergeben Sie nun einen Namen und wählen Sie über das Ordner-Symbol das *Redakteure*-Verzeichnis aus, das Sie eben in der Dateiliste erstellt haben (siehe Abbildung 11.22).

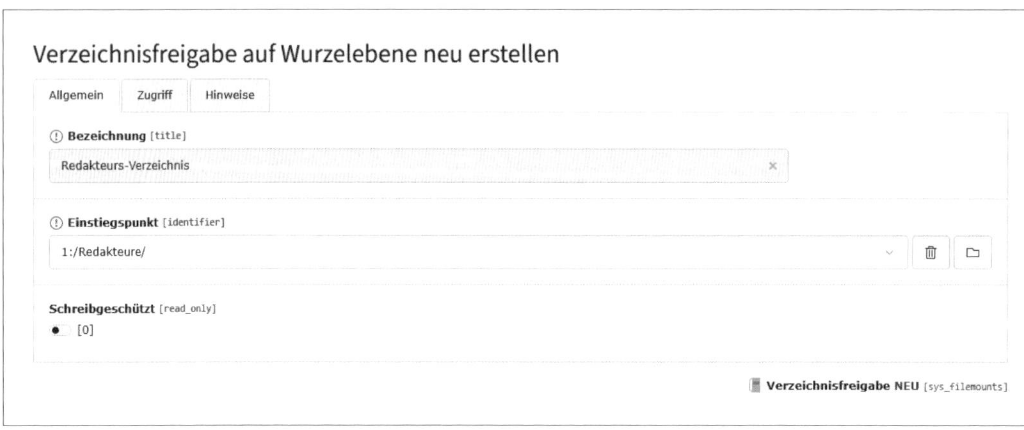

Abbildung 11.22 ▲
Neue Verzeichnisfreigaben erstellen

Nachdem Sie den Datensatz gespeichert und geschlossen haben, wird dieser automatisch in die Liste der freigegebenen Verzeichnisse der Benutzergruppe übernommen. Sie können nun noch festlegen, welche Berechtigungen die Benutzergruppe im Hinblick auf Datei- und Verzeichnisoperationen haben soll. Wie Sie in Abbildung 11.23 sehen, sind diese Berechtigungen für die Editor-Gruppe beispielhaft so gesetzt, dass nahezu alles gemacht werden kann. Nur das rekursive Löschen und das Kopieren von Verzeichnissen ist nicht erlaubt. Sie können diese Einstellungen so belassen. Vergessen Sie nicht, die Änderungen an der Benutzergruppe über den *Speichern*-Button im oberen Menü zu speichern.

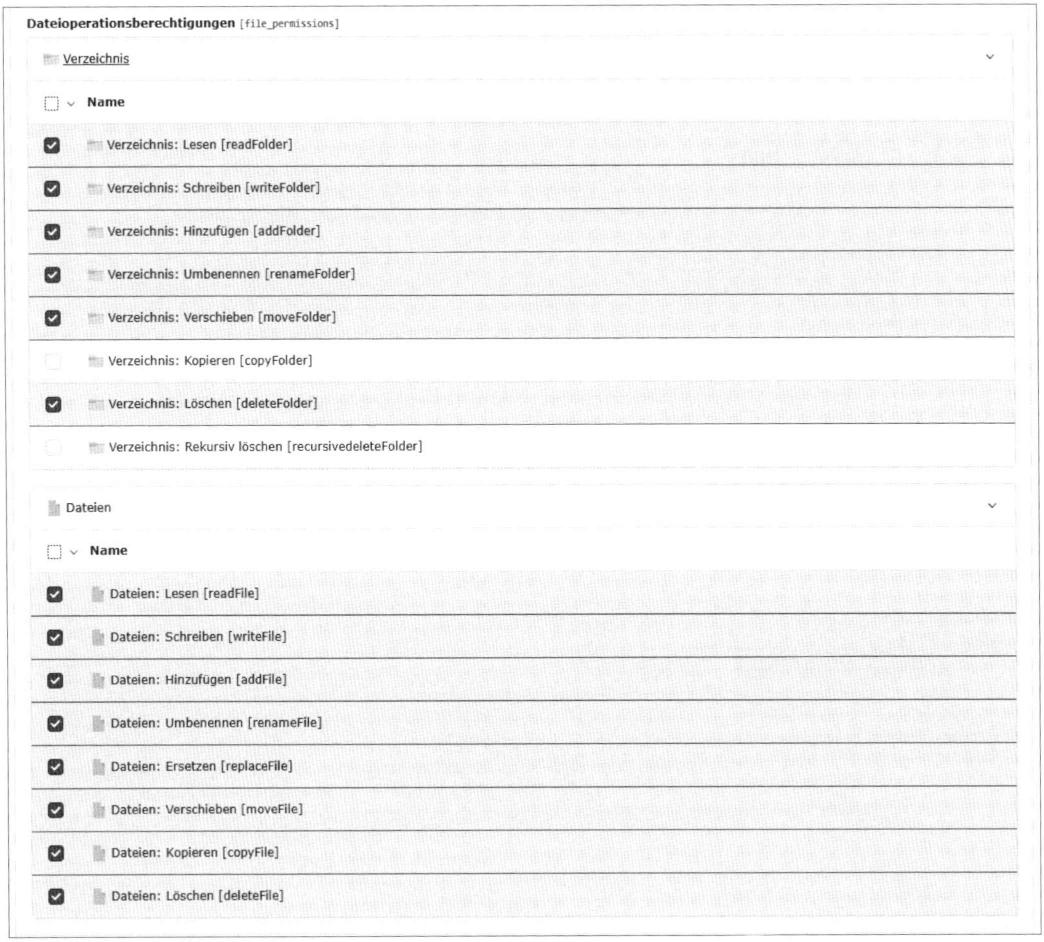

▲ **Abbildung 11.23**
Datei- und Verzeichnisberechtigungen einstellen

Einen Redakteur als Benutzer anlegen

Sie haben nun eine individualisierte Benutzergruppe *Editor*, mit der Sie weiterarbeiten können. Als Nächstes benötigen Sie noch einen neuen Backend-Benutzer, der die Rechte dieser Gruppe erhält.

1. Wechseln Sie dazu im linken Menü in das Backend-Modul *Backend-Benutzer* im Abschnitt *System*.
2. Klicken Sie nun im oberen Bereich auf den Button *Neuen Backend-Benutzer anlegen*.
3. In der bekannten Maske für Backend-Benutzer legen Sie den Benutzer *Redakteur* an, der diesmal kein Administrator sein soll.
4. Damit dieser Benutzer die gewünschten Rechte erhält, weisen Sie ihm die gerade angepasste Benutzergruppe *Editor* zu (siehe Abbildung 11.24).

5. Vergessen Sie nicht, den Benutzer unter *Zugriff* zu aktivieren und eine Backend-Sprache auszuwählen.
6. Speichern Sie dann den neuen Benutzer ab.

Tipp Der Benutzername wird nach dem Verlassen des Felds immer in Kleinbuchstaben konvertiert und auch so abgespeichert. Das Passwort behält die gewählte Groß- und Kleinschreibung bei.

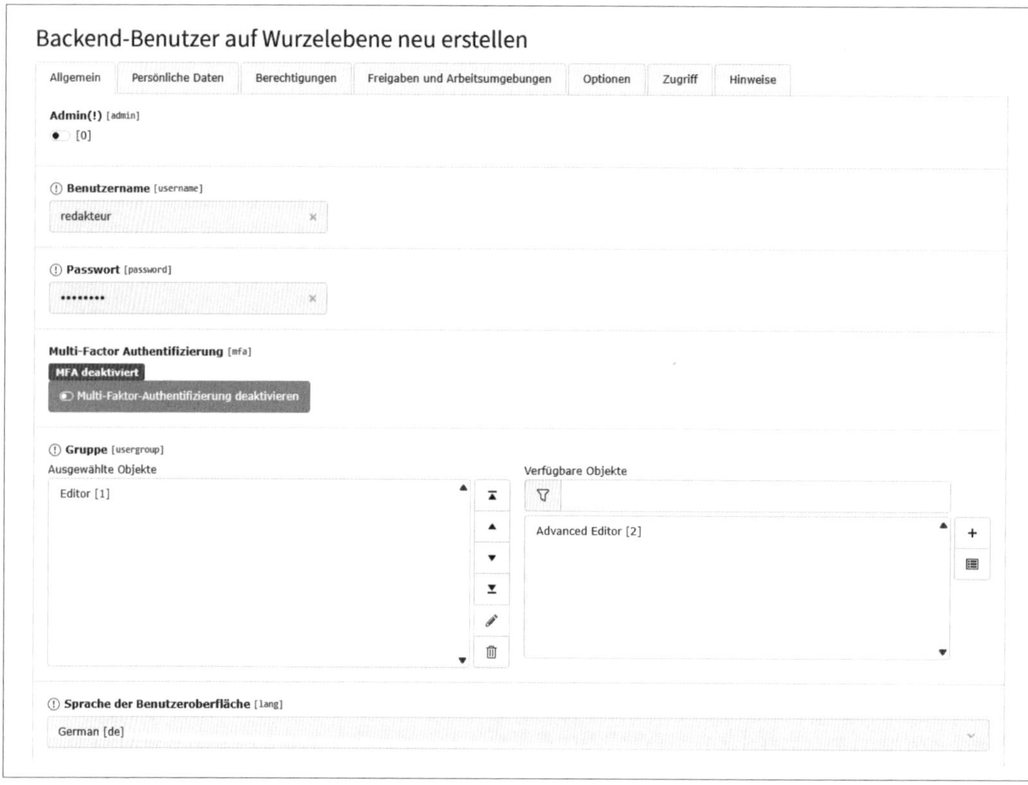

Abbildung 11.24 ▲ Einen Benutzer einer Benutzergruppe zuordnen

Benutzerrechte vergleichen

Wenn Sie viele Benutzer und Benutzergruppen verwalten, kommen Sie eventuell einmal in die Situation, dass ein Benutzer gewisse Dinge nicht tun kann, die bei einem anderen Benutzer möglich sind – ohne zu wissen, warum dies der Fall ist. TYPO3 bietet Ihnen für diesen Fall ein praktisches Tool, mit dem Sie einzelne Benutzer/Gruppen miteinander vergleichen können. Dafür können Sie in der Benutzerverwaltung die »+ Vergleichen«-Schaltflächen verwenden. Wechseln Sie dafür in der *Backend-Benutzer*-Oberfläche auf die *Backend-Benutzergruppen* und betätigen Sie die Schaltflächen neben der *Editor-* und der *Advanced Editor*-Gruppe.

Über einen Klick auf *Ausgewählte Backend-Benutzer vergleichen* (siehe Abbildung 11.25) gelangen Sie nun in die Vergleichsansicht aus Abbildung 11.26.

▼ Abbildung 11.25
Auswahl von Backend-Benutzer(gruppen) zum Vergleichen der Berechtigungen

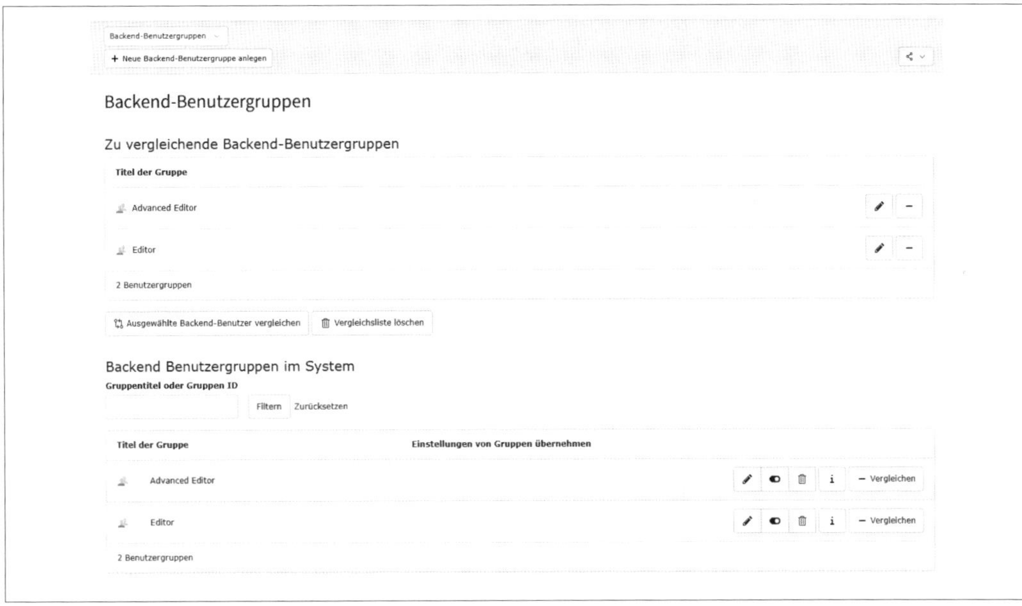

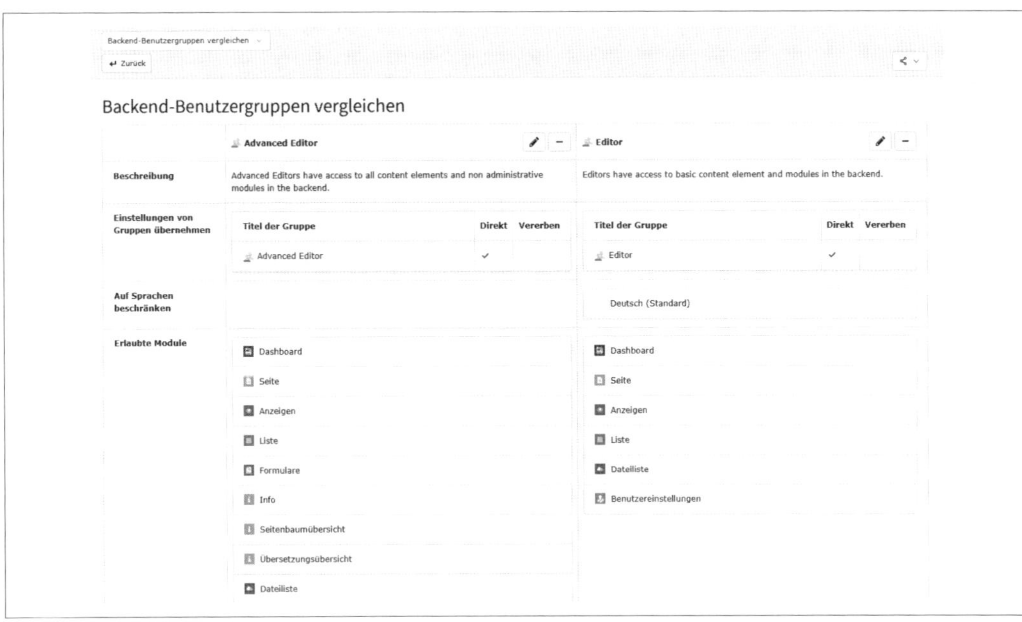

▲ Abbildung 11.26
Die Vergleichsansicht der Berechtigungen

Zugriffsrechte setzen

Sie können sich jetzt aus dem Backend abmelden und mit dem soeben erstellten Benutzer wieder anmelden. Einfacher ist es jedoch, die *Benutzer wechseln*-Funktion zu nutzen, die wir bereits in Abbildung 11.6 auf Seite 338 vorgestellt haben. Das bietet Ihnen den Vorteil, dass Sie – ohne sich erneut anmelden zu müssen – zwischen dem gewählten Benutzer und dem Administrator wechseln können.

Nach erfolgreichem Wechsel werden Sie bemerken, dass im Modul *Web → Seite* bzw. *Web → Liste* im Seitenbaum keine Seiten angezeigt werden. Nanu? Wir haben doch explizit eine Datenbankfreigabe für einen Teil des Seitenbaums erstellt!

Derzeit gehört jede einzelne Seite Ihnen als Administrator, und andere Benutzer sind nicht einmal dazu berechtigt, diese anzusehen. Klicken Sie auf den *Benutzerwechsel-Modus verlassen*-Button im *Benutzer*-Menü im oberen rechten Bereich, um wieder mit Administratorrechten in Ihr Backend zurückzukehren.

Gehen Sie im linken Menü in das Backend-Modul *Berechtigungen* im Abschnitt *System*. Aktivieren Sie im Seitenbaum die Root-Ebene, indem Sie den obersten Eintrag mit dem TYPO3-Logo anklicken. Erweitern Sie über *Ansicht* oben rechts gegebenenfalls noch die Anzahl der angezeigten Ebenen auf 4, um eine Gesamtübersicht über alle angelegten Seiten zu erhalten. Wie in Abbildung 11.27 zu sehen ist, erhalten Sie Informationen darüber, wer der Besitzer einer Seite ist und was er alles darf. Dazu können Sie die Rechte einer möglichen Benutzergruppe sehen und erhalten auch Informationen darüber, was Backend-Benutzer tun dürfen, die weder zu einer bestimmten Benutzergruppe gehören noch Besitzer von Seiten oder Seiteninhalten sind.

Zugriffsrechte werden immer automatisch vergeben, wenn ein Benutzer eine Seite oder einen sonstigen Datensatz anlegt. Besitzer ist im Regelfall immer der eingeloggte Backend-Benutzer. Dieser kann auch wieder einer Benutzergruppe angehören, der ebenfalls Zugriffsrechte eingeräumt werden können. Wenn der eingeloggte Benutzer zwar ein anderer ist als der, der einen Datensatz angelegt hat, aber mit zur definierten Benutzergruppe gehört, kann dieser Benutzer bestimmte angegebene Aktionen ausführen.

Klicken Sie in dieser Übersicht auf das Bleistiftsymbol der Ordners *Hauptnavigation*. Sie erhalten die in Abbildung 11.28 gezeigte Maske, in der Sie die Rechte editieren können. Sie erkennen, dass der Besitzer dieser Seite der bisher genutzte Administrator-Benutzer ist (bzw. der Benutzer, mit dem Sie eingeloggt waren, als Sie die Seite angelegt haben) und dass als Gruppe *keine Gruppe* angegeben wurde.

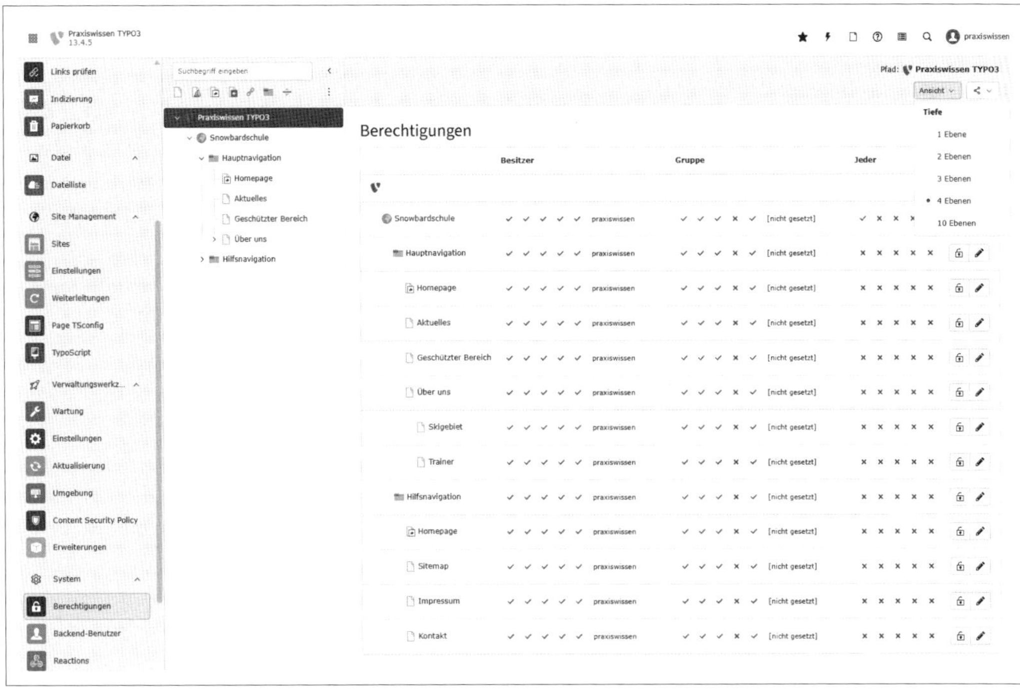

Da nun Redakteure die Seiten und Seiteninhalte bearbeiten können sollen, ist es erforderlich, dass Sie die Rechte neu setzen. Dabei können Sie angeben, dass der Besitzer ein anderer sein soll, was nicht immer vorteilhaft ist. Ebenfalls – und das ist sinnvoll – können Sie angeben, dass die zugehörige Benutzergruppe jetzt die Benutzergruppe *Editor* sein soll. Wählen Sie dazu aus dem Auswahlfeld *Gruppe* den Eintrag *Editor* aus.

▲ Abbildung 11.27
Übersicht über die Zugriffsrechte von Seiten

▼ Abbildung 11.28
Die Berechtigungen einer Seite bearbeiten

In der Tabelle erkennen Sie, was der Besitzer tun darf. Im Regelfall darf der Besitzer immer alles, und es ist auch wenig sinnvoll, ihm einzelne Rechte (z.B. *Seite löschen*) zu verbieten. Wenn der Benutzer dann versehentlich eine neue Seite angelegt hätte und diese natürlich direkt wieder löschen wollte, hätte er dazu kein Recht. Möglicherweise sinnvoll ist allerdings, das Recht *Neue Seiten* zu deaktivieren. Der Besitzer kann dann keine neuen Seiten ausgehend von einer bestehenden Seite anlegen und somit nur bestehende Seiten pflegen. In diesem einen Fall ist es dann auch sinnvoll, dem Benutzer das Recht *Seite löschen* zu entziehen.

In vielen Fällen, insbesondere bei kleineren Websites mit nur einigen wenigen Benutzern, kann es sinnvoll sein, der Benutzergruppe die gleichen Rechte zu geben wie dem Besitzer. Dann darf die Benutzergruppe auch Seiten löschen, die von einem anderen Benutzer angelegt wurden. Das führt zu einem wesentlich geringeren Supportaufkommen – Rückfragen, warum sich eine Seite nicht löschen lässt, entfallen. Diese Einstellung ist aber von Projekt zu Projekt neu zu überlegen und abhängig davon, ob Benutzer parallel mit gleichen Rechten arbeiten sollen oder ob es ein ausgeklügeltes Rechtekonzept geben soll.

Die eben getätigten Einstellungen sollen für die Seite *Hauptnavigation* und auch für die jeweiligen Unterseiten übernommen werden. Wählen Sie aus dem Auswahlfeld *Tiefe* unterhalb der Tabelle aus, dass diese Rechte rekursiv auf alle verfügbaren Datensätze angewendet werden sollen, also auf ein Maximum an Ebenen. Durch anschließendes Bestätigen der Rechteänderungen über den Button *Speichern und schließen* werden diese neuen Zugriffsrechte gespeichert, und Sie erhalten eine Übersicht der Seitenrechte.

Wenn Sie möchten, dass Ihre Redakteure auch die Inhalte unterhalb der Hilfsnavigation bearbeiten können sollen, wiederholen Sie dieses Vorgehen nun für die Seite *Hilfsnavigation*.

Auch in der Übersichtsliste können Sie einzelne Seitenberechtigungen schnell bearbeiten, indem Sie einfach auf die Zugriffssymbole klicken. In der Übersichtsliste können Sie einzelne Seiten durch den Button *Sperre* auch komplett für die Bearbeitung sperren (siehe Abbildung 11.29). In diesem Fall dürfen nur noch Administratoren die entsprechende Seite bearbeiten.

Loggen Sie sich nun noch einmal mit dem Benutzer *redakteur* ein (oder nutzen Sie die *Benutzer wechseln*-Funktion) und schauen Sie sich die Ansicht im Backend an. Falls der Benutzer aus Ihrer Sicht noch zu viele Menü-Punkte und Felder sieht, können Sie diese gerne so anpassen, wie wir es in den letzten Abschnitten beschrieben haben.

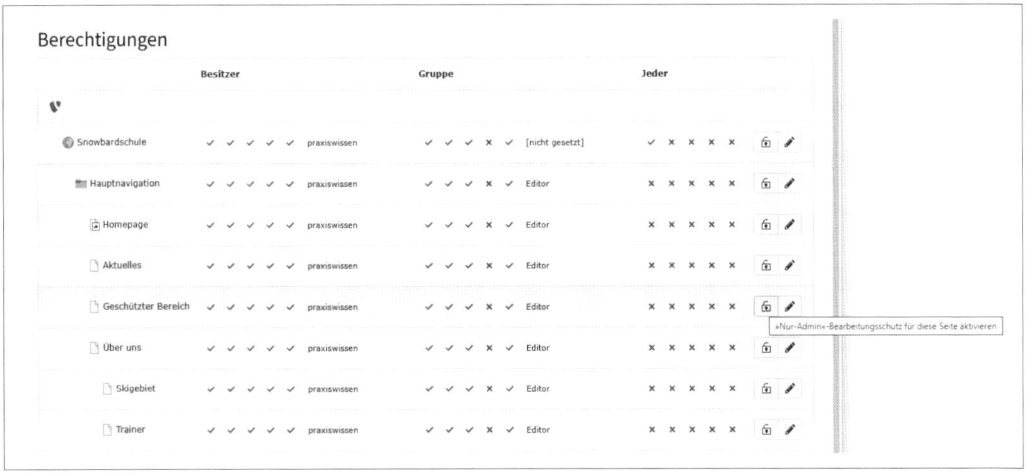

▲ **Abbildung 11.29**
Übersicht der Seitenberechtigungen

Arbeiten mit mehreren Benutzern

Wenn Sie als Administrator einen Seiteninhalt anlegen, haben Sie derzeit das Problem, dass Sie keiner Benutzergruppe angehören. Für sämtliche von Ihnen als Administrator angelegten Inhalte sind Sie somit der Besitzer – die Redakteure haben gegebenenfalls keine Rechte an den von Ihnen erstellten Daten. Im vorigen Abschnitt haben Sie die Zugriffsrechte rekursiv neu gesetzt. Wenn Sie allerdings bei einem laufenden Projekt für Redakteure Support leisten und als Administrator Seiten anlegen, werden die Redakteure nur dann das Recht zum Löschen dieser Seite haben, wenn bei den Zugriffsrechten auch *Alle* das Recht haben, diese Datensätze zu sehen und zu modifizieren. Sie müssten also manuell über das Backend-Modul *Berechtigungen* die Rechte jedes Mal neu setzen, wenn Sie Seiten anlegen.

Der Standard in TYPO3 ist, dass der Besitzer einer neu angelegten Seite immer der aktuell eingeloggte Benutzer ist. Dieser Besitzer hat sämtliche Rechte an dieser Seite und kann somit die Seite bearbeiten, löschen und auch Seiteninhalte bearbeiten. Als Benutzergruppe wird immer diejenige Benutzergruppe verwendet, die beim jeweiligen Benutzer im Feld *Gruppe* ganz oben steht. (Das Feld sehen Sie in Abbildung 11.24.) Standardmäßig hat die Gruppe alle Rechte an dieser Seite, sie darf sie nur nicht löschen. Alle weiteren Benutzer, die weder Besitzer einer Seite sind noch der angegebenen Benutzergruppe angehören, erhalten keine Rechte an der Seite.

Benutzergruppen und Zugriffsrechte vergeben

Um diesen unschönen Effekt zu umgehen, gibt es die Möglichkeit, über das Feld *Seiten-TSconfig* anzugeben, wie die Rechte für neu angelegte Seiten gesetzt werden sollen. Die Seiten-TSConfig haben Sie bereits in

Kapitel 8, *Inhalte ausgeben*, im Abschnitt »Anlegen eines Backend-Layouts« auf Seite 232 kennengelernt. Zur Erinnerung: Dabei handelt es sich um TypoScript-Definitionen, die direkt einer einzelnen Seite zugeordnet werden können. Im Unterschied zu den TypoScript-Konfigurationen, die Sie bisher kennen, steuert die TSConfig nicht das Verhalten und Aussehen der Seite im Frontend, sondern das Verhalten des TYPO3-Backends auf den entsprechenden Seiten. Wie auch bei der normalen TypoScript-Konfiguration werden die im Feld *TSconfig* vorgenommenen Einstellungen auf die Unterseiten vererbt und können somit auch ab einer beliebigen Seite überschrieben werden.

In diesem Fall definieren wir die TSConfig zunächst einmal nicht (wie in Kapitel 8, *Inhalte ausgeben*) über das Site-Set, sondern direkt über das TYPO3-Backend. In Beispiel 11.1 geben Sie beispielsweise eine konkrete Gruppen-ID an. Daher wäre diese Konfiguration ohnehin nicht ohne Weiteres auf andere TYPO3-Installationen übertragbar. Die Konfiguration über das TYPO3-Backend (statt über das Site-Set) hat außerdem den Vorteil, dass Sie nicht an die Startseite Ihrer Site-Konfiguration gebunden sind, sondern für jede Seite im Seitenbaum eine Seiten-TSconfig hinterlegen können. Das ermöglicht es Ihnen, theoretisch für einzelne Teile Ihres Seitenbaums verschiedene Zugriffsrechte zu konfigurieren.

Jede neu angelegte Seite soll aber immer der Benutzergruppe *Editor* angehören, auch wenn Sie als Administrator dieser Gruppe nicht angehören. Außerdem soll die Benutzergruppe das Recht erhalten, Seiten zu löschen.

Um die Rechte für neue Seiten mit einem neuen Wert zu versehen und die Standardkonfiguration zu überschreiben, bearbeiten Sie die übergeordnete Seite *Hauptnavigation*, indem Sie im Seitenbaum auf das Icon vor dem Seitentitel klicken und aus dem sich öffnenden Pop-up-Menü den Eintrag *Bearbeiten* auswählen. Tragen Sie in das in Abbildung 11.30 gezeigte Feld *Seiten-TSconfig* auf dem Tab *Ressourcen* folgende Zeilen ein:

Beispiel 11.1: TSConfig-Beispiel zum Setzen von Zugriffsrechten für neue Seiten

```
01 TCEMAIN.permissions {
02   groupid = 1
03   user = show,editcontent,edit,delete,new
04   group = show,editcontent,edit,delete,new
05   everybody = show
06 }
```

In Beispiel 11.1 geben Sie in Zeile 2 an, dass für neue Seiten die Benutzergruppe mit der eindeutigen ID `1` gespeichert werden soll. Wenn bei Ihnen die Benutzergruppe *Editor* eine andere eindeutige Nummer hat, müssen Sie diese hier angeben.

In den Zeilen 3 bis 5 werden die jeweiligen Zugriffsrechte für *Besitzer* (user), *Gruppe* (group) und *Alle* (everybody) definiert. Dabei geben Sie kommasepariert an, welche Rechte der jeweilige Bereich erhalten soll. Sowohl der Besitzer als auch die Gruppe dürfen in obiger Konfiguration alles, alle anderen Benutzer dürfen nichts. Theoretisch reicht es aus, lediglich die Konfiguration für die Gruppe neu zu definieren, da sich diese Konfiguration von der Standardkonfiguration nur dahingehend unterscheidet, dass die Gruppe auch Seiten löschen darf.

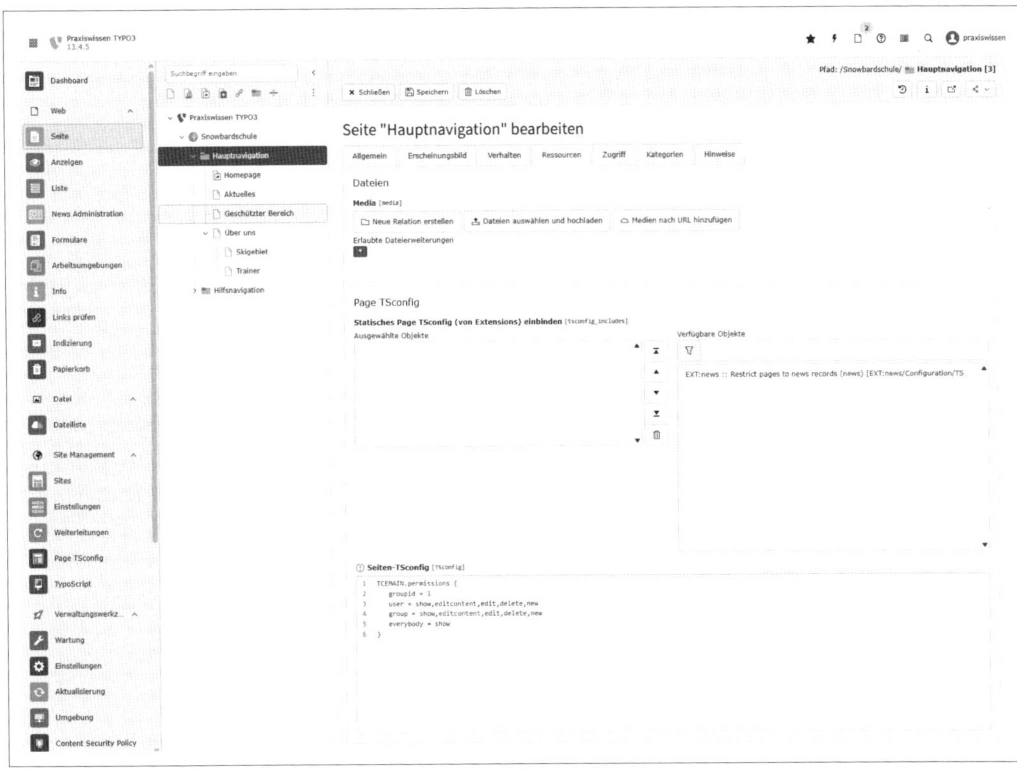

▲ Abbildung 11.30
Berechtigungen für neue Seiten im Feld TSConfig setzen

Legen Sie als Administrator jetzt eine Seite unterhalb der Seite *Hauptnavigation* an, sind Sie der Besitzer dieser Seite mit allen Rechten. Die Benutzergruppe ist nun *Editor* und darf wie der Besitzer alles tun, auch Seiten löschen. Alle anderen Benutzer dürfen nichts. Legen Sie als Administrator zu Testzwecken unterhalb der Seite *Hauptnavigation* eine Seite namens *test* an und überprüfen Sie, ob anschließend im Backend-Modul *Berechtigungen* die Rechte wie gewünscht gesetzt werden.

Eingabefelder und Editoren anpassen

Über Ihre TypoScript-Konfiguration (in Kombination mit Ihren Fluid-Templates) haben Sie bislang hauptsächlich die Darstellung Ihrer Website im Frontend beschrieben. Bestimmte Einstellungen (wie beispielsweise das Überschriften-Layout unter dem Feld *Überschriften/Typ*) haben dabei Auswirkungen darauf, wie entsprechende Elemente im Frontend dargestellt werden. Allerdings können unglückliche bzw. nicht eindeutige Bezeichnungen im Backend (z.B. für das Layout der Überschrift mit den Bezeichnungen *Normal*, *Layout 1* usw.) den Redakteur verwirren. Außerdem bietet der Texteditor eventuell Funktionen (beispielsweise bestimmte Absatzstile), die im Frontend Ihrer Seite gar nicht unterstützt werden.

Dieser Abschnitt soll Ihnen zeigen, wie Sie das Backend an die Bedürfnisse der Redakteure anpassen können. Das umfasst das Anpassen von Eingabefeldern und die Konfiguration des Texteditors.

Den Texteditor anpassen

Der eingebaute Texteditor von TYPO3 ist flexibel und bietet dem Redakteur zahlreiche Möglichkeiten zur Bearbeitung von längeren Texten. Dieser Editor kommt an mehreren Stellen zum Einsatz – am prominentesten wahrscheinlich, wenn Sie ein Inhaltselement vom Typ Text (oder etwas Ähnliches) erstellen.

Häufig kommt es vor, dass Sie die Funktionalitäten dieses Editors einschränken möchten: Womöglich möchten Sie nicht, dass ein Redakteur rechtsbündigen Text erstellt, weil das nicht wirklich ins Layout der Seite passt. Oder Sie möchten nicht, dass der HTML-Quelltext der Eingabe direkt bearbeitet werden kann. Womöglich möchten Sie auch eigene Absatzstile konfigurieren. All dies können Sie über ein paar Zeilen TSconfig und eine YAML-Konfigurationsdatei erledigen.

Vordefinierte Stile nutzen

Der Texteditor bringt drei vordefinierte Stile mit sich, die Sie nutzen können. Dabei handelt es sich um die Konfigurationen *default*, *minimal* und *full*. Abbildung 11.31 zeigt die Unterschiede zwischen diesen drei Editorstilen.

Zu den Unterschieden sollten Sie Folgendes wissen:

default
: Das ist die Standardkonfiguration, mit der Sie bereits bisher gearbeitet haben. Sie bietet einen guten Kompromiss zwischen Flexibilität und Funktionsvielfalt auf der einen Seite und auf der anderen Seite vergleichsweise wenigen Möglichkeiten für den Redakteur, das Layout der Seite zu zerstören.

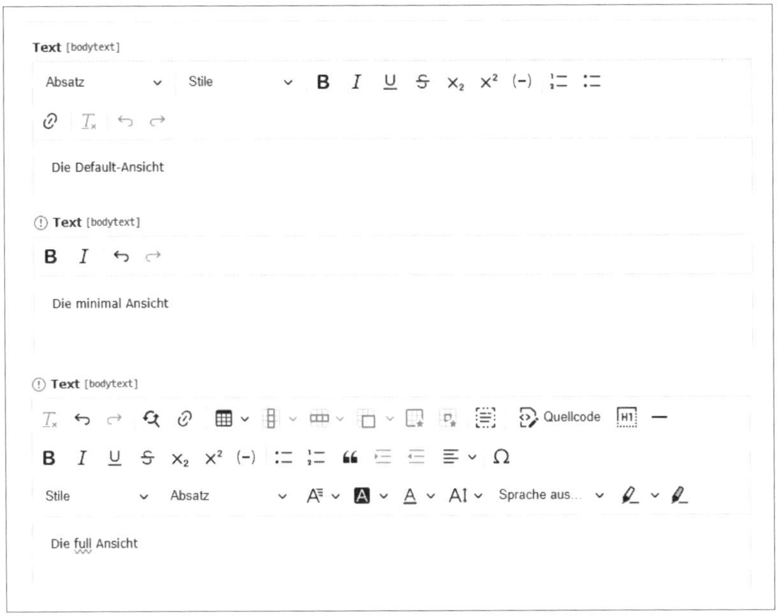

◀ Abbildung 11.31
Die drei Editor-Stile »default«, »minimal« und »full«

minimal
: Der Name ist Programm: Fett- und Kursivdarstellung sowie ein paar Funktionen zur Steuerung der Zwischenablage – mehr geht im Minimal-Modus nicht. Wählen Sie diese Option, wenn Sie nicht das geringste Vertrauen in die gestalterischen Fähigkeiten Ihrer Nutzer haben.

full
: In dieser Konfiguration stehen Redakteur*innen alle typografischen Möglichkeiten offen. Neben diversen Inline- und Absatz-Formatvorlagen können sie hier auch Schriftart und -größe frei konfigurieren. Darüber hinaus stehen ihnen aber auch fortgeschrittene Bearbeitungsfunktionen wie etwa Suchen-und-Ersetzen zur Verfügung.

Um einen bestimmten Editorstil zu aktivieren, bearbeiten Sie die TSConfig einer Seite, für deren Unterseiten diese Einstellung gelten soll. Wenn Sie den Editorstil für alle Seiten ändern möchten, bearbeiten Sie die *root*-Seite. Fügen Sie dann unter dem Tab *Ressourcen* im Feld *Seiten-TSconfig* folgende Zeile ein:

Beispiel 11.2: Anpassung des Editorstils über die TSConfig

```
RTE.default.preset = minimal
```

Diese Einstellung sorgt dafür, dass nun bei allen Seiten, die den Texteditor verwenden (beispielsweise beim Seiteninhalt oder bei Newsartikeln), die angepasste Konfiguration wirksam wird.

Falls Sie gezielt für einen ganz bestimmten Texteditor (beispielsweise beim Bearbeiten von Newsartikeln) eine andere Konfiguration vorgeben möchten, können Sie statt des Schlüssels RTE.default.preset auch den Schlüssel RTE.config.<TABELLENNAME>.<ATTRIBUT>.preset nutzen. Beispiel 11.3 zeigt, wie Sie gezielt für die Texteigenschaft eines Newsartikels (Tabelle tx_news_domain_model_news, Spalte bodytext) die *minimal*-Konfiguration vorgeben können.

Beispiel 11.3: Anpassung des Editorstils für ein ganz bestimmtes Eingabefeld

```
RTE.default.preset = minimal
RTE.config.tx_news_domain_modal_news.bodytext.preset = minimal
```

Eigene Editorstile definieren

Der Texteditor ermöglicht es Administratoren auch, eigene Konfigurationen zu definieren. Diese müssen innerhalb einer Extension definiert werden – also beispielsweise in Ihrem Site Package.

Um einen eigenen Editorstil zu definieren, bearbeiten Sie die Datei *ext_localconf.php* im obersten Verzeichnis Ihres Site Packages. Falls diese Datei noch nicht existiert, erstellen Sie sie einfach. Der Code in Beispiel 11.4 zeigt den möglichen Inhalt dieser Datei an:

Beispiel 11.4: Definition eines eigenen Editorstils im Site Package

```
1 <?php
2
3 defined('TYPO3') or die('Access denied.');
4
5 $GLOBALS['TYPO3_CONF_VARS']['RTE']['Presets']['snowboard'] =
          'EXT:snowboard/Configuration/RTE/Default.yaml';
```

Zeile 3 stellt sicher, dass die Datei nur dann etwas ausführt, wenn sie im TYPO3-Kontext ausgeführt wird. Wenngleich der Zugriff auf solche Konfigurationsdateien auch grundsätzlich über die *.htaccess*-Datei (oder anderweitige Standard-Webserverkonfigurationen von TYPO3) geschützt wird, ist dies ein weiteres sinnvolles Sicherheitsnetz, das Sie stets nutzen sollten. Der letzte Array-Schlüssel links vom Gleichheitszeichen (in Beispiel 11.4 also snowboard) ist dabei der Name der Konfiguration. Diesen können Sie dann in der TSConfig weiterverwenden, um diese Konfiguration zu aktivieren (dazu später mehr).

Diese Datei referenziert eine YAML-Datei *Configuration/RTE/Default.yaml* innerhalb des Site Package, die nun natürlich auch noch erstellt werden muss. Beispiel 11.5 zeigt einen möglichen Inhalt dieser Datei:

Beispiel 11.5: Benutzerdefinierte Editorkonfiguration

```
imports:
- { resource: "EXT:rte_ckeditor/Configuration/RTE/Processing.yaml" }
- { resource: "EXT:rte_ckeditor/Configuration/RTE/Editor/Base.yaml" }
```

Beispiel 11.5: Benutzerdefinierte Editorkonfiguration (Fortsetzung)

```
4 - { resource: "EXT:rte_ckeditor/Configuration/RTE/Editor/Plugins.yaml" }
5
6 editor:
7   config:
8     contentsCss:
9       - "EXT:rte_ckeditor/Resources/Public/Css/contents.css"
10      - "EXT:snowboard/Resources/Public/Css/rte.css"
11
12    stylesSet:
13    - { name: "Warnhinweis", element: "p", attributes:
        { 'class': 'alert alert-danger' } }
14
15    format_tags: "p;h1;h2;h3;pre"
16
17    toolbarGroups:
18    - { name: styles, groups: [ format, styles ] }
19    - { name: basicstyles, groups: [ basicstyles ] }
20    - { name: paragraph, groups: [ list] }
21    - "/"
22    - { name: links, groups: [ links ] }
23    - { name: clipboard, groups: [ cleanup, undo ] }
24
25    importModules:
26      - { module: '@ckeditor/ckeditor5-word-count',
          exports: ['WordCount'] }
```

Was genau passiert in dieser Konfigurationsdatei? In den Zeilen 1 bis 4 werden zunächst einige Standardkonfigurationen von TYPO3 eingebunden. Dabei handelt es sich unter anderem um einige Einstellungen bezüglich der Darstellung des Editorfensters sowie um einige Editor-Plugins, die konfiguriert werden. Sie können diese Includes weglassen – generell empfiehlt es sich hier jedoch, auch bei eigenen Editorkonfigurationen auf diesen drei Standardkonfigurationsdateien aufzubauen.

In Zeile 15 wird definiert, welche HTML-Tags im Editor benutzt werden dürfen, um Absätze zu formatieren. Üblicherweise erlaubt TYPO3 hier das <p>-Tag, das <pre>-Tag und alle Überschriften von <h1> bis <h6>. Über das *format_tags*-Attribut können Sie hier genau definieren, welche Tags tatsächlich erlaubt sein sollen – in diesem Fall verzichten wir auf <h4> bis <h6>.

Beispiel 11.6: Buttons gruppieren mit »toolbarGroups«

```

    toolbarGroups:
    - { name: styles, groups: [ format, styles ] }
    - { name: basicstyles, groups: [ basicstyles ] }
    - { name: paragraph, groups: [ list] }
    - "/"
    - { name: links, groups: [ links ] }
    - { name: clipboard, groups: [ cleanup, undo ] }

```

Die Zeilen 17 bis 23 definieren schließlich, welche Buttons in der Toolbar des Editors sichtbar sein sollen. Dabei wird auf *toolbarGroups* zurückgegriffen, in denen einzelne Blöcke von Buttons genutzt werden. Sie werden im Editor durch eine vertikale Linie getrennt dargestellt. So stellt undo in Zeile 23 beispielsweise sowohl den *Rückgängig*- als auch den *Wiederherstellen*-Button für die letzten Texteingaben zur Verfügung. Im Gegensatz zur Standardkonfiguration des Editors wurden hier also insgesamt einige Buttons entfernt und einige hinzugefügt.

Tipp Alternativ zu *toolbarGroups* können Sie auch einzelne *items* in einer *toolbar* auflisten. Schauen Sie dafür gerne in die *full*-Konfiguration des Editors, die TYPO3 selbst mitliefert. Sie finden diese unter *vendor/typo3/cms-rte-ckeditor/Configuration/RTE/Full.yaml.* Für sehr feingranulare Konfigurationen bietet es sich an, diese Konfiguration als Basis zu nehmen und sukzessive die Buttons herauszulöschen, die Sie nicht benötigen.

Beispiel 11.7: Module in den Editor laden

```
25      importModules:
26        - { module: '@ckeditor/ckeditor5-word-count',
            exports: ['WordCount'] }
```

Die Zeilen 25 und 26 (siehe Beispiel 11.7) definieren schließlich, dass das *WordCount*-Plug-in in den Editor geladen werden soll. (Genau wie TYPO3 selbst ist auch der Editor über Plug-ins erweiterbar, die dann in JavaScript programmiert sein müssen.) Dieses Plug-in zeigt im Fußbereich des Editors die Anzahl der geschriebenen Wörter und Zeichen an.

Eigene Zeichen- und Absatzstile definieren

Über eigene Editorkonfigurationen können Sie noch mehr machen, als nur Buttons ein- und auszublenden. Ähnlich wie in einem Textverarbeitungsprogramm (wie beispielsweise *Microsoft Word* oder *Libreoffice Writer*) können Sie eigene Formatvorlagen definieren, die Redakteure für Absätze oder im Fließtext benutzen können.

Nehmen wir an, Sie möchten eine Formatvorlage hinzufügen, mit der ein Teil des Textes mit einem eigenen Styling als »Warnung« markiert werden kann. Dafür können Sie den Texteditor CSS-Klassen in die generierte HTML-Ausgabe einfügen lassen und die eigentlichen Styles für dieses Element in einer eigenen CSS-Datei definieren.

Damit der Redakteur auch im Editor sehen kann, wie das Element später im Frontend aussehen wird, muss das zugehörige CSS nicht nur in den HTML-Quelltext des finalen Text-Elements auf der Webseite eingebunden werden, sondern ebenfalls im Backend. Aus diesem Grund können innerhalb des Texteditors auch benutzerdefinierte CSS-Dateien geladen werden. Dafür sind in der Beispiel-Konfiguration zwei Einträge vorhanden (siehe Beispiel 11.8):

Beispiel 11.8: Eigenes CSS laden und Stil definieren

```
6 editor:
7   config:
8     contentsCss:
9       - "EXT:rte_ckeditor/Resources/Public/Css/contents.css"
10      - "EXT:snowboard/Resources/Public/Css/rte.css"
11
12     stylesSet:
13     - { name: "Warnhinweis", element: "p", attributes:
         { 'class': 'alert alert-danger' } }
```

Über das stylesSet in Zeile 12 und 13 wird ein neues Element erstellt, das im Editor in dem Drop-down-Menü *Stil* unter dem Namen *Warnhinweis* auftauchen soll. Diese neue Formatvorlage sorgt dafür, dass ein <p>-Element mit den CSS-Klassen alert und alert-danger eingefügt wird. (Diese zwei Klassen werden vom Bootstrap-Framework definiert und sind im Frontend unserer Seite somit sofort und ohne weitere Anpassungen verfügbar.) In den Zeilen 8 bis 10 werden darüber hinaus zwei CSS-Dateien in den Texteditor eingebunden. Die erste Datei in Zeile 9 ist dabei das Standard-Stylesheet des Editors – dieses wurde zuvor bereits in der inkludierten Datei *EXT:rte_ckeditor/Configuration/RTE/Editor/Base.yaml* definiert. Da wir nun den Wert editor.config.contentsCss überschreiben, muss diese Datei jedoch nochmals angegeben werden.

Viel spannender ist die Datei in Zeile 10: Diese stammt aus unserem eigenen Site Package und muss dementsprechend natürlich noch erstellt werden. An dieser Stelle sei angemerkt, dass Sie hier auch einfach das vollständige Stylesheet Ihrer Designvorlage in den Editor einbinden könnten. Dies würde jedoch wahrscheinlich zu einigen unangenehmen Nebeneffekten führen, da das Haupt-Stylesheet nicht dazu gedacht ist, innerhalb eines Texteditors eingebunden zu werden. Stattdessen ist es sinnvoll, ein eigenes Stylesheet für die CSS-Klassen zu erstellen, die im Texteditor zur Verfügung stehen sollen. Dieses Stylesheet kann dann ausschließlich im Texteditor eingebunden werden.

Beispiel 11.9 zeigt einen möglichen Inhalt für die Datei *rte.css*, die im vorherigen Beispiel in Zeile 10 eingebunden wurde:

Beispiel 11.9: Separate Definition der ».alert-danger«-Klasse für den Texteditor

```
.alert-danger {
    padding: .75rem 1.25rem;
    margin-bottom: 1rem;
    border: 1px solid transparent;
    border-radius: .25rem;

    color: #721c24;
```

Beispiel 11.9: Separate Definition der ».alert-danger«-Klasse für den Texteditor (Fortsetzung)

```
    background-color: #f8d7da;
    border-color: #f5c6cb;
}
```

Nun sind alle Bausteine beisammen, um die Konfiguration über die TS-Config zu laden:

```
RTE.default.preset = snowboard
```

Abbildung 11.32 ▼
Unser Texteditor mit den eigenen Formatvorlagen

Im Anschluss steht die neue Absatz-Formatvorlage auch im Texteditor zur Verfügung – und das sogar mit passenden Styles. Abbildung 11.32 zeigt das Endergebnis.

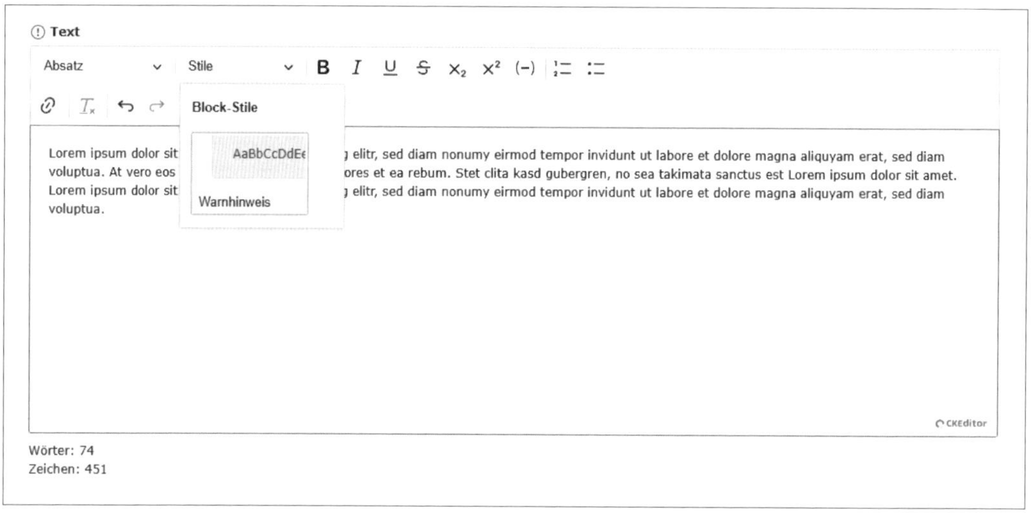

Tipp

Mit aktiviertem *[BE][debug]* sehen Sie unterhalb des Editors noch einen ausklappbaren Debug-Bereich des *CKEditors*. Er kann Ihnen helfen, wenn Sie eigenständig weitere Änderungen am Editor vornehmen möchten. Das Debug-Fenster ist nur für Administratoren sichtbar und verschwindet wieder, wenn Sie *[BE][debug]* deaktivieren.

Der TYPO3-Texteditor bietet zahlreiche weitere Möglichkeiten, ihn an den eigenen Bedarf anzupassen. Für weitere Inspiration können Sie einen Blick in die drei Standardkonfigurationen *minimal*, *default* und *full* werfen. Diese sind auf genau dieselbe Weise spezifiziert wie die eigene Konfiguration. Sie finden die entsprechenden YAML-Dateien in der Systemerweiterung *rte_ckeditor*. Diese liegt üblicherweise im Verzeichnis *vendor/typo3/cms-rte-ckeditor/*. Dort finden Sie ein Verzeichnis *Configuration/RTE/* mit den entsprechenden Konfigurationsdateien. So können Sie anstelle von *toolbarGroup* auch einzelne *toolbar-Items* auflisten, die auf einzelnen Buttons basieren. Eine vollständige Liste der möglichen Buttons finden Sie in der Datei *Full.yaml*.

Darüber hinaus können Sie auch einen Blick in die offizielle Dokumentation des *CKEditor* werfen – das ist die Drittsoftware, die TYPO3 für seinen Texteditor verwendet. Hier finden sich zahlreiche weitere Möglichkeiten zur Anpassung. Eine systematische Auflistung aller möglichen Konfigurationseinstellungen finden Sie unter *https://ckeditor.com/docs/ckeditor5/latest/getting-started/setup/toolbar.html*.

Das Auswahlfeld für die Gestaltung der Überschrift anpassen

Wenn der Redakteur Inhalte einpflegt oder modifiziert, steht ihm das Auswahlfeld *header_layout* zur Verfügung. Ihr TypoScript-Template unterstützt zwar alle Überschrifttypen, jedoch wird insbesondere die Layout-1-Überschrift optisch deutlich anders dargestellt als die übrigen Überschriften – was aus dem unscheinbaren Namen *Layout 1* nicht unbedingt hervorgeht.

Auch die Beschriftungen von Standard-Formulareingabeelementen lassen sich per TSConfig für bestimmte Seiten und ihre Unterseiten überschreiben. Beispielsweise können Sie mit folgender Konfiguration die Beschreibung dieser Menüeinträge überschreiben:

```
TCEFORM.tt_content.header_layout.altLabels {
  0 = Standardüberschrift
  1 = Seitentitel
  2 = Überschrift, 2. Ebene
  3 = Überschrift, 3. Ebene
  4 = Überschrift, 4. Ebene
  5 = Überschrift, 5. Ebene
}
```

Darüber hinaus ist es vielleicht nicht unter allen Umständen sinnvoll, Ihren Redakteur*innen ganze fünf Überschriftsebenen für die Seitengestaltung anzubieten. Mit der folgenden Konfiguration können Sie die Überschriftslayouts 4 und 5 entfernen. Der Eintrag *Versteckt* hat den internen Wert *100*.

```
TCEFORM.tt_content.header_layout.removeItems = 4,5,100
```

Das Resultat beider Konfigurationen sehen Sie in Abbildung 11.33.

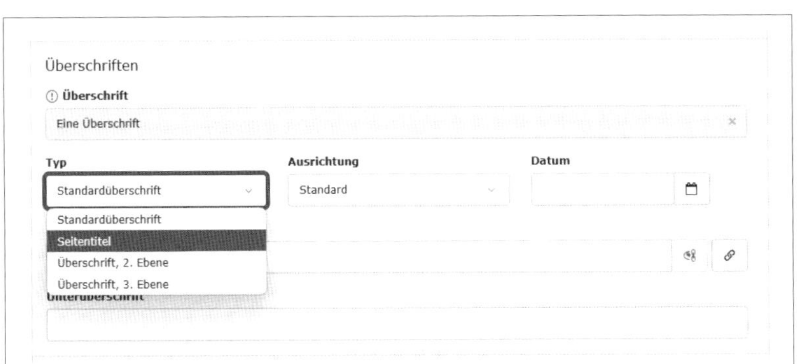

◀ Abbildung 11.33
Die Elemente von Auswahlfeldern können Sie auch im Text verändern.

Tipp Mit aktiviertem *[BE][debug]* sehen Sie neben den Feldnummerierungen auch hier wieder die Feldbezeichnungen. Nutzen Sie diese Funktion gerne, wenn Sie auch andere Felder anpassen möchten, um schnell die notwendigen Bezeichner wie *header_layout* zu finden.

Die TSConfig im Site Package hinterlegen

In den bisherigen Abschnitten dieses Kapitels haben wir die *Seiten-TSconfig* direkt in den jeweiligen Seiten bearbeitet. Wir könnten diese TSConfig auch genauso gut über das Site-Set hinterlegen; dann würden die Konfigurationen jedoch stets für die gesamte Site-Konfiguration gelten. Dadurch, dass die Konfiguration auf einzelnen Seiten eingebunden werden kann, können Sie individuelle Konfigurationen für ganz bestimmte Teilbereiche des Seitenbaums vornehmen.

Gleichermaßen wäre es dennoch schön, den eigentlichen TypoScript-Code für die TSConfig nicht über die Seiteneigenschaften verwalten zu müssen, sondern ihn als Teil des Site Packages verwalten zu können. Dazu werden wir die bisherigen TSConfig-Einstellungen in verschiedene Dateien im Verzeichnis *Configuration/PageTsConfig/* verschieben.

Hinweis Das Verzeichnis *Configuration/PageTsConfig/* ist in diesem Fall nicht Teil des zuvor erstellten Site-Sets.

Da TSConfig-Einstellungen eventuell auf verschiedenen Seiten eingebunden werden, werden wir sie auf einzelne Dateien aufteilen, die individuell auf Seiten genutzt werden können. Zur Erinnerung: Wir hatten einige Einstellungen zum Anpassen von Benutzerrechten auf der Seite *Hauptnavigation* untergebracht. Die Einstellungen für den Texteditor sind jedoch auf der Startseite besser aufgehoben, damit sie für die gesamte Seite gelten.

Im Verzeichnis *Configuration/PageTsConfig/* erstellen wir daher eine Datei *page_access.typoscript* mit dem Inhalt aus Beispiel 11.10:

Beispiel 11.10: TSConfig im Site Package zur Steuerung der Benutzerrechte

```
TCEMAIN.permissions {
  user = show,editcontent,edit,delete,new
  group = show,editcontent,edit,delete,new
  everybody = show
}
```

Genauso wie die Seiten-IDs im TypoScript-Setup des Site Packages haben wir auch die Gruppen-ID (ursprünglich in der Eigenschaft `TCEMAIN.permissions.groupid` gespeichert) an dieser Stelle ausgelassen – die Wahrscheinlichkeit ist hoch, dass diese Gruppen-ID je nach Umgebung, in der das Site Package installiert wird, variiert. Daher ist es sinnvoller, diese Eigenschaft tatsächlich nicht über das Site Package, sondern direkt in der TSConfig der entsprechenden Seite einzutragen.

Anschließend erstellen wir in demselben Verzeichnis noch die Datei *fields.typoscript* mit dem Inhalt aus Beispiel 11.11:

Beispiel 11.11: TSConfig im Site Package zur Anpassung der Backend-Formulare

```
# Standardmäßig soll überall der angepasste Editor genutzt werden
RTE.default.preset = snowboard

# Beschriftungen für das Feld "Typ" beim Seiteninhalt überschreiben
TCEFORM.tt_content.header_layout.altLabels {
  0 = Standardüberschrift
  1 = Seitentitel
  2 = Überschrift, 2. Ebene
  3 = Überschrift, 3. Ebene
  4 = Überschrift, 4. Ebene
  5 = Überschrift, 5. Ebene
}

# Einzelne Items aus dem Feld "Typ" ausblenden
TCEFORM.tt_content.header_layout.removeItems = 4,5,100
```

Im Anschluss müssen Sie TYPO3 noch mitteilen, dass diese zwei Dateien zum Einbinden verfügbar sind. Dies geschieht in der Datei *Configuration/TCA/Overrides/pages.php* im Site Package. Hier kann der Inhalt aus Beispiel 11.12 eingefügt werden:

Beispiel 11.12: Bekanntmachen der TSConfig-Dateien

```
<?php

\TYPO3\CMS\Core\Utility\ExtensionManagementUtility::
                registerPageTSConfigFile(
    'snowboard',
    'Configuration/PageTsConfig/page_access.typoscript',
    'Snowboardschule: Zugriffsrechte'
);

\TYPO3\CMS\Core\Utility\ExtensionManagementUtility::
                registerPageTSConfigFile(
    'snowboard',
    'Configuration/PageTsConfig/fields.typoscript',
    'Snowboardschule: Backend-Anpassungen'
);
```

Im Anschluss (nachdem Sie einmal alle Caches geleert haben) finden Sie die zwei TSConfig-Dateien beim Bearbeiten einer Seite unter dem Tab *Ressourcen* im Auswahlfeld *Statisches Page TSconfig (von Extensions) ein-*

binden. Bis auf das Setzen der Eigenschaft `TCEMAIN.permissions.groupid` können damit alle anderen Schritte entfallen, da diese nun über die eingebundenen TSConfigs aus dem Site Package abgebildet werden. Abbildung 11.34 zeigt die entsprechende Konfiguration auf der Seite *Hauptnavigation*.

Abbildung 11.34 ▼
Einbinden der TSConfig aus dem Site Package

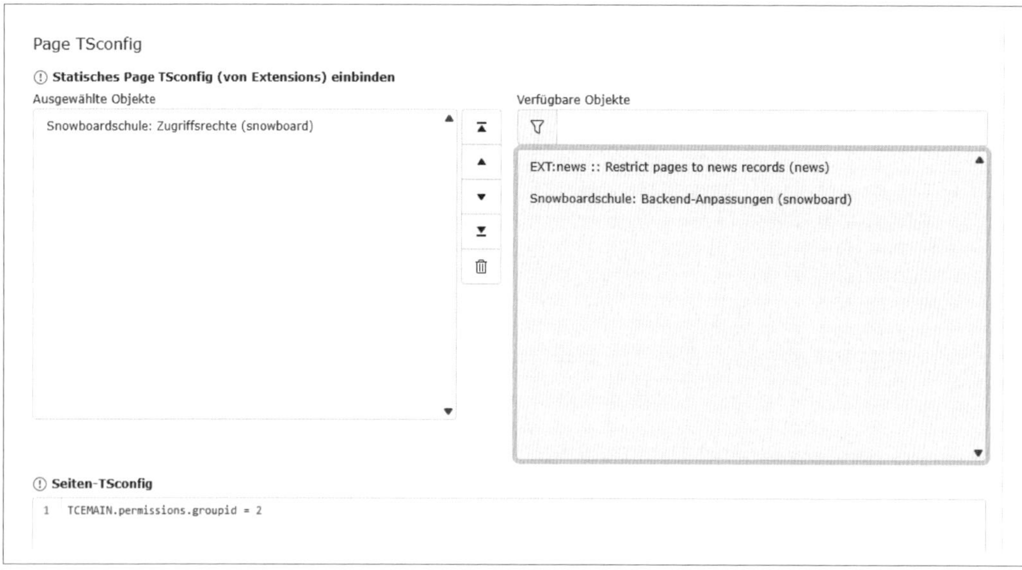

Workspaces: Trennung von Entwurfsarbeits- und Live-Umgebung

Bis jetzt haben Sie Änderungen immer direkt an der Live-Präsentation vorgenommen. Sicherer ist es jedoch, eine sogenannte *Entwurfsarbeitsumgebung* zu verwenden, im Englischen als *draft workspace* bezeichnet. In einer Entwurfsarbeitsumgebung können Sie Änderungen an Seiten, Seiteninhalten und auch TypoScript-Templates vornehmen, doch werden diese Änderungen erst nach dem Veröffentlichen in der Live-Umgebung angezeigt.

Die Workspace-Funktion ist als System-Extension verfügbar, standardmäßig jedoch nicht aktiviert. Sie müssen die Extension also erst aktivieren, wenn Sie mit unterschiedlichen Umgebungen arbeiten wollen. Falls Sie TYPO3 per Composer installiert haben, kann es sein, dass diese Extension zunächst erst per Composer installiert werden muss. Führen Sie hierzu folgenden Befehl auf der Kommandozeile aus:

```
$ composer require typo3/cms-workspaces=^13.4
$ php vendor/bin/typo3 extension:setup
```

Tipp Auch hier lauten die Befehle unter DDEV etwas anders:

```
ddev composer require typo3/cms-workspaces=^13.4
ddev typo3 extension:setup
```

Nach der Aktivierung sehen Sie im Backend im Abschnitt *Web* ein neues Modul. Bevor Sie diese Funktion jedoch verwenden können, müssen Sie zunächst eine Arbeitsumgebung anlegen.

Arbeitsumgebungen erstellen

Zum Erstellen einer neuen Arbeitsumgebung wechseln Sie zunächst in das *Liste*-Modul und wählen im Seitenbaum die Wurzelseite aus (die mit dem TYPO3-Logo). Klicken Sie anschließend in der oberen Zeile auf die Schaltfläche *Neuen Datensatz erstellen*. In der anschließend dargestellten Auswahlliste wählen Sie den Eintrag *Arbeitsumgebung* aus der Gruppe *Systemdatensätze*. Sie sehen nun das Formular aus Abbildung 11.35. Für den Anfang reicht es aus, auf dem Tab *Allgemein* im Feld *Titel* einen Namen für die neue Arbeitsumgebung anzugeben, etwa *Entwurfsumgebung*. In den weiteren Feldern und auf den übrigen Tabs können Sie beispielsweise die neue Arbeitsumgebung für nur ganz bestimmte Benutzer oder Gruppen freischalten, eigene Ablaufphasen für die Umgebung definieren oder die Umgebung komplett sperren.

▼ Abbildung 11.35
Erstellen einer neuen Arbeitsumgebung

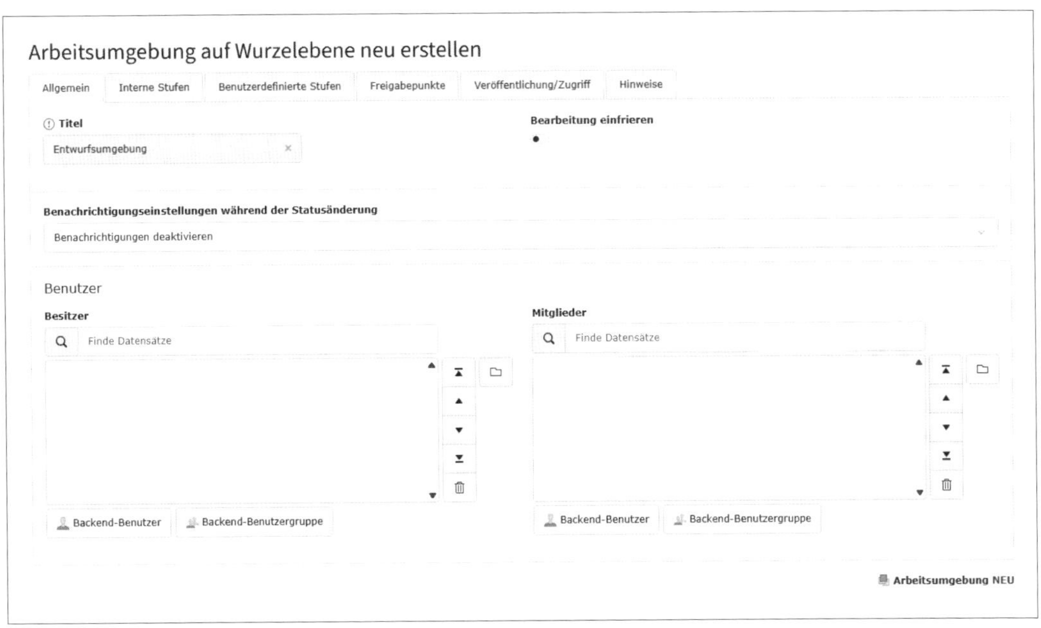

Sobald Sie mindestens eine Arbeitsumgebung erstellt haben, werden Sie rechts oben ein Workspace-Auswahlfeld erkennen (siehe Abbildung 11.36), das die Elemente *LIVE-Arbeitsumgebung* und die soeben angelegte neue Arbeitsumgebung enthält. Eventuell müssen Sie das Backend erst einmal neu laden.

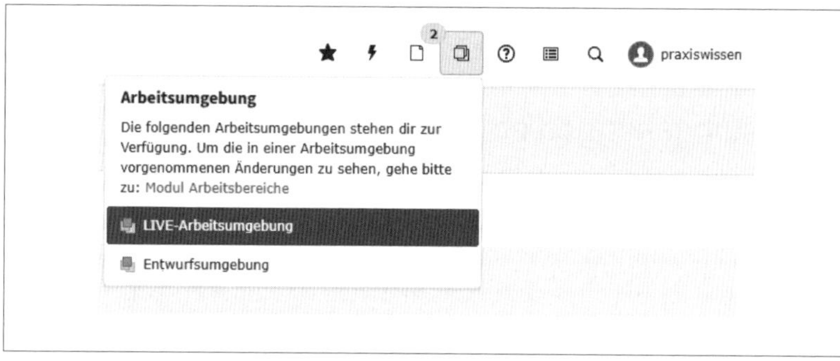

Abbildung 11.36 ▶
Auswahl der Arbeitsumgebung

Wenn Sie nun aus diesem Auswahlfeld den Eintrag *Entwurfsumgebung* auswählen, verlassen Sie die Live-Arbeitsumgebung und wechseln in die neue Umgebung (siehe Abbildung 11.37).

Einsatzbereiche der Entwurfsarbeitsumgebung

Sie werden erkennen, dass sich das Erscheinungsbild des Backends verändert hat. Anhand der Titelzeile ist erkennbar, dass Sie sich nicht mehr in der Live-Arbeitsumgebung befinden.

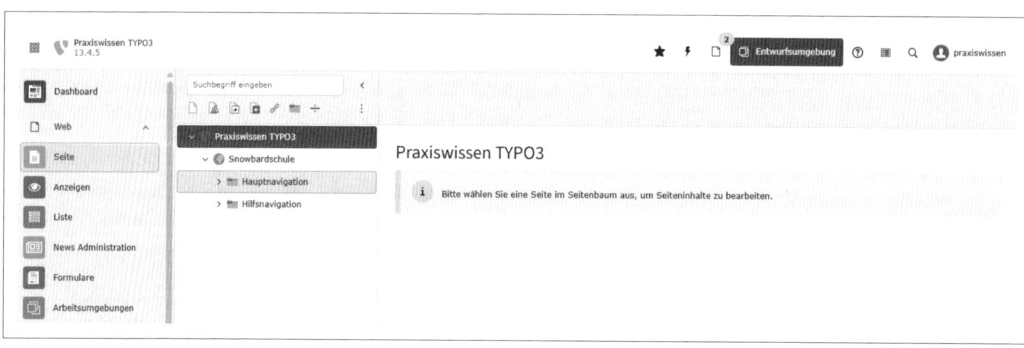

Abbildung 11.37 ▲
Das Backend in der Entwurfsarbeitsumgebung

Datenbankinhalte, die über das Backend geändert werden (z. B. Seiten), können in unterschiedlichen Versionen zur Verfügung stehen, von denen nur eine Version in der Live-Umgebung angezeigt wird. Für Dateien steht diese Versionierung nicht zur Verfügung. Sämtliche Änderungen an Dateien haben sofort eine Auswirkung auf die Live-Umgebung. Die im Install-Tool vorgenommenen Änderungen werden z. B. in der Datei *config/system/settings.php* gespeichert. Ebenso sind alle von Composer durchgeführten Dateioperationen unabhängig von Arbeitsumgebungen. Das Update einer TYPO3-Erweiterung oder das Hinzufügen oder Löschen von Erweiterungen können Sie somit nicht in der Entwurfsarbeitsumgebung testen.

Auch das Ändern von TypoScript-Konfigurationen oder Fluid-Templates steht nur über einen Umweg in der Entwurfsarbeitsumgebung zur Verfügung. Da beide als Dateien innerhalb des Site Packages verwaltet werden, ist eine Versionierung und damit eine Trennung von Live- und Entwurfsarbeitsumgebung nicht möglich.

Grundsätzlich lässt sich daher sagen, dass die Trennung von Entwurfs- und Live-Umgebung insbesondere für redaktionelle Tätigkeiten eine wertvolle Bereicherung darstellt. Arbeitsumgebungen sind jedoch nicht für die Versionierung von Dateien wie TypoScript-Konfiguration und Fluid-Templates gedacht. Nutzen Sie dafür lieber die üblichen Werkzeuge zur Quelltextversionierung (wie beispielsweise Git) und eine eigene TYPO3-Umgebung – zum Beispiel unter Zuhilfenahme des *ApplicationContexts*, der in Kapitel 12, *Tipps und Tricks*, noch näher beschrieben wird.

Die Entwurfsarbeitsumgebung einsetzen

Nach dem Erstellen der Entwurfsumgebung können Sie in ihr Änderungen vornehmen, die vor der Veröffentlichung einen konfigurierbaren Workflow durchlaufen müssen. Im folgenden Abschnitt betrachten wir das Erstellen von Änderungen und die dazugehörigen Freigabeprozesse.

Die Arbeitsumgebung für Redakteure freigeben

Bevor ein Redakteur eine Arbeitsumgebung verwenden darf, muss sie zunächst für diesen Benutzer oder die Benutzergruppe freigegeben werden. Jede Arbeitsumgebung hat zu diesem Zweck *Besitzer* und *Mitglieder*. Diese können zugewiesen werden, wenn Sie eine Arbeitsumgebung über das *Liste*-Modul bearbeiten. Hier können Sie unter dem Tab *Allgemein* in den Feldern *Besitzer* und *Mitglieder* entweder einzelne Benutzer oder gleich ganze Benutzergruppen einfügen. Sie werden feststellen, dass an verschiedenen Stellen Warnmeldungen angezeigt werden, wenn ein Datensatz nicht in der Versionierung der Arbeitsumgebungen enthalten ist. Das betrifft logischerweise die Oberfläche zum Hinzufügen von Benutzern und Gruppen zu einer Arbeitsumgebung, wie es in Abbildung 11.38 zu sehen ist. Schließlich handelt es sich dabei um eine Änderung an der Arbeitsumgebung selbst.

Abbildung 11.38 ▶
Benutzer und Gruppen einer Arbeitsumgebung hinzufügen

Abbildung 11.39 zeigt eine mögliche Konfiguration für die Besitzer und Mitglieder der Entwurfsarbeitsumgebung, bei der der Adminstrator *praxiswissen* der Besitzer der Arbeitsumgebung ist und alle Benutzer der Gruppe *Editor* als Mitglieder gelten.

Abbildung 11.39 ▼
Konfiguration von Workspace-Inhabern und Mitgliedern

Der Besitzer einer Arbeitsumgebung ist zu allen möglichen Aktionen berechtigt – einschließlich des Veröffentlichens in die Live-Arbeitsumgebung. Mitglieder haben Zugriff auf eine Arbeitsumgebung und können Änderungen in ihr vornehmen. Inhalte aus der Arbeitsumgebung in die Live-Umgebung veröffentlichen dürfen sie allerdings nicht.

Benutzer mit Administratorrechten müssen einer Arbeitsumgebung nicht extra hinzugefügt werden: Sie haben ohnehin Zugriff auf alle Arbeitsumgebungen.

Nur weil ein Redakteur berechtigt ist, in einer bestimmten Arbeitsumgebung zu arbeiten, bedeutet das noch nicht, dass er es auch *muss*. In der Standardkonfiguration ist ein Redakteursbenutzer auch berechtigt, Änderungen direkt in der Live-Umgebung vorzunehmen. Sie erinnern sich vielleicht an den entsprechenden Toggle-Button beim Anlegen der Berechtigungen im Abschnitt »Datenbank- und Verzeichnisfreigaben« auf Seite 349.

Eventuell möchten Sie als Administrator einen Redakteur (oder eine bestimmte Gruppe von Redakteuren) ja auch dazu *zwingen*, eine Entwurfsumgebung zu benutzen. Wenn Sie eine Backend-Benutzergruppe oder einen Backend-Benutzer bearbeiten, finden Sie unter dem Tab *Freigaben und Arbeitsumgebungen* das Feld *Arbeitsumgebungsberechtigungen → Live bearbeiten* (siehe Abbildung 11.40).

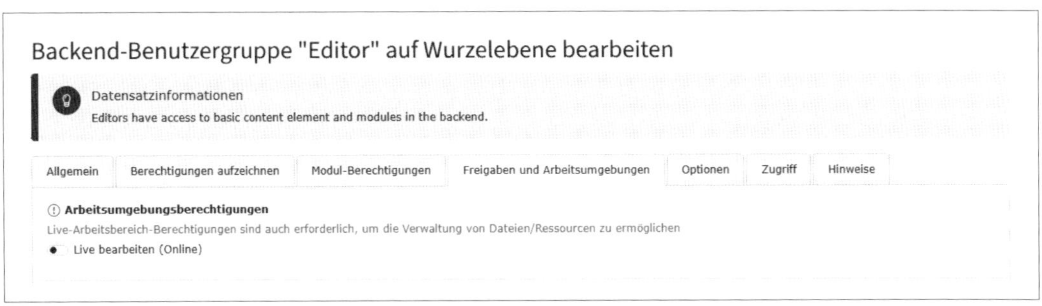

▲ Abbildung 11.40
Benutzer oder Gruppen aus der Live-Umgebung ausschließen

Achtung: Das Feld *Live bearbeiten* gibt es sowohl bei Nutzern als auch bei Nutzergruppen! Falls die Live-Bearbeitung für eine Gruppe deaktiviert, aber für einen einzelnen Nutzer in einer Gruppe noch aktiv ist (oder umgekehrt), darf dieser Nutzer weiterhin in der Live-Umgebung arbeiten.

Falls ein Benutzer nicht die Berechtigung hat, die Live-Umgebung zu bearbeiten, landet er bei der Anmeldung direkt in der Entwurfsumgebung. Wenn ein solcher Benutzer keinen Zugriff auf *irgendeine* Arbeitsumgebung hat, erscheint beim Log-in eine Fehlermeldung mit dem Inhalt *No such workspace defined.*

Änderungen in einer Arbeitsumgebung vornehmen und betrachten

Wenn Sie das Backend auf die Entwurfsarbeitsumgebung umgestellt haben, können Sie ganz regulär redaktionelle Änderungen vornehmen, so wie Sie es gewohnt sind. Haben sich bei einer Seite Änderungen am Inhalt ergeben, wird diese Seite im Seitenbaum mit einem Punkt gekennzeichnet. Auch Veränderungen einer Seite selbst führen dazu, dass eine neue Entwurfsversion einer Seite erstellt wird (beispielsweise wenn Sie ein Attribut einer Seite verändern oder die Seite an eine andere Position im Seitenbaum verschieben). Diese wird im Seitenbaum ebenfalls mit einem Punkt gekennzeichnet. Es kann sein, dass Sie den Seitenbaum über den *Neu laden*-Button oben rechts über dem Seitenbaum aktualisieren oder sogar das gesamte Backend neu laden müssen, damit die Kennzeichnung sichtbar wird (siehe Abbildung 11.41).

Abbildung 11.41 ▶ Mit einem Punkt hervorgehobene Seiten, die in der Entwurfsumgebung verändert wurden

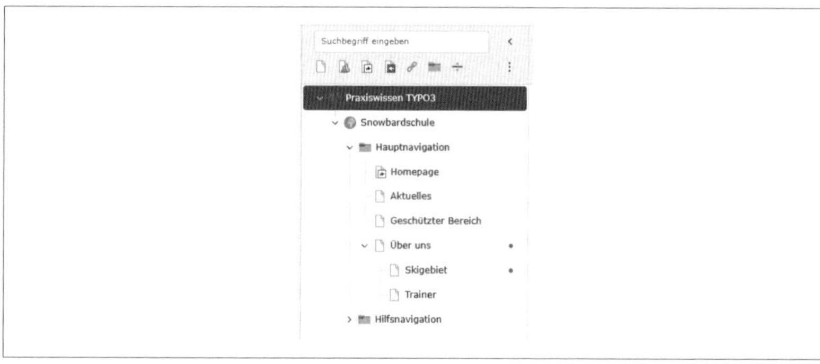

Haben Sie in einem Arbeitsbereich Änderungen vorgenommen und wechseln Sie anschließend in das *Arbeitsumgebungen*-Modul, gelangen Sie in die *Review*-Ansicht. Hier erhalten Sie eine Übersicht über sämtliche Änderungen, die innerhalb dieser Umgebung vorgenommen wurden (siehe Abbildung 11.42).

Abbildung 11.42 ▼ Die Review-Ansicht

Standardmäßig werden in der Review-Ansicht alle Änderungen dargestellt, die auf der aktuell im Seitenbaum ausgewählten Seite vorgenommen

wurden. Über die Auswahlfelder im oberen Bereich der Review-Ansicht können Sie die Auflistung auf Unterseiten der aktuell ausgewählten Seite ausweiten. In Abbildung 11.42 wurde hier beispielsweise der Wert *Unendlich* ausgewählt, um auch Änderungen tief verschachtelter Unterseiten anzuzeigen. Über die Schaltfläche *i* können Sie sich zu jedem Änderungsdatensatz weitere Details anschauen. So werden neue Einträge im Datensatz in Grün und gelöschte in Rot markiert (siehe Abbildung 11.43).

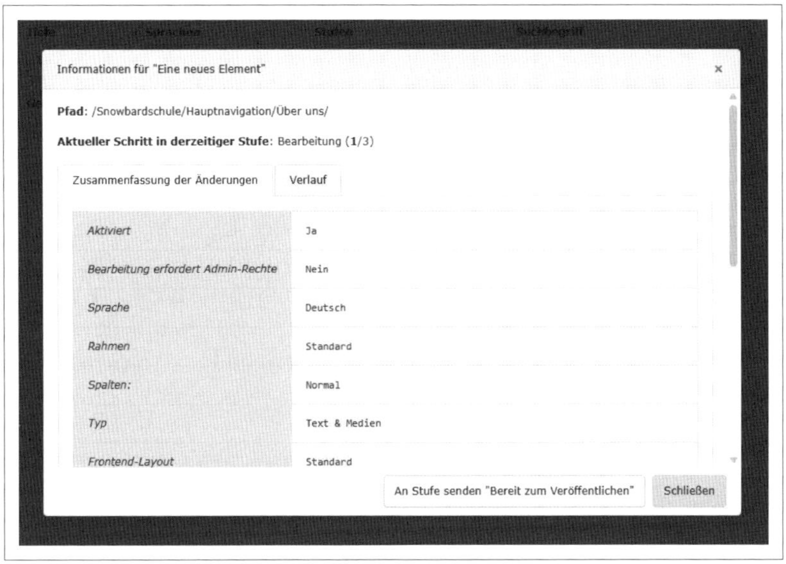

◀ **Abbildung 11.43**
Die Details eines veränderten Datensatzes

Im Reiter *Verlauf* können Sie zudem nachverfolgen, welche inhaltlichen Änderungen im zeitlichen Verlauf an dem Element vorgenommen wurden (siehe Abbildung 11.44).

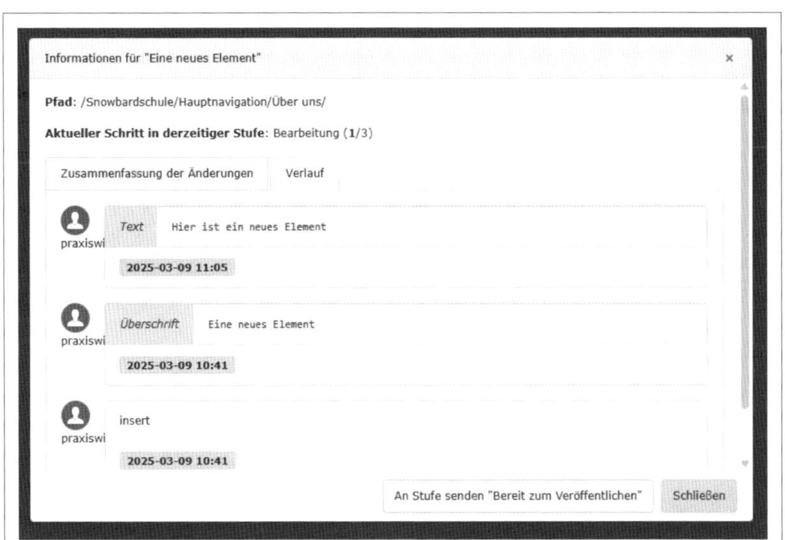

◀ **Abbildung 11.44**
Änderungen im zeitlichen Verlauf

Mehrstufige Arbeitsabläufe

In der Review-Ansicht sehen Sie, dass jede ausstehende Änderung eine *Aktuelle Stufe* hat, die anfangs auf *Bearbeiten* steht. Jede dieser Änderungen kann nun verschiedene Stufen eines Freigabeprozesses durchlaufen. Der besteht in der Standardkonfiguration aus folgenden drei Stufen:

1. Bearbeiten
2. Bereit zum Veröffentlichen
3. Veröffentlichung ausführen

Ein Redakteur, der eine Änderung vorgenommen hat, kann diese nach Abschluss auf die zweite Stufe, *Bereit zum Veröffentlichen*, anheben. Ein Besitzer einer Arbeitsumgebung (oder ein Administrator) kann eine Änderung dann in die Live-Umgebung veröffentlichen.

Über die Schaltflächen im rechten Bereich jeder Änderung steht Ihnen eine Reihe an Funktionen zur Verfügung, mit denen Sie z.B. diese Version der Seite bearbeiten können. Über die Schaltfläche *Elementvorschau* können Sie ein neues Fenster öffnen, in dem Sie die öffentliche und die bearbeitete Version der Seite komfortabel miteinander vergleichen können (siehe Abbildung 11.45).

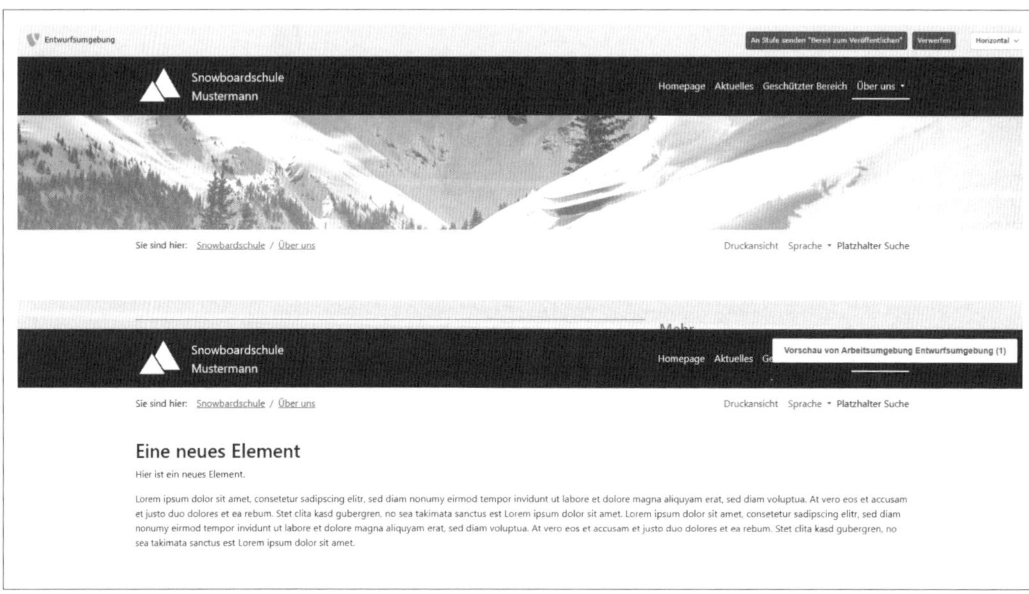

Abbildung 11.45 ▲ Vergleichsansicht zwischen der Live-Version und dem Entwurf

Um eine Änderung in die nächste Stufe zu verschieben, klicken Sie die entsprechende Zeile in der Übersicht noch einmal an. Dann öffnet sich das in Abbildung 11.43 gezeigte Pop-up-Fenster, mit dem Sie die Änderung in die jeweils nächste Stufe des Workflows verschieben können (also beispielsweise von *Bearbeiten* nach *Bereit zum Veröffentlichen*). Im zweiten Schritt können Sie Kommentare zur Änderung hinterlassen und weitere Benutzer – beispielsweise die Besitzer der Arbeitsumgebung oder andere interessierte Nutzer – darüber benachrichtigen.

Möchten Sie mehrere Änderungen gleichzeitig in eine andere Stufe verschieben oder veröffentlichen, steht auch eine Funktion zur Stapelverarbeitung zur Verfügung. Aktivieren Sie hierzu bei einer oder mehreren Änderungen in der Liste wie in Abbildung 11.46 gezeigt das Kontrollkästchen am Anfang der Spalte und wählen Sie im Auswahlfeld *Stufenaktionen auswählen* in eine der Optionen. Falls Sie sich dafür entscheiden, eine Veränderung nicht zu veröffentlichen, können Sie die Änderungen rückgängig machen, indem Sie die bearbeitete Version löschen. Auf diese Weise wird automatisch der Ursprungszustand wiederhergestellt.

Tipp Neben den vordefinierten Zuständen *Bearbeitung* und *Bereit für Veröffentlichung* können Sie für jede Arbeitsumgebung eigene Zustände anlegen. Bearbeiten Sie dazu die Arbeitsumgebung über *Workspace-Einstellungen bearbeiten* und wechseln Sie zum Tab *Benutzerdefinierte Stufen*. Hier können Sie über die Schaltfläche *Neu anlegen* zusätzliche Bearbeitungsstufen anlegen. Für andere Arbeitsumgebungen können Sie die Stufen anpassen, indem Sie die oberste Seite im *Listen*-Modul auswählen und dort die Arbeitsumgeung bearbeiten.

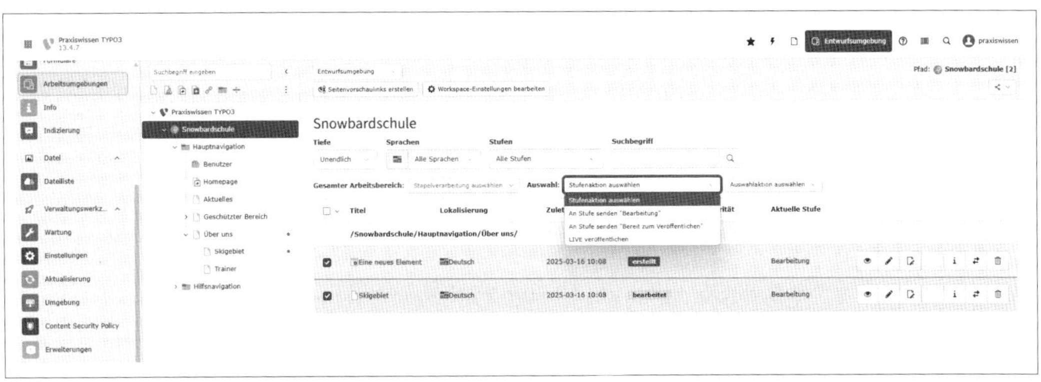

▲ **Abbildung 11.46**
Veröffentlichung von Änderungen in einer Entwurfsumgebung

Änderungen zeitgesteuert veröffentlichen

Statt auf Knopfdruck können Sie Änderungen in einer Arbeitsumgebung auch zeitgesteuert veröffentlichen – das ist praktisch, wenn Sie eine größere Menge Änderungen bereits im Vorfeld vorbereiten und dann zu einem ganz bestimmten Zeitpunkt automatisch veröffentlichen möchten.

Bearbeiten Sie hierzu die Arbeitsumgebung über das *Liste*-Modul. Unter dem Tab *Veröffentlichung/Zugriff* finden Sie das Datumsfeld *Veröffentlichen*. Hier können Sie ein Datum und einen genauen Zeitpunkt auswählen, an dem alle Änderungen in der Arbeitsumgebung veröffentlicht werden sollen. Konkret wird TYPO3 zu diesem Zeitpunkt dann alle Änderungen, die sich in der Stufe *Bereit zum Veröffentlichen* befinden, in die Live-Umgebung veröffentlichen.

Damit die Änderungen innerhalb einer Arbeitsumgebung tatsächlich zu diesem Zeitpunkt veröffentlicht werden, müssen Sie auf Ihrem Server einen sogenannten *Cron-Job* einrichten. Dabei handelt es sich um Kommandozeilen-Aufrufe, die von Ihrem Server automatisch zu wiederkehrenden Zeitpunkten gestartet werden.

In diesem Fall muss dabei der TYPO3-Kommandozeilenbefehl `workspace:autopublish` ausgeführt werden:

```
$ vendor /bin/typo3 workspace:autopublish
```

Sie können diesen Befehl zum Testen einmal von Hand auf einer Kommandozeile ausführen. Sofern nicht bereits eine Arbeitsumgebung existiert, deren Veröffentlichung fällig ist, sollte dieser Befehl die Ausgabe *Nothing to do* erzeugen.

Tipp Unter DDEV verwenden Sie wieder diese kurze Schreibweise:

```
ddev typo3 workspace:autopublish
```

Um diesen Befehl nun regelmäßig auszuführen, können Sie einen entsprechenden Cron-Job auf Ihrem Server installieren (mehr dazu folgt im nächsten Kapitel). Bedenken Sie dabei, dass das Ausführungsintervall des Cron-Jobs einen großen Einfluss auf das tatsächliche Veröffentlichungsdatum Ihrer Arbeitsumgebung haben kann. Haben Sie beispielsweise als Veröffentlichungsdatum einer Umgebung den 1. Januar 2026 um 9:05 eingestellt und ist Ihr Cron-Job so konfiguriert, dass er stets zur vollen Stunde läuft, dann würden Ihre Änderungen tatsächlich erst mit der nächsten Ausführung des Cron-Jobs um 10:00 veröffentlicht.

Benutzerdefinierte Abläufe konfigurieren

TYPO3 wäre nicht TYPO3, wenn Sie den Standard-Workflow mit den Stufen *Bearbeiten* und *Bereit zur Veröffentlichung* nicht auch an Ihre eigenen Bedürfnisse anpassen könnten.

Je nachdem, wie Ihre Redakteure arbeiten, kann es sinnvoll sein, diesen Standard-Workflow um weitere Stufen zu ergänzen. Vielleicht haben Sie in einem größeren Projekt mit mehreren Sprachen separate Benutzergruppen für Redakteure, die Inhalte in der Originalsprache erstellen, und für Übersetzer, die diese Inhalte dann in andere Sprachen übersetzen. Über eine benutzerdefinierte Stufe, in der die Übersetzer-Gruppe als verantwortliche Gruppe eingetragen ist, können Sie dann sicherstellen, dass jede Änderung zunächst über den (virtuellen) Schreibtisch eines Übersetzers wandert, bevor sie veröffentlicht wird.

Die Stufen eines Workflows sind stets mit einer bestimmten Arbeitsumgebung verknüpft. Um eigene Stufen zu definieren, bearbeiten Sie die Arbeitsumgebung, in der diese Stufen verfügbar sein sollen. Hier finden Sie den Tab *Benutzerdefinierte Stufen*, auf dem Sie mit dem Button *Neu anlegen* eigene Stufen hinzufügen können (siehe Abbildung 11.47).

▲ **Abbildung 11.47**
Erstellen eigener Workflow-Stufen

Jede benutzerdefinierte Stufe hat verantwortliche Benutzer. Genau wie bei den Besitzern und Mitgliedern der Arbeitsumgebung kann es sich hierbei sowohl um einzelne Benutzer als auch um ganze Benutzergruppen handeln. Unter dem Tab *Benachrichtigungseinstellungen* können Sie darüber hinaus einstellen, welche Benutzer auf welche Weise benachrichtigt werden sollen, wenn eine Änderung in diese Stufe verschoben wird.

Im Anschluss steht die neue Bearbeitungsstufe im *Arbeitsumgebungen*-Modul zur Verfügung. Dabei ist die erste Stufe stets die *Bearbeiten*-Stufe, die automatisch bei einer Änderung durch einen Benutzer für das geänderte Element gesetzt wird. Danach folgen Ihre eigenen Stufen in der definierten Reihenfolge, und schlussendlich folgt die *Bereit zum Veröffentlichen*-Stufe.

KAPITEL 12

Tipps und Tricks

In diesem Kapitel:

- Weiterleitungen verwalten
- Wiederkehrende Aufgaben: Der Scheduler
- Gelöschte Datensätze wiederherstellen: Der Recycler
- Ein Backup erstellen
- Update auf eine höhere TYPO3-Version
- Sicherheit und TYPO3
- Das Backend-Passwort vergessen?
- Tastenkürzel im Backend nutzen
- Den Seitenbaum und Lesezeichen effektiv nutzen
- LIVE- und DEV-Umgebungen
- Mit DDEV unter Windows effektiv arbeiten

In diesem Kapitel lernen Sie nützliche Tipps und Tricks kennen, die gelegentlich benötigt werden, thematisch aber nicht in die anderen Kapitel passen.

Weiterleitungen verwalten

Zuweilen kommt es vor, dass Besucher Ihre Website über einen Link ansurfen, den es in dieser Form vielleicht gar nicht mehr gibt (oder nie gegeben hat). Eine hübsche Fehlerseite hilft hier schon viel weiter. Aber in manchen Fällen ist ja womöglich bereits absehbar, zu welcher Seite der Nutzer *eigentlich* navigieren wollte. In diesem Fall können Sie zu *Weiterleitungen* (engl. *Redirects*) greifen – verfügbar unter dem gleichnamigen Menüpunkt im Abschnitt *Site Management*.

Falls dieser Menüpunkt bei Ihnen fehlt, müssen Sie das *Weiterleitungen*-Modul womöglich zunächst installieren. Das geht mit folgendem Befehl auf der Kommandozeile:

```
$ composer require typo3/cms-redirects=^13.4
```

Um die Installation abzuschließen, müssen Sie noch das Setup wie folgt erweitern:

```
$ vendor/bin/typo3 extension:setup
```

Tipp

Wenn Sie die Installation per DDEV vorgenommen haben, benötigen Sie hier wiederum das vorangestellte ddev und können auf die Kurzschreibweise für die TYPO3-CLI zurückgreifen:

```
$ ddev composer require typo3/cms-redirects=^13.4
$ ddev typo3 extension:setup
```

Generell sind Weiterleitungen für verschiedene Zwecke gut: Möglicherweise haben Sie eine Seite verschoben (bzw. deren URL-Segment geändert), möchten aber, dass alte Links auf diese Seite weiterhin funktionieren. Oder Sie wollen über eine Weiterleitung Tippfehlern vorbeugen, falls bestimmte Links oft von Hand eingegeben werden. Und womöglich möchten Sie sogar ganze Domains von einer Domain auf die andere weiterleiten – beispielsweise *snowboardschule-meyer.de* zu *snowboard-meyer.de* oder *snowboard-meyer.de* zu *www.snowboard-meyer.de*.

Tipp

»Sekunde mal – über den Webserver kann ich diese ganzen Weiterleitungen doch auch alle in einer *.htaccess*-Datei konfigurieren«, denken Sie sich nun vielleicht. Und genau das stimmt auch (zumindest, wenn Sie einen Apache-Webserver verwenden). Die Weiterleitungsfunktion im TYPO3-Backend ist lediglich eine komfortablere Art, solche Weiterleitungen zu konfigurieren, sodass dies auch für Redakteure ohne technisches Fachwissen möglich ist.

Ein technischer Unterschied besteht jedoch: Im Gegensatz zu einer *.htaccess*-Datei werden die hier vorgenommenen Weiterleitungen von TYPO3 selbst vorgenommen und nicht vom Webserver. Eine *.htaccess*-Weiterleitung hingegen wird vom Webserver ausgeführt, bevor die Anfrage die PHP-Applikation (wie etwa TYPO3) überhaupt erreicht. In der Praxis sollte das jedoch nur einen Unterschied machen, wenn zigtausende Weiterleitungen vorhanden sind.

Eine Weiterleitung erstellen

Im *Weiterleitungen*-Modul können Sie Weiterleitungen von einer URL auf eine andere als ganz normalen TYPO3-Systemdatensatz pflegen. Über den Button *Weiterleitung hinzufügen* können Sie eine neue Weiterleitung erstellen und sehen dabei zunächst das Formular in Abbildung 12.1.

Das Prinzip hinter einer solchen TYPO3-Weiterleitung ist einfach: Wann immer TYPO3 eine Anfrage erhält, deren Domäne und Pfad (bei *http://typo3.example/test* also `typo3.example` als Domäne und `/test` als Pfad) den unter *Quelldomain* und *Quellpfad* angegebenen Bedingungen entspricht, wird der Browser des Nutzers zu dem unter *Ziel* angegebenen Ziel weitergeleitet. Das Ziel kann entweder eine existierende Seite im TYPO3-Seitenbaum oder eine frei definierbare URL sein.

Sowohl Domäne als auch Pfad können so konfiguriert werden, dass sie auf mehrere mögliche URLs zutreffen. In der *Quelldomain* können Sie einfach ein Wildcard-Zeichen * verwenden. Das *Quellpfad*-Feld kann auch einen regulären Ausdruck enthalten, wenn Sie das Feld *Ist ein regulärer Ausdruck?* aktivieren. Über eine Eingabe wie etwa `/^\/snowboard(schule|unterricht)/` können Sie dann alle Anfragen weiterleiten, deren Pfad mit */snowboardschule* oder */snowboardunterricht* beginnt.

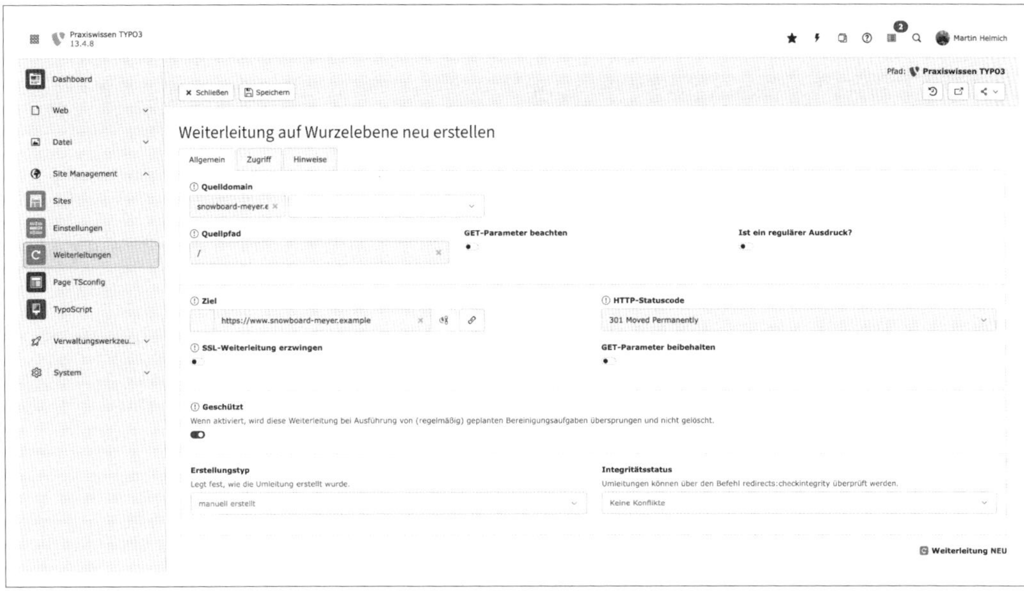

▲ Abbildung 12.1
Erstellen einer neuen Weiterleitung

Das *Ziel* kann entweder eine bestehende Seite im TYPO3-Seitenbaum oder irgendeine beliebige URL sein. Über den Link-Button rechts neben dem Eingabefeld öffnen Sie ein Pop-up, in dem Sie das (wie auch immer geartete) Ziel der Weiterleitung konfigurieren können.

Weiterleitungen debuggen

Insbesondere wenn Sie viele Weiterleitungen angelegt haben, kann es zuweilen unübersichtlich werden. Vielleicht werden Sie irgendwann das Problem haben, dass TYPO3 Anfragen von einer URL auf eine andere weiterleitet, aber Sie gar nicht mehr genau wissen, warum das passiert.

In dieser Situation hilft ein nützliches Feature weiter: Wenn TYPO3 eine Weiterleitung vornimmt, wird die ID des entsprechenden Weiterleitungsdatensatzes aus dem TYPO3-Backend in einen speziellen HTTP-Header eingefügt. Diesen Header können Sie sehen, wenn Sie beispielsweise im Chrome-Browser die *Entwicklertools* öffnen und auf den Tab *Network* wechseln. (Falls Sie Safari als Browser benutzen: Dort funktioniert das Ganze leider nicht, da Safari keine Weiterleitungen protokolliert.) Hier sehen Sie einzelne HTTP-Anfragen, die Ihr Browser beim Aufruf einer Seite stellt, und können auch die Antworten genau inspizieren. Abbildung 12.2 zeigt eine Beispielausgabe.

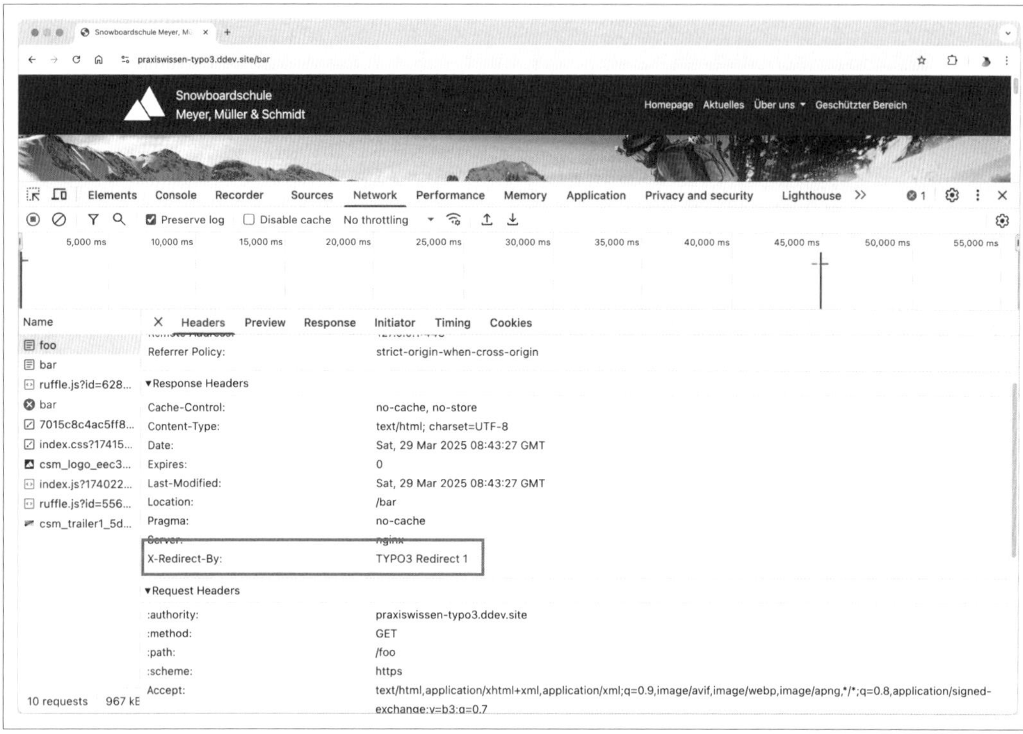

Abbildung 12.2 ▲
HTTP-Weiterleitungen mit Google Chrome debuggen

Wenn eine Weiterleitung aufgrund einer im TYPO3-Backend hinterlegten Regel vorgenommen wurde, finden Sie unter den *Kopfzeilen* (den *Headern*) der HTTP-Antwort einen entsprechenden `X-Redirect-By`-Header. Dieser enthält die ID des Datensatzes, der die Weiterleitung verursacht hat. Über das *Liste*-Modul im TYPO3-Backend können Sie anschließend auf der Wurzelseite den Datensatz mit der entsprechenden ID suchen.

Wiederkehrende Aufgaben: Der Scheduler

Gerade in komplexeren TYPO3-Umgebungen gibt es eine Reihe von Aufgaben, die regelmäßig ausgeführt werden sollten. Dazu können beispielsweise Wartungsaufgaben zählen, etwa die automatische Kontrolle des Systemstatus oder das Einlesen von Meta-Informationen von hochgeladenen Dateien. Auch das zeitgesteuerte Veröffentlichen von Änderungen aus einer Arbeitsumgebung (Sie erinnern sich möglicherweise aus dem letzten Kapitel) zählt zu dieser Art Aufgaben.

Viele Erweiterungen bringen dafür bereits eigene Skripte mit, die über eine Kommandozeilenumgebung oder als *Cron-Job* gestartet werden können.[1]

1 Der Cron-Dienst ist ein Dienstprogramm unter Unix-artigen Systemen. Seine Aufgabe ist die zeitgesteuerte Ausführung von beliebigen Kommandos (sogenannten Cron-Jobs).

Der *Planer* (engl. *Scheduler*) bietet eine Möglichkeit, sämtliche innerhalb einer TYPO3-Installation anfallenden Wartungsaufgaben zentral zu verwalten.

Einrichten des Schedulers

Beim Scheduler handelt es sich um eine Systemerweiterung, die standardmäßig bereits installiert ist. Wie schon bei der *Workspaces*-Extension aus Kapitel 11, *Das Backend für Redakteure anpassen* gilt: Falls Sie TYPO3 per Composer installiert haben, kann es sein, dass Sie die Extension zunächst per Composer nachinstallieren müssen. Das geht mit folgendem Befehl auf der Kommandozeile:

```
$ composer require typo3/cms-scheduler=^13.4
```

Um die Installation abzuschließen, müssen Sie noch das Setup wie folgt ergänzen:

```
$ vendor/bin/typo3 extension:setup
```

Tipp

Wenn Sie die Installation per DDEV vorgenommen haben, benötigen Sie hier wiederum das vorangestellte `ddev` und können auf die Kurzschreibweise für die TYPO3-CLI zurückgreifen:

```
$ ddev composer require typo3/cms-scheduler=^13.4
$ ddev typo3 extension:setup
```

Nach diesen Schritten finden Sie das neue Modul *Planer* in dem Menü im Bereich *System*. Sie landen zunächst auf einer Übersichtsseite der aktuell geplanten Aufträge (von denen es beim ersten Aufruf nach der Installation also wahrscheinlich noch keine gibt).

Die eigentliche Ausführung von zeitgesteuerten Aufträgen erfolgt über einen speziellen TYPO3-Kommandozeilenbefehl namens `scheduler:run`.

Um sicherzustellen, dass der Scheduler korrekt ausgeführt werden kann, wechseln Sie im Auswahlmenü in der oberen Zeile zunächst in den Abschnitt *Aufgabenplaner Konfigurationsprüfung*. Sie gelangen zu einem Assistenten, der überprüft, ob das Kommandozeilenskript, mit dem der Scheduler gesteuert wird, mit den Nutzerrechten des Webservers überhaupt ausgeführt werden kann. Sollte hier ein Warnhinweis erscheinen, hilft normalerweise der folgende Befehl auf der Kommandozeile:

```
$ chmod +x vendor/bin/typo3
```

Der Warnhinweis *Der Planer wurde noch nie ausgeführt* unter dem Abschnitt *Letzte Ausführung* (siehe Abbildung 12.3) ist normal, wenn Sie den Scheduler gerade erst einrichten. Er ist also kein besonderer Anlass zur Sorge.

Tipp Unter Umständen wird der Pfad zur Ausführung des Schedulers nicht richtig angezeigt. Dies ist zum Beispiel bei einer lokalen DDEV-Installation der Fall, bei der Ihnen `/var/www/html/vendor/bin/typo3 scheduler:run` angezeigt wird, während die korrekte Ausführung über `ddev typo3 scheduler:run` stattfindet.

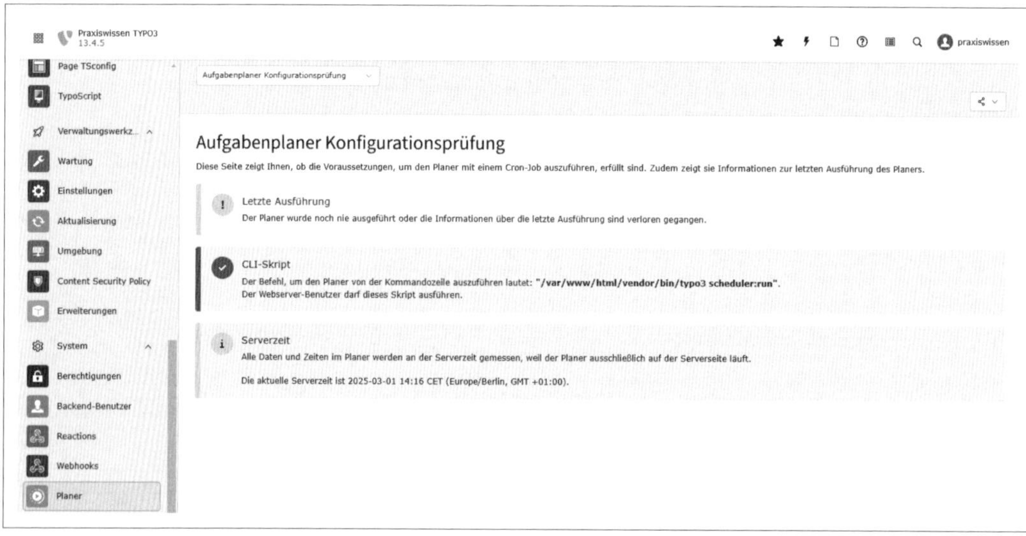

Abbildung 12.3 ▲ Überpüfung der Scheduler-Umgebung

Sind auf der *Aufgabenplaner Konfigurationsprüfung*-Seite ansonsten keine Warnhinweise in Sicht, können Sie versuchen, das Scheduler-Skript probehalber einmal von Hand auszuführen. Der Dateipfad des aufzurufenden Skripts steht unter dem Abschnitt *CLI-Skript*. Rufen Sie dieses Skript mit folgendem Befehl auf (passen Sie den Dateipfad des Skripts dabei gegebenenfalls an den tatsächlichen Dateinamen an):

```
php vendor/bin/typo3 scheduler:run
```

Für DDEV-Installationen gilt auch hier wieder die Kurzschreibweise:

```
ddev typo3 scheduler:run
```

In guter alter UNIX-Tradition gibt der Befehl keine Ausgabe aus, wenn er erfolgreich ausgeführt werden konnte. Nach der ersten Ausführung sollten Sie jedoch auf der *Konfiguration prüfen*-Seite eine Bestätigung finden, dass der Scheduler erfolgreich ausgeführt werden konnte.

Läuft dieser Befehl ohne Fehlermeldung durch, können Sie ihn als Cron-Job einrichten. Verwenden Sie dafür das Kommando `crontab -e`. Folgende Zeile sorgt beispielsweise dafür, dass der Scheduler stündlich ausgeführt wird:

```
0 * * * * php /pfad/zur/typo3-installation/vendor/bin/typo3 scheduler:run
```

Tipp Bei Managed-Hosting-Anbietern steht der `crontab`-Befehl häufig nicht zur Verfügung. Viele Anbieter stellen stattdessen jedoch eine grafische Verwaltungsoberfläche für das Einrichten von Cron-Jobs zur Verfügung. Verwenden Sie gegebenenfalls diese, um den Scheduler-Cron-Job anzulegen. In lokalen DDEV-Installationen können Sie das Add-on *ddev-cron*[2] verwenden.

Hinsichtlich des Zeitplans Ihres Cron-Jobs gilt es, Folgendes zu bedenken: Im TYPO3-Scheduler können Sie viele verschiedene Tasks definieren, die alle nach unterschiedlichen Zeitplänen laufen können. Diese werden jedoch später alle von dem einen Cron-Job gestartet, den Sie soeben eingerichtet haben. Dies bedeutet aber auch, dass der tatsächliche Ausführungszeitpunkt eines Tasks sowohl von dem im TYPO3-Backend konfigurierten Zeitplan als auch von dem Ausführungszeitplan des Cron-Jobs abhängt.

Konfigurieren Sie beispielsweise einen Task im TYPO3-Backend, der alle fünf Minuten ausgeführt werden soll, würde er mit der obigen Cron-Konfiguration dennoch nur einmal pro Stunde ausgeführt werden, da der Cron-Job nur zu jeder vollen Stunde ausgeführt wird. Aus diesem Grund kann es sinnvoll sein, den Cron-Job selbst so oft wie möglich auszuführen (im Extremfall jede Minute über den Zeitplan * * * * *). Behalten Sie hierbei jedoch die Auslastung Ihres Servers im Auge und verlängern Sie gegebenenfalls das Intervall, mit dem der Cron-Job ausgeführt wird.

Aufgaben (Tasks) anlegen

Bei Aufgaben (engl. *Tasks*) handelt es sich um vordefinierte Wartungsaufgaben, die in bestimmten Zeitintervallen automatisch durchgeführt werden können. Um Aufgaben zu verwalten, wechseln Sie in das *Planer*-Modul (engl. *Scheduler*) im Bereich *System* und wählen im Auswahlmenü im oberen Bereich den Menüpunkt *Geplante Tasks*. Hier finden Sie eine Übersichtsliste über bereits angelegte Tasks (sofern vorhanden). Mit einem Klick auf den Button *Task hinzufügen* in der oberen Menüzeile können Sie einen neuen Task erstellen. In der zugehörigen Oberfläche finden Sie wie in Abbildung 12.4 eine Übersicht der möglichen Aufgaben.

Dabei handelt es sich um sämtliche Aufgaben, die von TYPO3 oder installierten Extensions zur Verfügung gestellt werden. Wählen Sie hier zum Beispiel den Task *Dateiabstraktionsschicht: Meta-Daten in Speicher entpacken* aus.

2 *https://github.com/ddev/ddev-cron*

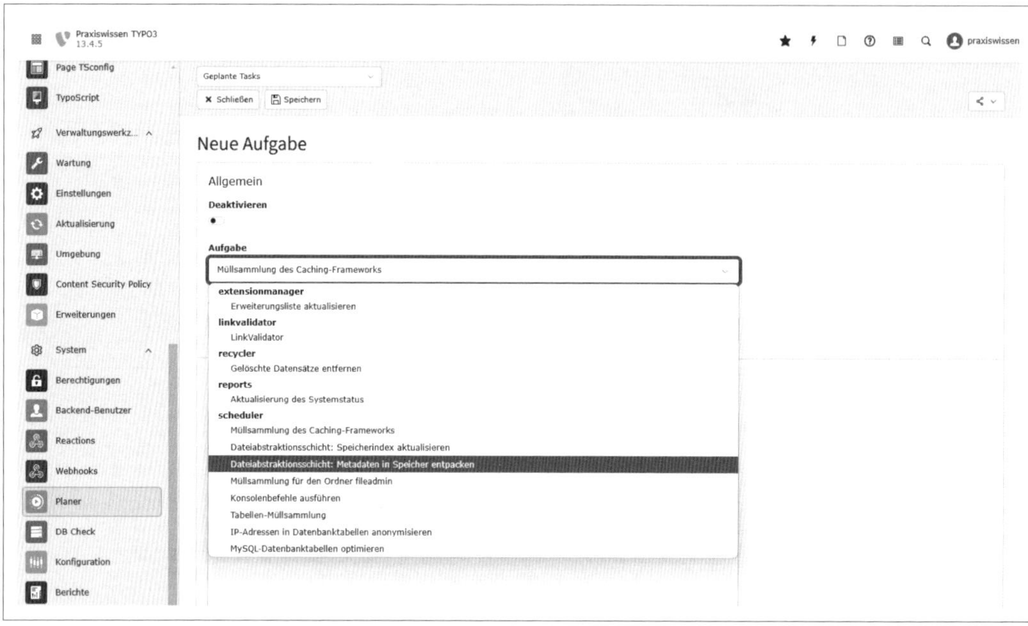

Abbildung 12.4 ▲
Übersicht der Aufgaben im Scheduler

Die Einstellungsmöglichkeiten unterscheiden sich nun ein wenig von Aufgabe zu Aufgabe. Für das Extrahieren von Meta-Informationen müssen Sie zum Beispiel den Speicherort angeben (in diesem Fall *fileadmin*) und die Anzahl der zu indizierenden Dateien pro Durchlauf. Je nach Hostinganbieter kann die Ausführungszeit beschränkt sein, wodurch es notwendig sein kann, die Anzahl an Dateien zu verringern (Standard: 100).

Die Einstellungen zum *Timing* sind für alle Aufgaben identisch. Hier definieren Sie, ob eine Aufgabe nur einmalig oder wiederkehrend ausgeführt werden soll. Darüber hinaus können Sie angeben, ob die Aufgabe nur ab oder bis zu einem bestimmten Zeitpunkt benötigt wird. Als Start-Zeitpunkt wird dabei die aktuelle Uhrzeit eingetragen. Sofern Sie nicht im Zeitreisen geübt sind, können Sie schließlich keine Aufgabe nachträglich in der Vergangenheit ausführen. Mit der *Häufigkeit* bestimmen Sie, in welchen Intervallen die angelegte Aufgabe in dem definierten Zeitfenster ausgeführt werden soll. Sie können hier einen Cron-Befehl (wie beispielsweise `* * * * *` für »jede Minute« oder `12 23 * * *` für »täglich um 23:12«) oder einfach ein Intervall in Sekunden definieren. Beachten Sie jedoch, dass der tatsächliche Ausführungszeitpunkt des Tasks auch davon abhängt, nach welchem Zeitplan der Cron-Job läuft, der das Scheduler-Skript ausführt.

Über den Toggle-Schalter *Parallele Ausführung* können Sie festlegen, ob diese Aufgabe ausgeführt werden darf, während ebenfalls noch eine andere Ausführung läuft. Diese Einstellung kann notwendig sein, wenn eine Aufgabe tendenziell länger laufen kann, als das festgelegte Intervall vorgibt. Beachten Sie, dass die zugrunde liegende Funktion der Aufgabe entsprechend programmiert sein muss, um in solchen Fällen zum Beispiel nicht mehrfach an den gleichen Daten zu arbeiten. Im Zweifelsfall sollte die parallele Ausführung daher nicht erlaubt werden, was auch der Standard-Einstellung entspricht.

Wählen Sie für dieses Beispiel im Feld *Typ* die Option *wiederkehrend* aus und setzen Sie das Intervall auf stündlich (`0 */1 * * *`), wie in Abbildung 12.5 zu sehen ist.

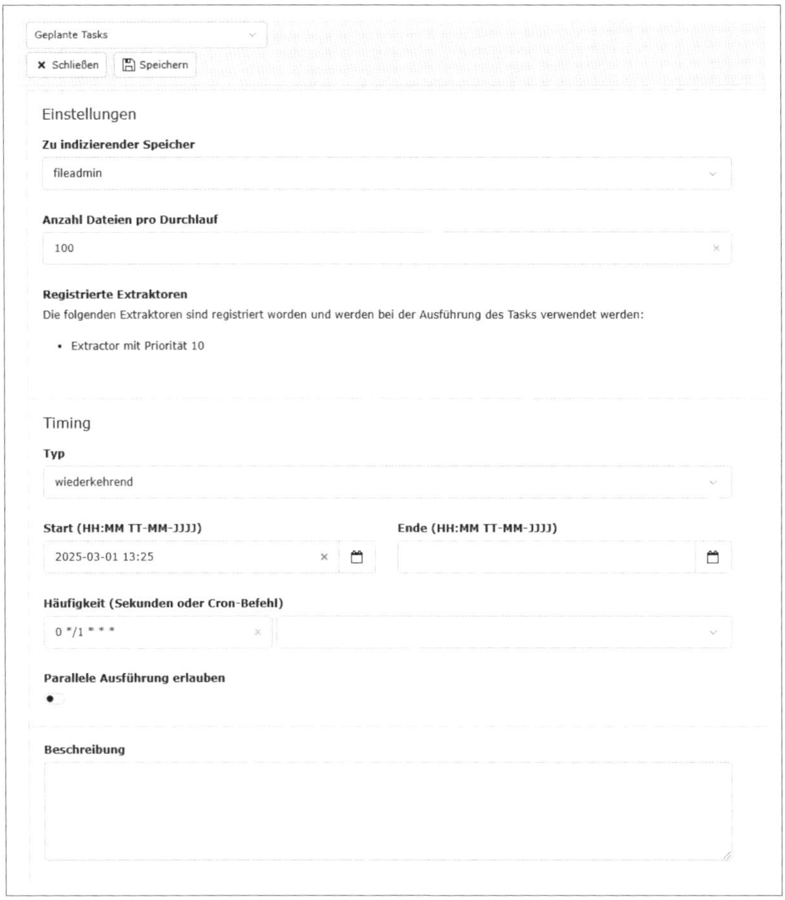

◀ Abbildung 12.5
Anlegen eines neuen Scheduler-Tasks

Nach dem Speichern dieses Tasks wird er in der Übersichtsliste angezeigt. Hier können Sie erkennen, wann der Task zum letzten Mal ausgeführt wurde und wann er das nächste Mal ausgeführt werden wird. Sie können den Task auch durch die Auswahlbox in der linken Spalte auswählen und über die Schaltfläche *Ausgewählte Tasks ausführen* sofort starten. Für einzelne Tasks können Sie auch den Play-Button nutzen. Klicken Sie diesen einmal an und Sie werden wie in Abbildung 12.6 sehen, dass TYPO3 eine manuelle Ausführung erkannt hat. Dies bezieht sich nur darauf, dass die Aufgabe im Backend ausgeführt wurde. Ob eine Ausführung über den `scheduler:run`-Befehl über einen Cron-Job oder per Hand geschehen ist, lässt sich für TYPO3 nicht ermitteln.

Abbildung 12.6 ▲
Eine Aufgabe manuell ausführen

Wenn Sie nun bis zur nächsten vollen Stunde warten, wird die Aufgabe als verspätet angezeigt, sofern Sie keinen Cronjob angelegt haben. Führen Sie in diesem Fall den `scheduler:run`-Befehl noch einmal aus und Sie werden sehen, dass die Aufgabe ausgeführt wurde und wiederum zur nächsten vollen Stunde ansteht.

Gelöschte Datensätze wiederherstellen: Der Recycler

Datensätze werden von TYPO3 in der Datenbank nicht gelöscht, sondern mit einem Flag markiert. Zu jedem Datensatz gibt es in der Datenbank einen Tabelleneintrag und darin das Feld *deleted*. Wenn dieses Feld auf 1 gesetzt ist, wurde der Datensatz im TYPO3-Backend gelöscht. Der Datensatz wird vom Backend nicht mehr angezeigt, der Eintrag bleibt jedoch in der Datenbank gespeichert. Das ist eine sehr nützliche Funktion, die eine History und eine Wiederherstellung von geänderten Daten ermöglicht. Das Zurücksetzen kann in der Datenbank selbst erfolgen oder über die Systemerweiterung *Recycler*.

Tipp

Nutzen Sie am besten die TYPO3-eigenen Funktionen, um gelöschte Datensätze wiederherzustellen. Diese werden als Ereignis gespeichert und führen dazu, dass die Änderungen nachvollziehbar bleiben. Wenn Sie direkt in der Datenbank Hand anlegen, sind die Datensätze zwar wieder verfügbar. In der Änderungshistorie ist der letzte Eintrag aber nach wie vor die Löschung.

Stellen Sie sich einmal vor, ein Redakteur hat Datensätze fälschlicherweise gelöscht und will diese nun wiederhergestellt haben. Sie müssten in eine Datenbank-Verwaltungsoberfläche wie phpMyAdmin gehen und alle Datensätze suchen, deren *deleted*-Flag auf 1 steht. Dann müssten Sie noch prüfen, ob diese Einträge auch dem Benutzer gehören und vom richtigen Datum sind, und danach müssten Sie alle Einträge manuell wieder auf 0 setzen. Was für eine Arbeit!

Komfortabler geht das mit dem *Papierkorb*-Modul (engl. *Recycler*; siehe Abbildung 12.7). Auch dieses gehört bereits zum Standard-Installationsumfang. Falls Sie TYPO3 per Composer installiert haben, werden Sie den Recycler womöglich erst mit dem Kommandozeilen-Befehl `composer require typo3/cms-recycler "^13.4"` und `php vendor/bin/typo3 extension:setup` nachinstallieren müssen.

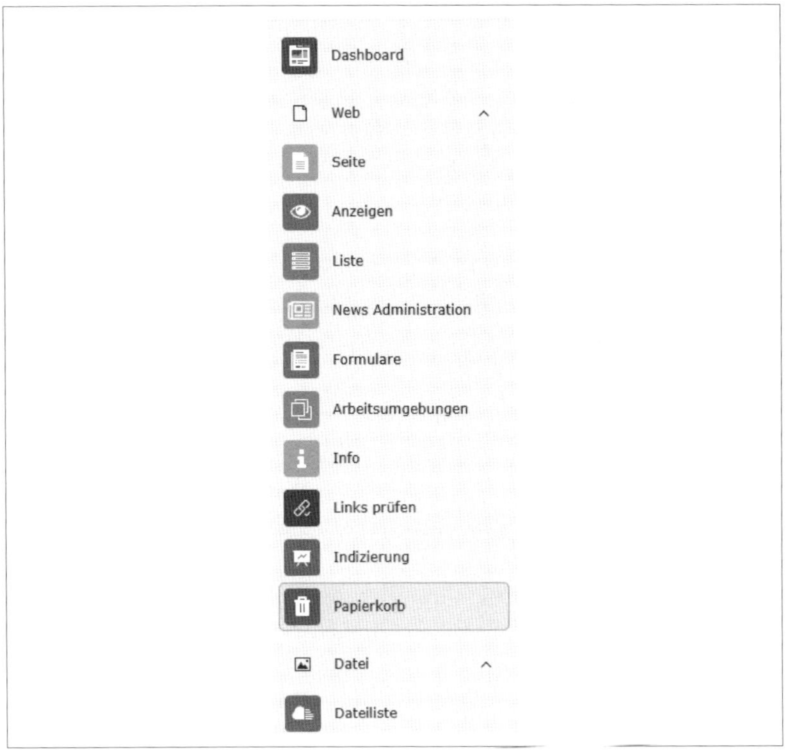

◀ Abbildung 12.7
Das Modul »Papierkorb« im TYPO3-Backend

Legen Sie zum Testen einen neuen Datensatz vom Typ *Artikel* auf der Seite *Aktuelles* an und löschen Sie ihn gleich wieder über das Mülleimersymbol. Gehen Sie anschließend in das Modul *Papierkorb* und wählen Sie im Seitenbaum die Seite *Aktuelles*. Der gelöschte Artikel wird Ihnen angezeigt (und eventuell auch weitere von Ihnen gelöschte Datensätze). Zusätzlich erhalten Sie Informationen zum Datensatz (siehe Abbildung 12.8). Nachdem Sie die Checkbox für den Artikel gesetzt haben, ist über die Schaltfläche *Löschen* das endgültige (!) Löschen und über *Wiederherstellen* das Wiederherstellen möglich.

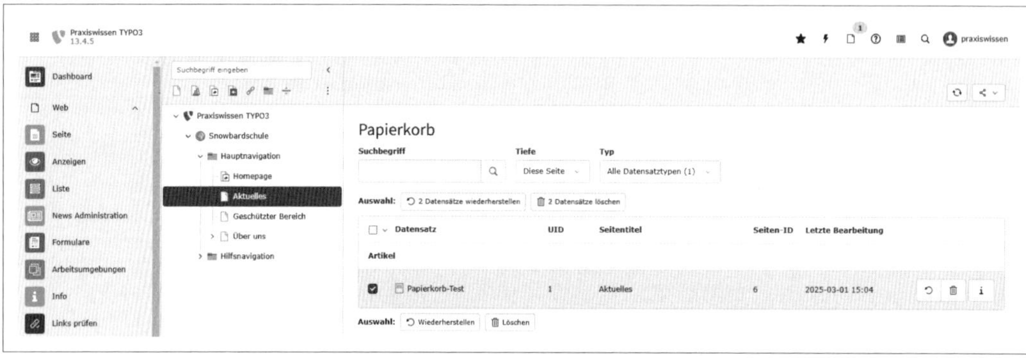

Abbildung 12.8 ▲
Das Wiederherstellen von gelöschten Datensätzen

Wenn Sie auf *Wiederherstellen* klicken, erhalten Sie noch einmal eine Sicherheitsabfrage, ob der Datensatz wirklich wiederhergestellt werden soll. Darüber hinaus können Sie, wie in Abbildung 12.9 zu sehen ist, auch festlegen, dass eine rekursive Wiederherstellung stattfinden soll. Diese Funktion ist sehr nützlich, wenn Sie versehentlich ganze Teile eines Seitenbaums gelöscht haben.

Abbildung 12.9 ▶
Eine Wiederherstellung ist auch rekursiv möglich.

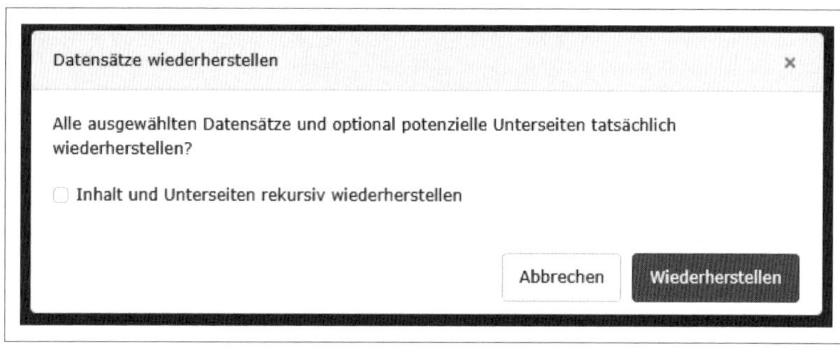

Den Recycler können Sie auch nutzen, um die Datenbank aufzuräumen und von veralteten Datensätzen zu reinigen. Seien Sie dabei aber behutsam, denn es gilt dasselbe Prinzip, das Sie beispielsweise vom Papierkorb auf dem Windows- oder macOS-Desktop kennen: Was einmal aus dem Papierkorb gelöscht wurde, ist endgültig und unwiderruflich weg.

All diese Operationen werden zudem im *Administrationsprotokoll* festgehalten, das Sie im linken Menü über *Protokoll* (engl. *Log*) aufrufen können. Dabei werden Ihnen standardmäßig die letzten 50 Aktionen angezeigt. Sie können diese über die Filtermöglichkeiten im oberen Bereich eingrenzen, wenn Sie beispielsweise nur die Aktivitäten einer speziellen Seite oder eines speziellen Benutzers sehen möchten oder wenn ein bestimmter Tag Ihr Interesse weckt. Aktuell sollten die letzten Aktionen das Erstellen, Löschen und Wiederherstellen des Artikel-Datensatzes wie in Abbildung 12.10 sein.

▲ **Abbildung 12.10**
Das Administrationsprotokoll

Ein Backup erstellen

Um ein Backup von TYPO3 zu erstellen, gibt es grundsätzlich mehrere Möglichkeiten. Auch stehen bereits einige Erweiterungen dafür zur Verfügung. In diesem Abschnitt werden Sie allerdings erfahren, wie Sie selbst ein manuelles Backup durchführen können, damit Sie wissen, welche Daten tatsächlich zum Wiederherstellen einer TYPO3-Präsentation benötigt werden.

Ein manuelles Backup besteht aus zwei Bereichen: den benötigten Dateien sowie den Daten aus der Datenbank. Als Dateien werden alle von Ihnen und auch von den Redakteuren hochgeladenen Dateien benötigt, die sich beispielsweise im Ordner *public/fileadmin/* befinden. Darüber hinaus befindet sich im *public/*-Verzeichnis mit der *index.php* und dem *typo3/*-Verzeichnis der jeweils zentrale Einstiegspunkt für Ihr Front- und Backend. Da es sich dabei um Standard-Dateien handelt, an denen Sie nie Änderungen vornehmen sollten, könnten diese auch ohne Backup rekonstruiert werden. Sichern Sie aber lieber das komplette *public*-Verzeichnis, um eine schnelle Wiederherstellung sicherzustellen.

Darüber hinaus benötigen Sie das *config/-Verzeichnis*. In diesem Ordner befindet sich beispielsweise die Datei *system/settings.php*, die die Konfiguration des Grundsystems (Datenbankverbindungen usw.) enthält und in der alle über das Install-Tool durchgeführten Änderungen abgespeichert sind. Über das *Site Management*-Modul erstellte Site-Konfigurationen liegen in *config/sites/*.

Wichtig ist zudem das Verzeichnis, in dem Sie Ihre eigenen Extensions und Site Packages ablegen. Im Laufe dieses Buchs haben Sie dafür ein Verzeichnis namens *packages* angelegt. Das Verzeichnis kann auch anders benannt werden, muss aber in jedem Fall gesichert werden.

Außerdem benötigen Sie die Dateien *composer.json* und *composer.lock*. Aus diesen können die installierten Pakete und zugehörigen Versionen rekonstruiert werden, womit Sie das *vendor*-Verzeichnis theoretisch nicht sichern müssen. Es ließe sich im Anschluss einer Wiederherstellung auch über ein *composer install* rekonstruieren.

Das *var*-Verzeichnis enthält unter anderem Log-Dateien und Caches, die auf dem Dateisystem gespeichert werden, sowie zahlreiche weitere temporäre Dateien, z.B. mit Session-Informationen. Diese Dateien werden nicht benötigt, um die Funktion der Seite wiederherzustellen. Falls Sie das Verzeichnis nicht sichern, gehen Ihnen höchstens Log-Dateien mit früher aufgetretenen Fehlern verloren. Allerdings kann es durchaus sinnvoll sein, gerade diese Log-Dateien zu sichern – schließlich enthalten sie vielleicht genau die Fehlermeldungen, die überhaupt der Auslöser für die Wiederherstellung aus einem Backup waren.

Für eine minimalistische Sicherung der Dateien werden somit die folgenden Ordner einschließlich aller Dateien und Unterordner benötigt:

public/
config/
packages/
composer.json
composer.lock

Um eine Wiederherstellung zu beschleunigen, können Sie allerdings auch alle Dateien und Verzeichnisse Ihrer Installation sichern. In den meisten Fällen ist die zusätzliche Größe durch Caches, Logs und die Pakete im *vendor*-Verzeichnis überschaubar. Mit dem zusätzlich benötigten Speicherplatz erkaufen Sie sich weniger Aufwand bei der Wiederherstellung, da beispielsweise keine Pakete per Composer nachinstalliert werden müssen.

Anstatt alle Dateien herunterzuladen, können Sie sie vorher auch in einem *tar*-Archiv zusammenpacken. Wechseln Sie dafür zunächst in ein Verzeichnis, das nicht über eine Domain von außen erreichbar ist (beispielsweise */backup*), und führen Sie anschließend den `tar`-Befehl auf Ihr TYPO3-Verzeichnis aus:

```
~/backup$ tar -czf typo3-praxiswissen-backup.tar.gz /pfad/zu/praxiswissen-
typo3/
```

Von hier aus können Sie sich das Backup nun herunterladen und anschließend auf dem Server löschen, um Speicherplatz zu sparen. Wenn der Fall der Fälle eintritt und Sie das Backup wieder einspielen müssen, können Sie das Tar-Archiv wieder hochladen. Über das `x`-Argument (für e**x**tract statt `c` für ***c**reate*) entpacken Sie es in dem Verzeichnis, in dem es sich befindet:

```
~/backup$ tar -xzf typo3-praxiswissen-backup.tar.gz
```

Warnung Legen Sie Ihre Backups unter keinen Umständen in einem öffentlich erreichbaren Verzeichnis wie *public* ab! Böse Akteure suchen regelmäßig nach Backups, indem sie verschiedene Dateinamen abfragen, wie zum Beispiel *https://www.domain.tld/backup.tar.gz*. Schafft es ein Angreifer so, eines Ihrer Backups zu ergattern, ist er mindestens im Besitz Ihrer Datenbankzugangsdaten aus der *settings.php*!

Neben Ihren Verzeichnissen und Dateien benötigen Sie noch die Daten aus der Datenbank. Hierfür eignet sich zum Beispiel das Tool *phpMyAdmin*[3], das als eigene Anwendung installiert werden kann. Viele Hostinganbieter stellen Ihnen bereits eine vorkonfigurierte *phpMyAdmin*-Installation zur Administration Ihrer Datenbanken zur Verfügung. Falls dies der Fall ist, verwenden Sie diese. Andernfalls müssen Sie sich zusätzlich um die Updates von phpMyAdmin kümmern. In Abbildung 12.15 sehen Sie die Maske, mit der Sie eine Sicherung der Datenbank erstellen können.

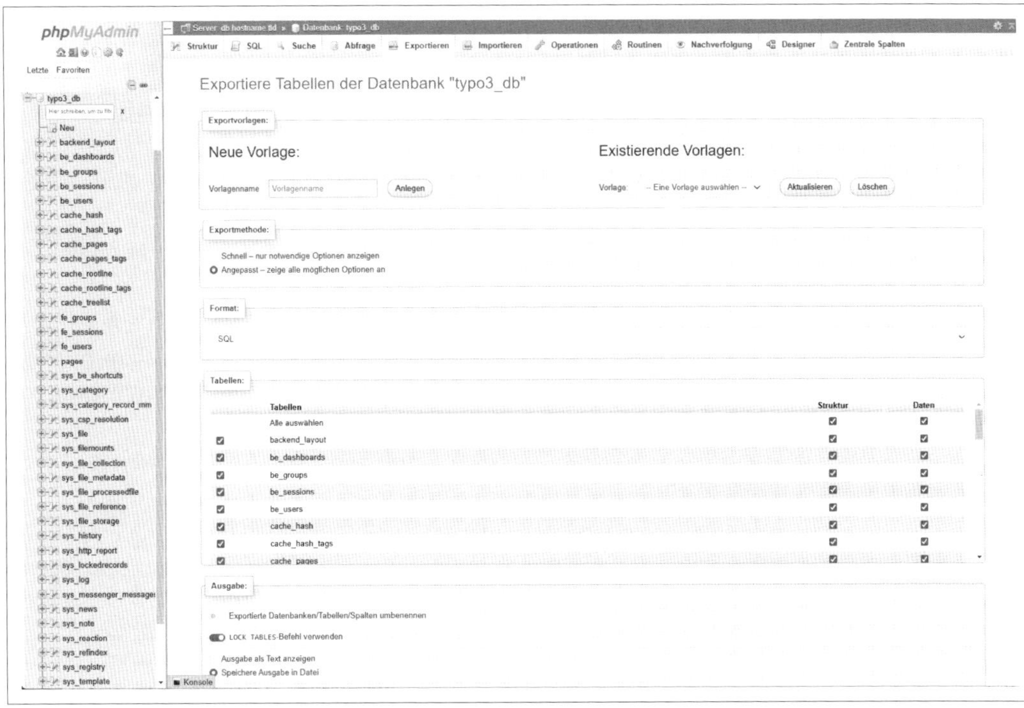

▲ **Abbildung 12.11**
Einen Datenbank-Dump mit phpMyAdmin erstellen

Zum Anlegen des Datenbank-Dumps gibt es – insbesondere bei der angepassten Exportmethode – zahlreiche Einstellungsmöglichkeiten. Um sicherzustellen, dass das Backup konsistent ist, sollten Sie insbesondere darauf achten, dass die beiden Optionen *LOCK TABLES-Befehl verwenden* und *Export in einer Transaktion zusammenfassen* aktiviert sind. Außerdem sollte die Option *DROP TABLE / ...-Befehl hinzufügen* aktiviert sein.

Es kann nicht schaden, wenn Sie alle Datenbanktabellen herunterladen. Sollten Sie allerdings Probleme der Art haben, dass Sie aufgrund einer Prozesszeitbegrenzung Ihres Webservers nicht alle Daten exportiert bekommen, können Sie entweder jede einzelne Datenbanktabelle separat

3 *https://www.phpmyadmin.net/*

sichern oder aber nur die tatsächlich benötigten. Pauschal lässt sich sagen, dass alle Tabellen, die mit *cache_** beginnen, nicht benötigt werden bzw. dass der Inhalt und auch die Struktur dieser Tabellen problemlos rekonstruiert werden können. Wenn Sie die Tabellen gar nicht in den Export mit aufnehmen, genügt es, dafür nach dem Einspielen einer Sicherung den Datenbankabgleich im *Install Tool* durchzuführen. Alternativ können Sie auch nur den Haken bei *Daten* für die Caches-Tabellen entfernen. Sofern die Cache-Tabellen nicht allzu groß sind, können Sie diese auch einfach komplett mitsichern.

Auch über die Kommandozeile ist es recht einfach, ein Backup der Datenbank anzulegen. Sie können hierzu das Kommandozeilenwerkzeug `mysqldump` nutzen:

```
$ mysqldump -u[IHR-BENUTZER] -p -h[IHR-SERVER] [IHRE-DATENBANK] | gzip >
ihr_backup.sql.gz
```

Je nach MySQL-Konfiguration benötigen Sie eventuell noch den Parameter `--no-tablespaces`:

```
$ mysqldump --no-tablespaces -u[IHR-BENUTZER] -p -h[IHR-SERVER] [IHRE-
DATENBANK] | gzip > ihr_backup.sql.gz
```

Auch das Wiedereinspielen eines so erstellten Backups ist einfach über die Kommandozeile möglich. (Denken Sie daran: Kein Backup-Konzept ist komplett, wenn Sie nicht auch die Wiederherstellung mindestens einmal erfolgreich getestet haben!) Und das geht so:

```
$ zcat ihr_backup.sql.gz | mysql -u[IHR-BENUTZER] -p -h[IHR-SERVER]
[IHRE-DATENBANK]
```

Wenn Sie die Dateien wiederhergestellt und die Datenbank eingespielt haben, kann es noch notwendig sein, die Caches zu leeren. Dabei empfiehlt es sich, zunächst im *Install Tool* die *Flush Caches*-Funktion auszuführen und anschließend im Backend ebenfalls noch einmal alle Caches zu leeren.

Update auf eine höhere TYPO3-Version

TYPO3 wird kontinuierlich verbessert und weiterentwickelt – und wie für jede andere (gute) Software auch werden von TYPO3 regelmäßig neue Versionen veröffentlicht, die Fehlerbehebungen oder neue Funktionen mit sich bringen oder selten auftretende Sicherheitslücken schließen.

TYPO3-Versionsnummern bestehen stets aus drei Zahlen: der *Major*-, der *Minor*- und der *Patchlevel*-Versionsnummer – beispielsweise also Version *13.4.5* mit 13 als Major-Version, 4 als Minor-Version und 5 als Patchlevel. Jeweils eine bestimmte Minor-Version einer Major-Version ist die *Long Term Support*-Version (kurz *LTS*), für die drei Jahre lang Patchlevel-Updates veröffentlicht werden. Im Fall der TYPO3-Version 13 ist das die Version 13.4.

Patchlevel-Updates (beispielsweise also von TYPO3 13.4.7 auf 13.4.8) beinhalten üblicherweise ausschließlich Fehlerbehebungen und können in der Regel ohne größeren Aufwand einfach installiert werden – und tatsächlich sollten Sie das auch: Diese Updates bringen wertvolle Fehlerbehebungen mit. Selten werden auch Fehler bekannt, die die Sicherheit des Systems beeinträchtigen. Insbesondere Patchlevel-Updates sollten also zeitnah eingespielt werden.

Minor-Updates (also etwa von TYPO3 13.3 auf 13.4) bringen üblicherweise neue Funktionen mit, sind aber in der Regel kompatibel zueinander. Das bedeutet, dass auch diese Updates üblicherweise ohne größere Probleme ausgeführt werden können. Ob ein Update auf eine neue Minor-Version notwendig ist, können Sie davon abhängig machen, ob Sie die hinzugekommenen neuen Funktionen benötigen oder nicht. Falls Sie eine Nicht-LTS-Version einsetzen (wie beispielsweise TYPO3 13.1), sollten Sie dennoch auch die Minor-Updates zügig mitnehmen, um möglichst schnell eine Version mit Long Term Support einsetzen zu können. Ansonsten stehen Sie bei der nächsten Runde von Bugfix- und Security-Patches womöglich im Regen, wenn für die von Ihnen eingesetzte Minor-Version keine Patchlevel-Releases mehr veröffentlicht werden.

Major-Updates, wie etwa von TYPO3 13.4 auf (das noch nicht existierende) TYPO3 14.0, bieten keine Garantien, was Kompatibilität angeht. Häufig kommen neue Funktionen dazu, aber gelegentlich werden auch alte Funktionen entfernt oder auf eine Weise geändert, dass weitere Änderungen an Ihrem Projekt (beispielsweise an der TypoScript-Konfiguration oder an Fluid-Vorlagen) nötig sind. Überlegen Sie sich ein Update auf eine neue Major-Version also gut und testen Sie diese wenn möglich vorher in einer separaten Testumgebung!

Warnung Bei jedem Update gibt es irgendwann den *point-of-no-return*, ab dem Ihnen nur noch ein Backup helfen wird. Legen Sie eben dieses daher zunächst an und führen Sie das Update nach Möglichkeit in einer Testumgebung durch. Dafür können Sie das Backup zum Beispiel in einem zweiten Verzeichnis + Datenbank einspielen oder lokal eine zweite Umgebung per DDEV aufsetzen und dort die Daten + Datenbank einspielen.

Weitere Vorbereitungen

Als Erstes: Haben Sie Ihr Backup angelegt? Befinden Sie sich auch ganz sicher in einer Testumgebung? Falls nicht: Jetzt ist der richtige Zeitpunkt, das zu tun! Bevor Sie mit einem Update starten, sollten Sie Ihre TYPO3-Installation in einen sauberen Zustand versetzen. Dazu zählen unter anderem eine saubere Datenbankstruktur und ein aufgeräumter Referenz-Index. Die Aktualisierung des Referenz-Indexes können Sie über die TYPO3-CLI ausführen:

```
php vendor/bin/typo3 referenceindex:update
```

Bei DDEV-Installationen entsprechend so:

```
ddev typo3 referenceindex:update
```

Ein Abgleich der Datenbankstruktur ist in der Regel während des Lebenszyklus einer TYPO3-Installation nur selten notwendig. Änderungen ergeben sich in der Regel nur, wenn Extensions installiert werden, wobei diese dann auch direkt aktiv werden. Dennoch kann es sein, dass die Struktur nicht zu 100 % korrekt ist, weshalb vor einem Update in jedem Fall einmal ein Abgleich stattfinden sollte. Wechseln Sie hierzu ins Modul *Wartung* (engl. *Maintenance*) – entweder im TYPO3-Backend oder im Install-Tool – und wählen Sie die Option *Analyze Database Structure*. TYPO3 überprüft hierbei, ob alle erforderlichen Datenbanktabellen und Datenbankfelder vorhanden sind, und präsentiert Ihnen eine Übersicht über ausstehende Änderungen an der Datenbankstruktur (siehe Abbildung 12.12).

Abbildung 12.12 ▶
Die Datenbank überprüfen

TYPO3 macht Ihnen Vorschläge dazu, welche Änderungen am System vorzunehmen sind, indem die entsprechenden Checkboxen bei den vorgeschlagenen Datenbank-Abfragen schon vorausgefüllt sind. Sämtliche sonstigen Änderungen, die TYPO3 an der Datenbank vornehmen möchte, können Sie über ein Kontrollkästchen vor jeder Aktion aktivieren bzw. deaktivieren. Die Vorschläge von TYPO3, Datenbanktabellen und felder anzulegen, lassen Sie getrost so stehen – sie werden als absolut notwendig angesehen. Sie können ohne weitere Überlegungen einfach auf den Button *Apply selected changes* klicken.

Falls keine Änderungen an der Datenbankstruktur notwendig sind, erhalten Sie die Meldung *Database schema is up to date. Good job!*

Update über Composer

Composer ist ein mächtiges Werkzeug zur Verwaltung von PHP-Paketen und bietet Ihnen verschiedene Möglichkeiten, um Ihre TYPO3-Installation auf einen aktuellen Stand zu bringen. Als Erstes betrachten wir den einfachsten Weg, bei dem alle Pakete auf einmal aktualisiert werden. Dies setzt voraus, dass alle Pakete, die als Abhängigkeit vorhanden sind, sowohl mit der aktuellen als auch mit der Zielversion kompatibel sind.

Warnung Gleich gibt es keinen Weg mehr zurück! Stellen Sie noch einmal sicher, dass Sie ein funktionierendes Backup zur Hand und eine lauffähige Testumgebung für die nächsten Schritte haben.

Alle Pakete updaten

Wenn TYPO3 über Composer installiert wurde, enthält die Datei *composer.json* im Projektverzeichnis eine genaue Spezifikation, welche TYPO3-Version installiert sein soll. Hier könnte beispielsweise der folgende Inhalt stehen:

```
"require": {
    "typo3/cms-adminpanel": "^13.4",
    "typo3/cms-backend": "^13.4",
    "typo3/cms-belog": "^13.4",
    "typo3/cms-beuser": "^13.4",
    "typo3/cms-core": "^13.4",
    [...]
    "typo3/cms-workspaces": "^13.4",
    "typo3/minimal": "^13",
    "praxiswissen-typo3/snowboard": "@dev"
},
```

Wie Sie sehen, sind in der *composer.json* sowohl der eigentliche TYPO3-Kern *typo3/cms-core* spezifiziert als auch diverse System-Extensions wie beispielsweise *typo3/cms-workspaces* und zahlreiche andere. Üblicherweise ist für all diese Komponenten spezifiziert, dass diese »ungefähr in Version 13.4« installiert sein sollen. Sie erinnern sich vielleicht noch, dass Sie während der Installation in Kapitel 2, *TYPO3 installieren*, für all diese Pakete einen langen `composer require`-Befehl ausgeführt haben. In diesem Fall wird Composer für jede einzelne Komponente stets die aktuellste Patchlevel-Version aus dem Versionszweig 13.4 installieren. Nebenbei können Sie hier sehen, dass auch andere über `composer require` installierte Extensions in dieser Datei spezifiziert sind. Das trifft zum Beispiel auf das Site Package *snowboard* zu, das Sie im Rahmen dieses Buchs erstellt und installiert haben.

Möchten Sie lediglich auf die aktuellste Version innerhalb desselben Versionszweigs upgraden, reicht nun ein einfaches `composer update` auf der Kommandozeile. Sie sollten vorher auf jeden Fall außerdem die Datei *composer.lock* sichern, denn in dieser Datei sind die exakten Versionsnummern aller derzeit installierten Pakete festgehalten. Möchten Sie das Update später aus irgendeinem Grund wieder rückgängig machen, hilft Ihnen ein Backup der *composer.lock*-Datei dabei enorm:

```
$ cp composer.lock composer.lock.backup
$ composer update
```

Composer wird nun die neueste TYPO3-Version des 13.4-Zweigs installieren und auch alle benötigten Abhängigkeiten aktualisieren. Installierte Extensions werden vom `composer update`-Befehl ebenfalls auf die neueste Version aktualisiert, die noch der Spezifikation in der *composer.json* entspricht.

Spezifische Pakete updaten

Falls Sie stattdessen auf einen anderen Versionszweig updaten möchten – beispielsweise auf eine (noch nicht für den Produktiveinsatz empfohlene) Version 14 –, können Sie in der Datei *composer.json* die Spezifikationen `"^13.4"` mit `"^14.0"` ersetzen (denken Sie daran, auch für alle System-Extensions die Versionsnummer anzupassen) und im Anschluss den bekannten Befehl `composer update` ausführen. Dieser Befehl lädt dann die jeweils aktuellste Version des 14.0-Versionszweigs herunter. Dieses Vorgehen können Sie ebenfalls für den aktuellen Versionszweig verwenden, um nur bestimmte Pakete zu aktualisieren.

Möchten Sie beispielsweise nur TYPO3 selbst, nicht aber die weiteren installierten Extensions updaten, können Sie erneut ein *composer require* auf eben diese Pakete aus Ihrer *composer.json* ausführen. Am einfachsten geht das wiederum mit dem Composer-Helper, den Sie schon von der Erstinstallation aus Kapitel 2, *TYPO3 installieren* kennen.

Da TYPO3 auch auf andere Pakete als Abhängigkeit zurückgreift, die eventuell ebenfalls aktualisiert werden müssen, nutzen Sie als Ergänzung noch den Parameter `--update-with-all-dependencies`:

```
composer require --update-with-all-dependencies "typo3/cms-adminpanel:
^13.4" "typo3/cms-backend:^13.4" "typo3/cms-belog:^13.4" "typo3/cms-beuser:
^13.4" "typo3/cms-core:^13.4" "typo3/cms-dashboard:^13.4" "typo3/cms-
extbase:^13.4" "typo3/cms-extensionmanager:^13.4" "typo3/cms-felogin:^13.4"
"typo3/cms-filelist:^13.4" "typo3/cms-filemetadata:^13.4" "typo3/cms-fluid:
^13.4" "typo3/cms-fluid-styled-content:^13.4" "typo3/cms-form:^13.4"
"typo3/cms-frontend:^13.4" "typo3/cms-impexp:^13.4" "typo3/cms-indexed-
search:^13.4" "typo3/cms-info:^13.4" "typo3/cms-install:^13.4" "typo3/cms-
linkvalidator:^13.4" "typo3/cms-lowlevel:^13.4" "typo3/cms-opendocs:^13.4"
"typo3/cms-reactions:^13.4" "typo3/cms-recycler:^13.4" "typo3/cms-
redirects:^13.4" "typo3/cms-reports:^13.4" "typo3/cms-rte-ckeditor:^13.4"
"typo3/cms-scheduler:^13.4" "typo3/cms-seo:^13.4" "typo3/cms-setup:^13.4"
"typo3/cms-sys-note:^13.4" "typo3/cms-t3editor:^13.4" "typo3/cms-
```

```
tstemplate:^13.4" "typo3/cms-viewpage:^13.4" "typo3/cms-webhooks:^13.4"
"typo3/cms-workspaces:^13.4" "typo3/minimal:^13"
```

Beachten Sie dabei, dass es zu Konflikten kommen kann, wenn einzelne Pakete unterschiedliche Abhängigkeiten besitzen, die sich gegenseitig ausschließen. In dem *snowboard*-Paket ist zum Beispiel die News-Extension als Abhängigkeit `"georgringer/news": "^12.2"` gesetzt. Wenn Sie eine weitere Extension installieren, die nun `"georgringer/news": "^14"` als Abhängigkeit besitzt, kann Composer das gewünschte Update nicht ausführen. Prüfen Sie in diesem Fall, welche Änderungen sich gegebenenfalls in der News-Extension ergeben haben, passen Sie das *snowboard*-Package an den entsprechenden Stellen an und setzen Sie anschließend in der *packages/snowboard/composer.json* auch die Abhängigkeit auf die neue News-Version.

Gleiches gilt übrigens auch für Änderungen, die sich durch die nächste TYPO3-Version ergeben. Diese stand freilich zu dem Zeitpunkt, als wir dieses Buch aktualisiert haben, noch nicht zur Verfügung. Sobald es so weit ist, können Sie aber die Change-Logs einsehen, in denen alle notwendigen Migrationspfade (beispielsweise für überarbeitete TypoScript-Anweisungen, Fluid-Templates etc.) beschrieben sind. Die Change-Logs werden laufend gepflegt, womit Sie auf dem Weg zur nächsten TYPO3-LTS-Version 14 schon frühzeitig schauen können, welche Änderungen an Ihren eigenen Site Packages und Extensions notwendig sind. Sie finden diese unter *https://docs.typo3.org/c/typo3/cms-core/main/en-us/* nach der Major-Version sortiert.

Zu einer früheren Version zurückkehren

Mit Composer ist auch ein Downgrade schnell gemacht. Sofern Sie vor dem Upgrade eine Sicherungskopie der *composer.lock*-Datei angelegt haben, können Sie diese nun wieder einspielen und mit dem Befehl `composer install` den vorherigen Versionsstand exakt wiederherstellen:

```
$ cp composer.lock.backup composer.lock
$ composer install
```

Alternativ dazu können Sie über den Befehl `composer require` auch ganz bestimmte Versionen wieder installieren. Haben Sie beispielsweise per `composer update` ein Versionsupdate von 13.4.4 auf 13.4.5 durchgeführt und möchten wieder zurück, hilft folgender Befehl:

```
$ composer require typo3/cms* '13.4.4'
```

Beachten Sie, dass Sie Composer über diesen Befehl mitteilen, dass Sie TYPO3 gern in Version »13.4.4 und keine andere« installieren möchten. Nachfolgende `composer update`-Befehle werden in diesem Fall also keine weiteren Updates ausführen. Möchten Sie das ursprüngliche Verhalten wiederherstellen, nutzen Sie folgenden Befehl, um diese Spezifikation erneut auf Version »13.4.3 oder neuer« zu ändern:

```
$ composer require typo3/cms '~13.4.4'
```

Tipp Composer kennt sogenannte *post-install-cmd-* und *post-update-cmd*-Befehle, die nach der Installation bzw. nach dem Update von Paketen ausgeführt werden. Damit führen einige Extensionentwickler notwendige Anpassungen durch, die sich durch neue Versionen ergeben. Der Weg zurück über die *composer.lock* lässt Sie daher eventuell immer noch mit einem defekten Zustand zurück. Greifen Sie in diesem Fall auf Ihr Backup zurück und untersuchen Sie die Fehler im Detail, bevor Sie einen neuen Update-Versuch unternehmen.

Das Upgrade im Install-Tool durchführen

Wenn Sie lediglich ein Patchlevel-Update ausgeführt haben, ist Ihre Arbeit jetzt mit großer Wahrscheinlichkeit getan. Nach einem Versionsupdate sollten Sie über das TYPO3-Backend alle Caches Ihrer Seite leeren und Frontend und Backend gründlich testen.

Zuweilen kann es passieren, dass Ihr TYPO3-Projekt nach einem Update nur noch Fehlermeldungen ausgibt (wenn überhaupt). Bei Patchlevel-Updates ist die Wahrscheinlichkeit dafür gering, aber bei Updates der Minor- oder gar Major-Version deutlich höher. Der Grund dafür ist normalerweise, dass die neue TYPO3-Version Datenbanktabellen oder -felder benötigt, die noch nicht vorhanden sind. Eventuell funktionieren manche Sachen in der neuen TYPO3-Version auch anders als vorher, sodass womöglich Änderungen (etwa an der TypoScript-Konfiguration) vonnöten sind.

Ebenso kann es sein, dass sich komplette Datenstrukturen ändern und diese entsprechend migriert werden müssen. Glücklicherweise lässt TYPO3 Sie in all diesen Fällen nicht vor einem Scherbenhaufen stehen, sondern bietet Ihnen die Möglichkeit, die notwendigen Migrationen automatisch vorzunehmen.

Den Upgrade-Wizard benutzen

Um all diese Eventualitäten abzudecken, gibt es im TYPO3-Backend den *Upgrade Wizard*, der sich im Modul *Aktualisierung* (engl. *Upgrade*) versteckt. Dieser ist dazu gedacht, nach einem Versionsupdate alle notwendigen Aktualisierungen an der Datenbankstruktur, am TypoScript-Quelltext und gegebenenfalls an allen anderen nötigen Stellen vorzunehmen.

Falls Ihr TYPO3-Backend nach dem Update nicht mehr funktioniert, erreichen Sie den Upgrade Wizard auch über das Install-Tool, indem Sie die URL *http://<ihre-domain>/typo3/install.php* direkt im Browser aufrufen. In diesem Fall werden Sie jedoch die Meldung erhalten, dass die Nutzung aus Sicherheitsgründen deaktiviert ist. Um die Ausführung des Install-Tools nun zu ermöglichen, legen Sie im Verzeichnis *var/transient/* die Datei mit der Bezeichnung *ENABLE_INSTALL_TOOL* an (siehe auch Kapitel 2, *TYPO3 installieren*).

Nach dem Anlegen der Datei müssten Sie wieder Zugriff auf das Install-Tool haben. Wenn Ihnen jedoch der Zugriff mit einer *Internal Server Error*-Meldung verwehrt wird, sollten Sie prüfen, ob die Datei- und Ordnerrechte für den neuen Quellcode auch richtig gesetzt sind (nach den Vorgaben des Providers).

Wechseln Sie im Install-Tool zunächst in das Modul *Upgrade* und starten Sie dann den *Upgrade Wizard*. Der Wizard beginnt zuerst mit einer Überprüfung auf fehlende Datenbanktabellen und felder. Mit einem Klick auf den Button *Create missing tables and fields* können Sie diese direkt erstellen.

Falls darüber hinaus noch Aktualisierungen notwendig sind, finden Sie hier einen Abschnitt mit dem Titel *Wizards available* zusammen mit einer Fortschrittsanzeige (siehe Abbildung 12.13). Üblicherweise können Sie nun einen Schnitt nach dem anderen über den *Execute*-Button ausführen.

▼ Abbildung 12.13
Ausführung weiterer Upgrade-Schritte über den Wizard

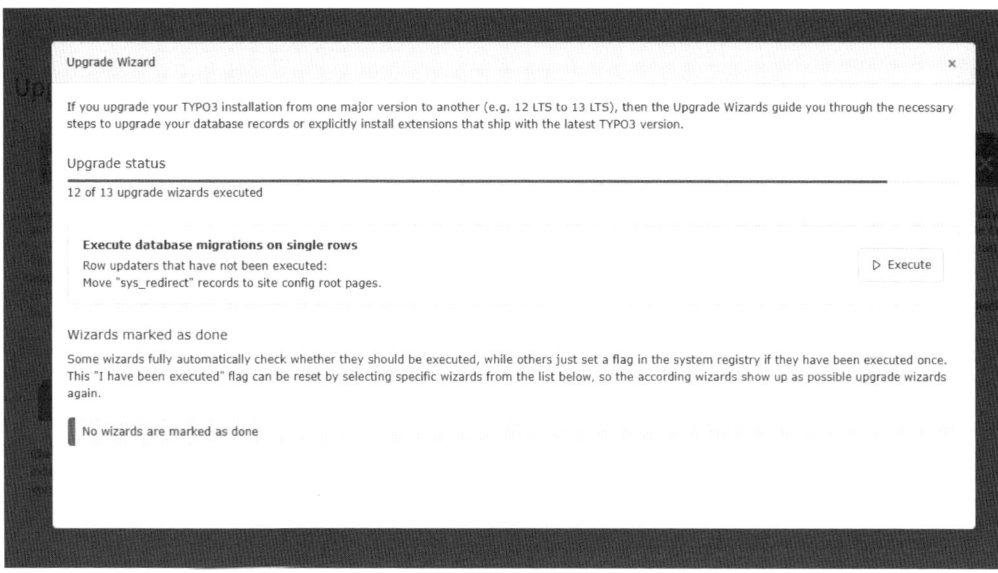

Einige der verfügbaren Schritte des Upgrade Wizards sind optional, und Sie müssen sie nicht unbedingt ausführen. Darüber hinaus sind zahlreiche Schritte nur dann notwendig, wenn Sie von noch älteren TYPO3-Versionen aus updaten – beispielsweise von der TYPO3-Version 11 oder 12.

Alternativ können Sie sämtliche Schritte des Upgrade Wizards auch auf der Kommandozeile Ihres Servers durchspielen. Führen Sie hierzu folgenden Befehl aus:

```
$ vendor/bin/typo3 upgrade:list
$ vendor/bin/typo3 upgrade:run
```

Als letzten Schritt sollten Sie noch einmal einen Abgleich der Datenbank so durchführen wie eingangs in diesem Abschnitt beschrieben.

Aufräumarbeiten nach einem Versionsupdate

Nach einem Versionsupdate sollten Sie auf jeden Fall den TYPO3-Cache vollständig leeren. Verlassen Sie sich dabei nicht auf den *Cache leeren*-Button in der Kopfzeile des TYPO3-Backends, sondern wechseln Sie entweder im Backend oder Install-Tool in das Modul *Verwaltungswerkzeuge → Wartung* (engl. *Maintenance*). Suchen Sie hier die Option *Flush TYPO3 and PHP Cache* und bestätigen Sie über den *Flush cache*-Button.

Support Falls alle Stricke reißen, können Sie den TYPO3-Cache (zumindest den relevanten Teil davon) auch leeren, indem Sie den Ordner */var/cache* löschen.

Sollte es bei (oder nach) dem Leeren des Cache noch zu Fehlern kommen, kann dies daran liegen, dass Sie eine Extension einsetzen, die nicht zu der neuen TYPO3-Version kompatibel ist. Dies kann gerade bei Updates der Major-Version vorkommen, zum Beispiel bei einem Update von 12.4 (oder noch älter) auf 13.4.

Um Ihre Erweiterungen auf Kompatibilität mit der neuen Version zu prüfen, wechseln Sie im Backend oder Install-Tool in den Menüpunkt *Aktualisierung* (engl. *Upgrade*) und suchen die Option *Check for Broken extensions*. Mit einem Klick auf den Button *Check Extension Compatibility* werden die Konfigurationsdateien *ext_tables.php* und *ext_localconf.php* aller installierten Erweiterungen eingebunden. Sie erhalten dann eine entsprechende Meldung darüber, ob alle lokalen Extensions geladen werden konnten oder ob es zu Fehlern gekommen ist. Allerdings sollten Sie im Erfolgsfall beachten, dass das fehlerfreie Einbinden der Erweiterung keine Auskunft darüber gibt, ob die eigentliche Funktionalität der Extension gewährleistet ist.

Falls zu diesem Zeitpunkt keine weiteren Fehler auftreten, haben Sie das Update erfolgreich ausgeführt. Herzlichen Glückwunsch!

Versionsupdates und Erweiterungen

Bei der Veröffentlichung neuer TYPO3-Versionen ist es stets ein großes Ziel, dass der Update-Prozess für Nutzer so einfach wie möglich ist. Falls es nach dem Ausführen eines Updates zu Fehlermeldungen kommt, können Sie in der Regel damit rechnen, dass es einen entsprechenden Schritt im *Upgrade Wizard* gibt, um diese zu beheben. Speziell für Extensions, die von Drittanbietern bereitgestellt werden, gelten diese Qualitätsgarantien jedoch nicht.

Insbesondere dann, wenn Sie auf eine neue Major-Version aktualisieren, die noch nicht lange verfügbar ist, müssen Sie damit rechnen, dass eventuell noch nicht alle Drittanbieter-Erweiterungen (sofern Sie welche einsetzen) mit dieser neuen Version kompatibel sind.

Vor einem solchen Update sollten Sie daher stets prüfen, welche Drittanbieter-Erweiterungen Sie in Ihrem TYPO3-Projekt einsetzen und ob diese Erweiterungen bereits mit der TYPO3-Version kompatibel sind, auf die Sie updaten möchten. Am einfachsten besuchen Sie hierzu die Seite *https://extensions.typo3.org* und suchen dort nach der jeweiligen Erweiterung. Auf der Übersichtsseite einer Erweiterung sehen Sie, mit welchen Major-Versionen die jeweilige Erweiterung kompatibel ist. (In Abbildung 12.14 zeigen wir das am Beispiel der *News*-Erweiterung.) Achten Sie auch darauf, ab welcher Version eine Erweiterung mit einer bestimmten TYPO3-Version kompatibel ist. Im Zweifelsfall sollten Sie vor einem größeren TYPO3-Update erst einmal alle eingesetzten Extensions auf einen aktuellen Stand bringen.

▼ Abbildung 12.14
Die Kompatibilität von Erweiterungen prüfen Sie im Extension-Repository.

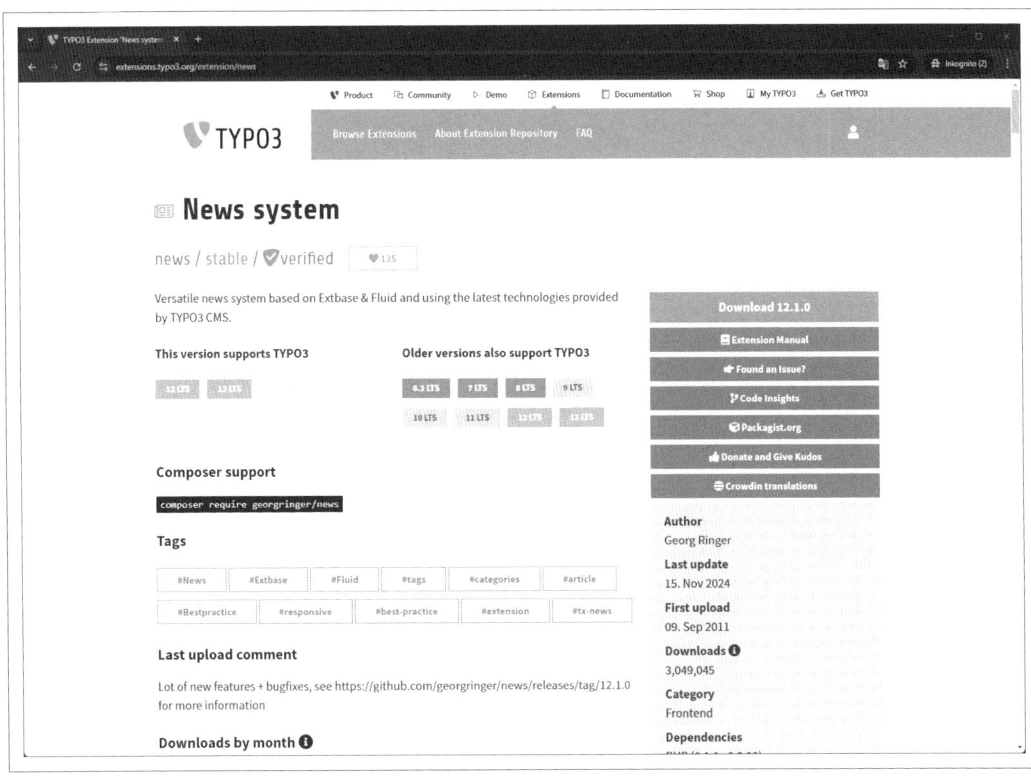

Sicherheit und TYPO3

Vorweg einige einfache Regeln zur Sicherheit. Es mag sich banal anhören, aber die häufigste Ursache für Sicherheitslücken ist ein zu einfaches

Passwort. Sie sollten als Inhaber einer Website für Fußballartikel nicht das Passwort *Fußball* verwenden. Passwörter sollten mindestens 12 Zeichen lang sein (besser noch länger). Wählen Sie möglichst keine zusammenhängenden Wörter und verwenden Sie Sonderzeichen und/oder Zahlen. Doch wie soll man sich so etwas merken? Meine Idee ist ein Merksatz: »Jeden Tag prüfe ich meine Webseiten auf Sicherheit!« ergibt z.B. das Kennwort *JTpimWaS!* Alternativ können Sie auch ein sicheres Passwort wählen, indem es einfach hinreichend lang ist (TYPO3 zwingt Ihnen keine Höchstlänge für ein Passwort auf). So könnten Sie einfach einen vollständigen Satz oder eine Kombination aus einigen zufällig gewählten ganzen Wörtern als Passwort verwenden. Noch besser ist es, wenn Sie ein zufällig erstelltes Passwort verwenden und dieses im Passwortmanager Ihrer Wahl speichern. Die meisten Passwortmanager unterstützen auch die Eingabe von Benutzernamen und Login-Adresse, um Sie automatisch mit einem Klick einzuloggen. So müssen Sie sich das Backend-Passwort nicht einmal merken.

Wählen Sie bereits bei der Installation von TYPO3 ein sicheres Passwort! Wenn Sie ein vorinstalliertes TYPO3 nutzen, sollte das Ändern der Standardpasswörter Ihre erste Aktion nach dem erstmaligen Anmelden sein! Auch der Benutzername sollte individuell gehalten werden und daher nicht *Admin*, *Administrator* oder *Webmaster* lauten. Nehmen Sie sich dies auch für weitere Benutzer zu Herzen, die Sie zum Beispiel für Redakteure anlegen und weisen Sie auch diese daraufhin, als Erstes ein neues, sicheres Passwort zu setzen.

Die Zwei-Faktor-Authentifizierung einrichten

Um den Login in Ihre TYPO3-Installation noch sicherer zu machen, empfiehlt sich die Einrichtung eines zweiten Faktors, kurz *2FA (Two-Factor-Authentication)* oder auch *MFA (Multi-Factor-Authentication)* genannt. Dabei handelt es sich um ein zusätzliches Sicherheitsmerkmal neben Ihrem Passwort. Es schützt Sie für den Fall, dass ein Angreifer Kenntnis über Ihr Passwort erlangt – was hoffentlich nie passiert. Sie kennen dieses Verfahren vielleicht vom Online-Banking, wo Sie neben dem Login mit Benutzername und Passwort auch noch eine zusätzliche Authentifizierung über Ihr Smartphone durchführen müssen. Dadurch, dass dieser Faktor auf einem anderen Gerät gespeichert ist und er jeweils nur einmal verwendet werden kann, kann sich ein Angreifer, der es irgendwie geschafft hat, Ihr Passwort auszuspähen, dennoch nicht einloggen.

Warnung Sollten Sie den Verdacht haben, dass eine unberechtigte Person Kenntnis über Ihr Passwort erlangt hat, müssen Sie dieses dennoch umgehend ändern! Ein zweiter Faktor dient maßgeblich dazu, Ihnen in solchen Momenten Zeit zu verschaffen, und ersetzt unter keinen Umständen ein sicheres Passwort!

TYPO3 unterstützt 2FA von Haus aus und ermöglicht Ihnen die Einrichtung in wenigen Schritten. Gehen Sie dafür zunächst auf Ihre Benutzereinstellungen im Backend und wählen Sie den Bereich *Account-Sicherheit* aus (siehe Abbildung 12.15).

▼ Abbildung 12.15
Der erste Schritt zur Einrichtung eines zweiten Faktors

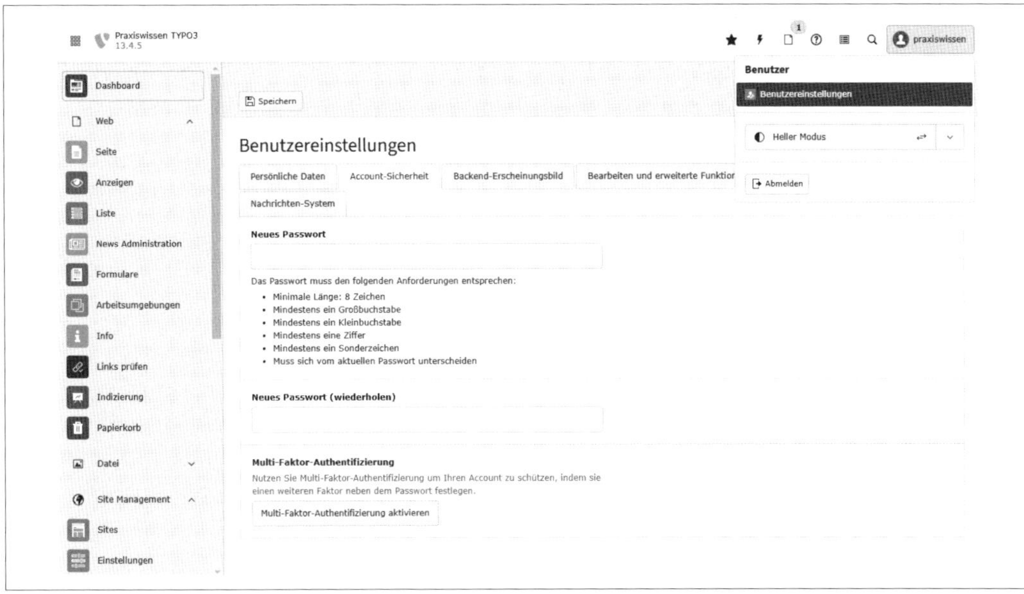

Klicken Sie nun auf *Multi-Faktor-Authentifizierung aktivieren* und anschließend bei *Zeitbasiertes Einmalkennwort* auf *Einrichten* (siehe Abbildung 12.16).

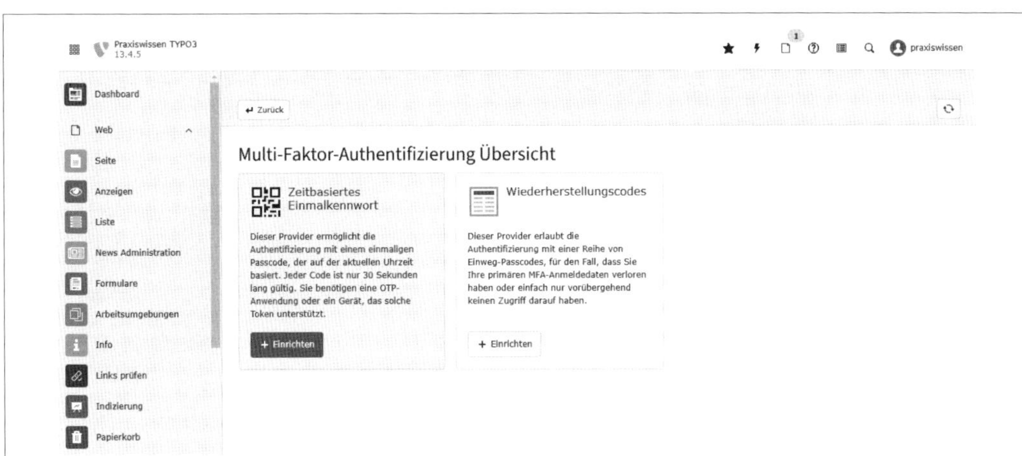

▲ Abbildung 12.16
Ein zeitbasiertes Einmalkennwort oder Wiederherstellungscodes einrichten

Für den nächsten Schritt brauchen Sie eine Authenticator-App, wie sie für jedes Smartphone erhältlich und meist vorinstalliert ist (zum Beispiel *Apple Passwords* oder *Google Authenticator*). Scannen Sie damit den angezeigten QR-Code und vergeben Sie in der App gegebenenfalls einen Namen. (Als Vorschlag erhalten Sie den Seitentitel der TYPO3-Installation.) Tragen Sie als Nächstes den angezeigten sechsstelligen Code in der TYPO3-Oberfläche bei *Schritt 3* ein und klicken Sie oben auf *Speichern*, um die Einrichtung abzuschließen (siehe Abbildung 12.17).

Warnung Ab jetzt können Sie sich nur noch im Backend einloggen, wenn Sie Zugriff auf Ihre Authenticator-App haben! Die Eingabe von Benutzername und Kennwort allein reicht nicht mehr aus. Solange Ihre aktuelle Login-Session noch aktiv ist, könnten Sie die Nutzung von 2FA noch einmal über die *Deaktivieren*-Schaltfläche löschen.

Sie werden in Ihrer Authenticator-App sehen, dass neben dem Code eine Uhr läuft. Jeder dieser Codes ist nämlich nur für 30 Sekunden gültig – schließlich handelt es sich um *Einmalpasswörter*. Selbst wenn Ihnen also jemand über die Schulter schaut, während Sie Benutzer+Kennwort+Einmalcode zum Einloggen eingeben möchten, müsste er sich schon sehr beeilen, um sich selbst schneller einzuloggen.

Abbildung 12.17 ▲
Einen zweiten Faktor einrichten

Doch was tun Sie, wenn Sie den Zugriff auf Ihren zweiten Faktor verlieren? Das Smartphone fällt Ihnen in die Toilette und Sie haben kein Backup: Was nun? Um für solche Fälle gewappnet zu sein, können Sie als Nächstes *Wiederherstellungscodes* einrichten. Bei diesen handelt es sich ebenfalls um Einmalpasswörter, die allerdings für eine unbegrenzte

Zeit gelten. Über die zugehörige *Einrichten*-Schaltfläche (siehe ebenfalls Abbildung 12.16) landen Sie im Einrichtungsassistenten (siehe Abbildung 12.18). Kopieren Sie hier zunächst die angezeigten Codes und lagern Sie diese an einem sicheren Ort. Dabei sollte es sich im Idealfall auch um ein anderes Gerät handeln als das, mit dem Sie sich im Backend einloggen. Tatsächlich sind diese Codes durchaus gut gelagert, wenn Sie sie ausdrucken und in den Safe verfrachten.

Klicken Sie anschließend auf *Speichern*, um diese Codes auch zu aktivieren.

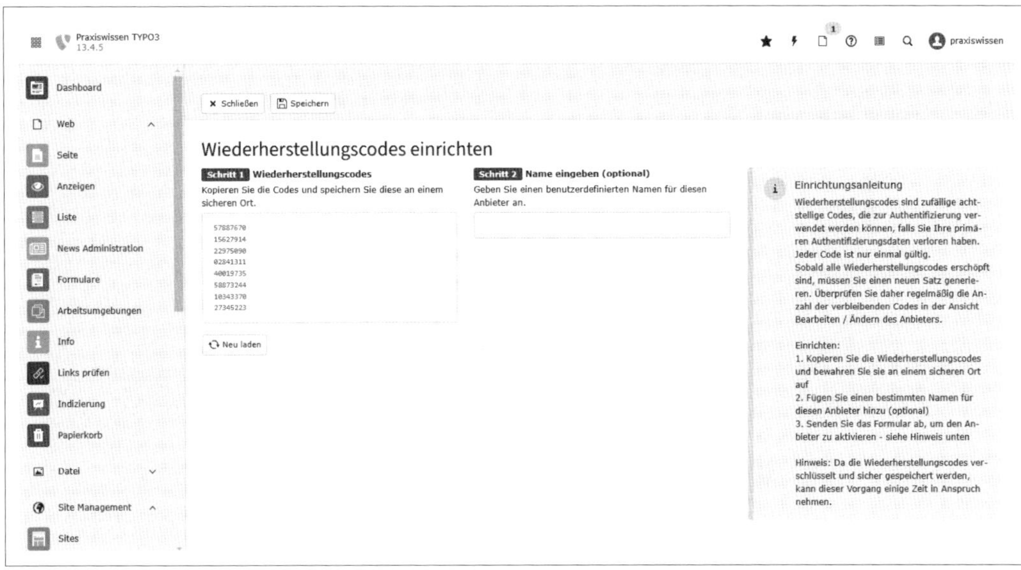

▲ Abbildung 12.18
Für den Notfall: Wiederherstellungscodes anlegen

Falls Ihnen nun die Authenticator-App abhandenkommt, haben Sie mit den Wiederherstellungscodes ein Sicherheitsnetz gespannt. Beachten Sie, dass Sie die Wiederherstellungscodes auch nur jeweils einmal nutzen können. Sie sind dafür gedacht, sich im Notfall einzuloggen und die Einrichtung des zweiten Faktors noch einmal zu starten. Deaktivieren Sie dafür den zweiten Faktor und durchlaufen Sie die Einrichtung mit einem neuen QR-Code noch einmal. Hüten Sie die Wiederherstellungscodes daher wie Ihren Augapfel, denn sie dürfen nicht (zusammen mit Ihrem Passwort) in die falschen Hände geraten.

Der zweite Faktor wird von TYPO3 übrigens nach der Eingabe von Benutzername+Passwort abgefragt. Probieren Sie es ruhig direkt einmal aus, indem Sie sich ausloggen. Wenn Sie sich nun wieder einloggen, erscheint eine zweite Abfrage wie in Abbildung 12.19, in der Sie den 6-stelligen Code eingeben müssen.

Ein System ist natürlich nur so sicher wie sein schwächstes Glied. Wenn mehrere Benutzer im Backend arbeiten, womöglich sogar mehrere Administratoren oder Systemverwalter, ist es sinnvoll, dass alle Benutzer die Zwei-Faktor-Authentifizierung aktivieren. Sie können dies daher über die Option *[BE][requireMfa]* erzwingen. Rufen Sie dazu im Backend unter dem Menüpunkt *Verwaltungswerkzeuge → Einstellungen → Configure Installation-Wide Options* im Abschnitt *Backend* die Option *[BE][requireMfa]* auf und setzen Sie diese auf den gewünschten Wert. In der Auswahlliste können Sie den 2FA-Zwang in mehreren Stufen aktivieren. Die sicherste Einstellung ist natürlich *Require multi-factor authentication for all users (1)*, womit alle Benutzer dazu gezwungen werden, einen zweiten Faktor einzurichten.

Abbildung 12.19 ▶
Eingabe des zweiten Faktors

Updates von TYPO3 und Erweiterungen

In regelmäßigen Abständen erscheinen neue TYPO3-Versionen. Sie wissen bereits, dass es ein TYPO3-Core-System und Systemerweiterungen gibt. Werden im Core-System oder in einer Systemerweiterung Sicherheitslücken bekannt, erscheint in der Regel sehr schnell eine neue TYPO3-Version. Ein Update auf die neueste Version ist generell zu empfehlen. Beachten Sie dabei die Versionsnummern. Wenn Sie beispielsweise die TYPO3-Version 12.4 nutzen, müssen Sie (zumindest bis April 2026) nicht zwingend auf die Version 13.4 aktualisieren. Der Versionszweig 12 wird weiterentwickelt, und Updates werden von der Community bereitgestellt. Nach Ablauf der offiziellen Supportphase (für TYPO3 12 im April 2026, für TYPO3 13 im Dezember 2027) können Sie jedoch weiterhin Updates im Rahmen des kostenpflichtigen »Extended Support« beziehen. (Dieser Support läuft für TYPO3 10 noch bis April 2026, für TYPO3 11 bis Oktober 2027.) Er wird auch für jede weitere Version angeboten, erstreckt sich jeweils über 3 Jahre und lässt sich über TYPO3-Technologiepartner um ein weiteres Jahr verlängern. Für TYPO3 13 wird dieser Support beispielsweise von Dezember 2027 bis Dezember 2030 bestehen, über TYPO3-Technologiepartner sogar bis Dezember 2031. Die aktuellen Preise können Sie jeweils bei der TYPO3 GmbH (*https://typo3.com/services/extended-support-elts*) oder bei den entsprechenden TYPO3-Technologiepartnern (*https://typo3.com/partners/technology-partners*) erfragen.

Genauso wichtig wie das Updaten von TYPO3 sind die Pflege und die regelmäßige Aktualisierung der Erweiterungen. Vor allem sicherheitskritische Updates sollten zeitnah eingespielt werden.

Das TYPO3-Sicherheitsteam (*Security Team*) leistet diesbezüglich tolle Arbeit und erstellt sogenannte *Security Bulletins*[4]. In ihnen werden Sicherheitslücken veröffentlicht, die in TYPO3 und in Erweiterungen entdeckt wurden. Diese Bulletins werden über eine Mailingliste verteilt, in die Sie sich als Administrator eines TYPO3-Projekts eintragen sollten. Parallel dazu steht ein RSS-Feed zur Verfügung. Natürlich können aber nicht alle Erweiterungen überprüft werden.

Warnung Wenn Sie selbst eine Sicherheitslücke in TYPO3 oder einer Extension entdeckt haben, gehen Sie damit nicht einfach an die Öffentlichkeit! Senden Sie stattdessen eine E-Mail an *security@typo3.org* und beschreiben Sie Ihren Fund. Das TYPO3-Security-Team kümmert sich anschließend um alles Weitere – sowohl im Hinblick auf eine neue, sichere Version von TYPO3 als auch im Hinblick auf den weiteren Kontakt mit dem Extension-Entwickler, damit dieser eine sichere Version der Extension bereitstellen kann. Sobald die entsprechenden Updates bereit stehen, wird darüber in den Security-Advisories informiert. Damit haben alle Nutzer die Chance, zeitnah eine sichere Version einzuspielen, ohne dass die Lücke bereits öffentlich bekannt ist und womöglich von Hackern ausgenutzt wird.

Jeder Nutzer von Free Open-Source-Software sollte natürlich eine intrinsische Motivation haben, dass Sicherheitslücken schnellstmöglich gemeldet und geschlossen werden. Nichtsdestotrotz ist ein monteäres Zeichen der Anerkennung für die Meldung besonders schwerwiegender Sicherheitslücken ein valider Anreiz, um das System noch sicherer zu machen. Daher gibt es auch bei TYPO3 ein Bug-Bounty-Programm. Nähere Informationen dazu finden Sie unter *https://typo3.org/community/teams/security/bug-bounty-program*. Behalten Sie dabei bitte im Hinterkopf, dass das Security-Team den Großteil seiner Arbeit unentgeltlich erledigt. Ziehen Sie daher bitte in Erwägung, Ihre Belohnung an das Projekt zu spenden.

Eine gute Umgebung

Beim Thema Sicherheit gilt stets: Jedes System ist nur so sicher wie das schwächste Glied. Zum Betrieb Ihrer TYPO3-Seite gehören nicht nur

4 *https://typo3.org/help/security-advisories*

TYPO3 selbst, sondern auch der PHP-Interpreter, der Webserver, das Betriebssystem, möglicherweise darunterliegende Virtualisierungssoftware, die Hardware selbst, das Rechenzentrum, in dem diese Hardware betrieben wird, und das Gebäude, in dem sich das Rechenzentrum befindet.

In der Regel haben Sie nicht alle Komponenten dieses Systems unter Ihrer eigenen Kontrolle (und möchten das vielleicht auch gar nicht – wer will auch schon für eine Vereinsseite ein eigenes Rechenzentrum betreiben?). Daher sollten Sie sich einen Hostinganbieter suchen, dem Sie in Sicherheitsfragen vertrauen. Denn letztendlich bringt ein auf dem neuesten Stand gehaltenes TYPO3 nichts, wenn es auf einem veralteten PHP-Interpreter oder einem Webserver mit längst bekannten Sicherheitslücken betrieben wird. Ein guter Hostingpartner sollte Sie automatisch über Sicherheitslücken informieren, sobald sie bekannt werden, und Systemkomponenten aktualisieren.

Insbesondere der Webserver und der PHP-Interpreter sollten stets auf dem aktuellen Stand sein. Auch hier muss es nicht die neueste Version sein; zu empfehlen ist jedoch die aktuellste Version des jeweiligen Versionszweigs.

Schön ist, wenn Sie Zugriff auf Log-Dateien haben. Der Webserver erstellt eine Log-Datei, in der alle Zugriffe auf die Website protokolliert werden. Dieses sogenannte *Access Log* ist sehr nützlich, um nachzuvollziehen, welche Seiten ein Eindringling aufgerufen hat und wie. Der Aufruf gibt Aufschluss darüber, wo eine Sicherheitslücke besteht. Wenn Sie eine Lücke feststellen, dann scheuen Sie sich nicht, mit dem TYPO3-Sicherheitsteam in Kontakt zu treten. Schreiben Sie lieber eine Meldung zu viel als eine zu wenig.

Um TYPO3 zu nutzen, benötigen Sie in der Regel einen FTP- oder SSH-Zugang. Da ein Dateitransfer per FTP unverschlüsselt über das Internet erfolgt, sollten Sie eine Dateiübertragung über SSH (bzw. SFTP) oder FTPS stets bevorzugen. Nutzen Sie nicht die gleichen Anmeldedaten für TYPO3, FTP/SSH und die Datenbank. Sie können die Zugangsdaten bei Ihrem Provider vermutlich ändern. Ein guter Provider ermöglicht Ihnen auch den Zugriff auf die FTP-Logdateien, sodass Sie eine Übersicht darüber haben, welche Dateien per FTP verändert wurden.

Backend-Sicherheit

TYPO3 bringt einige Sicherheitsfunktionen mit, die Sie in den Adminwerkzeugen im TYPO3-Backend (oder im Install-Tool) einstellen können. Die meisten dieser Einstellungen verstecken sich im Modul *Verwaltungs-*

werkzeuge → Einstellungen unter der Option *Configure Installation-Wide Options*.

Beispielsweise können Sie im Abschnitt *Backend* über die Option *[BE][warning_email_addr]* eine E-Mail-Adresse konfigurieren, an die eine Benachrichtigung versandt wird, sobald jemand innerhalb einer Stunde mehr als dreimal erfolglos versucht, sich im TYPO3-Backend anzumelden. Über die Option *[BE][warning_mode]* können Sie diese Einstellung sogar noch verschärfen, um an die konfigurierte Adresse jedes Mal eine E-Mail zu erhalten, wenn sich jemand im Backend anmeldet. Diese Einstellung empfiehlt sich besonders für kleinere Installationen, in denen sich nur selten jemand im Backend anmeldet. In größeren Installationen droht die entstehende Flut an E-Mails zu nerven, und es besteht die Gefahr, dass echte Warnungen über nicht autorisierte Log-in-Versuche darin untergehen.

Ebenfalls relevant ist die Einstellung *[SYS][encryptionKey]* im Abschnitt *System*. Hierbei handelt es sich um den geheimen Schlüssel, der für diverse Verschlüsselungsfunktionen im TYPO3-Backend und Frontend benutzt wird. Der Installationsassistent sollte hier bei der Erstinstallation von TYPO3 bereits einen zufälligen Wert eingetragen haben. Der eigentliche Wert ist gar nicht so wichtig – achten Sie lediglich darauf, dass er lang genug ist und geheim bleibt. Ändern Sie ihn zudem nur, wenn Sie davon ausgehen müssen, dass er in fremde Hände geraten ist, da anschließend sämtliche Caches geleert und neu aufgebaut werden müssen.

In der Standard-Konfiguration erfolgt der Zugriff auf das TYPO3-Backend über das HTTP-Protokoll. Die Übertragung von Daten erfolgt also unverschlüsselt. Wenn Sie über ein SSL-Zertifikat verfügen, kann (sollte!) die Kommunikation über das HTTPS-Protokoll erzwungen werden, und zwar mit der Einstellung *[BE][lockSSL]*. Aktivieren Sie diese Option, wenn Sie die Anmeldung und die weitere Kommunikation im Backend über HTTPS erzwingen möchten.

Wenn Sie *[BE][lockSSL]* gesetzt haben, können Sie auch die Übertragung von Cookies über eine gesicherte Verbindung, also per HTTPS, durchführen, indem Sie *[SYS][cookieSecure]* auf den Wert 1 setzen.

Warnung Setzen Sie Einstellungen für eine SSL-Verbindung nur, wenn Sie ein SSL-Zertifikat besitzen und das HTTPS-Protokoll genutzt werden kann. Informieren Sie sich darüber bei Ihrem Provider. Andernfalls kann es vorkommen, dass Sie sich nicht mehr im TYPO3-Backend anmelden können. Über das manuelle Anpassen der Datei *config/system/settings.php* können Sie jedoch Einträge wie `lockSSL` jederzeit wieder entfernen.

Die Backend-URL ändern

In TYPO3 können Sie die URL, unter der Sie das Backend erreichen (standardmäßig */typo3*) ändern. Wenngleich dies potenziell positive Implikationen für die Sicherheit Ihrer Installation hat, sei an dieser Stelle gesagt, dass *Security through obscurity*[5] nicht die Grundlage Ihres Sicherheitskonzepts sein sollte. Nur weil Ihr Backend nicht unter */typo3* zu erreichen ist, heißt das noch nicht, dass ein potenzieller Angreifer nicht durch Ausprobieren herausbekommt, wo er Ihr Backend erreichen kann. Dennoch: Viele automatisierte, großflächig angelegte Angriffe zielen auf die Standard-Pfade von Software ab, wie */admin*, */administrator* oder im Falle von TYPO3 eben auf */typo3*. Deshalb lässt eine geänderte Backend-URL durchaus einige Angriffe ins Leere laufen.

Um die Backend-URL anzupassen, benötigen Sie nur einen einzelnen Eintrag in Ihrer *settings.php*. Diesen können Sie zum Beispiel über das Install-Tool vornehmen. Wählen Sie dazu unterhalb von *Verwaltungswerkzeuge* (engl. *Admin tools*) den Punkt *Einstellungen* (engl. *Settings*) aus. Klicken Sie nun im Feld *Configure Installation-Wide Options* auf den Button *Configure options…* (vgl. Abbildung 12.20).

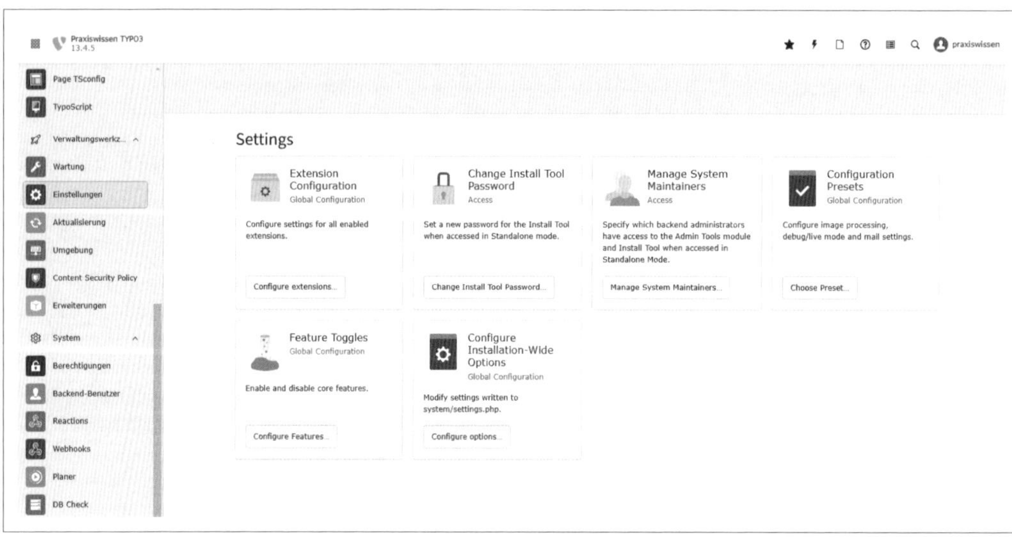

Abbildung 12.20 ▲
Übersicht der Einstellungen im Install-Tool

Sie können nun im Filter-Feld nach *entryPoint* suchen und dann wie in Abbildung 12.21 eine eigene URL vergeben. Vergessen Sie anschließend nicht, die Änderungen mit einem Klick auf *Write configuration* zu speichern.

5 *https://de.wikipedia.org/wiki/Security_through_obscurity*

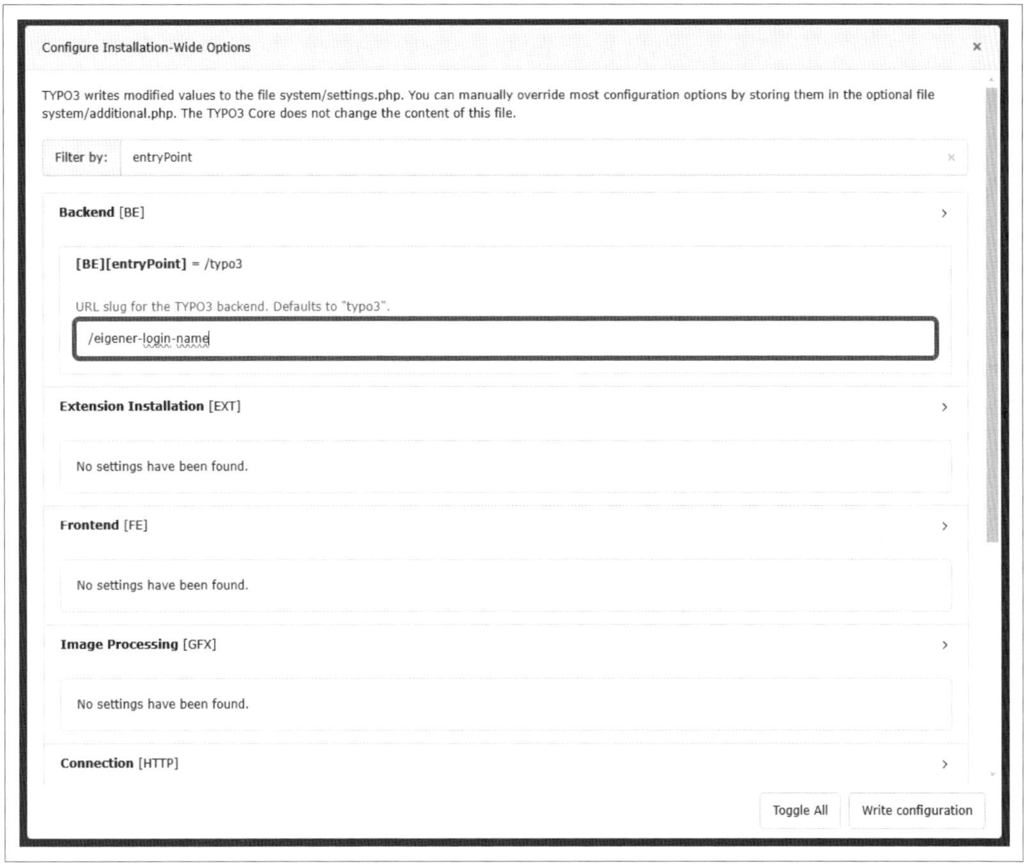

▲ **Abbildung 12.21**
Eine eigene Backend-URL festlegen

Das Backend-Passwort vergessen?

Huch! Sie haben keinen Zugriff mehr auf das Backend? Keine Panik! Sofern Sie für sich selbst als Nutzer eine E-Mail-Adresse hinterlegt haben, können Sie TYPO3 veranlassen, mit einer Mail an diese Adresse Ihr Passwort zurückzusetzen. Und selbst wenn nicht: Solange Sie noch irgendwie Zugriff auf den Server haben – sei es per (S)FTP oder direkt per SSH –, müssen Sie sich keine Sorgen machen. Im Folgenden zeigen wir Ihnen, wie Sie einen neuen Backend-Benutzer als Administrator anlegen und über ihn das Passwort für Ihren alten Benutzer neu setzen können.

Sie haben eine E-Mail-Adresse hinterlegt

Im einfachsten Fall haben Sie für Ihren Backend-Benutzer eine E-Mail-Adresse hinterlegt. In diesem Fall können Sie in der Log-in-Maske im Backend einfach auf den Link *Passwort vergessen?* klicken, den Sie in Abbildung 12.22 sehen. Sie gelangen in eine Maske, in der Sie die E-Mail-Adresse Ihres Backend-Benutzers eingeben können. Ein Klick auf den *Link zum Zurücksetzen zusenden*-Button sorgt dafür, dass TYPO3 Ihnen eine E-Mail mit einem Link zum Zurücksetzen des Passworts an die angegebene E-Mail-Adresse schickt (siehe Abbildung 12.23). Der Link in der E-Mail ist für zwei Stunden gültig.

Support Der *Passwort vergessen?*-Link im Log-in-Formular taucht nur auf, wenn es in Ihrem TYPO3-Projekt mindestens einen Benutzer gibt, der diese Funktion überhaupt verwenden kann. Dafür muss sich ein Benutzer mindestens einmal eingeloggt und eine gültige E-Mail-Adresse hinterlegt haben, die nur von ihm und keinem weiteren Backend-Benutzer verwendet wird.

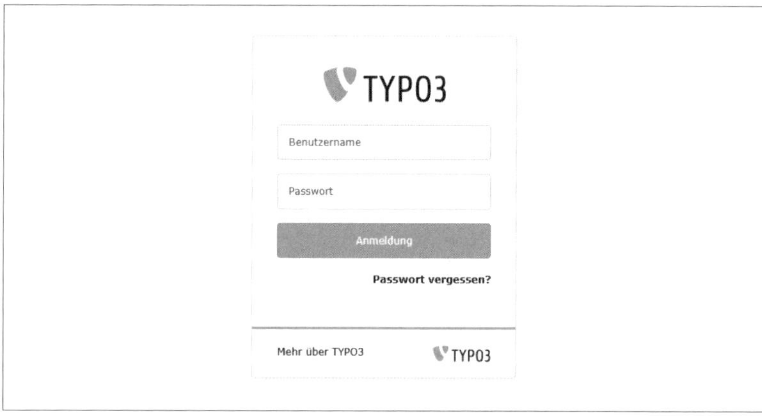

Abbildung 12.22 ▶ Die »Passwort vergessen?«-Funktion erscheint nur, wenn mindestens ein Benutzer eine E-Mail-Adresse angegeben hat.

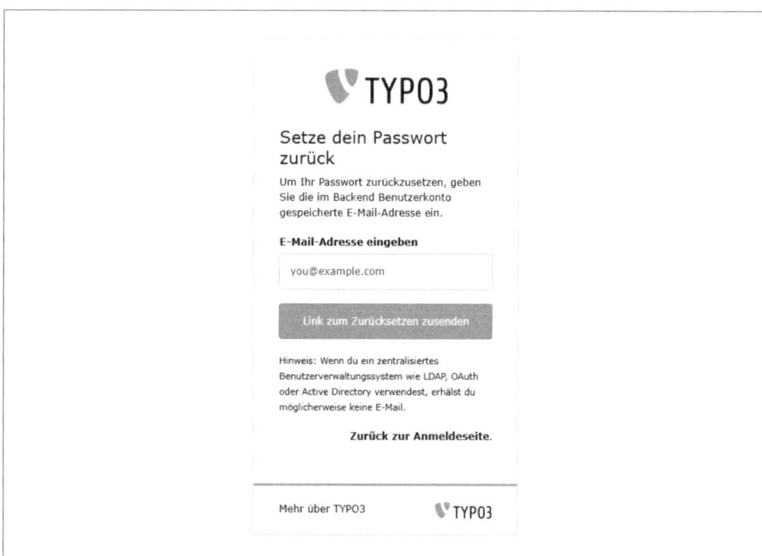

Abbildung 12.23 ▶ Die E-Mail-Adresse für die »Passwort vergessen?«-Funktion eintragen

Sie haben Zugriff auf das Install-Tool

Falls Sie keine E-Mail-Adresse hinterlegt, aber noch Zugriff auf das Install-Tool haben, können Sie sich ebenfalls entspannen und haben nach wenigen Klicks wieder Zugriff auf das Backend. Gehen Sie im Install-Tool in den Abschnitt *Maintenance*. Hier finden Sie die Option *Create Administrative User* (siehe Abbildung 12.24). Geben Sie in den Feldern *Username* und *Password* die gewünschten Zugangsdaten ein. Vergessen Sie nicht die erneute Passwort-Eingabe in *Repeat password.* Über das Feld *Add as system maintainer* können Sie den neuen Benutzer auch gleich als Systemverantwortlichen hinterlegen. Nach dem Anlegen eines Administrators sollten Sie sich mit den gerade vergebenen Zugangsdaten in das Backend einloggen können. In der Benutzerverwaltung können Sie nun Ihren alten Benutzer löschen oder dessen Passwort anpassen.

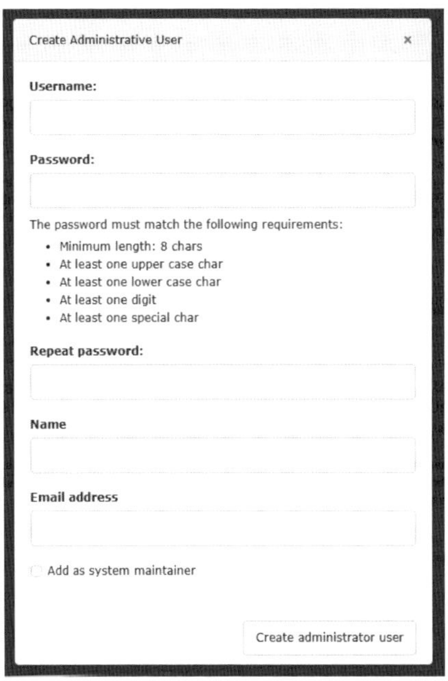

◀ **Abbildung 12.24**
Einen Administrator anlegen

Sie haben das Install-Tool-Passwort vergessen?

Auch jetzt brauchen Sie nicht in Panik zu geraten, zumindest dann nicht, wenn Sie noch per SSH, FTP oder auf andere Art und Weise Zugriff auf den Server haben. Wenn Sie im Install-Tool ein Passwort Ihrer Wahl eingeben, sehen Sie nach dem Absenden des fehlerhaften Log-ins im unteren Bereich eine Zeichenkette (zu erkennen in Abbildung 12.25), die das von Ihnen eingegebene Passwort als Hash anzeigt. Je nachdem, welches Hashing-Verfahren von Ihrer Systemumgebung unterstützt wird, beginnt diese Zeichenkette eventuell nicht mit *$argon2i*, womit das genutzte Verfahren beschrieben wird.

Kopieren Sie sich dieses Passwort heraus. Per (S)FTP/SSH können Sie jetzt die Datei *config/system/settings.php* öffnen und für die in dieser Datei angegebene Konfiguration `[BE][installToolPassword]` das soeben kopierte neue Passwort in der verschlüsselten Form setzen. Nach dem Speichern und dem Hochladen der Datei auf den Server sollte der Login in das Install-Tool möglich sein.

Abbildung 12.25 ▼
Das eingegebene falsche Passwort als Hash

Support Jedes Mal, wenn Sie ein falsches Passwort eingeben, wird der Hash neu generiert. Er ändert sich dabei auch, wenn Sie das gleiche falsche Passwort eingeben, da der Algorithmus mit einem sogenannten Salt[6] arbeitet, das bei jeder Eingabe zufällig generiert wird.

Sie haben auch sonstige Zugangsdaten vergessen?

Jetzt dürfen Sie langsam nervös werden. Wenn Sie TYPO3 bei einem Provider hosten, bitten Sie diesen darum, das (S)FTP-Passwort neu zu setzen. Wenn Ihr Hostinganbieter ein auf TYPO3 spezialisierter Provider ist, wird er Ihnen sicherlich das Passwort zum Install-Tool neu setzen bzw. gegebenenfalls sogar gleich einen neuen Backend-Benutzer einrichten. Hosten Sie TYPO3 jedoch selbst, müssen Sie zumindest noch per SSH als Benutzer mit Root-Rechten Zugriff auf den Server bekommen, um die Datei *config/system/settings.php* zu bearbeiten.

6 *https://de.wikipedia.org/wiki/Salt_(Kryptologie)*

Das Passwort für einen anderen Benutzer zurücksetzen

Manchmal trifft es ja auch jemand anderen: In der Regel ist es nur eine Frage der Zeit, bis es einen Ihrer Redakteure erwischt und Sie als Administrator eines TYPO3-Projekts ein Passwort zurücksetzen müssen. Natürlich können Sie als Administrator das Passwort eines Benutzers einfach über das *Backend-Benutzer*-Modul im Backend zurücksetzen.

Das hat allerdings den gewaltigen Haken, dass Sie danach das (neue) Passwort dieses Benutzers kennen – eine Verantwortung, die man vielleicht auch als Administrator gar nicht haben möchte. Natürlich könnte der Nutzer das Passwort nach dem ersten Log-in wieder ändern – aber seien wir mal ehrlich: Welcher Nutzer tut das schon?

Alternativ können Sie als Systemverantwortlicher den Passwort-Reset per E-Mail auch für andere Benutzer starten. Führen Sie hierzu folgenden Befehl auf der Kommandozeile Ihres Servers aus:

```
$ ./vendor/bin/typo3 backend:resetpassword [BACKEND-URL] [E-MAIL]
```

Der Platzhalter `[BACKEND-URL]` steht dabei für die URL, unter der Ihr TYPO3-Backend erreichbar ist. Der Platzhalter `[E-MAIL]` steht für die E-Mail-Adresse des Benutzers, dessen Passwort Sie zurücksetzen müssen.

Diese Lösung ist für den Benutzer sogar komfortabler, da er sich kein Passwort merken muss, das Sie sich für ihn ausgedacht haben, sondern über den Reset-Link in der E-Mail von Anfang an sein eigenes Wunschpasswort setzen kann.

Sie können alternativ natürlich auch eine E-Mail-Adresse für den Benutzer im Backend hinterlegen und ihn bitten, die Passwort-vergessen-Funktion in der Login-Maske auszulösen.

Tastenkürzel im Backend nutzen

Je größer Ihre TYPO3-Installation wird, umso häufiger werden Sie nach bestimmten Inhalten suchen. Dafür bietet Ihnen TYPO3 oben rechts ein Suchfeld, in das Sie beliebige Begriffe eintragen können. TYPO3 wird dann in allen Datensätzen danach suchen und Ihnen die Ergebnisse präsentieren, damit Sie schnell zum gewünschten Element (sei es eine Seite, ein Inhaltselement oder ein anderer Datensatz) kommen. Um diesen Vorgang zu beschleunigen, können Sie auch die Tastenkombination *STRG+k* bzw. *CMD+k* benutzen. Dann öffnet sich direkt ein Modul mit einer Suche, wie in Abbildung 12.26 zu sehen ist. Der Fokus ist im Suchfeld, wodurch Sie direkt Ihren Suchbegriff eintippen können.

Nachdem Sie das Suchergebnis angeklickt haben, landen Sie direkt in der passenden Stelle im Backend und können mit der Bearbeitung loslegen.

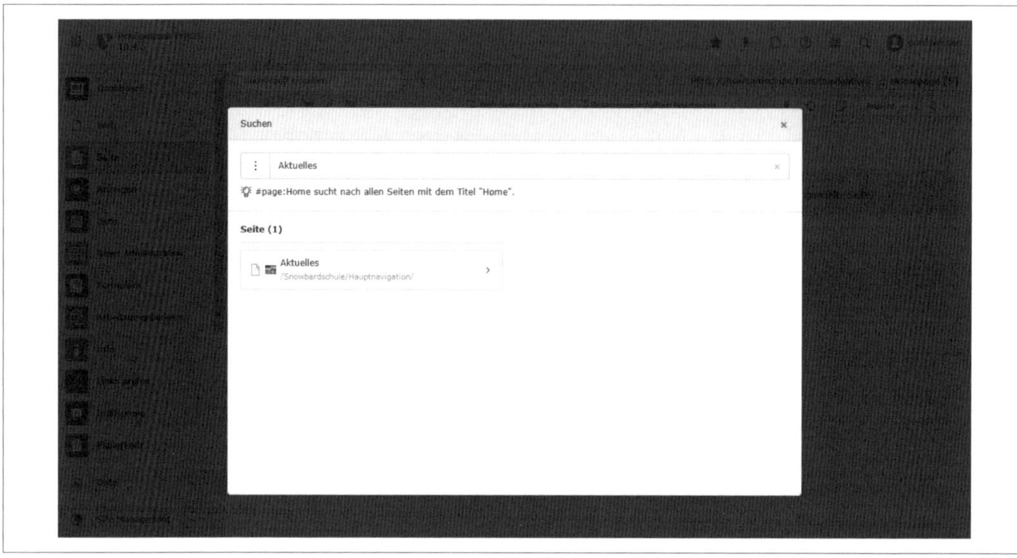

Abbildung 12.26 ▲
Die Backend-Suche öffnet sich schnell mit STRG/CMD + k.

Dabei werden Sie feststellen, dass Sie auch andere Aktionen häufiger durchführen werden. Dazu zählt zum Beispiel das Speichern eines Elements, das Sie gerade bearbeitet haben, oder die Notwendigkeit, es zu schließen. Damit Sie nicht versehentlich ungewollte Änderungen speichern oder noch nicht gespeicherte Änderungen verwerfen, hat TYPO3 einen eingebauten Sicherheitsmechanismus: Sobald Sie auf den Schließen-Knopf eines Datensatzes klicken, erfolgt eine Abfrage, was mit den nicht gespeicherten Änderungen passieren soll (vgl. Abbildung 12.27). Gibt es keine ungespeicherten Änderungen, wird der Datensatz sofort geschlossen.

Abbildung 12.27 ▼
Sicherheitsabfrage bei ungespeicherten Änderungen

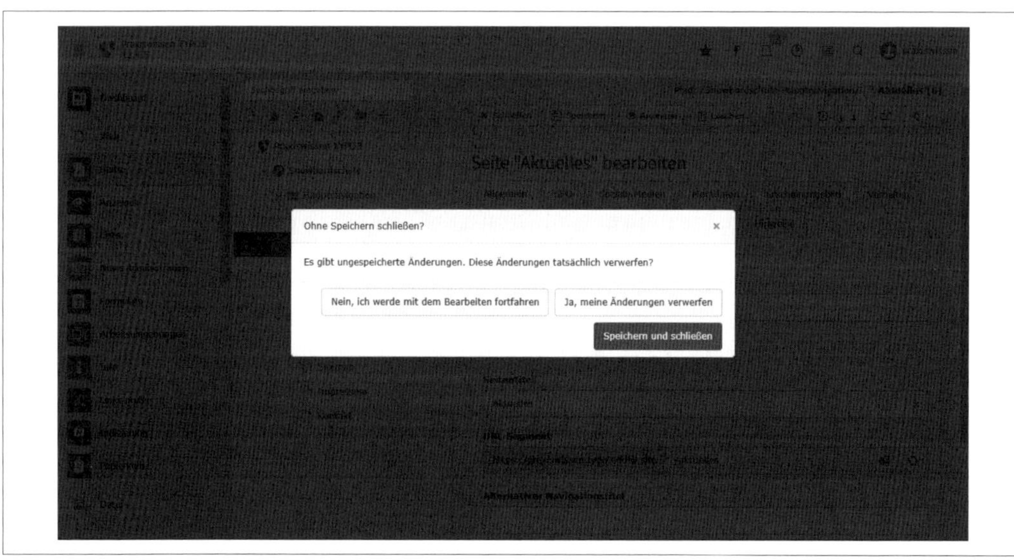

Auch für diese Aktionen gibt es Tastenkürzel, mit denen Sie die Arbeit im Backend beschleunigen können. Das erste werden Sie auch aus vielen anderen Programmen kennen: Mit *STRG+s* bzw. *CMD+s* speichern Sie alle Änderungen des Datensatzes. Sie könnten den Datensatz nun direkt schließen, ohne eine Sicherheitsabfrage zu bekommen. Wenn Sie sich ganz sicher sind, dass der Datensatz ohne Rückfragen direkt geschlossen werden soll, während Ihre Änderungen gleichzeitig gespeichert werden, können Sie dies mit der Tastenkombination *STRG+SHIFT+s* bzw. *CMD+SHIFT+s* tun.

Grundsätzlich können Sie das Backend von TYPO3 auch nahezu ausschließlich mit der Tastatur bedienen. Dabei gibt es neben den Standard-Tasten zur Navigation wie *TAB* zum Wechseln von Formular-Feldern auf einer Webseite noch zahlreiche weitere Tastenkombinationen, die in der offiziellen Dokumentation[7] beschrieben sind.

Den Seitenbaum und Lesezeichen effektiv nutzen

Bei der Arbeit mit TYPO3 werden Sie sich oft im Seitenbaum bewegen, da Sie von hier aus auf die Seiten gelangen, auf denen Sie den Inhalt pflegen. Dabei können Sie zu den einzelnen Seiten viele Funktionen über das Kontext-Menü (Rechtsklick) erreichen. Darüber hinaus gibt es aber auch eine mächtige Drag-and-drop-Funktion, die Sie vielleicht schon wahrgenommen haben. So können Sie mit gedrückter Maustaste Seiten im Seitenbaum verschieben oder direkt löschen, indem Sie sie auf das rote *Löschen*-Feld ziehen, nachdem Sie eine Seite mit der linken Maustaste gegriffen haben. Dies sind aber noch längst nicht alle Funktionen, mit denen Ihnen der Seitenbaum die Arbeit erleichtert. Sie finden oberhalb des Seitenbaums beispielsweise ein Suchfeld. Dieses filtert ausschließlich den Seitenbaum und hat nichts mit der systemweiten Suche zu tun, die Sie schon bei den Tastenkürzeln kennengelernt haben. In der Seitenbaumsuche können Sie einfach den Titel einer Seite (oder auch nur einen Teil davon) eingeben, um den Seitenbaum automatisch auf alle Seiten einzuschränken, die diesen Begriff im Seitentitel enthalten. Dabei bleiben alle darüberliegenden Hierarchie-Ebenen erhalten, damit Sie immer den Überblick darüber behalten können, wo genau sich die Seite befindet. Wenn Sie die Maus zudem über einen Seitentitel halten, wird Ihnen neben dem Seitentitel auch noch die *id* des Seiten-Datensatzes angezeigt, wie es in Abbildung 12.28 zu sehen ist.

7 *https://docs.typo3.org/permalink/t3editors:keyboard-commands*

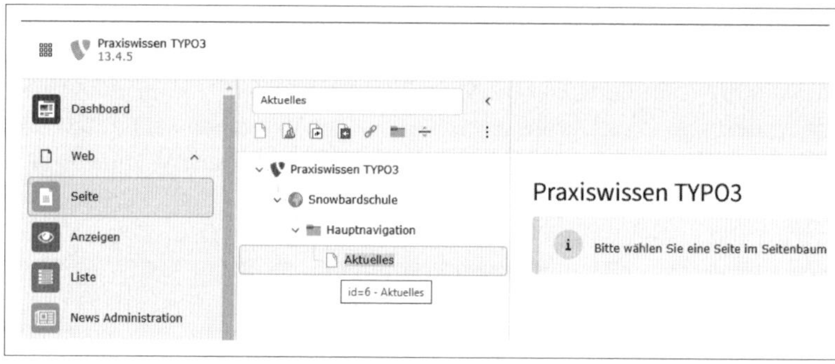

Abbildung 12.28 ▶ Gefilterter Seitenbaum mit Mouse-over einer Seite

Dieses Feature hilft Ihnen immer dann, wenn Sie diese id für eine Konfiguration – beispielsweise Ihre Site-Konfiguration – benötigen. Sie haben dieses Feature schon kurz in Kapitel 7, *Menüs erstellen*, gesehen. Doch der Seitenbaum hilft Ihnen auch andersherum: Vielleicht haben Sie vor einiger Zeit einmal eine id in TypoScript konfiguriert, um nur ein Inhaltselement dieser Seite an einer anderen Stelle anzugeben. Allerdings lässt diese id auf den ersten Blick keinen Rückschluss darauf zu, um welche Seite es eigentlich geht. Sie könnten natürlich in der Datenbank nachschauen, beispielsweise mit einer SQL-Abfrage. Nehmen wir an, dass die Seite *Aktuelles* auch bei Ihnen die id 6 hat, wie in Abbildung 12.28 gezeigt:

```
SELECT title from pages WHERE uid=6;
```

Sie werden als Ergebnis den Seitentitel *Aktuelles* erhalten. Doch ist dieser Weg recht umständlich (und eventuell müssen Sie zuerst noch die SQL-Syntax lernen), weshalb Sie auch hierfür die Suchfunktion im Seitenbaum lieben lernen werden. Anstelle eines Seitentitels können Sie nämlich auch nach einer id filtern, wie es in Abbildung 12.29 zu sehen ist. Falls es mehrere ids gibt, in denen eine 6 vorkommt, werden Sie natürlich alle diese Seiten sehen (inklusive der zugehörigen Hierarchie-Ebenen). Durch ein kurzes Mouse-over werden Sie aber immer noch schneller zum Ziel kommen, als wenn Sie zunächst eine Verbindung zur Datenbank aufbauen und die entsprechende Query schreiben.

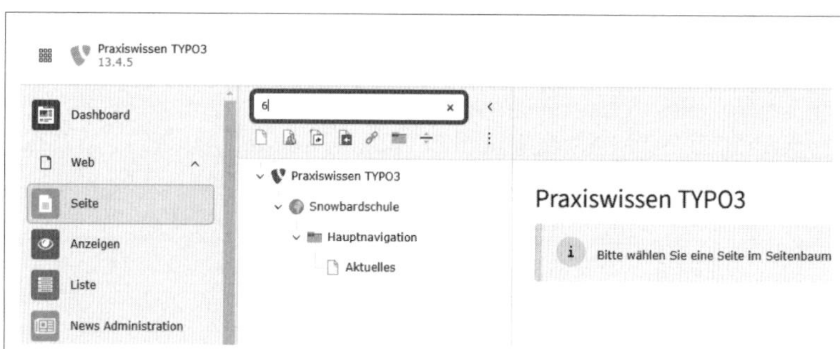

Abbildung 12.29 ▶ Nach id gefilterter Seitenbaum

Wenn Sie häufiger auf bestimmten Seiten arbeiten, können Sie zudem die Lesezeichen-Funktion von TYPO3 nutzen. Diese funktioniert mit beliebigen Datensätzen – sei es zum Beispiel der Inhalt einer Seite oder auch ein spezielles Inhaltselement im geöffneten Zustand. Navigieren Sie dazu einfach zum gewünschten Datensatz und klicken Sie anschließend auf das *Teilen*-Symbol oben rechts (siehe Abbildung 12.30). Sie können hier nun die aktuelle Ansicht über *Lesezeichen für diesen Datensatz erstellen* in Ihre Lesezeichen übernehmen.

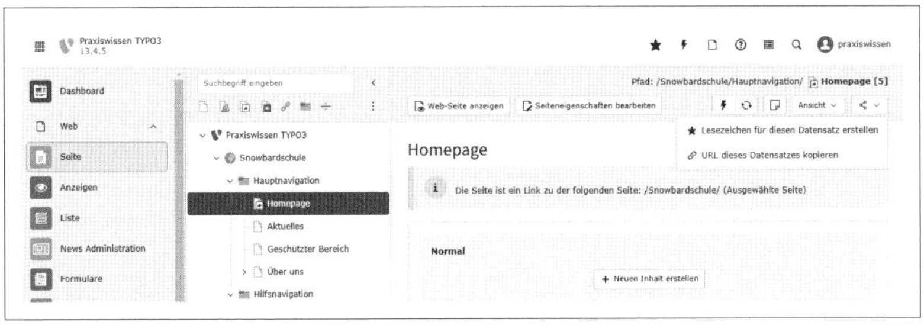

◀ **Abbildung 12.30**
Lesezeichen festlegen

Um auf bestehende Lesezeichen zuzugreifen, klicken Sie im Backend einfach auf den Stern im oberen Menü, um eine Liste all Ihrer Lesezeichen zu erhalten (siehe Abbildung 12.31). Von hier aus können Sie mit einem Klick direkt in den Datensatz springen.

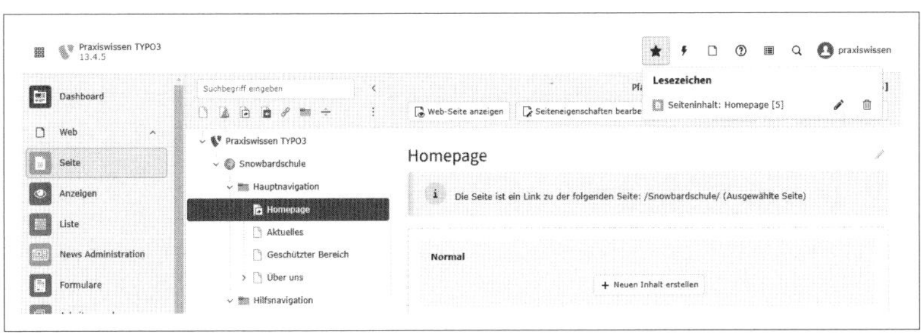

◀ **Abbildung 12.31**
Lesezeichen aufrufen und verwalten

Über das Bleistift-Symbol können Sie zudem einen anderen Titel für den Datensatz in Ihren Lesezeichen vergeben oder die Lesezeichen in Gruppen zusammenfassen. Wenn Sie ein Lesezeichen nicht mehr benötigen, löschen Sie es einfach über das Mülleimer-Symbol.

Tipp Es hält Sie natürlich auch niemand davon ab, die Lesezeichen-Funktion Ihres Browsers zu benutzen. Das Backend nutzt bereits seit TYPO3 11 »sprechende URLs«, die auch von jedem aktuellen Browser gespeichert werden können.

Wie Sie vielleicht in Abbildung 12.30 bemerkt haben, können Sie für einen Datensatz nicht nur ein Lesezeichen setzen, sondern auch die zugehörige URL kopieren. Diese Funktion ist sinnvoll, wenn Sie anderen

Backend-Benutzern einen direkten Link zu einem bestimmten Datensatz schicken wollen. Dabei erzeugt TYPO3 einen Link, der im Gegensatz zu dem Link in Ihrem Browser nur die notwendigsten Informationen enthält, die ein anderer Benutzer benötigt, um ebenfalls dorthin zu gelangen. Der Link ist dadurch teilweise kürzer und enthält keine unnötigen Informationen.

LIVE- und DEV-Umgebungen

In diesem Abschnitt finden Sie Details zur Entwicklungsumgebung (DEV) und zur Produktivumgebung (LIVE). Sie lernen die dritte Konfigurationsdatei *additional.php* kennen und erfahren, wie Sie den ApplicationContext setzen und nutzen.

Die Konfigurationsdateien von TYPO3

In Kapitel 2, *TYPO3 installieren*, haben Sie im Abschnitt »Das Install-Tool im Detail« auf Seite 46 schon erfahren, dass in der Datei *vendor/typo3/cms-core/Configuration/DefaultConfiguration.php* die Standard-Konfiguration von TYPO3 enthalten ist. Ebenso wissen Sie schon, dass Änderungen an der Konfiguration in der *config/system/settings.php* vorgenommen werden – zum Beispiel, wenn Sie einen Eintrag über das Install-Tool ändern.

Dabei gibt es aber noch einen Haken: In der *settings.php* befindet sich nur ein Array mit Konfigurationseinstellungen, in denen Sie zwar einzelne Einträge anpassen oder ergänzen können. Allerdings besteht keine Möglichkeit, hier Logik in Form von if-Abfragen oder Ähnlichem unterzubringen. Um das zu ermöglichen, gibt es mit der *config/system/additional.php* eine dritte Konfigurationsdatei. Diese Konfigurationen werden in der Reihenfolge *DefaultConfiguration.php* → *settings.php* → *additional.php* geladen. Damit ist sichergestellt, dass sowohl alle Standard-Werte als auch Änderungen über das Install-Tool vorhanden sind und dennoch durch eigene Anweisungen programmgesteuert überschrieben werden können. Als zusätzliche Schicht können Sie bei Bedarf auch noch weitere Dateien via *require_once()* etc. einbinden, so Sie es denn für sinnvoll erachten.

TYPO3 macht keine Vorgaben dazu, was Sie in die *additional.php* schreiben sollen. In der Theorie könnten Sie hier Abertausende Zeilen PHP-Code ausführen – wovon wir Ihnen aber dringend abraten! Jeder Code, den Sie in die *additional.php* schreiben, wird bei jedem Frontend- und Backend-Aufruf ausgeführt und besitzt daher das Potenzial, Ihre Webseite und das Backend zu verlangsamen. Verzichten Sie daher auf rechenintensive Skripte in dieser Datei.

Den ApplicationContext setzen

Bei der Entwicklung professioneller Webseiten sollten Sie mindestens zwei Umgebungen besitzen: eine (lokale) Entwicklungsumgebung (DEV), in der Sie die Seite entwickeln, neue Funktionen ausprobieren und Updates durchführen, sowie eine Produktivumgebung (LIVE), in der die Webseite tatsächlich läuft. Für diese Umgebungen kann es zum Beispiel sinnvoll sein, unterschiedliche Einstellungen im Hinblick auf das Debugging/Logging zu setzen. Während Sie in Ihrer Entwicklungsumgebung über jede noch so kleine Warnung informiert sein möchten, ist dies in der Live-Umgebung nicht notwendig. Dort interessieren Sie nur kritische Fehler, die in den Protokollen nicht in einfachen Warnungen untergehen sollten. Ebenso hat Ihre LIVE-Umgebung vermutlich andere Datenbankzugangsdaten als Ihre DEV-Umgebung.

Um dies abzubilden, besitzt TYPO3 einen sogenannten *ApplicationContext*, mit dem Sie TYPO3 in unterschiedlichen Modi laufen lassen können, die Sie in Abhängigkeit von der aktuellen Umgebung konfigurieren. Damit können Sie zentral Einstellungen definieren, die sich zwischen DEV und LIVE unterscheiden. Das ist praktisch, sobald Sie einen neuen Stand Ihrer DEV-Umgebung in das LIVE-System einspielen. Schließlich müssten Sie andernfalls nach jedem Live-Gang noch einmal Ihre Debug-Einstellungen anpassen, die richtigen Datenbankzugangsdaten eintragen und, und, und.

Um sich das an einem Beispiel anzusehen, werden Sie in diesem Abschnitt dafür sorgen, dass Sie Ihre aktuelle Umgebung auf ein zweites System spiegeln können, ohne im Anschluss die Datenbankzugangsdaten ändern zu müssen. Dafür machen wir uns die Möglichkeiten der *additional.php* zunutze, um in Abhängigkeit des ApplicationContexts andere Datenbankzugangsdaten zu verwenden.

Als Erstes müssen wir dafür sorgen, dass der ApplicationContext richtig gesetzt wird. Standardmäßig steht dieser auf *Production*, schließlich ist eine laufende Webseite in der LIVE-Umgebung das Wichtigste. Sie können den ApplicationContext ansonsten über Umgebungsvariablen individuell setzen. Meistens geschieht das auf Ebene des Webservers. Für die Konfiguration im Apache-Webserver bringt TYPO3 bereits die notwendigen Einträge in der *.htaccess*-Datei auskommentiert mit.

Support Die Arbeit mit der *.htaccess*-Datei ist zwangsläufig damit verbunden, reguläre Ausdrücke zu schreiben. Für dieses konkrete Anwendungsbeispiel gehen wir nur auf die absolut notwendigen Änderungen an der Datei ein und erklären kurz die Hintergründe. Wenn Sie sich detaillierter mit regulären Ausdrücken beschäftigen wollen, können wir Ihnen das Buch »Einstieg in Reguläre Ausrücke«[8] empfehlen.

8 *https://dpunkt.de/produkt/einstieg-in-regulaere-ausdruecke/*, ISBN 978-3-86899-940-2

Sie finden in der *public/.htaccess*-Datei ab Zeile 292 (siehe Beispiel 12.1) die auskommentierte Beispielkonfiguration von TYPO3, um für drei unterschiedliche Domains jeweils einen anderen ApplicationContext zu nutzen.

Beispiel 12.1: ».htaccess«-Beispieleinträge für den ApplicationContext

```
292        # Rules to set ApplicationContext based on hostname
293        #RewriteCond %{HTTP_HOST} ^dev\.example\.com$
294        #RewriteRule .? - [E=TYPO3_CONTEXT:Development]
295        #RewriteCond %{HTTP_HOST} ^staging\.example\.com$
296        #RewriteRule .? - [E=TYPO3_CONTEXT:Production/Staging]
297        #RewriteCond %{HTTP_HOST} ^www\.example\.com$
298        #RewriteRule .? - [E=TYPO3_CONTEXT:Production]
```

Grundsätzlich wird hier der ApplicationContext in Abhängigkeit von der Umgebungsvariable `HTTP_HOST` gesetzt. In dieser Umgebungsvariable stellt der Apache die (Sub-)Domain zur Verfügung, über die Sie die Seite aufrufen. Das kann zum Beispiel Ihre Domain, *kundennummer.hostinganbieter.tld* oder *seitenname.ddev.site* bei einer DDEV-Installation sein – eben die Adresse, über die Sie Ihre TYPO3-Installation aufrufen. Abgefragt wird diese über eine Rewrite Condition (`RewriteCond`) in Zeile 293, die über einen regulären Ausdruck den `HTTP_HOST` mit der aufgerufenen Domain vergleicht. Dabei kommt ein regulärer Ausruck zum Einsatz, der drei spezifische Zeichen nutzt:

^ kennzeichnet den Anfang des Inhalts.

$ kennzeichnet das Ende des Inhalts.

\ ist ein *Escape*-Zeichen.

Das Escape-Zeichen wird benötigt, da ein Punkt bei einem regulären Ausdruck für »jedes beliebige Zeichen« steht (was eben auch der Punkt sein kann, aber nicht sein muss). Benötigt wird für die Darstellung einer Domain aber der tatsächliche Punkt (und nur dieser), ohne seine spezielle Bedeutung.

Wenngleich es für dieses Beispiel nicht benötigt wird: Auf eine *RewriteCond* können noch weitere *RewriteCond* folgen. Danach muss immer eine *RewriteRule* stehen, die greift, wenn eine Condition zutrifft. Für unser Beispiel genügt es zu wissen, dass die *RewriteRules* in diesem Fall eine neue Umgebungsvariable (*TYPO3_CONTEXT*) auf einen Wert setzen (in diesem Fall *Development*, *Production/Staging* oder *Production*).

Als Erstes setzen wir nun den ApplicationContext auf *Development*, da davon auszugehen ist, dass sich Ihre Seite noch in der Entwicklung befindet. Dafür können Sie Zeile 293 und 294 einkommentieren, indem Sie die vorangestellten # entfernen und Ihre Domain eintragen. (Achten Sie auf \ vor jedem Punkt!) Wenn Sie die Installation lokal per DDEV aufgesetzt haben, zeigt Beispiel 12.2 die korrekten Einträge.

Beispiel 12.2: Den Development-Context setzen

```
# Rules to set ApplicationContext based on hostname
RewriteCond %{HTTP_HOST} ^praxiswissen-typo3\.ddev\.site$
RewriteRule .? - [E=TYPO3_CONTEXT:Development]
#RewriteCond %{HTTP_HOST} ^staging\.example\.com$
#RewriteRule .? - [E=TYPO3_CONTEXT:Production/Staging]
#RewriteCond %{HTTP_HOST} ^www\.example\.com$
#RewriteRule .? - [E=TYPO3_CONTEXT:Production]
```

Dieser Eintrag genügt bereits, um den ApplicationContext zu setzen. Dadurch werden bereits einige Standardeinstellungen[9] von TYPO3 anders gewertet. So werden Sie zum Beispiel an manchen Stellen sprechendere Fehlermeldungen im Frontend erhalten und in Ihrem Protokoll tauchen gegebenenfalls zusätzliche Warnungen auf. Außerdem müssen Sie sich im Bereich *Verwaltungswerkzeuge*, über den Sie die Funktionen des Install-Tools im Backend erreichen, nicht erneut mit Ihrem Passwort anmelden.

Warnung Den Development-Context sollten Sie niemals für eine öffentlich erreichbare Seite verwenden, da unter Umständen Informationen im Frontend preisgegeben werden, die nur Sie erhalten sollten.

Ob die Einstellung greift, können Sie übrigens direkt im Backend sehen, indem Sie oben rechts den Bereich der System-Informationen ausklappen (siehe Abbildung 12.32).

◀ Abbildung 12.32
Die System-Informationen im Backend zeigen den aktuellen ApplicationContext an.

9 *https://docs.typo3.org/permalink/t3coreapi:application-context*

Setzen Sie als Nächstes den ApplicationContext für die spätere Live-Seite schon einmal richtig, damit Sie es später nicht vergessen. Dafür können Sie in Zeile 297 Ihre Domain anstelle von *www\.example\.com* eintragen (achten Sie auch hier auf das \ vor jedem Punkt in der Adresse) sowie diese und die nächste Zeile einkommentieren, indem Sie die #-Zeichen am Zeilenanfang entfernen.

Den ApplicationContext nutzen

Nachdem Sie den ApplicationContext nun gesetzt haben, können Sie ihn an verschiedenen Stellen verwenden. Als Erstes sollten Sie ihn in Ihrer Site-Konfiguration mit den jeweiligen Domains hinterlegen, damit TYPO3 korrekte Links für Ihre Webseite generieren kann. Rufen Sie dafür im Backend unter *Site Management → Sites* die Konfiguration Ihrer Seite auf. Tragen Sie nun Ihre »echte« Domain bei *Einstiegspunkt* ein und definieren Sie zusätzlich über *Varianten für den Einstiegspunkt* einen Eintrag für den Development-Kontext mit Ihrer aktuellen Arbeitsdomain. Vergessen Sie nicht, die Änderungen über den *Speichern*-Button zu aktivieren. In Abbildung 12.33 sehen Sie beispielhaft die Konfiguration für eine lokale DDEV-Installation.

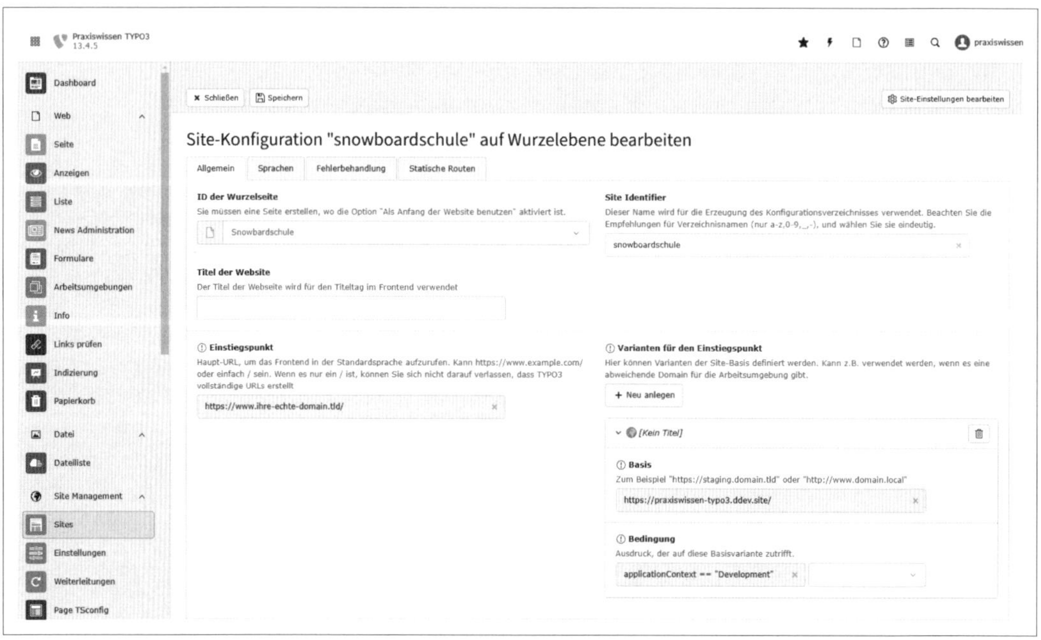

Abbildung 12.33 ▲
Den Einstiegspunkt in Abhängigkeit vom ApplicationContext setzen

Als Nächstes nutzen wir die zusätzliche Konfigurationsdatei unter *config/system/additional.php* noch, um die Datenbankzugangsdaten in Abhängigkeit vom ApplicationContext zu setzen. Falls die *additional.php* noch nicht vorhanden ist, legen Sie diese Datei jetzt an.

Für die Abfrage des ApplicationContexts stellt TYPO3 die *getContext()*-Funktion zur Verfügung. Ohne an dieser Stelle auf die Programmierung mit PHP genauer einzugehen, können Sie den Code aus Beispiel 12.3 einfach in Ihre neu angelegte *additional.php* kopieren. Nun müssen Sie nur noch die Datenbankzugangsdaten (*dbname, host, password, user* und gegebenenfalls *port*) entsprechend Ihrer Entwicklungsumgebung (`case 'Development'`) und LIVE-Umgebung (`case 'Production'`) eintragen.

Tipp DDEV legt die Datei bereits an und befüllt diese auch mit einigen Konfigurationen – unter anderem zur Datenbankverbindung. Sie können die Anweisungen aus Beispiel 12.3 aber trotzdem dort ganz am Ende eintragen. Verzichten Sie dabei auf das öffnende PHP-Tag `<?php`, da dieses schon in der Datei vorhanden ist.

Beispiel 12.3: Den ApplicationContext in der »additional.php« abfragen und verarbeiten

```
<?php
switch (\TYPO3\CMS\Core\Core\Environment::getContext()) {
    case 'Development':
        $GLOBALS['TYPO3_CONF_VARS'] = array_replace_recursive(
            $GLOBALS['TYPO3_CONF_VARS'],
            [
                'DB' => [
                    'Connections' => [
                        'Default' => [
                            'dbname' => 'db',
                            'driver' => 'mysqli',
                            'host' => 'db',
                            'password' => 'db',
                            'port' => '3306',
                            'user' => 'db',
                        ],
                    ],
                ],
            ]
        );
        break;
    case 'Production':
        $GLOBALS['TYPO3_CONF_VARS'] = array_replace_recursive(
            $GLOBALS['TYPO3_CONF_VARS'],
            [
                'DB' => [
                    'Connections' => [
                        'Default' => [
                            'dbname' => 'typo3-db',
                            'driver' => 'mysqli',
                            'host' => 'dbhostname.tld',
                            'password' => 'db-password',
                            'port' => '3306',
                            'user' => 'typo3-db',
                        ],
                    ],
                ],
```

Beispiel 12.3: Den ApplicationContext in der »additional.php« abfragen und verarbeiten (Fortsetzung)

```
            ]
        );
        break;
}
```

Mit DDEV unter Windows effektiv arbeiten

Wenn Sie sich für die Installation mittels DDEV unter Windows entschieden haben, werden Sie merken, dass ein paar Eigenheiten zu beachten sind. Ganz offensichtlich läuft die Umgebung auf Ihrem lokalen Rechner und ist damit auch nur für Sie selbst erreichbar. Für Ihre ersten Gehversuche mit TYPO3 ist das natürlich kein Problem, und es ist natürlich ebenfalls möglich, die Seite, die Sie im Laufe dieses Buchs gebaut haben, online zu stellen. Erstellen Sie dafür einfach ein Backup (wie in diesem Kapitel auf Seite 397 beschrieben) und spielen Sie es bei dem TYPO3-Hostinganbieter Ihrer Wahl ein. Danach müssen Sie nur noch Ihre Site-Konfiguration unter *config/sites/snowboardschule/config.yaml* anpassen und dort die neue Domain hinterlegen sowie die Datenbankzugangsdaten in der *config/system/settings.php* anpassen. Es kann ebenfalls notwendig sein, alle Caches zu leeren, da die absoluten Pfade bei Ihrem Hostinganbieter höchstwahrscheinlich von Ihren lokalen Pfaden abweichen. Nehmen Sie dies am besten über das Install-Tool vor (siehe Kapitel 2, *TYPO3 installieren*).

Befehle ausführen

Abgesehen davon ist es bei DDEV notwendig, einigen Befehlen ein `ddev` voranzustellen. Damit stellen Sie sicher, dass der Befehl im passenden Container ausgeführt wird. Besonders wichtig ist dies bei allen `composer`-Befehlen, die Sie ausführen. Wenn Sie hier das vorangestellte `ddev` vergessen, installieren Sie womöglich alles noch einmal über die Ubuntu-Standardumgebung. Im besten Fall erhalten Sie nur eine Fehlermeldung, die besagt, dass Composer nicht installiert ist; im schlechtesten Fall greifen plötzlich andere Plattform-Abhängigkeiten (wie beispielsweise eine andere PHP-Version).

Doch auch andere Befehle benötigen Ihre Aufmerksamkeit. Als Faustformel gilt: Immer dann, wenn ein Stück Software ausgeführt werden soll, das von DDEV bereitgestellt wird (beispielsweise PHP, MySQL, Composer), brauchen Sie das vorangestellte ddev. Wenn Sie sich unsicher sind, ob Sie es brauchen, stellen Sie es lieber voran. Im Zweifelsfall werden Sie von DDEV eine Fehlermeldung erhalten, dass der Befehl dort nicht zur Verfügung steht.

Nehmen wir als Beispiel die Erstellung eines Verzeichnisses. Es handelt sich hierbei um eine einfache Dateioperation, die nicht im DDEV-Kontext ausgeführt werden muss:

```
~/praxiswissen-typo3$ mkdir test
```

Wenn Sie sich unsicher sind, ob Sie den Befehl wirklich »einfach so« ausführen können, stellen Sie ddev voran. Sie werden eine entsprechende Meldung erhalten, dass DDEV den Befehl nicht kennt:

```
~/praxiswissen-typo3$ ddev mkdir test
Error: unknown command "mkdir" for "ddev"
Run 'ddev --help' for usage.
```

Zugriff auf das Dateisystem

Um DDEV unter Windows nutzen zu können, mussten Sie zuerst das *WSL (Windows Subsystem for Linux)* installieren, konkret mit einer Ubuntu-Umgebung. Das liegt daran, dass DDEV nicht nativ auf Windows ausgeführt werden kann. Dadurch kommt es dazu, dass Sie nun im Grunde zwei Dateisysteme auf Ihren Rechner haben. Wenn Sie Dateien innerhalb des WSL bearbeiten möchten, können Sie natürlich einen Texteditor Ihrer Wahl innerhalb der Ubuntu-Installation verwenden (vorinstalliert sind unter anderem *nano* und *vim*). Auch wenn es sich dabei um mächtige Texteditoren handelt, möchten Sie vielleicht lieber Ihren Lieblings-Code-Editor unter Windows verwenden, beispielsweise *PHPStorm* oder *VSCode*. Auch das ist ohne Weiteres möglich, da das Dateisystem von WSL auch in Ihre Windows-Umgebung eingebunden ist. Dafür müssen Sie nicht auf Ihren Datenträgern (C:, D: etc.) suchen, sondern können direkt über den Datei-Explorer auf den Bereich *Linux* gehen. Darunter finden Sie für jede installierte Linux-Distribution ein eigenes Verzeichnis (siehe Abbildung 12.34).

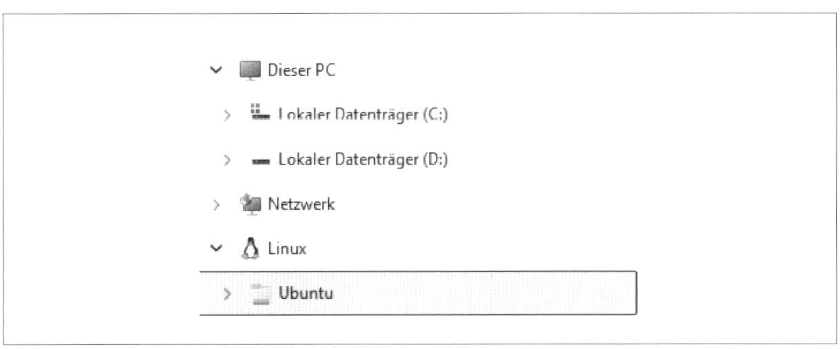

◀ Abbildung 12.34
Ihr WSL-Dateisystem steht auch im Datei-Explorer zur Verfügung.

In diesem Verzeichnis wiederum sehen Sie die klassische Struktur einer Ubuntu-Installation. Bei der Installation von TYPO3 haben Sie bereits gelernt, dass die Installation auf jeden Fall auf dem WSL-Dateisystem vorgenommen werden soll, um Performanceprobleme zu vermeiden. Möchten Sie nun auf die Dateien Ihrer TYPO3-Installation zugreifen, müssen Sie zunächst in das Home-Verzeichnis Ihres WSL-Benutzers wechseln. In Abbildung 12.35 sehen Sie, wie dies für einen Benutzer namens *benutzer* aussieht.

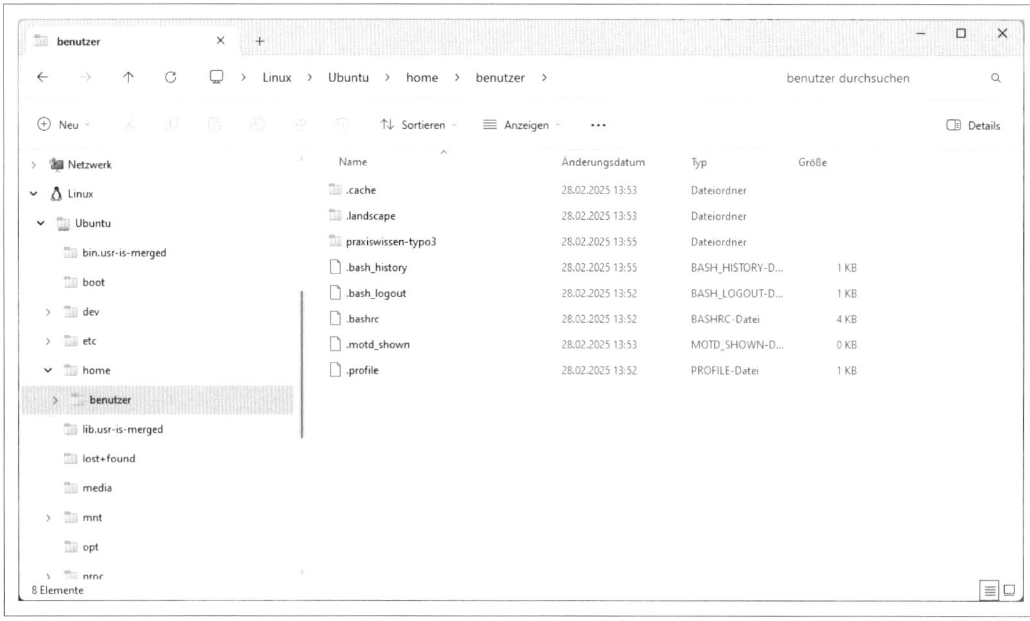

Abbildung 12.35 ▲
Das Home-Verzeichnis eines WSL-Benutzers

Im Code-Editor Ihrer Wahl können Sie auch genau diese Dateien öffnen. Beachten Sie dabei bitte, dass manche Dateioperationen ein klein wenig länger benötigen können, als Sie es gewöhnt sind, da hier, wie bereits angesprochen, über mehrere Dateisysteme hinweg gearbeitet wird. Wirklich störend sollten die kleinen Verzögerungen nicht sein. Achten Sie bei der Arbeit auf einem Windows-System darauf, dass Ihr Code-Editor keine Windows-Steuerzeichen setzt. Dies ist zum Beispiel beim hauseigenen *Notepad* der Fall. Setzen Sie lieber auf weit verbreitete IDE-Lösungen wie *PHPStorm*, *Aptana* und *VSCode* oder auf Texteditoren wie *Notepad++* und *UltraEdit*.

Das Passwort des WSL-Benutzers zurücksetzen

Bei der Installation des WSL haben Sie einen Benutzer angelegt und ein Passwort vergeben. Dieses benötigen Sie zum Beispiel, wenn Sie weitere Software im WSL installieren möchten. Nehmen wir an, dass Ihr Lieblings-Text-Editor *joe* ist, der standardmäßig nicht in der Ubuntu-Umgebung installiert ist:

```
~/praxiswissen-typo3$ joe
Command 'joe' not found, but can be installed with:
sudo apt install joe      # version 4.6-1.1, or
sudo apt install joe-jupp # version 3.1.41-1
```

Wenn Sie nun den Befehl zur Installation ausführen, werden Sie nach dem entsprechenden Passwort gefragt:

```
~/praxiswissen-typo3$ sudo apt install joe
[sudo] password for benutzer:
```

Doch was ist zu tun, wenn Sie dieses Passwort vergessen haben? Der schnellste Weg zum Glück führt darüber, sich als *root*-Benutzer bei dem System anzumelden. Auf Linux-Systemen handelt es sich bei *root* um den Benutzer, der alle Rechte besitzt. Aus Sicherheitsgründen sollte man sich nur dann als *root* anmelden, wenn es absolut notwendig ist, da Sie mit diesem Benutzer nicht nur alles machen, sondern auch alles zerstören können.

Um sich als *root*-Benutzer einzuloggen, benötigen Sie im Fall des WSL kein Kennwort, da die Authentifizierung durch Windows erfolgt. (Auf einem reinen Linux-System sähe das natürlich anders aus. Ganz zu schweigen davon, dass ein Login als *root*-Benutzer per Passwort in der Regel gar nicht zugelassen wird, sondern die Authentifizierung über Keys und weitere Sicherheitsmechanismen abgedeckt wird.) Nichtsdestotrotz: Sie können sich einfach als root-Benutzer anmelden, indem Sie WSL mit einem zusätzlichen Parameter starten. Öffnen Sie dafür eine neue PowerShell und geben Sie den folgenden Befehl ein:

```
PS C:\Users\Anwender> wsl -u root
```

Sie sehen nun, dass Sie nicht mit Ihrem eigentlichen Benutzer eingeloggt sind:

```
root@DESKTOP:/mnt/c/Users/Anwender#
```

Um das Passwort Ihres eigentlichen Benutzers zurückzusetzen, verwenden Sie nun den `passwd`-Befehl. Ersetzen Sie dabei `benutzer` durch Ihren WSL-Benutzernamen:

```
root@DESKTOP:/mnt/c/Users/Anwender# passwd benutzer
New password:
Retype new password:
passwd: password updated successfully
```

Loggen Sie sich danach am besten direkt wieder aus, um nicht versehentlich als *root* weiterzuarbeiten. Sie können dafür die Tastenkombination *STRG+D* oder den `exit`-Befehl verwenden. Starten Sie WSL anschließend ohne den `-u` Parameter und starten Sie die Installation von *joe* erneut über `sudo apt install joe`. Bei der Abfrage des sudo-Kennworts stehen Sie nun nicht mehr im Regen.

Index